U0662265

本书是教育部人文社会科学重点研究基地华中师范大学中国农村研究院2016年基地重大项目

『海内外农村调查资料整理、翻译与研究』项目的成果（16JJD81005）

满铁农村调查

主编 徐 勇 邓大才

本卷译者 李俄宪 主译 李俄宪

本卷校订 张晶晶

总第 7 卷

地方类 第 1 卷

GUANGXI NORMAL UNIVERSITY PRESS

广西师范大学出版社

· 桂林 ·

满铁农村调查·地方类
MANTIE NONGCUN DIAOCHA DIFANGLEI

图书在版编目（CIP）数据

满铁农村调查. 地方类. 第 1 卷 / 徐勇，邓大才主编；
李俄宪主译；李俄宪译. —桂林：广西师范大学出版社，
2018.3
　ISBN 978-7-5598-0614-7

　Ⅰ. ①满… Ⅱ. ①徐… ②邓… ③李… Ⅲ. ①南满洲
铁道股份公司－农村调查－调查报告　Ⅳ. ①D693.79

　中国版本图书馆 CIP 数据核字（2018）第 008718 号

广西师范大学出版社出版发行
（广西桂林市五里店路 9 号　邮政编码：541004）
（网址：http://www.bbtpress.com）
出版人：张艺兵
全国新华书店经销
湖南省众鑫印务有限公司印刷
（长沙县榔梨镇保家村　邮政编码：410000）
开本：787 mm × 1 092mm　1/16
印张：62.25　　字数：1500 千字
2018 年 3 月第 1 版　　2018 年 3 月第 1 次印刷
印数：0 001~1 000　　定价：468.00 元

《满铁农村调查》编辑与翻译委员会

主　编　徐　勇　邓大才

主　译　李俄宪

编辑委员会成员（以姓氏笔画为序）

丁　文　邓大才　石　挺　刘义强　刘金海　刘筱红　李俄宪

李海金　任　路　肖盼晴　陆汉文　陈军亚　张利明　张晶晶

胡平江　郝亚光　徐　勇　徐　剑　徐增阳　黄振华　熊彩云

翻译委员会成员（以姓氏笔画为序）

王　霞　尹仙花　占才成　石桥一纪　汉　娜　吕卫清　李俄宪

李　宏　李　莹　李雪芬　张　成　金英丹　金玮婷　娜仁图雅

翻译顾问　石桥一纪

本卷译者　李俄宪

本卷校订　张晶晶

总　序

　　我们华中师范大学中国农村研究院是专门从事农村问题研究的机构,并以调查为基本方法。我们将满铁农村调查资料翻译成中文出版的设想已有 10 多年。

　　满铁农村调查资料是指 20 世纪上半期由日本"南满洲铁道株式会社"(简称"满铁")支持的对中国调查形成的资料。由"满铁"支持的中国调查长达近 40 年,形成了内容极其庞大的调查资料。"满铁调查"的开展是出于长期侵占中国的需要,但由这一调查形成的资料对于了解当时的中国有重要的参考价值,且调查方法也有其独特性。

　　中国是世界农业文明古国,也是世界农村大国,但从学理上对中国农村进行专门和系统的研究时间不长,有影响的论著还不多。10 多年前,一系列由美国籍学者撰写的关于中国农村研究的专著被翻译成中文,在学界引起很大反响,随后成为专业领域研究的必读书。如黄宗智的《华北的小农经济与社会变迁》《长江三角洲小农家庭与乡村发展》,杜赞奇的《文化、权力与国家:1900—1942 年的华北农村》,马若孟的《中国农民经济:河北和山东的农民发展:1890—1949》等。这些书的共同特点是:它们均是在利用日本满铁调查资料基础上写成的。日本满铁调查也因此广泛进入当今中国学界的视野。一时间甚至有人表示:"中国农村在中国,中国农村调查在日本;中国农村在中国,中国农村研究在美国。"无论这一说法是否成立,但满铁农村调查的影响却是不可忽视的。只是满铁资料大多是日文的,中国学者在阅读和了解日文资料方面有困难。尽管有国内出版社出版了部分满铁调查资料,也主要是日文的影印版,仍然难以让更多学者使用。为此,我们有了将满铁农村调查资料翻译成中文,让更多学者充分阅读和使用这一资料的念头。

　　与此同时,我们华中师范大学中国农村研究院在整合过往的农村调查基础上,于 2006 年开启了"百村观察计划",对中国农村进行大规模调查和持续不断的跟踪观察。为了实施这一调查计划,我们邀请了国内外学者进行有关方法论的训练,同时也希望借鉴更多的调查资料和方法。日本满铁调查资料的翻译出版进一步进入我们的视野。在 2006 年启动"百村观察计划"时,我们甚至提出在农村调查方面要"达到满铁,超越满铁"的雄心勃勃的目标。翻译满铁调查资料的想法更加明晰。当本人将这一想法告知时任华中师范大学社会科学处处长的石挺先生时,得到他积极赞同。但这项工程的重点是日汉翻译,需要一个高水平的强有力的翻译团队,于是他引荐了华中师范大学外国语学院副院长、日语系主任李俄宪教授,同时还给了一定的经费支持。此事得到专门从事日本语教学和研究的李俄宪教授的积极响应,并同意率领其团队参与这项工作。受华中师范大学中国农村研究院的委托,时任副教授的刘义强负责联系保存有满铁日文资料的国内相关机构,并得到支持。2010 年,满铁资料翻译工作正式启动。由于原文资料识别困难,最初的翻译进展较为缓慢,几经比对审核。2012 年,译文进入出版程序,得到了时任中国社会科学出版社社长的赵剑英先生的鼎力支持,该出版社的编辑室主任冯春风女士特别用心,还专门请专家校订和核实。2014年,时任华中师范大学中国农村研究院执行院长的邓大才教授具体负责推进翻译出版联系工作。在各方面努力下,由华中师范大学中国农村研究院和黑龙江档案馆联合编译的《满铁调查》一书,于2015年1月由中国社会科学出版社正式出版。

100多万字的《满铁调查》出版后,中国学者得以从较大范围一睹满铁调查资料的真容,这在中国学界也是一件大事。2015年1月23日,由华中师范大学中国农村研究院与中国社会科学出版社共同主办的《满铁调查》中文版出版发行学术研讨及新闻发布会在北京召开。此次会议非常重要。来自中国农业博物馆、南开大学、北京交通大学等高校和科研机构的"满铁调查"研究专家参加了会议,并提了很好的建议。与会专家中,南开大学的张思先生长期利用满铁调查资料从事研究,并有丰硕成果;在中国农业博物馆工作的曹幸穗先生,长期从事满铁资料的整理和研究,并专门著有以满铁调查资料为基础撰写的《旧中国苏南农家经济研究》一书。在他看来,"满铁对农户的调查项目之详尽,可以说是旧中国的众多调查中绝无仅有的"。此次会议的重大收获是,曹幸穗先生建议我们主要翻译满铁农村调查方面的资料。

曹先生的建议引起我们高度重视。2015年1月26日,华中师范大学中国农村研究院专门召开了满铁调查翻译出版推进会,调整和重新确立了翻译的主要方向和顺序,形成了新的翻译计划。新的计划定位为"满铁农村调查",主要翻译"满铁调查"中有关农村方面的内容,并从著名的中国农村惯行调查资料翻译开始。这之后,我们又先后邀请曹幸穗和张思先生到华中师范大学讲学,他们对新的翻译计划提出了进一步的建议。曹先生还多次无私地向我们提供了相关资料目录和线索,供我们翻译出版使用。同时,我们也从整体上充实和加强了资料收集和翻译编辑的力量。

《满铁农村调查》翻译出版计划是在已出版的《满铁调查》一书基础上形成的,但已是全新的设计,资料来源更为广泛和直接,翻译出版的进展也大大加快。同时,它也是与由华中师范大学中国农村研究院主持的2015版大型中国农村调查工程相辅助的翻译计划。我们希望能够通过《满铁农村调查》的翻译为我们正在实施的中国农村调查及其学界提供有益的借鉴。

《满铁农村调查》的翻译出版是一个庞大的计划,付诸实施难度很大,特别是没有固定的经费支持。但我们认为,中国是一个正在崛起的大国,理应有相应的文化工程。好在主持与参与《满铁农村调查》翻译出版的人都有些许明知有难而为之的理想主义精神,愿意为此事作出贡献。特别是由华中师范大学日语系主任李俄宪教授担任主译的翻译团队在翻译方面作出了巨大贡献。李教授团队可以说是举全系师生之力,包括日籍教授,来从事这一工作。他们不是简单的翻译,而是将其作为一项事业。在翻译过程中,他们遇到了《满铁调查》中使用的语言、专业词汇、地名等大量难题,但本着对事业高度负责的精神,认真校核,精心推敲,力求准确。这项事业的推进凝聚了翻译团队的大量心血。目前,这一得到多方面支持和多人参与其中的浩大工程已步入快车道,现已翻译2千万字,计划为1亿字左右。

我们向参加这一工程的人员表示真诚的谢意和敬意!为这一工程作出任何贡献的人士都将镌刻在这一工程史册之中!

徐　勇

2015年7月15日

出版说明

华中师范大学中国农村研究院主持编译的《满铁农村调查·地方类》,系在我社整理影印日文原版《满铁调查报告》的基础上,辑录、翻译其中关于中国农村实时实地详情的调查报告总集。南满洲铁道株式会社(简称"满铁")编写它们的初衷是为侵华服务的,然而时至世界反法西斯战争胜利 70 余年后的今天,其中有关中国广大乡村地区翔实的数据和调查记录,仍然可被视作 20 世纪前半叶中国乡村经济社会面貌的重要档案,其出版价值和研究价值将会得到越来越多的人关注。

这些档案资料原是日本侵华时期编写的,有以下问题需提请读者注意:

一、支那问题。支那是对中国的蔑称,除"印度支那""交趾支那"等专有词汇外,专指中国的"支那"一词,均已改为中国。

二、伪政权问题。日本侵华期间在占领区扶植数个伪政权,其中以伪满洲国时间最久。以东北地区为主要调查对象的"满铁"调查材料中夹杂有大量的伪满洲国年号、官制、行政区划、货币、度量衡等制度方面内容,并且在叙述人口情况时,将满洲人与中国人、苏联人、日本人等并列视为异国国民,这显然是具有分裂中国的企图的。这些原始细节可以作为日本侵华罪证之一,同时为使研究者更好地了解档案原貌,所以我们未作删改,保留原用法。

三、侵华经济机构问题。日本侵华期间,有许多以经济组织形式成立的机构,诸如"南满洲铁道株式会社""满洲劝业银行""东亚劝业公司""满洲拓殖公社"等,实际上都是为侵华服务的。这些原始细节可以作为日本侵华罪证之一,同时为使研究者更好地了解档案原貌,所以我们未作删改,保留原用法。

四、抗日问题。"满铁"调查报告站在日方立场对中国共产党、抗日武装、抗日将领均加蔑称,并将战争责任归向中方,此类问题除加注外,对蔑称业已匡正。

五、表格问题。原调查报告编成于 20 世纪前半叶,因种种原因表格多有不规范之处,为免曲解,今保留原貌,不擅作修改。

广西师范大学出版社
2018 年 3 月

编译说明

第 1 卷

本卷共收录了19篇调查报告书,其排列原则是按照调查地区的纬度,大体由北至南排列。本卷涉及的调查地区集中于今黑龙江、吉林两省,也包括今内蒙古自治区的一部分。

在编译过程中,我们发现了一些具体问题,如文字表述、表格处理、内容统一、立场问题等。经编译委员会商量,决定对本卷出现的问题进行如下处理:

1.调查报告书原文(以下简称"原文")不完整导致的问题

现存的部分报告书原文内容并不完整,导致它们的目录与正文无法完全对应,或是缺少相应的照片、图片、表格等。为保证内容前后一致,我们删除了译文中无正文对应的目录项,以及缺少相应的照片、图片、表格、注释等内容的过渡性文字。

2.原文表格出现的问题

(1)原文中有部分表格的排列顺序为从右至左。为符合现代读者的阅读习惯,我们在译文中将这类表格的排列顺序改为从左至右。并且,在符合表格制作规范的前提下,尽可能少地变动原表。

(2)部分原文属于速报,表格所提供的一些数据不够准确、严谨,但无法确认是单项数据不准,或是只有总和不准。经过细致核对原文后,我们未修改此类不准确的数据,而是在译文中的此类数据旁边加"#"标注,并在少数有数据问题之处加了注释说明。

3.原文印刷不清晰导致的问题

原文中有部分文字及数据印刷不清晰,导致译者和编者无法辨认。在译文中,我们统一用"＊"表示这部分内容。确属原文缺字、漏字,则用缺字符"□"表示。

4.原文前后不一致导致的问题

原文中有部分地名、人名前后不一致的现象。我们根据出现频率、当地语言习惯等,在译文中对此加以统一。作物名称、农具名、牲畜名的译法,我们也在译文中尽量保持统一。

5.原文撰写者导致的问题

(1)立场问题

①原文中出现多处对中国、共产党、抗日武装、抗日将领等的污蔑之辞,我们对此类内容在译文中加了注释说明。

②原文中诸如九一八事变、七七事变责任的归属问题,涉及领土主权的问题(如"间岛地

区"这一称谓),涉及少数民族习俗和宗教的叙述等,我们在译文中保留了原文内容,但对此加了注释说明。

③原文对伪满洲国的评价,仅代表日方调查员立场,我们对此类译文加了注释说明。

④原文有部分段落宣扬"圣战""王道""大东亚共荣"及军国主义思想,且与调查无关,已在译文中删去相应内容。

⑤原文中提及苏联与日本、中国的关系的相关内容,以及日本调查员描述的苏联对待白俄流亡者的态度、立场,仅代表日方调查员立场,已在译文中加了注释说明。

(2)准确性问题

原文中有部分史实错误及其他不准确或含义不明的描述。我们保留了原文的相关叙述内容,但对此类译文加了注释说明。

6.对原文中印章的处理

原文中有部分报告书的封面上盖有印章,由于印章本身与报告内容并无直接联系,我们在译文中删去了这些印章。

7.地名问题

原文中有一部分乡村地名未标注对应的汉字,而是用日语片假名来表示。经查询,我们找到了部分地名对应的中文,直接将片假名改为中文地名。针对查询后未能确认对应中文的地名(主要是蒙古语、俄语地名),我们标出了其罗马字读音,供读者参考使用。

8.植物名、人名问题

原文中有部分植物名、人名未能译出,译文中仅以日语罗马字读音或片假名标注,供读者参考使用。

9.各级标题问题

原文各篇报告书由满铁调查部的不同部门、不同调查员撰写,并无统一的格式,导致每篇报告书的各级标题编序格式不统一。译文保留了原文中的"第一章"、"第一节"、"第一"、"一"等各级标题,但将原文中的"イロハ"顺序改为中文中与此对应的"一"、"1"、"(1)",便于中文读者阅读。

10.纪年问题

原文的纪年方式混乱,在同一时期有公元纪年、民国纪年、日本年号纪年、伪满纪年四种纪年方式。我们在译文中保留了原文的纪年方式,但对伪满洲国年号等加了注释说明。

11.单位问题

原文中使用了大量度、量、衡、面积等单位,其中包括较多日语单位,不方便中文读者阅读。我们在译文中将陌、䶑、瓩等公制单位直接改为公顷、吨和千克。因调查进行之时,中国各地的度、量、衡、面积单位较为混乱,调查报告中一般会附有中国单位与日制单位之间的换算,因而为每个单位添加注释是不必要的。在此我们列出了日制单位与公制单位之间的换算关系,读者可以此作为参考。

	日制	公制
长度单位	1 里 = 36 町 = 36×60 间 = 36×60×6 尺 1 尺 = 10 寸 = 10×10 分	1 里 ≈ 3927.2 米 1 町 ≈ 109.09 米 1 间 ≈ 1.818 米 1 尺 ≈ 30.3 厘米 1 寸 ≈ 3.03 厘米
重量单位	1 贯 = 100 两 = 100×10 匁 1 斤 = 160 匁 1 匁 = 10 分 = 10×10 厘	1 贯 ≈ 3.759 千克 1 斤 ≈ 600 克 1 匁 ≈ 3.759 克
容积单位	1 石 = 10 斗 = 10×10 升 = 10×10×10 合 = 10×10×10×10 勺	1 石 ≈ 180.39 公升 1 斗 ≈ 18.039 公升
面积单位	1 町 = 10 反 (段) = 10×10 亩 = 10×10×30 坪 = 10×10×30×10 合	1 町 ≈ 9917 平方米 1 反 ≈ 991.7 平方米 1 亩 ≈ 99.17 平方米 1 坪 ≈ 3.306 平方米

邓大才　张晶晶

2017 年 12 月

导　读

第 1 卷

满铁调查报告书是由隶属于南满洲铁道株式会社的满铁调查机构,于 20 世纪上半叶收集的情报资料。据国外学者的统计,满铁调查机构在近 40 年的时间内,共完成了 6000 余份调查报告书。这些报告书涉及中国东北乃至全中国的政治、经济、军事、文化、法律制度以及风俗习惯等方面,内容丰富。在农村调查方面,满铁调查机构人员曾深入中国农村开展实地调查,撰写了大量调查报告书。其中,广受学术界关注的便是基于 114 份调查报告书编撰的《中国农村惯行调查》(6 卷本)。除此之外的满铁农村调查报告书,由于资料保存、语言障碍等方面原因,国内学者对此利用不多。其中,《满铁农村调查·地方类》系列丛书主要收录满铁调查机构对中国各农村地区的调查报告书译文,力图深度开发满铁农村调查资料,为我所用。

一、本卷收录的报告书概况

本卷共收录了 19 篇满铁调查报告书。负责搜集资料、撰写各篇调查报告书的调查队成员隶属于满铁调查机构,其中既有临时组成的调查队,也有常规性调查团队。调查地区集中于今黑龙江、吉林两省,也包括今内蒙古自治区东北部的一部分。调查内容以农村经济为主,也包括农业、社会状况等。调查方法以实地调查为主,即调查员亲自到调查地点,通过访谈、直接观察等方式收集资料。

本卷收录的 19 篇报告书均为内部资料油印件。每篇报告书有相对固定的格式:封面上写明报告名称、编号及时间,在绪言中介绍调查队成员、路线、度量衡单位、中日单位换算率以及调查概要等,正文则分章节或项目,详细介绍调查地区的情况。本卷收录的报告书的写作时间从 1933 年延续至 1942 年,调查目标多为在中国东北寻找合适的移民地点,为日本的海外殖民服务。各篇报告书所描述的细节,可以在一定程度上反映九一八事变后中国东北农村的经济、社会状况,对研究我国东北地区近代史、九一八事变后的中日关系等课题具有重要意义。

二、各报告书概要

由于本卷收录的各篇报告书调查内容及结构并不统一,下文将按排列顺序逐一介绍各篇报告书的概要。

1.《一般经济调查报告——龙镇县、瑷珲县、奇克县、乌云县、逊河县》

该报告完成于 1934 年,介绍了日据时期龙镇等 5 个县①的经济概况。报告书分为 7 章,

---

① 这五个县今属黑龙江省黑河市辖区。

比较详细地介绍了当地的开垦过程、农业、商业及金融、工业及矿业、林业及水产业、交通及养殖方面的内容。

当地历史很短,人口少且多为农业人口,未开垦土地面积大。农业方面,报告书全面介绍了当地的土地占有、土地利用、农村经济概况、农户经济调查四方面的内容。报告书指出,当地自耕农和自耕兼佃农占绝大多数,某些地区广泛使用雇佣劳动;九一八事变后除少数地区外,地价均呈下降趋势;当地的土地买卖大部分是由朋友、熟人充当保证人,再与中介签订契约,尚未发现土地买卖的经纪人。调查员在当地并未发现专门的高利贷、当铺等,只有朋友、熟人间的信用借贷。佃耕方面,小兴安岭以南以文书形式居多,以北则口头契约较多。契约期限一般不定期,地租大部分用实物缴纳(定额地租居多),少量地区用现金缴纳。农业劳动雇佣分为年契约、月契约、日契约3种,调查员认为受雇者只是带有封建性质的雇农。当地农户的负担包括名目繁多的税费。调查员访谈了该地区的农户,详细介绍了受访农户情况、收支计算、农作物收支状况等,认为农产品价格下跌造成了农村经济的衰退。

商业方面,报告书指出当地商品流通频繁,但经济发展水平低。同时,分别罗列了商店数量及行业、销售(商品/售价/销售方法/客户/销售额)、购买(货源及购买方法)、雇佣关系、商店之间的联系与结合关系这五方面的详细数据,认为当地商业发展处于低水平阶段。关于当地金融,调查员认为发育程度相当低,连当铺、高利贷等传统机构也看不到。当地的工业发展微乎其微,只能看到若干个依附于农业的制造业和小型工业。水产业也并未形成专门的产业,只是农户的一种副业,养殖依附于农业发展。

综上所述,调查员认为该地区的经济发展状态是滞后的。

2.《讷河、克山县地区经济基本状况》

该报告书完成于1934年,介绍了黑龙江省讷河、克山及泰安镇①的经济概况。报告书分为6章,介绍了当地的民族和土地关系、农村经济状况、农产品的上市情况、农业生产恐慌的对策、交通和工商业、金融,并在附录中介绍了依克明安旗概况。

讷河地区是农户招垦中心。受民国时期的招垦政策影响,汉族农业移民逐渐超过满人和土著,在当地占据优势。调查当时,讷河农村呈现凋敝之色,农民生活水平低、农民劳作欲望低,土地抛荒近半,九一八事变前后状况对比强烈。

报告书指出,佃农和大地主向城市集中是农村和城市依存关系的必然结果。讷河的佃耕方法分为两种,即死租(固定租)和活租(不固定租)。国税由地主负担;死租情况下的地租由佃农承担,活租情况下则由佃农和地主平均分摊。九一八事变前,当地的地价稳定,事变后则逐渐下跌。

讷河是通往黑河、嫩江地区的中转站,克山、泰安则是农产品、加工品集散地。受当时世界范围内经济不景气的影响,以及当地治安不佳、耕作资金不足、减产等影响,讷河地区的贸易并不繁荣,而克山的农产品贸易则以提前出售未成熟的产品、委托销售等不利于农民的形式进行。伪满洲国发放的春耕贷款旨在发挥积极作用,却达不到预期效果。通过考察克山县、泰安

_____

① 今齐齐哈尔市依安县。

镇、讷河县的金融合作社,调查员认为,如能向现代行会发展,便可以开辟出发展道路,并看到了上层精英与底层民众的隔阂。

调查地区因开发较早,铺有公路,也有铁路交通,但内陆还缺少相应交通机构。讷河地区的交通包括水路、陆路,通信方面设有邮局、电话局。讷河的商业主要面向农村,克山则是地区商业中心。由于铁路的开通,市场扩大,讷河的杂货业并未受到巨大打击。克山的杂货资本占多数,饭店、旅馆次之。讷河、克山地区的工业产品仅用于地方消费,其规模具有家庭工厂性质。金融方面,银行机能丧失,当铺具有一定社会需求。

3.《讷河、克山、泰安镇地方农业的调查报告》

该报告书完成于1934年,报告分为18节。分别介绍了调查所经地区及居民的概况、各县概况、气候和土壤、居民和社会风俗、农业经营状况、主要农作物的种植面积及生产、自耕农的比例和佃耕情况、地价及土地买卖方法、租税杂费、主要谷类的贸易情况、农业劳动者状况、农具、农耕状况、畜牧状况、各地物价、农家经营收支、主要作物收支。该报告书与上一篇报告书调查地区大致相同,内容也有交叉之处,但更偏重农业方面,列举了各地的诸多数据,提供了更多细节。

例如,调查员关注了当地的农民构成、佃耕契约、农业用地价格、农业经营原则等等细节。他们认为,当地自耕农少,佃农及大地主数量多;佃耕合同的内容大多是每年口头约定,不承认终身佃耕这种形式,但耕种面积很大时,也会签订书面合同;农业用地的价格不能一概而论,因土地位置、土质的优良差异、出产状况、谷类售价、村庄贫富、金融发展、交通便利等因素而有所不同;当地的谷类交易系统和当地农业经营以自给自足为原则;随着齐克线铁路的开通,该地农作物的内部市场需求得以增加,其外部市场需求也扩大了。

报告书从播种、培土、除草、收割四方面介绍了当地的农耕情况,认为当地畜牧业处于非常不成熟的阶段。随后,用列表的形式介绍了当地的主要物价、居民的衣食住行、农户经营收支、农作物栽培收支情况。并在附录中提及,原本讷河县农产品丰富、人民生活富裕,但受战争及地方治安影响,农民深受其害。

4.《大豆统管给北满农村带来的影响——克山县程家油坊屯实况调查报告第二编》

该报告书完成于1940年,共分为4章,分别介绍了调查地点程家油坊屯的概况、主要农产品的生产、对主要农产品的处理、克山县境内主要农产品上市情况。调查始于1939年,在以大豆统管为中心的战时经济背景下,利用个案分析的方法,从主要农产品的生产、处理、上市三方面考察大豆统管对农村的影响,认为战争时期统管大豆产生的影响如下:农村大豆自给化的倾向和自给作物商品化的倾向出现;为了抗衡这种统管制度,1940年初出现了农产品种植转换的趋势。

5.《横跨北部大兴安岭的调查报告书》

该报告书完成于1935年,内容包括两大部分,即实地调查报告和调查日记。调查报告由9部分组成,包括概要、调查日程、地势、交通、居民及其生活状况、产业、国境警备状态、走私状况、森林。调查日记则记录了调查员从海拉尔至嫩江约40天调查过程中的经历与感受。

调查员的行程主要是海拉尔至奇乾、ブイストラ①河沿岸、甘河沿岸三片区域,途径的村庄当时多以俄语或少数民族语言命名。报告书介绍了沿途的陆路、水路、航行标识情况,以及当地人种与人口、额尔古纳河沿岸地区、三河地区、金矿区、鄂伦春族的情况。产业方面,三河地区的农业、黄油生产、畜牧业很有名,兴安省、北分省有金矿可开采,额尔古纳河沿岸渔业发达,狩猎是奇乾附近及奇乾以东山区的产业。当地靠近中苏边界,(中方)国境警备力量不足。额尔古纳河沿岸地区靠对俄贸易发展起来,从1881年至1929年间,当地的走私贸易经历了由兴到衰的过程。森林状况方面,报告书描述了森林面积及相应木材资源储量、树种及其混杂比率、树龄、树种分布状况、利用状况、主要阔叶林的生长状况。

6.《绥芬河区域农业调查报告》

该报告书完成于1933年,分为三部分,介绍调查地区概况,具体考察了绥芬河、小绥芬河的农业状况及宜居情况。报告内容来自各种公共机关的数据,或者对农民的访谈资料。

该地区当时隶属于吉林省(今为黑龙江省辖区),位于俄国与伪满洲国的交通要塞,在政治、经济方面有重要影响,但由于汉族移民未大量迁入,农业不发达,一般产业呈现萎缩趋势。报告书首先介绍了绥芬河的概况、气象状况、当地户口及财产、土地占有情况、粮食税及产量、阜宁镇情况、绥芬河的朝鲜人、当地禁止种植罂粟情况、榨油厂概况等。随后,从概况、满洲人农业情况、朝鲜人农业情况、货物输出情况方面介绍了小绥芬河的状况。

7.《黑龙江省讷谟尔河、呼裕尔河流域农业调查报告书》

该报告书完成于1934年,记录了嫩江支流讷谟尔河及呼裕尔河沿岸的农业状况。报告书首先介绍了调查地区的位置及区域和调查行程,随后在正文中用18节介绍了如下内容:地形、河川及排水状况,地质,气象状况,度量衡和土地面积,市场和交通运输,当地运输材料及其数量,当地都市和农村的概况,调查村庄状况,农业状况,当地前景好的作物,佃耕惯例,与农户有关的税收,物价和租金,农户的家庭收支状况实例,相关各县概况,当地水田的需水量,地区内适于用作水田的土地,对当地未开垦土地及其开垦方法的考察。

该调查的目的是考察当地的实际状况与开发价值。由于天气原因,调查员没有足够的时间调查沿途村庄,调查主要在市镇及其附近地区展开,并在报告书中使用了调查地区各县公署及日军守备队的气象资料等数据资料。调查员认为,调查地区的农村极为衰败,抛荒了大约六成以上的耕地,开通铁路的市镇尚有经济发展,而未通铁路地区则是农村经济凋敝、商业不振、小型工业凋零。尽管如此,调查员认为当地有适合耕种的土地和灌溉水源,具有移民前景,并考察了当地的未开垦土地,设想了具体的开垦方法。

8.《三江省绥滨县农业调查报告书》

该报告书完成于1936年。调查地区黑龙江省绥滨县位于中苏边界,无论对于当时的伪满洲国还是日本,都具有重要的国防意义。调查目的是了解该县是否适合农业机械化开垦。调查队由12位调查员、2位翻译组成。调查队员首先收集了县政府保存的相关调查资料,随后以县城为中心,乘坐货车在县内各地展开实地调查。调查员分头收集"机械化农业"、"机械化

---

① 河名,具体译名经查未果,日语罗马字读音为 Buisutora。

农场"、"工业方面"、"一般农业"、"土地改良"、"运输方面"六个方面的资料,最后在这些资料基础上完成了该报告书。

报告书分为三章,即一般情况、农业状况、运输情况。首先介绍了当地的地理位置、地势、气候、土壤、历史变迁、面积/人口/户数、水灾状况和治安状况,随后详细介绍了当地的农耕状况、农户经济关系、农产品的生产量和消费状况,最后介绍了绥滨县运输概况(陆运和水运)、船舶贸易概况(客运、货运、小麦粉贸易)、船舶客运及货运运费、轮船以外的运输机构情况。调查员认为,当地未开垦的土地肥沃但开发不足,九一八事变后农村处于荒废状态。要开发当地闲置的肥沃而广袤的土地,需要建设松花江治水工程,并在该县铺设铁路。此外,如能解决匪患和水灾,开展机械化农业是最适合当地的开垦方式。

9.《乌吉密河、延寿、一面坡附近的农业调查报告》

该报告书完成于1934年,记录了黑龙江省珠河(今尚志市)、延寿两县的农业情况。调查资料一方面来自对农民的访谈,另一方面则源于从官方获取的资料。报告由17部分组成,除序言和结语外,还介绍了调查地区的地势、气候、面积、主要城市一览、两县各区人口与户数、调查村庄的户数及家禽概况、当地朝鲜人情况、农作方法和度量衡、农作物产量和地价、土地买卖价格、农业劳动力的工资、佃耕关系、租税、衣食住行、食物市价的情况。

通过考察上述各项内容,报告书最终关注的是当地对于日本开拓海外殖民地的价值。调查员指出,由于治安不佳、农作物减产、谷价下跌等原因,当地耕地抛荒情况较多,可用低廉价格购买抛荒土地,认为日本人可以以小家庭形式移民,但不适于大规模的集体移民。

10.《齐齐哈尔—甘南沿线农业调查报告》

该报告完成于1934年,调查了齐齐哈尔—甘南沿线的农业情况。调查区域位于大兴安岭入口,跨越龙江、甘南两县。调查历时约20天,调查员感受到的主要不便之处是:村落行政单位不统一、当地的村庄领袖受教育程度低。报告由21节组成,具体介绍了调查线路的地理情况和居民的社会习惯、气候及土壤、村庄的户口/职业内容以及聚集形式、耕地和未开垦地的情况、地价、租税、土地占有情况及农业的经营规模、佃耕状况、农业金融、农业劳动、主要作物的种类以及种植情况、农具、农业季节、农耕情况、家禽的分布和买卖、森林资源和渔业、居民的衣食住行、当地的市场关系、主要城镇的物价情况、农户的经营收支和各种作物的种植收支,以及作为日本海外移民地点的价值。

报告书指出,当地尚未形成高级社会关系,但聚居村庄保持着密切联系;经济虽然以自给自足为主,但也混杂着相当程度的交换关系,并关注到天主教成为地方文化指导力量的情况。此外,报告书还具体描述了当地农业经营及农户生活状况。由于积雪和时间不足等原因,调查员未能详细考察当地是否适宜移民,但明确指出,当地作为移民适宜地的价值谈不上很高——虽然待垦地很多,但小村庄分布广泛且平均,不仅没有太多余地容纳外来人口,土质也谈不上肥沃,农业经营方式只有在旱地耕种谷类作物。

11.《泰来县、扎赉特旗、兴安岭脚下、龙江县农业调查报告》

该报告完成于1934年,调查受日本关东军委托,历时60天。调查区域为黑龙江省齐齐哈尔西南部、泰来县、扎赉特旗、布特哈旗的一部分、龙江县的一部分,调查目的在于了解这些地方的农业资源和适于移民的地方。调查期间遇到的主要障碍如下：(1)与军队同行,不便于收集某个旗或县的充足资料,(2)兴安省施政方针没有确立,(3)村民多是文盲,(4)相关调查记录少,(5)委托其他部门调查员收集的访谈资料漏洞百出、残缺不全。

报告共分为17章,介绍了调查行程、途径地区地理概况及旗/县的一般概况、土地所有权问题及其对策、土地利用分布和未开垦土地的开拓方式、各村户口调查及车辆和井的数量、气象、农产品生产、物资移动现状及预计会出现的过剩、农耕方法、农业经营、农业金融及通货、地价、物价、畜牧业状况、林业状况、农家经济状况、度量衡及土地面积。

与一般农区相比,调查地区的特殊之处在于当地是汉蒙混居地区。九一八事变前,土地归蒙古王公所有,由王族管理,拥有土地的王族把土地出租给佃农,形成佃耕关系。本旗人可以借用王公的大片土地而通常不交地租,而外旗人租种土地需支付低廉的地租。伪满洲国建立后,当地依然延续王族土地所有权及佃耕惯例,新规定尚未实施。时有通过买卖将土地所有权由蒙古人转让给满人的情况,由于收成不足以纳税,听闻有人抛荒耕地而逃亡。调查地区的土地分为农耕地、湿地、放牧地等。调查员认为非农用地的开发价值有待确认,应着重开发交通便利地区;当地森林地带木材储量丰富,但运输成本高。

12.《依兰县、勃利县地方农业调查报告》

该报告书完成于1934年,调查区域是当时的吉林省依兰县、勃利县(今属黑龙江省),内容主要涉及当地的农业经济状况。报告书由19节及结论构成。与前几篇报告书结构类似,具体介绍了当地的位置/地势、面积/户数/人口、气象/土壤、治安维持状况、教育/宗教/卫生、农业概况、家畜/家禽、农业劳动状况、佃耕惯例、租税及税率、地价、物价、农民的衣/食/住、主要农产品产出额及县内消费额、三姓①粮谷库存数量、工业、交通、可否发展移民事业。

根据报告书内容,当地居民以满人为主,外来的朝鲜人也在增多;当地是吉林省治安最不理想的地区,以谢文东②为首的地方抗日武装是日本人的潜在威胁。两县有很多地方禁止土地买卖,为达到日本政府的农业集体移民目的,东亚劝业公司于1934年着手进行土地收购。由于土龙山事件③爆发,土地收购暂停。两县在农业上拥有较好的条件,土地肥沃,而且符合伪满洲国建设的原则条件,有希望成为日本的移民地。但据移民的反馈,由于抗日武装影响、交通不便、农产品经济价值低、生活设施不完备,移民成效极度不佳。报告书最后指出,修建铁路可以解决农产品价格、打击抗日武装等问题,该地不仅土地丰饶、有美好前景,如能采取一些措施,还可以容纳更多的移民。

13.《农安、扶余地区一般经济调查报告》

该报告书完成于1934年,介绍了吉林省农安、扶余的经济、社会状况。由于连降暴雨,两地的农村调查未能深入展开,尤其是扶余调查部分,调查员只到了县城。报告书分为两大部分,即农安县和扶余县的情况。

---

① 依兰史称三姓,是满语ilanhala(依兰哈喇)的汉译,依兰是"三"的意思,"哈喇"意为"姓"。
② 谢文东(1887—1946),原名谢文翰,满族,曾于1934年3月领导土龙山暴动。
③ 土龙山事件,1934年3月8日,因不满日方强行低价收购土地,谢文东、景振等领导农民暴动,攻陷土龙山,之后在太平镇、九里六屯等多地予日伪军以重创。

　　农安县从概况和经济情况两方面展开。概况部分包括位置/地势/人口、沿革、交通、治安状况。农安地势平坦,大体适合农耕,治安尚可。调查员特别提到该县居民的对日情感:九一八事变前强烈排日,但在调查期间热情对待调查团。经济概况,则主要介绍了财政、农业、工商业、金融方面的详细情况。当地农业、畜牧业繁盛。县内土地均为蒙地,原属蒙旗管辖,因清末民初的蒙地开放政策而开放土地。农安曾是当地的物资集散市场及通货市场,商业繁荣,但在日俄战争后逐渐衰败。当地工业发达程度低。流通多种货币,金融机关、银行仅为中央银行农安支行,民间存款少,农民贷款为春耕贷款。

　　扶余县介绍也包括概况和经济情况两方面。概况部分包括位置/地势/人口、沿革、交通、治安状况。当地地处平原,土地肥沃,适宜农耕,治安状况一般。经济状况方面,介绍了当地的财政、农业、渔业、金融、商业、工业,以及新京(长春)—大宾线铁路开通对扶余县城的影响。扶余财务局征收地方税和国税。土地原属吉林八旗,禁止买卖,还有免税特权,自清末起允许土地买卖及征收地税。当地渔业繁盛,是主要产业之一。流通多种货币,金融机构为银行、当铺。当地地理位置优越,水陆交通方便,商业潜力大。县内工业为旧式传统工业。新铁路的修建会形成新的市场区域,对扶余县城不利。

　　14.《农安、扶余地方农业调查报告》

　　该报告书完成于1934年,与上篇报告书的调查区域相同,但侧重于当地的农业状况。由于调查期间连降大雨,又有抗日武装的影响,调查未能深入开展。

　　报告分为20个部分,首先介绍了调查概况、调查队构成、调查行程,以及单位换算,随后介绍了调查区域的位置和地势、基本概况、人口数量、气象概况、土地利用状况、农耕状况、农耕季节、主要作物种植面积、主要作物产量、主要作物单位面积应有产量及播种量、佃耕惯例、地价、税和税率、家畜数量及饲养费用、渔业状况、存货状况,以及物价。与上篇报告书相比,该报告书概述了两县整体情况,并以数据的形式提供了更多关于当地农业生产方面的细节。

　　15.《敦化、额穆地区农业调查报告》

　　该报告书完成于1933年。调查地区敦化是吉长、吉敦铁路上的主要站点,也是产业交通要塞,但从敦化到旧县城额穆的村庄尚未进行产业开发,并且当地农村还没有行政、产业方面的完善规划。调查旨在了解吉林敦化到额穆沿线农村基本情况和农业状况。调查时间约为两周。

　　报告书共分为20个部分。首先介绍调查概要,随后介绍当地状况、气象、土地面积及度量衡、敦化县概况、财政状况和税收额、城市概况、村庄概况、土地占有及农业经营、佃耕惯例和地租、耕作方法、各类农作物产量、治安和警备状况,接下来具体展示了农民负担的税收及其他租税、地价、谷类价格、劳动力报酬、金融和副业、衣食住行及其他消费,最后介绍了居住在敦化的朝鲜人情况。

　　当地交通条件较为便利,适合耕种水田。居民多为满人,其次为朝鲜人。九一八事变后,谷类价格下跌,各种租税额明显减少。敦化是吉林省中部的物资集散地。额穆以前是旧县城,其附近原为旗人居住地。1907年后,很多土地被汉族农民占有,双方地位发生了变化。佃耕契约大多数为口头协议,但也有文件协议。契约每年签订一次,地主租给农民房屋、马、马车,然后分益,地租基本用粮食缴纳。壮丁团、警察以及驻守在各地的军队征收占据了大部分农民负担。由于多种原因,当地土地价格下跌。农村几乎没有金融活动,也没有专门的金融从业者,少数人在亲戚朋友间进行金融活动。朝鲜人从50年前起迁入此地,且逐渐增多,迁居的朝鲜人多从事农业。

16.《关于吉林省间岛地区①珲春、凉水泉子等地方的农业调查报告》

该报告书完成于1934年,主要考察了以朝鲜农民为主要居民的吉林省间岛地区的农业状况。九一八事变后,当地的朝鲜农民成为反日战争的牺牲品,外出避难者甚众。为了恢复当地秩序,日方采取了维持治安、新建聚居村庄等手段,农民逐渐返乡务农。调查区域包括三县七乡,分别是珲春县的兴仁、首善、勇智、德惠四个乡,汪清县的春芳、春华两个乡,以及延吉县的志仁乡。

报告书分为17节,首先介绍了调查概况,随后介绍了当地的历史沿革、地理概况和治安状况、气象状况、度量衡和土地面积换算、调查地区的农家户数/人口/土地所有比例/家畜数量、所经村庄的总户数/人口/农家户数/家畜数量/车辆数量/种植面积、地价、和农业有关的税租公课、当地农业经营状况、所经村庄的农业经营状况、佃耕惯例、农作物种植面积/种植比率/城镇产量和总产量、主要物价和市场关系、农耕情况、大米种植情况,最后讨论了聚居村庄对当地的重要意义。

当地居民多为朝鲜人,其次是满人。受治安状况影响,土地很廉价。土地多由满人占有。满人中地主、自耕农的比率较高,朝鲜人中佃农的比率较高。地租全部用实物缴纳。佃耕时间大多为一年,基本上不存在永久佃耕权。每年地主和佃农之间订立口头契约,并不另外交换契约书。调查地区的农作物交易市场有珲春、密江、凉水泉子以及图们。通常,农民的生活自给自足,将剩余的农作物运到市场。因朝鲜农民迁入较早,水田开发也相对较早,但农业生产并不发达。九一八事变后,避难的朝鲜农民生活难成为重大社会问题。朝鲜总督府为了强迫这些朝鲜避难农民返回居住地,设置了聚居村庄,有效地使朝鲜避难农民回到了居住地,对确保附近的治安、产业开发等方面大为有利。之后又得到日本军部支持,在伪满洲国实行聚居村庄计划。

17.《上旬子—明月沟铁路沿线经济调查报告》

该报告书完成于1938年。调查区域位于长白山麓,调查内容为修建铁路所需的地形、资源、产业及经济状况。调查目的是选定适合当地情况、较为经济的路线。调查在军队掩护下开展,共持续55天。报告书分为四节,包括势力圈内状况、客货数量预测、结言和参考资料。

报告书具体介绍了铁路影响范围的预测面积和人口,大致以长白山为中心。当地的农耕方式原始,气候、水土适合耕种,而不适合发展畜牧业;公路交通较为完备。随后介绍了当地的商务贸易情况与货物运输状况,指出了当地商务贸易的重点,对当地的物资运输线路加以分类。预计修建的铁路是产业开发铁路,在政治、军事方面使命重大。调查员根据居住人口及预

---

① 间岛地区,指图们江以北、海兰江以南的延边地区,中国方面并无此称呼,日本侵华时期被用于蚕食中国领土,伪满洲国曾于此设立间岛省。

计迁入人口数量推测了铁路影响范围内的旅客数量;根据干线影响范围与海港、其他交通机构的关系,推测了铁路影响范围内的货物数量。此外,报告书还提到调查区域具有开发价值的资源:森林、矿产、农产品。

18.《龙井—茂山线经济概况调查报告》

该报告书完成于1938年,调查了东部铁路计划龙井①—茂山②之间的情况,以明确修建铁路所需要的沿线地区经济概况,从而制定相应方针。预计修建的铁路是连接已有铁路的支线,调查区域位于延吉线西南部与和龙线西部地区,调查为期17天,记录了调查员期间听闻的情况。报告书分为7章,包括自然及人文、交通运输及通信、农业、畜牧业、工业、商业及物资流动状况、龙茂计划线路客货数量预测和结语。

当地位于丘陵地带,属大陆性气候。居民以朝鲜人为主,其次为满洲人和日本人。当地已形成聚居村庄,治安基本恢复。九一八事变后,当地铁路交通发展迅速,公路交通有待完善,可用水流运输木材。当地的主要产业是农业,可耕地相对少,但土壤肥沃。农业处于自给自足状态,尚未达到商品生产状态。但调查员对开发当地农业持乐观态度,也认为副业养殖具有前景。当地工业基础薄弱,调查员认为大型工业将带动铁路沿线各项产业的发展。调查区域处于良好的商贸地带,龙井是邻近地区的贸易中心,而茂山不仅是图们江上游朝鲜境内的物资集散市场,也是物资输入伪满洲国一些地区的门户,合法贸易及非法走私的情况均有。报告书最后指出,在伪满洲国计划开通的各条铁路线沿线地区中,当地经济状况最好,预测客货数量较大,是公认最能实现经济利益的铁路。

19.《京大、洮大沿线地方农业调查报告》

该报告书完成于1934年。主要调查了新京(长春)—大赉③、洮安④—大赉预计铺设铁路沿线地带的农业状况。调查区域包含农安县、郭尔罗斯前旗、乾安县、大赉县、安广县、洮安县。调查的主要目的是寻找日本移民的宜居处。报告共有12章,包括调查地区现状、土地利用情况、土地买卖惯例及地价、农耕方法、农业经营、农户的住和食、家畜饲料及其他、农村金融、农产品交易状况、物价、与农业相关的租税和费用,以及结语。

调查地区地处平原。当地居民多为伪满洲国人,但自1933年底起,洮安县的蒙古人、朝鲜人显著增加。土地买卖通过中间人交涉,成交后要确立数名担保人,由代书人写土地出售契约书,买方用货款交换土地执照。随后,买方把土地执照和契约书一起交到县公署,缴纳一定金额的税,拿到新的土地执照,便获得了土地所有权。农业经营包括自耕、佃耕以及分益,合作和承包等情况少。农村住宅均是平房。人们的主食以小米为主,高粱和黍为辅。当地主要的农村金融机构是位于各县中心的粮栈、烧锅、油坊等,九一八事变后金融市场萎靡,上述机构运行不佳。根据调查结果,报告书指出,调查区域有三个地方适合日本移民;此外还提出了不适合日本移民地区的发展策略,以便改善当地农民的贫苦生活。

---

① 位于吉林省东南部,隔图们江与朝鲜相望。
② 位于朝鲜北部,铁的主要产地,邻近中朝边界。
③ 黑龙江省原辖县,位于原黑龙江省南部,嫩江下游右岸,今属吉林省大安市。
④ 今吉林省白城市洮北区。

三、使用本卷资料时的注意事项

通过阅读本卷所收录的调查报告书,读者可以了解九一八事变后黑龙江、吉林的概况及日本满铁农村调查资料的细致程度。但仍有以下注意事项,需要提醒专业研究者在使用资料时特别留意:

1.上述报告书可在一定程度上代表当时日本调查机构的调查水平,但以今天的学术要求来看,其分类体系、数据准确程度、访谈资料可信度等,均有值得商榷之处。

2.有些报告书中有描述不明确或者混淆之处(比如调查报告中的国币是指伪满洲国的通用货币,但是涉及中俄边境贸易时用了美元),需要与同时代的其他资料进行比较,确认其准确性。

3.报告书由日本调查员从日方视角出发撰写,整体是服务于侵华目的的,其中叙述不当之处,我们已经做了调整,读者在阅读和使用时,需保持客观、理性的态度。

张晶晶

2017 年 12 月

总 目 录

经济资源调查报告书第 87 号

黑龙江 9 号经济第 5 号

一般经济调查报告
——龙镇县、瑷珲县、奇克县、乌云县、逊河县

㊙

经济调查会第一部

调查员 小泉吉雄

助 手 川崎笃则

翻 译 加纳忠一

前 言

本调查报告是自昭和 8 年①11 月 5 日至次年 1 月 19 日,驻扎于齐齐哈尔的第 14 师团军需用水调查队第 8 班经济调查班成员在踏勘地的资料汇总报告。时值严寒之际,故毋庸置疑,此次调查伴有极大的困难。本调查报告虽尚有诸多不完备之处,但承蒙军队的热情相助及全体调查人员的协助与配合,使得此次调查得以顺利完成,实感庆幸。正值近来需要北部国境地区的情况介绍,本调查报告若能为公司等各方提供些许帮助的话,我们将不胜荣幸。另,调查队主要成员、行程如下所示:

一、调查队成员

队　长	工兵第 14 大队	第 1 中队长	江渊庸恭
调查员	水质调查班	关东厅技师	小黑良夫
地质调查班	满铁地质调查所	森田日子次	
	资源调查班		
	一般经济	满铁经济调查会	小泉吉雄
	农业资源	满铁经济调查会	田中义英
	助　手	满铁经济调查会	川崎笃则
	助　手	冈村笃太郎	
	翻　译	冈村笃太郎	加纳忠一
其余	下级士官及士兵 35 名		

二、往程

11 月 5 日从齐齐哈尔出发→北安镇(逗留 5 日)→龙镇(逗留 8 日)→二站(逗留 6 日)→四站(逗留 1 日)→尧屯(逗留 7 日)→霍尔莫津(逗留 7 日)→奇克特(逗留 1 日)→车陆(逗留 1 日)→上道干(逗留 1 日)

三、返程

12 月 25 日乌云出发→常家屯(逗留 1 日)→上道干(逗留 1 日)→车陆(逗留 2 日)→奇克特(逗留 7 日)→乾岔子(逗留 1 日)→逊河(逗留 2 日)→霍尔莫津(逗留 1 日)→黑河(逗留 2 日)→霍尔莫津(逗留 2 日)→郑家窝堡(逗留 1 日)→二站(逗留 1 日)

---

① 译者注:公元 1926 年 12 月 25 日,日本裕仁天皇即位,改元昭和,昭和 8 年即公元 1933 年。

→老龙门(逗留1日)→龙镇(逗留1日)→北安镇(逗留2日)→1月19日返回齐齐哈尔

另外补充一下,本报告书的度量衡单位、换算率如下:

度量衡及面积单位

一、度量衡

木尺　1尺　=(日本曲尺)1尺4分

裁尺　1尺　=(日本曲尺)1尺1寸3分

营造尺1尺　=(日本曲尺)1尺5分

1　俄　尺　=(日本曲尺)2尺3寸4分

1　　斗　=(日本量斗)1斗8升

满洲国[1] 1斤　=(日本斤)140匁8厘

俄罗斯1斤　=(日本斤)109匁6厘

1　布　度　=(日本斤)4贯383匁

二、面积单位

1　　弓　=(日本)27.04平方尺

1　　亩　=(日本)216坪

1　　晌　=(日本)7.21反

1　方　地　=(日本)32.445町步

---

[1]　编者注:伪满洲国系九一八事变后日本在中国东北地区扶植的伪政权,立前清退位皇帝溥仪为"国家元首",实际控制权力仍掌握在日本手中。在近14年的统治期内,建有一整套的包括年号、官制、行政区划、货币、度量衡等在内的政权制度,为呈现档案原貌,本书沿用日文表述。

目　录

第一节　本地区开垦过程

在清朝以前,本地区的居民主要是达呼尔(或称为打虎尔)和鄂伦春族人。从中国南北朝时代(公元386—589年)开始,以西部的呼伦贝尔、南部的绰尔河、东北部的绰尔河河口至黑龙江沿岸瑷珲一带为边界,室韦族人(达呼尔的祖先)就居住在呼伦贝尔以东一带及从石勒喀河、额尔古纳河两河的交汇处至松花江与黑龙江交汇处以及黑龙江沿岸地区一带。而鄂伦春族人则居住在呼玛县、漠河县(胡玛尔河沿岸)、瑷珲县、龙镇县、嫩江县(嫩江上游)、额尔古纳右翼旗(伊勒呼黑阿林山岭)一带。在我们的调查区域内,有一户达呼尔族人及三户鄂伦春族人居住在车陆。此外,约有780名鄂伦春族人居住在车陆毕拉尔协领公署管辖区域内(以毕拉尔河为中心的地方)。

虽无法确切得知达呼尔族人于南北朝时期在此地建立的生活关系,但有相关记录表明其祖先室韦族中的一部分人曾在瑷珲及布拉戈维申斯克①附近一带居住,且有以下相关文献记载。如"以狩猎及渔业(用网)为生,用鱼皮来制作衣物","有记录表明他们曾驯养马匹及其他家畜,且在唐朝时期他们被称为大车室韦,这表明他们曾拥有大型车辆"(《黑龙江省》115页)。虽无相关记录说明这些车辆是否用于农业,但"达呼尔族作为古老民族室韦的后代,从最初出现在历史上就被认定为农业民族……达呼尔这个名称对过着流浪生活的索伦族而言,仅仅是农夫的意思"(《黑龙江省》116页)。如果以上说法可信,那么达呼尔族就可以被看作是进入了摩尔根所说的野蛮时代。并且,他们与仍处于蒙昧时代的鄂伦春族相比进入了更高的经济阶段。就这一点来说,即使通过对比两族现在的生活关系也能体现出来。

虽无相关资料记载经过金、元、明等朝代,他们两族是如何阶段性地发展的,但在清朝迁都至北京(1644年),制定中国本土政策并着手进行满洲北方经营之际,"黑龙江畔的达呼尔人以村落的形式居住,并且某些村落还布置了防御工事。地处黑龙江左岸的雅克萨就是其中之一。该地的建筑物都是木结构的,且建筑物的周围都有木质的围墙"(《黑龙江省》129页),而与此相对,同时期的鄂伦春族依然过着流浪的生活。

达呼尔族和鄂伦春族曾一度维持着古代的、原始的生活关系,但在1600年代俄国势力的南下,促进了满人和汉人两个民族向这个地区移居,也由此带来了封建的生活关系。这种封建的社会关系的移入在后文也有所叙述。奇克县、乌云县封建生活关系的建立相比瑷珲县晚,但总而言之,北满洲北部地区封建生活关系的移入是以俄国势力的南下为契机的。自从1651年俄国占领雅萨克市,并南下至黑龙江下游及松花江一带,致使清朝积极推进边境政策。并于

---

① 译者注:即海兰泡,1858年前为中国领土,1858年清政府与沙俄签订中俄《瑷珲条约》,割让予沙俄,并被改名为布拉戈维申斯克。

1684年建立了瑷珲市,于1686年建立了墨尔根市(嫩江)等城市,甚至开通了军路兼邮政街道。与此同时,向各市输送满洲旗军、汉军旗人及其家属。且为保证水陆两路货物、包裹、人员的运输及维持渡河点及驿站的运作,向当地发配流放的汉人来充当劳动力。他们成为满汉人移居的先驱,随之移入的还有封建生活关系。这种倾向经《尼布楚条约》(1689年)和《瑷珲条约》(1858年)的签订及允许汉人自由移居政策施行之后变得日益繁盛,与此同时也促进了最终导致封建社会崩溃的物质基础的成熟。

注一:关东铁道的开通(1890年)也是导致移民增加的原因之一,多为直接促成了铁路沿线居民的增加。

然而由于义和团事件,导致俄罗斯占领了黑龙江右岸地区,为了避难,满人、汉人都四散到了各地。当时,一部分满洲族人为了避难,作为开拓者开垦了瑷珲县尧屯、郑家窝堡,在我们所调查的区域内这两个县开垦的历史是最悠久的。然而,奇克县、乌云县的开垦史与瑷珲县相比明显较短。现在针对其中的原因进行研究后,发现当时的政治中心在瑷珲,奇克县和乌云县因此长久未得到重视。且在光绪三十二年(1906年)虽渐渐兴起设置东道台,但道台的满洲人不希望汉人移居于此。而当时的社会、政治、经济的种种条件也允许这样的情况发生。因此,在民国前都看不到满、汉人移居此地。龙镇县也同奇克、乌云县一样,因其不是政治上的要地而未被重视。日俄战争期间,在奉天、吉林省居住的汉人往北方迁移,加之邻接的拜泉、通肯县土地开垦尚不成熟,除若干居住在山中的鄂伦春族人外,直到民国时期这里还是一片广漠的荒地。

过去我们经过的地方,除尧屯、郑家窝堡外,其开垦史都很短。因此不得不说这些地方现在的半封建生产关系移植、树立的过程也是很新的。正如上面所说的,由于开垦过程及其历史的简短,鄂伦春族人现在仍保持着一种野蛮时代的生活方式。尤其被认为是最早的农业人种的呼达尔人,现在全部汉化了,在半封建的生产关系中保持自己的方式生活着。该地区的社会经济构成用一句话来形容的话,就是"尽管其生活上有像鄂伦春族人一样的生活方式存在,但可以说已经半封建化了"。

在民国以后的半封建生活关系的移植和树立过程中,移民起到了最大的作用。基于这一点,我们打算对其移民过程进行若干研究。

民国以后,中国政府为了促进黑龙江省的开发,制定了黑龙江省土地清丈规则、黑龙江省权民规则、黑龙江省招垦规则,并积极出台吸收移民的政策。同时,关于招垦规则,在齐齐哈尔设立了开垦者募集中心,在给到来的移民提供便利的同时,为了招来移民,将招垦规则印刷后,分发给奉天、吉林、直隶、山东、河南各省,甚至向各地派遣宣传员等等。此外,还公布如果移民凭自己的力量招来另外10名移民,就会被任命为户长;招来100名以上就会被任命为屯长。此外,只要有一把犁就认同其享有开垦官有四方地的权利。针对各种生产方式制定了不同的土地开垦奖励政策。与此同时,对于由财团或公司等进行的集体性质的土地开垦也给予奖励,但不仅仅局限于只要有一把犁就享有开垦四方地的优惠政策。

前文提到的是黑龙江省一般的招垦规则,而在我们的调查区域中可以看到龙镇县有更详细的规则(当然此规则并未保存在县公署,只能在俄亚丛书《黑龙江省》中看到)。总之,正如前文所说,在一般规则中对由公司进行的开垦活动制定了奖励政策。就此我们进行了一些调查,结果在龙镇县发现了相关的例子。在同一个县内有天字头井到天字十四井的同一系列名的村落,由于该地区曾是天乙公司开垦的,且开垦单位以井冠名。天乙公司是否属于官吏资本无从得知,但北满的开垦过程与一般无异,我们猜测是由官吏或土豪劣绅经营的。

我们只在龙镇县看到了由公司进行开垦的遗迹,而在其他地方大部分都是个人移民或同一地方的人进行的集体迁移。移民形态上的差异如上所述,而对于这些移民从何而来这一问题,我们得知大部分都属于满洲国内迁移。例如,在龙镇县孙家船口的 120 户人家中,直接从中国关内迁入的只有 11 户,其余大部分都来自黑龙江省南部、吉林省北部。

如前文所述,我们调查的区域是经过一系列的开垦规划活动建立半封建生产关系的。然而,确立这种生产关系的除了各种族及民族外,我们不得不特别提到作为旅行者来此地的人种。她们是居住在黑龙江沿岸的俄国妇女和日本妇女。前者大多数是在革命后逃离本国,或是和曾去俄国打工的中国人相识而后结婚的人。而后者多是在日本向西伯利亚进军时,随日军至前线,并在撤兵后和早先熟识的中国人结婚的人。

如上所述,本地区的历史很短,因此,人口少且大多数为农业人口,未开垦土地面积大。具体数据表示如下。

各县人口户数一览表

		户数	人口		
			男	女	合计
龙镇县	天字头井	106	297	347	644
	天字二井	116	348	245	593
	天字三井	119	369	285	654
	天字四井	164	499	375	874
	天字六井	38	98	56	154
	天字七井	49	140	88	228
	天字八井	84	249	203	452
	天字九井	191	554	464	1,019#
	天字十井	228	649	542	1,191
	天字十一井	105	325	287	612
	天字十一井	※47	不详	不详	170
	天字十二井	91	239	209	447#
	天字十三井	※204	※670	※454	※1,124
	天字十四井	53	183	137	320
	务字头井	107	328	217	545

续表

		户数	人口		
			男	女	合 计
	务财 字二井	54	172	108	280
	务财 字三井	290	115	75	190
	训字头井	65	197	179	376
	训字二井	124 ※75	413 不详	281 不详	694 320
	农字头井	74	221	175	396
	考字二井三	123	467	336	803
	北安镇	519	1,499	889	2,388
	龙镇	335 ※550	935 ※不详	655	1,590 2,500
	第二乡	218	1,290	427	1,717
	东乡	27	80	34	114
	南乡	55	173	95	268
	北乡	12	39	15	54
	西乡	※30	77	39	116
	六马架	18	46	36	82
	合计	3,599	10,672	7,252	17,925[#]
瑷珲县	尧屯	55	149	96	
	郑家窝堡	62	220	280	500
	小桦树林子	20	57	33	90
	大桦树林子	63	不	明	320
	四季屯	43	166	138	304
奇克县	县城	356	942	495	1,437
	西石拉子				
	曹地营子				
	吴地营子				
	史地营子				

	户数	人口		
		男	女	合计
徐地营子	93	267	134	401
段地营子				
秦地营子				
百合山				
靠山屯				
第二区				
索地营子				
孔地营子	53	121	66	187
老西营子				
十八里岗子				
东小西丁子	101	243	142	385
西小西丁子	仅西 40	不详	不详	221
张地营子				
沂州屯				
双合屯				
二间房	123	278	132	410
车路西套子				
车路上套子				
车路西大沟				
压压汽屯				
车陆镇	123 仅在车陆地区	375	178	553
车陆镇各地营子	129	279	144	423
赵玉恒				
地营子				
车陆河湾				
高难屯	39	111	60	171
乾岔子	211 ※124	495 468	218 141	713

续表

		户数	人口		
			男	女	合计
	乾岔子 地营子	52	98	19	117
	老西窝堡	86 ※43	163 不详	63 不详	226 200
	嘎牛户	48	70	20	90
	小河屯	33	71	28	99
	何地营子	112 ※45	229 230	116 180	345 410
	哈达洋 嘎巴亮子 车地营子	92	170	108	278
	东霍尔莫津 西霍尔莫津	931 ※107	437 432	258 290	695 459#
	合计	1,730	3,974	2,000	5,974
乌云县	城区	※173	471	265	736
	单灯照	※141	363	198	561
	双灯照	52	107	74	181
	常家屯	53 ※51	152 150	84 84	236 234
	不拉罕	10	17	15	32
	同合镇	14	17	8	25
	孙官屯	32	65	37	102
	高家镇	20	40	24	64
	库尔滨	89 ※51	195 195	114 95	309 290
	雪水温	54	127	96	223
	葛厦子	7	36	9	45
	上道干	33 ※33	82 ※87	51 ※50	133 ※137
	稻田地	16	38	13	51
	培达屯	※42	92	93	185
	合计	736	1,802	1,081	2,883

续表

		户数	人口		
			男	女	合计
逊河县	县城	※174	566	276	842
	东新屯	28	82	68	150
	七站	31	92	39	131
	何华平屯	6	54	12	66
	哈拉气口子	34	100	57	157
	毛拉河屯	5	11	3	14
	大公河屯	32	109	67	176
	五家馆子屯	20	59	29	88
	宁家屯	33	101	52	153
	沾格达屯	24	77	36	113
	蒲拉口子屯	10	17	2	19
	小公河屯	9	48	17	65
	双河镇	50	202	68	270
	郑怀礼屯	10	62	12	74
	李双礼屯	10	53	26	79
	何义祥屯	46	141	72	213
	栖林屯	19	61	48	109
	西对头屯	21	75	44	119
	逊安堡	57	157	92	249
	珩瑯口子屯	28	75	44	119
	小丁子屯	20	56	41	97
	二龙山屯	26	86	68	154
	松树沟屯	37	124	88	212
	兴隆屯	30	102	83	185
	卧龙河	8	29	24	53
	鸟底河屯	24	91	67	158
	双河屯	22	66	10	76
	合计	814	2,696	1,445	4,141

备注:以上依据县公署调查,"※"表示为实地调查的结果。一个村落的调查结果若有两个数据,标有"※"的为实地调查的结果;若只有一组数据且标有"※",则表示县公署的调查结果和实地调查结果相同。另外,由于瑷珲县位于县公署所在地黑河的调查区域之外,故只登载了实地调查结果。

调查村落按职业分类户数调查表

	北安镇	龙镇	尧屯	西霍尔莫津	乾岔子	奇克特	车陆	乌云
农业户数	150	185	51	33 其中有6户 兼营工业	102	197	108	126
商业户数	139	22	4	6	15	47	15	22
工业户数	12	3	—	1	—	9	—	1
其他	218	125	—	3	6	105	—	24
合计	519	335	55	43	123	358	123	173

备注:以上数据由屯长提供。

各县面积及已开垦土地、未开垦土地比率一览表 　　　　　(单位:晌)

	总面积	已开垦土地		未开垦土地					
	总面积	面积	占总面积 的比例 (%)	可耕未 开垦土 地面积	占总面积 的比例 (%)	不可耕未 开垦土地 面积	占总面积 的比例 (%)	合计	占总面积 的比例 (%)
龙镇县	792,315	21,471	2.6#	631,833	79.7	139,011	17.7#	770,844	97.4#
奇克县	234,514	5,500	2.3	10,000	4.2#	219,014	93.5#	229,014	97.7
乌云县	433,386	820	0.2	18,500	4.3	414,066	95.5	432,566	99.8
逊河县	398,048	4,048	1	344,000	86.2#	50,000	12.8#	394,000	99.0

备注:县公署调查。

途经村落中的特种村落各人种户数人口一览表

	户数							
	汉人	满洲人	日本人			苏联人	其他 外国人	合计
	汉人	满洲人	日本 本土人	朝鲜人	合计	苏联人	其他 外国人	合计
尧屯	29—30	25—26	—	—	—	—	—	55#
霍尔莫津	不详	不详	—	—	—	—	—	107#
四季屯	—	43	—	—	—	—	—	43
老西窝堡	41	—	—	—	—	2	—	43
车陆	116	5	—	—	—	—	索伦族 人2户	123

续表

	户数							
	汉人	满洲人	日本人			苏联人	其他外国人	合计
			日本本土人	朝鲜人	合计			
常家屯	51	—	—	—	—	—	—	51
上道干	33	—	—	—	—	—	—	33
培达屯	—	—	—	42	42	—	—	42
尧屯	不详	292	—	—	—	—	—	不详。现在的满人人数依满人移动而定
霍尔莫津	229	493	—	—	—	—	—	772
四季屯	—	304	—	—	—	—	—	304
老西窝堡	149	—	—	—	—	11	—	200#
车陆	—	20	满人的妻子1位	—	—	不详	索伦族,人数不详	553#
常家屯	210	—	—	—	—	仅女性24位	—	235
上道干	32	—	—	—	—	仅女性15位	—	137#
培达屯	—	—	—	185	185	—	—	185

第二节　农业

本地区的开垦过程如前文所述,本节将就其农业展开详细说明。

(一)土地所有

本地区大部分为殖民区域,因而比较发达。且因其历史较短,故本地区的土地所有状况和南满地区相比大不相同。全村中没有土地的农户仅占三成,和南满沈阳县的五到六成相比甚少。另一方面,典型的大面积土地所有者带有明显的开垦地特色。如:龙镇最大的土地所有者拥有170晌,奇克特的拥有315晌。但如果从一般的角度去观察,我们不得不承认当地的土地划分还是相当详细的。

按面积划分的土地所有状况调查表

	训字九井		龙镇		郑家窝堡		奇克特		乌云		西霍尔莫津		平均	
	户数	比例（%）	户数	比例（%）	户数	比例（%）	户数	比例（%）	户数	比例（%）	户数	比例（%）	户数	比例（%）
无所有	29	25	63	34			43	22	90	52	8	26	46	34.2
不到 10 晌	57	49	6	3	20	56	95	48	83	48	14	45	45.8	41.5
10 晌—20 晌	17	15	12	7	7	19	14	7	0	0	8	26	9.6	12.3
20 晌—50 晌	12	10	57	30	8	22	29	14	0	0	1	3	17.8	13.1
50 晌—100 晌	1	1	26	14	1	3	11	6	0	0	0	0	6.5	4
100 晌以上	0	0	0	0	0	0	3	0	0	0	0	0	0.8	0.5
合计	116	100	185#	100	36	100	197	100	173	100	31	100	123	100#
最大数	100 晌		170 晌		80 晌		315 晌		6 晌		24 晌		123 晌	

备注：以上数据由屯长提供，主要依据地籍册。

通过以上概括性的陈述与上表详细的数据，可以看出没有土地的农户百分比这一项中，乌云县最高，龙镇、西霍尔莫津、训字九井、奇克特次之。最大所有面积为奇克特最高，乌云县最低。就不到 10 晌的小土地所有面积的百分比来看，除去龙镇县的 3% 外，为 45%—49% 不等。如此看来，乌云县的土地划分是最详细的。奇克特没有土地的农户的百分比最低，且最大数最高，不到 10 晌的农户占 48%。就土地划分的详细程度而言不得不说龙镇县是最低的。

但是我们不能否认，总的来说土地的细分化起着主导作用。另外，未在上表中列出的逊河县也存在很多在外地主。这是由于当时稽垦局把土地转让给奉天和哈尔滨的商人及富豪，而这一现象在新垦地中也很常见。

（二）土地利用

（1）经营面积

就土地利用来看，因土地所有者的细分化小规模经营占主导地位。也就是说 10 晌以下的小规模经营大约占七成以上，如乌云县不存在占有 10 晌以上土地的经营者。50—100 晌的经营者，在训字九井有 2 户，在郑家窝堡、奇克特有 4 户。100 晌以上的经营者，在奇克特仅有 2户（这 2 户中最大经营面积有 140 晌。）我们仅在奇克特发现有如此大的经营者，一般来说仍是小规模经营占主导地位。

以下将上述的经营状态以表格形式列出：

按面积划分的土地利用状态调查表

	训字九井		龙镇		郑家窝堡		奇克特		乌云		西霍尔莫津		平均	
	户数	比例（%）	户数	比例（%）	户数	比例（%）	户数	比例（%）	户数	比例（%）	户数	比例（%）	户数	比例（%）
不到 10 晌	85	73	129	70	110	56	157	79	173	100	24	73		
10 晌—20 晌	21	18	37	20	7	19	25	13	0	0	9	27		
20 晌—50 晌	8	7	19	10	8	22	9	5	0	0	0	0		
50 晌—100 晌	2	2	0	0	1	3	4	2	0	0	0	0		
100 晌以上	0	0	0	0	0	0	0	1	0	0	0	0		
合计	116	100	183#	100	36#	100	197#	100	173	100	33	100		
最大数	65 晌		30 晌		80 晌		140 晌		4.5 晌		20 晌			

备注：以上数据由屯长提供。

    如上表所示，小农经营占主导地位。对于同在黑龙江岸的奇克特和乌云县存在如此显著差异的原因，此处有必要简单说明一下。乌云县至民国 16 年为止，也曾有 250 晌至 600 晌的大经营者。但由于民国 17、18 年遭遇的两次洪水和民国 18 年中俄纷争之际苏联士兵的入侵破坏了农具器械，导致其经营规模缩小，如上表所示。

（2）农具

    土地利用状况如上所述，接下来将就农具方面进行说明。

    小兴安岭以南的地区大多使用传统农具，而黑龙江沿岸则到处都在使用器械农具。自刈自捆马申（收割捆扎机）、打场马申（脱谷调制机）、撒子儿马申（播种器）、打洋草马申（割草器）、洋犁（耕地器）等等为主要的机械农具。然而这些农具的动力均为马匹，故马匹的丧失直接影响经营的规模。如尧屯和郑家窝堡遭马占山部队的大肆掠夺，导致很多农户虽有新式农具但却不得不缩减其经营面积。这些新式农具不仅仅是所有者使用，而且经营 50 晌以上面积的农户若无新式农具也可进行租借。租借农具的一般市价为自刈自捆马申 1 日 3 圆（江洋），打场马申 1 日 15 圆。使用机械农具的农户多雇佣劳动力经营，有关这方面将在后文的阶级构成部分予以详细说明。

    现将不同面积的经营者所持有的农具种类及数量、价格等以表的形式列出仅供参考：

龙　镇

	不同经营面积所持有的数量			价格	使用年限	制造和修理者	
	60 晌	20 晌	10 晌			制造	修理
开荒犁	—	1	—		3—4 年	哈尔滨农具公司	哈尔滨农具公司
种犁	1	2	1			当地工人	当地工人
锡犁	2	—	—		2	当地工人	当地工人
小耘犁	—	1	1		5	当地工人	当地工人
菜园用镐头	4	—	—		5	当地工人	当地工人
铁锹	3	1	1		3	克山的工厂	当地工人
筒锹	2				2	克山的工厂	当地工人
刨茬子用镐头	2	1	—		3	克山的工厂	当地工人
小把镐	—				2	当地工人	当地工人
铁齿耙子	2		1		2	当地工人	当地工人
铁耙子	—				—	当地工人	当地工人
木头碌子	1	1	1		5	当地工人	当地工人
石头碌子	8	—	—			当地工人	当地工人
二齿镐	2	1	1		3	当地工人	当地工人
粪叉子	1	—	—		3	当地工人	当地工人
穤耙	1	1	1		3	当地工人	当地工人
拉子	1	1	1		2	当地工人	当地工人
点葫芦	—	—	1		3	当地工人	当地工人
把斗子	—	—	1		—	当地工人	当地工人
木掀	3	4	2		1	当地工人	当地工人
锄头	2	6	3		1	当地工人	当地工人
镰刀	5	5	3		1	当地工人	当地工人
木叉子	3	4	2		—	当地工人	当地工人
扫帚	3	3	1		1	当地工人	当地工人
晌耙	—	—	—		—3	当地工人	当地工人
扇车	1	1	1			当地工人	当地工人
筛子	1	1	1		3	当地工人	当地工人
箩子	—	—	1		2	当地工人	当地工人
簸箕	1	1	—		—	当地工人	当地工人

续表

	不同经营面积所持有的数量			价格	使用年限	制造和修理者	
	60 晌	20 晌	10 晌			制造	修理
碾子	1	1	1		1	当地工人	当地工人
磨	1	3	2		—	当地工人	当地工人
槡叉	1	1	1		—	当地工人	当地工人
筐箩	2	2	—		3	当地工人	当地工人
大车	1	1	1		6—7 年	当地工人	齐齐哈尔农车铺
铡刀	1	1	1		5	当地工人	当地工人
马槽子	1	2	1		5	当地工人	当地工人
腰子管箩	—	—	—		5	当地工人	当地工人
料斗子	1	—	—		5	当地工人	当地工人
竹扒子	—	—	—		—	当地工人	当地工人

备注:此数据为对各农户进行实地调查的结果。

奇克特

	不同经营面积所持有的数量			价格	使用年限	制造和修理者	
	150 晌	40 晌	15 晌			制造	修理
割地马申 大	1	1	—	700.00	不明	黑河农具公司	当地工人
割地马申 小	2	—	1	350.00	不明	黑河农具公司	当地工人
反地机	—	—	—	200.00	不明	黑河农具公司	当地工人
播种器	1			—			当地工人
脱谷调制器	1						当地工人
开荒犁	2	—	—	100.00	不明	黑河农具公司	当地工人
种犁	1	1	1	150.00	不明	黑河农具公司	当地工人
锡犁	4			25.00	不明	当地工人	当地工人
小耘犁	4	—	1	25.00	不明	当地工人	当地工人
菜园用镐头	1	1	1	2.00	不明	当地工人	当地工人
铁锹	2	1	1	1.00	不明	当地工人	当地工人
刨茬子镐头	—	—	—	不明	不明	当地工人	当地工人
小镐	—	1	—	1.50	不明	当地工人	当地工人
铁齿耙子	9	—	—	不明	不明	当地工人	当地工人

	不同经营面积所持有的数量			价格	使用年限	制造和修理者	
	150 晌	40 晌	15 晌			制造	修理
木头碌子	1	1	—	5.00	不明	当地工人	当地工人
石头碌子	4	4	2	6.00	不明		
二齿镐	1	—		1.50	不明	当地工人	当地工人
粪叉子	—	1	1	2.50	不明	当地工人	当地工人
穅耙	1	1	1	5.00	不明	当地工人	当地工人
拉子	—	—		不明	不明	当地工人	当地工人
点葫芦	1	1		不明	不明	当地工人	当地工人
把斗子	—	1	—	1.50	不明	当地工人	当地工人
木锨	2	2	1	1.50	不明	当地工人	当地工人
锄头	15	2	2	2.00	不明	当地工人	当地工人
镰刀	10	3	2	1.50	不明	当地工人	当地工人
韭菜刀	1	—	1	1.50	不明	当地工人	当地工人
铁叉子	2	1	1	不明	不明	当地工人	当地工人
木叉子	—	2	1	不明	不明	当地工人	当地工人
扫帚	2	2	1	50	不明	当地工人	当地工人
木扒子	1	1	1	不明	不明	当地工人	当地工人
赏耙	—	2		不明	不明	当地工人	当地工人
扬锨	2	2	—	50	不明	当地工人	当地工人
扇车	1	—	—	50.00	不明	当地工人	当地工人
筛子	1	2	1	3.50	不明	当地工人	当地工人
箩子	1	2	—	40	不明	当地工人	当地工人
簸箕	1	1	—	1.00	不明	当地工人	当地工人
碾子	1	—	1	1.50	不明	当地工人	当地工人
磨	2	—	—	50.00	不明	当地工人	当地工人
操叉	1	1	—	1.00	不明	当地工人	当地工人
操钩	—	—		1.00	不明	当地工人	当地工人
筐箩	—	1	1	50	不明	当地工人	当地工人
大车	3	2	1	60—100.00	不明	当地工人	当地工人

续表

	不同经营面积所持有的数量			价格	使用年限	制造和修理者	
	150 晌	40 晌	15 晌			制造	修理
筐	—	2	—	50	不明	当地工人	当地工人
抟子	—	1	—	1.00	不明	当地工人	当地工人
扁担	—	1	—	15.00	不明	当地工人	当地工人
铡刀	1	1	—	25.00	不明	当地工人	当地工人
马槽子	3	2	1	15.00	不明	当地工人	当地工人
料斗子	—	2	—		不明	当地工人	当地工人
耍杆子	—	—	—	50	不明	当地工人	当地工人

备注:此数据为到各农户实地调查的结果。"马申"是机器的意思,本地区人们把它写作"马申"。

上表出现的机械农具均为美国制造(多为"马克尔米尔克"[①]公司制造),从哈尔滨带入黑河,之后散发到各地。据说一时间黑河的农具商为了宣传,做起了农具分年偿还的销售工作。

(3)自耕兼佃耕情况

接下来根据土地利用状况来看自耕兼佃农的情况。

各农种的农户数及其比例一览表

	龙镇		奇克特		乌镇	
	户数	比例(%)	户数	比例(%)	户数	比例(%)
地主	5	3	4	2	6	5
地主兼自耕农	—	—	140	71	—	—
自耕农	100	54	无	—	80	63
自耕兼佃农	50	27	10	5	10	8
佃农	30	16	43	22	30	24
合计	185	100	197	100	126	100

备注:以上数据由屯长提供。

从表中可以看出自耕农和自耕兼佃农占绝大多数。和南满等阶级分化显著的地区相比,佃农的地位要低得多,仅奇克特县例外,地主兼自耕农的地位高。

另外,表中没有记载的是,在某些地区广泛使用雇佣劳动。即龙镇县仅使用了 25 名雇佣劳动力,乌云县仅使用了 35 名,而奇克特县却使用了 230 名雇佣劳动力。

---

① 译者注:原文是日语外来单词,应是美国的一家公司。

(4)农作物

本地区的主要农作物有大豆、谷子、小麦、玉米、稜登米。因地区不同农作物的种类也不同,前三者在我们所调查的区域或多或少都有栽培。

现将种植面积的比例及每响产量表示如下:

不同农作物种类的种植面积和比例及产量调查表　　　　　　(单位:晌、石)

屯名 农作物　各条目	龙镇				霍尔莫津			
	种植面积	种植比例 (%)	总产量	每响产量	种植面积	种植比例 (%)	总产量	每响产量
大豆	90.0	20	360	4.0	37.5	17	75	2.0
谷子	90.0	20	630	7.0	52.5	23#	105	2.0
小麦	67.5	15	304	4.5	55.0	16#	70	2.0
大麦	45.0	10	315	7.0	5.0	2	10	2.0
玉米	90.0	20	360	4.0	12.0	5	24	2.0
稜登麦	—	—	—	—	37.0	17	59	1.6
糜子	—	—	—	—	16.0	7	5	0.7
荞麦	22.5	5	28	5.5	25.0	11	15	0.6
稗子	22.5	5	40	8.0	—	—	—	—
其他	22.5	5			5.0	1		
合计	450	100	2,037		323#	100	363	

屯名 农作物　各条目	奇克特				乌云			
	种植面积	种植比例 (%)	总产量	每响产量	种植面积	种植比例 (%)	总产量	每响产量
大豆	592	22%	1,776	3.0	40	31	144	3.6
谷子	333	19#	1,599	3.0	5	4	18	3.5
小麦	379	14#	948	2.5	8	6	14	1.8
大麦	55	2	138	2.5	—	—	—	—
玉米	159	6	398	2.5	50	39	175	3.5
稜登麦	514	19	1,285	2.5	20	16	30	1.5
糜子	59	2	148	2.5	2	2		
荞麦	—	—	—	—	2	2		
稗子	—	—	—	—				
其他	458	16			—	—	—	—
合计	2,750#	100	6,292		127	100	381	

从上表得知,大豆的种植比例为 17%—31%,谷子为 4%—23%,小麦为 6%—16%,玉米为 5%—39%,稜登麦为 16%—19%。一般而言,上述农作物为主要的农作物种类。根据进一步了解,我们得知因地区不同农作物的比重会存在一定的差异。

也就是说,大豆除乌云县种植比例最高为 31% 外,其余各地种植比例大体相同。谷子和小麦的种植比例仅乌云县为 4% 和 6%,其余各地并无差异。玉米乌云县种植比例最高,为 39%,龙镇县为 20%,其余各县种植比例都很低。虽在龙镇县没有种植稜登麦,但在黑龙江沿岸各县的种植比例大体相同。

现在种植的农作物如上所述,可以看到和过去相比其发生了显著变化。本地区小麦种植向来非常盛行,但数年前由于自然和社会的诸多条件的影响,小麦的种植量显著下降。大豆是数年前就开始栽培的,最近玉米、谷子的种植量也急剧增加。通过询问黑龙江沿岸地区的居民得知,小麦栽培一般需要数匹马,而且每响种子要花费 6 布度合 30 圆(1 布度花费 5 圆左右)。然而,九一八事变以来,本地区由于遭到马占山部队的破坏,役畜、财产被大肆掠夺和征用。在如此凋敝的情况下,小麦的生产愈发困难。而且小麦商品化的条件也变得不利。也就是说,向对岸苏联领地的出口活动被迫中止,且通往哈尔滨的水运航线也被关闭。然而,小麦种植量大量减少除了一般原因外,还有特殊原因。即乌云县由于数年前的一次洪水,导致马匹死亡 50 头,牛死亡 150—160 头。加之从那之后每年会有带恶臭的霜降,导致无法进行小麦栽培作业。虽然大豆数年前就已开始栽培,但据在龙镇县西乡所闻,四五年前,由于寒气太重导致大豆也无法栽培了。此外,7 年前在奇克特就开始栽培大豆了,但其原因无法得知。一般而言,在所有作物中,商品作物的比重显著减少,而自家消费作物的比重相反增加了。而且依据经营规模的大小来看其作物种类,可以发现一般大规模经营的商品作物较多,小规模经营的自家消费作物较多。即大经营者多栽培小麦、大麦、稜登米、大豆,而小经营者多栽培玉米、谷子。在这些作物中,小麦有四到七成,稜登麦约四五成商品化了。试将奇克特的作物商品化状态表示如下。

奇克县各作物商品化的比例

农作物	全县产量(布度)	销售量(布度)	商品化比率(%)
小麦	30,000	10,000	33.3
大麦	4,175	2,000	47.9
稜登麦	51,000	20,000	39.2
谷子	26,000	10,000	38.5
大豆	50,000	40,000	80.0
玉米	47,800	15,000	31.2
糜子	5,250	—	0
杂谷	20,000	—	0

备注:以上信息由农务会长提供。

如上表所示,玉米、谷子的商品化比率较高,这是因为前年歉收造成了粮食不足。

(三)农村经济概况

(1)地价及买卖方法

以下为现今调查区域地价与民国19年地价的比较表:

地价表

(单位:国币圆/晌)

	时价						民国19年的行情					
	耕地			未耕地			耕地			未耕地		
	上	中	下	上	中	下	上	中	下	上	中	下
北安镇	300.00	70.00	30.00	20.00	13.00	10.00	200.00	100.00	30.00	3.00	4.00	3.00
孙家船口	43.00	35.00	28.00	28.00	21.00	17.00	30.00	25.00	20.00	20.00	15.00	10.00
龙镇	30.00	25.00	20.00	10.00	8.00	7.00	42.00	28.00	21.00	3.50	3.00	2.50
霍尔莫津	8.00	6.00	4.00	—	—	—	10.00	7—8.00	5—6.00	—	1.00	—
乾岔山	15.00	12.00	10.00	0.45	0.40	0.35	40.00	35.00	30.00	10.00	9.00	8.00
老西窝堡	7.00	5.00	2.00	4.00	2.00	1.00	7.00	5.00	2.00	—	—	—
奇克特	15.00	8.00	4.00	—	—	—	16.00	8.00	4.00	—	—	—
小桦树林子	16.00	15.00	15.00	8.00	7.00	6.00	10.00	6.50	5.00	7.00	5.50	2.00
上道干	15.00	10.00	8.00	—	—	—	—	—	—	—	—	—
常家屯	20.00	15.00	10.00	—	—	—	—	—	—	—	—	—
乌云	20.00	18.00	15.00	10.00	5.00	5.00	30.00	27.00	25.00	6.00	5.00	3.20
逊河	40.00	30.00	20.00	22.50	—	—	40.00	30.00	20.00	25.00	20.00	10.00
腰屯	4.00	3.00	2.00	0.70	0.60	—	12.00	7.00	2.00	1.50	—	—

备注:以上信息由屯长、农务会长提供。民国19年的地价大体以国币1圆=江洋1圆3角的比率计算。

一般,小兴安岭以南的地与以北的地相比,在事变前地价就很高,尤其是北安镇与其他县相比地价高很多。这很可能是因为在事变前此地就已作为交通要地而倍受关注。

对比事变前后,除北黑线沿线的北安镇和孙家船口外,其余地区地价一般都呈下降趋势。与这两地地价高涨相反,龙镇地价有所下降。观察可知,这是由于事变发生后治安混乱导致村民离散、县公署迁往北安镇等原因造成的。

土地买卖大部分是由朋友、熟人充当保证人,再与中介签订契约的形式进行的。契约书有红、白两式,红色的提交给县公署,白色的由双方各自保存。而且,在契约生效后,作为惯例,买方要宴请卖方和中介。

正如上文已明确叙述,此地尚未发现土地买卖的经纪人。

（2）农村金融

关于农村金融,还未发现专门的高利贷、当铺等,只有朋友、熟人间的相互借贷。因此我们认为此处没有像满洲各地那样,在农村机构里存在着高利贷资本的情况。正如我们所发现的,这里连最原始的金融机关都没有。而与此相呼应的是这里的借贷方式也极为简单。换言之,在龙镇借贷需要担保物、保证人,而越过小兴安岭就几乎不需要担保,只需要保证人就可以了。也就是说凭个人信用就可以借贷。在需要担保的地区,土地、房屋、农作物可以作为担保物。农作物作为担保物的情况下,在收获前一个月估计收获后的价格,每100圆可贷60圆,两个月前的话可贷四五十圆,三个月前的话可贷30圆,刚种植的可贷20圆。土地、房屋作为担保物的情况下,可贷时价的一半,且土地做担保的情况,虽实行典押制度但大多需要保证人。因此目前几乎看不到依据典当制度进行土地转移或阶级分化的现象。而典押一般需要有契约书。

利息一般每个月2—3分,有时达到5分。黑龙江沿岸地区一般是4—5分,与一般相比利率较高。然而甚至有像尧屯那样不需要利息的地区（因为这里原本几乎就不存在借贷关系）。

关于实物借贷,粮食不足的贫困农民可以得到一担粮米并在约定秋季还款的情况下给予贷款。在这样的情况下,贷1布度的粮食必须要返还1.3—1.5布度。

借贷关系正如上文所述,但就各个阶层间是如何缔结这种关系的,简单来说,相较于上级地主及劳动者而言,多是中农、贫农需要贷款。尤其是自耕农,借款最多。因为农作物商品化困难导致资金不足,劳动者需缴纳的赋税过高,而且多用于铁路建设,所以很少听闻从劳动者那里借款的情况。向商人借款的情况也几乎没有,就像龙镇县曾经虽然有过向商人借款的情况,但因治安混乱致使多数商人离去,即使有再回来的也没有放贷能力,所以此地区没能产生借贷关系。只是在乌云县存在较多商品赊卖的情况,赊卖时在商品原价上附加三四成高价作为一种高利贷的形式出售。乌云县城内的农民向商人负债少则100圆,多则800圆。此外,据说在同县城的西面约五公里处的倍达屯的朝鲜人村落里,负债达300圆（江洋）的人有三分之一。

此外,也存在贷了款而无力还债,只好通过劳动来进行偿还的人,在我们的调查区域内,只在天字十一井发现这种情况。依据当地的惯例,每天的劳动大体抵偿7—8角（江洋）。另外,虽是数年前的事,但在孙家船口确实发现过一种农奴。这种农奴,本来凭借多多少少的遗产生活,但由于主要劳动力的死亡,而且无法改变懒惰的陋习,于是他们到富农户寄食,饲养猪、鸡等,当然这只能保证他们的生活。虽然富农没有自由买卖他们的权利,但这些农奴实际上是隶属于富农的。

接下来看一下农村金融相关的满洲国春耕贷款的情况,据农务会员所说,龙镇县全县得到了3,000圆的国币贷款,每晌熟地分到4圆贷款,大部分借款者借到钱后并不是作为春耕资金,而几乎都用在了衣食消费上。并且,虽然规定返还期限为1年,但因偿还困难,故又得到了1年的宽限。

(3)佃耕样式

关于土地所有者与无土地者两者的阶级比例、经营形态(自耕兼佃农),前文已经有所陈述。但由于并未介绍土地所有者和无土地者之间的相互关系,因此将作如下介绍。观察佃农契约发现,在小兴安岭以南是文书的形式较多,而以北则是口头的形式较多。

契约期限一般是不定期,因此佃农就有被地主随意收回土地或者提高地租的危险。而且,在签订佃农契约时,满洲各地都需要交纳佃农保证金(押租钱或压租钱),但在本调查区域内未遇到此类情况。

地租大部分都是用现物缴纳,直接缴纳现金的只有龙镇、奇克特等若干个县,缴纳现金的情况是熟地每晌支付 4—5 角(江洋)。缴纳物品的话,在小兴安岭以北要缴纳能种植的农作物,以南地区缴纳大豆、谷子、大麦。

交纳物品的佃农理论上应该分为定额佃农和分利佃农两种,但在我们调查的地区几乎都是定额佃农。这一点与雅修诺夫[①]在《北满洲中国农民经济》(315 页)记录的"定额佃户广泛盛行"这一调查结果相符合。在这种情况下,地主提供土地(有时是房屋),佃农承担役畜、农具、种子等。定额佃农所需要的地租如下表所示:

地 租

地 名	1 晌地的地租(满洲斗)
天字十一井	2 石
龙镇	1 石
尧屯	4 布度
奇克特	6 布度
乌云	10 布度

备注:1 布度相当于日本的 4 贯 380 匁。

上表所示的地租大体达(总产量的)四至六成。而且在龙镇县存在从地主那里借用农具、役畜的情况,但上表所示的地租要 2 石。

定额佃农的情况如上所述,但乌云县是个例外,我们发现其分利佃农向地主借用农具、役畜要缴纳四成的地租。

地租的缴纳时间定在收获后,遇到歉收的情况,地主会酌情减少地租。顺便说一下,在满洲,佃农返还租地时,根据"借地不折屋"的惯例,地主可以无偿没收佃农在租地期间建造的房屋,然而在本地并没有发现这样的事件。

(4)劳动雇佣关系

农业劳动雇佣分为年契约、月契约、日契约 3 种。首先按契约年限将人数表示如下:

---

① 译者注:俄罗斯人名。

农业劳动者数

	年工	月工	日工	计
龙镇	—	—	—	25
尧屯	—	—	—	
郑家窝堡	—	15		15
霍尔莫津	7	—	—	7
乾岔子	—	—	—	7
奇克特	130	50	50	230
乌云	8	5	22	35
逊河	27	—	30	57

从上表可以看出，奇克特、乌云、逊河的农业劳动者最多。这和上表所示的地区的农业经营高度机械化有着很大的关系。

分散在黑龙江岸地区的大量的农业劳动者，他们是在什么样的条件下劳动的，他们有着怎样的性质(是资本主义性质劳动者，还是封建性质的雇农)，以下将就这一点进行叙述。

先就工资进行分析。

劳动工资　　　　　　　　　　　　　　　　　　　　　　　　　(单位：江洋圆)

	年工	月工	日工
龙镇	120	12	0.6—1.2
郑家窝堡	96	10—12	0.8
霍尔莫津	84—130	12—15	0.6—0.7
乾岔子	80—140	12—18	0.8
奇克特	180	21	0.7
乌云	180	15—20	1.0
逊河	150—200	20	—

据上表所示，年工工资最低为80圆，最高为200圆；月工工资最低10圆，最高20圆；日工工资最低6角，最高1圆2角。不可否认，工资还是较低的。工资之外不给任何的补助，但单身的劳动者通常在地主家吃住。农具由地主持有。已成家的劳动者，地主只提供本人的伙食。

如上所述，这些劳动者并不具有现代性质，而仅仅是带有封建性质的雇农而已。他们之中虽有工作两三年后再返回山东的，但大部分都留在本地定居。

(5)农户的负担

现将租税负担以数字的形式表示如下:

税目及税率表

龙镇县		奇克县		乌云县		
税目	捐率	税目	捐率	税目	税率	
					地方税	国税
晌捐	每晌 6 角 8 分	买契费	率 6 分	皮张捐	率 3 分	0.11 分
方捐	1 圆 2 角—1 圆 8 角	契纸费	1 张 5 毛	木桦捐	率 42 分	2.18 分
粮石	每圆　2 分 4 厘	营业税	率 5 分	杂木捐	率 42 分	2.18 分
木植	每圆　7 分	牲畜费	率 5 分	木耳捐	率 3 分	0.11 分
牲畜	每圆　3 分 3 厘	屠宰税	牛 1 圆 猪 3 毛 羊 2 毛	鹿茸捐	率 3 分	0.11 分
卖钱捐	每圆　1 分	粮石税	率 5 分	牲畜捐	率 2 分	0.35 分
豆油	每百斤 1 角	豆饼税	率 3 分	营业税	—	0.35 分
豆饼	每百斤 5 分	山货皮张税	率 11 分	烟酒牌照费	—	每 3 个月更新一次营业执照需 4 圆
木炭	每百斤 3 分	普通印花税	10 圆以内 1 分 10 圆以上 2 分	杂捐	茶庄 1 个月 10 圆 赌局 1 个月 10 圆	
山货皮张	每圆　3 分 6 厘	白条猪税	率　5 分			
麻油	每百斤 5 分 6 厘	商店捐	不定			
麻税	每圆　3 分 6 厘	妓捐	月 3 圆			
马车捐	2 头 1 圆 3 头 1.5 圆 4 头以上 2 圆	地方杂捐	不定			
妓捐	每人　2 圆					
房租	5%					

上表中的内地捐(晌捐)在奇克、乌云县目前都被免除。乌云县的地方税如上所示,又分为警务和学务。上表地方税收的支出主要用于这两项。

另外,除上表所示外,农民还要负担农会费。农会费的金额各县各年都不固定。一般而言,熟地 1 晌需交 4 角乃至 5 角的费用,没有土地的农民不需要上缴会费。还有自卫团,但没有另设团费,只是各自持有枪支弹药而已。

(四)农户经济调查

关于以上所作的调查,因时间有限且采用了听取调查的方式,故难免有不完满之处。调查结果如下所示。

(1)农户经营状态

A.调查农户

地名	奇克县西霍尔莫津
姓名	王有定
农户地位	在本村中属于中等水平
耕地	15 晌
建筑物	1 套住宅(3 间房子)、1 个农舍(2 间房子)、1 个苦力小屋
家畜	役畜　4 匹马(有大有小)　2 头牛
用畜	8 头猪
家属	4 男 4 女
	主要从事农业的人员　3 人

长工　　　　1 人 ⎫
月工　　　　1 人 ⎭ 工钱详见支出项所示

平常劳动人数 4 人

B.收支计算

一、收入部分

种类	种植面积	每晌产量	总产量	单价(圆)	价格(圆)	销售数量(石)	现银收入(圆)	备注
大豆	2 晌	1.2 石	2.4 石	12.00	28.80	—	—	
豆秸	2 晌	200 斤	400 斤	1.00	4.00	—	—	
谷子	2 晌	1 石	2.0 石	9.90	19.80	—	—	
谷草	2 晌	1,000 斤	2,000 斤	4.00	8.00	—	—	
玉米	2 晌	1.5 石	3.0 石	5.30	15.90	—	—	
玉米秆	2 晌	—	—					
菱大麦	2 晌	1 石	2.0 石	6.00	12.00	—	—	
麦秆	2 晌	500 斤	1,000 斤	1.00	1.00	—	—	
糜子	1 晌	1 石	1 石	8.00	8.00	1.0	8.00	
荞麦	1 晌	0.5 石	0.5 石	6.00	3.00	0.5	3.00	

种类		种植面积	每垧产量	总产量	单价(圆)	价格(圆)	销售数量(石)	现银收入(圆)	备注
大麦		1垧	1石	1石	6.90	6.90	—	—	
小麦		5垧	1.2石	6.0石	15.00	90.00	5.0	75.00	
麦草		5垧	800斤	4,000斤	2.00	8.00	—	—	
芋		0.1垧	1亩50斤	50斤	30.00	15.00	50斤	15.00	
畜产收入		—	—	—	15.00	60.00	4头	60.00	卖掉4头猪
副收入	冬期外出打工	—	—	—	—	120.00		120.00	
	葬礼收入	—	—	—	—	70.00		70.00	户主的弟弟本年5月死亡,这是从亲戚那里筹到的资金
合计						470.40		251.00	

二、支出部分

种类		数量	单价(圆)	价格(圆)	现金支出(圆)	备注
租税公课				22.50	22 50	仅缴纳农会费 国税和其他税种无需缴纳
种苗费		3石5斗		35.00	—	
肥料费		—		—		
役畜费				50.00		完全不喂养谷物 仅喂养青草干草和若干盐
用畜费						
年工				70.00		
月工				20.00		月工夏季仅雇佣1个半月
主食	谷子	5.0	8.00	40.00	24.00	
	玉米	2.0	5.30	10.60	—	
	小麦	2.0	15.00	30.00	—	春季买的
	荞麦	1.0	6.00	6.00	—	
	大麦	1.0	6.90	6.90	—	
	糜子	2.0	6.00	12.00	—	

种类		数量	单价(圆)	价格(圆)	现金支出(圆)	备注
副食	豆油	50	0.18	9.00	9.00	因马铃薯和白菜等由于自家都有种植,没有不足的情况,故未记载
	盐	150	0.20	30.00	30.00	
	肉	100	0.15	15.00	15.00	
	鱼	20	0.07	1.4	1.4	
被服	衣服	—	—	25.00	25.00	只买衣服
	其他布	—	—	—	—	
灯用	石油	30斤	0.29	8.70	8.70	
	军警接待			15.00	15.00	
	葬礼费			50.00	50.00	
	交际费	—	—	15.00	15.00	被土匪杀害了的主人弟弟的葬礼费用
	学费			—	—	
	医药			10.00		
	化妆费			1.50	1.50	
合计				483.60	217.10	

　　三、结余

种类	总额收支(圆)	现金收支(圆)	备注
收入	470.40	351.00	
支出	483.60	217.10	
结算	亏损 13.20	盈余 133.90	

　　也就是说,结算后在总额收支中亏损13圆。假如不算因遭遇土匪而被杀的弟弟的葬仪费50圆的支出的话,也仅有35圆的剩余。如果遭遇一点自然的、社会的灾害就很容易使债务加大。

　　而且租税公课的负担占据了现金支出的10.6%,比昭和4年日本农林省的调查结果8.2%大,比昭和6年的调查结果12.3%略小。

　　(2)各种农作物收支状况

　　A.大麦栽培收支计算表

　　地点　　　　龙镇县龙镇

　　栽培者　　　王辅忱

　　种植面积　　4晌(自耕)

一、支出部分

1. 种苗费和租税公课

种类	数量（石）	价格（圆）	现金支出（圆）	自家供给（圆）	备注
种子	2.0	20.00	10.00	10.00	
租税公课		8.80	8.80	—	
合计		28.80	18.80	10.00	

2. 劳役费

	人						马					备注
	自家		雇佣		合计		自家		雇佣	合计		
	数量（人）	费用（圆）	数量（人）	费用（圆）	数量（人）	费用（圆）	数量（头）	费用（圆）		数量（头）	费用（圆）	
耕锄下种及翻耕	2	1.60	13	10.40	15	12.00	9	18.00	— —	9	18.00	
除草	8	6.40	28	22.40	36	28.80	—	—	— —	—	—	
中耕培土	—	—	2	1.60	2	1.60	6	12.00	— —	6	12.00	
刈割	8	6.40	12	9.60	20	16.00	—	—	— —	—	—	
运载搬运	4	3.20	4	3.20	8	6.40	12	24.00	— —	12	24.00	
脱壳调制	8	6.40	12	9.60	20	16.00	12	24.00	— —	12	24.00	
合计	30	24.00	71	56.80	101	80.80	39	78.00	— —	39	78.00	
工资合计	158.80 圆											

3. 支出合计　　　　　187.60 圆

二、收入部分

种类	数量	单价	总价	每晌		备注
				数量	价格	
籽实	28 石	5.30 圆	148.40 圆	7 石	37.10 圆	
茎	4,800 斤	1 斤 4 厘	19.20 圆	1,200 斤	4.80 圆	
合计			167.60 圆		41.90 圆	

三、收支相抵

收入合计　167.60 圆

支出合计　187.60圆

每晌损失　5圆

B.小麦栽培收支计算(江大洋)

地点　　　奇克县西霍尔莫津

栽培者　　王有定

种植面积　5晌

一、支出的部分

1.种苗费及租税公课

种类	数量	价格(圆)	现金支出(圆)	自家供给(圆)	备注
种子	1.5 石	45.00	—	45.00	
租税		6.65	6.65	—	仅缴纳农会费
合计		51.65			

2.劳役费

	人						马					备注
	自家		雇佣		合计		自家		雇佣		合计	
	数量(人)	费用(圆)	数量(人)	费用(圆)	数量(人)	费用(圆)	数量(头)	费用(圆)			数量(头)	费用(圆)	
耕锄下种及翻耕	11	6.60	5	3.00	16	9.60	11	13.20				13.20	
除草第一回	10	6.00	5	3.00	15	9.00							
除草第二回	10	6.00	5	3.00	15	9.00							
中耕培土	2.5	1.50			2.5	1.50	5	6.00			5	6.00	
刈割	10	6.00	5	3.00	15	9.00							
搬运	2.5	1.50	2.5	1.50	5	3.00	10	12.00			10	12.00	
脱壳调制	10	6.00	10	6.00	20	12.00	10	12.00			10	12.00	
合计	56	33.60	32.5	19.50	88.5	53.10	36	43.20			36	43.20	

支出合计　　147.95圆

2.收入部分

种类	数量	单价(圆)	总价(圆)	每晌		备注
				数量	价格(圆)	
籽实	6.0 石	15.00	90.00	1.2 石	18.00	
茎	3,000 斤	(每千斤)1.00	3.00	600 斤	1.20	
合计			93.00		19.20	

三、收支相抵

支出合计　147.95 圆　⎫
　　　　　　　　　　　⎬ 亏损 54.95 圆
收入合计　93.00 圆　⎭

每晌损失　10.99 圆

C.谷子栽培收支计算表

地点　　　　龙镇县龙镇北乡

栽培者　　　于子和

种植面积　　6 晌(全部佃耕)

一、支出部分

1.种苗费及佃租

种类	数量	总价(圆)	现金支出(圆)	自家补给(圆)	备注
种子	3 斗	6.00	—	6.00	
佃租	18 斗	12.60	12.60	—	
合计		18.60	12.60	6.00	

2.劳役费

	人						马						备注
	自家		雇佣		合计		自家		雇佣		合计		
	数量(人)	费用(圆)			数量(人)	费用(圆)	数量(头)	费用(圆)			数量(头)	费用(圆)	
耕锄下种及翻耕	18	10.80			18	10.80	14	14.00			14	14.00	
除草	72	43.20			72	43.20							
中耕培土	6	3.60			6	3.60	12	12.00			12	12.00	
刈割	24	14.40			24	14.40							
搬运	12	7.20			12	7.20	24	24.00			24	24.00	

续表

	人						马						备注
	自家		雇佣		合计		自家		雇佣		合计		
	数量（人）	费用（圆）	数量（人）	费用（圆）	数量（人）	费用（圆）	数量（头）	费用（圆）	数量（头）	费用（圆）	数量（头）	费用（圆）	
脱谷调制	24	14.40			24	14.40	24	24.00			24	24.00	
合计	156	93.60			156	93.60	74	74.00			74	74.00	
人马劳役费合计	167.60 圆												

支出合计　186.20 圆

二、收入部分

种类	数量	单价（圆）	总价（圆）	每晌数量及价格		备注
				数量	价格（圆）	
籽实	10.0 石	7.00	70.00	1.67 石	11.67	
茎	6,000 斤	（每十斤）0.08	48.00	1,000 斤	8.00	
合计			118.00		19.67	

三、收支相抵

支出合计　186.20 圆 ⎫
收入合计　118.00 圆 ⎭ 亏损　68.20 圆

每晌亏损　11.33 圆多

即各作物都有所亏损。尤其例如谷子每晌亏损 11 圆 33 钱，小麦每晌亏损 10 圆 95 钱。农产品价格的下跌造成了农村经济的衰退。

第三节　商业及金融

一、商业

在调查的区域内，商业的繁荣仅次于农业，但其商业仅表示商品流通过程。而该地经济发展水平相当低这一情况也反映了这一点。

在商户的规模、销售的商品方面，与其腹地不同，奇克特和乌云明显带有商业都市的特征。其主要原因在于直到数年前为止，该地区一直与对岸苏联地区保持着商业关系，使得在现在的苏满关系中，过去膨胀的商业规模成为一种压制势力。据奇克特的中等商户介绍，几年前每年能赚 1 万圆，现在只能赚到 3 千圆。这样看来，我们不得不说现在的商业发展水平也只是适应一般的经济发展,尚处于低水平阶段。

以下将分条目就商业进行详细表述。

(一)商店数及行业

首先就主要村落的商店数及商业种类进行叙述。

主要村落的按行业类别划分的商户数调查表

	龙镇县			瑷珲县		奇克县				乌云县	逊河县
	北安镇	孙家船口	龙镇	郑家窝堡	尧屯	霍尔莫津	乾岔子	奇克特	车陆	乌云	逊河
杂货	37	2	5	3	2	2	5	16	5	6	10
药店	4			兼营杂货店	1	1	—	3	兼杂货1	2	2
肉店	9	1	2	—	—	—	兼营杂货1	3	1	1	3
饭店	37	2	4				2	9	4	5	5
旅店	47	4	11	—	1	3	3	3	2	1	2
茶馆	4	—	—				5	12	3	6	5
澡堂	1						—	1		1	—
合计	139	9	22	3	4	6	15	47	15	22	27

备注:其他诸如理发店、妓院,即使有也只在极少数的屯存在,所以省略(以上信息由屯长、警察提供)。

即除北安镇的139个商户外,其他镇的商户数一般很少,而奇克特的47家已经算是数量较多的。在商业种类中杂货商的地位是最高的。此外,在奇克县和乌云县可以看见大量被称作茶馆的鸦片馆,这引起了我们的注意。

而且,这些商人大部分是山东人,例如奇克特的杂货商16户中山东人就占了15户。当然正如在第一节的关于开垦过程的说明中所叙述的,他们并不是直接从山东迁移到此处居住的。

该行业的情况大多是零售,虽然有若干的老店铺将货物批发给小村落的商人,但基本也是批发兼零售的店铺,批发规模也不大。

(二)销售

(1)商品

正如上述所说,由山东人经营的杂货商在商户中居多。关于这些杂货商是如何销售商品的,调查结果如下所示:

主要村落具有代表性的商户销售的商品名称调查表

屯名	商店名	销售商品名称				
		食品	杂货	谷类	布匹	化妆品
北安镇	洪源记	白砂糖	纸、牙膏、牙刷、纱线、毛线、袜子、腰带、肥皂、纽扣、镜子		棉花、青线呢白大布、花二呢青毛布、青大布、条布、小斜纹布	发油
尧屯	谢	小麦面粉、烧酒、烟、盐、茶叶、白砂糖	火柴、石油、肥皂、豆糟、蜡烛、筷子、香、袜子、纸、吊袜带、纱线			
郑家窝堡	陈	小麦面粉、烧酒、豆油、烟、盐、白砂糖、茶叶	火柴、肥皂			
霍尔莫津	陈	小麦面粉、烧酒、豆油、烟、盐、白砂糖、醋、酱油	火柴、肥皂、石油、蜡烛、纸、袜子、帽子、煤油灯、鞋		棉布	
老西窝堡	王	小麦面粉、烧酒、烟、豆油、白砂糖	火柴、纸、石油、竹篓、手套、袜子、蜡烛、筷子、点心			
乾岔子	王	烧酒、白砂糖、豆油、小麦面粉、烟	毛巾、手套、肥皂、鞋、煤油灯、铁丝、纸、袜子、酒杯、牙膏、牙刷、火柴、梳子、毛线、发卡、仁丹、机械油、纽扣、耳环、锅、洋皿	白米、稜登米	衣里，有花纹图样	乳霜、雪花膏
奇克特	同聚恒	豆油、烟、烧酒、酱油、洋错、白砂糖	鞋、罐头、肥皂、蜡、火柴、牙膏、牙刷、烟、点心、茶叶、纸、毛巾、花生、帽子、麻线、筷子、小刀、账簿、面条类、锅、铁丝、铅笔、海参、海带、木耳、盐、麻袋、草席	小米、红小豆、吉豆、粳米	棉花粗布单袷（衣物）	
车陆	天福祥	烧酒、烟、豆油、小麦面粉	肥皂、石油、火柴、橡胶鞋、防寒鞋（俄国款式）、中国鞋、煤油灯、铁丝、小茶壶、衬衣、洋酒、干藻、点心、手帕、帽子、笔记本、牙刷、牙膏、手套	谷子、白米、林顿米①	衣里、衣料、毛毯	各种雪花膏、乳霜

---

① 译者注：一种米的名称。其日语读法按罗马字标记为"リンドン米"。

屯名	商店名	销售商品名称				
		食品	杂货	谷类	布匹	化妆品
上道干	同增泰	烟、白砂糖、冰糖、豆油、小麦面粉	肥皂、橡胶鞋、袜子、手套、帽子、罐头、铅笔、石油、火柴、手帕、筷子、纱线、脸盆、洋皿		中国印花布棉	
常家屯	徐	烟	火柴、肥皂、蜡烛			
乌云	同聚茂	罐头、洋酒、烧酒、干藻、点心、酱油、豆油、砂糖、盐、葡萄干、面条、烟、小麦面粉	火柴、肥皂、纸、钉子、梳子、铅笔、钢笔、镜子、碗、帽子、鞋、纱线、手帕、石油、锅、脸盆、蜡烛、筷子、麻绳、玻璃杯、花瓶、牙膏	小米、大米、林顿米	中国服、棉花衣料、衣里	香水、香粉、发油
逊河	洪兴远	白砂糖、烧酒、烟、挂面、干藻、点心、红茶、森永天鹅绒、葡萄干、牛奶糖、牛奶、沙司、茶叶、小麦面粉	火柴、肥皂、纸、螺丝、钉子、梳子、口琴、烟斗(烟)、镜子、鞋、袜子、裤子、手帕、帽子、衬衣、纱线、玛丽灯、马具、石油、脸盆、锅、蜡烛、钉子、筷子、皮革、油绳	米	各种衣料及衣里(全部是中国款式的)	乳霜、香粉、发油

备注:以上信息由各屯最大杂货商提供。

　　通常所说的杂货类最多。不能把工业用原料农具等看做一类。这也与本地区的经济落后性相适应。出售的商品大多是日本制造,苏联制造的仅有火柴、肥皂。中国制品大多产于哈尔滨。

(2)销售价格

　　商品价格如下表所示,从其他地区购入的商品价格一般较高。

主要村落商品价格调查表　　　　　　　　　　　　　　　　（单位：江洋）

		北安镇	孙家船口	龙镇	郑家窝堡	尧屯	霍尔莫津	乾岔子	奇克特	车陆	上道干	常家屯	乌云	逊河
食品	小麦面粉	11	—	12		9	11	四号6	10	10	12	—	10	本地生产5
	烧酒	17	40	20	40	40	33	20	26	30	35	38	35	22
	豆油	13	42	21	37	24	18	14	16	15	24		15	18
	烟	7	9	7	10	10	8	8	8	8	9	10	8	8
	白砂糖	23	25	23	50	40	32	20	25	28	35	—	25	25
	盐	20	—	20	30	25	25	25	20	20	25		20	27
杂货	火柴	9	5	12	20	18			15	12	15	20	12	15
	石油	17	25	28	40	40	29	20	30	35	33		29	28
	洗衣皂	12	—	26	28	20	15	10	15	12	10	20	15	20
	蜡烛	55	55	75		60	60	54	55	60		60	56	60
	豆饼	16	—	38					25	26			24	27

备注：小麦面粉一般定三号为1斤，若无则用其他号来记。上表所列出的烧酒、豆油、白砂糖、石油、蜡烛的价格都是以1斤为单位制定的。而烟的价格以1个为单位，中国式火柴以1包（10个）为单位，豆饼以1张为单位，洗衣皂以1个制定价格。

（3）销售方法

在黑龙江岸的奇克特、乌云县多以赊卖的方式，而在小兴安岭以南及尧屯、郑家窝堡地区大多以现金方式销售。几乎没有物物交换，仅在奇克特发现了这种情况，农民作为需求者把谷子、玉米、小麦等谷物拿到商户那里去，换算成时价后再购入必需品。

在赊卖的情况下，奇克特规定一年一次于年末收款，并收取卖出物品价格的一成作为利息。另外，乌云县在商品卖出时就规定以比现金出售方式高两成的价格记账。尧屯、郑家窝堡虽有少量赊卖的情况，但因数额小故不另加利息。商人之间的买卖以现金付款的方式为主，假如即使需要借款进行购买，那么满1个月后也需返还。

不以小贩（携带商品行走叫卖的商人）、公开交易的方式进行销售。

（4）客户

顾客大部分是村落内或者附近村落的农民。例如在奇克特和乌云县，有将附近村落的小杂货店作为顾客的情况。在这种情况下的交易形式如上所述，以现金为主。

（5）销售额

因销售额又可作为反映商业规模大小的指标，故将关于销售额的调查情况表示如下：

村镇	销售额(圆)	村镇	销售额(圆)	村镇	销售额(圆)
北安镇	1,000	乾岔子	60	常家屯	4
龙镇	200	老西窝堡	60	乌云	150
尧屯	45	奇克特	250	逊河	300
郑家窝堡	45	车陆	120		
霍尔莫津	60	上道干	90		

备注:以上信息由各杂货商提供。

从上表的销售额可以明显了解该地的商业规模。从商业运入的路线还可看出其商业规模非常小。

(三)购买

(1)货源

购入的商品及购入价格大体根据销售记录的数字可以推测出来,下面关于购入地及购入方法进行以下说明。

小兴安镇以南地区的供应商为北安镇,小兴安镇以北地区通过水路直接从哈尔滨购入。或者将从哈尔滨采购来的商品运往黑河、瑷珲,再通过这些地区的商店购入。该过程图解如下所示:

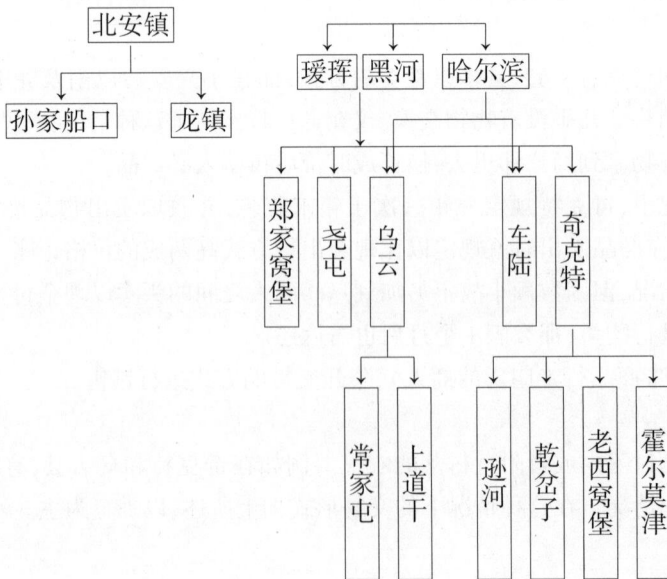

(2)购入方法

几乎都采用现金购入方式。夏季主要用马车、冬季主要用雪橇亲自购买,或者让店员采购。搬运工具一般由自己备好。正如前面介绍交通的章节所述,在借用他人工具时需要支付雇佣费。

(四)雇佣关系

首先,各村庄的学徒总数按年月日契约来看,大部分为年契约,不存在日契约的情况。

各村庄学徒数

	年佣	月佣	计
龙镇	2	4	6
郑家窝堡	—	1	1
霍尔莫津	—	5	5
乾岔子	5	7	12
奇克特	55		55
乌云	19	—	19
逊河	57		57

备注:以上信息由商务会长及各商店提供。

即除奇克特、乌云、逊河的各县公署所在地外,其他地区学徒数很少。在上述的 3 个中心地当中,位于奇克特、逊河的大商店有雇员十几人,普通商店有雇员六七人。

被雇佣者一般是附近村落的农户子弟或同乡人。待遇为包食宿,工资最低为江洋 100 圆,最高为江洋 300 圆(以奇克特为例)。以上原本就是奇克特及若干个中心地区的普遍工资。而在车陆地区的话,在与奇克特同等条件下,其工资最低为江洋 50 圆,最高 140 圆。此外,一般来说,无按利润分配的供给能力,但也有极少数商户会一年发一次奖金给雇员,其数额为十圆左右。另外,工作服之类的由雇员自备。

不要求所谓的年期学徒,店员可以按自己的意愿自由辞职。此外,也无"开分店"这种惯例。

(五)商店间的联络与结合关系

关于商店间的联络关系,在满洲的主要城市有连锁商号、公会、会馆等。但在我们经过的地区没有看见相关机构,只是各县有县商务会而已。而且,除龙镇县的县商务会在龙镇县外,其余各县几乎都在县公署所在地。

龙镇县的商务会并未制定会费规定,而只对有能力支付的人员征收会费。一般大商户也只是每年交纳 5—6 角而已。与此相对,奇克特县因其农会已有 20 年的历史,会员数有 16 人,故每月征收会费达 450 圆。因此,大商店每月交纳 45 圆,小商店则交纳 7 圆。

　　然而,不论会费的多少,现状是县商会对商人利益的增长无法提供任何帮助。他们充其量只是欢迎军队、官员,代理支付军队驻扎后未付的费用。而至于向政府请求援助,对破产者提供保护、救助等当然不用说,就连慰问不幸遭遇的会员都是不可能做的。由此可以推出,商务会原本从来就没有发挥过其职能作用。

二、金融

　　金融的发达程度相当低,故几乎无法引起人们的关注。即诸如银行、信用合作社等的近代金融机构自不必说,就连诸如当铺、高利贷等的传统的机构也看不到。

　　即使在商人之间、农民之间或者商人农民相互之间,也仅仅是熟人之间才相互借贷。利息一般是 1 个月 4—6 分。

　　在龙镇县,流通的货币有吊①、金票及国币。越过兴安岭到黑龙江沿岸地区的话,专门使用广信公司发行的江洋。在龙镇县能够用金票进行流通,因此买家和卖家都用金票议价,进行金钱交易。其原因在于北黑线的建设直接或间接地促进了日本人、满洲人的增加,以及对满洲人的金票支付。

第四节　工业及矿业

一、工业

　　工业的发展确实微乎其微,只能看见若干个依附于农业而发展的制造业和小型工业。而其动力也只是凭借人力和马力而已。

　　从其发展史来看,历史最悠久的也还不到 20 年。他们多数生于山东,正如商人多是山东人的说法那样。

　　另外在当地的工业中,我们也能够看到商业资本渗透到产业资本的过程。

(一)工业经营户数

　　为了按行业类别来表示现在的工业经营户数,我们对各屯各行业从事工业的户数进行了调查。

村镇	油坊	面粉厂	烧锅②	铁匠铺	木匠铺	总计
北安镇	2	—	1	5	4	12
龙镇	—	—	—	2	1	3
霍尔莫津	—	4	—	1	2	7
奇克特	2	—	1	3	3	9

---

① 译者注:吊为旧时钱币单位,100 个制钱或 10 个铜圆为 1 吊。
② 译者注:酿酒的作坊。

村镇	油坊	面粉厂	烧锅	铁匠铺	木匠铺	总计
乌云	1	—	—	—	—	1
逊河	—	—	1	1	2	4

即按村落来看的话,北安镇有 12 户,其次奇克特有 9 户,霍尔莫津有 7 户;按行业类别来看的话,锻冶屋和木匠铺有 12 户,油坊有 5 户,是属于较多的。但就其数值而言,本地工业户数确实非常少。

(二)劳动关系

首先看一下劳动者的数量。

	年工	月工	日工
龙镇	—	4	—
霍尔莫津	1	2	2
奇克特	—	36	—
乌云	—	3	—
逊河	—	9	—
总计	1	54	2

即按契约来看,月工是最多的;按地区来看,奇克特显然远远超出其他地区。

这些劳动者的薪金分别是:年工 150 圆(江洋),月工 6—20 圆,日工 0.8—1.2 圆。

月工中奇克特的收入是最多的,大约达到 15—20 圆。据说食物、住宿由主人提供,除此之外一般不再发放工资。奇克特的两个油坊之中有一个会提供工作服,且工作服不能穿时会重新补发。此外在经营状况好的情况下,年末会给认真工作的工人发放临时奖金 30—40 圆(江洋)。

劳动者每天的工作时间大体上达到 10 小时,油坊等地采用两班倒的工作制度。劳动者中年龄最大的是四十五六岁,最小的是二十岁左右。因为生产过程中几乎都是机械化,所以不雇佣年幼劳动者,更不用说女性劳动者。一般情况下油坊是 4 月—10 月休息,磨坊是 1 月—8 月休息。

在劳动者中不采用一年期限工作制度。

(三)资本关系

企业大部分都是个体单独经营,但奇克特的油坊以及面粉厂是由杂货商兼营的。由此可以看出商业资本向产业资本转化的初步形态。这里的商业资本呈现出一种进步性的、改革性的要素。但因无布料制造业以及用作布料生产制造的工具,故必须明确认识到商业资本向产业资本的转化过程并未全面进行,同时也必须认识到这部分无法实现全面转化。

这些企业的经营者全部是汉族人,尤以山东人居多。各企业间无论是同类型还是不同类型,均未发现资本性质的联系。

(四)原料

油坊、麻坊、烧锅是购买附近村民带来的物品作为原料;铁匠铺是购买村民的旧金属作为原料,而黑龙江沿岸采用的是以购买或是用自制的马蹄铁来进行交换的方式,将外出至黑河的农民买入的旧金属作为原料;木匠铺则是砍伐附近山上的木材作为原料。

(五)产量及销路

虽未调查到最近几年的产量,但对生产能力的调查结果如下表所示:

各屯最大企业日生产能力调查表

县镇／产品		龙镇县		奇克特县		乌云县	逊河县
		北安镇	龙镇	霍尔莫津	奇克特	乌云	逊河
油坊	豆油	72 斤	—		120 斤	50 斤	—
	豆饼	42 张	—		90 枚	25 枚	
制粉所	面粉	—	—	仅供自家用	140 斤	—	—
烧锅	烧酒	800 斤	—		约 400 斤	—	250 斤
铁匠铺	菜刀	3 把	—	2 把	5 把	不详	3 把
	马蹄	100 个	120 个	12 个	60 个	不详	20 个
木匠	橇	2 台	只修缮	修理	3 台	不详	1 台
	车	2 天 1 辆	只修缮	修理	7 天 1 辆	不详	4 天 1 辆
	椅子	—	只修缮	1	不详	不详	2

备注:"斤"是满洲国的斤,以上信息由各工业主提供。

在本次调查的区域内已形成企业规模的油坊每天最多不过产豆饼 90 张,豆油 120 斤。由此可推得其他的铁匠铺和木匠铺的生产能力最多只能达到生产完成订货额的程度。

销路基本上是周边地区。就油坊的产品销售而言,在北安镇是出售给商人或者马夫等,而在奇克特因油坊经营主是杂货商,故就在自家店铺前出售给周边的农民等。面粉的销售也是一样,在北安镇是出售给附近的农民等,而在奇克特则是由杂货店主放在自家店铺前出售给百姓。

烧酒也同样出售给周边村落的百姓、饭店、商店。

烧酒批发给杂货店的情况下按每磅 8 圆 5 角(江洋),用烧锅直接购买的情况下按每盘

(黑龙江沿岸的白兰地酒 1 瓶)4.5 角的价钱出售,1 磅大概相当于 27 盘。因此批发价为每盘 2.8 角,这个价格相当便宜。

铁匠铺和木匠铺均按村民的委托量来进行生产,因此未能形成脱离小工业区域的以商品生产为前提的销路。

我们未发现来自其他地区的同类产品。哈尔滨产的面粉至今都未出现过与黑龙江沿岸磨坊相竞争、压迫、作业困难等现象。

(六)经营形态

从经营形态来说,有制造业和小工业这两种类型。其中前者包括油坊、磨坊、烧锅,后者包括铁匠铺、木匠铺。如上面所述,制造业内部和满洲其他地区的生产格式没什么差别。

二、矿业

矿业可以看作是经济学范畴的问题,故在此调查区域未被认可。只是从此前开采的情况中得到两条信息。以下作简单阐述。

(一)朝阳山(龙镇西北 16 日本里[①])

民国 20 年省城的大同公司员工前来开采铜矿,但以失败告终。此地也出现过沙金。在民国 15 年发现后,土著居民曾用不熟练的方法开采,故估计此地将来也具备开采价值。

——龙镇日本守备队调查

(二)科尔芬河上流塔拉琦[②]河(黑龙江支流—上道干南 40 日本里)

(1)民国 3、4 年的时候,鄂伦春族人发现了沙金。此后几个俄国人挖了 15—20 尺,1 天采集 1 个(8 个等于 10 匁[③])。但中俄战争爆发后此开采活动被迫中止。前不久大同 2 年[④]的屯长代理去了当地,但发现因有很多水向外涌,故不能开采。

——屯长

(2)1924 年找了两名居于车陆的池姓满族人一同前往当地,挖了 18 尺深井,确认并无开采价值,故而返回村驻地。次年 1925 年 12 名黑河丰源公司的工作人员前往此地,雇佣满洲人挖掘了 40 个洞穴,但因带来的 20 天的食物已所剩无几,故被迫中途返回。

——池氏

地质班的森田氏曾前往上述第 2 个沙金地带进行勘测,发现了如下情况:途中 10 里处只能看见鄂伦春族的房屋,他们专门以狩猎为生。沙金地带向外涌出很多水流,虽费力开采却未充分采集,由此可见将来的开采并非易事。

---

① 译者注:按明治时期的度量衡换算法,1 日本里 = 3.927km。
② 译者注:河流名,日文原文是"タラチ"。
③ 译者注:日本尺贯法的重量单位,约合 3.75g。
④ 译者注:大同,伪满洲国年号,元年为 1932 年。

第五节　林业及水产业

一、林业

从龙镇北面大约30里的地方到小兴安岭一带有未开垦的原始森林,这表明其林业并不发达。北满公司只在孙家船口以及郑家窝堡设立了事务所来采伐木材以供铁道施工时用。

树种主要有白桦、黑桦、柞树、白杨、柳树、红松,还有分散种植的落叶松,在调查地沿路只有少数几棵。

能够用于建筑的只有红松木,中国百姓也用白桦作建筑材料。只是白桦价值非常低,但据说白桦非常适合制炭,其他树种只是用作薪柴,村民们可以随意到附近森林砍伐。到了冬天也可以靠砍柴来维持生计。

在沿水地段用木筏运输木材,一方面水运的运费低廉,另一方面陆运因交通不便价格极高。比如在逊家船口运输1寸红松木的价格是25钱到30钱,但是在二站用货车运送需要70钱。无论是制造用的木材还是圆木,实际上在价格方面都几乎不存在差异。

下表是建筑用木材红松以及薪炭用木材的价格表。

按村落划分的红松及薪炭的价格表

(单位:红松薪材木炭在表中以1丈木方为计量单位或以1个沙绳为计量单位。)

屯别 种类	龙镇	郑家窝堡	霍尔莫津	奇克特	车陆	上道干	乌云	逊河
红松	(长1丈)(最细处1尺)3.00圆	(长1丈)(最细处1.5尺)7.00圆	不明	(长1丈)(最细处1尺)2.50圆	不明	(长1丈)(最细处1尺)2.00圆	不明	不明
薪材	1丈木方7.00	1个沙绳3.50	1个沙绳5.00	1个沙绳4.00	1个沙绳3.00	1个沙绳3.50	1个沙绳5.00	1个沙绳4.50
木炭	无	不明	1.00	1.00	1.00		1.00	1.00

备注:①龙镇的薪材价格以1丈木方为计量单位,在黑龙江沿岸地方以1沙绳为单位进行买卖交易。1丈木方是指长2尺5寸、高五尺、宽1丈的薪材堆。1沙绳是指长2尺5寸、高6尺6寸、宽6尺6寸的堆积量。

②尺是以中国木尺来标示的,相当于日本的大约1尺4分5厘的长度。

二、水产业

水产业在黑龙江并没有作为一个专门的产业,只是作为农户的一种副业来发展而已。鱼的种类(中国名称)有鲤鱼、鲇鱼、鲋鱼、狗鱼、大白鱼、虫虫鱼、大马哈鱼等,使用渔网或者垂钓的方式进行捕捞。捕鱼量与价格如下表所示:

各村落的捕鱼量及价格表

村落名 价格及捕鱼量 鱼种	奇克特		车陆		乌云	
	单位价格(圆)	年捕鱼量	单位价格(圆)	年捕鱼量	单位价格(圆)	年捕鱼量
鲤鱼	4.00	不明	5.00		3.50	不明
鲋鱼	3.00	不明	4.00		3.00	不明
鳊花鱼	10.00	不明	12.00		—	不明
大马哈鱼	3.00	不明	3.00		3.00	不明
狗鱼	2.00	不明	3.00		2.70	不明
鲇鱼	1.00	不明	2.00		1.00	不明
刀子鱼	4.00	不明	4.00		—	不明
*河鱼	10.00	不明	12.00		—	不明
那拉合子鱼①	10.00	不明	12.00		—	不明
吸空鱼②	3.00	不明	3.00		—	不明
亚拉鱼③	2.00	不明	—		—	不明
大白鱼	—	不明	—		3.00	不明
虫虫鱼	—	不明	—		2.00	不明
总计		500 布度		800 布度		380 布度

备注:以上信息由屯长、农务会长提供。

第六节　交通及畜业

一、交通

在该地区的交通机构中,最发达的是目前正在建设的北黑铁路(北安镇—黑河)和夏季在黑龙江上航行的汽船。但因铁路尚在修建中,汽船又只能为黑龙江沿岸的若干商业城市提供方便,故在春、夏、秋季主要交通工具是马车,冬季则是雪橇。

下表显示的是各屯的马车、雪橇的数量:

---

① 译者注:当地一种鱼名,日文为"ナーラホーズ"。
② 译者注:当地一种鱼名,日文为"シークン鱼"。
③ 译者注:当地一种鱼名,日文为"ヤーラ鱼"。

各主要村落的交通机构数量一览表

屯名 \\ 种类	马车			橇	船、筏
	大车	小车	总计		
龙镇	50	80	130	25	—
尧屯	—	5	5	8	2
郑家窝堡	—	25	25	25	
东、西霍尔莫津	57	—	57	21	3
小桦树林子	—	4	4	4	
大桦树林子	—	20	20	10	
四季屯	—	10	10	13	3
老西窝堡	10	—	10	10	
乾岔子	40	—	40	40	4
奇克特	50	—	50	50	20
车陆	25	—	25	19	10
上道干	9	—	9	21	
常家屯	9	—	9	24	
乌云	35	4	39	42	2
逊河			34	39	

备注:①船全部用于渔业(尧屯的渡船除外)。

　　　②以上数据由各屯长、农务会长提供。

　　交通机构数如上表所述。除委托货运公司外,商人们也会用自己的马车、雪橇亲自运送或者雇人运送,农民也以采用同样的运送方式。而马车、雪橇的雇佣也只不过是农民的一种副业。

　　交通机构的雇佣费用如下表所示:

主要村落中交通机构1天的雇佣费用

屯名	马车(圆)	橇(圆)
龙镇	3.00	3.00
郑家窝堡	3.75	4.00
霍尔莫津	5.00	3.50
奇克特	5.00	3.50
乌云	5.50	5.00
逊河	4.00	3.00

备注：①不雇佣船只。

　　②以上信息由各屯长、农务会长提供。

　　③金额用江洋标示。

二、畜业

如前所述，畜业也只不过是依附于农业发展，家畜的种类主要有马、牛、猪、鸡等。

下面是各个村落的家畜种类以及数量一览表：

家畜家禽类别数量调查表

屯名＼类别	马	牛	猪	鸡	鸭	鹅	羊	蜜蜂	其他
北安镇	25	30	51	不明	不明	不明	—	—	
龙镇	300	100	200	300	—	—	—	—	
尧镇	15	16	30	25	不明	不明	—	—	
郑家窝堡	60	60	50	80	不明	不明	—	—	
霍尔莫津	40	80	150	200	不明	不明	—	—	
小桦树林子	5	25	40	—	—	—	—	—	
四季镇	20	50	50	100	5	不明	不明	—	
老西窝堡	50	4	20	100	—	—	—	—	
乾岔子	119	68	38	520	30	8		—	
奇克特	370	85	152	315	30	27	29	—	
车陆	133	50	10	50	5	—	—	—	
上道干	47	34	6	100	10			—	
常家屯	45	35	4	200	—	—	—	—	
乌云	95	45	120	1,000	6	4	—	—	
倍达屯	22	2	52	150	—	—	—	—	
逊河	111	41	64	190	7	4	—	—	
霍尔莫津东屯	61	83	50	50	—	—	—	—	
大桦树林子	16	25	70	60	25			—	
何集营地	35	27	27	45					
总计	1,569	860	1,184	3,485	118	45	29		

备注：以上信息由屯长提供。牛马价格为国币50—70圆。

第七节　结语

　　如以上各节所述,该地区经济非常落后。主要是靠务农为生,且其农业尚处于封建阶段。虽在黑龙江沿岸能看到若干大经营以及机械化形式,但这并不能改变地主阶级与被雇佣者之间的封建从属关系。

　　商业是次于农业的产业。但从事商业的户数以及各户的销售金额确实很少,因该地区尚属农业社会,工业发展水平低,故商品以杂货为主,完全看不到生产用具。

　　工业是制造业。虽然采取了小工业的经营形式,但其数量甚少,且附随于农业发展,故其工业发尚处于初期阶段。林业、水产、交通、畜业几乎都尚未形成规模。

　　因此我们不得不承认在该地区的开垦过程中,其经济发展状态是滞后的。

经济资源调查报告书第　95　号

黑龙江　12　号经济第　6　号

昭和 9 年 9 月调

讷河、克山县地区经济基本状况

㊙

调查员　土肥武雄

翻　译　赵光鲁

目 录

序

9月5日上午8时，由调查原地齐齐哈尔出发，到达讷河后次日，第10供水调查队先行出发，第7供水调查队(动力鉴井队)停驻该地立即展开调查。由于持续降雨道路泥泞，10号当日分乘3辆卡车前行，在城外荒地处时而推车、时而拉车，将货物不断卸下、不断装运，这些工作几乎伴随旅程一路。经过地区为讷河→姜家窝棚(临时停泊)→官黄店(预定停泊)→唐家岗(临时)→西城镇(预定)→一百零五号(临时)→克山(预定)→泰安镇(预定)→依克明安旗(蓝公府、预定)→当海站→齐齐哈尔，回到出发地时间为9月30日。由于湿地和降雨，乘车调查相当不便，途中雇佣的马车和卡车如同龟兔赛跑，最后马车先行到达克山。

先前虽期望本次在驻地的调查可以完满结束，但调查途中仅凭实地目测，因此收集来的素材不免会有误认粗漏之处。但若专家认为其中有些许可取之处，实属本人之荣幸。

最后对本次调查给予莫大帮助和指导的以下诸位表示由衷的谢意，他们是：

青木掩护队长、齐齐哈尔省公署总务处福本氏、讷河县参事官山内、阿部氏、克山金融合作社秋山氏、克山县参事官泽田氏、克山中银支行员高根氏、克山金融合作社秋山氏、泰安金融合作社久保氏和中山氏，及各地县公署、驿站工作人员、宪兵队、警察署的各位。

昭和9年11月

调查员　土肥武雄

翻　译　赵光鲁

第一章　民族和土地关系

第一节　民族迁移及定居状况

第一　讷河中心沿革

讷河县地区为通古斯系原住民的索伦族及达呼尔族的居住地。索伦族为辽的一支末裔，专门从事狩猎，在兴安岭山区里生活，现在在北分省共有索伦八旗居民8,000人。此外如呼兰(2,400)、墨尔根(1,200)、东兴镇(300)等地均有居民分住。达呼尔族是由索伦族的分支同蒙古族混血，于辽时在黑龙江省东北境内产生，是一支至今仍半农半猎的民族。这些民族在黑龙江城(现住人数5,000)、墨尔根城(1,400)、齐齐哈尔城(4,400)、东布特哈旗(讷河八旗筹备处)(7,400)、西布特哈旗(东分省管内)(15,500)、通肯(1,300)、呼兰(7,500)、东兴镇(800)等城定居。

所谓满洲旗人的满洲族人由其发源地的吉林宁安移出，往之前介绍的几座城市以及铁山包定居，现在人数已经达到69,200人。

康熙中叶，因清朝的对俄关系以及满洲地区的经营政策，各地均有旗人屯驻，设置将军、副都统、总管等官职管辖当地各族并与其一同从事开垦。

而布特哈地区被划分为东西两块，西布特哈为今布西，东布特哈为今讷河。本县属于布特哈总管区的一部分。如前文所说，因是满洲旗人所统治的驻屯，故满人占据第一地位，再加上从先前两族的代表中选出的总管来统制本县。被命令定居在同管辖区下的由山东汉族军人及索伦族的分支所组成的鄂伦春族也都属于本县所管辖。光绪二十年(明治27年)改布特哈总管区为副都统衙门，并将讷谟尔河同齐齐哈尔至瑷珲间主干道的交叉点即博尔多站(讷河城外以西2华里，称为老站，也就是讷河旧市街)定为其驻地。同时将副都统管区内的中国人及鄂伦春族人移管至墨尔根副都统管区内，其结果是同管区内除满洲旗人外，有仅由达呼尔族构成的3旗和仅由索伦族构成的5旗，共8旗。

光绪三十年废除副都统，应时任黑龙江将军程德全的奏请，全县荒地得以大规模开垦。与此同时，巡防局的设立为统制奠定了基础。

今天的讷河县城即新市街建于光绪三十三年(日俄战争后2年)，次年的光绪三十四年提出了成立讷河厅的奏请，宣统二年(明治43年)改称讷河，当年八月下达了抚民同知的任命。民国2年3月(大正2年)实施县制，民国12年称当县行政机关为讷河县政府，大同元年改称为讷河县公署直至今日。

第二　对民族区域的政治经济统治

回顾各民族迁徙定居的历程时,是基于统治者与被统治者之间关系的。决定着民族未来的最基本因素是民族的素质和统治能力(尤其是经济统治能力),此外这些因素如何与自然资源开发利用相结合,即政治统制与经济统制并行程度才决定了民族今后永续发展与否。

满洲旗人相比原住民族更容易获得统制发言权,但他们将原住民族视为奴隶和剥削对象对待,厌恶自然资源开发的工作(尤其是农耕),寄生于他人的辛勤劳动,丝毫不顾及他人。由于第三者汉人的到来,他们的支配力(尤其是经济上的)逐渐衰弱,成为被压迫的一方。

尽管清朝出台了强制的土地政策(严禁对中国人中所有满人土地的强制收购以及禁止土地买卖)及禁止移民政策,但汉人的流入数量不断增多。这样一来,将军、高利贷者、银行、官吏、商人、富农等的土地就在社会上买卖让渡,甚至转卖给移民,抑或进行雇佣耕作。中国人敛财式的开发能力渐渐地在经济上征服了满洲人,原住民族也走向退却到偏远地区的命运。民族统治由武力统治转移至经济统治或武力、经济兼并统治的做法,在这种强度的统治下对外渐渐强化扩大,内容也变得越发复杂多样。

第二节　土地的开发过程

第一　开发过程概述

康熙二十五年(1686年)旗人开垦了黑龙江地区,但在1652年左右原住民的达呼尔人就已经开始了农耕。

清朝于1735年对俄展开军事自卫政策,命奉天八旗驻往呼兰河流域,计划从事粮食生产,但这些旗人十分厌恶农耕工作,便暗地命汉人来进行耕种。由于不顾禁止汉人移居的政策,导致汉人压倒性地入境,给经济入侵以可乘之机。

其结果是,呼兰河及通肯河流域于1860年至1887年间被开发,随着开发的进行产生了代耕。包藏不明土地以及雇佣耕作等因子渐渐浮现于表面,发生了涉及旗领民垦制度的土地纠纷。直至光绪三十年,汉人最终成功获得土地所有权。

随着新制度的颁布,各地的货币发放也在进行。光绪二十四年关东铁路的开通使满洲农产品得以走向世界,汉人农业发展速度进一步加快。随着殖民政策的制定,民国政府在取代清朝政府之后采取招垦政策,开创了农业移民的新发展期。

第二　主要城镇及村落开发状况

(一)主要城镇开发状况

1.讷河

洪宪元年[①] 1 月制定出讷河县鄂屯间荒招垦简章,在讷河县管辖区的鄂屯界内一律招募农民从事开垦。

开垦区域为除鄂屯居民已耕地及山东人所开垦的头屯以外,二屯、三屯、四屯、五屯、新屯及头站的公共荒地。经巡按使的招垦许可,由鲁屯督垦员及第一清丈分局办理开垦事务。民国 5 年制定讷河县招垦简章,县内未开放的公家荒地及已开放但未开垦的民有荒地均被定为招垦区域。招募中国籍的外省农民的工作也在进行。

民国 6 年(1917 年),开始把东、西、南地区的公家土地向民间发售。南区即讷谟尔河南部于光绪三十一年,北区于光绪三十二年对外销售。

民国 7、8 年至民国 15 年间为黑龙江沿岸的砂金生产及对俄贸易的全盛时期,期间讷河作为所谓大黑河齐齐哈尔间街道的主要驿站,货客往来频繁。随着民国 12 年讷河厅的设置,汉人大量迁入,因此讷河作为第二大繁华城市而发展起来。因农特产品的交易而商业兴隆,开设了油坊、磨坊、烧锅等工业,人口由民国 15 年时的 3,500 人变为现在的 10,000 人。但由于满洲成立后的大同 2 年夏季水灾以及马占山等匪害,农民一度贫困潦倒。在持续的剿匪与农村救济等诸多措施的实施下,普通民众的温饱问题得到了保障。稳定治安、涵养民生是树立王道政治最必要的措施。

2.官货店

24 年前经由河北籍黑龙江官员所倡导,数百户山海关居民集体移民于此并开发了此地。

当地给来此定居的农户每年分配生活必需品及农具,持续定居 5 年后每户分配田地 12 晌,还给每人分配房屋,主要是为了提高土地开垦的实绩,官货店的名字也因此而来。移民们的移居动机主要是想摆脱关内的困苦生活。但过分的优待政策助长了其懒惰性,导致靠开垦得到的土地家产被变卖,三分之二的移民成为了哈尔滨、齐齐哈尔等地的苦力,或沦为农业劳力。此后,又有奉天、哈尔滨的人听从当地的谣传移居于此,以每晌 10 圆的价格买地耕作,或成为雇农来劳作。

官货店现在被称为讷南镇,87 户人口三四十人[②],其发展渐渐穷尽,尤其事变后由于马匪贼的侵害,本地居民外逃,商户仅剩 16 户。

所谓的开拓者也很稀少,尽管当事人尽了力,但移民效果尚未充分实现。

3.克山

克山原名察霍勒屯,为蒙古人的游牧村庄。光绪三十三年由讷河至海伦的渤海官道的修

---

① 译者注:洪宪,元年为 1916 年,袁世凯复辟帝制年号。
② 译者注:此处疑似有误,保留原文。

成,使此村庄成为了第3站。民国元年政府派遣清丈员将讷河县一带的土地公售,其导致汉人移民增多,蒙古人渐渐被逼压至偏远深山,在县西南依克明安旗及乌裕尔河间向南12华里至20华里,东西80里约70,000晌的土地上畜牧耕作。民国3年左右克山仍处于荒废中,为讷河县的第一区。民国4年分划讷河县,设立克山设治局来设治行政,在二克山镇置设治会。同年7月成为类似现在的行政区,民国9年成为一等县。自设治局开设以来,在局员的指导下土地公售及开垦工作进行顺利。民国17、18年左右因奉天移民而大举发展,民国19年开设泰安驿,从腹地移居而来的移民日益增加,大同2年克山驿开始营业,拜泉方向而来的移民人数格外多,作为特产集散地得到了异常的发展。但基于土匪横行、农产品价格下调等原因,农民相继离开村庄,稍稍阻碍了城市发展,现在克山也显示出衰落的倾向。

　　4.泰安

　　泰安镇为200年前左右由海拉尔等地而来的蒙古移民放牧的荒漠原野。清朝时期为依克明安旗管辖,民国6年随着依克明安旗的区域改称划归依安县管辖。当时半农半商的家庭只有两三家。民国9年,蒙旗向省政府提出开拓泰安镇的请愿并得到许可,但由于盗贼横行,往来商旅很少。自民国11年左右,农民得知此处为肥沃的农业适地便逐渐迁来,商铺也经营开来,人口逐渐增加。民国19年时作为齐克线的终点站开始营业,成为了哈尔滨、安达地区特产集散地迅速发展开来。同年划归克山县管辖。现人口已达15,000人,但随着大同2年克山站的设置,约大半数的特产均被其吸收,不复昔日货驿的繁盛景象。

　　克山县主要城镇人口增长状况如下所示,仅供参考。

克山县主要城镇人口增加状况

（大同2年12月县公署调查）

年份	克山县第一区	西城镇	泰安镇
民国5年	26,000	89	
民国6年	31,800	170	
民国7年	33,620	214	
民国8年	40,860	364	
民国9年	48,706	486	
民国10年	56,130	560	
民国11年	58,510	834	13,531
民国12年	69,870	794	17,431
民国13年	70,316	947	18,174
民国14年	75,008	662	18,613
民国15年	76,571	816	19,890
民国16年	79,650	811	20,638

续表

年份	克山县第一区	西城镇	泰安镇
民国 17 年	83,195	1,007	20,780
民国 18 年	83,380	1,048	23,033
民国 19 年	83,428	1,121	26,240
民国 20 年	83,486	203	23,938
大同元年	83,656	862	19,678
大同 2 年	79,706		22,954

(二) 各村落开发情况

招垦政策在讷河、克山地区投入的精力最大,这从民国 3 年到民国 18 年的 16 年间各村落的迁徙时间就能明显看出。移民的原籍主要以吉林、奉天、河北、山东为主,来自于河北、山东的垦荒移民侵入到原住民的势力范围。吉林、奉天则是旗人政策上的驻扎地,因从属于旗人而移民到此的人很多。

总的来说,虽说大体上移民工作进展顺利,但通过全面观察各村落的定居状况来看便会发现,由于佃户的出现,移民中自耕农变少了。与聚居村落中移民的户数,或者最初移民的户数相比,现在的户数竟然没有增加反而减少了,这不能说是移民的成果。

特别是在西城镇地区存在一些狡猾的移民,他们除以自己名义外,还以妻子和儿女的名义或者他人名义借贷很多土地,然后将这些土地转卖给其他人,甚至还利用移民优惠政策进行土地转卖。随着大量土地集中在地主手中,佃农的增加就是不可避免的命运式结果。虽然土地招垦条例已在相当程度上得到了完善,但是最近却又新出台了 50 多条新增条款及修改条款,这意味着怎样的情况变化?

村落名称	户数	人口	迁徙时间	地租	特殊事项
西河南屯	200	800	10 年前	1 晌 7 斗	从奉天移居至此的农业劳动者居多,地主前往讷河避难
姜家窝堡	43	200	20 年前	3.7 分	土地由县放贷,地主七八户,佃户七八十人
山东大屯	270	1,600	20 年前	自耕	民国 4 年约有 100 个家庭从山东集体移民至此,接受县分给的每户 10 晌土地,形成了本村落,现在大部分成为自耕农
李家窝棚	22	150	15 年前	3.7 分	土地由县放贷
新发屯	30	160	15 年前	2.8 分	土地由县放贷
万宝山	40	200	30 年前	2.8 分	土地由县放贷
十八房	22	120	15 年前	1.9、2.8、3.7 分	土地由县放贷

续表

村落名称	户数	人口	迁徙时间	地租	特殊事项
二屯	106	504	24 年前	1.9、2.8 分	从河北移居至此,当时 40 户,每户分得 11 晌,由县放贷,每年领取日用品 3 次,劳工费为每天 30 钱
关家窝棚	13	90	7 年前	自耕	土地经买卖获得,每晌 23 圆,租金 50 钱
四屯	30	150	24 年前	3.7 分	从河北移居至此,当时 36 户每年领取日用品,移民中部分人因未能完成县放贷的土地开垦而生活困难,于是迁往其他村落成为了佃户
长春堡	53	220	13 年前	3.7 分	土地由县放贷
唐家岗	13	20	10 年前	3.7 分	土地由克山县放贷
二零三号	36	150	12 年前	免除	从奉天移居至此,制定了把当年收获的小麦作为种子保存下来,待来年再播种的计划
二零二号	45	360	12 年前	免除	荒地每晌以大洋 5 圆购买
青山堡	30	75	23 年前	3.7 分	讷河县放贷　地主租借春耕的资金
党家窝棚	60	200	20 年前	3.7、4.6 分	从奉天移居至此,接受讷河县放贷,党姓一户最早在当地开始开垦。
大马架	63	457	20 年前	3.7 分	从奉天移居至此,由讷河县放贷
四合屯	11	60	12 年前	4.6 分	从奉天移居至此,放贷荒地
百四六号	11	80	5 年前	自耕	从奉天移居至此,购买荒地
王大馒头	44	220	20 年前	4.6 分、3.7 分	从吉林移居至此,由县放贷
百零五号	100	400	20 年前	3.7 分	从吉林移居至此,由县放贷
三十二号	46	250	20 年前	1 晌 6.7 斗、1 石	从吉林移居至此,由县放贷

第三　村落分布状况

作为农户招垦中心地而发展起来的讷河地区地质肥沃,农耕井然有序,房屋状态与内地无异,只为防备外敌建造了围绕土垒的第一层墙壁,甚至又在其外侧挖了护城河(深三四米)。进入正大门,正面是主宅,左右两边是供佃户居住的房间以及饲养牛马的隔间,院子里养有家畜。

房子的左右两边有暖气设备,显示出满洲特色。在这样的房子里聚居着地主和佃户,聚居村落和大地主等的住处外墙 4 个角落设有警戒兼防御的高台。在大城市的街道中央设有看守台,以看守台为中心,有朝东南西北的大路和 4 扇大门。哨兵站在看守台上能监视城内与城外的往来情况。就村落的分布状况来看县城区仅 91 个,而就密集状况来看,和拉哈并列第一。讷南镇地方村落虽多但人口比例稀疏。

当地的农耕状况完全整顿后,连续两三千米全是高粱、大豆、粟、玉米,井然有序地纵向排列着,这些谷类和道路的间隙间大多种有麻,呈现出一片美景,宛如一大块展开着的条纹花样的布。由此看出,讷南镇的农户经济单位扩大有充分的余地,通过交通开发,当地的农业前景极为可观。村落分布状况如下表所示:

讷河县行政区划村落数及户数人口

(讷河宪兵队 昭和 9 年 9 月)

区名	区编号	村落数	户数	人口
县城区	第一区	91	6,621	37,112
讷南区	第二区	128	3,750	23,691
拉哈站区	第三区	92	6,076	35,836
萧家窝堡区	第四区	35	1,715	11,001
龙河镇区	第五区	30	2,710	17,088
通南镇区	第六区	108	3,794	26,714
总计		484	24,666	151,442

第二章　农村经济状况

第一节　一般农业经营状况

第一　各地状况

(一)农民会议的特色

讷河县农村的凋敝要归结于大同元年的水灾,马占山强盗①的最后反叛,大豆的价格跌落,禁止耕种鸦片(约800晌的耕地)等原因。而影响最大的是马占山强盗的肆意横行,因此,和5年前相比耕种土地减少了一半。5年前,地主和佃户间一直以三七分的形式顺利地继续下去,而现在虽免除了地租但还是无人耕种。几乎没有能力支付农具、种子、牛马的购买费以及农业劳动者的工资等。即便有钱支付,也难免被强盗马占山经常性的侵略吓到,势必扔掉耕地去避难或者逃亡。如此一来,离村的农民迁徙到其他大村落,成为农业劳动者或者铁路工人,渐渐地集中到奉天、吉林、哈尔滨等大城市,或者也有投奔强盗的。

地主扔掉以前的耕地将其变为马贼的住处。佃户们拆掉自己的房子迁居到安全的地方,有的转到其他地主的手下劳动,有点资金的佃户做了小商人。

农务会针对这一现象,制定了如下对策:召开农民大会,商讨依靠自己寻找对策,持有枪支的人主动将枪支上交到县里;推行连坐制度,一人犯法十人受罚的制度,以此相互监视,防止叛投匪敌;在购买农具等时介绍价格更便宜的商店,予其物美价廉的购置机会;寻求在农事实验地等种出优良作物的方法。

从县城附近的人民生活状态来看,县机关人员的伙食费是两餐每月5圆,商务会员是每月2圆,农民吃粟子、菜粥和菜等,每月不超过1圆。像马铃薯等只在冬天食用,这对内地农民来说是相当不可思议的事情。

为了改善生活,当然要考虑做些副业。当地农户的副业有冬天的马车运输、烧炭、捡柴、养兔子、养蜜蜂、开采布西的花岗岩等。

从上述生活状态显现的各种事实背后掩盖的发展倾向来看,存在着地主本身的原因造成的崩溃瓦解。而农民大会的"会议"上也有粉饰的成分存在,贫富农的武装解除使得他们不能维持在最低生活水平线上和保护自己的生命财产安全。满洲农村社会在这样的生活状态下,其发展无甚目标可言。

---

① 译者注:此处代表日方立场,称抗日军民为强盗。

(二) 从生活中学会的自我保护措施

西河南屯地方的地主多数居住在安全地带的讷河地区,地租能收到一半左右,剩下的不得不延期到下一年,对于这种情况地主也只能默认。

在当地种植最多的就是玉米,从其为满足自家消费的目的可以看出贫农将此作为自我保护措施的倾向。对于大豆的跌价,一点办法也没有。另外,对贫农而言,也没有比玉米更便宜的种子。生活最困难的时候是七八月份,因为这个时候他们得上交食用的玉米和马铃薯。对五口之家来说一个月的生活费需要粟三斗左右即六圆左右。衣服被子的费用当然不需要,他们中的大部分都是穿着破衣服,不带帽子,光着脚,如家畜一般,生活在脏兮兮的污泥中,一边仰望寒天,一边若无其事地走着。

山东大屯附近一户 15 人的家庭的生活费是 30 圆,而四五人的家庭则是约 5 圆的生活费。农业劳动者平时能拿到 30 钱,忙碌的时候能拿到约 70 钱。

(三) 生活水平低下

据屯长介绍,西城镇一带本来乡风良好,自耕农居多。但由于特产的跌价,最近农户中从地主降格成佃户的居然达到了全村户数 1/3。

大豆价格保持在每石十二三圆左右的时候,地主和佃户都能安逸地生活。而现在大概八九圆就已经在生活水平线上了。今年耕种 300 晌地就蒙受了约 4,000 圆的损失,这个报告真实不虚。这些还是损失相对较少的人。小麦虽可代大豆在此种植,但由于耕作资金短缺,不能种植。当地以豆饼作燃料。破产的佃户离开所在村落,辗转投奔一个又一个亲戚好友,从而开始了流浪之旅。

(四) 对于租税的反映

克山县也同样让人觉得难以生活。不进行土地买卖而进行耕种的佃户蒙受了损失。即便是地主无偿提供土地让其耕作,也无人愿意接受,于是耕地闲置成为荒地。同是事变前 19 万晌的耕地面积,与去年相比,本年度的收成从 12 万晌减少到了 8 万晌。

地租二八分或者三七分虽并未固定,但上缴数目却非常少,有地地方就连夏天做酱坯用的盐都买不到。

如果从税收关系来看生活状态的话,开垦当时虽有 24 万晌的税收,今年实际耕地八万晌,其中的 1/3 不纳入国税。至于地方税也是如此,因此本县税捐局也从一等局沦落至三等局。

关于代替小麦的作物,当地县政府将海运来的种子强制分配给农民耕种,农民因为种子质量不好和错失耕种的最佳时机而有些缺乏干劲,但从耕种结果来说还算好。

(五) 农民劳作欲望低下

泰安地区的农民完全不考虑其种植谷类作物种类的改良,不顾盈亏只是集中精力对特定作物进行单一轮作,因而导致一旦自己种植的特产跌价便没有补救的方法。于是便吃掉了本应用来播种的种子,或者卖掉高价的小麦种子,换来便宜的粟米填饱肚子。

事变前相对来说借钱要容易些,事变后个人间的借贷几乎是不可能的。一般农民约有半数都背负着昔日的债务。事变前依靠借款来耕作的富农们在事变后因马贼跋扈,收成减少而失去了还债的手段。

第二 替代作物的可能性

通过观察讷河县耕种面积的增减,我们发现小麦的耕种面积减少最多。本以为当地因大豆跌价,作为替代作物的小麦种植面积会增加,却不料出现了比起大豆其种植面积还在减小的相反现象。这其中的理由是:

一、本年度预期农作物约减产两成,其原因是劳动力较上一年相比约15%不足(由于强盗家畜缺乏)以及耕地面积总体来说有所减少。

二、小麦种子价格昂贵。

三、因担心年成不好而歉收,农民们都不进行大量种植。

四、政府延误了小麦种子的发放。

五、大豆种子剩余很多。

种植大豆减少的原因是其本身的跌价和水灾。种植增加最多的是玉米,农民们为了维持基本的生存,粟和杂粮的增加也较多(仅次于玉米),这些在耕作上的倾向表明了其农业经营向多样化方向的转变。

可以推断,克山县有同样的倾向。其次,小麦种植减少的原因是由于大豆的跌价,一般农民都会考虑种植小麦。但今年春天的小麦种子价格特别贵,有余力购买的人极少。虽通过各种方式鼓励劝说其种植小麦,但因预见自然灾害可能带来的损失,选择种植小麦的人很少。

普遍认为大麦的增加是市场生产的结果。

农民们都持有传统的先入为主的单一耕种观念。他们从安全性的角度考虑,一直保持着基于经验的农耕方式,几乎不考虑掌握新的耕种方法,因此难以积极地进行农业经营。偶然出现的多种作物的耕种也只不过是为了维持基本生活的不得已选择罢了。

注:某县专注于大豆改良的研究,在耕种改良大豆的时候被临近县知晓。该邻县虽立即移种了这种大豆,但由于错过种植时期,因此不得不用苏子来进行补种。而苏子价格达到了仅次于秋收季节的高价。与此相反,受到大豆跌价的影响,故而造成耕作损失,如此绞尽脑汁费心研究也因而化为泡影。而苏子却收获了意外的成功,这成为当时的一则逸闻。

(一)讷河县土地种植调查(康德元年[①])

种类	种植面积(晌)		比较		产量(石)
	去年	今年	增	减	今年
大豆	40,000	38,798		1,202	100,000

① 译者注:康德,与“大同”同为伪满洲国年号,元年为1934年。

续表

种类	种植面积(晌)		比较		产量(石)
	去年	今年	增	减	今年
小麦	21,200	5,767		15,433	42,400
高粱	1,130	1,671	541		1,582
玉米	1,500	10,268	8,768		3,100
大麦	2,250	3,739	1,489		9,000
粟	19,370	22,496	3,126		77,480
杂粮	不明	4,112	4,123		17,520
合计	85,450	86,851	1,401		250,082

(二)克山县土地种植调查(康德元年)

种类	种植面积(晌)			比较		产量(石)		比较	
	大同元年	大同2年	康德元年	增	减	去年	今年	增	减
大豆	140,000	53,555	73,000		19,445	328,500	133,877		194,623
小麦	38,000	9,834	16,000		6,166	56,000	29,502		26,498
高粱	4,000	4,749	3,000	1,749		15,000	14,247		753
玉米	5,000	10,082	5,000	5,082		25,000	25,205	205	
大麦	-	10,840	4,000	6,840		20,000	54,200	34,200	
粟	35,000	38,477	30,000	8,477		165,000	57,715		107,285
杂粮	22,000	9,255	12,000		2,745	48,000	23,137		24,863
合计	244,000	143,000	136,792		6,208	657,500	337,883		319,617

(三)泰安镇管辖范围内的土地种植调查(康德元年)

种类	种植面积(晌)		比较		产量(石)		比较	
	去年	今年	增	减	去年全部的产量	今年预想的产量	增	减
大豆	3,202	1,659		543	9,606	7,970		1,636
小麦	354	291		63	708	582		126
高粱	116	122	6		455	488	33	
玉米	399	564	165		1,500	2,256	756	
大麦	479	340		139	1,910	1,360		550

续表

种类	种植面积(晌)		比较		产量(石)		比较	
	去年	今年	增	减	去年全部的产量	今年预想的产量	增	减
谷子	2,823	2,761		62	11,200	11,044		156
杂粮	1,645	1,939	294		3,540	3,917	377	
合计	9,018	8,676		342	28,919	27,617		1,302

(四)克山临近县种植面积(康德元年)

(单位:晌)

	克东县	拜泉县	德都县	龙镇县
大豆	12,000	88,000	9,200	4,300
小麦	1,050	9,000	540	120
大麦	500	5,200	360	90
谷子	5,200	45,000	3,700	1,700
赤豆	—	130	20	—
小蓖麻	200	4,500	350	
苏子	—	1,100	—	—
高粱	1,000	7,700	850	350
玉米	1,200	12,000	1,070	430
其他	1,500	13,000	1,400	750
合计	22,650	185,630	17,490	7,740

(五)讷河县主要作物的收成表

(单位:吨)

品种名称	第一区	第二区	第三区	第四区	第五区	第六区	合计
大豆	4,861	4,979	5,447	2,165	3,029	5,112	25,593
小麦	2,079	2,145	2,415	503	1,006	2,982	11,130
谷子	3,294	3,394	2,846	796	1,593	4,905	17,828
玉米	342	348	396	785	171	488	2,530
大麦	454	469	527	110	220	651	2,431

品种名称	第一区	第二区	第三区	第四区	第五区	第六区	合计
燕麦	277	287	321	67	135	398	1,485
高粱	257	265	299	140	140	400	1,501
米粟	1,571	1,503	1,753	181	700	2,091	7,799
荞麦	257	266	298	62	129	379	1,381

（六）克山临近县大同 2 年的产额

（单位：石）

	克东县	拜泉县	德都县	龙镇县
大豆	27,600（2.3）	220,000（2.5）	20,200	8,600
小麦	2,310（2.2）	22,000（2.5）	1,080	240
大麦	2,500（5）	31,200（6）	1,800	450
谷子	26,000（5）	225,000（5）	18,500	8,500
赤豆	—	350	60	—
小蓖麻	800（4）	18,000（4）	1,230	—
苏子	—	3,520（3.2）	—	—
高粱	4,000	30,800（4）	2,975	1,225
玉米	8,400	84,000（7）	6,420	2,580
合计	716,100	734,870	522,650	215,950

注：括号内为每响的收成。

第三　北满洲的耕作方法

　　与南满相比，北满的开垦方法一般是粗放型，首先就开垦方法来看，先是在前一年放火烧去草木，次年开春即用七八匹马拉开一组犁耕田，然后种上黍。

　　资金充裕的农户第一年只耕地松土，当年一年休耕。开荒后第一年播种较多的是黍，有时也种小麦。

　　开垦第一年称为头荒，第二年称为二荒。将上一年的畦田挖作水沟，同时将上一年的水沟改造成畦田，这样的土地播种较多的是粟和小麦。

　　第三年称为三荒，又一次将上一年的畦田挖作水沟，同时将上一年的水沟改造成畦田，种上小麦、大豆、高粱、粟，直到第四个年头，耕地才开始变成熟田。一般开垦中使用畜力（马）较多。而近来只是耕地减少，几乎没有开荒，一般自四月下旬开始，由 2 农民开始用 2 到 4 头牛马（多数为马）牵着犁耕田。其中 1 人驾驭牛马，1 人负责掌控耕犁。1 天的耕地面积是 1 响，耕地深约4米,这之后才开始耕耘。进行耕耘、播种、翻土的3个连续步骤。种完第一田埂,向第二田埂转移。为了平均地力,将上一年的畦田中的20%挖作沟渠。栽培顺序是,小麦及其他麦类是4月下旬播种。紧接着直到5月下旬为止,按照大豆,高粱,玉米,粟的顺序依次种植。6月上旬种黍,6月中下旬种荞麦,到此播种结束。

谷类作物生长中,小麦和其他作物进行3次中耕、除草、培土。8月上旬小麦收获完毕之后则开始秋种。

到10月秋分为止,秋收全部结束。因为农民不愿连续种植大豆,因而大多数情况下,轮作的顺序也不固定。而在一片土地上种大豆、高粱、菜或者玉米,即便是小麦连作也丝毫没有影响。

播种量及产量如下:

各作物播种量及产量表

作物	播种量	产量	作物	播种量	产量
大豆	2.5斗	3石	粟	5.5斗	5.6石
小麦	4斗	2.5石	玉米	2斗	4石
大麦	3.5斗	3.5石	黍	1斗	3.5石

第四 农业范畴内的牲畜及家禽

在我们所调查的地区,到处可见饲养着的家畜家禽。在街上,有着大中小各种这样的黑猪群,白色的鸡,还有成队的鸭。看着出入村落内外的牛马,悠闲地徘徊在延展至地平线的旷野上寻找着食物,啃着牧草,这实在是安静的大满洲的一个侧影。更进一步从其他方面来看,这些可爱的动物在经济不景气的情况下,对于最底层的农民来说,是不可缺少的助手。现在的满洲农业是有畜或者有禽,没有农业组织(农牧并用农业)就维持不下去。恐怕即便是将来,这样的组合还是必要的。

马占山的下属除子鹤在讷河地区大量征用马匹用作军马赶至黑河去了,因此一时之间讷河地区马匹相当稀少。直到现在也没有恢复。品质和新京方面相比没有显著差异,价格是1头普通坐骑马六七十圆,拉车马三四十圆,饲养费大概是1个月拉车马(不放牧)10圆,坐骑马6圆左右。

该县有很多品种不错的牧草,且有很多荒地,将来有望成为牧场。

克山地区如表所示,变故后家畜的数量减少。在当地,依克明安旗生活着牧羊民族,他们的主要生活手段就是靠家畜。

作为副业收入的家畜和农民生活间的关联本应写一章节详细说明,在此处略过。两县的家畜数量只用数字形式表示出来,如下所示:

(一) 讷河县家畜和车辆的现有数量

家养动物	现有数量	车辆	现有数量	备注
马	20,712	木头车	2,897	家畜类多为本县产,进出口的家畜仅为少数
骡子	901	驮马	2,398	
驴	554	牛车	580	
牛	3,316	轿车	64	
羊	1,539	橇	599	
猪	15,422	汽车	14	
鸡	9,773	民间货物用车	5	
		国道局货物用车	4	
鱼类	40,000 斤	铁路总局巴士	4	
		县政府货物用车	1	

(二) 克山县家畜家禽数量调查表

(康德元年 7 月)

	城区	运家店	古城	莽乃镇	泰安镇	托力	北兴镇	西城镇	通宽镇	合计
马	4,091	5,054	2,784	2,866	1,375	947	2,794	3,076	4,167	27,154
牛	300	463	183	136	144	94	458	281	316	2,375
骡子	264	294	104	34	108	71	120	248	251	1,494
驴	58	43	1	12	9	22	26	46	143	360
山羊	—	—	2	—	—	—	—	—	—	3
绵羊	5	—	—	—	—	—	—	10	—	15
猪	4,876	3,982	2,847	2,405	1,248	882	3,284	2,851	1,591	23,967
狗	2,598	2,008	1,398	327	734	661	6,232	1,400	3,035	18,393
兔	18	—	—	—	2	3	21	5	10	41#
鸡	5,634	4,366	2,566	3,310	1,056	744	2,138	2,248	368	
鸭	1,276	76	282	752	243	112	467	446	612	
鹅	200	204	15	14	35	40	153	123	302	1,080

(三) 各地暴乱前后家畜和车辆的数量变化

(康德元年 5 月)

	民国 20 年			大同元年			大同 2 年			康德元年		
	克山城区	泰安	通宽城区	克山城区	泰安	通宽镇区	克山城区	泰安	通宽镇区	克山镇区	泰安	通宽镇区
马	4,695	342	4,897	3,050	253	3,989	3,900	247	2,161	4,651	277	4,417
骡子	280	21	288	95	23	205	100	20	222	278	25	265
驴	80	14	61	50	15	45	45	21	50	74	18	53
牛	595	158	174	390	129	149	300	104	150	550	120	169
车辆	1,785	176	592	1,050	142	447	1,080	139	475	1,476	160	484

第五　按经营面积划分户口

　　在讷河地区小农占所有农户户数的 71.2%,讷河和拉哈区所占比重最大,其次是讷河镇和通南镇区。中农占 25.5%,讷河最多,其次是哈拉通南镇。大农只占 23.3%,通南镇最多,这显示出通南镇农业经济实力的强大。

讷河县农业按经营面积不同来统计的户数人数

(康德元年 7 月　讷河县农会)

各区	小农	中农	富农	人数	
	5 晌—10 晌	10 晌—30 晌	30 晌以上	男	女
第一区	4,601	1,680	155	21,957	14,588
第二区	2,950	717	80	13,943	9,745
第三区	4,370	1,532	110	11,059	14,540
第四区	1,070	577	68	6,293	4,708
第五区	2,860	713	137	9,587	7,501
第六区	2,523	1,007	235	14,312	11,531
合计	17,374#	6,226	785	77,151	62,613
最后总计	24,385 户#		农户人口总计	139,764 人	

第二节　农村经济基本状况

第一　按耕作分类的农户和土地分配关系

　　在克山县,大多数是佃农,约占全部农户中的半数,即 45.2%。自耕及自耕兼佃耕的户数几乎一样。

　　农户所有的土地面积中,小面积土地所有者占全体的48.4%。大地主占19.6%,多在县城区。

　　佃户和大地主的向城市集中是农村和城市依存关系的必然结果。

　　从土地所有及分配关系来看,在大都市最多的是居住地主,其次是佃农。从分配关系来看,占比最多的是中农。在西城镇,当地大富农史无前例的存在大概正是招垦政策及其极端的发展过程所致吧。

(一)克山县农耕种类及农户户数

各区	农户户数				占所有农户户数的百分比		
	自耕农	佃农	自耕兼租佃农	合计	自耕农	佃农	自耕兼租佃农
第一区	2,474	4,489	2,448	9,411	26.3%	47.6%	26.0%
第二区	1,324	1,044	770	3,138	42.2%	33.3%	24.5%
第三区	280	541	69	890	31.5%	60.8%	7.7%
第四区	147	196	317	660	22.3%	29.7%	48.0%
第五区	967	1,682	852	3,501	27.6%	48.0%	24.3%
合计	5,192	7,952	4,456	17,600	29.5%	45.2%	25.3%

(二)克山县农户所有的土地面积表

	3—50晌农户	51—100晌农户	100晌以上农户	合计
第一区	1,267	1,019	684	2,970
第二区	264	170	52	486
第三区	77	27	10	114
第四区	99	71	53	223
第五区	538	196	109	543[#]
合计	2,245	1,483	908	4,636[#]
百分率	48.4	32.0	19.6	100.0

(三)克山县主要城市的土地所有权和分配关系

(县政府　康德元年8月)

	晌数			户数		
	克山	西城镇	泰安镇	克山	西城镇	泰安镇
居住地主	10,000	12,126	3,672	1,980	832	159
不在地主	5,548	2,833	2,534	245	83	24
自耕农	6,493	24,317	2,136	1,020	615	1,018
佃户	9,055	2,117	4,333	1,205	725	749

	晌数			户数		
	克山	西城镇	泰安镇	克山	西城镇	泰安镇
特大农户(100晌以上)	3,000	11,700	4,520	24	89	24
富农(30—100晌)	7,100	13,400	3,263	710	576	158
中农(10—30晌)	3,840	12,173	2,715	1,000	846	160
小农(10晌以下)	708	4,120	2,767	491	743	305

第二　劳务状况

与其他地区相比,每个季节进入讷河县的山东苦力很少,多数劳动者为本地人。其雇佣按户进行,雇佣形式分为全年契约、半年契约、月契约、日契约。

工资如下所示:

全年契约　70圆到75圆(含吃饭)

　　　　　因包含冬季期间,故工资更便宜。

半年契约　50圆到53圆(含吃饭)

月雇契约　7圆到7.3圆(含吃饭)

日雇契约　80钱(不含吃饭)

克山和泰安的农业劳动者中满洲人占多数,来自山东、河北的季节性劳动者极少。克山除了吸收周边村落的劳动者外,对于劳动市场,不会产生竞争性需要。即两者工资没有区别,是均等的。

A.定居和移居的劳动者数量

每年雇佣	满洲人	克山	120人	满洲人	泰安	230人
	山东及河北人	克山	20人	山东、河北人	泰安	150人
每月雇佣	满洲人	克山	650人	满洲人	泰安	150人
	山东及河北人	克山	30人	山东、河北人	泰安	80人
每日雇佣	满洲人	克山	8820人	满洲人	泰安	220人
	山东及河北人	克山	45人	山东、河北人	泰安	140人

B.工资

每年雇佣	满洲人	克山	满洲国成立前	150圆	满洲国成立后	110圆	泰安	100圆	60圆
	山东及河北人	克山	满洲国成立前	150圆	满洲国成立后	110圆	泰安	80圆	50圆
每月雇佣	满洲人	克山	满洲国成立前	10圆	满洲国成立后	8圆	泰安	12圆	6圆
	山东及河北人	克山	满洲国成立前	10圆	满洲国成立后	8圆	泰安	10圆	7圆
每日雇佣	满洲人	克山	满洲国成立前	50钱	满洲国成立后	30钱	泰安	1圆	60钱
	山东及河北人	克山	满洲国成立前	50钱	满洲国成立后	30钱	泰安	60钱	40钱

在泰安,满洲人和山东、河北人有区别,尤其在每月和每日的佣金方面,比起克山来说工资要高。这显示了较大的季节性劳动需求量。

第三　佃耕方法

在本县(讷河)佃耕方法一般按照农民的习惯来定,并将其分为两种。

1.死租(固定租)。即每年不论是丰收还是歉收,佃户都必须缴纳一定数额的谷类作物或者现金。付钱的情况下,有按照当年谷类作物价格来决定金额的;也有不管每年谷类作物价格如何,都要上缴一定数额的钱。缴纳谷类作物的话大概每晌地一石两三斗,主要是缴纳大豆。

2.活租(不固定租)

依据比例,地主和佃农分享当年的收成:

A.七三　地主三分,佃农七分是常见的情况

B.六四　按照这个比例,在春耕的时候地主负担耕种费用的情况居多。

C.五五　按照这个比例,地主负担耕种所需的所有经费,佃户只出劳力。

两种租不管什么情况国税都由地主负担。死租的情况下,地方税由佃农来负担;活租的情况下,佃户和地主均等负担。上述的死租非常罕见,一般最多的是活租中的A。地主的地租收入随着离开村落的农民的增加而减少得微乎其微。对于如上文所述疲敝的农民,这已不是地租的问题。随着荒地的增加,地租的意义已几乎全部消失了。

克山县地区也是一样,通过斟酌土地的好坏,交通的便利与否,然后根据当地习惯签约。死租下上缴的谷类作物是1晌1石。活租一般按七三分,这样的情况下国税是地主负担,地方税和附加税是佃农负担。

四六分或者五五分很少。

第四　租税状况

从讷河县的国税收入状态来看,和上一年度相比看得出来减少了很多。增加最多的是营业税,其次是烟酒税。这是由于地方治安维持较好而使得人口增加。减少最多的是粮石税,如实反映出了收获的减少和谷价的跌价的影响。其次是统税,其中包含了卷烟、棉纱、麦粉等所有生活必需品的各种税收,如实反映出了当地生活困难的情况。

(一)讷河县税务局大同2年征收额

税目	元年收入额	2年收入额	两年相比	
			增	减
营业税	12,424.82	24,763.70	12,338.88	
牙帖税	55.42	71.42	16.00	
当帖税	—	142.86	142.86	
斗秤税	521.43	1,078.55	557.12	
牲畜税	734.69	2,090.86	1,356.17	
屠杀税	172.62	457.24	285.52	
净业税	—	57.14	57.14	
粮石税	61,210.98	34,210.67		27,000.31
豆饼税	240.15	789.92	349.77	
鱼税	54.94	352.22	297.28	
山货皮张税	637.83	2,567.45	1,929.62	
油税	451.54	1,704.78	1,253.24	
木植税	73.50	38.88		34.62
其他生产税	65.35	149.56	84.21	
矿产税	—	12.00	12.00	
租税附加军费	1,172.11	—	—	1,172.11
烟酒税	6,256.06	12,889.66	6,633.60	
统税	6,874.63	3,992.96		2,881.67
印花税	—	5,413.97	5,413.97	
油榨税	85.71	149.97	64.26	
白条猪税	68.57	180.73	112.16	
罚金	134.04	8.80	135.24	
合计	91,234.39	91,123.34		111.05

(二) 讷河县租税状况 (地方税)

税目	税率	大同元年 7 月起康德元年 6 月为止的实际收获金额 (圆)	本年度预算 (圆)	备注
亩捐	1 年 1 晌 26 钱	10,890	2,600	本年除此之外还有鱼网捐
杂捐 (女招待税)	1 月 62 钱	993	720	本年度实际收入 41 圆
粮石税	销售金额 1 圆交 5 钱	50,330	57,000	收入总额
营业捐	销售金额 1.6 钱	10,037	14,200	81,815 圆
牲畜捐	销售金额 3.6 钱	1,417	1,910	本年度预算收入总额
木植捐	销售金额 3.6 钱	39	150	84,820 圆
山货捐	销售金额 30 钱	665	850	
公益捐 (附加税)	1 圆交 1 厘			
屠杀捐	1 头交 5 钱	1,944	2,340	
新斗秤捐	斗　50 钱 秤　25 钱			
车牌捐　6 驾　6 圆 　　　　4 驾　4 圆 　　　　2 驾　2 圆 　　　　1 驾　1 圆		5,500	5,050	

(三) 泰安镇税收状况 (泰安镇税捐局)

从泰安镇税捐局收取税收状况来看,大同 2 年 7 月开始康德元年 6 月为止的税收是 6 万 8 千圆,税收率有渐渐好转的趋势。

各种税收从大同 2 年 7 月到康德元年 6 月为止的税收如下所示:

——出产税 (粮食、货物、木石税) 　24,402.04

——营业税 (营业、牙当帖税) 　26,032.96

——牲畜税 (牲畜、屠杀税) 　1,779.55

——烟酒税 (烟、酒、烟公卖、酒公卖) 　7,765.07
　　　　　(烟酒牌照)

——统税 (麦粉统税) 　4,862.53

——印花税 　4,976.28

——普通印花税	134.07
合计	68,952.50

接着从税务局观察大豆的跌价影响:

1.从大连了解到大豆的市价,大豆价格因此变动,计算运费的时候自然采购就会减少,因而影响最大的是出产税。

2.随后在酒税和烟税上可以看出,粮食跌价时,农民会节约生活费的第二部分支出。

3.其后是营业税,依商人阶级的不同其税收减少。

注:在泰安镇的时候正好是中秋节,满人有不分贫富阶级,都将符合身份的供品供奉给祖先来祭祀的习惯。但是今年供品却没能卖出去,因此在营业税上表现了出来。特别是从那些非一般店铺的露天店铺中,反映出农民们贫穷不堪。

第五 地价

土地价格的涨落,除了土质好坏外,还与其社会利用价值(位置、交通、村落的贫富、谷价的变动、金融等)有关。因此在对社会影响感受最敏感的城区附近,地价较高,围绕一个较固定的价格线上下移动。反之,在边远地区地价未被垄断,变化很大。尤其因马贼的横行,贸易停止,几乎所有土地都不能去耕种,有的甚至变成荒地。因此,不少地主都为土地的处理方法苦恼不已。

事变前,讷河地方的地价是120圆,去年跌至30圆,现在的地价如下所示:

	上等	中等	下等
熟地(1晌)	15圆	8圆至10圆	3圆至5圆
荒地(1晌)	8圆	5圆	3圆以下
街基①(1方丈)	1圆	50钱	30钱以下
讷河城	30圆	10圆	8圆

事变前,克山和泰安的地价保持着固定的市价,但以事变为转折点,渐渐有跌落下来的趋势。其原因是时局的不稳定和农产品的跌价。民国19年,泰安地区因铁路开通经济飞速发展而出现了最高的地价。康德元年,当地城区地价的跌落反映了农产品贸易衰退。

---

① 译者注:保留原文。疑为开设街道用地。

（一）克山及泰安镇附近地价演变表

（单位：圆/晌）

耕地种类	等级	克山							泰安镇						
		民国17年	18年	19年	20年	大同元年	2年	康德元年	民国17年	18年	19年	20年	大同元年	2年	康德元年
已耕地	上等地	92	90	95	95	85	80	90	70	90	120	110	70	50	40
	中等地	85	80	82	80	70	70	70	65	80	100	90	60	40	30
	下等地	30	30	40	40	30	30	35	50	60	80	75	45	30	20
中耕未开垦地	上等地	12	13	14	15	10	12	15	15	20	120	25	20	15	10
	中等地	7	8	10	10	7	8	10	10	15	25	20	15	10	6
	下等地	3	4	6	6	4	5	6	8	10	15	15	10	6	4
已耕荒地	上等地	13	13	14	15	11	12	15	35	40	50	45	30	20	15
	中等地	7	8	9	9	7	8	10	115	30	35	32	20	15	10
	下等地	3	4	6	6	4	5	5	15	20	20	20	15	10	6

（二）克山县主要城镇地价表

（各督察署　康德元年8月）

耕地种类	等级	平均地价			最高地价			最低地价		
		克山	泰安镇	西城镇	克山	泰安镇	西城镇	克山	泰安镇	西城镇
已耕地	上等地	90	30	50	150	45	55	30	20	40
	中等地	70	25	40	120	35	45	20	15	30
	下等地	55	20	30	100	30	35	15	10	20
未耕地	上等地	15	7.5	20	20	10	25	10	5	15
	中等地	9	6	15	12	8	20	7	4	12
	下等地	7	3	10	10	4	15	5	2	10
河流沿岸地		4	3	8	5	4	10	3	2	7

第六　谷类价格

以民国19年起至20年，以及大同元年为契机，农产品的价格普遍大幅度跌落。特别是大豆、小麦、玉米、大麦、蓖麻、粟在民国20年10月跌至半价。大同元年，高粱跌至半价，之后一直呈跌价的趋势。

大豆、大麦、玉米等正在慢慢恢复。反之，小麦、蓖麻、苏子（不顾及其他粮食作物的跌价）作为工业原料价格猛涨。这一来，满洲的农产品向资本主义的农业道路发展，需求增加。

历年特产价格表(克山县)　(单位:分)

	民国17年		18年		19年		20年		大同元年		2年		康德元年
	3月	10月	3月	10月	3月	10月	3月	10月	3月	10月	3月	10月	3月
大豆	15.77	15.00	14.29	14.30	13.59	13.32	10.90	592	7.48	9.33	6.84	5.42	7.20
小麦	19.23	19.00	14.69	14.20	25.13	24.50	12.08	12.00	14.20	15.00	20.00	20.00	20.00
高粱	11.54	10.00	20.00	18.20	15.40	15.00	14.00	13.72	7.20	7.00	5.67	5.50	5.00
玉米	20.00	21.30	23.21	23.12	11.00	9.73	5.42	5.30	5.23	5.10	4.17	4.10	6.50
大麦	9.23	9.12	7.86	7.85	9.49	9.32	5.00	5.00	4.17	4.10	3.80	3.75	4.00
谷子	9.40	9.33	8.93	8.90	9.23	9.25	2.91	2.89	5.50	5.42	3.80	3.75	3.50
蓖麻	8.46	8.50	9.30	9.40	2.79	2.60	4.75	4.63	5.84	5.80	7.08	7.10	9.00
苏子	15.70	15.50	16.07	16.00	14.51	14.32	13.80	13.02	12.00	12.00	2.67	2.59	19.00
赤豆	本县出产极少												

第七　农户收支情况

具体来看讷河县地区的农户收支状况,如附表所示。关于30晌耕地的自耕农,其推算的几乎都是理想性的生活项目。因此,不论自耕农,还是地主或佃农的真实生活,都未能如实地反映出来。

谷类作物价格的标准跟现在的市价不同,多少有些奢侈的消费品,如衣服、副食的费用也被考虑在内。这样一来,就带来了每30晌323.3圆的耕作税。但若是深入了解其生活的真实情况,就会发现他们生活在人均生活水平以下。

所以,我们对其生活状况的研究,不能停留在用市场购买力进行判断的层面上,而应该针对造成其实际生活水平在人均以下的资本主义农业生产实质进行深入研究。

(一)畜牧价值及豢养、医疗费等(种地30晌户)

大同2年(讷河县)　(县政府康德元年调查)

牲畜豢养种类	数目	单价	总价	备注
工作用的骡子	3头	国币40圆	120圆	大同元年,各个农户饲养的马匹被匪贼抢劫,剩下的都是老弱病残的劣马,不堪使用。因而必须再购买。
豢养费	每天每头0.8圆	—	全年100.8圆	每头、每日需要饲料半斤,每斤1角6分,需要草10斤,每斤2分。
医疗费	3.33圆	—	全年10圆	
合计	—	—	230.8圆	

(二)应需种子价值(种地 30 晌户)

谷类	播种晌数	每晌需要的种子数	共需要的种子数	每斗价钱(圆)	小计	备注
大豆	12	3 斗	36 斗	1.0	36	元年①春季的各种粮石的价格较往年大约涨了一倍,登载在上面的价格是当时的价格
小麦	6	6 斗	36 斗	1.5	54	
玉米	3	2 斗	6 斗	1.2	7.2	
谷子	3	5 升	15 升	1.5	2.25	
高粱	3	1 斗	3 斗	1.2	3.6	
杂粮	3	9 斗	9 斗	1.0	9	
合计	30	—	915 升	—	112.05	

(三)应需工人及工资数目(种地 30 晌户)

工种	每晌需要的工人数	30 晌共需的工人数	每位工人所需费用(圆)			共需费用	备注
			工资	食费	小计		
播种工	5	150	0.4	0.15	0.55	82.5	
锄地工	9	270	0.9	0.15	1.05	283.5	
收割工	2	60	0.9	0.15	1.05	63.0	
拉场工	1	30	0.9	0.15	1.05	31.5	即把收割的庄稼运至场院,俗称拉场
打场工	2	60	0.3	0.10	0.40	24.0	用牲畜拉着石磙碾压谷类进行脱壳的场所称为场,在场里打工赚钱的人为打场工
售运工	1	30	0.3	0.10	0.40	12.0	
合计	20	600	3.7	0.80	4.50	496.5	

(四)食品消费表(种地 30 晌户)

谷类	每人			一家 5 口人的消费数目
	全年消费(斤)	每斤价格(分)	共计价格(圆)	
小麦	25	7	1.75	8.75

---

① 译者注:据前文推测,此处应指伪康德元年。

续表

谷类	每人			一家5口人的消费数目
	全年消费(斤)	每斤价格(分)	共计价格(圆)	
高粱	65	4	2.60	13.00
谷子	305	4	12.20	61.00
元米	58	5	2.90	14.50
玉米	95	4	3.80	19.00
豆类	95	3	1.65#	8.25
其他谷类	6	4	0.24	1.20
合计	649		25.14#	125.70

(五)副食品消费表

副食品种类	每人			一家5口人的消费数目(圆)	备注
	全年消费	每斤价格(圆)	共计价格(圆)		
蔬菜	—	—	—	—	此项因为各个农户自己耕种,价格不固定
盐	15斤	0.13	1.95	9.75	
素油	85斤	0.15	1.27#	6.25#	
肉类	15斤	0.18	2.70	13.50	
作料	1斤	0.48	0.48	2.40	
药资	3服	每服0.75	2.35	11.75	
合计			8.75#	43.65#	

(六)衣服消费表

(单位:圆)

名称	每人			计	一家5口人的消费数目
	单衣	夹衣	棉衣		
衣服	2.40	3.50	5.50	11.40	57.00
帽子	0.10	—	1.00	1.10	5.50
靰鞡①	—	0.70	2.50	3.20	16.00

---

① 译者注:靰鞡(wù la)又写作"乌拉(wù la)"、"兀剌(wù la)",其名称来自满语对皮靴称谓的音译,是一种东北人冬天穿的"土皮鞋"。

续表

名称	每人			计	一家5口人的消费数目
	单衣	夹衣	棉衣		
被褥	—	—	5.80	5.80	29.00
合计	2.50	4.20	14.80	21.50	107.50

(七)国家地方捐税

(单位:圆)

捐税种类	每晌缴纳额	30晌应缴纳捐税的总数	备注
出赋#	0.50	15.00	捐的数量为国币数
晌税	0.26	7.80	
合计	0.76	22.80	

(八)春耕贷款利息

每晌春耕贷款数	30晌共借本银	每月利率	经过时期	应出利息
4圆	120圆	8厘	10月	9.6圆

(九)耕种消费总数

消费类别	款数(圆)	备注
牲畜及养猪费	230.8	
种子费	112.05	
人工费	298.5	这个数字除去了自耕农净支出数目
食品费	125.7	
副食品费	43.65	含医疗费
衣服费	107.5	
捐税	22.8	
春耕贷款利息	9.6	
合计	950.6	

(十) 收获生产相关

类别	收获晌数(晌)	每晌产量(石)	总产量(石)	现价(圆／石)	总计价额(圆)
大豆	12	3	36	3.5	126
小麦	6	2.5	15	16.0	240
玉米	3	6	18	2.8	50.4
谷子	3	5	15	2.8	42
高粱	3	4	12	2.8	33.6
杂粮	3	4	12	2.9	34.8
合计	30	—	108	—	526.8

(十一) 收获生产相关

类别	只数	每只斤数或产卵数	小计	每斤价格	合计(圆)
猪	3	200 斤	600 斤	15 分	90.0
鸡	7	100 个	700 个	15 厘	10.5
合计	10				100.5

收支比较表

消费总额	收获生产总额	差额	参考
950.6 圆	627.3 圆	323.3 圆	30 晌所有的农户最后消费额增至 323.3 圆,这成为了耕种捐

(十二) 克山县农户每个人 1 年的生活费(大同 2 年)

一、食品费用

	每个男子		每个女子		每个小孩	
	数量	金额(圆)	数量	金额(圆)	数量	金额(圆)
小米	5 斗	5.00	5 斗	5.00	3 斗	3.00
黄米	1 斗 5 升	2.20	1 斗 5 升	2.20	1 斗	1.50
玉米	5 斗	5.00	5 斗	5.00	3 斗	3.00
高粱米	5 升	0.80	5 斤	0.80	3 斤	0.40
食盐	25 斤	2.80	25 斤	2.80	10 斤	1.10
豆油	11 斤	1.70	11 斤	1.70	6 斤	0.60

	每个男子		每个女子		每个小孩	
	数量	金额(圆)	数量	金额(圆)	数量	金额(圆)
调味料	2 斤	1.50	2 斤	1.50		1.00
茶叶	2 两	0.20	2 两	0.20		
叶子烟	2 斤	0.40	5 斤	1.00		
卷烟	1 包	2.10	无			
红白糖	1 斤	0.20	1 斤	0.20		
肉类	10 斤	1.20	10 斤	1.20		
青菜	100 斤	1.00	100 斤	1.00		
白酒	2 斤	0.40	无			
其他		2.00		2.00		
合计		26.50		24.60		

二、衣服类

	每个男子		每个女子		每个小孩	
	数量	金额(圆)	数量	金额(圆)	数量	金额(圆)
大布	120 尺	12.00	80 尺	8.00	60 尺	6.00
棉花	4 斤	3.20	4 斤	3.20	2 斤	1.60
丝	5 两	0.60	5 两	0.60	4 两	0.48
鞋袜类	2 双 3 双	5.20	2 双 3 双	2.20	2 双 3 双	1.60
帽子	3 顶	1.50			2 顶	1.00
皮衣类						
其他		2.00		2.00		0.50
合计		24.50		16.00		11.18

三、居住费及杂费

	每个男子		每个女子		每个小孩	
	数量	金额(圆)	数量	金额(圆)	数量	金额(圆)
居住	1 间房的1/5	2.00	1 间房的1/5	2.00	1 间房的1/5	2.00
修理费	2 次	0.30	2 次	0.30		0.30

	每个男子		每个女子		每个小孩	
	数量	金额(圆)	数量	金额(圆)	数量	金额(圆)
交际费		0.50		0.50		
医药费		3.00		6.00		3.00
其他娱乐费		0.50		0.50		0.50
合计		6.30		9.30		5.80

(十三)泰安镇农户每个人1年生活费(大同2年)(泰安镇警察局康德元年8月调查)

一、食品费用

	每个男子		每个女子		每个小孩	
	数量	金额(圆)	数量	金额(圆)	数量	金额(圆)
小米	4斗	2.50	4斗	2.50	2斗	1.25
黄米	5升	0.75	5升	0.75	3升	0.45
玉米	3斗5升	2.80	3斗5升	2.80	1斗5升	1.20
高粱米	5升	0.70	5升	0.70	3升	0.42
食盐	15斤	1.80	15斤	1.80	8斤	0.96
豆油	15斤	1.80	15斤	1.80	10斤	1.20
调味料	4两	0.20	4两	0.20	1两	0.05
茶叶	2两	0.40	2两	0.40	无	无
叶子烟	2斤	0.50	4斤	1.00	无	无
卷烟	40盒	2.00	无	无	无	无
白糖	2斤	0.30	2斤	0.30	2斤	0.30
肉类	12斤	1.80	10斤	1.50	8斤	1.20
青菜	50斤	1.50	50斤	1.50	30斤	0.90
白酒	5斤	0.60	2斤	0.24	无	无
其他白面	20斤	2.00	15斤	1.50	20斤	2.00
合计		19.65		16.99		9.93

二、服装费

	每个男子		每个女子		每个小孩	
	数量	金额(圆)	数量	金额(圆)	数量	金额(圆)
大布	100尺	10.00	70尺	7.00	40尺	4.00
棉花	5斤	4.00	4斤	3.20	2斤	1.60
丝	4两	0.40	4两	0.40	2两	0.20
鞋袜类	5双	3.50	5双	2.50	3双	1.50
帽子	2顶	2.00	1顶	1.00	2顶	1.00
皮衣类	1件	5.00	无	无	无	无
合计		24.90		14.10		8.30

三、居住费及杂货

	每个男子		每个女子		每个小孩	
	数量	金额(圆)	数量	金额(圆)	数量	金额(圆)
居住	西式房间	10.00	西式房间	10.00	无	无
修理费	2工	1.00	2工	1.00	1工	0.50
娱乐费	2次	1.50	2次	1.00	1次	0.50
交际费	5次	5.00	3次	3.00	无	无
医药费	3次	3.00	4次	4.00	2次	2.00
合计		20.50		19.00		3.00

(十四)农户副业收入(大同2年)(克山县政府康德元年8月)

项目	数量	单价	总值
猪	1头	6圆	6圆
鸡蛋	150个	2分	3圆
柴火	1车	2圆	2圆
草	50斤	5厘	0.25圆
合计			11.25圆

(十五)土地负担额调查(每晌)(克山县公署康德元年 8 月)(当地共通)

	地主(自己耕作)	佃农	租种人
一、国税			
正赋(地租)	5 角	5 角	—
三赁	2 分	2 分	—
经征费#	1 分 5 厘 6 毛	1 分 5 厘 6 毛	—
山林及水上游击队经费晌捐	1 角 3 分	1 角 3 分	—
晌捐自治费	5 分 1 厘	5 分 1 厘	—
二、地方税	9 厘 4 分	4 角 7 分	4 角 7 分
共计	1 圆 7 角 6 分 7 厘	1 圆 2 角 9 分 7 厘	4 角 7 分

第三章　特产（农产品）的上市状况

第一节　各驿站的货物发送状况

（一）讷河地方

A.输出

该站输出的主要货物有大豆、小麦及杂谷类。与其说该地是特产集散地，不如说是通往黑河、嫩江地区的中转站。因此除混保大豆以外无大批量运送。自大同2年12月至康德元年5月期间，平均每月运送的各项货物数量如下所示：

大豆	970,000 吨	主要运往大连
小麦	5,800 吨	昂昂溪或大连
大麦	900 吨	
木材	600 吨	
杂货	500 吨	
铁制品	400 吨	
面粉	1,500 袋（每袋30斤）	黑河及嫩江方向
高粱酒	84,900 斤	黑河、嫩江、布西

B.输入

到站货物多为少量运输，单车运输每月约两次。合计每月平均下来共约410吨，仅占输出的货物量的四分之一。作为主要输入地，本线路有主要从齐齐哈尔（洋面、麻袋、糖、鲜果、米、副食品等）及昂昂溪（面粉）输入而来。另也由南满洲输入食盐、棉布、纸、杂货等。

平均每月输入货物种类及数量如下所示：

名称	吨数	名称	吨数	名称	吨数	名称	吨数
洋面	46	棉布	17	糖	14	铁器	10
食盐	25	米	17	副食品	11	烟叶	9
麻袋	24	石油	16	纸	11	煤	7
鲜果	20	杂货	15	纸烟	11	农具	6

(1)讷河站混保大豆运输车数表

	合格					不合格			
	一等	二等	三等	四等	合计	品质不良	斤数不足	麻袋	合计
大同2年12月	—	—	—	—	—	—	—	—	—
康德元年1月	—	3	26	1	30	—	1	—	1
2月	2	—	28	29	—	2	—	2	
3月			70	2	72	—	2	—	2
4月	—	8	66	2	76	—	1	1	2
5月	2	5	29	5	41	1	2	—	3
合计	4	16	219	11#	248	1	8#	1#	10#

(2)讷河站货物运输数量

(单位:吨)

	本路						他路					
	大同2年12月	康德元年1月	2月	3月	4月	5月	大同2年12月	康德元年1月	2月	3月	4月	5月
大豆	60.0	929.6	*		60.0			929.6	870.0	2,190.0	2,160.0	1,530.0
小麦	155.4	178.7		90.0	30.0							
大麦						54.6						
杂谷				2.3	0.6	9.1						
麻				0.4	0.9	0.1						
农产品	2.1	40.0	242.2	1.2	1.9	0.7				0.5	0.1	1.7
其他												
副食品	2.1		0.9		1.0		0.1					0.3
麻袋	8.8		0.5	1.0	0.6	1.5						
车辆	2.5			4.5	3.5	2.4						
其他制造品	4.0	2.7	0.7	0.5	2.0	17.5		0.3			1.1	32.0
木制品		30.0				0.3						
木材						11.7						23.0
其他森林制品	7.9				0.84							
铁器				0.1	0.4	0.7						1.6

续表

	本路						他路					
	大同2年12月	康德元年1月	2月	3月	4月	5月	大同2年12月	康德元年1月	2月	3月	4月	5月
铁板		0.5	0.1							0.6		
机器	10.2					8.1						6.0
其他铁制品	10.0	2.1	0.7									
马皮	0.8	0.6	0.3	0.5	1.0					2.7	4.0	8.2
狗皮		1.2		0.4						1.3	0.9	2.8
其他畜产品	0.8	11.0	9.5		1.1		0.1		4.2	0.4	1.1	0.4
合计	273.6	1,175.8	254.9	101.0	105.5	109.5	0.2	929.9	874.2	2,195.5	2,167.5	1,601.4

(二)克山地方

当地的物资流动特色在于与特产的上市,因此物资输入腹地的数量就受到当地物资输出数量的左右。这也显示出该地作为农产品、加工品集散地的重要经济意义。泰安地方亦是如此。

输入当地的谷类作物主要有大豆,一年32,000吨,其次是小蓖麻3,000吨。另外,2,300吨的小麦和1,300吨的面粉属于输入物资的二次输出,由此可以看出,该地具有将输入物资工业化的余地。

输入产品中,小米以10,000吨的数量高居榜首,其次是煤炭和杂货,均为生活必需品中的消耗品。

最具特色的是木材、铁材、土砂等的增加,以及近年来呈现出的对城市发展的要求。

泰安当地输出物资中数量由多到少为:大豆、小麻子、小麦、大麦;输入物资则仍是与粮食相关的小米、大米所占比例最大,其次装特产的麻袋比起其他输入物资显得尤为显眼。

(1)克山站各主要货物运输数量

(单位:吨)

	大同2年4月	5月	6月	7月	8月	9月	10月	11月	12月	康德元年1月	2月	3月	计
大豆	9,031	1,350	30	600	—		91	361	240	3,230	6,330	10,440	1,703
玉米	—	—	—	—					30	—	30	—	60
高粱	—	—	—	—							60		60
小米	—	—	—	36	12	30				30	—		108

续表

	大同2年4月	5月	6月	7月	8月	9月	10月	11月	12月	康德元年1月	2月	3月	计
小麦	—	—	—	—	—	204	180	150	—	1,320	343	90	2,287
大麦	1	29	4	8	38	23	34	—	117	69	115	435	873
小蓖麻	—	—	—	—	—	—	—	770	1,035	920	390	46	3,161
麦粉	5	—	—	—	35	120	300	7	245	330	180	60	1,282
中国酒	9	2	—	—	—	1	6	4	17	1	4	—	44
酱油	3	3	3	4	3	5	4	3	—	6	4	4	42
计	9,049	1,384	37	648	88	383	615	1,295	1,684	5,906	7,456	11,075	39,620

（2）克山站各主要货物运达量

（单位：吨）

	大同2年4月	5月	6月	7月	8月	9月	10月	11月	12月	1月	2月	3月	计
大豆	—	—	—	150	—	—	—	—	—	—	—	—	150
高粱	751	420	—	703	150	120	30	—	—	—	—	—	2,174
玉米	331	4,450	—	517	60	61	—	—	—	—	—	—	1,419
小米	297	3,270	930	4,920	1,110	30	—	30	—	—	—	—	10,587
大米	230	263	154	98	93	60	44	29	42	172	53	117	1,355
砂糖	39	16	116	3	27	46	55	30	52	73	45	4	486
麦粉	432	411	568	422	418	500	120	90	—	—	—	32	2,793
棉布	55	48	—	2	53	80	42	91	73	19	4	47	514
煤	2,205	501	2,160	2,150	660	1,821	62	93	122	62	62	18	9,916
石油	130	84	60	30	27	32	90	22	153	44	130	205	1,007
石盐	248	151	153	337	615	—	506	—	305	—	305	—	2,420
合计	4,718	5,614	4,141	9,332	3,213	2,550	729	385	747	370	599	423	52,821

（3）克山站各主要货物发送数量（大同第 2 年度）

（单位：吨）

主要运达货物				主要发送货物			
高粱	2,354	杂货	4,800	大豆	3,203	麦粉	1,282
玉米	1,522	煤	4,520	小麦	2,323	其他	8,515
小米	6,996	石油	2,964	大麦	438	计	48,429
米	1,860	盐	2,407	小蓖麻	3,162		
杂粮	2,663	木材	6,082	中国酒	44		
鲜果	658	铁材	9,672	酱油	42		
砂糖	580	土砂	14,246	苏子	92		
麦粉	2,633	其他	16,832	高粱	60		
副食品	414	计	81,822	玉米	60		
棉布	619			小米	108		

（4）泰安站主要货物发送数量（大同 2 年 4 月至康德元年 3 月）

（单位：吨）

品别	到达	发送	品别	到达	发送
大豆	491.0	53,384.1	砂糖	94.8	5.4
豆饼	48.2	399.4	洋面	802.4	747.7
高粱	15.1	207.4	火柴	52.9	1.3
玉米	872.6	114.5	棉布	260.1	2.0
小米	1,946.8	372.7	麻袋	1,196.8	571.2
米	1,490.7	165.4	纸	162.2	4.4
大麦	6.6	2,016.6	纸烟	114.8	2.1
小麦	606.0	2,404.9	木材	676.9	72.6
小蓖麻	192.3	3,617.0	煤	614.3	180.3
服装类	292.7	5.5	煤油	465.9	56.3
苏子	—	416.0	食盐	801.9	19.0
其他谷类作物类	177.9	104.9	皮革	1.7	45.8
棉花	79.4	14.4	铁板铁器	108.8	19.0
蔬菜	23.6	177.2	鲜鱼	91.8	9.4
鲜果	288.0	89.4	其他	888.2	1,032.5
豆油	730.4	22.2	合计	13,731.8	71,280.6

第二节　农产品交易状况

第一　物资运输路线及范围

(一)讷河地区

1.在拉哈站开设前,讷河的物资大部分都是利用马车运至宁年,余下的小部通过河运送至齐齐哈尔。拉哈站落成后,物资都集中于此。转送至拉哈的货物都由当站吸收,货物的出资向来由货物的运送者负担。这并非是由于该站点开设尚早,通过广告和宣传所收到的效果,而是由货主在贸易中自由认定的。因此,招商引资和对腹地的调查等等仍是今后的课题。

2.特产大豆、小麦的运输路线如下:

A.水路　依靠水路运输虽十分廉价,但由于季节因素(只有到了5月嫩江水路才开通)水运途中危险重重,利用者很少。况且江桥地段河中各种漂流物众多,几乎不可通航。大家都使用平底中国帆船,此种船在运输途中有可能浸水,甚至腐烂败坏。将来如若汽船能够逆流航行,将给运输系统带来巨大的变革。

B.陆路　讷河铁路及大连间的运费

	普通运费(1车)	折扣运费(1车)
讷河—四平街	766.05 圆(国币)	694.00 圆
四平街—大连	449.70 圆(金票)	290.00 圆
合计	1,215.75 圆	984.00 圆
每石运费	10.13 圆	8.20 圆

(另,1车大约1,800圆,1石大约15圆,即1车120石)

由于运费高昂,当地4圆1石的大豆运至大连后,除去手续费后仍涨至122圆。从前第一年10月至第二年5月将对运费进行打折,由此可知,和南满洲农民相比,北满洲农民承担着高额的运费。

3.从讷河站集中物资的来源范围看,该站是齐地支线最北端的站点,理应集中了所有向北运输的货物。然而开业以来,与站点广阔的辐射范围相比,出货量却很少。这除了因为内地的利用者对站点的了解不够充分以外,还有以下经济地理方面的原因:

东部　　德都县因为地处偏远,运输几乎无利可图,因此出货量几乎是零。

西部　　布西县南部以外的地区多是山区,谷物种植量小,利用拉哈站出货才是上策。

北部　　嫩江县虽土地肥沃,但从事农业者却不多,且无耕地,谷物生产亦为本地消费。

(二)克山地区

1.本地区的农产品主要上市至德都和克东地区销售。别处的拜泉的农产品被运至通北或泰安。北兴镇、西城镇等的产品则被运至泰安。在克山则只有克山附近一部分地区的农产品被作为商品送至市场。泰安地区作为克山县的一部分,同南部的依安县、东南部的拜泉县、西南部的富裕县、东部的德都县、西北部的讷河县为代表的北满洲农业资源富庶地带相接壤。在此集中了于克山和拜泉两地区收获的大部分农作物。依安县吸收全部的产出作物,讷河县、富裕县吸收出产作物的一小部分。原本由于当地是北部一带的高地,农产品的分销十分容易,但南部一带沿着贯穿南北的齐北铁路,穿过乌裕尔河,两旁的河岸间相距40米至70米的地段颇多,流域中还有许多湿地,此外道路及桥梁之类的设施也不完备,因此农产品的上市销售仍十分困难。特别是将克山地区腹地的农产品运至泰安地区要经过许多路况糟糕的道路,运输方面有许多不便之处。此外,拜泉县内三道沟镇附近的物产被集中至海伦,东部支线铁路安达乃至小蒿上市的明水的产品向龙江地区转移。

2.此外,当地的运输机构主要使用马车来运货

以克山及泰安为中心的马车运输的费用如下:

地　名	距离(华里)	县名	耗时	运费(国币圆/石)
克东地区	60	克东县	1日	1.00
拜泉	104	拜泉县	2日	1.60
(北部克山附近)				
德都一带	101	德都县	2日	1.70
北兴镇	120	克山县	2日	1.70
(南部克山附近)				
西城镇	65	克山县	2日	1.70
(东南部克山附近)				

泰安镇至各主要城市的(马车)运费如下:

地名	方向	里数(华里)	费用(国币圆/石)	耗时
双阳镇	东南	80	1.60	8小时 1日
张家店	南	70	1.40	7小时 1日
丰泉镇	南	50	1.00	5小时 1日
通南镇	东	60	1.20	6小时 1日
依安县	南	90	1.80	9小时 1日
高蒙古屯	南	18	0.36	2小时 1日
三兴镇	西南	80	1.60	8小时 1日
半拉碾子	西南	70	1.40	7小时 1日
四马架	西南	40	0.80	4小时 1日
高家烧锅	南	70	1.40	7小时 1日
花春镇	东南	70	1.40	7小时 1日
孙家烧锅	东南	100	2.00	10小时 2日(在张家店留宿1晚)
莽乃镇	南	60	1.20	6小时 1日

续表

地名	方向	里数(华里)	费用(国币圆/石)	耗时
通宽镇	东北	39	0.78	4小时1日
傲龙沟	东	50	1.00	5小时1日
二百号	东北	70	1.40	7小时1日
拜泉县	东南	140	2.80	14小时2日(在长春镇留宿1晚)
西城镇	东北	70	1.40	7小时1日
通安镇	北	75	1.50	8小时1日

第二　特产品交易状况

(一)讷河地区

大同2年12月讷河站开始运营后,虽为当地的大豆上市系统带来了巨大的变化,但世界经济不景气甚至还有匪害带来了销路受阻。在耕作资金的不足,减产等因素的共同作用下,交易情况并不繁盛。由于大连的市场行情走低,产地的行情亦是暴跌。农民普遍期待行情恢复而迟迟不肯卖,产生了惜售的倾向,以至于专门设立的特产联合销售机构、特定运价等措施也没有达到促进市场交易繁荣的目的。结果也只不过是出现了以回收内地农民资金为目的的少量盲目倾销而已。

总之,从去年产品上市后,由于国外的销路阻塞,大客户中止了收购,因此未呈现出明显的兴隆景象。如果说还多少有些产品上市的话,那只不过是由于佃农阶层为回收资金抛售产品、物流特定运价期的结束等因素形成的。因此也自然无暇顾及到大豆行情的高低。此外,上市量的多少也不受行情高低影响,并呈现出了超越供需原则的不正常的交易状况。将讷河的货物发送数量与在此挂牌的讷河实物行市相比较后,这里的商业状况便十分明显了。

最近由于德国大豆进口的限制被解除及满洲大豆收购法案的规定,满洲特产大豆的销路被打开。然而国内消费的合理化和依靠加工制造业的新销路的拓展也是必须加以考虑的事情,否则将导致满洲农耕进入一大转折时期。

(一)讷河现货市价

(圆/石)

	大同2年12月	康德元年1月	2月	3月	4月	5月
大豆	3.68	3.76	4.40	3.78	3.54	4.68
高粱	4.53	4.42	5.04	4.49	3.97	3.22
玉米	4.06	4.09	4.20	4.14	3.64	2.66
谷子	3.00	3.98	3.32	3.16	27.2	1.80

续表

	大同 2 年 12 月	康德元年 1 月	2 月	3 月	4 月	5 月
小麦	14.90	14.92	13.77	16.04	16.82	15.47
大麦	4.11	4.16	3.45	4.12	3.59	2.61
荞麦	4.23	4.25	4.17	3.92	4.05	4.72
苏子	11.36	11.42	11.90	11.94	11.26	12.50
麻子	3.75	3.74	3.53	3.59	3.67	

(二)讷河谷物、豆类上市数量(大同 2 年 10 月至康德元年 5 月)

(单位:吨)

品名	院内上市	驿站托送	本地消费	院内存货	摘要
大豆	14,565	8,460	58	6,067	本地消费中包含有经由马车运至拉哈的产品
小麦	1,629	816	514	299	
大麦	319	183		134	
谷子	779		385	394	
燕麦	645	397	31	217	
玉米	160		112	48	
高粱	303		69	234	
苏子	102	39	63		
小麻子	16	2	14		

(二)粮栈

如同前文所述,相比于特产的集散地,本地的重要性更在于其为前往黑河、嫩江途径的中间驿站。作为大豆、小麦的集散地而言,拉哈的条件要优越的多,因此本地的粮栈也很少。具有代表性的是华丰昌、丽生源、德兴永、永义合等。

从以上些粮栈的粮食运出状况来看,阴历十二月前后的收购量平均每天可达 200 石左右,农夫单人的运出量最多可达 500 石,最少则达 1 或 2 石。运 50 或 60 石的人最多。运出范围包括当地县城及距县城一百或七八十华里以内的地区。来自东西部的人最多,南部的人则都去了拉哈。搬运时,搬运者结成团体,没有配备武器,二三十辆马车排成一列向县城进发。搬运时段正好处于农作物刚收获之后,他们都是迫切需要现金的佃农阶级。对于农民而言,这些粮栈是把农产品变为现金的不可缺的机构,是具有社会必要性的存在。粮栈在交易中处于优势地位,农民由于急需资金,不得不答应粮栈开出的价格。现在,粮栈将秋季收购的大豆储备起来,等到春季价格上涨后卖出,获利丰厚。正因为资本家的财力及农民所负担的贬值风险,粮栈才能承受等待这段投机时期。然而,粮栈不能无视市场规律进行贸易。无力期待市场行情好转且无力为此耗资。在大同2年的农产品上市时期,以几乎等同于进价的价格出售产品的人很多。然而在讷河地区的产品大部分都归新京益发银行所有,剩余部分则是前述的5家粮栈的尾货及油坊的存货。

(三)克山地区

以泰安地区为中心上市的拜泉物产产自拜泉、中兴镇、双阳镇、依安地区。9月下旬开始收获作物,10月中旬便开始进行物产的上市销售。一般,在11月待河水结冰时上市贸易量达到最大,到了12月份,70%的物产都已上市完毕。

当地由于水灾、匪害、畜力不足、农耕资金匮乏等原因,农民极端疲敝。因此,特产贸易是以将未成熟的产品提前出售,或者是委托销售等对农民不利的形式进行的。然而,由于春耕的贷款,治安保障工作有所进展等因素,农村稍稍恢复了些许生机。主动来签订合同的买主及在大连、哈尔滨以及在南满铁路沿线拥有总店或分店的人在合同签订后,利用电报进行货物的寄存或托运。或是在寄存之后通过大连的证券商签订合同。合同主要有马车批发合同、过节子合同、混合保管合同三种。与泰安粮商同业会的粮食贸易及马车买卖相关的合同所产生的交易货款则通过中央银行的汇票或汇电来结算。其次从上市量和市场消费来看,大豆的消费量仅有2.5%,小麦则是73.5%,大麦是80%,而高粱,玉米等则几乎都为本地消费。

(1)克山站主要产地的产品上市量(大同2年产额)

	克山县	克东县	拜泉县	德都县	龙镇县
大豆	195,000 (2.7)	27,600 (2.3)	220,000 (2.5)	20,200	8,600
小麦	120,000 (2.5)	2,310 (3.2)	23,000 (2.5)	1,080	240
大麦	24,000 (6)	2,500 (5)	31,200 (6)	1,800	450
谷子	210,000 (5)	26,000 (5)	225,000 (5)	18,500	8,500
小豆	2,100		390	60	
小麻子	14,000 (4)	800 (4)	18,000 (4)	1,230	
苏子			3,500 (3.2)		

注:单位为石,括号内表示的是1坰地的产量。

（2）经由克山站处理的各县谷物输出量（**大同 2 年**）

（单位:石）

	克山县	克东县	拜泉县	德都县	龙镇县
大豆	144,500	24,000	176,500	18,400	7,500
小麦	5,300	850	4,500	400	
大麦	4,800	600	6,200	360	
小麻子	12,500	700	15,000	1,100	
苏子			3,000		
合计	167,100	26,150	205,200	20,260	7,500

（4）克山站调产谷物消费量（**大同 2 年**）

（单位:石）

	克山县	克东县	拜泉县	德都县	龙镇县
大豆	50,500	3,600	43,500	1,800	1,100
小麦	14,700	1,460	17,500	680	240
大麦	19,200	1,900	25,000	1,440	450
谷子	210,000	26,000	225,000	18,500	8,500
小豆	300		390	60	
小麻子	1,500	100	3,000	130	
苏子			520		
高粱	32,000	4,000	30,800	2,975	1,225
玉米	70,000	8,400	84,000	6,420	2,580
合计	398,200	45,460	429,710	32,005	14,095

（五）粮栈

克山地区的粮商的贸易最初是依靠早晨的马车运输而开始的。克山城的西门外农产品堆积如山。粮栈的采购人员与农民之间进行交易。将交易票据交付给成交者,通过运货至各粮栈的所在处,即各粮业货物运输路线所在之处的人,金钱贸易关系在城内的粮栈中便已结束。农民之间或同粮栈之间交易都以"石"为单位,钱款方面则向来是习惯使用官帖①。由于法定货币的统一,现在几乎都使用国币来进行贸易。普特②这一单位亦被使用。商品的发送目的地

---

①　译者注:原文中的"官帖立"即官帖,也称钱帖,为清末东北三省官银钱号局所发行的钱钞的统称。

②　译者注:沙俄的重量单位 pud,日文为"プード",1 普特合 16.38 千克。

90%都是大连,清算后的结余则送至营口。当地粮栈有:会记粮栈、德森广、鸿兴长、德盛汇、美祥和、源丰东、和泰地、顺和祥、海盛祥、信昌泰、美诚信、德顺祥、互昌盛、诚顺兴、东济油坊、益发和这16家。

　　注:若将上文中的粮栈访谈的情况记录下来的话,其最关心的便是运费了。四洮及齐克铁路以前是被区别使用的。然而今年开始则变为了直通大连那般同等对待使用。克山至四平街的运费是每车703圆,四平街至大连的运费是298圆。前者的运费相对较高。据说此现象的缘由不明了。此外,因为特产联合销售会亦是作为从农民那儿回收春耕资金的机关而成立的,所以自然不能完全发挥作为农民的产品销售机关的作用。

　　位于泰安的粮栈以前有些是进行在农产品成熟前便购买的期货交易。然而现在则是直接从农民那里购买运送至市场的现货,或是派人出差至拜泉、依安之类的其他产品集散市场收购。当地没有类似于交易所或是人群聚集的地方,而是通过支付给处于买卖人之间的经纪人(每1,000普特需付80钱)来进行交易。

　　主要的粮栈是仁昌盛(资金5万圆)、东新盛(2万5千圆)、天德长(1万2千圆)、合顺昌(1万圆)等,以上诸家与其他粮栈合计共22家。

第四章　农业生产恐慌的对策

第一节　春耕资金对策

第一　春耕贷款的去向及抵押权的弱化

满洲国成立后,救济农村在施政方面十分必要。由此在金融制度上产生的即是春耕贷款。这本是作为产业复兴资金,旨在发挥积极作用而制定的政策,然而却达不到预期的效果。春耕贷款最后在仅仅是对农民的救济中的情况下结束,这成为再次认识农村疲敝的契机。春耕贷款有的被用作生活费(购买粮食、衣服等),有的被用来还债,有的是被用来交欠税款,有的甚至被用作赌博资金。

先不论春耕贷款对部分地主及商人阶级所产生的消极影响,作为抵押物的土地最后都集中到了银行的手中。然而银行业者对于把土地归为自己所有这种结果敬而远之,于是据说作为抵押物的土地的抵押价值跌至极处。对于农民来说,他们已经适应了"救济观念",在自己生活中的紧要关头浪费时间,若无其事。将清偿债务这事交由时间处理,即将自己置于一种将其等闲视之的心理位置上。而自力更生的精神则日渐萎缩。于此可以认识到所谓农村救济这一政策在思想上极其危险。此外贷款在贷出过程中亦会存在于中途剥削农民利益的机会,即作为商业资本转变为高利贷,或是出现为官员所觊觎的情况。

然而满洲低级的封建农业组织被投入了世界性的农业生产恐慌的漩涡之中,走向急剧解体之路。若是调查明白农民所至的极端贫困的状态的话,那么大概便能看出春耕贷款所面临的更深层次的要求及资金的去向其实都是必然的结果。

黑龙江省大同 2 年贷款状况如下所示:

农户贷款总户数	23,632 户
贷款金额	8,082,930 圆
担保面积	1,229,977 坰

全省耕地面积(5,268,805 坰)于所对的担保面积的比例为 23.3%。

全省农户数(422,377 户)于所对的贷款农民户数的比例为 5.8%。

然而大同 2 年度所贷款的还收额是 521,435 圆,这不过仅占贷款总额的 6.4%。

于康德元年

贷款农户总数	66,280 户
贷款金额	3,158,969.44 圆

第二　春耕贷款情况

(一) 讷河县状况

从讷河县春耕资金的贷出情况来看,原来的贷款总额即实际贷出额是 266,000 圆,前年度的还收额仅有 2,500 圆左右,这连贷出款额的 1% 都达不到。转期帐额即由支付利息将支付延期的数额是 85,000 圆左右。剩下的 178,000 圆是贷款余额。

从本县的农户数来看此状况的话,总计 20,415 户的农户中借款了的农户有 1,187 户,比例不过 5.8%。并且康德元年的增加额即贷款散发预定额为 10 万圆,相对贷款面积 185,000 垧,贷放额即实际贷出款额为 801,000 圆,对应农户数为 2,479 户。将前年度的转入帐额加在一起的话,本年度贷放额合计为 186,000 圆左右,若加上前年度的贷款余额,则是 364,000 圆左右。本县欠款农民户数表示如下:

讷河县春耕资金贷出状况

(省公署总务厅　康德元年 9 月调查)

	大同 2 年	康德元年
原贷出额	266,051.00 圆	
还款额	2,497.79 圆	
转入账额①	85,585.46 圆	
现在户数	1,187 户	
贷款余额	177,967.75 圆	
增加额		100,000.00 圆
贷出额		101,073.07 圆
户数		2,479 户
本年贷放款合计		186,658.53 圆

并且包含本年度的转期户数②的贷出处理笔数为 4,003 笔,与此相关的贷出事件的按垧为单位划分如下:

讷河县春耕资金贷款按垧为单位的笔数(本县 1 垧为 10 亩)

1 垧—10 垧	695 笔	31 垧—40 垧	349 笔	61 垧—70 垧	151 笔
11 垧—20 垧	762 笔	41 垧—50 垧	530 笔	71 垧—80 垧	92 笔
21 垧—30 垧	676 笔	51 垧—60 垧	166 笔	81 垧—90 垧	168 笔

---

① 译者注:即通过支付利息将还款延期。
② 译者注:将还款延期的欠款农户的户数。

91 垧—100 垧	45 笔	241 垧—250 垧	10 笔	401 垧—410 垧	1 笔
101 垧—110 垧	46 笔	251 垧—260 垧	7 笔	491 垧—500 垧	1 笔
111 垧—120 垧	45 笔	261 垧—270 垧	6 笔	501 垧—510 垧	1 笔
121 垧—130 垧	34 笔	271 垧—280 垧	4 笔	511 垧—520 垧	1 笔
131 垧—140 垧	60 笔	281 垧—290 垧	2 笔	540 垧	2 笔
141 垧—150 垧	23 笔	291 垧—300 垧	7 笔	600 垧	1 笔
151 垧—160 垧	19 笔	301 垧—310 垧	1 笔	607 垧	1 笔
161 垧—170 垧	10 笔	311 垧—320 垧	5 笔	615 垧	1 笔
171 垧—180 垧	12 笔	321 垧—330 垧	4 笔	685 垧	1 笔
181 垧—190 垧	14 笔	331 垧—340 垧	2 笔	725 垧	1 笔
191 垧—200 垧	11 笔	341 垧—350 垧	2 笔	734 垧	1 笔
201 垧—210 垧	3 笔	351 垧—360 垧	7 笔	3,240 垧	1 笔
211 垧—220 垧	1 笔	361 垧—370 垧	1 笔	11,754 垧	1 笔
221 垧—230 垧	9 笔	391 垧—400 垧	2 笔		

此外以大豆、小麦来抵押的有 8 笔，合计 4,003 笔。占据最多笔数的是从 11 垧至 20 垧之间的那部分，有 762 笔，其次是从 1 垧至 10 垧的 695 笔，第三位的是从 21 垧至 30 垧的 676 笔，再次是从 41 垧至 50 垧的 530 笔。

从贷款笔数来看小地主占了大多数。本县现在的地价是上等土地 15 圆 1 垧，中等土地 8 圆至 10 圆 1 垧，下等土地 3 圆至 6 圆 1 垧。1 垧土地对应的贷款额度是 4 圆乃至 5 圆，担保物则必须是现在被耕种的土地。由此大体上春耕资金经由地主多多少少流入到了佃农阶级手中。可是这些流入的资金仅是为维持那些农民两三个月的食品费用。或者是为整理过去的债务而被消费掉罢了。

也有地主放高利贷给农民按 100 圆收取 4 至 6 圆利息，结果便是地主将向马匪上缴捐款的负担以收取利息的方式转嫁给了农民。从地主流入商人手中的资金被作为种子款、农具、马等的购买费而使用。将购入的商品以更高价估值后贷给农民，临近秋收时再回收。这又是通过商品来压榨农民。其他则作为苦力费直接为地主使用。然而仅就剥削性这方面而言，地主对于佃农的行为的判断是非常轻率的。他们这些地主中也存在将农具、种子等贷给农民，秋收时按比例回收的情况。还有些地主由于佃农不缴地租而断绝了与其长期形成的信赖关系，也有的直接免去了佃农的地租。

从中央银行讷河分行的业绩来看，由贫农上缴的利息的账面结果是赚钱的。

大同 2 年度的偿还本金和利息的户数是 7 户，款数为 1,217 圆 72 钱。利息缴纳户 26 户，金额 8,879 圆 63 钱。预计贷款的大部分不久便能收回。

（二）克山县状况

本县大同 2 年春耕资金原贷出额为 43 万圆，借款总户数是 2,091 户，这与 20,865 户的农户总数相比较,比例为10%。各农户1垧地所对应的贷款额只有70钱。全部清偿即全部返还户数8户,金额不过582圆。部分返还金额为1,835.15圆(户数109)。这还是将过去藏而不用的钱再次使用支付,并非农民实际支付。将两者相加,贷款的返还率仅有0.56%。因支付利息而导致本金支付延期的有1,164户,合计金额25万圆,剩下的17.8万圆是贷款余额,利息缴纳额为24,646圆39钱,户数达到1,364户。剩余725户借款不还,最容易形成呆账。

由康德元年度增加的抵押品续借即担保物增加所产生的借款额是1,656圆,户数为5户;抵押品富余补借,即担保品时价高于贷款额的情况下的借款额为1,229圆30钱,户数8户;新借款额128,280圆,户数为751户。

转换续借,即由支付利息而产生的借换①额为250,081圆72钱,户数为1,164户,前年度的转换续借者如果一并加入的话,本年度的贷放额为38.1万圆,若加上前年度的贷放余额便是56万圆。这56万圆的春耕资金流向了克山县农村的2,839户农户,这笔资金的担保面积为11.7万多垧,占到了总面积14.3万垧的全县已耕土地的大部分。

此处的农民对这些资金的使用方法同克山县的一样,用于购买农具、种子、马牛等,作为农业劳动者的工钱及日常生活用品的费用。地主中也有人以同样的贷款利率将钱借给农民。总之,农民一般不能理解春耕贷款的精神,从而导致了一种同当事者意见相反的结果。

而在西城镇,虽然统计上来的情况是去年7万圆的贷款全部用于购置了农具、牛马、种子、枪支等,但其实有相当一部分用在了补偿由于特产贬值而带来的损失上。这些贷款大都无法偿还,有些则是由于支付利息而导致延期偿还。如果只是支付利息而不偿还本金,或许还有较大的可能性。

在泰安镇,贷款以年率60%的高利贷的形式由地主贷与农民。农民的大部分是负债者,且地主阶级亦被欠款所催逼,相关当事者以低声来讲述这种情况。

克山县大同2年春耕贷款内容(克山中央银行)

		贷款本金(圆)	户数(户)	垧数(垧)	总价(圆)	单价(圆)
原贷出额		430,839	11,091	90,636.29	1,812,725.80	20
还收额	全部清偿	582	8	485.77	9,715.40	20
	部分资本	1,835.15	109	63.43	1,268.70	20
	贷款转期	250,081.72	1,164	53,547.80	1,070,956.00	20
余额		178,340.13	919	36,539.29	730,785.70	20
收取利息额		24,646.39	1,364			20

备注:部分资本指的是在铁道股票这方面(铁路垫款)由铁路当局所返还的股金。

---

① 译者注:利用借新款偿还旧欠款。

克山县康德元年春耕贷款内容（克山中央银行）

	贷款本金（圆）	户数	垧数	总价（圆）	单价（圆）
增加抵押物续借	1,656.00	5	369.35	7,387.00	20.0000
抵押物敷余补借①	1,299.30	48			
新借款	128,280.00	751	26,929.95	555,705.12	20.6352
部分合计	131,235.30	756	27,299.30	563,092.12	20.6268
转换续借②	250,081.72	1,164	53,547.80	1,070,956.00	20.0000
共计	381,317.02	1,920	80,847.10	1,634,048.12	20.2158
合计	559,657.15	2,839	117,386.39	2,364,833.382	20.1457

注：合计指的是大同第 2 年度的"余额"及康德元年的"共计"的总计。

第二节　金融合作社的设立

第一　互助合作的再建

鉴于地方金融状况极度困窘的现状，为确保农村金融体系的独立运转，于 9 月 17 日，先行实施了金融合作社法，并依据此法组成了金融合作社团法人。

康德元年，依据本法预定在全国设立约 40 家合作社，并制定了以中央财政部为中心、全满各地应以每年 60 家，耗费 5 年总计 300 家为目标进行合作社建设的计划。这在不久的将来应该能得到普及。这么多家合作社理所当然所产生的问题便是合作社的统管，即合作社的监督管理机构的设置成为必然。合作社自身的业务（资金运用、业务指导）当然是与合作社间的联络以及会员相互间的共同利益的增进等相联系，但亦要求其应发挥指导、统管、联络的机能，因此金融合作社联合会被组织起来。然而本法的精神被看作是为缓和一般平民的金融状况，在国家的保护监督下，贷出低利息的资金，另一方面是为了振作作为社员的普通农民的自力更生以及相互扶持的精神，使其养成储蓄的好作风。其目的是发展地方经济，将立体的、独占的所有形式向平面的、分割的所有形式转变。我们可以将其看作是旨在构成将来农村社会的基础性的单位而发起的合作运动，即合作社运动精神的一种表现。

第二　金融合作社状况

（一）克山县状况

1.概说

从民国 18 年万福麟的幼儿时代开始，存在着以齐克铁路（齐齐哈尔、克山间）之间的肥沃

---

① 译者注：即担保品时价高于贷款额的情况下的借款。
② 译者注：利用借新款偿还旧欠款。

的土地为对象,3年间每垧地征收江洋1圆用作铺设铁路的费用的一种铁路借款类型。这在事变后移交给铁路总局,更进一步移交给农商务会。实际上本应返还给农民的钱却由于行政力量而终止返还,且被用作金融合作社的出资资金。而且对于农民中有信用、有前途的人,则让其以此为基金加入合作社;对于没有信用的人,则将其换算成国币进行返还。主管人员目前因这些又旧又脏的证券整理事务而忙得不可开交。

在此基础上,由克山、克东的政府贷出的资金合计有十八九万圆。以此为基金,同后述的金融合作社合并后构成了现在的合作社,并于本年7月开业,为中央政府财政部统管。

2.组织内容

　　——出资金　　　　　　　　　　　　10,520圆(实际缴纳的出资为6,418圆)
　　——贷出金　　　　　　　　　　　　20,898圆
　　——组织成员　　　　　　　　　　　578人
　　——实际贷出人　　　　　　　　　　170名(包括新加入者)
　　——出资中应被转账却未被整理的贷款金　114,106圆83钱
　　——铁路贷款所有者总数　　　　　　2,490名

因其中存在合作社组织的分开的所有部分,故实际上达到了两千五六百名,而贷款的实际偿还者极少。

　　——现在余额　　　　　　　　　　　145,387圆
　　——口数　　　　　　　　　　　　　1口10圆,以50口为限。实际贷出限度则是200圆。新
　　　　　　　　　　　　　　　　　　　加入者付款期限为5年,每年出资2圆。

合作社的日常费用则依靠本部的补助。

本合作社从政府那里获取了1万圆的补助,并将其充当运作资金。

(二)泰安镇状况

泰安镇农会去年依照该地区有志人士关于救济农民方法的提议,组织起克山县农业金融行会,其本部设于克山,一直致力于农村救济。然而,此机关是将所谓的地方乡绅、富农、官吏、地主等的团体性存款作为基金所构成的,资金运作面临各种困难,机构的效果也得不到充分发挥,因此被金融合作社泰安镇办事处合并,作为春耕资金的回收方,由同一公司运营。

接下来介绍一下其借贷情况。

1.概说

由泰安镇及克山协会集资,创立了农业金融合作社。满人因未对合作社的经营方针发挥作用,故很快带来了各种阻碍。这使行会成员中有多数话语权的人以(与其出资)不相称的比例获得了大额贷款,以致于与救济普通农民的宗旨背道而驰。因此合作社继承了在克山依安三井及泰安镇的行会人数3,063人(还是每人2圆),并以此为基础组织合作社,从7月开始工作。

2.组织内容

　　——贷款总额　　　　　　　　　　　21,259圆

——职员数	324 名
——贷出户数	406 户
——出资金	4,060 圆（每人 10 圆）
——未收支出金	2,208 圆
——存款	1,293 圆
——贷出	

A.短期抵押贷款　20,640 圆（连带保证）

　　　　　　　　　　人员　　　145 名

B.担保贷款　655 圆（信用贷、连带保证）

　　　　　　　　人员　　　15 名

合计贷出金额　　21,295 圆

　　　　　　　　人员　　　160 名

C.抵押地面积　　肥沃的土地　5,909.148 垧

　　　　　　　　街基　　　2,757 丈方（1 丈方为 10 平方尺）

——利率

A.贷款利率	a.保证借款	b.抵押贷款	
	月利　　1 分 5 厘	1 分 2 厘	
	过期　　1 分 9 厘	1 分 5 厘	
B.存款利率	a.定期利率	b.储蓄存款	c.零细整付
	6 个月以上年率 6 分	按日计算	按日计算
	1 年以上年率 8 分	每百日 1 分 5 厘	每百日 2 分

继承了春耕贷款的回收方角色的合作社派遣调查员进行信用、财产状况调查。与奉天的 1 分 8 厘相比，本地的贷款年率仅 8 厘，因此本合作社亦是以较低的利率进行资金贷出的。

从克山县整体来看，应回收的贷款达到了 59 万，预计 5 年内回收完毕。明年 2 月便到其第一个回收期。回收成功与否亦成为合作社成立目的达成与否的关键，或者说是要害，因此对其期待也非同一般。然而由于春耕资金的地契被充作抵押，几乎不期待合作社有接受贷款的余力。然而一般认为视股价而定，其尚有相当的认购能力。

其次，如按抵押垧数来看合作社的贷款状况的话，占最多数的是 21 垧至 30 垧的，有 26 件。其次是 11 垧至 20 垧的，有 21 件；第 3 位的的是 1 垧至 10 垧的和 91 垧至 100 垧的，有 11 件。借款者大多是小、中农。另外从街基来看 1 丈方至 100 丈方的借款者很多。

贷款者抵押物按垧分类表

耕地

1 垧—10 垧	11 人	31 垧—40 垧	13 人	61 垧—70 垧	4 人
11 垧—20 垧	21 人	41 垧—50 垧	5 人	71 垧—80 垧	3 人
21 垧—30 垧	26 人	51 垧—60 垧	4 人	81 垧—90 垧	5 人

| 91 垧—100 垧 | 11 人 | 250 垧 | 1 人 | （10 名分配贷款） | |
| 150 垧 | 2 人 | 1,000 晌以上 | 1 人 | 以上计 | 107 人 |

街基

0—1	8 人（通宽镇街基）	300	1 人
100	3 人	400	1 人
150	4 人	500	1 人
200	3 人	以上	22 人
250	1 人		

注：1 垧为 10 亩,有段时期在内地则相当于 4 亩,1 亩为 12 丈方。

（三）讷河县状况

将有关当地设立金融合作社的意见综合起来,状况如下：

平民金融机构的整备或设置乃满洲国农村对策的当务之急。依此要求近期将设置金融合作社。然而先前由中央银行贷出的春耕资金实际上有十分之一未被很好利用,结果其效果便是资金并未流入到零散的农民手中,而不过是到了一部份地主或商人手中。由此推断,不能太过期待（金融合作社成立后的效果）。首先贷款条件将抵押作为必须条件,因此作为春耕资金贷款抵押物的 18 万垧土地以外的未耕土地的所有者虽能借款,但此类耕地的地价现在几乎跌至无价值,每垧地 1 至 2 圆左右,对此民间金融者称其为前所未有的状态。由金融行会贷出的钱亦很少。然而未耕地的所有者大部分都属于大地主,因此起不到救济佃农的作用。问题在于应该把救助的重点置于何处,无领导地救助贫农是一种冒险的行为。反而应该唤起中国人自古以来的自治能力,号召他们以宗教团体为基础,在自治行会运动之上使其形成自然发生的协同行会组织。将农民凝聚起来,进行农业经营之上的指导、农具的购入、副业的奖励等。如果向近代化的协同行会的结成发展的话,便可以开辟出一条现在农民应走的道路。

总之,大多数人认为依靠现有的救济方法无法使今日困窘的农民富裕起来。

最后,将已设立的 12 家合作社的业绩表示如下：

康德元年 8 月末目前金融合作社概况

奉天省

公司名	员工数	现在贷款额（圆）	现在存款额（圆）
沈阳	1,509	187,091	166,743
复县	1,334	127,455	4,821
铁岭	1,042	84,500	33,294
辽阳	831	92,415	14,654

公司名	员工数	现在贷款额(圆)	现在存款额(圆)
开原	1,082	91,994	26,740
抚顺	1,030	66,981	3,206
开平	1,208	96,229	19,733
锦县	1,112	168,410	1,713
兴城	1,014	113,690	27,358
辽源	727	115,594	7,031
小计	10,889	1,144,349	305,293

吉林省

永吉	782	107,610	59,746
额穆	705	50,640	10,879
小计	1,487	158,250	70,625

第三节　结语

　　如上所述,大部分春耕贷款主要在流通部门像泡沫般被使用,其在生产部门的作用极少。

　　问题在于资金的回收方法。如前文所述,合约年限内能归还本金和利息的人极少,由支付利息而产生的借换者最多的是克山县,在讷河县贷款余额即借了钱便置之不理的人占了大多数。此阶级被视为是在回收上最危险的,将两县的合在一起,大同第2年未归还部分为356千圆,占了原发放贷款额696千圆的51%。此类借款阶级中最有支付能力的大地主贷与农民的资金因为收成减少、股价下降等因素而导致无法回收。既然如此,用于自己耕种的那部分资金亦作为耕种损失(每垧地3石的产量,若扣除生活费、种子费、工资等的话,损失达到十二三圆)。因为此类原因的重负,结果大地主中出现了无法还款的人,至于其支付方法并非特别的方法,除去好面子的人外,都盼着耕种、股价上涨等无法期待的条件好转,或者根据利息支付将还款延期,或者是分期支付,而没有别的方法。

　　此处并非只有地主对佃农进行剥削的关系,促使满洲农村社会总体性的崩溃因素亦存在。从作为贷款当事者的银行业者来看,实在是难办的问题。作为支付保证唯一担保物的土地由于销路堵塞、劳力不足(特别是家畜补助)、特产贬值等恶劣条件的不断发生,农户这方面则是既然没有人尽土地之全力从事生产,自然不能期待土地的利用价值,担保物简直如空气一般。考虑到最终无法偿还的情况,只能由银行委托经营,从而成为大土地所有者,只要土地国有等制度不被设立,这便始终是个麻烦。所以作为行业者亦是毫无强制性回收土地的意愿,于此再次体现出借款者一方的乐观立场。将持有的剩余土地抵押,便易于获得春耕贷款资金,这种观念若深入人心将十分危险。本资金招致了如此这般的心理危险性。因此从业者强调这一点表明该资金并非以救济为目的,而是以产业复兴为目的。结果只能靠等待一般借款者的经济好转来寻求回收办法。

总之,资金制度作为满洲国建立后的应急措施起到了一定作用,但对于计划已被卷入世界性农业生产恐慌中的满洲农村复兴来说仍显得过于无力,而且只不过是对错误的敷衍弥缝。

通过对这般社会情势的讨论探究后,被提倡的便是设立金融合作社的运动,这本是以久远的中国宋朝时的乡约运动为开端所发起的,其直接原因便是当时的学者理想性研究的要求同源于农民的深厚信赖相互结合,以读书人及乡村的长老为中心,要求符合大众利益和社会传统的自治运动便开始了。然而这种运动为何没能常年继续发展下去,即该运动的中断原因,若就此探究,便能给予今日的复兴运动指明其发展方向。那时位于运动中心的是当时作为知识分子的读书人、官吏及小地主。观察这些社会阶级利害关系的动向于农民是以怎样的关系如何发展的。在东洋,特别是在中国的被隔离在特殊产业框架内的封建社会剥削关系里,该运动的指导者与农民结合起来了。

即因此在上层主管者的指导运动与无知农民的盲从这两方面,上述关系持续存在。上层的所谓新兴阶级过分陶醉于其所剥削的好处中,而成为非进步的存在,未察觉其正离世界经济圈越来越远。

如同在其中突然被袭般,置身于世界性恐慌的暴风雨中,第一次认识到自己危在旦夕。

被剥削的农民因为食品生产者的缘故,有比较根深蒂固的粘着力,向着最后的生活继续苦斗着。少壮的地方官吏的呼声能充分讲述此类实情。因此合作社运动并不仅限于流通领域,其在生产部门中亦开始发挥重要作用。

有识之士将利害置之度外,其一丝不苟的上层指导运动把农民紧密结合起来。由于他们的坚定指导,指导运动成为一种巨大的力量,在社会表面上显现出来。

这部分官吏、地主、富农、乡绅等全国性地结合起来的话,便能将社会上的剥削分子排除在外。他们若重蹈宋朝时的覆辙,满洲的社会大众将永远是掉队的被剥削者。

第五章　交通和工商业

第一节　交通概要

未开垦土地的开发过去便是以交通设施为必须,本调查地区因开发较早道路整备,马车往来也很容易,再加上铁路的铺设,外来文化开始慢慢地流入。然而一旦进入内地,其还没有坚实基础用以开通现代文明的交通机构。满洲的土质由粘着性的黑土构成,表面虽然干燥得很快,十分坚硬,但地下的部分却是柔软的粘土层。特别是一旦下雨的话,道路立刻变得十分泥泞,路上的车辙深达 30 至 40 厘米。大约四五天内连马车的通行都十分困难。

讷河地区的交通状况如下:

A.水路　能够通行的河流有嫩江及其支流讷谟尔河。南阳河、老莱河无船只之便。

a.嫩江源于兴安岭,经过嫩江的城市进入讷河县境内。宽度为 100 至 200 米,水深两三米,春季解冻期时水量更大,其流经拉哈、齐齐哈尔、昂昂溪、富拉尔基、江桥后与松花江合流。下游的嫩江铁桥因马占山事变而被破坏。桥的残骸对于航行十分危险,所以戎克船成为了主要交通装置,铁桥下游有汽船通行。大豆上市的 1 月至 4 月期间,因河流结冰故船只无法航行,解冻期后开始运输少量的大豆及薪柴,返航时则运载杂货。

b.讷谟尔河。流经讷河县城以东约 1 里的地方,并在以南 1.5 里处与嫩江合流。虽能通航但现在却并不怎么被利用。嫩江流域放竹筏的稍多。

c.讷河城至其下流地区的运费及所耗日数

讷河—齐齐哈尔,顺流而下需 2 日,逆流而上需 5 日

大豆 1 石所需船运费(江洋)1 圆 40 钱

讷河—拉哈(1 圆)、—昂昂溪(3 圆)、—富拉尔基(3 圆)、—江桥(3.6 圆)

B.陆路　讷河—布西(30 千米)、讷河—黑河(嫩江为止)(86 千米)—铁路总局有巴士运行。

由于纳河铁路的建成,齐齐哈尔至哈尔滨的交通开始依靠铁路。沿线之外及乡间的交通还是依靠马匹。

货物运输依靠大车,冬季靠雪橇,客运则靠骑马或大车,在城镇则是客运用马车。其数量约 64 台。货运马车约有 200 台,双驾马车载重能力为 200 千克,一日的租金为 2 至 2.5 圆。若降雨一天则交通停止,乡间地区、城镇的马车运营亦停止,只能靠骑马。

讷河至兴安岭冬季利用的是"爬犁"。

C.其他的交通机构则有邮局、电话局。

克山地区的交通设施除铁路外以马车为主。国道局及县公署虽亦使用卡车,但由于路况恶劣,大抵还是靠马车。冬季由于雪不多,未使用雪橇。

马车费为:单架马车每日一圆六十钱,双驾马车则是2圆至2圆50钱,4架马车或5架的则是每日6圆,冬季多使用的是6架马车。

克山地区的河流中有一条呼裕尔河,其平时水量很少,七八月的时候则涨水(两三尺),泛滥范围扩大至10里左右,其结冰期为11月至4月,无船往来于此河。克山县全部的小船约有80只。

作为通信机关的是电话局。德都镇、地兴镇、通宽镇、泰安镇之间可通电话。在东大岗、克东则无法通电话。县外通话则依靠招待所里的电报,若是安装新的电话,需手续费10圆及修理费(安装费)5圆。县内的电话使用费为每月每台5圆。

第二节　商业

第一　商业基本情况

1.讷河商业完全取决于农村的繁荣与否,因此商业经济以农村为主体。其运营项目是以服务农民消费的杂货商为主。其次便是以食品为主的酒、油、日常杂货,运出农产品,运入日常生活必需品。如前所述,当地作为向嫩江、黑河、布西(杂货、烧酒、麦)运出物资的中转站,十分重要。

然而讷河商人同城市商人不同,其并不单是商品交换的中间人,他们将所持资金作为所谓的高利贷资本,是如此这般金融活动的幕后操纵者。他们以农民为对象,将赊账款或单纯的借款作为代价,将地契或收获的谷物置于自己之手。渐渐通过依靠高利贷资本进行商业剥削,很多商人亦兼作地主。

2.克山是齐克铁路的主要市场,随着治安恢复,难民渐渐返回。有的人开始重新营业,其商业都市的形态得以构成。贸易物品自然是杂货(日本货占80%),哈尔滨有势力的商人获得了当地的商业权。他们利用多年的开拓经验及地理优势获取到平等权利。伴随着四洮、洮昂联络运输的开始,运费向合理化转变,且与大连的关系变得紧密。以前将奉天作为商品购入地,并在齐齐哈尔进行的麻袋、麻丝等贸易则变为直接从大连购入。运往当地的物资经由四平街、呼海运入。

3.在泰安交易的杂货中,日货在哈尔滨交易,中国杂货在营口交易。由于齐齐哈尔的物价比哈尔滨的高得多(征收高利率的营业税等)和在哈尔滨支付款额更加便利等因素,其与齐齐哈尔的贸易为哈尔滨所吸收,今后通过依靠经由大连或呼海进行贸易,采购品被泰安及内陆的村落所吸收。到达的商品以包装用麻袋、锦布、生活必需品为主,其70%都由内地消费。通过以上商业状况,可发现其最显著的特色便是商业的农村依存性。同时亦认识到农村复兴包含诸多的商业性倡导。一方面在农村由于与商业资本的脱离,含农民意图自力更生之意的消费工人运动蓄势待发,预计将有与中小商业利害相对立的波澜。

第二　各地杂货业

1.讷河　杂货商大多承受了或多或少的损失,但与别处不同,由于铁路的开通,市场扩大了。因此并未受到巨大的打击。破产者虽少,营业状况却不好。两三百圆至两三千圆的资本经营者最多。

代表店如下:

瑞庆久　资本金额2万5千圆,营业额2万4千圆。以前以农村为对象,进行面粉、小麦粉、绢等的赊卖,然而由于无法收回赊卖货款而遭受损失。

天义永　资本金额1万4百圆,营业额3万圆,无赊卖。

阜茂东　资本金额8千圆,营业额2万圆,农民大多在此购买。杂货商中拥有自己住宅的有20户,靠支付房租来运营的有260户。

商务会的机能:当地的商务会成立于民国4年,作为商民之间的商务联络机构来活动。主要职能包括调查准经营者的资本、信用等,办理开张的手续,从税捐局那儿获取许可证等与营业相关的事宜。

税款及其他一些民商之间的协商由县公署发通知。今年等则是进行相当于春耕资金的资金商民借贷等运动。

讷河县城营业类别与户数

行业	户数	行业	户数	行业	户数
杂货商	32	缝纫机业	7	酱油酿造业	2
饮食店	32	油菜(油坊制油)	6	火磨①	1
杂货布匹商	21	鞋铺	5	当铺	11
药店	16	铁匠铺	5	合计	201
旅馆	15	五金店	5		
米店(杂谷零售)	12	皮店	4	如上是大同元年的调查数据,现已达到300家。显著增加的是杂货商和饭馆	
估衣店	11	米店	4		
木工	9	酒局	3		
点心店	7	贵重金属	3		

2.在克山仍然是杂货商占多数,资本金额额最高6千圆,大杂货商资本金额最高为4万圆。饭店、旅馆数量次之。从此类店铺的营业年数来看,以事变为转机,特别是大同2年开张营业的最多。

其次,就当地的露天商人来看,街头商况最活跃。路旁两侧吆喝着的是成排的露天商人。

---

① 译者注:制粉、磨面、面粉制造业。

当局使其占有固定场所用以充作开张营业之凭证,无需手续费。

杂货商拥有一定的场所。资本金额在 100 圆以下的人需有 2 钱的收入印证。200 圆至 500 圆的则需 4 钱。最多的是百圆级的营业者,最少的是二三十圆的。每百圆营业额对应营业税 2 圆。

此处存在的问题便是其与修建店铺的商人之间的关系。露天商贩售出的价格比这些商店的便宜,然而代价便是商品相对低劣些。因此顾客自然被适当地分流,两者之间并没有产生对立问题。

(1)克山县城营业类别及户数

(克山县商务局)

行业	最高资本(圆)	户数	行业	最高资本(圆)	户数
杂货店	6,000	105	山货业	5,000	3
饭店	357	61	杂货布匹店	40,000	11
旅馆	356	37	点心铺	2,143	11
磨坊	285	23	理发店	71	11
洋铁炉业	257	22	估衣店	571	10
罗圈	356	21	草科店#	50	7
皮铺	714	19	粮米店	714	7
估古床	50	16	豆腐切面店	100	7
药店	4,800	15	洋服成衣店	107	5
金银首饰店	214	4	染坊	714	5
粮业(谷物零售)	(15 户休业)5		木炭业	143	2
油坊		4	火磨	180,000	1
书笔铺	1,786	4	医院	710	1
酒局	257	4	照相馆	356	1
运输业	2,000	3	当铺	28,000	1
酱油酿造业	2,857	3	粮栈	10,000	1
鞋铺业	1,200	3	合计		433

(2)克山县城内商业状况

杂货布匹商　最早的民国 5 年开业,同年有 7 户开业,大同年间有 8 户开张。

杂　货　商　民国年间 20 户,其他则是大同 2 年开业。

饭　　　店　大同 2 年开业的最多。

旅　　　馆　民国年间 1 户,其余为大同 2 年。

磨　　坊　民国年间1户,其余为大同2年。

洋　铁　业　民国19年2户,其余为大同2年。

药　　业　民国年间4户,其他为大同元年及大同2年。

以民国17、18年为分界线,大同年间商业阶层涌现得最多,而且是持续不断地。

3.泰安的大大小小的杂货商合计起来的话,有百余户之多。

资本金额为1万圆的有4户,8,000圆的有2户,6,000圆的有1户,5,000圆的有6户,4,000圆的有4户,3,000圆的有2户。10月份的时候,当地的商况变得十分活跃,然而由于现在谷物贬值,商况并不好。治安的好转、交通的便捷、金融机构的成立等一系列因素使人们重新期待商况的繁荣。一般物价并不固定。大商店相对要卖的便宜些,小卖店则高一些。露天商贩则是通过喊价交易,结果便是被砍价。

行业类别散户如下:

(1)泰安商户行业类别数表

行业	户数(户)	行业	户数	行业	户数(户)
小杂货铺	70	杂货	27户	大小饭馆	20
中医	20	粮业	16	粮米铺	15
铁行	15	花店	15	西医	12
估衣铺	10	成衣局	10	大车店	10
药铺	9	木店	8	磨坊	8
理发店	8	鲜果店	6	酱油酿造店	5
皮铺	4	＊＊＊	4	鞋铺	4
旅馆	4	油坊	33	印刷	3
烧锅	2	火磨	1	其他	6
合　计					315户

(2)西城镇商业状况

行业类别及商户(合计18户)　　　**物资移动**

杂货商	5户	A.运入物资	B.运出物资
药店	4户	豆油(1斤12钱)	大豆(1石2圆至3圆)
点心店	5户	石油(1斤18钱)	小麦(1石12圆)
饭店	2户	烟草(10支装3钱)	大麦(1石1圆80钱)
铁匠铺	2户	盐　(1斤14钱)	

(3)讷南镇(官货店)营业类别户数

行业	户数		
杂货店	5	料理饮食店	2
药店	3	旅馆	1
木工匠	2	铁匠铺	1
豆素面	2	合计	16

(4)通宽镇行业类别商户数

杂货铺	9 户	成衣局	1 户
药　铺	3 户	铁　匠	1 户
饭店	3 户	其　他	1 户
油　坊	1 户	合　计	19 户

第三节　工业

讷河、克山地区的工业产品仅用于地方消费,因此其规模具有家庭工厂性质。依靠火力发电机进行营业的不过一两处。以下是油坊、制粉、烧锅等具有代表性的工厂生产状况。

第一　油坊

1.克山海盛祥　资本金额　8千圆　一年营业额　9千圆

大豆一年营业量达到500石(1石5圆)

原料的上市场所为克山附近,制造量为每1石大豆产油35斤(1斤9钱)。

雇工3人,月工资平均19圆。一年开销为5千圆。

税金为1石1圆(含油税、豆糟税、谷物税)

豆糟税为每营业100圆对应3圆30钱。当地此类赋税很重。若是减税而依靠大连发送的话,则将很有赚头。其销路是内地农民及大连,由于农民的复兴预计销售量将加倍。

大机器经营一般只需5万圆,靠此便能将产品运至别处。萧条的经济已得以恢复,同时在减轻豆糟税、谷物税的情况下,估计同行业者将不断出现吧。

2.泰安永昌源　大同2年开业　资本金额千圆

使用石油设备。生产豆油(14,250斤单价13钱)及豆饼(4,760斤单价15钱)。平时雇佣工人5名。

第二　制粉业

1.讷河永茂长

以前便使用马达,拥有发电机,马占山事变前由讷河供电。产品运至当地需求之外的布西、昌河地区。资本金额 2 万 2 千圆,营业额一年 3 万 6 千圆。

产量达 20 万斤每天。

原料有大麦、小麦、燕麦 3 种。去年的营业量是 1 千石,为附近产出品。

其销路主要是本地消费。运送至齐齐哈尔需缴纳税金,且昂昂溪那儿亦有小麦工厂,因此其并不指望将产品运出。工资方面,机械科职工每月百圆,普通劳动者每月 15 圆。顾客为农夫。产品分 4 个等级,景气的时候店子能卖出 2、3 号产品,萧条的时候顾客购买的则是 4 号或副 4 号产品。然而现在甚至连此类销售情况也很差。

2.泰安东亚火磨　民国 19 年开业　资本金额 10 万圆

使用 100 马力的动力。小麦的消费量为 600 普特每天。

每日生产小麦粉 450 普特,麸子 140 普特。

雇佣工人 15 名。

第三　烧锅

1.克山海盛祥　资本金额 6 千圆　1 年营业额 2 万圆

原料为粟(一年购入 1,800 石)、大麦、小麦。

1 石可生产产品 80 斤(1 斤十二三钱)

税金为每石 3 圆 50 钱(含营业税、酒税的零售税、谷物税)

雇佣工人 18 名,月工资 19 圆,年开销 1 万 1 千圆。现在由于大豆贬值,销售情况不比从前。因为顾客是农民,节约饮酒的现状直接反映此情况。萧条直接从油坊影响到了这个部门,并且影响很大。

2.泰安复兴信　民国 19 年开业　资本金额 1 万圆

石油设备中使用灯油。

产品种类、生产量及价格如下所示:

烧　酒	87,600 斤	单价	0.11 圆	9,636.00 圆
酒　糟	47,300 斤	单价	每百斤#0.12 圆	567.60 圆
豆　油	7,740 斤	单价	0.13 圆	1,006.20 圆
豆　饼	5,290 块	单价	每块 0.15 圆	793.50 圆(1 块 20 斤)

雇佣工人　普通工作时 17 名

使用畜力的工厂。省略。

第六章　金融

第一节　银行机能的丧失

一般情况下,金融依靠农产品的上市理应呈现出活跃景象,但当时金融方面则是极其静止的。在讷河县,资金的流通大多依靠国道局、铁路总局及国道建设的承包商。国币流通良好,现在国人的信用日益深厚,其对金票的要求亦越发强烈。在城内几乎没有旧币的流通,交易所成交时的标准价格当然是基于国币。由于农民、苦力以往的习惯,在江洋交易所使用江洋作为成交时的标准货币。由于农商会决议禁止流通铜子儿,所以城内几乎看不到铜子儿。

小额通货在城内十分繁荣。

讷河满洲中央银行面向商人的担保贷款额不过 245 百圆(每 1 万圆收取日息 2 圆 50 钱),商人之间流通的金额极少。

在克山县地区贷与商人的钱在两三日的短时间内直接成为存款或汇款被回收了。当地商人主要与哈尔滨、齐齐哈尔、四平街、奉天、营口地区那边进行贸易,其中由于奉天的运费便宜,其贸易最多。因此,金融大多集中于大都市,地方上的小城市的市场流通时间极短,贸易也只是简单地将就一下。

从泰安镇的商人贷款状况来看,由于当地是特产集中地,直接受农村疲敝的影响,依存于农民的商业则是极其闲散冷清。银行不再对将不动产地契作为抵押这种情况发放贷款。只是去年大豆上市时期粮栈的仓库证券所对应的约 20 万圆的贷款仍然被办理了(利息是 1 万圆对应日息 2 圆 60 钱至 3 圆)。状况较好的房屋能获得贷款,且以其他杂货品作为抵押的情况也存在。商业低迷的结果便是前来贷款的人一个都没有。然而当地夏季的贷款总额是 2 万圆,大豆上市期则是 20 万 7 圆左右。回收状态则是各个时期的贷款都在春季进行回收,平均 6 个月,稍微好点的信用贷则或多或少由个人进行,商业贸易方面的则局部性地沉寂无声。银行业务亦处于一种无法充分发挥其势力机能的状态。

第二节　当铺的社会需求

平民金融机构用零碎的资金进行贷款,对于平民而言此类贷款极其容易且不太受规章上的限制。由于借款容易,其作为"容易亲近的机构"被一般民众所喜爱,并未产生春耕资金那般因手续烦琐而导致的不满意。

当地虽然有烧酒酿造厂、粮栈、钱庄(在讷河没有,在拉哈有)等一些机构,但大体上还是商人兼地主类的高利贷性质的金融。

此外,当地利用军饷的剩余部分进行个人信贷的状况亦十分活跃,这多少有些危险。但因为正在实施几分的高额利息贷款,农村金融方面亦颇受其影响。

现在就调查区域内的代表性当铺的营业状况来看:

(一)广信当(讷河县)

东兴公司分局的广信当位于讷河县,开业于今年4月,其总部位于新京(即长春),该公司在全国有百余所分局。

其营业状况如下:

1.经营状况

资本金	1万圆
贷款额	2万3千圆
贷款件数	大约7千件
抵押时间	18个月
利　息	1圆对应月息3钱

2.抵押者的种类

抵押者中占最多数的是农民(没有商人的抵押),亦存在从县城及离县城10华里或20华里地区来的人。

3.贷出金额

规定借用金的上限是20圆,下限则是二三十钱至七八十钱,即所谓的零碎资金。贷出金额的物件价格是10圆至5圆不等。

4.抵押物

抵押物的种类多为衣物,其中棉织品,女式衣物所占比例最高,男式衣服所占比例低。

不动产自然是能算抵押物,但马车和武器不能充作抵押物。

5.抵押时期

春季特别是四五月的时候多是农民贷款购买种子或农具。赎回期大多在冬季,果然还是抵不住寒冷。抵押物快的话1周、1个月或者两三个月便能从当铺的仓库里出来。

6.关于抵押权

当铺自然是承担着保管抵押物的责任,并不存在抵押物的转租。在当票遗失的情况下,则对物品及其金额进行调查,调查完毕后再次发放新当票。

7.抵押到期时间及到期抵押物处分

在抵押时期里不进行通知,抵押期满则认定当铺拥有抵押物所有权。

那些被认定为当铺所有的抵押物将会在开市的时候被拍卖掉,该开市每月一次。计算这些拍卖物的价格时会将利息一同算入,一般来说当铺不会吃亏。

8.其他

当地当铺的常用开支是1个月600圆,从业员有14人。为方便农民,周日无休。只有在满洲国成立纪念日和正月初一歇业休息。

将以上这些与银行的贷款状况相比较的话,银行的贷出额为24,500圆,广信当的贷出额则几乎与银行的相同,达到了2万圆。前者作为商人的金融机构被垄断性地利用,后者则作为农民庶民的金融机构被利用,这如实地说明了此类机关的必要性。

(二)德森广(克山县)

1.经营状况

——资　本　金　　1万圆　　　　　　今年1月开业

——贷款总额　　2万多圆

——利　　息　　每1圆月息4钱

——抵押时间　　1年

2.抵押者种类

来抵押的人中农民最多,商人也相当多。其中亦存在将因商况萧条歇业所产生的处理品作为抵押物的人。

3.贷出额及货物

最高额为300圆,最低额为20钱或30钱。

抵押物的估计额则是:金属每10圆抵6圆,衣物每10圆抵2圆左右。大致以此比例进行贷款。

4.抵押时间

抵押时间为3日、7日或者1个月。抵押期为1个月的那部分大多在9月里便会被赎回。抵押期为2、3个月的那部分的50%,抵押期为4个月的那部分的60%,抵押期为5、6个月的那部分的70%,抵押期为7、8个月的那部分的约80%,均未被赎回。

此外,在克山还有一家日本人开的当铺,但由于利息过高,很少被利用。

附记:依克明安旗概况

(一)历史变迁

在黑龙江省作为外来部族的额鲁特族最初是在1732年从喀尔喀移牧来到巴尔虎的。其中43个家族则是在1758年从南部的杜尔伯特旗北迁至东布特哈,占据了齐齐哈尔以东的旷野(克山、海伦、拜泉、绥化、青岗、兰西、呼兰的各县)。其作为独立部族形成了莽鼎公旗,即依克明安旗的特殊地域。当地的初代蒙古王被称为哈钦苏荣,他们过着放牧生活。光绪三十三年(1907年)依据黑龙江殖民计划,进行了面向汉族的开放。据此原住民学会了农耕,蒙古王也将自己的土地无偿借与蒙古人。蒙古人自定居以来未向别处迁徙。因土地是蒙古王无偿借与他们的,故不允许其销售土地,自然就没有产生买卖转让土地的问题。此外,据称蒙古人同汉人的生活习惯不同,因此并没有进行血族融合,但实际上由于双方均依靠农耕生活,两者风俗习惯亦渐渐趋近,最终蒙古人被中国化了。似乎10年前他们便开始说汉语了。作为旧习惯残存下来的只有喇嘛教。

王位的继承并不仅限于长子,选择3人中亦或是4人中最有统治能力的人继承王位。现在并不关涉到王臣,而是关涉到县长、事务员。

(二)一般政局

地图上的名字虽然叫蓝公府,实际上则是喇嘛教僧侣的私宅。同日本的东本愿寺一样,不知何时被当作地名来叫了。

实际上依克明旗是有公署的,蒙古王担负着县长的作用。其独立于克山县,位于兴安总署的管辖下,间接地为满洲国所统治。公署官员的任命通过与兴安总署与满洲国政府的联络由蒙古王进行。其管辖下的蒙古人(内蒙古人)的总数达到了80万。政治思想的中心是作为喇嘛教本义的"慈善",虽以和平为宿愿,但由于这些思想他们成为了保守后退的民族,完全看不到其发展。并且其对于"土地"抱有一种"图腾"般的思想,所以不希望进行农耕。当地部族郊外堆积得高高的小山默默地讲述着该民族千百年前的生活。

(三)农业普遍状况

满洲事变前蒙古王计划给当地土著每人25垧的土地用以耕种,对于那些没有牛马的人则使其获得那些有牛马的人的土地用以耕种。4年后待土地肥沃后再将其返还给原来的土地所有者。该地区实行了此类耕作计划,蒙古王将该地自己所有的8万垧土地无偿借给了约300户土著,使其耕种迷子、小米、大豆、玉米等作物。马占山江桥战争的时候,当地牛马被夺,遭受了各种严重损失。

(四)财政经济状况

1.当地所有土地县别面积如下所示

	既升科地现在实收租地数	未升科地将来实收租地数
拜泉县	131,733.87	23,370.75
克山县	29,523.00	无
泰 安	45,223.55	235,760.23
依安县	59,682.80	32,412.59

以上升科地每年的收入租赋总额为88,902,868圆(江洋)。

2.佃耕方法及地租

以上这些土地多由满人佃农耕种。其不必缴纳耕种土地的使用费,只需缴纳地租即可。1年1垧地需缴纳江洋31钱8厘,这便是佃农全部需缴纳的。地租的征收由各地的蒙旗租赋局及分局来执行。土地则由满洲国各县公署来管辖。

1年的地租收入可达到8万圆,每万圆中会有10%被充作县公署的经费,4,000圆会被充作蒙古王的生活费,此外蒙古王还受领着一定(100圆)的工资。

相对于政府,当地旗署将旗费的60%上缴,接受来自政府的补助。同其他公署相比,这一点似乎是旗署引以为豪的地方。

3.土地基数与城市基本租金

	地基数	街基租	
上等	97,500 丈方	江洋	6毛(每方)
中等	109,650 丈方	江洋	3厘5毛
下等	40,000 丈方	江洋	1厘5毛

4.公有财产

种　类	数　额	所在地
学　田①	36 丈方	齐克路地
公　田	22 丈方	
泰安租赋局		
房　屋	25 间	泰安镇
拜泉租赋局		
房　屋	11 间	拜泉县
旗　公　署		
房　屋	31 间	贝子府
庙　宇	25 间	
庙　仓	9 间	
黑龙江省 取缺荒债	209,369,003 圆(江洋)	

(五)结语

关于蒙古旗人的发展,普及教育是他们的心愿。因此首先教授其蒙古文字,接着教授汉语使其受教化。此外,即使教授其西洋文字也起不到什么作用,他们暗中对蒙古国怀有执念。外蒙古人虽好像希望迁来满洲国,但由于交通不便无法联络。至于来自苏联的对外蒙古的干涉而言,他们期待满洲国将来强大,然后凭此将苏联势力驱逐出去,亦希望外蒙古人前来满洲国。上述内容较为简单,与依克明安旗相关的略述到此便结束了。更进一步的内容,如人民经济状况、社会关系、行政组织、司法、安保、卫生、教育、宗教等方面本亦应作详细介绍,但只能省略。

---

① 译者注:为奖励学习,隶属于学校等机构,充当学生学费、生活费的免租地。

经济资源调查报告书第　96　号

黑龙江　13　号　农业第　4　号

昭和 9 年 9 月

讷河、克山、泰安镇地方农业的调查报告

秘

满铁经济调查会

调查员　局　严

助　手　八幡原真功

翻　译　李桂松

前　言

一、昭和 9 年 9 月 5 日，本调查团从齐齐哈尔出发，跟随驻齐齐哈尔的第 16 师团兵用水调查队的第七调查队，对讷河、克山、泰安镇地区的农业状况进行了为期 1 个月的调查。

二、调查行动以用水调查为主，未对利用自动货车等农村现状进行详细的调查，只能算不完整版，即该地区农业的大致情况。

三、调查队的组成

队长　　齐齐哈尔步兵第三十三联队　　　青木五三郎

调查员　水质调查班　关东厅土木科　　西胤耶马夫

调查员　地质调查班　满铁地质调查所　森田日子次

调查员　资源调查班

　　　　一般经济　满铁经济调查会　土肥武雄

　　　　农业资源　满铁经济调查会　局严

　　　　　助手　满铁经济调查会　八幡原真功

　　　　翻译　满铁经济调查会　李桂松

一、调查日程

调查日程

月日	出发地	经过地	住宿地
9月 2日	大连	四平街	车中
3日			齐齐哈尔
4日			齐齐哈尔
5日	齐齐哈尔	宁年、拉哈	讷河
6日			讷河
7日			讷河
8日			讷河
9日			讷河
10日	讷河	西河南屯	姜家窝铺
11日	姜家窝铺	兴隆屯、李家窝铺、余家沟、新发屯、万宝山、二屯	官货店
12日			官家货店
13日	管货店	四屯、袁家窝	唐家岗
14日	唐家岗	四城镇	西城镇
15日		四城镇	西城镇
16日		四城镇	西城镇
17日		四城镇	西城镇
18日	西城镇	小泉子	105号
19日	105号	克山	克山
20日		克山	克山
21日		克山	克山
22日		克山	克山
23日		克山	克山
24日	克山	南山15号、36号、34号(古城)、托力屯、太平川	泰安镇
25日			泰安镇
26日			泰安镇
27日	泰安县	住在依克明安旗	依克明安旗
28日		住在依克明安旗	依克明安旗

月 日	出发地	经过地	住宿地
29 日		住在依克明安旗	依克明安旗
30 日	依克明安旗	富海站乘车	齐齐哈尔
10 月　1 日			齐齐哈尔
2 日			齐齐哈尔
3 日			齐齐哈尔
4 日			齐齐哈尔
5 日			齐齐哈尔
6 日			齐齐哈尔
7 日	齐齐哈尔		车中
8 日		四平街	归至大连

二、本报告中各地的度量衡

度量衡和面积的换算率

地名　　　中制单位　　日制单位	克山	泰安县	西城镇	讷河	官货店
裁尺	—	1.145 尺	1.115 尺	1.143 尺	1.15 尺
木尺	1.04 尺	1.04 尺	1.04 尺	1.02 尺	1.03 尺
大布尺	—	—	—	1.828 尺	1.725 尺
斗	1.750 斗	1.793 斗	1.301 斗	1.30 斗	2.080 斗
斤	140.0 匁	140.0 匁	140.0 匁	141.0 匁	140.0 匁
弓	2.880 平方尺	2.880 平方尺	2.880 平方尺	2.880 平方尺	2.880 平方尺
响	7.23 段	7.23 段	7.23 段	6.93 段	7.07 段

目 录

第一节　所经地区及居民的概况

本调查区域是从齐齐哈尔出发,沿嫩江北行,至讷河、克山、宁年所组成的正三角形区域的沿线一带。如果以县为单位来划分,就是横跨讷河与克山两县的区域。

西部跨越嫩江,北部是东西流向的支流讷谟尔河,南部是西北流向的呼裕尔河,此地很自然地被划分成为一个三角形区域。

东北一带由于是小兴安岭的旁系山脉,形成了山岳地形,没有茂密森林。因山岭起伏之影响,杂草灌木丛生,成为了天然的放牧地。东南地区开垦良好,同被称为北满洲之宝库的黑土地相连。

从位于三角形区域顶点的讷河作一条垂线至泰安镇,可将区域划分成东西两部。这样做不仅仅是出于东部是山岳地形,西部是平原地形这种单纯的地理意义上的考虑,并且还出于东部地区一般来说汉人比较密集,而西部则以蒙古人为主的行政性的角度。再加上,与东部相比,西部地区的人口密度较大,按此分布也很方便。

但是,这仅仅只是从农业角度来看的。如果从商业和文化水平程度等角度来看的话,虽然也能将铁路相接的地区和其他地区区分开来,但这些情况并非都有确凿的根据。由于新铁路的铺设以及旧铁路的经营困难,还有物价起伏等等这些原因,商业地区一直处于剧烈变化之中。众所周知,地域划分依据其研究目的、或年代差异而有所不同。因此,合理划分区域是一件相当困难的事情。在此,仅从农业的角度,将其简单地划分为东西两部分。

现在,将本调查所经沿线的地理情况概述一下。从讷河到西城镇这之间,四处可见湿地,丘陵起伏,民宅也都零散地分布在各处,形成了规模不小的村落,巧妙地利用了坡地地形,进行有畜农业的经营。

从西城镇到克山,再从克山到泰安镇这区间内,在被称作北满洲宝库的黑土地区,大豆、小麦、小米自然不必说,也种植水田,而各种麻类、烟草叶、啤酒花也可进行栽培。

进入山岳地形之后,由于＊＊丘陵的起伏程度,土地开垦良好。秋天的花草五彩缤纷、绚丽开放;大片大片的农作物的田埂,全都笔直地面向同一个方向,形成一条直线;约有丈高的向日葵时远时近若隐若现。该地区与其他任何地方相比,都弥漫着农业乐土的感觉。成为经济命脉的铁路线,将齐克线的粮食地区由北外侧包围起来,沿线运输的大部分物资也都是由此地区生产出来的。

因此,村庄多在沿线设置停车场。这些崇尚大家族主义的汉族人,为了寻求北满洲肥沃的土地而来此定居,不知不觉地形成了一个以亲戚为主的移民村落。这个和在南满地区随处可见"家屯"现象一样,都是移民巧妙利用大家族主义所建立而成的。

泰安镇至依克明安旗一带,原本蒙古人居多。从农业组织来看,有畜农业被主畜农业取代;从土质来看,黑色减少,逐渐变为灰黑色;土地的粘性也在减弱,不再是朴实肥沃的土地,也不太有可能成为有前景的农业用地。周边村庄也急剧减少,大片的旷野被放置不理,任由野草丛生。

并且,当地住民多为山东移来的居民,其中几乎九成是汉人;蒙古人以及原本居住于此的满人则变成了极少数。这样,蒙古人也过上了和汉人一样的生活,乍看之下很难辨别。

在这些居民之中识字的非常少,数量不超过总数的百分之二到百分之三。村庄居民相当愚昧无知,诸如"满洲国是一个怎样的国家"、"日本又是一个怎样的国家",只是一味听从公安局的命令而悬挂满洲国国旗,"以前的国旗怎么样了"、"为什么要悬挂"等等问题,大部分人甚至都不试图去了解,这让人很震惊。

居民如此愚昧无知,性情也很凶恶,面对陌生人自然藏有敌意。我们称这些农民在成为匪贼的同时也成为了保甲团(警卫队),也不为过。

国人最初往来于此,是在满洲事变之后。在那之前,类似陆军、满铁国际运输等的调查团出于各种目的,来过此地。村井中佐一行人从齐齐哈尔出发,路经当地,在向大黑河前行时,被一群匪贼包围袭击,万分悲痛。为了追悼当时的惨状,在克山站往西 115 公里处,宁年站附近,树立了追悼碑。此地成为凶恶匪贼的盘踞点,天下好风好等是众所周知的匪贼首领。

宁克线泰安镇到克山这段沿线,是为了应对事变之后各种需求而修建的。大同元年 8 月 1 日开通之际,就立刻展现繁荣景象。在和军队人员共同抵御敌人的同时,一边与零下 40 度的严寒抗争,一边尽可地完成施工任务。铁道建设人员的努力贡献,最终收获了世界铁道史上划时代的成果。我们大和民族的价值在这片大陆上得以实现,并且相较于以往,更是发挥出了十二分的水平,应该把它当做宝贵的经验。满洲的匪贼也好,匪贼的满洲也罢,在这极为广阔的平原上,成立仅仅不过数年,就成就了国家的形成,这在世界文化史上划出了"新纪元"。但是我们不能忘记,在这庄严事实的背后,是我们无数的同胞牺牲自己,前仆后继努力的结果。①

被爱国之心和公愤之情所激起的同胞们屡屡从其他地方得知相关惨报,昨天才立下生死契约的同胞却经历如此悲惨的遭遇。为了吊唁他们的在天之灵,收集铁路枕木的碎片和他们一起火葬,午后 3 点,北满洲最舒适的时刻,薄暮渐进,贼弹飞来。对于年轻人来说,他们喜欢体验那种连日连夜、超越生死的紧张感,稀罕那种血脉喷张的刺激。他们动不动就说要高举"杀戮大旗",并不把这些行为看成是凡夫俗子眼中的卑劣行径。

但普通居民依旧无法忍受这种混乱。于是,一时间,以克山为中心的地区歌弦喧闹,但随着新兴都市克山至北安镇沿线铁路的开通,繁华就原封不动地转移到了北安。大风一过,发展中的克山就衰退下去,曾经的繁华化作黄粱一梦。但是,这样的现象不仅仅只发生在那一个地方,查阅了居住在北满的日本人的发展史,发现任何一个都不过是军队建设的有关人士 ∗ 子军之类的的变动的过程。无论怎么宣扬"日满共调经济"、高赞"亚细亚经济大同盟",在这个严肃事实的面前都显得毫无价值。下次想参与进来的必须是那些有志于扎根满蒙大地的真挚的

---

① 译者注:此处言论代表日方立场,为保留原貌未加删改。

开拓者。这些地区也终于回到了第二次建设的轨道上，国立农事试验场的开设与亚麻公司的成立相辅相成。毫无疑问，这些地区如今成为了被称为"北满宝库"——农产品的中心集散市场，发挥着真正的价值。

第二节　所经地方县势的概况

一、讷河县

讷河县原名为博尔多，康熙年间兴起，作为满洲北方的经营政策，清朝政府在齐齐哈尔、墨尔根、布特哈地方设置将军、副都统、总管等职位，管辖居住在当地的索伦族、达呼尔族以及鄂伦春族的居民。

之后，将布特哈地区划分开，成为东西两部。西布特哈也就成为了现在的布西，东布特哈就成为了现在讷河；光绪二十年，又将布特哈总管改为副都统衙门，移至博尔多站（讷河县城西二华里——被称为老站的一个小村庄，也就是如今所谓的老城区）；光绪三年，废除了副都统并向驻扎在黑龙江的将军的奏请，希望能扩展其境内的全部荒地。在开垦完成之际，同时也设立巡防局，从而打下了建设、治理县城的根基；光绪三十三年，建立了如今县城的新城区；翌年光绪三十四年五月，奏请设置讷河厅；宣统二年（明治43年）改名为讷河厅，八月改设抚民同知；民国2年（大正2年）3月，划分了县名；民国10年，将行政机关设置在讷河县政府；大同元年（1932年）改名为讷河县公署。

讷河是县城的所在地，也是县内唯一的市场。讷河区域几乎全部位于全县的中心地区，稍微偏向西边，属于草原地带，距离嫩江支流讷谟尔河的北岸约有5公里，距离齐齐哈尔约有150公里。城区分为新旧两部分，旧城区是一条不规则的街道，依稀看得出如今老街的风貌。

根据县公署的指示（康德元年调查），本县总户数824,666户、总人口151,444人，总面积1,023,705晌，其中已耕垦地面积180,404晌，未耕垦地面积740,141晌，不可耕地面积103,156晌，已耕地面约积占整体面积的18%。

查看大同2年年县财政状况，实收税务总额为9万1千2百40圆。

县内农作物的种类、耕作面积以及生产额如下所示：

作物	耕作面积（晌）	每晌收成（石）	总收成（石）	耕作比例（%）
大豆	38,798	2	77,596	40
粟	22,496	4	89,984	23
玉米	10,268	1.4	14,375.2	11
小麦	5,767	2	11,534	5
大麦	3,739	5	18,695	4
玲麦	2,648	5	13,240	3
荞麦	489	3	1,467	1

作物	耕作面积(响)	每响收成(石)	总收成(石)	耕作比例(%)
高粱	1,671	1.4	2,339.4	1.7
黍	1,195	4	4,780	1.2
其他经济作物	10,046			10.6
合计	97,117		234,010.6	

大同元年,本县发放用于春耕的贷款资金高达26万圆,回收期限为一年。但是在实际期限内回收的金额仅为1,213圆。

这是因为,大同元年,当地遭到了前所未有的大水灾,同时又发生了"马占山叛乱"事件,因此农民极度贫困,春耕资金直接从农民手里流向商人或资本家地主的手里,实际用于农耕的资金只占计划的两三成。因此,农民没有可用于耕作的资金,温饱问题都难以解决。大同元年耕作面积的变化,如下表所示:

	耕作面积(响)	耕作比例(%)	备注
大同元年	143,090	79	水灾受灾面积达到55,708响,相当于31%
大同2年	92,290	51	
康德元年	97,123	53	

综上所述,大致就能推测出大同元年的水灾对于农村经济有何等影响了。

二、克山县

北满一带大体上是从日俄战争之后才开始开发的,当地居民的迁移也是近三十年来才有的事。之前,那里原是蒙古人放牧的村落,是一片旷野。光绪三十三年,修筑了从讷河通往海伦的渤海官道,这个村落成为了第三站。

在那以后,由于从关内过来的移民增多,蒙古人变得七零八落。现在县城的西南部,依克明安旗与乌裕尔河相隔,绵延南北12华里乃至20华里,约不过7万响的土地在进行主畜农业,另外蒙古人的土地还有拜泉、依安、克山、克东四县约60万响。现在禁止买卖土地,蒙古人将土地租给汉族人,来收取税金。民国3年左右,克山还未荒废,也曾是讷河县的一部分。民国4年3月(大正4年)开始参与管理行政,直到最近才在克东设治局的二克山镇建立设治会。

克山县主要的城镇为:克山、泰安镇、北兴旗、西城镇、通宽镇。

据县公署告知,本县总户数为27,000户、总人口159,000人,是仅次于黑龙江省会(拜泉)的第二大县城。县总面积为478,511响、已开垦耕地面积为144,000响、可耕却还未开垦土地面积250,000响、不可用作耕地面积4,511响,已开垦面积占总面积的30%。

查看大同元年的县财政状况,税收额为国币148,206圆。

县内农作物的种类、耕作面积及生产额如下所示：

作物种类	耕作面积(晌)	每晌收成(石)	总收成(石)	耕作比例
大豆	73,000	3	219,000	51%
小麦	16,000	3	48,000	11%
粟	30,000	5	150,000	21%
大麦	4,000	5	20,000	2.8%
高粱	3,000	5	15,000	2.1%
玉米	5,000	6	30,000	3.5%
黍	10,000	4	40,000	7%
麻	300	4	1,200	0.2%
荞麦	1,000	4	4,000	0.7%
吉豆	600	1	600	0.4%
小豆	400	3	1,200	0.3%
合计	143,300		529,000	

第三节　气候和土壤

一、气候

本调查区域的气候是非常极端的大陆性气候,冬夏季节差别显著的原因之一是来自于海洋性气候的根源性影响。气温的波动幅度由最高的 36 度到最低的零下 39.7 度。也就是说,冬季的气温非常寒冷,从 10 月到次年 4 月的 7 个月里,必须靠取暖来生活。转瞬之间,夏天的气温又极度飙升,日照时间持久,并且,夏季的 6、7 月降水量多的时候,很容易形成洪灾。以前当地并没有较为正规的气象观测活动,因此,很难找到系统描述此方面的资料。只能凭借讷河守备队以及县公署、克山农事试验场较为零碎的观测,以及从当地居民那里打听来的一点证言,同时,再参考齐齐哈尔的观测结果,大致推算出以下数据。

1.气温

气温的变化和气压、季候风以及地理关系存在着密切的关系。由于冬夏的显著差异,当地冬季与其同纬度地区相比显得更为寒冷,夏季又会稍热一些。

总的来说,该地的气候属于大陆性季候的冬季和海洋性季候的夏季。因此,这个特征会导致冷暖的极端变化,晚秋寂静之时尚存夏日之暖,而初夏之时犹感冬日之寒。

冬季的旅人会用被日光烘热的泥土暖手,而其另一面却已经被寒冰所覆盖。

夏天会在不经意间突然袭来,绿叶好像被夏季的初雨所惊,瞬间就爬满树木与土地。来到了酷暑时节,在抵挡耀眼的阳光的同时,转瞬间又迎来了大量的降雨。这个时候,不论是气温还是降水量都迎来了最高峰。

　　在夏日里能够缓和这种极端高温天气的,大概就只有夏日里的大片云朵了。

　　讷河与克山地区的观测结果,如下所示:

讷河地方

（单位:℃）

	一月	二月	三月	四月	五月	六月	七月	八月
最高气温	−17.7	−7.3	−4.3	10.7	21.3	26.0	25.0	30.7
最低气温	−28.3	−21.7	−18.5	−5.1	4.7	15.2	16.1	8.0
平均气温	−22.4	−15.0	−9.7	2.6	14.9	20.1	20.5	20.3
蒸发量				3.3	4.6	4.3	5.0	5.7
平均温度				87.7	90.8	90.0	90.8	86.0
平均气压	59.4	54.4	51.6	48.1	47.1	42.9	46.7	47.5

克山地区

（单位:℃）

	一月	二月	三月	四月	五月	六月	七月	八月
最高气温					25.7	33.8	32.6	32.4
最低气温					14.1	9.6	8.6	4.7
平均气温					19.9	22.0	22.7	23.8
蒸发量					4.6	5.8	5.2	8.2
平均湿度						61.6	67.0	61.0
平均气压						36.4	36.6	39.2

气温实测表

日期	星期	天气	观测地	调查时间					
				上午 2 点	上午 6 点	上午 10 点	下午 2 点	下午 6 点	下午 10 点
9 月 5 日	星期三	多云	齐齐哈尔				23.0	20.0	16.0
9 月 6 日	星期四	晴	讷河	13.5	12.5	20.0	22.5	20.0	15.5
9 月 7 日	星期五	阴转雨	讷河	13.0	15.0	20.5	23.0	18.0	16.0
9 月 8 日	星期六	雨	讷河	12.5	13.5	17.0	15.0	13.5	14.5
9 月 9 日	星期日	雨	讷河	14.0	14.0	15.0	15.5	15.0	14.5
9 月 10 日	星期一	雨	姜家窝铺	15.0	13.5	15.0	14.0	13.0	11.0
9 月 11 日	星期二	阴转雨	召货店	11.0	12.0	12.5	15.0	14.5	11.0
9 月 12 日	星期三	晴	召货店	10.0	10.0	17.5	20.5	13.5	12.0

日期	星期	天气	观测地	调查时间					
				上午2点	上午6点	上午10点	下午2点	下午6点	下午10点
9月13日	星期四	雨	唐家岗	12.0	13.5	14.0	13.5	12.5	12.0
9月14日	星期五	阴转雨	西城镇	10.5	13.0	15.0	14.0	12.0	10.0
9月15日	星期六	晴	西城镇	10.5	11.0	17.0	17.5	11.0	7.5
9月16日	星期日	晴	西城镇	3.5	4.5	17.5	18.0	10.0	8.0
9月17日	星期一	多云转晴	西城镇	6.0	10.0	15.5	14.0	8.5	6.0
9月18日	星期二	阴转雨	105号	5.5	4.5	14.5	13.5	9.0	7.0
9月19日	星期三	雨转晴	克山	6.0	6.0	15.0	12.0	11.0	8.0
9月20日	星期四	晴	克山	8.0	3.0	17.5	18.0	11.5	9.5
9月21日	星期五	晴	克山	1.0	1.0	18.0	20.0	11.0	-2.0
9月22日	星期六	晴	克山	4.0	3.5	17.5	19.0	13.5	2.0
9月23日	星期日	晴	克山	-2.0	7.5	17.0	17.5	11.5	6.0
9月24日	星期一	晴	泰安	2.5	2.0	19.0	21.0	13.0	9.0
9月25日	星期二	晴	泰安	9.0	9.0	17.5	19.0	8.5	-1.5
9月26日	星期三	晴	泰安	8.0	7.0	18.0	19.5	8.0	5.0
9月27日	星期四	晴	依克明安旗	4.5	3.0	18.0	21.0	10.5	1.0
9月28日	星期五	晴	依克明	1.0	6.0	15.5	17.0	6.0	-1.0
9月29日	星期六	晴	依克明	-4.0	1.5	14.0	15.0	8.0	5.0
9月30日	星期日	晴	依克明	4.0	2.0	14.5	15.0		
极端数据		最高		15.0	20.5	20.5	23.0	20.0	16.0
		最低		-4.0	1.0	12.5	12.0	6.0	-2.0
平均				7.1	7.9	16.5	17.4	12.1	7.7

2.降水量

降水量很大程度上受季风影响。冬季的亚洲大陆,因季风影响,十分寒冷干燥;而到了夏季,湿润的季风给夏季(2个月)带来了将近一年中60%—70%的降水量。

由于降雪量很少,初春时节,积雪融化的水量也很少。可是到了夏季,降雨使水量增加,有时还会形成水灾。

将讷河县公署所示的康德元年从4月到8月的5个月间和克山农事试验场从5月到8月的4个月间的观测结果,列表如下:

地名 ＼ 月别	旬别	四月	五月	六月	七月	八月
讷河	上旬	7.5	30.6	49.6	105.3	24.9
	中旬		8.1	69.5	42.8	24.5
	下旬		36.1	78.9	7.9	28.6
	总计	7.5	74.8	198.0	156.0	78.0
克山	上旬			7.9	167.0	29.2
	中旬		7.9	41.5	17.7	38.9
	下旬		79.6	36.6	3.3	30.4
	总计		87.5	86.0	188.0	98.5

从当地居民处打听到的气象状况,如下所示:

	讷河地区	西城镇地区	克山地区	泰安镇地区	蓝公府地区
初霜	8 月中旬	9 月上旬	8 月中上旬	8 月中旬	8 月中旬
终霜	3 月下旬	3 月中旬	4 月中旬	4 月上旬	3 月上旬
初雪	9 月中旬	9 月中旬	9 月中旬	9 月上旬	9 月中旬
中雪	3 月中旬	3 月中旬	3 月中上旬	3 月下旬	2 月中旬
雪深	2 尺	3 尺	1.5 尺	2—3 尺	1—2 尺
降雨期	5—6 月	5—6 月	5—6 月	5—6 月	5—6 月
冰雹灾害	无	民国 17 年有	无	民国 20 年 5 月	近年无
结冰期	8 月中旬	8 月中旬	8 月中上旬	8 月上旬	8 月中旬
化冰期	3 月下旬	3 月中旬	3 月中旬	3 月上旬	3 月中旬
地下冻结深	6 尺	5—6 尺	6 尺	7—8 尺	10 尺

主风	东北风	东北风	西北风	西南风	东北风
季风	春　西南风 夏　南　风 秋　东北风 冬　北　风	春　西南风 夏　东北微风 秋　东北风 冬　西　风	春　西南风 夏　东北风 秋　西北风 冬　西　风	春　西南风 夏　西南微风 秋　东北风 冬　西南风	春　西南风 夏　东北微风 秋　东北风 冬　西北风
旱灾	虽然相当干燥,但是对播种不构成影响	不明	民国 14 年受害的农作物达到了六成之多	不明	不明

注:①由于受到了亚洲大陆和太平洋的互相作用而形成的气压的影响,季风大致上是固定的。春季是西南风、夏季是东北风、冬季是西北风。

②季节采用阴历。

③尺的单位是以中国木尺为准。

二、土壤

本调查地区基本上都属于第四纪形成的新地层。土壤为黑土地,土质非常肥沃。

本应属于中生代时期的页岩及砂岩,在近生代的流水作用下,出现了冲积层,广泛的分布在以嫩江为中心的这一片土地上。并且在第三纪之后,也经常能在二克山地区看见由于火山喷发而形成的玄武岩。

由于河流区域到处可见硅岩类的石英岩和玉髓岩,所以此地为砂石土壤。这种土壤有机物匮乏,但物理性质良好。除开河流区域,这一带都是黑色粘性土壤,土质肥沃并且含有大量有机物,水分充沛,避免了大片低湿地的出现。

各地土壤的状况如下表所示:

各地土壤状况表

地区	上　层		中　层		下　层		土质
	性质及状态	深度	性质及状态	深度	性质及状态	深度	
讷河	土质黑色、细腻无碱性	1.5 米	黄色粘土	3.0 米	砂层		中等
西城镇	同上	1.3 米	砂质微土	2.0 米	白色石英砂		肥沃
克山	同上	1.5 米	黄色粘土	5.0 米	青色粘土		同上
泰安镇	同上	1.0 米	褐色粘土	2.0 米	砂砾土		中等
通宽镇	同上	1.0 米	同上	3.0 米	砂土		肥沃
蓝公府	同上	0.5 米	黄褐色微土	1.0 米	无色砂土		贫瘠

第四节　居民的社会习惯

一、各职业的人口分布

关于住民们的职业划分状况,也和之前其他的地方一样无法得到确凿数据。我们只能在地区划分不一、年代有差异的情况下,获得同往常一样零碎破碎的调查结果。

从事农业和农业以外的住民人数,与各个县的城市化的发展状况有着紧密的联系。如上所述,该地区以农业为主,农业的从业者占绝大多数也是必然的。

讷河县职业分布户数

职业	户数	男	女	总计
农业从事者	20,414	62,610	48,688	111,298
商业从事者	732	5,020	1,204	6,224
其他行业从事者	3,519	20,573	13,349	33,922
总计	24,665	88,203	63,241	151,444

主要城市的职业分布户口数的内容如下所示:

城镇	农业林业	水产业	工业	商业	公务员自由职业	家政业	无业	合计
县城	1,275	12	95	379	117	202	69	2,149
拉哈站	1,505	12	48	274	78	188	56	2,161

克山县职业分布户口数

职业	户数	男	女	总计
农业从事者	20,865	69,794	53,904	123,698
商业从事者	892	—	—	6,424
其他	5,783	—	—	29,743
合计	27,540	—	—	159,865

因此,我们可以断言,农业是该地的主要职业,农村是经济存在的基础。

二、农村村落的分布及大小

该地农村的发展与南满等地相比,出现的新特点是:道光初年以来,伴随着蒙古地区的开放,人们也在进行迁徙。该地的发展轨道与其他北满地区相同,分为满洲警备军的卸甲归田和纯农业者的移居。其目的是为了使之成为满、汉、蒙古、朝鲜等民族的交流区域,详细情况仍不是很清楚。农村村落的分布状况和它们大小情况如下所示:

讷河县农村村落数及户口数

警察区名	村落数	总户数	人口		小计
			男	女	
讷河县城	106	4,786	10,939	9,238	20,177
讷南镇	128	3,333	14,225	9,922	24,147

警察区名	村落数	总户数	人口		小计
			男	女	
拉哈站	106	3,922	11,411	9,943	21,354
萧家窝堡	37	1,757	4,194	2,654	6,848
龙河镇	33	2,780	7,826	5,550	13,376
通南镇	76	3,836	14,015	11,391	25,406
总计	486	20,414	62,610	48,698	111,308

克山县农村村落数及户口数

镇名	村落数	总户数	人口		小计
			男	女	
县城	158	3,721	12,401	9,474	21,875
迟家店		2,585	9,521	7,356	16,877
古城		1,918	6,389	5,172	11,561
莽乃镇		2,291	7,613	6,020	13,633
泰安镇	60	1,208	4,282	3,267	7,549
托力		773	2,667	2,126	4,793
北兴旗	129	2,111	6,877	5,210	12,087
西城镇	73	2,719	8,819	6,605	15,424
通宽镇	127	3,339	11,225	8,674	19,899
总计	547	20,665	69,794	53,904	123,698

途径地区的村落,所知的部分数据如下所示:

讷河县

村名	户数	人口	村名	户数	人口
兴隆屯	20	100	老站街屯	804	4,000
李家窝铺	9	60	三东鲁屯	290	1,379
余家沟	22	100	姜家窝铺	43	200
新发屯	30	60	西河南屯	200	800
万宝山	40	200	官货店	97	353
四屯	30	170			

克山县西城镇警察署管辖户口调查表

村名	户数	人口		
		男	女	合计
西城镇	209	475	472	947
潘家地方	21	55	50	105
佘云普屯	66	180	115	295
单洪九屯	41	117	85	202
徐仁屯	105	298	244	542
后永和庄	70	221	174	395
许鸣固屯	96	306	220	526
何阴亭屯	18	98	61	159
长山堡	73	246	181	427
张富屯	32	98	74	172
韩万纯屯	15	77	37	114
卢绍纲屯	56	195	112	307
前永和	43	147	111	258
张德发	93	308	229	537
108 号	93	360	250	610
109 号	63	109	113	222
110 号	58	140	107	247
111 号	46	127	83	210
郭景福屯	87	298	227	525
高连举屯	82	238	187	427#
张士全屯	80	251	221	472
陈世禁屯	75	250	171	421
39 号	82	305	275	580
40 号	109	318	261	579
41 号	42	187	129	316
30 号	87	324	263	587
31 号	130	488	420	908
青山堡	30	94	53	147

村名	户数	人口		
		男	女	合计
史万春屯	63	176	128	304
孙德山屯	29	98	64	162
郭瑞山屯	38	118	98	216
李成屯	39	120	64	184
唐家岗	25	77	67	144
鲁有华屯	24	96	65	161
季成屯	18	65	53	118
260 号	76	243	191	434
温福堂屯	55	169	127	296
合计	2,369	7,472	5,784	13,256

泰安镇警察署户口调查表

村名	户数	人口		
		男	女	合计
泰安镇	2,839	9,960	4,443	14,403
泰安一井	102	334	184	618
二井	66	207	180	387
三井	78	264	212	476
四井	170	560	479	1,039
五井	51	206	140	346
六井	99	301	265	566
七井	26	101	90	191
八井	100	423	323	746
九井	99	288	233	521
十井	170	532	436	968
十一井	187	586	361	947
十二井	94	302	219	521
十三井	123	395	254	649
十四井	128	411	299	710

村名	户数	人口		
		男	女	合计
十五井	134	522	399	921
十六井	106	466	385	851
十七井	43	171	139	310
十八井	74	390	274	664
富海站	49	140	97	237
总　计	4,738	16,559	9,512	26,071

三、教育状态

地处穷乡僻壤,当地的教育设施极具匮乏,有的地方还能发现类似于寺庙小屋结构的贫困私塾。但各中心村落,在事变之后渐渐有所恢复,并且在教给他们新国家意识后,目前状况正逐渐趋于完善。

文教部所选定的教科书基本上都已经发送到了各学校,所有的儿童都能熟练的高唱国歌了。关于各县学校数量以及学生数量,如下所示:

讷河县各学校及学生经费数目调查表

学校分类	学校数	学生数	每月经费(圆)
公立学校	18	1,258	1,197
私立学校	2	495	150
合　计	20	1,753	1,347
备注:			

克山县各学校及学生经费数目调查表

校　名	职　员　数			学　生　数			经费(圆)
	校长	教师	小计	男	女	小计	
○县立初级初中	1	7	8	109		109	4,234
○县立女子初中	1	3	4		45	45	1,907
○县立初中附属初、高级小学	1	5	6	137	95	232	2,132
○县立第一初、高级小学	1	4	5	158	41	199	1,908
县立第二初、高级小学	1	4	5	145	30	179#	1,908
县立第三初、高级小学	1	2	3	73	7	80	1,158

续表

校　名	职　员　数			学　生　数			经费（圆）
	校长	教师	小计	男	女	小计	
县立第四初、高级小学	1	2	3	77	26	103	1,158
县立第五初、高级小学	1	1	2	60		60	483
县立第六初、高级小学	1	3	4	159	59	180	1,593
○县立第一小学	1	2	3	91		91	1,062
○县立第二小学	1	2	3	151		151	1,062
县立第四小学	1	1	2	102		102	798
○县立女子第一初、高级小学	1	5	6		196	196	1,620
○县立女子第二初、高级小学	1	4	4#		194	194	1,613
县立女子第三初、高级小学	1	3	3#		173	173	1,062
○私立育英高初、高级小学	1	4	4#	163	33	196	1,346
○私立明愚初、高级小学	1	2	2#	18	7	25	470

备注：①在私立学校每月要上缴学费。
②另外还有瑞士人经营的天主教学校。
③○印是克山县内的学校。

此外，泰安镇商会也开设了日语学校，县公署也举办学习会，这些活动的动机都不仅仅是只为功利，也可看成是为了让当地人更亲近日本文化的举动。

四、卫生状态

由于当地文化水平不高，因此卫生意识也不强。比如说眼病在所有村落肆意蔓延，大约有60%的人都患有该病。但随着文化水平的推进，这些疾病都应有减少。就连依克明安旗都会在春秋两季进行清洁检查。所以，我们可以断言，普通村民正逐渐意识到了这个问题。讷河附近是我们熟知的鼻疽的常发地，因此饲养村队马匹的时候，是不是应该多加注意呢？作为参考，将讷河县大同2年每个月患者情况，列表如下：

病　名	一月	二月	三月	四月	五月	六月	七月	八月	九月	十月	十一月	十二月	合计
肠窒扶斯病							10	14					24
天花	6						1	1					8
痢疾	5					8	10	40	13				76
猩红热	4	15	17	8	3		4						51
麻疹	15	38					7	10					70

续表

病　名	一月	二月	三月	四月	五月	六月	七月	八月	九月	十月	十一月	十二月	合计
水痘	10	3	8		4	2							27
风疹	9	23	23			5	4						64
再归热	6	20					8						34
流行性感冒	20	41	12		7	18	7	16	1	6	12	17	157
チフラリヤ	26	28	6	10	5	7	8	28	1	4	2		125
丹毒	5	28	12	10	1	8	12				1		77
脓毒病	6	16	15			10	8					3	58
百日咳	38	30	7		1	6	2	6			1		91
病毒	30	19	7	2	1	2	1	9	2	3	3	5	84
吸食大麻	20	37	18	5	1	1	1	10		5	4		102
沙眼	1			1	5	8	4	2	2	1	3		27
其他不明病	32	19	21	15	17	20	12	7	15	6	8	13	185
合计	233	317	139	48	41	104	104	133	34	25	34	38	1,258

备注:数字表示的是每月新发病数。

第五节　农业经营状况

一、土地的利用状况

之前已经阐述了全县城内已开垦和未开垦土地的大致状况,但若按警区划分的话,情况如下。

至于沿途所经的各个村庄,由于有一段路程是乘坐汽车通过的,而且村落的行政区划分也不明确,因此缺乏准确性,在此就不做记叙。

讷河县   (康德元年调查)

地区	总面积（晌）	已开垦		未开垦面积(晌)	
		面积(晌)	比例(%)	不可耕地面积	可耕未开垦面积
讷河县城	220,544	31,405	14.02	16,615	172,524
讷南镇	193,317	36,538	18.9	16,526	140,253
拉哈站	202,123	38,329	19.0	21,629	143,165
萧家窝堡	112,897	7,960	7.1	5,264	99,673

续表

地区	总　面　积（晌）	已开垦		未开垦面积（晌）	
		面积（晌）	比例（%）	不可耕地面积	可耕未开垦面积
龙河镇	145,802	17,634	12.1	8,732	119,436
通南镇	128,164	48,535	37.9	14,512	65,117
合计	1,002,847	180,401	18.0	83,278	740,168

克山县   （康德元年调查）

地区	总　面　积（晌）	已开垦		未开垦面积（晌）	
		面积（晌）	比例（%）	不可耕地面积	可耕未开垦面积
克山县城	150,923	78,280	51.9	24,883	47,760
泰安镇	66,224	37,221	56.2	2,513	26,490
北兴旗	98,534	32,705	33.2	20,929	44,903
西城镇	79,395	44,836	56.5	10,286	24,273
通宽镇	83,428	52,255	62.6	7,051	26,123
合计	478,507	243,297	50.8	65,664	169,548

二、依据土地大小的农家户数

各地区的耕地拥有状况如下所示。通过此表，我们可以看出，这种极度不平衡的现象不单单只存在于商业，农业上也很明显。"中产阶级"这个词，只沦落为一个单纯的统计数字而已。

也就是说，中间的中产阶级数量极小，但属于佃农阶级的贫民，以及拥有几十晌田地的大地主的数量却很多。这两部分人既是粮食供应者，也是地方市场的独占者。

到了农忙时节，只拥有少量耕地的贫民就沦为了这些地主的劳动力供应者。克山地区的农业是最具有市场性质的。该地小地主的比例较少，绝大多数都是大地主。与之相对的，在西部地区72%的农民只占有不到80晌的土地，这样一来，供应给市场的粮食就十分有限。

不同土地面积拥有者的数量，如下所示：

基于土地大小的农户数：

地区	非　持有者	5 晌至10 晌	10 晌至20 晌	20 晌至30 晌	30 晌至50 晌	50 晌至100 晌	100 晌至200 晌	200 晌以上
讷河地区	10,349	3,348	2,532	1,526	3,188	944	354	167
	46.2%	15.0%	11.3%	6.8%	14.2%	4.2%	1.6%	0.7%

地区	非　持有者	5 晌 至 10 晌	10 晌 至 20 晌	20 晌 至 30 晌	30 晌 至 50 晌	50 晌 至 100 晌	100 晌至 200 晌	200 晌 以上
克山地区	10,207	3,455	2,557	2,526	2,245	1,483	908	395
	42.9%	14.6%	10.8%	10.6%	9.4%	6.2%	3.8%	1.7%
备注:								

按地区划分,结果如下:

地区	非　持有者	5 晌 至 10 晌	10 晌 至 20 晌	20 晌 至 30 晌	30 晌 至 50 晌	50 晌 至 100 晌	100 晌至 200 晌	200 晌 以上
克山附近	5,571	1,638	1,014	1,373	1,267	1,019	684	294
泰安镇	1,030	742	506	335	264	170	52	12
北兴旗	790	395	241	138	77	27	10	3
西城镇	1,961	211	139	85	99	71	53	3
通宽镇	855	469	657	595	538	196	109	83
合　计	10,207	3,455	2,557	2,526	2,245	1,483	908	395
备注:								

地区不同,个人拥有土地的形式也不一样。本地主要分为两类:一种是自古就居住于此的居民随意占有的、或是作为封赏获得的土地;第二种是从政府那里购得土地,然后又将之用于买卖或通过于其他的方法变成为土地的拥有者。

最初,这片土地的所有者是满人、汉人及其他的一般旗人。后来渐渐的,土地被新来的中国人购买而慢慢减少。这些中国人将土地的大部分都用于佃耕。

政府将新开发的土地当成殖民地,居民居住的土地被私人购买。在此期间,很少有人能成为该地区的移民首领,大部分的土地都落入了购买者的手中。

三、耕作面积比例

该地区的经营规模如下表所示。克山地区,"中农"的人数最多。这个与土地的总面积、以及治安状况有着密切的关系。

由于匪贼横行,牲畜遭到抢夺,又因农耕的资金不足,不得不将大好的田地闲置不用。

大地主们也不太认同大规模的经营形式。

比例如下所示:

地区	5 晌 至 10 晌	10 晌 至 20 晌	20 晌 至 30 晌	30 晌 至 50 晌	50 晌 至 100 晌	100 晌 至 200 晌	200 晌 以上
讷河地区	27.2%	20.9%	12.8%	26.6%	7.8%	2.9%	1.4%
克山地区	25.4%	18.8%	18.7%	16.6%	10.9%	6.6%	
备注：							

    从整体上来看，交通较为便利的铁路沿线地区，开发较早，农户也更密集。农户的比例同土地的拥有面积呈正比。同时，偏远地区的农户数量也很少。因人口稀少，闲置土地增多因而出现了大农户逐渐增多的趋势。

    将之分为大、中、小农的比例来看，就得出如下结果。这个现象就更加明显。

地区	小农 （5 晌至 10 晌）	中农 （10 晌至 30 晌）	大农 （30 晌以上）
讷河地区	27.7%	33.7%	38.6%
克山地区	25.4%	37.5%	37.1%
备注：			

第六节　主要农作物种植面积及生产量

一、各地方主要农作物的种植面积及生产量

本地区的主要作物是大豆、粟、玉米、高粱、小麦、大麦、糜子等。

    讷河、西城镇地区，也就是以克山为中心以北的地方，高粱的种植范围很小，而粟的种植量很大。

    根据各县各地区划分，将农作物的种植面积和生产量，列表如下：

讷河县县城

作物	种植面积（晌）	种植比例（%）	每晌收成（石）	总收成（石）
黄豆	4,530	30.6	3.0	13,590
小豆	820	5.5	2.5	2,050
高粱	156	1.1	3.0	468
谷子	5,198	35.1	5.0	25,990
玉米	1,351	9.1	3.0	4,053
小麦	528	3.6	3.0	1,584
大麦	818	5.5	5.0	4,090

续表

作物	种植面积(晌)	种植比例(%)	每晌收成(石)	总收成(石)
燕麦	228	1.5	5.0	1,140
苏子	147	1.0	5.0	735
其他	1,017	7.0	—	—
合计	14,793	—	—	53,700

讷南镇

作物	种植面积(晌)	种植比例(%)	每晌收成(石)	总收成(石)
黄豆	12,986	64.9	3.0	38,958
小豆	12	0.1	2.5	30
高粱	221	1.1	3.0	663
谷子	2,567	12.8	5.0	12,835
玉米	2,425	12.1	3.0	7,275
小麦	812	4.1	3.0	2,436
大麦	525	2.6	5.0	2,625
燕麦	165	0.8	5.0	825
稗子	35	0.2	5.0	175
黍子	125	0.6	5.0	625
其他	139	0.7	—	—
合计	20,012	—	—	66,447

拉哈站

作物	种植面积(晌)	种植比例(%)	每晌收成(石)	总收成(石)
黄豆	8,082	48.4	3.0	24,246
小豆	24	0.2	2.5	60
高粱	109	0.7	3.0	327
谷子	3,448	20.7	5.0	17,240
玉米	1,224	7.3	3.0	3,672
小麦	957	5.7	3.0	2,871
大麦	875	5.2	5.0	4,375
燕麦	587	3.5	5.0	2,935

作物	种植面积（晌）	种植比例（%）	每晌收成（石）	总收成（石）
稗子	192	1.1	5.0	960
黍子	445	2.7	5.0	2,225
其他	755	4.5	—	—
合计	16,698	—	—	58,911

萧家窝堡

作物	种植面积（晌）	种植比例（%）	每晌收成（石）	总收成（石）
黄豆	1,302	48.3	3.0	3,906
小豆	1	0.1	2.5	2.5
高粱	7	0.3	3.0	21
谷子	751	27.9	5.0	3,755
玉米	48	1.8	3.0	144
小麦	540	20.0	3.0	1,620
大麦	21	0.8	5.0	105
燕麦	6	0.2	5.0	30
稗子	3	0.1	5.0	15
其他	14	0.5	—	—
合计	2,693	—	—	9,598.5

龙河镇

作物	种植面积（晌）	种植比例（%）	每晌收成（石）	总收成（石）
黄豆	2,012	22.6	3.0	6,036
小豆	20	0.2	2.0	50
高粱	50	0.6	3.0	150
谷子	2,550	28.6	5.0	1,275
玉米	1,200	13.5	3.0	3,600
小麦	2,050	23.0	3.0	615
大麦	300	3.4	5.0	1,500
燕麦	220	2.5	5.0	1,100
稗子	20	0.2	5.0	100

续表

作物	种植面积(晌)	种植比例(%)	每晌收成(石)	总收成(石)
其他	480	5.4	—	—
合计	8,902	—	—	14,426

通南镇

作物	种植面积(晌)	种植比例(%)	每晌收成(石)	总收成(石)
黄豆	9,896	29.1	3.0	29,688
小豆	208	0.6	2.5	520
高粱	1,128	3.3	3.0	3,384
谷子	7,982	23.5	5.0	39,910
玉米	4,021	11.8	3.0	12,063
小麦	880	2.6	3.0	2,640
大麦	1,200	3.5	5.0	6,000
燕麦	1,442	4.2	5.0	7,210
稗子	420	1.2	5.0	2,100
黍子	364	1.1	5.0	1,820
其他	6,482	19.1	—	—
合计	34,023	—	—	105,335

克山县县城

作物	种植面积(晌)	种植比例(%)	每晌收成(石)	总收成(石)
黄豆	6,171	36.7	4.0	25,084
小豆	56	0.3	4.0	224
高粱	421	2.5	4.0	1,684
谷子	3,695	21.7	3.0	11,085
玉米	1,388	8.1	4.0	5,552
小麦	1,441	8.5	3.0	4,323
大麦	1,196	7.0	3.5	4,186
燕麦	83	0.5	5.0	415
稗子	227	1.3	4.0	908
荞麦	19	0.1	3.0	57

续表

作物	种植面积（晌）	种植比例（%）	每晌收成（石）	总收成（石）
其他	2,277	13.3	—	—
合计	17,074	—	—	53,518

迟家店

作物	种植面积（晌）	种植比例（%）	每晌收成（石）	总收成（石）
黄豆	4,811	28.7	4.0	19,244
小豆	49	0.3	4.0	196
高粱	1,583	9.4	4.0	6,332
谷子	3,613	21.5	3.0	10,839
玉米	956	5.7	4.0	3,824
小麦	1,676	10.0	3.0	5,028
大麦	△1,275	7.6	3.5	4,462.5
燕麦	35	0.2	5.0	175
稗子	438	2.6	4.0	1,752
荞麦	177	1.0	3.0	531
其他	2,179	13.0	—	—
合计	16,792	—	—	52,383.5

古城

作物	种植面积（晌）	种植比例（%）	每晌收成（石）	总收成（石）
黄豆	4,869	33.7	4.0	19,476
小豆	—		4.0	
高粱	541	3.7	4.0	2,164
谷子	3,710	25.7	3.0	11,130
玉米	710	4.9	4.0	2,840
小麦	1,629	11.3	3.0	4,887
大麦	634	4.4	3.5	2,219
燕麦	—		5.0	
稗子	97	0.7	4.0	388
荞麦	218	1.5	3.0	654

续表

作物	种植面积(晌)	种植比例(%)	每晌收成(石)	总收成(石)
其他	2,051	14.1		—
合计	14,459			43,758

莽乃[1]

作物	种植面积(晌)	种植比例(%)	每晌收成(石)	总收成(石)
黄豆	4,011	34.4	4.0	16,044
小豆	1	0.08	4.0	4
高粱	733	6.3	4.0	2,932
谷子	954	8.2	3.0	2,862
玉米	827	7.1	4.0	3,308
小麦	1,421	12.1	3.0	4,263
大麦	532	4.6	3.5	1,862
燕麦	149	1.3	5.0	745
稗子	162	1.4	4.0	648
荞麦	4	0.02	3.0	12
其他	2,855	24.5		
合计	11,649			32,680

泰安镇

作物	种植面积(晌)	种植比例(%)	每晌收成(石)	总收成(石)
黄豆	2,658	30.6	4.0	10,632
小豆	23	0.3	4.0	92
高粱	122	1.4	4.0	488
谷子	2,761	31.9	3.0	8,283
玉米	565	6.5	4.0	2,260
小麦	291	3.4	3.0	873
大麦	286	3.3	3.5	1,001
燕麦	107	1.2	5.0	535

---

[1]　编者注:原文作"奔鼎",应为"莽鼐"之误,后文皆作"莽乃"。

作物	种植面积（晌）	种植比例（%）	每晌收成（石）	总收成（石）
稗子	126	1.5	4.0	504
荞麦	66	0.8	3.0	198
其他	1,657	19.1		
合计	8,662			24,866

托力

作物	种植面积（晌）	种植比例（%）	每晌收成（石）	总收成（石）
黄豆	2,398	30.6	4.0	9,592
小豆	14	0.2	4.0	56
高粱	325	4.1	4.0	1,300
谷子	2,197	28.0	3.0	6,591
玉米	444	5.7	4.0	1,776
小麦	577	7.4	3.0	1,731
大麦	414	5.3	3.5	1,449
燕麦	12	0.2	5.0	60
稗子	133	1.7	4.0	532
荞麦	25	0.3	3.0	75
其他	1,294	16.5		
合计	7,833			23,162

北兴镇

作物	种植面积（晌）	种植比例（%）	每晌收成（石）	总收成（石）
黄豆	4,759	32.0	4.0	19,036
小豆	7	0.1	4.0	28
高粱	77	0.5	4.0	308
谷子	2,929	19.7	3.0	8,787
玉米	1,144	7.7	4.0	4,576
小麦	802	5.4	3.0	2,406
大麦	2,223	15.0	3.5	7,780.5
燕麦	75	0.5	5.0	375

作物	种植面积(晌)	种植比例(%)	每晌收成(石)	总收成(石)
稗子	403	2.7	4.0	1,612
荞麦	38	0.3	3.0	114
其他	2,405	16.1		
合计	14,862			45,022.5

西城镇

作物	种植面积(晌)	种植比例(%)	每晌收成(石)	总收成(石)
黄豆	7,641	38.2	4.0	30,564
小豆	46	0.2	4.0	184
高粱	301	1.5	4.0	1,208
谷子	4,484	22.5	3.0	13,452
玉米	1,367	6.8	4.0	5,468
小麦	850	4.3	3.0	2,550
大麦	2,269	11.4	3.5	794
燕麦	224	1.1	5.0	
荞麦	59	0.3	4.0	
稗子	345	1.7	3.0	
其他	2,396	12.1		
合计	19,982			

通宽镇

作物	种植面积(晌)	种植比例(%)	每晌收成(石)	总收成(石)
黄豆	16,133	50.6	4.0	64,532
小豆	76	0.2	4.0	304
高粱	643	2.0	4.0	2,572
谷子	4,130	12.9	3.0	12,390
玉米	2,678	8.4	4.0	10,712
小麦	1,144	3.6	3.0	3,432
大麦	2,008	6.3	3.5	7,028
燕麦	590	1.8	5.0	2,950

作物	种植面积(晌)	种植比例(%)	每晌收成(石)	总收成(石)
稗子	286	0.9	4.0	1,144
荞麦	118	0.4	3.0	354
其他	4,103	12.9		
合计	31,909			105,418

二、主要作物耕作面积的变化状态

最近四年里,该地区的主要农作物耕作面积的增减状况,虽随着农作物的种类不一而有所差异,但是大体上来看,满洲事变后有显著的减少。这是因为事变后,各地区农村的经济实力遭到了极度地破坏,并且伴随着长年的不景气状况,特产品价格暴跌,再加上大同元年洪水泛滥。

现在,将最近四年里耕作面积,列表如下:

讷河地区 （单位:晌）

	1931 年	大同元年	大同 2 年	康德元年
大豆	46,700	44,730	29,400	38,798
小麦	44,800	41,400	21,200	5,768
高粱	6,300	3,120	1,130	1,671
谷子	45,280	20,000	19,370	22,496
玉米	5,630	1,940	1,500	10,269
其他粮食	23,449	37,430	19,690	18,121
合计	172,159	148,620	92,290	97,123

克山地区 （单位:晌）

	1931 年	大同元年	大同 2 年	康德元年
大豆	不明	140,000	73,000	53,555
小麦		38,000	16,000	9,834
高粱		4,000	3,000	4,749
谷子		35,000	30,000	30,477
玉米		5,000	5,000	10,082
其他粮食		22,000	17,000	3,453
合计		244,000	144,000	143,218

　　上述有关各作物的耕作面积的调查与人口和耕地的情况相同,误算情况可能比较多。这些调查都是来源于各个城市,其中大部分都是以当地农务会、商务会或者各个警备署的报告为基础,稍作想象后得出的结论。所以有些地方有一些明显的矛盾,地区以及各年份的耕地变化也不清楚。综合以上,这些统计不过只能算是一个大致的描述。

　　在此特别要注意的是,这些调查将市场交易的粮食(大豆、小麦)看得十分重要。这可能是由于当时记录的人居住在地区的商业中心,很明显就发现了市场交易的粮食多集中于此。因此我们在调查这些数据的时候,就必须要充分考虑到这一点。

第七节　自耕农的比例和佃耕情况

一、自耕农及佃农情况

　　下面就各地区自耕农、佃农户数及其比例叙述如下。

　　根据上一节推出的结论,因为无土地者占绝大多数,因此佃农自然也很多。他们支付着高昂的佃租,导致最为贫穷的农民也最为疲惫不堪。为何当地的农民们不厌劳苦,而且也不拒贫困呢？这一问题也变得明朗起来。之前马贼横行的根本原因也是这样。在所受之苦超过了大部分人的忍受范围之时,租用土地的大多数都存在于无产阶级。换言之,辛辛苦苦将粮食运输到附近的市场里,只不过是为了满足自己的温饱问题。他们只不过是在农忙期为地主干活的劳力输出者。因此,一直以来就十分贫困的阶级丧失了自己营生的能力,变成了无产阶级的伙伴,很多人因此当上义贼。

　　因此,与其耗费诸多劳力和资金,去讨伐破坏地方农村经济的匪贼,还不如更多地考虑该地区的土地分配法。这难道不是当地政府当下应该急需考虑的事情吗？何况,可以利用的官有地十分充足,并且也还有很多其他的解决方法。

讷河县

类　别	户口数	所占比例(%)	人　口		
			男	女	合　计
自耕农	1,125	23.5	2,509	2,325	4,834
自耕兼佃农	912	19.1	1,595	1,462	3,057
佃农	1,586	33.1	3,440	2,775	6,215
被雇佣者	985	20.6	1,730	1,398	3,128
大同2年移入者	178	3.7	1,665	1,278	2,943
总计	4,786		10,939	9,238	20,177
备注:					

讷南镇

类　别	户口数	所占比例（%）	人　口		
			男	女	合　计
自耕农	1,200	36.0	4,225	3,082	7,307
自耕兼佃农	910	27.3	3,649	2,857	6,506
佃农	668	20.0	3,560	2,901	6,461
被雇佣者	486	14.6	2,440	904	3,344
大同2年移入者	68	2.1	351	178	529
总计	3,333#		14,225	9,922	24,147
备注：					

拉哈站

类　别	户口数	所占比例（%）	人　口		
			男	女	合　计
自耕农	1,205	30.7	5,675	5,155	10,830
自耕兼佃农	1,017	25.9	2,331	1,919	4,250
佃农	883	22.5	1,411	1,336	2,747
被雇佣者	775	19.7	1,586	1,127	2,713
大同2年移入者	42	1.1	408	406	814
总计	3,922		11,411	9,943	21,354
备注：					

萧家窝堡

类　别	户口数	所占比例（%）	人　口		
			男	女	合　计
自耕农	886	30.4	1,636	1,266	2,902
自耕兼佃农	530	30.2	1,480	720	2,200
佃农	341	19.4	1,078	659	1,737
被雇佣者	*	*	*	*	*
大同2年移入者					
总计	1,757		4,194	2,645	6,839
备注：					

龙河镇

类　别	户口数	所占比例(%)	人　口		
			男	女	合　计
自耕农	956	34.4	2,476	1,688	4,164
自耕兼佃农	1,033	37.2	2,050	1,845	3,895
佃农	599	21.5	2,236	1,566	3,802
被雇佣者	181	6.5	892	291	1,183
大同2年移入者	11	0.4	172	159	331
总计	2,780		7,826	5,549	13,375
备注：					

通南镇

类　别	户口数	所占比例(%)	人　口		
			男	女	合　计
自耕农	925	28.5	3,350	2,978	6,328
自耕兼佃农	901	23.9	3,242	2,970	6,212
佃农	915	23.5	2,968	2,647	5,615
被雇佣者	1,095	24.1	4,455	2,796	7,251
大同2年移入者					
总计	3,836		14,015	11,391	25,406
备注：					

克山县县城

类　别	户口数	所占比例(%)	人　口		
			男	女	合　计
自耕农	732	18.6			
自耕兼佃农	353	9.0			
佃农	1,140	29.1			
其他	1,696	43.3			
总计	3,921		12,401	9,474	21,875
备注：					

迟家店

类　别	户口数	所占比例（%）	人　口		
			男	女	合　计
自耕农	383	14.8			
自耕兼佃农	264	10.2			
佃农	433	16.8			
其他	1,505	58.2			
总计	2,585		9,521	7,356	16,877
备注：					

古城

类　别	户口数	所占比例（%）	人　口		
			男	女	合　计
自耕农	189	9.9			
自耕兼佃农	104	5.4			
佃农	296	15.4			
其他	1,329	69.3			
总计	1,918		6,389	5,172	11,561
备注：					

莽乃镇

类　别	户口数	所占比例（%）	人　口		
			男	女	合　计
自耕农	463	20.2			
自耕兼佃农	620	27.1			
佃农	986	43.0			
其他	222	9.7			
总计	2,291		7,613	6,020	13,663
备注：					

泰安镇

类　别	户口数	所占比例(%)	人　口		
			男	女	合　计
自耕农	224	18.6			
自耕兼佃农	110	9.1			
佃农	418	34.6			
其他	456	37.7			
总计	1,208		4,282	3,267	7,549
备注:					

托　力

类　别	户口数	所占比例(%)	人　口		
			男	女	合　计
自耕农	204	26.4			
自耕兼佃农	66	8.5			
佃农	220	28.5			
其他	283	36.6			
总计	773		2,667	2,126	4,793
备注:					

北兴镇

类　别	户口数	所占比例(%)	人　口		
			男	女	合　计
自耕农	528	25.0			
自耕兼佃农	93	4.4			
佃农	473	22.4			
其他	1,017	48.2			
总计	2,111		6,877	5,210	12,087
备注:					

西城镇

类　别	户口数	所占比例(%)	人　口		
			男	女	合　计
自耕农	559	20.5			
自耕兼佃农	149	5.5			
佃农	674	24.8			
其他	1,337	49.2			
总计	2,719		8,819	6,605	15,424
备注:					

通宽镇

类　别	户口数	所占比例(%)	人　口		
			男	女	合　计
自耕农	797	23.9			
自耕兼佃农	266	8.0			
佃农	893	26.7			
其他	1,383	41.4			
总计	3,339		11,225	8,674	19,899
备注:					

二、佃耕惯例

1.地租

根据当地农民的惯例,地租可分为死租和活租两类。也就是说,佃农与地主签订契约,每垧缴纳一定的地租,称为死租;按每种作物的产量,缴纳两成或者三成,称为活租。当地大多倾向于前者,后者十分稀少。同时,将地租的缴付方法分为实物缴纳和现金缴纳,后者同样也很少见。

2.租税负担

国税是一垧地需缴纳国币51钱2厘,多数时候是由地主来负担;地方税和附加税则是由地主和佃农五五平摊。

并且,这些税收并不因为上、中、下等地而有所差别。纳税时间是每年的十月一日开始征收。

三、契约

佃租合同的内容大多数是每年口头约定,并不承认终身佃耕这种形式。当合同失效时,地主就无需赔偿、主动地将自己的土地没收。

　　但是耕种面积很大的时候,也会签订书面合同。下面展示两三个书面合同的例子。

　　西城镇地区的佃租合同样式如下所示:

　　立租帐自撰人四合堂,因有熟地一百三十五晌,草房十七间,粮仓七个,烦中人说允,情愿租种地户吴文奎名下耕植,当众言明,按三七分种,东家补江洋一百六十圆,应给地户秧料地按十晌抽一晌言明,补小麦种四分之一,秋成时将麦种提出,按三七分之,齐将元豆、小麦送至泰安镇,目此以后,有零修补归租户,如有大动功夫,东家自己修理,井 * 化费,归户担任,至秋收时,将 * 补钱疑及应分粮石,结束清楚,归该户仍然继续耕种,补钱疑,暂不归还,倘有撩地拖缺及违法的行为,有中保人负完全责任,此系两造情愿,恐后无凭,有中保人等为证。

中保人　某　名印

代字人　某　名印

地东人　某　名印

种地户　某　名印

经理人　某　名印

　　　　印花税
　　　　一　角

　　　康德　年　　月　　日

官货店地方:

　　立租契文约人某名租熟地多少晌地,每晌地粮租八斗,秋后交齐,如有粮租交分期,有保人一面全管。

中保人　某　名印

　　　康德元年　　月　　日

立租人　某　名印

第八节　地价及土地的买卖方法

一、地价

　　农业用地的价格不能一概而论。它依据土地位置、土质的优良差异、出产状况、谷类售价、村落贫富、金融发展、交通便利等因素而有所不同,就算是在同一县内,地价的差异也很大。我们可以发现,铁道沿线交通便利、人口稠密的地区,地价很高;而人口稀少的沿线外的地区,地价很低。

下面从已耕地和可耕地的角度来分析:未开垦地面积非常少,大约只占已开垦地的十分之一,而地价低的地方则完全相反,有很多的未开垦地。

将各地区的情况,列表如下:

地价表　　　　　　　　　　　　　　　　　　　　　　（康德元年）

	已开垦地			可耕未开垦地		
	上等地	中等地	下等地	上等地	中等地	下等地
讷河	50.00	30.00	15.00	15.00	10.00	7.00
西城镇	50.00	40.00	30.00	20.00	15.00	10.00
克山	90.00	70.00	55.00	15.00	9.00	7.00
泰安镇	40.00	30.00	20.00	10.00	6.00	4.00
平均	57.00	42.50	30.00	15.00	10.00	7.00

备注:①地价的单位为国币,面积单位为晌。
②由于各地区即使是同一村落也有高低之分,所以这里取其平均值。

大同 2 年,黑龙江省平均价格(据实业部农务司调查),已开垦地价:上地 46 圆 60 钱、中地 38 圆 85 钱、下地 22 圆;可耕未开垦地价:上地 23 圆 30 钱、中地 13 圆 70 钱、下地 7 圆 90 钱。对比可知,当地的已开垦地的地价很高,而未开垦地的地价很低,因此取其最高、最低的平均值。同时,大同元年之后,未开垦土地的地价显现出下跌的趋势。

相比于事变前的地价,此时大约下跌了一半。究其原因,在于长年累月的经济不景气,导致了特产品的暴跌,同时,又由于大同元年的特大洪水,以及匪贼的掠夺等,该地农民的购买力显著降低。

现在,将受其影响最为严重的泰安镇地区的情况,列表如下:

不同年份的土地价格调查表　　　　　　　　　　（泰安镇地区）

	已开垦地			可耕未开垦地			已开垦荒地平均价
	上等地	中等地	下等地	上等地	中等地	下等地	
民国 17 年	70.00	65.00	50.00	15.00	10.00	8.00	22.00
民国 18 年	90.00	80.00	60.00	20.00	15.00	10.00	30.00
民国 19 年	120.00	100.00	80.00	30.00	20.00	15.00	31.00
民国 20 年	110.00	90.00	75.00	25.00	20.00	15.00	32.00
大同元年	70.00	60.00	45.00	20.00	15.00	10.00	21.00

续表

	已开垦地			可耕未开垦地			已开垦荒地平均价
	上等地	中等地	下等地	上等地	中等地	下等地	
大同2年	50.00	40.00	30.00	15.00	10.00	6.00	15.00
康德元年	40.00	30.00	20.00	10.00	6.00	4.00	10.00

备注:①价格单位以江洋表示。
　　　②所示的是每晌的价格。

二、土地的买卖方法

买卖土地的方法,大都是通过朋友、熟人的介绍,签订固定的合同来完成交付。

在讷河地区,分为白纸的和红纸的两种样式的合同书。前者是各自放在自己手边,作为合同生效的凭证,后者是上交给官府的。

合同生效之际,作为买方的调停及卖方的响应的例子,现将讷河地区使用的书面合同的样式显示如下:

立卖契文约人〇〇〇,因有正需不足,今将自置原领毛荒若干晌,坐落讷河县〇〇屯,烦中人说允,情愿卖与〇〇〇名下,永远为业,同众言明,每晌价值国币若干圆,其钱笔不交足,分文不缺,自卖之后,任凭买主更名税契,不与卖主相涉,此系两造情愿,各无反悔,恐口无凭,立此卖契为证。

四至分明　(东)某　　　名　　(南)某　　　名
　　　　　(西)某　　　名　　(北)某　　　名

中见保人　　　某印
代字人　　　某印
立契约人　　　某印

康德某年某月某日

第九节　租税杂费

参考县公署和税捐局得到的资料,列表如下:

讷河县税捐局现行税则一览表   （单位：厘）

类别\项目	种类	细目	国税率	地方捐率	警队捐率	合计	备注
出产税	粮食税	粗粮	5	30	20	55	随时征收
		细粮	10			60	
		油粮	25			75	
		豆粮	25			75	
	鱼税		120	30		150	随时征收
	山货税		110	30		140	随时征收
	麻税		40	30		70	随时征收
	豆饼税		30			30	生产者纳税
	油税	松、豆、奶油	50			50	生产者纳税
		苏黑油	40			40	生产者纳税
		苏子油	30			30	生产者纳税
	羊草税		30			30	按从价原则，随时征收
	白条猪税	冻猪	30			30	按从价原则，随时征收
	鸡蛋税		50			50	按从价原则，随时征收
	石税	石材	70			70	按从价原则，随时征收
	木植税	木头	80	20		100	按从价原则，随时征收
	木炭税		110			110	按从价原则，随时征收
矿税	矿区税	一类	300			300	每年两季纳税
		二类	150			150	
	矿产税	金	20			20	
		染料	100			100	
营业税	营业税	普通	20	6	10	36	每月缴税
		民食	18	6	10	34	
		粮商营业税	10			10	分四季缴税
	斗秤税	每具计算	10,000	250		10,250	每年纳税一次
	油榨税	每盘	10,000			10,000	每年纳税一次
	营业执照	一等	80,000			80,000	每年纳税一次
		二等	60,000			60,000	
		三等	40,000			40,000	
		账本	20,000			20,000	

类别＼项目	种类	细目	国税率	地方捐率	警队捐率	合计	备注
	典当捐税	上	300,000			300,000	每五年纳税一次
		中	250,000			250,000	
		下	200,000			200,000	
		当课	100,000			100,000	每年纳税一次
		盈利税（每圆）	10			10	
牲畜税	牲畜税	牛、骡、马、羊、猪等	50	36		86	随时征收
	屠宰税	牛 1,000 猪 300 羊 200		每头 50			随时征收
烟酒税	烟税		110			110	收获后纳税
	酒税	白酒	20			20	月末纳税
		黄药酒	20			20	
		洋酒	每桶 20,000			20,000	
	香烟公买税	机制酒	200			200	
	酒类公买税		120			120	月末纳税
		白酒	200			200	随时
		洋酒	每桶 12,000			12,000	
统税	棉纱		另附				出厂纳税
	麦粉	大袋	400				出厂纳税
	水泥	整桶 散装	6,000 16				出厂纳税
杂税	鱼网税	大网 小网	50,000 20,000			50,000 20,000	分两季纳税

大同 2 年讷河县公署征收田赋基本租金之税率 （康德元年调查）

等级	正租	三费	经征费	山林水边油画费	省立第二中学费	自治	合计成江洋	换算成国币
上等地	0.500	0.030	0.0159	0.130	0.020	0.003	0.6989	0.4992
中等地	0.500	0.020	0.0156	0.130	0.020	0.003	0.6886	0.4920
下等地	0.300	0.010	0.0093	0.130	0.020	0.003	0.4823	0.3374
一等街	1 丈 4 角						0.0120	0.0086
二等街	同上						0.0070	0.0050
三等街	同上						0.0030	0.0022

备注：①大同 2 年的各种税率比大同元年减少一半。

②7 月 1 日到 7 月 15 日，增罚租金的 1/10。7 月 15 日到 7 月 30 日，增罚租金的 2/10。8 月 1 日到 8 月 15 日，增罚租金的 3/10。8 月 15 日后增罚租金的 4/10。

讷河县税捐局代征地方捐率 （康德元年）

名称	纳税人员	税率	征收标准
粮捐	商号	每圆 5 分	卖价
营业捐	商号	每圆 6 厘	卖价
牲畜捐	买主	每圆 3 分 6 厘	卖价
木植捐	商号	每圆 3 分 6 厘	卖价
山货捐	商号	每圆 3 分	卖价
附加公益税	商号	每圆 1 厘	税额

备注：采用江洋的税率。

克山县地方税税率表

捐税名目		税率（圆）		备注
饷捐	学费饷捐	每饷	0.1400	
	警费饷捐	每饷	0.1800	
	实业饷捐	每饷	0.0200	
	合计		0.3400	
学费商捐		每 100	0.0020	
学费粮捐		每 100	0.0040	
警费粮捐		每 100	0.0100	
牲畜捐		每 100	0.0200	

续表

捐税名目	税率(圆)		备注
山货捐	每100	0.0320	
妓捐	每人月收	1.5000	
屠杀捐	牛0.30、猪0.20、羊0.20		

克山县农作物税率

税种 粮种	国税率(%)	地方税率(%)	铁路股款	总共税率(%)
豆类	2.50	1.40	2.00	5.90
油类	2.50	1.40	2.00	5.90
细粮	1.00	1.40	2.00	4.40
麻类	4.00	无	无	4.00
粗粮	0.50	1.40	2.00	3.90
烟草	11.00	12.00	无	23.00

备注:①税率单位为国币:圆。

②大同2年12月以前,所有农作物的税率都是每800圆征收5圆。

③大同2年12月之后,农作物的税率依种类而异。

附录资料一

克山县农作物征收税额表　　(大同2年7月到康德元年4月)

月份 农作物	7月	8月	9月	10月	11月	12月	1月	2月	3月	4月	合计	%
大豆	141.30	197.30	31.00	1,776.99	6,428.86						8,575.45	23.00
小麦	19.50	263.46	3,031.00	230.58	2,581.94						6,126.48	16.8
杂粮	114.46	126.00	268.10	173.63	1,560.50						2,241.69	6.20
青麻		12.23	58.94	33.14	34.34						138.65	0.38
烟草	6.58	5.60									12.18	0.03
豆类						4,639.68	3,493.81	12,785.22	3,723.72	1,762.06	16,344.49	44.80
油粮						525.53	129.30	46.76	8.23	0.75	710.57	1.42
细粮						1,157.73	538.29	8.65	145.32	53.32	1,903.32	5.22
粗粮						40.53	22.85	13.56	21.94	18.91	117.79	0.32

续表

月份 农作物	7月	8月	9月	10月	11月	12月	1月	2月	3月	4月	合计	%
青麻						52.28	38.92	59.78	44.04	15.06	210.08	0.57
烟草						13.10	4.95	0.82	1.14	2.13	29.14	0.8
合计	281.84	603.59	3,389.04	2,214.34	10,605.64	6,428.85	4,228.12	2,914.79	3,951.39	1,792.24	36,407.84	

备注：①大同 2 年 7 月以前，农作物税额统计不明。

②大同 2 年 12 月以前都是 5%。

③大同 2 年 12 月之后，按农作物种类征税。

第十节　主要谷类的贸易情况

如前文所述，该地谷类交易系统和当地农业经营，是以自给自足为原则的，并没有有组织地进行农作物的交易。也就意味着，生产过剩物要么提供给那些没有辛勤劳作的新移居者；要么是用来同蒙古人交换家畜。但随着齐克线的开通，劳动者和铁路职工涌入该地，对谷类的需求量遽然增加了。

这条铁路的开通不仅增加了该地农作物的内部市场需求，同时也扩大了其外部市场需求。

各村庄的具体输出数量不明，但从各地重要车站的货物上市量，可大致推测出附近村落的状况。

一、主要车站的主要谷类贸易及其上市数量

讷河站

以前，讷河县的谷类是经过什么渠道运出的呢？拉哈站设立之前，大多用马车运送，剩余的就利用河运输送到齐齐哈尔。拉哈站建成后，谷类就全部集中在此。因为是新站，尚不知晓发送货物的数量和品种，其运输状况也没有参考物可以比较，只能猜测特产品的上市的状况。据铁路总局人士称，通过对混保检查员和国际运输等专项调查的结果得知，大豆就不必说了，小麦、高粱、玉米、粟等是主要的输出物，砂糖、面类、纸类、香油等是主要的输入物。

相对于特产的输出，该站除了一直吸收转运到拉哈的谷物，计划输出大豆约 500 车，现已经完成了过半的运输任务。虽然营业刚起步，还没有时间做宣传广告，全凭货主的个人判断，但现在一举取得了相当好的成绩。今后有望更加繁荣兴盛。

下面来关注其谷类的出货数量。如前所述，列出数量比实际数量要少。车站的势力范围广阔，但从以往的实际成绩来看，出货量很少。这种现象当然也是因为驿站刚建成不久，民众不太了解的缘故。大体有以下几个方面：

东部

因为德都县距驿站距离较远，运输不划算，所以几乎没有出货。

西部

布西县除了南部,山岳地带较多,谷类种植较少,但出货都利用拉哈站。

北部

嫩江县土地肥沃,但农民少,耕地少。杂谷类几乎全都用于当地消费,仅依靠讷河县内靠近拉哈地方,全部出货到拉哈(包括讷河县北部约 2/3 的地方)。

县城内的上市数量如下:

品名＼项目	院内出货	车站托运	本地消费	院内存货
大豆	14,585	8,460	58	6,067
小麦	1,629	816	514	299
大麦	319	183		134
燕麦	645	397	31	217
谷子	779		385	394
玉米	160		112	48
红粮	303		69	234
苏子	102	39	63	
小麻子	16	2	14	
备注:				

大豆、小麦为大宗货物,其他的杂谷类中,除了混保大豆[①]以外,很少输出。以前,大豆运往大连商埠,小麦则运往昂昂溪。但混保开通后,大豆完全不输出了,而一般货物的情况稍微好些。

4、5 月份的输出之所以有所下降,是因为 3 月份不顾谷类价廉,大量输出的缘故。

将各月的情况列表如下:

---

① 译者注:混合保管制度是满铁于 1919 年开始实行的一项运输制度,内容主要是:①将大豆、豆油、豆饼和小麦与他人的同一性质及第级的货物混合保管;②混合保管物品属于持有仓库保管证者;③货主可持仓库保管证在指定的出库站提取同质同等的货物;④混保货物必须要检查定级。

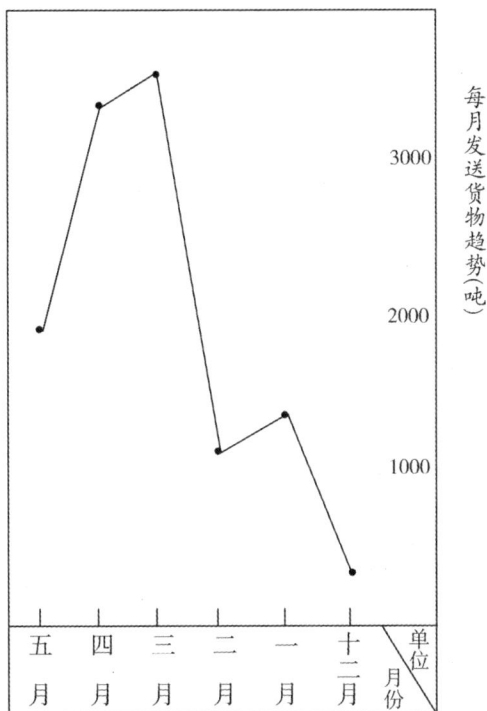

克山县

奇克线的开通给谷类销售体系带来了里程碑式的变化。但由于贼匪横行造成资金不足，导致种植面积减少，加上降水量不足，各种特产在大连的销路也不畅，谷类价格一路下跌。产地市场也陷入萧条期，好不容易设定的运费收不到成效。即使成立了共同贩卖会，也因价格太低而难以走出货物滞销的困境。最终，只能以资金回收为目的，将"倾销"贸易作为主体，售出大豆 31,703 吨，杂谷 4,232 吨。

主要农作物发送数量

(单位:吨)

月份 \ 种类	大豆	玉米	高粱	小米	小麦	大麦	小麻子	麦粉
4 月	9,031	—	—	—	—	1	—	5
5 月	1,330	—	—	—	29	—	—	—
6 月	30	—	—	—	4	—	—	—
7 月	600	—	—	36	8	—	—	—
8 月	—	—	—	12	38	33	—	35
9 月	—	—	—	30	204	34	—	120

续表

月份＼种类	大豆	玉米	高粱	小米	小麦	大麦	小麻子	麦粉
10 月	91	—	—	—	180	—	—	300
11 月	361	—	—	—	150	117	770	7
12 月	240	30			5	69	1,035	245
1 月	3,230	—	—	30	1,320	—	920	330
2 月	6,330	30	60	—	343	115	390	180
3 月	10,440	—			90	90	46	60
合计	31,703	60	60	108	2,330	500	3,161	1,282

主要谷类货物运达数量 (单位:吨)

月份＼种类	大豆	高粱	玉米	小米	小麦	大麦	麦粉
4 月	—	751	331	297	—	230	432
5 月	—	420	450	3,270	—	263	411
6 月	—	—	—	930	—	154	568
7 月	150	703	517	4,920	—	98	422
8 月	—	150	60	1,110	—	93	418
9 月	—	120	61	30	—	60	300
10 月	—	30	—	—	—	44	120
11 月	—	—	—	30	—	29	90
12 月	—	—	—	—	—	42	—
1 月	—	—	—	—	—	172	—
2 月	—	—	—	—	—	53	—
3 月	—	—	—	—	—	117	32
合计	150	2,174	1,419	10,587	—	1,355	2,793

泰安镇站

该地是北满的丰饶地带,满洲大豆的主要产地多分布在此。该站北方为通南镇、西城镇的小县,南为拜泉、依安、双阳镇等农产中心城市。除了拜泉和通南镇的部分以外,这些地区生产的谷类大都在该站集散。如前文所述,开业的第 2 年即民国 20 年,生产大丰收,大豆的出货据说达到了 21 万车(30 万吨)。其后,因东部开通了到北安镇的延长线路,以及铺设了讷河间的支线,该站一度呈现出了昔日的盛况。该站地处丰饶地带,去年的发货虽只有 3 千车(9 万吨),却仍是大豆出货量最大的车站。

观察泰安镇附近的上市地区,可将影响谷类上市的原因归为两种。一是地理原因,二是经济原因。在这些因素的影响下,大同 2 年的上市地域情况为:克山吸收了相当多的产物,而克山和拜泉县的 50.8%,依安县的 100% 以及讷河县的 10% 的产物都上市到泰安镇。

以泰安镇为中心的马车线路大多通往拜泉、依安、克山 3 个地方,本年冬季和融冰后的马车费记录如下:

地名 \ 项目	距 离	冬季马车费	融冰后马车费
克山	90	1,700	3,000
通南镇	50	1,000	2,500
托力屯	40	1,000	2,500
拜泉	150	2,500	5,000
依安	100	2,200	5,000
宝泉镇	60	2,300	5,000
通宽镇	60	1,200	2,500

备注:①里数以中国为基准表示。
②费用单位:吊。

主要农作物发送数量　　　　　　　　　　　　　（单位:吨）

月份 \ 种类	大豆	玉米	高粱	小米	小麦	大麦	小麻子	苏子
4 月	15,810	—	—	—	—	—	—	—
5 月	14,070	876	1,241	3,137	—	—	—	—
6 月	10,110	5,804	—	39,839	—	—	—	—
7 月	360	6,269	8,700	221,323	—	—	—	—
8 月	240	—	—	61,399	—	—	—	—
9 月	—	92,601	90,000	299,303	270	—	—	—
10 月	810	—	17,460	—	570	161	—	—
11 月	1,410	3,640	—	3,567	270	69	328	23
12 月	1,410	2,210	—	2,412	570	552	759	—
1 月	6,450	3,479	—	3,479	120	437	1,794	161
2 月	6,810	—	—	510	290	736	46	

续表

月份＼种类	大豆	玉米	高粱	小米	小麦	大麦	小麻子	苏子
3 月	9,030	3,122	90,000	3,108	90	180	345	—
合计	66,510	114,522#	207,401	665,809#	2,400	1,689	3,963	230

月份＼种类	洋面	麻袋	豆饼	小豆	吉豆	米	麻类	豆油
4 月	1,320	67,091	—	—	—	44,773	5,794	672
5 月	29,040	106,923	—	—	6,735	14,931	1,357	—
6 月	41,000	20,530	—	—	104	4,090	574	1,064
7 月	3,428	13,047	—	—	—	23,774	365	3,708
8 月	252	2,765	151	—	—	5,292	—	2,321
9 月	21,353	27,241	30	666	4,438	2,204	4,065	83
10 月	120,144	9,590	31	4,817	—	—	1,830	5,636
11 月	66,910	27,620	185	1,473	600	2,057	2,500	3,905
12 月	186,467	28,140	—	569	230	7,029	824	2,914
1 月	123,358	31,077	—	4,971	—	1,162	901	1,747
2 月	60,283	43,454	—	—	—	95	98	—
3 月	124,210	74,499	—	3,680	1,211	—	998	152
合计	777,616#	451,979#	397	16,176	13,318	105,407	19,306	22,202

主要农作物运达数量

(单位:吨)

月份＼种类	大豆	高粱	玉米	小米	米	小麦	粟
4 月	—	60	240	360	157,320	—	—
5 月	—	—	120	210	4,390	—	—
6 月	30	30	24,204	879,243	7,108	—	—
7 月	30	8,317	270,475	480	131,514	—	—
8 月	—	30	—	17,582	6,060	—	—
9 月	—	—	—	—	5,281	270	—
10 月	—	30	—	—	4,264	180	—
11 月	60	—	—	—	21,538	30	—

续表

月份＼种类	大豆	高粱	玉米	小米	米	小麦	粟
12 月	210	—	—	—	48,304	—	—
1 月	150	—	—	—	35,706	30	23
2 月	—	—	—	—	44,204	—	—
3 月	—	1,100	9	—	27,095	90	—
合计	480	159,417	872,605	1,946,825	492,784	600	23

月份＼种类	小麻子	洋面	麻袋	棉花	麻类	豆油	农具
4 月	—	134,859	285,382	2,852	—	3,688	—
5 月	—	135,300	96,445	2,044	681	20,612	—
6 月	—	153,300	1,605	1,637	633	6,770	1,157
7 月	—	94,774	3,712	2,458	275	4,613	—
8 月	—	109,882	22,269	9,193	317	2,688	—
9 月	—	30,000	11,905	10,858	513	25,967	425
10 月	—	60,640	36,925	18,644	785	4,324	351
11 月	—	45	34,680	16,883	1,046	—	699
12 月	23	—	101,383	14,062	1,019	359	148
1 月	161	60,000	92,984	1,529	66	—	—
2 月	—	—	818,091	303	714	—	—
3 月	—	—	144,611	569	810	4,429	577
合计	184	778,800	1,689,992	81,032	6,859	73,448	3,354

二、各种主要谷类及贸易

据上表，主要谷类中占首要位置的是大豆。小麦一般被当地的制粉业者用来做制粉原料，其输出并不多。但讷河的产量为 28,150 吨，克山为 59,680 吨，同黑龙江总产量 901,650 吨相比较约占了一成以上，其今后的产量有望日益增加。

荞麦发展良好，仅次于小麦。这种植物的生长期极短，一般在其他谷物难以发芽的时期过后再播种。所以，在其他作物分季收获时就能获得丰收。

三、贸易的顺序及时季

所有谷类都具备运输特性，该地也不例外。相关的商业组织也受到其影响，商行首先从这些村落或是特产物集散地的农民那里购买谷类,然后,谷类商人或者是农民就用马车将谷类运到铁路沿栈,再通过铁路发送到目的市场。

最早上市的谷类,俗称"时鲜"。各种谷类成熟后上市的时间不同,小麦在8月,大豆等其他在10月。然而一到冬天,河流和地面结冰,在地面重新变得坚固、便于运输之前,只能将少量的谷类运到同停车场等距的市场上。收获后的最初几个月,农民那么同批发商签订买卖契约,那么迫于自身的金钱需求,将谷类运到附近的市场上出售。

真正开始运输是在结冰之后,即11月到次年春天。谷类价格在收获后略有上扬,道路运输便利后,价格一时有所下跌,之后出现渐渐回升的趋势。

因此,为了保证农民自身的利益,卖家应该等到冬末价格升高的时候再出售谷类。然而由于各种原因,无法将收获物全部保留到那时,一部分在11月或12月左右就开始运到市场出售。

然而,家庭经济不怎么富裕的当地农民,在农历正月之前必须缴纳租税,同时还得还清债款。再加上秋季到冬季的市场不稳定,价格不一定总上升。多数情况下都是农户迫不得已将谷类换成现金,而无法储藏到冬末。

从这两种截然相反的情况来看,农户在冬天不断将自家的作物运往市场,11月、12月、正月这三个月最为频繁。

在预测出来年收获状况之前,没有饥荒的后顾之忧,较为富裕的农家为了以防万一会储存备用粮,但除此之外,大部分农户除了留下一些到次年收获前必须的自用粮和牲畜饲料(粟、黍、大麦、高粱),几乎将全部的收获物都买掉了。

四、谷类贸易商

该地的谷类交易商大致可分为4种:

第1种是从生产者那里买来谷类,再进行转卖的中国商人。他们在县中心市场、车站等领域活动,用自己的资本或是他人的本金来赚钱。

第2种是大规模收购谷物的大公司或是大制粉所等,其收购方式主要是经由大商行同农民签订契约。

第3种介于第1种和第2种之间。

第4种是各地的小规模制粉所、油坊、烧锅等,他们为满足自需,从农家或中国商人那里购买谷物,购买方式与第1种非常相似。

第十一节　农业劳动状况

如前文所述,该地区许多人没有土地,所以农业劳动者也相对较多。这些非专业劳动者加上半农半劳的人,占纯农家户数的5%。那人每个家庭的成员非常多,调查显示平均达到七八个人。这虽是大致的数据,但也同实际相差不远。这些数字体现了中国人亲族同乡或是同行者集体合作行动的性格特征。他们在工、商、农业中采取团体行动,也同体力劳动者的劳动特征相符。

虽没有关于地方居民年龄的统计,但从殖民地的一般状况来看,男性较多,同样劳动力就丰富。不论其人口的男女比例和年龄关系上是否适合劳力,该地的农业如此发达,却无法解决劳动力不足的问题。所以每年从山东、直隶会流入大量劳动力,劳动者才渐渐增多了。

一、各地方农业劳动者户口数

现将各地的农业劳动户口数表示如下:

讷河地区的农业劳动者调查表

地方＼项目	全部农家数	农业劳动者				农业劳动者占比(%)
		户数	男	女	合计	
县城	4,786	985	1,730	1,398	3,128	20.6
讷南镇	3,333	487	2,440	904	3,344	14.6
拉哈站	3,922	775	1,586	1,127	2,713	19.8
萧家窝堡	1,757					
龙河镇	2,780	181	892	291	1,183	6.5
通南镇	3,836	1,095	4,455	2,796	7,251	28.5
合计	20,414	3,523	11,103	6,516	17,619	平均17.3

克山地区农业劳动者调查表

地方＼项目	全部农家数	农业劳动者				农业劳动者占比(%)
		户数	男	女	合计	
县城内	3,921	1,696				43.3
迟家店	2,585	1,505				58.2
古城	1,918	1,329				69.3
莽乃城	2,291	222				9.7
泰安镇	1,208	456				37.7
托力	773	283				36.6
北兴镇	2,111	1,017				48.2
西城镇	2,719	1,337				49.2
通宽镇	3,339	1,383				41.4
合计	20,865	9,228				平均44.2

二、农业劳动者的工资

讷河县

项目 村庄	年工	月工		日工	
		忙时	常时	忙时	常时
讷河	100.00	12.00	5.00	1.00	0.50
西河南屯	100.00	10.00	7.00	0.80	0.40
姜家乔铺	70.00	7.00	5.00	0.70	0.30
官货店	80.00	12.00	8.00	1.00	0.50

备注:①年工时间10个月。
　　　②单位为国币。

克山县

项目 村庄	年工	月工		日工	
		忙时	常时	忙时	常时
西城镇	70.00	6.00	4.50	0.50	0.30
克山	110.00	10.00	8.00	1.00	0.30
东新屯	80.00	7.00	5.00	1.00	0.50
西新屯	50.00			0.80	0.40
古城	70.00	8.00	7.00	1.00	0.50
托力屯	200.00	8.00	5.00	0.80	0.50
泰安镇	60.00	8.00		0.60	

备注:①年工时间10个月。
　　　②单位为国币。

克山每月劳动者的日佣金表

月份	民国19年	民国20年	大同元年	大同2年
1月	0.60	0.55	0.30	0.30
2月	0.60	0.55	0.30	0.30
3月	0.60	0.55	0.30	0.30
4月	0.60	0.55	0.30	0.30
5月	0.60	0.55	0.30	0.30

月份	民国 19 年	民国 20 年	大同元年	大同 2 年
6 月	0.60	0.55	0.30	0.30
7 月	1.00	0.55	0.30	1.00
8 月	1.00	0.90	0.50	0.40
9 月	1.00	0.90	0.50	0.40
10 月	0.60	0.90	0.50	0.30
11 月	0.60	0.50	0.30	0.30
12 月	0.60	0.50	0.30	0.30
平均	0.70	0.63	0.35	0.37

备注:一、大同 2 年 7 月起劳资高涨。原因:该年收成良好,同时新线工程对劳动者的需求增加。

二、单位为国币。

第十二节　农具

　　此地的农具非常原始,但种类很多,且制作简单,极其方便。种类因地而异,有时也因为移民的出生地,更是大相径庭。

　　虽说农具的构造比较简单,但自家却又无法制造。大多买铁制、石制等零部件。只是农具本身比较简单和坚固,比较结实,其消费量就比较少。

　　下面列表显示各地使用的农具和价格。

各地使用农具种类和单价表　　　　　　　　　　（单位:国币）

地方 农具	康德元年度单价		
	讷河地区	克山地区	泰安镇地区
犁杖	4.00	4.20	4.00
糠耙	2.00	6.50	3.00
镐头	1.00	1.00	1.00
镐头柄	0.15	0.20	0.25
菜园用镐头	1.00	1.80	1.00
大车	30.00	35.00	80.00
大轱轮车		20.00	
木头磙子	2.50	3.00	3.00

农具 \ 地方	康德元年度单价		
	讷河地区	克山地区	泰安镇地区
推车子		19.00	10.00
铁锨	1.00	0.80	1.00
拉子	0.10	1.00	0.20
点葫芦	0.40	0.50	0.50
把斗子	0.20	0.70	0.60
锄头	0.30	0.70	0.70
镰刀	0.30	0.40	0.40
木锨	0.40	0.50	0.40
石头磙子	0.80	1.00	0.90
铁叉子	1.00	1.00	0.50
扫帚	0.50	0.50	0.60
赏耙	0.20	0.50	0.30
扬锨	0.30	0.30	0.60
扇车	5.00	8.00	10.00
撮子	1.00	1.00	1.00
铡刀	7.00	3.00	10.00
筛子	0.50	1.00	1.00
箩筐	2.00	1.30	3.00
箩子	0.50	0.50	0.50
簸箕	0.40	1.20	1.00
碾子	20.00		30.00
磨	7.00	12.00	20.00
大车用马具	50.00	40.00	45.00
马槽子	3.00	5.00	8.00
扁担	0.20	0.50	0.50
铧子		0.50	0.50
穰耙心子	0.30	0.40	

第十三节　农耕情况

该地的农耕方法和南满地区的情况一样。由于土壤肥沃,新开垦地六七年或更久都无需施肥。将耕种的大致状况分项表示如下:

项目 作物	播种期	播种量	播种法	种植面积	株间距	除草期	培土	收获期
大豆	四月上旬	1斗6升	条播	一尺七八寸		五月中旬 六月上旬	五月下旬 六月中旬	八月上旬
小麦	四月上旬	2斗	条播	一尺七八寸		四月中旬 四月下旬	四月中旬	七月上旬
高粱	四月上旬	4升	条播	一尺七八寸	五六寸	五月中旬 六月上旬	五月下旬 六月上旬	八月上旬
粟	四月中下旬	3升	条播	一尺七八寸		五月中旬 五月下旬	五月中旬 六月上旬	七月中、下旬
玉米	四月中旬	8升	点播	2尺	七八寸	五月中旬 六月上旬	五月下旬 六月中旬	七月下旬

备注:①1天地约为日本的7反6亩。
　　　②均为阴历日月。

综上所述,不只该地,北满的农业也具有相同的特征。农具简单,耕作或收割时则需大量体力。此外每年换地,没有休耕地。

肥料有限,当然在农业中的投入尤为重要。但肥料并不只用于固定的行业,从北部往南部,其使用范围逐渐扩大了。

因此,生产肥料成为了中国农民最主要的事业之一。他们不直接用牲畜的粪便,而是将其和其他废物或泥土混在一起,生产所谓的土粪。

一、耕锄播种

耕作方法因作物的种类不同而不同。以小麦为例:去年将田埂的凹部填高,再将填高的地锄成凹部。这样相互交换,是为了尽可能地采用适宜该年气候的生产方式。

耕种所需的劳力因作物种类各不相同,加上还有反种和穰种的情况,劳力为不定值。反种以小麦和大麦为例,穰种以粟和大豆为例,其过程如下:

反种　1人　1日　3匹马　1晌半

穰种　3人　1日　2匹马　2晌

播种时只用手或是使用点葫芦。

播种期和播种量如上所述。现在,简单叙述用点葫芦播粟种的方法:一名农夫一边用单手轻轻敲打葫芦,一边在田埂的凹部间往前行走,将种子撒入田埂里。其他农夫就用脚踩踏这些种子,还有农夫给马装上小型的木质碾压机,同时在两个田埂的凹部向前行进。

二、中耕培土除草

大豆、高粱和玉米主要是靠手一粒一粒播种的。等种子发芽后,农夫来到田埂,用犁或者特制的用具挖掘田埂沟壑,把新芽用土埋起来,也就是所谓的中耕培土。同时,在5、6月的上、中旬除草各两次,每次1日1晌。

第1次除草　　大豆3人　高粱4人　　粟3人
第2次除草　　大豆3人　高粱5人　　粟6人
中耕培土　　需要1人、2匹马

三、收割调制

该地的收割从7月开始,而后渐次进行。最先成熟的是小麦(7月上旬),其次是玉米、粟、荞麦、高粱、大豆的采收。收割时一般用镰刀,1日4人可收1晌大豆(包含结成束),高粱、粟1日收1晌需要3人。

将收获的谷物捆束之后,送到打谷场脱谷。脱谷是使家畜拽动石头碌子直到谷粒全部脱落。

一人、一天、一匹马可以脱谷5—6石。

收割高粱时,将切下的穗首运到打谷场,然后用手动的风力选谷机分离谷粒。

第十四节　牲畜情况

一、一般情况

不得不承认该地的畜产仍停留在非常不成熟的阶段。尤其是这些年来盗贼土匪横行、水害不断,畜产和农产一样遭受了很大打击。现在稍有恢复,总体来看牛马等耕畜减少了两成,羊、猪、家禽减少了三成。

1.马

该地交通不便,与各村庄和市场的距离较远,基本上全靠马来农耕和运输。因此马是地方农家经济的根源。

从耕作面积和饲养头数的比例来看,平均5—8晌1匹。越往南下,马匹数便有所增加。换言之,可以说农耕方式正在渐渐朝集约型方向发展。

要说马的体型,该地无一例外,几乎全都是粗犷的蒙古马。

沿线各城市,尤其是克山附近,用作乘用马、车马的都是海拉尔马。该马混有俄罗斯血统,品种比较优良。虽然各处可见,但其数量极少,此处不再多做说明。

2.牛

大部分牛是所谓的满洲牛,偶有见到朝鲜牛以及其杂交种。由于该地交通不便,大都依靠家畜来运输。在这一点上,牛不及马,所以牛的数量很少,约为马的两成。该地地势普遍较平坦,也是牛比较少的原因之一。

3.猪

猪的数量有所减少,但现在差别不大。一般属于满洲本地种的中型或是大型猪,也有少量俄罗斯的白猪。由于农民对品种这些方面全然不知,调查起来比较困难,也难以得到正确的数据。

4.家禽

家畜几乎全部是鸡,仅有少量的鹅和家鸭。

几乎所有农家都养鸡,大多一家养三四十只,少的也有三四只,鸡成了一种重要的农家副业。但鸡的品种却不甚优良,一年产蛋三四十个左右。

二、饲养管理方法

一般,农家家畜的饲料主要是粟,玉米、豆饼、小麦等是浓厚饲料,只在必要的时候使用。此外,未开垦地干草较多,且容易采集,就常用干草代替粟秆。

所有饲养的家畜中没有种畜,全都是靠自由交配。因此品种降低,且固定分娩期对母体的损耗很大,仔畜的死亡率也很高。本地的畜产改良成为当务之急。

由于生产量无法弥补减消耗数量,现在每年都要从拜泉和遥远的海拉尔地区输入牲畜。

三、家畜价格

家畜的价格因地方和品质不同有所差异,分地区表示如下:

种类 \ 类别	讷河地区			西城镇地区			克山地区		
	最高	最低	平均	最高	最低	平均	最高	最低	平均
马	120	40	50	70	30	40	80	30	40
骡	70	30	45	80	40	60	80	30	45
驴	50	25	30	40	15	20	25	10	15
牛	80	50	60	80	40	50	100	40	35
猪			10			10			15

备注:①价格单位:国币。
　　　②平均表示该地平均价格。

四、饲料费

饲料费和物价一样,各地不同,同一地区也有都邑地和农地之差,农地又分大农家和小农

家。由于难以获取农产物残渣、劳动种类和劳动量大小的准确数目,暂且将一头耕畜一天所需饲料的平均数,列在下表:

畜种 \ 类别	高粱		大豆饼		干草		月饲料费
	所需量	单价	所需量	单价	所需量	单价	
马	1.5 斤	0.05 圆/斤	5 斤	0.07 圆/10 斤	7 斤	0.09 圆/10 斤	5.40 圆
骡	1.5 斤	0.05 圆/斤	7 斤	0.07 圆/10 斤	7 斤	0.09 圆/10 斤	5.80 圆
驴	0.5 斤	0.05 圆/斤	3 斤	0.07 圆/10 斤	4 斤	0.09 圆/10 斤	2.60 圆
牛		0.05 圆/斤	10 斤	0.07 圆/10 斤	7 斤	0.09 圆/10 斤	4.20 圆

备注:①有些地方用干草代替粟秆的情况下,推测其单价为 10 斤 5 钱。

　　②1 个月按 31 天计算。

五、各地方家畜分布状态

各地区的分布如下:

讷河地区

地名 \ 种类	马	牛	骡	驴	备注
县城	2,058	483	59	57	
讷南镇	3,560	806	32	21	
拉哈站	4,481	800	241	309	
萧家窝堡	1,258	16	7		
龙河镇	3,216	949	149	93	
通南镇	6,139	262	413	74	
合计	20,712	3,316	901	554	

克山地区

地名 \ 种类	马	牛	骡	驴	猪	鸡	鸭	鹅
县城	4,091	300	264	58	4,876	5,634	1,776	200
余家店	5,054	463	294	43	3,982	4,366	76	204
古城	2,784	183	104	1	2,847	2,566	282	15
莽乃镇	2,866	136	34	12	2,405	3,310	752	14

种类 地名	马	牛	骡	驴	猪	鸡	鸭	鹅
泰安镇	1,375	144	108	9	1,248	1,056	243	35
托力	947	94	71	22	882	744	112	40
北兴镇	2,794	458	120	26	3,284	2,158	467	153
西城镇	3,076	281	248	46	2,851	2,248	446	123
通宽镇	4,167	316	251	143	1,591	3,289	612	302
合计	27,154	2,375	1,494	560	23,966	25,371	4,766	1,086

第十五节　各地方的主要物价

康德元年,各地主要商品的价格如下表:

主要物价表

种类 品名	讷河地区		西城镇		克山地区		泰安镇地区	
	单位	价格	单位	价格	单位	价格	单位	价格
大豆	1石	4.70	1石	4.90	1石	3.70	1石	4.20
小麦	1石	17.50	1石	16.80	1石	16.00	1石	14.40
大麦	1石	2.70	1石	2.00	1石	3.00	1石	4.20
谷子	1石	3.00	1石	2.50	1石	4.50	1石	2.10
玉米	1石	2.70	1石	3.70	1石	4.00	1石	7.50
白面	40斤	3.00	1斤	0.06	1斤	0.06	1斤	0.07
豆油	1斤	0.15	1斤	0.20	1斤	0.10	1斤	0.18
豆饼	20斤	0.19	1块	0.25	1块	0.20	1块	0.30
白米	1斤	0.13	1斤	0.12	1斤	0.10	1斤	0.14
白糖	1斤	0.16	1斤	0.20	1斤	0.23	1斤	0.25
盐	1斤	0.15	1斤	0.18	1斤	0.17	1斤	0.18
石油	1斤	0.18	1斤	0.35	1斤	0.20	1斤	0.22
猪肉	1斤	0.15	1斤	0.12	1斤	0.20	1斤	
酒	1斤	0.18	1斤	0.14	1斤	0.17	1斤	0.19
木炭	1斤	0.02	1斤	0.04	1斤	0.02		

续表

品名\种类	讷河地区		西城镇		克山地区		泰安镇地区	
	单位	价格	单位	价格	单位	价格	单位	价格
石灰								
棉花					1 斤	0.80		
高粱	1 石	3.30	1 石	4.00	1 石	5.00	1 石	8.00
燕麦	1 斗	3.30						

备注:单位为国币。

事变前后的价格比较如下:

讷河县地区

（单位:国币）

年份\种类	大豆	小麦	高粱	玉米	大麦	谷子	麻子
民国 17 年	19.00	25.00	16.00	14.00	5.00	2.50	2.50
民国 18 年	20.00	27.00	15.50	11.50	4.40	3.60	3.80
民国 19 年	22.00	33.00	17.00	11.40	4.00	3.50	3.60
民国 20 年	11.50	10.70	17.60	18.00	5.50	1.90	4.00
大同元年	9.00	12.00	10.00	12.00	3.50	3.80	6.50
大同 2 年	12.00	19.00	15.00	15.00	4.00	3.50	9.00
康德元年	4.20	14.40	7.50	7.50	4.20	2.10	10.00

克山地区

年份\种类	大豆	高粱	精白粟	小麦	玉米	白米(1 斤)	麦粉
民国 19 年	9.00	3.20	10.00	17.00	3.00	0.14	0.05
民国 20 年	10.00	4.00	12.00	19.00	3.50	0.13	0.05
大同元年	8.00	5.50	14.00	16.00	5.00	0.13	0.55
大同 2 年	3.50	7.00	8.00	18.00	5.50	0.11	0.06
康德元年	3.70	5.00	6.00	16.00	4.00	0.10	0.06
最近 4 年平均	9.10	5.33	12.00	17.60	4.08	0.12	0.05

备注:单位为国币。

第十六节　当地居民的衣食住行

一、衣服

基本上都是棉服,仅冬装中有少量的皮毛类。其价格因地方不同有些出入,但总的来说相差无几。

各地区的服装和其价格如下:

讷河地区

季节	服装名	男			女		
		数量	单价	价格	数量	单价	价格
冬	棉袄	1	4.00	4.00	1	5.00	5.00
	棉裤	1	3.50	3.50	1	4.00	4.00
	帽子	1	2.00				
	鞋(皮)	1	4.00	4.00	1	2.00	2.00
	手套	1	1.50	1.50			
	靴子	2	0.50	1.00	2	0.50	1.00
	合计			16.00			12.00
春秋	夹袄	1	2.50	2.50	1	2.50	2.50
	夹裤	1	2.50	2.50	1	2.50	2.50
	帽子	1	1.40	1.40			
	鞋	2	3.00	6.00	2	1.00	2.00
	靴子	5	0.20	1.00	5	0.20	1.00
	合计			13.40			8.00
夏	单袄	2	1.30	2.60	2	1.30	2.60
	单裤	2	1.30	2.60	2	1.30	2.60
	帽子	1	0.15	0.15			
	鞋	2	0.80	1.60	3	1.00	3.00
	靴子	5	0.20	1.00	5	0.20	1.00
	合计			7.75			9.00

西城镇地区

季节	服装名	男			女		
		数量	单价	价格	数量	单价	价格
冬	棉袄	1	4.00	400	1	4.00	4.00
	棉裤	1	3.00	3.00	1	3.00	3.00
	皮帽子	1	2.00	2.00	1	1.50	1.50
	鞋	2	1.50	3.00	1	1.50	1.50
	合计			12.00			10.00
春秋	夹袄	1	2.00	2.00	1	2.0	2.00
	夹裤	1	1.50	1.50	1	1.50	1.50
	帽子	1	0.20	0.20			
	鞋子	2	0.50	1.00	3	0.70	2.10
	靴子	1	0.30	0.30	3	0.30	0.90
	合计			6.00			6.50
夏	单袄	3	0.60	1.80	3	0.60	1.80
	单裤	3	0.40	1.20	3	0.40	1.20
	帽子	1	0.20	0.20			
	鞋子	3	0.50	1.50	2	0.50	1.00
	靴子	4	0.30	1.20	3	0.30	0.90
	合计			5.90			4.90

泰安镇地区

季节	服装名	男			女		
		数量	单价	价格	数量	单价	价格
冬	棉袄	1	3.00	3.00	1	3.50	3.50
	棉裤	1	2.50	2.50	1	2.50	2.50
	帽子	1	1.00	1.00			
	鞋子	2	1.00	2.00	2	1.00	1.00
	手套	1	1.00	1.00	1	0.30	0.30
	靴子	3	0.20	0.60	3	0.20	0.60
	合计			10.10			7.90

季节	服装名	男			女		
		数量	单价	价格	数量	单价	价格
春秋	夹袄	1	1.50	1.50	1	2.00	2.00
	夹裤	1	1.50	1.50	1	1.50	1.50
	帽子	1	0.50	0.50	1		
	鞋子	2	1.00	2.00	1	1.00	1.00
	靴子	5	0.20	1.00	5	0.20	1.00
	合计			6.50			5.50
夏	单袄	2	0.80	1.60	2	0.60	1.20
	单裤	2	0.70	1.40	2	0.60	1.20
	帽子	1	0.50	0.50			
	鞋子	2	0.50	1.00	3	1.00	3.00
	靴子	6	0.20	1.20	4	0.30	1.20
	合计			5.70			6.60

　　据上表,各地具体的数量和价格不尽相同。且同一地方也有大、中、小农之分,其数量和品质等方面也略有出入,但差别不大。

二、食物

　　主食是粟和玉米,肉类主要是猪肉,而几乎不吃牛肉。一些特殊村庄靠吃豆腐补充蛋白质,也有地方食用以豆腐为原料制成的乳制品来获取蛋白质。

　　食物和服装一样,因地方不同和大农小农之分,多少有些差异。

　　下面将克山地区的大、中、小农的菜谱各举一例如下:

菜谱　农家	早餐	午餐	晚餐
大农	主食　小米饭 副食　豆油、食盐、白菜	主食　玉米、饼子 副食　豆油、食盐、咸菜	主食　玉米、小麦面 副食　豆腐、萝卜、白菜
中农	主食　小米饭、粥 副食　盐、白菜	主食　小米饭 副食　玉米、饼子	主食　渣玉米 豆油、食盐
小农	主食　小米饭 副食　白菜、萝卜、豆油	主食　小麦粉 小麦饭	主食　玉米饭 副食　咸菜、豆油

注:冬季小农多为两餐。

下面是讷河地区的各种谷物的消费比例:

小米 40%、玉米 30%、黄米面 30%,各地的成年男子每人每日的食量和食费如下:

种类＼食物	讷河地区			西城镇地区			泰安镇地区		
	数量	单价	费用	数量	单价	费用	数量	单价	费用
小米	0.5 升	0.12	0.06	0.5 升	0.07	0.04	0.5 升	0.07	0.04
玉米面	0.5	0.05	0.03	0.5	0.07	0.04	0.7	0.07	0.05
黄米面	1.5 斤	0.05	0.08	0.5	0.08	0.04	0.7	0.10	0.07
白菜	2.0	0.01	0.02	0.5	0.02	0.01	3.0 斤	0.01	0.03
萝卜							3.0	0.01	0.03
马铃薯	3.0	0.01	0.03	3.0	0.02	0.06	3.0	0.01	0.03
葱	1.0	0.01	0.01	0.5	0.01	0.01			
合计			0.26			0.20			0.25

备注:①四舍五入(钱以下)。
　　　②按每日庄稼人三顿饭、买卖人和官吏两顿饭计算。

三、住宿

住房和其他地区的一样,是满洲历来的建筑风格。由于其主要目的在于保温,抵御冬季严寒,室内的换气条件较差,卫生方面不令人满意。

从泰安镇往西,住房的构造有所变化,并开始大量使用木材。该地区的住房比其他地区不仅在外观上,通风和卫生条件也要好得多。房屋的大小依据贫富程度和家庭人数而定,一般是四五人两到三间房子。

附录资料二　克山地区住民的衣食住

一、着装费(一年的开销)

种类＼男女	男人		女人		儿童		备注
	数量	花费	数量	花费	数量	花费	
大布	2 匹	15.00		10.05		7.50	
棉花	5 斤	4.00		2.80		2.00	
棉	半斤	0.80		0.56		0.40	
鞋类		5.00		3.50		2.50	
帽子		3.00				1.50	

种类 男女	男人		女人		儿童		备注
	数量	花费	数量	花费	数量	花费	
皮衣类		5.00					
合计		32.80		16.91		13.90	

二、食费

种类 男女	男人		女人		儿童		备注
	数量	花费（圆）	数量	花费（圆）	数量	花费（圆）	
小米	1 斗	0.50	7 升	0.350	5 升	0.250	（一）12 岁及 12 岁
黄米	4 升	0.32	2.5 升	0.224	2 升	0.160	以下算作儿童。
玉米籽	6 升	0.36	4.2 升	0.252	3 升	0.180	（二）女人的饮食费
食盐	1.5 斤	0.18	1 斤	0.120	12 两	0.090	用和穿着费用算作
豆油	1 斤	0.10	11 两	0.060	半斤	0.050	男人的七成，12 岁以
调味料		0.05		0.035		0.025	下的儿童算做男人
茶		0.05		0.035		0.025	的五成。
黄烟		0.10		0.100		0.050	
砂糖		0.10		0.070		0.050	
肉类	2 斤	0.40		0.280		0.200	
青菜		0.50		0.350		0.250	
月计		2.660		1.876		1.330	
一年合计		31.920		22.512		15.960	

三、居住费用（按一年时间计算）

种类 男女	男人花费	女人花费	儿童花费	备注
住房	6.00	6.00	6.00	
修理	2.00	2.00	2.00	
合计	8.00	8.00	8.00	

四、杂货(按一年时间计算)

种类\男女花费	男人所用花费	女人所用花费	儿童所用花费	备注
娱乐	1.00 圆	1.00 圆	1.00 圆	
交际费	不定	不定	不定	(含医药费)
合计				

五、衣食住行用总合计

种类\男女	男人	女人	儿童	备注
总合计	73.720 圆	48.422 圆	38.860 圆	

第十七节　农家经营收支

农家经营状况

一、调查农家的概况

地名　　　克山县第四区西城镇

社会地位　中农(自耕农和佃农)

耕地面积　27 晌地(自耕农 25 晌,佃农 2 晌)

房屋　　　五六间房

家畜　　　4 匹马、1 头猪

家庭成员　10 人(男 6 人、女 4 人),务农者 1 名

长工　　　1 名

小工　　　合计人员 250 名

借贷　　　借款 260 圆

收支计算

二、现金收入

种类	种植面积（晌）	每晌产量（石）	总产量（石）	单价（圆）	现金收入（圆）	备注
大豆	12	2	24	3.5	84.00	价格单位：国币不算茎秆收入 单位"石"是本地单位石
高粱	1	3	3	3.4	12.00	
谷子	6	4	24	3.3	72.00	
玉米	2	3	6	3.4	24.00	
小麻子	4	3	12	3.7	84.00	
大麦	2	5	10	3.5	35.00	
合计	27				311.00	

三、现金支出

种类		数量	价格	现金支出（圆）	备注
地租		豆子 1.2 石	3.50 圆	4.20	地租不含谷类纳税
租税				37.50	1 晌地地租 1.5 圆
公课				13.00	含自卫团费村公费警备费
农具费	木头叉子	2 斤	0.50	1.00	
	扫帚	2 斤	0.55	1.10	
	木锹	2 斤	0.40	0.80	
役畜费	谷草	10,000 斤	100 斤 0.25 圆	25.00	
	大麦	20 斤	3.50	70.00	
长工		1 人		50.00	
小工		250 人	0.50	125.00	合计人员数量
主食	谷子	18 石	3.00	54.00	1 日所需数量平均为 5 升
	玉米	18 石	3.00	54.00	1 日所需数量为 5 升
副食	豆油	60 斤	0.06 圆	3.60	
	盐	180 斤	0.15	27.00	
	粉条子	30 斤	0.05	1.50	
	肉	200 斤	0.15	30.00	

续表

种类		数量	价格	现金支出(圆)	备注
服装	衣服			50.00	
	布				
	棉花	30斤	0.70	21.00	
	毛皮			1.00	
	鞋子			20.00	
	袜子	30双		9.00	
	帽子			10.00	
照明燃料费		30斤	0.20	6.00	1桶石油
房屋修缮费				5.00	
家具费				2.50	
交际费				10.50	
医药费				24.00	
合计				661.20	

四、收支差距

总收入	总支出	收支差额	备注
311.00圆	656.20圆	345.20圆	

附录资料三

大同2年讷河县农业经济状况调查书 （讷河县公署康德元年调查）

大同元年,讷河县数次遭受巨大的战争、土匪之灾,又加上夏秋季长达两个多月的雨天,高地的作物都枯死了,而低湿地全部浸水,变成了大海。不论贫穷还是富贵的人家,都损失了大量财产。农民困苦、田园荒芜的状况难以言表。

去年,中央政府为了救济农民,实行了春耕资金借贷政策,农民借款购买牛犁种子去播种。然而由于高价的劳资以及谷物不足,产生了高额的负债。本可以收获后卖掉作物来还债,但粮食价格惨落,农家陷入了入不敷出的境地。下面,以该地30响耕作为例进行说明:

(一)牲畜价格和豢养医疗费等

牲畜豢养	数目	单价	合计	备注
工作骡马	3 匹	国币 40 圆	120.0 圆	大同元年,农家饲养的马匹遭到匪贼掠夺,只剩下老马和小马
豢养费	每日每匹 28		100.8 圆	每匹每日 0.5 升,每升 1.6 角,草 10 斤,每斤 2 分。全年合计如上表
医疗费			10.0 圆	大同元年夏季降雨过多,马多患疝气,平均每匹花费医药费 3.33 圆
合计			230.8 圆	

(二)所需种子的价格

谷类	播种面积(响)	每响需籽种数(斗)	共需籽种数(斗)	每斗价值(圆)	小计(圆)	备注
大豆	12	3 斗	36	1.0	36	
小麦	6	6	36	1.5	54	
玉米	3	2	6	1.2	7.2	大同元年的春季,各种粮食的价格为往年价格的一倍多,表内的价格是当时的价格
谷子	3	0.5	1.5	1.5	2.22	
高粱	3	1	3	1.2	3.6	
杂粮	3	3	9	1.0	9	
合计	30				112.05	

(三)所需工人的人数及工资

工人种类	每响需工	30 响共需工人数	每工日用(圆)			共需费用(圆)	备注
			工资	食费	小计		
播种工人	5	150	0.4	0.15	0.55	82.5	
割地工人	9	270	0.9	0.15	1.05	283.5	
刈割工人	2	60	0.9	0.15	1.05	63.0	
拉场工人	1	30	0.9	0.15	1.05	31.5	
打场工人	2	60	0.3	0.10	0.40	24.0	
运售工人	1	30	0.3	0.10	0.40	12.0	买卖谷物时,在县城或拉哈站收取中餐费,按规定每日 3 角
合计	20	600	3.7	1.00	4.50	496.5	需要工人数 600 人,自己劳力省下 330 人,实际所需费用 298 圆 5 角

(四)食品消费表

（单位：斤、圆）

谷类	农家每个人				1家5人的总消费数	备注
	每日平均	全年消费	每斤价格	共计价格		
小麦	—	25	0.07	1.75	8.75	
高粱	—	65	0.04	2.60	13.00	
谷子	—	3.05	0.04	12.20	61.00	
元米	—	58	0.05	2.90	14.00	
玉米	—	95	0.04	3.80	19.00	
豆类	—	95	0.03	1.65	8.25	
其他各类	—	6	0.04	0.24	1.20	
合计				25.14	125.70	

(五)副食消费表

（单位：斤、圆）

副食种类	农家每个人				1家5人的总消费数	备注
	每日平均	全年消费	每斤价格	共计价格		
蔬菜	—	—	—	—	—	无统计
*	—	15	0.13	1.95	9.75	
*油	—	85	0.15	1.28	6.25	
肉类	—	15	0.18	2.70	13.50	
佐料	—	1	0.48	0.48	2.40	
药资	—	3	每付0.75	2.35	11.75	
合计	—	—		8.75	43.65	

(六)衣服消费表

（单位：圆）

品名	农家每个人			合计	1家5口人的消费数	备注
	单	袄	棉			
衣服	2.40	3.50	5.5	11.4	57.0	
帽子	0.10	0.70	1.0	1.1	5.5	
			2.5	3.2	16.0	
被褥			5.8	5.8	29.0	
合计	2.50	4.20	14.8	21.5	107.5	

(七)国家和地方税捐

捐税种类	每晌纳捐税数(圆)	30晌应纳捐税总数(圆)	备注
田赋	0.50	15.0	税金单位为国币
晌捐	0.26	7.8	
合计	0.76	22.8	

(八)春耕贷款利息

每晌借春耕贷款数	30晌共借本金	月利率	借贷时间	应付利息	备注
4.0圆	12.0圆	8厘	10个月	9.6圆	

农耕消费总数

消费种类	款数(圆)	备注
牲畜和豢养费	230.8	
好种费	112.05	
人工费	298.5	含自家劳力
食品费	125.7	
副食费	43.65	含医药费
衣服费	107.5	
捐税	22.8	
春耕贷款利息	9.6	
合计	950.6	

收获生产方面(之一)

种类	收获晌数(晌)	每晌收获量(石)	总收获量(石)	每石原价(圆)	总计价格(圆)	备注
大豆	12	3	36	3.5	126.0	
小麦	6	2.5	15	16.0	240.0	
玉米	3	6	18	2.8	50.4	
谷子	3	5	15	2.8	42.0	
高粱	3	4	12	2.8	33.6	
杂粮	3	4	12	2.9	34.8	
合计	30			108	526.8	

收获生产方面(之二)

种类	只数	每只斤数产蛋数	小计	每斤价格(圆)	合计(圆)	备注
猪	3	200 斤	600 斤	0.15	90	
鸡	7	100 个	700 个	0.015	10.5	
合计	10				100.5	

收支比较表

消费总数	收获生产总数	比较		备注
		盈余	亏损	
950.6 圆	626.85 圆		323.75 圆	

据上表,共亏损国币 323 圆 7 角 5 分。(上表不含食量、农具)其亏损较大的原因如下:

原本讷河县农产品丰富,人民生活富裕,土地开垦状况良好,人口逐日增加。但民国 18 年,中俄战争爆发,农民有所损失,但尚未陷入困窘之地。民国 20 年秋,满洲事变爆发的同时,土匪也蜂拥四起,农民深受其害,惨状一言难尽。到大同元年,最严重时,90%的熟地都荒废了,粮食、马匹也全都遭到了兵匪的掠夺。大同 2 年,春耕资金借贷兴起,才未致使全县耕地落入荒境。

虽然大部分耕地处于荒废中,且谷物较以前大大减产,但是耕作劳力却很多,工资费用也比平常高出数倍,所以投入的成本要高于出售的价格。加之受到欧美谷物市场低迷的影响,满洲产谷物出口困难,谷物价格渐渐跌到了原价的 70%。农民辛苦劳累了整整一年收获的产物,却连日常的需要都无法满足。

价格下降,农民损失惨重,焦虑也是徒劳。谷物市场长期萎靡,农民甚至无法偿还春耕贷款,信用度一降再降。

国家多次贷出资金给予援助,相反土地却愈发荒芜,农民的债务也越来越多了,甚至连贷款也难以偿还了,有些甚至面临饥荒不得不沦为盗贼。

为了解决农民衣食问题就得提高谷物的价格,而要提高谷物的价格又别无他法,只能和民国时代一样,让官有银行出面收购粮食。即国家每年拿出两三百万圆,算作损失费,加到谷物价格中,各地银行以高于当地市场价的价格收购粮食,使得农民深受其益;而另一方面银行推迟出售握有的票券,既能达到有效调控市场的目的,同时也不会妨碍各商行的运营。

如此一来,付出的两三百万圆可谓物超所值,换来了令人惊喜的效果。粮食价格上涨,农民不仅还清了旧债,还有了一定储蓄。可以断言,农民不再需要春耕贷款的救济,而荒废的土地经过两年打理也一定会焕然一新。

第十八节　主要作物栽培收支

下面,将克山地区的小麦、大豆的栽培收支状况列表如下:

一、小麦

(1)每晌所需劳力数量和收支经济

支出部分

种类	劳力及马匹数量	单价(圆)	费用(圆)	备注
种子费	4斗5升	1.50	6.75	价格单位为国币
播种	4名劳力、2匹马	劳力1.50　马1.00	2.002.00	
除草	2次,每次3名,计6名	劳力　1.00	6.00	
中耕培土	无			
收割	3名劳力	劳力1.00	3.00	
收获物运输	2名劳力、2匹马	劳力0.50　马1.00	人:1.00 马:2.00	
调制	4名劳力、2匹马	劳力0.50　马1.00	人:2.00 马:2.00	
整地	1名劳力、3匹马	劳力0.50　马1.00	人:0.5 马:3.00	
施肥	无			
合计	20名劳力、9匹马		30.25	

收入部分

种类	数量	单价(圆)	价格(圆)	备注
卖出籽实所得	平均2.3石	15.00	34.50	单价为1石的价格
卖出秆所得	1车	2.00	2.00	
合计			36.50	

收支计算

收入	支出	收支所得	备注
36.50圆	30.25圆	6.25圆	

备注:籽实产量:上等地3.2石,中等地2.2石,下等地1.5石。

籽实重量(1斗):上等地45斤,中等地42斤,下等地38.9斤。

(2)耕种概况

播种期　　4月20日左右(谷雨)

播种量　　4斗5升(选种)

播种法　　条播、蹚种

整地法　　作物收获后,用犁耕田。

施肥法　　无

除草次数和时间　　2次。第1次在6月15日之前,第2次在6月25日之后。

中耕培土数和时间　　无

成熟期　　8月3日左右

收获期　　8月8日左右(立秋)

收割法　　用镰刀收割后结成捆,约10捆放一起。

调制脱谷法　　用镰刀割下麦穗,再用石头碌子脱谷,然后收集籽实,最后风干。

储藏法　　仓库中储藏(囤)

(3)轮作方式

第1年种小麦,第2年种大豆,第3年种谷子或高粱,第4年种小麦。

(4)地租

上等地1石(大豆或粟)各5斗、中等地6斗、下等地4斗(地租为整个克山县的平均数)。分租比例:地主三佃户七,或者地主四佃户六。国税由地主负担,地方税折半(数目不定,今年特别少)。

定租:大豆2斗、小麦2斗、粟6斗、高粱6斗。

二、大豆

(1)每晌所需劳动力数量及收支经济

支出部分

种类	劳力马匹数量	单价(圆)	价格(圆)	备注
种子费	2斗	0.33	0.66	
播种	5名劳力、5匹马	劳力　0.50 马　1.00	2.50 5.00	
除草	1次4名劳力	劳力　1.00	4.00	
拔草	1次1名劳力	劳力　1.00	1.00	
中耕和培土	1次0.5名劳力 1.5匹马	劳力　1.00 马　1.00	0.50 1.50	
收割	2名劳力	劳力　1.00	2.00	

续表

种类	劳力马匹数量	单价（圆）	价格（圆）	备注
收获物运输	1 名劳力、2 匹马	劳力　1.00 马　　1.00	1.00 2.00	
调制	3 名劳力、2 匹马	劳力　0.50 马　　1.00	1.50 2.00	
整地	1 民劳力、1 匹马	劳力　0.50 马　　1.00	0.50 1.00	
施肥	2 民劳力、4 匹马	劳力　0.50 马　　1.00	1.00 4.00	
肥料	10 车（1500 斤）	劳力　0.50 马　　1.00	1.00 4.00	
合计	劳力　20.5 名 马　　15.5 匹		30.16	

收入部分

种类	数量	单价（圆）	价格（圆）	备注
卖出籽实所得	3.2 石	3.3	10.56	1 石
卖出秆所得	2 车	2.00	4.00	1 车
计			14.56	

收支计算

收入	支出	收支亏损	备注
14.56 圆	30.16 圆	15.60 圆	

备注：籽实产量：上等地 4 石、中等地 3 石、下等地 2.5 石。

（2）耕种概况

播种期　　　5 月 6 日左右（立夏）

播种量　　　2 斗（选种）

播种法　　　条播、糠种

整地法　　　用木质拉子整平作物的痕迹

施肥法　　　将 10 车左右的土粪运到田地里，堆成小山状，播种前撒布。

除草次数和时间　　　2 次除草，第 1 次 6 月 6 日（芒种）、第 2 次 8 月 8 日（立秋）

中耕培土次数和时间　　　1 次，除草后进行

成熟期　　　9 月 20 日

收获期	9 月 24 日(秋分)
收割法	用镰刀收割,晒干后用车搬运
储藏法	仓库中储藏

(3)轮作方式

第 1 年种大豆,第 2 年种谷子或高粱,第 3 年中小麦,第 4 年种大豆。

(4)地租

和小麦一样。

昭和 15 年 4 月

大豆统管给北满农村带来的影响
——克山县程家油坊屯实况调查报告第二编

满铁·新京分部调查室

内容梗概

一、调查目的及结论

1.这次调查是从特产专管制实施的第一年,也就是康德6年开始的。从主要农产品的生产、处理、上市三部分探求其对农村的影响。并将它作为农产品的统管政策的批判性素材,及在有意识地进行调查的基础之上所做的年度业务计划之外的特别调查。

2.结论:统管大豆价格的绝对性,相对地处于低水平,各种农产品的价格也参差不齐。在这种情况下,大豆自给化(特别是饲料化的增强)的倾向以及与之正相反的自给农产品商品化倾向的出现,更加反映出下一年(康德7年)在种植上由大豆向其他主要自给作物转换的趋势。

二、调查内容

本报告除了序言及结语以外,由以下四章构成:

第一章 "农村概况"中,为了观察大豆统管的影响,讲述本屯构成的概况。

第二章 "主要农产品的生产"中,观察全满洲主要农产品的生产,尤其是商品作物的生产,大豆地位的历史变迁,指出其相对地位即种植比例的扩大在1933年以后完全停滞。接下来,对满洲南北商品作物的地位进行比较。最后通过研究查明受到大豆统管的影响,本屯从商品作物向自给作物种植的转换倾向。

第三章 "对主要农产品的处理"中,实施大豆统管后,针对在本屯农产品处理中出现的新倾向进行了具体的阐述。结论指出,以饲料化为中心的大豆自给化的倾向导致出售率低下。但是与其完全相反的是自给农产品(高粱、玉米、粟)出现商品化的倾向。

第四章 "克山县境内主要农产品上市"中,是以许多农村为背景来写的。在克山县城内,主要农产品的上市,其中一个是出现在交易场所内的。通过这一新的现象可以看出大豆统管对于县以下农村的影响,进一步通过其后出现在驿站内上市的这一新现象可以看出对于当时的流通机构的影响。最后通观这些到县城的上市交易,本年度上市交易的特点是尽管交易场所的大豆上市量减少,但驿站的上市发送量和去年相比并没有很大的差额。在统管前的十月看到大量的大豆上市,自给作物与大豆的上市量减少反向行之,呈现出显著的增长。指出其他的要点并探明其原因,不管怎样,作为预想的结论,应该可以对春节之后的大豆上市报以期望吧。

三、调查实施状况及所见

1.从康德7年1月20日到2月7日,对克山县程家油坊屯和县城进行了实地调查。

上述调查的参与人员包括 5 名日本人、5 名满洲人,共计 10 人。由内哈铁路、齐铁附业科各派一名满洲人参加。2 月 20 日到 3 月末进行文献调查。

对于屯的调查持续了 11 天,对全屯开展户别调查。调查户数有 68 户。

县城调查为期 5 天,主要调查了县交易市场、农事合作社、商工会所、金融合作社,并在县政府收集了资料。与此同时,也走访了油坊、粮站、杂货铺等,并对此进行了有选择性的访谈。

2.在实施本调查时,时间上因为必须在春节前夕完成,所以开始得很急,对于调查表的探讨不够充分,导致调查表本身有不够严谨的地方。再加上在严寒时期进行,调查的效率无法提高,以这样的人员和时间来调查,的确有其为难之处。当时恰逢新成员从金融合作社借钱的日子,一些户主被要求去县城几日无法回来,对调查多少造成了一些不便。并且在一家消费的明细上,由于是跨年度,当年度还好,但对前一年的记忆就缺乏明确性了,深感遗憾。

3.本调查遗漏了必须进行的农民家庭收支状况的调查取证。还有与公定价格的关联中,主要农产品生产费用调查留有问题。并且统管下的农产品流通过程中新的机构(专管公社、粮谷公司、交易市场)和旧机构(粮栈等等)的合理化,有必要把问题发展到这方面进行研究。

四、历法

第一篇和第二篇对农村内部的调查沿用的是旧历,第二篇县城上市这一章启用了新历。

五、参考人员

参与本次调查的人员有当局调查室的千贺安太郎、王吉恩、关尚实、代元正成、岩满兴之、吉原次郎、常文铸、村上义彦以及齐齐哈尔铁路局副业科的郑安德,哈尔滨铁道局副业科的张维任等 10 人。执笔分别由以下人员负责:第一篇和第二篇的第一章由代元正成负责;第二篇第二章由岩满兴之负责;第三章由吉原次郎负责;第四章由千贺安太郎负责。

目 录

序　言

特产专管制度实施以来,混保大豆的上市数量锐减。与之相反,作为代替(日本内地)无机肥料的有机肥料的稀缺原料,对豆粕的需求有所增加。作为原料的大豆,因其低廉的公定价格,而在油坊呈现出活跃的景象。豆粕的上市数量有所增加。另外,趁着制度的不完善,少量货物运输时被挤压而破碎的大豆,白眉、改良间岛大豆以及其他豆类混入,为了钻制度的漏洞要尽了手段,甚至连混保大豆以外的作物的上市量都在增加。从下面可以看出,到本年度一月末为止大豆(混保当然要还原成豆粕和大豆)在铁路运输中所呈现出的数据。

	康德6年 (从6年10月到7年1月)	康德5年 (从5年10月到6年1月)	差额
大豆	66.5万吨	131万吨	(-)64.5万吨
(还原成大豆)			
豆粕	30.5万吨	12.7万吨	(+)17.8万吨
总计	约100万吨	约145万吨	(-)45万吨

注:参考铁路总局调查科的统计

到康德6年1月为止,与去年同期相比,大豆减少了64.5万吨,豆粕则增加了17.8万吨。当还原成大豆时,与去年相比,出现了45万吨的差额。

然而依据满铁方面的调查,第三次大豆估产401万吨,在其后若没有增减,总的来说到本年度一月末为止,通过铁路运输100万吨的话,就可以说产量的24.9%可以上市。然而,康德5年产大豆461万吨,到一月末为止铁路运输了145万吨,有31.5%的上市率。由此至少可以看出,到本年度一月末为止,上市率与去年同期相比仅仅减少了6.6%,并没有很大的差额。

就如同社会上的各种预测一样,在以大豆统管为主的情况下,大豆本身的定价低廉,其他的农产品价格不均衡。基于这两种情况出现的大豆饲料化和食品化的倾向,将对今后大豆上市产生极为重要的影响。

这里既是大豆的主产地,又和饲料点有着最密切的联系。克山县是主要的粮食谷物的统管地域,选择当地主要考虑到大豆统管的影响。另一方面,克山县的主要交易市场非常广阔,既要从县里农村的上市情况来看,也要从之后大豆统管下油坊粮栈输出量和其输送的过程来看,更进一步选定县里的一个屯,同样在主要以大豆统管为中心的战时经济下,以调查其对农村的影响为目的而进行了此次调查。此外,在选择调查地点时,与康德元年作了必要的对比,选定了便于实地调查的程家油坊屯。

第一章　农村概况

程家油坊屯坐落于县城的西北,距县城约 23 千米。原本这个屯是由西、东、北的三个屯组成。第 172 号街道中的一个屯(西屯)是被指定的,因为这个屯的开拓者大地主程家,以街道为势力中心统治了这个地方。现在,程家油坊作为第 172 号街道的代名词而被通用。

探寻街道一带的变迁,根据康德元年的旧产调查:"原来本县一带的地区是蒙古族优良的游牧场地,由于黑龙江省当局的招民开垦政策和汉族的定居压倒了游牧民族,又加上省财政窘困等问题,这个蒙古人的生活场所逐渐开放。(于光绪二十五年敕准开放)(根据县史志中记载)街道一带的转让出售,是在光绪三十三四年左右通过省当局执行的。本街道最早被揽头据为己有,其后更是频换其主,第四个统治本街道的是西屯的大地主一号农家。……"(注一)

因此,此地在清末民初时由于清俄乃至中俄纠纷而被强占,与北边的振兴政策相呼应被迫开放,属于比较新的殖民地区。北满新殖民地的意义是,官僚军阀乃至商业高利贷资本进行原始掠夺和由他们开始的集聚土地的过程。①

这是最早的引用土地投机者,从一个揽头到另一个揽头,几经他手才把土地转到农民手中。由此可以看出(注一)中入手的 30 方土地因开垦费不足,又加上官府强制支付清文价前面所说的 6 方土地可以先到手,但不得不卖掉其中的一部分。……"(注二,旁系引用者)。又或者是,不止有强制支付的清文费,军阀政权对清文费苛刻地追加征收,使农民极度贫困,更加剧了土地的分散。(注三)就像从土地的集中分散看到的一样,土地纷争或者揽头的欺诈性的两重买卖也是原因之一。

之后,作为屯的中心势力的程家,因无法详细调查其以前的背景,它的土地集中过程的意义也就不能明显展现,是极其遗憾的。民国 2 年,一方地 120 两,程家一次购买了 30 方地。民国 7 年,从和十几名劳动者一起开垦此地来看,他以前并不是半自耕农或是雇农,恐怕是拥有丰厚积蓄的农民。在当时,同时经营油坊本身,作为地主、商业高利贷资本家,具备了国家的农奴主的性质。其后,克山县成立以及县城油坊开业的同时,程家油坊被迫关门,到最近他们离散为止,本街道的经济行政都以大地主、富农为中心运行。

东屯和北屯是在政府强制收取程家的清文费时,民国 3 年祈、胥两姓合伙卖掉土地才得以成立。两屯的面积为 11 方,北屯全部包括在内,东屯的西部一角包含在内。开垦是从西屯开始,到东屯结束。民国 4 年祈请求开垦张的 1 晌 2,000 吊面积的土地。(注四)

---

① 译者注:此处站在日方立场将中国对本国东北北部的开发称为殖民活动,以此抹灭中国的合法权益,借以谋求日本在中国东北殖民活动的合法性。

据说本街道最终结束开垦是在民国 13、14 年左右。[注五]康德元年进行调查时,屯内外的荒地、抛荒耕地如下表所示面积不少。康德 6 年调查时,荒地、抛荒地相对锐减,与熟地的增加相比,可耕地的面积也不算少。

屯民土地所有和耕作面积[注六]

	熟地		荒地		抛荒耕地		其他		耕作面积
	屯内	屯外	屯内	屯外	屯内	屯外	屯内	屯外	
康德元年西屯	605.00	36.00	187.25	441.19	53.75	108.25	9.00	1.12	484.00
东屯	102.72	7.5	11.72	—	15.20	2.50	1.92	—	193.17
北屯	15.00	—	13.00	225.00			1.10		216.25
合　计	722.72	43.5	211.97	666.19	68.95	110.75	12.02	1.12	893.42
康德 6 年西屯	145.37		24.00		—		5.37		669.13
东屯	241.69		12.50		—		5.55		278.23
北屯	209.22		72.519		—		10.92		254.73
合　计	594.28		108.69						1,202.10

因为在康德 6 年没有分屯内与屯外,比较的标准稍微有些不准。康德元年时,仅在屯内就有荒地 212 晌,抛荒耕地 69 晌,合计达到 281 晌,占本屯农民耕地的 31%。与之相反,康德 6 年很多荒地和抛荒耕地重新耕种和开垦(参考第一编,土地的集中分散),仅有 108.7 晌,耕地面积显著增加,达到 1,202 晌,前者仅占到后者的不足 9%。询问当地屯民,从恐怖时期恢复过来的康德 2、3、4 这三年收成良好,收支相抵,荒地、抛荒耕地价格随着谷物价格的高涨也呈上升趋势,因此除了一些无法耕种的土地,就连劣等耕地都得到了开垦。现在,站在隆起的岗地上瞭望屯的四周,到处的农村没有了界限,耕地连成了一片。

在上述开垦过程的同时,土地的分散也从很早开始就无止境地进行着。如之前所指,这或多或少也有投机殖民地土地的含意。据记载,西屯以外的土地最为明显。[注七]再加上分割继承,大致就构成了现在(康德元年)的屯。几乎整个屯(西屯)都属于同一个家族(程家农家号为 1、2、3)所有,名义上与实际上都是政治中心,也是高利贷农奴主的收入基础。在东屯,拥有少量土地的贫农自耕农,以及佃农贫农占了大多数。在北屯,25 晌至 40 晌的佃农最多。然而全屯仅有 9 户,是极其小的屯。(当时由于治安原因,人们尽量不去北屯居住。)

注一　产调资料(1)　农村实态调查　黑龙江省　333 页
注二　产调资料(1)　农村实态调查　黑龙江省　334 页
注三　产调资料(1)　农村实态调查　黑龙江省　334 页
注四　产调资料(1)　农村实态调查　黑龙江省　334 页
注五　产调资料(1)　农村实态调查　黑龙江省　335 页
注六　康德元年的调查是以此调查资料 354 页的土地关系表为根据,康德 6 年是以新京分部调查室的实态调查为根据所进行的调查。另外,康德 6 年的抛荒耕地极少,所以在总计时,把它算在了荒地之内。

注七　产调资料(1)　农村实态调查　　黑龙江省　　334 页

　　现在,开垦已经尽可能地完成,土地的分开出售与分割也在同时进行,由此看来,屯已经形成,不妨认为这些屯已经完全建成了。户数也从康德元年的 52 户增加到 68 户,人口从 354 人增加到 474 人,呈显著增长的趋势。

　　最为显著的特征是,随着地主、富农程家的离散,土地集中于在外地主手中。耕作农户中,迁入屯的多数为中农、佃农。一般为了生存,农民会不断地与土地抗争,扩大依附式的小农耕作,在寒碜的茅屋中艰辛地进行再生产。雇农风里来雨里去,换了一家又一家(雇主)[①]。居住在这里的大多数农民都在愚昧地生活着。

在土地所有和耕作地分配中的农户数(康德 6 年)

	熟地所有户数	耕作面积户数
100 晌以上	1	1
70—100 晌	—	5
50—70 晌	1	4
30—50 晌	7	5
20—30 晌	2	4
10—20 晌	5	7
5—10 晌	3	7
5 晌以下	4	8
无耕地	45	27
合计	68	68

　　上表显示,70 晌以上 100 晌以下的耕农中,有 4 户是纯佃农,50 晌以下的也有一半是纯佃农。土地所有和耕地面积分配极不均衡,佃农中有五六户是中农,很多都是被土地紧紧束缚的半自耕农(参考第一编第一节,农村的社会构成)。这些半自耕农继雇农之后成为农村的劳动力。

　　近来,随着战时经济的发展,农村作为危机的最底部,有被重压动摇瓦解的趋势。明显表现为生产力的衰退并表面化,或者是实际购买力极度低下。这样一来,社会的不安氛围变得愈发浓厚。所以,在此我们把其中的一方面,也就是以大豆统管为中心,针对农产品的生产消费和流通的各部门进行讨论。

　　注:针对农村一般的动态在"第一编,战时经济下北满农村的动态"中,作了稍微广泛的大略说明。并且具体内容参考了第一编,最后选择并附上农村的户别概况表。

---

① 译者注:原文是"泄出沼来",译文不确定。

农村户别概况表

农家号码	经营形态	迁入年月①	原住地	家庭人数				雇佣劳动		
				农耕人数	男	女	计	年工	月工	日工
全屯合计	68 户			133	240	234	474	57	53	4,670
西屯	19 户			51	99	92	191	28	14	2,282
1	地主佃农	康 4·1	九台县	2	3	5	8	5	5	140
2	自耕农	康 5·2	巴彦县	2	5	9	14	2	—	161
3	自耕兼佃农	康 5·2	巴彦县	4	7	8	15	5		499
4	自耕兼佃农	康 5·1	巴彦县	4	8	2	10	2		110
5	佃农	康 5·2	长春县	3	12	8	20	4	4	170
6	佃农	康 5·2	扶余县	2	7	11	18	3		340
7	佃耕	民 20	青冈县	3	4	5	9	4	5	341
8	佃农	康 6·2	巴彦县	3	8	10	18	2		170
9	佃农	民 19·2	望奎县	5	6	3	9	1		140
10	佃农	康 5·2	望奎县	3	5	7	12			178
11	佃农	康 6·2	巴彦县	4	8	4	12			33
12	佃耕雇农	康 4·2	梨树县	4	8	6	14			
13	佃耕雇农	康元	县内	1	2	1	3			
14	雇农	康 5·1	九台县	1	2	1	3			
15	雇农	康 4·12	呼兰县	3	4	4	8			
16	雇农	康 3	梨树县	3	3	5	8			
17	雇农	康 6·6	县内	2	2	1	3			
18	雇农	康 6	海伦县	1	2	1	3			
19	雇农	康 2	望奎县	1	3	1	4			
东屯	29 户			48	81	68	149	17	24	1,628
1	地主	民 11	拜泉县		2		2			

---

① 译者注:民即民国;康即康德;如康 4·1 即康德 4 年 1 月,大元 2 即大同元年 2 月。原文写作方式如此,可能本报告书为速报,显得粗糙。

农家号码	经营形态	迁入年月	原住地	家庭人数				雇佣劳动		
				农耕人数	男	女	计	年工	月工	日工
2	地主自耕农	民7	梨树县	2	3	5	8			126
3	自耕雇农	民20	怀德县	2	3	2	5			
4	地主佃户	康6·2	县内	2	3	2	5	1		
5	自耕农	民12	拜泉县	2	4	5	9	7	24	1,002
6	自耕农	民17	拜泉县	1	4	2	6			5
7	自耕农	民12	榆树县	1	1	1	2			
8	自耕农	民7	海伦县	1	3	4	7	1		
9	地主自耕雇农	民14	榆树县	1	3	2	5			
10	自耕佃农	民10	县内	3	4	9	13	6		388
11	自耕佃农	民12	梨树县	2	3	5	8	2		107
12	佃耕雇农	康5·3	梨树县	3	6	1	7			
13	佃耕雇农	康5·2	望奎县	4	6	3	9			
14	佃耕雇农	康3·2	县内	3	5	4	9			
15	雇农	康4	县内	2	3	1	4			
16	雇农	康5	长春县	1	1		1			
17	雇农	康5	长春县	1	1		1			
18	雇农	康4	山东	1	1		1			
19	雇农	康3·2	县内	2	2	1	3			
20	雇农	康元·2	昌图县	2	4	2	6			
21	雇农	民7	长春县	2	3	1	4			
22	雇农	民7	拜泉县	1	2	4	6			
23	雇农	民14	县内	1	2	4	6			
24	雇农	民15	新民县	1		1	1			
25	雇农	康3	梨树县	1	1	2	3			
26	雇农	康6	县内	2	2	2	4			

农家号码	经营形态	迁入年月	原住地	家庭人数				雇佣劳动		
				农耕人数	男	女	计	年工	月工	日工
27	雇农	康6·2	县内	2	5	2	7			
28	雇农	康6·2	县内	1	2	2	4			
29	雇农	康5	梨树县	1	1	2	3			
北屯	20户			34	60	74	134	12	15	760
1	地主	大元·2	县内		4	3	7		11	
2	地主自耕农	康元·2	县内	4	9	5	14	1		34
3	地主自耕农	康6·1	海伦县	1	2	4	6			20
4	佃农	康6·2	县内	1	3	2	5	3		135
5	佃农	康3	九台县	3	5	6	11	1		36
6	佃农	康6·1	讷河县	2	3	1	4			30
7	佃农	康2	德惠县	1	2	5	7			94
8	佃农	康4·12	九台县	1	4	5	9			
9	自耕佃农	康3·2	德惠县	4	4	7	11	3		
10	自耕佃农	康4	望奎县	1	2	1	3			67
11	自耕佃农	康5·2	海伦县	2	2	3	5			
12	佃农	康6·1	巴彦县	1	3	7	10	3		250
13	佃农	康6·2	县内	3	5	2	7	1	4	94
14	佃农	康5·2	县内	1	1	6	7			
15	佃农	康4	绥化县	1	1	5	6			
16	佃耕雇农	康6·4	九台县	1	1	3	4			
17	佃农	大2	讷河县	2	4	4	8			
18	佃农	康4	县内	1	2	2	4			
19	佃农	康2·2	望奎县	1	1	1	2			
20	佃农	康*	盖平县	1	2	2	4			

农家号码	佣工劳动			所有熟地	贷款	自耕农	佃农	入典	出典
	年工	月工	日工						
全屯合计	21	15.5	1,446	594.286	115.832	446.251	741.99	23.458	41.908
西屯	5		363	143.375	30	105.375	563.76		8
1				30	30		58.75		
2				30		30			
3				44		44	35.76		
4				339.375		31.375	10.5		8
5							87.5		
6							87.5		
7							77.5		
8							68.75		
9							56.25		
10							32.5		
11							25		
12	1						16.25		
13							7.5		
14	1								
15	2								
16									
17	1								
18									
19									
东屯	14	14	936	241.688	20.6	210.885	53.49	16.69	13.24
1				3	3				
2				30.313	8.25	24.06		2.5	
3	1			15		5			10

农家号码	佣工劳动			所有熟地	贷款	自耕农	佃农	入典	出典
	年工	月工	日工						
4				6.25	6.25		9.06		
5				100		100		8	
6				5.5		5.5			
7				4		4			
8				1		1		2.54	
9			50	6	2.6	0.7			3.24
10				55.625		55.625	13.75	3.75	
11				15		15	18.75		
12			35				6.25		
13	4		12				4.375		
14	1	1	192				0.875		
15	2								
16	1								
17	1								
18	1								
19	1		56						
20	2								
21	10		15						
22			68						
23			62						
24			40						
25			65						
26			71						
27									
28									

农家号码	佣工劳动			所有熟地	贷款	自耕农	佃农	入典	出典
	年工	月工	日工						
29		3							
北屯	2	1.5	147	209.223	65.232	129.991	124.74	6.668	20.668
1				42.5	42.5				
2				40	17.732	6.6			15.668
3				17.438	5	12.438			
4				25.625		25.625			
5				23.75		18.75			5
6				13.5		13.5			
7				12.86		12.86			
8				2.3		2.3			
9				31.25		31.25	31.25		
10						5	7.5	5	
11						1.668	2.85	1.668	
12							40		
13							21.31		
14							8		
15							12.5		
16							1.33		
17	2								
18									
19									
20		1.5							

农家号码	耕作面积	荒地	其他	马	骡	驴	牛	小计
全屯合计	1,202.10	108.69	10.925	125	31	2	13	171
西屯	669.135	24		65	19			84
1	58.75	24		3	4			7
2	30			4				4
3	79.76			4	3			7
4	41.875			4	2			6
5	87.5			6	3			9
6	87.5			10				10
7	77.5			9	2			11
8	68.75			4	3			7
9	56.25			7	1			8
10	32.5			6				6
11	25			5				5
12	16.25			1	1			2
13	7.5			2				2
14								
15								
16								
17								
18								
19								
东屯	278.235	12.5	5.375	34	4	2	9	49
1			1.5					
2	24.56	2.5		4				4
3	5							
4	9.06			2				2
5	108	8	2.5	11	4	2		17
6	5.5	2		1				1
7	4			2				2
8	3.54			1			9	10

农家号码	耕作面积	荒地	其他	马	骡	驴	牛	小计
9	0.7		1.375					
10	73.125			11				11
11	33.75			2				2
12	6.25							
13	4.375							
14	0.875							
15								
16								
17								
18								
19								
20								
21								
22								
23								
24								
25								
26								
27								
28								
29								
北屯	254.731	72.19	5.55	26	8		4	38
1		10						
2	6.6		1.1	1				1
3	12.438	20	1.25					
4	25.625	12.5		1	1			2
5	18.75	27.05	3	3				3
6	13.5						1	1
7	12.86	1.14					3	3
8	2.3	1.5	0.2					

续表

农家号码	耕作面积	荒地	其他	马	骡	驴	牛	小计
9	62.5			8	4			12
10	12.5			3				3
11	4.538			1				1
12	40			4	3			7
13	21.31			4				4
14	8			1				1
15	12.5							
16	1.33							
17								
18								
19								
20								

第二章　农产品的生产

日满一体化的战时经济急剧发展,渐渐动摇了原本绝对主导满洲的基本体制。

从 1930 年到 1935 年,"彻底克服严重的恐慌,对满洲新国家是必要的,也是迫在眉睫需要解决的问题",这是在日满统管经济的基础之上出现的问题,也还没有解决。并且在此时,战时经济犹如海啸般袭来,因为满洲农村社会建设的原因,给满洲农业带来了更为沉重的打击。

我们在第一编中已经写到,在满洲农业现今各种条件下,此次实态调查中,涉及的程家油坊屯的农民几乎都有苦难的体验,亲身经历了各种情形都历历在目。或是土地集中、分散,或是失去土地,甚至被新的金融机构——金融合作社支配农村金融,在多重重压之下,农民极度贫困潦倒。

在本章中可见,农民如此穷困却还专心于种植。我们可以从农民的耕作面积和收成状况来一睹如此贫困的满洲农民的面貌。

第一节　满洲主要农产品的种植倾向

我们首先从全满洲主要农产品的种植倾向来探讨其一般特征,然后再通过本次对程家油坊的耕作实态调查,找出其特殊性之所在,最后从其中发现解决未来问题的关键。原本"特殊性"必须以"一般性"为前提才能存在。"基础物"具有一般性,"特殊性"只不过是基础物的派生物或者变种。明确了特殊性,构成特殊性的根源部分的一般性也能明了,对于这个一般性的现实偏差的方向、性质和程度也会更加清楚。

从下表可以看出全满农产品根据年份种植比率的变化。

此表中,商品作物和自给作物的种植比率,分成 3 个阶段:(1)1931 年为止;(2)从 1932 年到 1937 年;(3)1938 年以后。这种大致区分可以清楚看出一些倾向。

(1)到 1931 年为止,商品作物的种植比率增加,与此相反,自给作物的种植比率不断减少,由此可以看出满洲农业经济的发展轨迹。

(2)1932 年到 1937 年,与前期相反,自给作物增加,商品作物减少,清楚地反映出农业危机对满洲农业的影响。满洲农业的发展停滞后又逆转,农民的贫困化,资本主义由外部强行渗入农村,导致自然经济出现了退化。

表 1   各年份全满洲主要农产品种植面积比率

年份	商品作物比率(%)			自给作物比率(%)				其他比率(%)
	大豆	小麦	小计	玉米	高粱	谷子	小计	
1926	30.3	8.1	38.4	10.0	21.6	17.2	48.8	12.8
1927	29.9	9.6	39.5	8.5	22.4	17.4	39.8#	20.7
1928	29.1	10.2	39.3	7.7	22.5	16.8	47.0	13.7
1929	31.2	10.1	41.3	6.8	23.1	16.7	46.6	12.1
1930	31.1	10.4	41.5	6.5	22.9	16.7	46.1	12.4
1931	30.6	11.6	42.2	7.2	21.7	16.3	45.2	12.6
1932	30.6	11.0	41.6	7.7	21.0	17.0	45.7	12.7
1933	30.2	10.4	40.6	8.3	20.1	18.0	46.4	13.0
1934	27.5	6.9	34.4	9.4	22.8	18.2	50.4	15.2
1935	26.5	8.0	34.5	10.1	23.2	19.6	52.9	12.6
1936	26.6	8.5	35.1	10.1	22.7	19.5	52.3	12.6
1937	26.4	8.9	35.3	10.4	22.4	19.2	52.0	12.7
1938	24.8	8.8	33.6	10.5	20.9	17.2	48.6	17.8
1939	24.5	8.3	32.8	10.8	20.6	16.9	48.3	18.9

备注:根据《满洲农产品估产量》。

(3)1937 年以后到最近,商品作物种植比率和自然作物种植比率持续低下,其他的农产品猛增,以这次中国事变为契机制定了增产计划。

从整个阶段来看以上情况,自给作物的种植比率虽然多少有些高低变化,但大变化的预兆很微弱。与之相反,商品作物的种植比率在 1931 年以 42.2%达到顶点,1939 年(去年)为 32.8%,明显地减少了约 10%。此外,就商品作物小麦来看,其变化就很微弱。

把 1939 年和 1926 年相比,几乎没有大的差异。我们目前研究的大豆,与 1926 年相比,1939 年为 24.5%,比前者减少了约 6%,与达到最高点的 1929 年相比减少了约 7%。由此可以看出,商品作物的种植比率大幅度减少,大豆的减少也是必然的。

以上我们回顾了主要的农产品种植比率的变迁,大致区分为商品作物和自给作物,我们可以知道商品作物特别是大豆的种植比率减少得最快。接着,我们来看各种主要农产品的种植面积的增加速度如何,哪一种最快,哪一种最慢。

各种主要农产品的种植面积在不同年份的指数如表 2 所示,将它用图表表示出来就如表 3 所示。换言之,总的种植面积在 1931 年增加了 25%,经济危机的 1934 年增加了 8%,与去年相比锐减了 12%。由此清晰地刻画了一条满洲农民无比艰辛的道路,到 1939 年增加了 40%。

把各种农产品区分来看,玉米增加60%为最高。小麦51%、谷子46%、高粱42%,增加幅度很大,显示了比总的种植面积增长率更大的增长势头。与之相反,大豆的增长率为20%,只达到总增长率的一半。

表2　全满洲总的种植面积和主要农产品的种植面积指数

年份	大豆	小麦	玉米	高粱	谷子	总种植面积
1926	100	100	100	100	100	100
1927	106	127	91	112	109	108
1928	112	147	90	122	115	117
1929	120	145	80	125	113	117
1930	124	154	79	128	117	120
1931	126	177	90	125	118	125
1932	116	156	89	112	114	115
1933	120	154	100	112	126	120
1934	98	92	102	114	115	108
1935	98	111	113	121	128	112
1936	102	121	118	122	133	117
1937	108	136	129	128	139	124
1938	116	144	140	136	156	133
1939	120	151	160	142	146	140

备注:《满洲农产品估产量》。

大豆在各种主要的农产品中,种植面积最少,这个面积只相当于愈发严重的经济恐慌的1933年的种植面积。另外,到1933年为止大豆一直和总种植面积的增加率基本上保持同步增加,而在1934年以后,其增长的步伐非常迟缓,没有任何积极发展的迹象。

根据表3[①],在1926年各主要农产品的种植面积指数从100开始,到1939年以总的种植面积为中心,与玉米、小麦、谷子、高粱的依次高地位相反,大豆虽然在历史上比较早地接受了资本主义的洗礼,但却处在最低位置,只有120点。于是,曾经的黄金般的果实,即使只有一粒,也能让满洲农民喜笑颜开的大豆,对现如今的满洲农民来说,是受苦难的结晶,是得不到回报的付出,也是对残酷的近代资本主义的无言挑战。

通过反映总种植面积和各主要农产品的种植面积的表4所示,历史的兴衰更加清楚地展现在我们面前。请给予足够的重视。

———————————

① 编者注:原文无表3、4,可能是因为影印的资料不完整,或档案馆藏报告书不完整。

以上是我们从全满洲各主要农产品的种植面积随年份的兴衰来看的,将南、北满洲区分,通过对表5、6的研究,很想看看其趋势的强弱程度。然而现在我们手头上只有1926年到1932年之间,以及1935年、1936年各省份的数据,没有各地方的数据。虽然很遗憾,不得不放弃地方上的研究,但仍可以看出其大体的趋势。

在表5和表6中我们注意到,南满和北满之间商品作物的地位截然不同。即:南满商品作物的种植比率约为20%,自给作物约为60%;与之相反,北满的商品作物占45%,而自给作物大约占了40%。北满商品作物的种植比率大约是南满的两倍,这主要是因为北满小麦的种植比率高,还有除自然条件之外,经营规模大的缘故。

接着,我们来看一下目前以大豆为中心的商品作物历史性的兴衰足迹。

前面所述,全满洲在1931年达到鼎盛的商品作物有了减少的倾向,南满洲以1934年为明显的分界线。

表5　南满主要农产品种植面积比率

| 年份 | 商品作物比率(%) | | | 自给作物比率(%) | | | | 其他比率 |
	大豆	小麦	小计	玉米	高粱	谷子	小计	(%)
1928	23.2	3.4	26.6	10.6	29.5	16.9	57.0	16.4
1933	28.5	2.8	31.3	9.3	28.3	17.1	34.7	14.0
1934	29.5	2.8	32.3	9.3	27.2	16.8	33.3	14.4
1937	22.0	1.2	23.2	11.0	28.8	17.2	57.0	19.8
1938	22.1	1.1	23.2	11.7	28.7	16.5	56.9	19.9
1939	21.7	1.2	22.9	12.1	28.1	16.1	56.3	20.8

备注:同前。

表6(1)　北满主要农产品种植面积比率

| 年份 | 商品作物比率(%) | | | 自给作物比率(%) | | | | 其他比率 |
	大豆	小麦	小计	玉米	高粱	谷子	小计	(%)
1928	29.2	10.3	39.5	7.7	22.6	16.9	47.2	13.3
1933	31.5	17.3	48.8	7.4	12.7	19.0	39.1	12.1
1934	28.1	12.9	41.0	8.3	14.0	19.2	41.5	17.5
1937	28.2	17.7	45.9	8.2	10.9	18.4	37.5	16.6
1938	28.1	17.1	45.2	8.6	11.2	18.2	38.0	16.8
1939	27.9	16.7	44.6	9.3	11.7	17.9	38.9	16.5

备注:同前。

也就是说1934年和1939年相比,小麦减少了约2%,尤其是大豆剧跌8%。从全部商品作物来看,剧减了约10%,其中大豆的减少是决定性的因素。这些农产品的减少了,取而代之的是其他农产品的增加了。北满以1933年为契机,小麦稍减,大豆减少了4%。商品作物合计减少了大约4%,与南满减少的部分相同,减少部分被其他农产品的增加而代替。此外,北满农产品种植比率的变化倾向,也与本次实地调查的克山县和齐北线地区的情况相一致。表6(2)反映了大豆从1933年到1939年减少了约7%的情况。

表6(2) 齐北线及墨宁线地方主要农产品种植面积比率

年份	商品作物比率(%)			自给作物比率(%)				其他比率(%)
	大豆	小麦	小计	玉米	高粱	谷子	小计	
1928								
1933	34.3	18.0	52.3	7.0	7.5	18.8	33.3	14.4
1934	27.6	10.1	37.7	8.9	6.4	20.3	35.6	26.7
1937	27.3	22.2	49.5	7.1	5.0	16.8	28.9	21.6
1938	28.2	20.0	48.2	7.2	6.2	17.0	30.4	21.4
1939	27.8	19.8	47.6	8.9	7.3	17.7	33.9	18.5

备注:同前。

总结以上这一节的内容,可以得出以下几点结论:

一、全满洲商品作物的种植比率有减少的倾向,而这一倾向是由大豆种植的减少所决定的。

二、经济危机的1934年,总的种植面积出现逆转,大豆的种植显著减少。

三、大豆种植面积的增加到1933年就结束了,之后大豆的增加是主要农产品中最为迟缓的。

四、到1939年,大豆的主要种植面积只恢复到1933年的种植面积。

五、在商品作物的种植面积上,北满的种植比率要比南满更高。

六、从南北满都可以看出大豆的种植比率减少,而其对南满是决定性的因素。

七、大豆种植比率的减少趋势逐渐增大,取而代之自给作物和其他农产品的比率在增大。

以上的各种变化,反映了满洲农民一路走来,历经了千辛万苦,能够看出在残酷的经济历史发展法则中,满洲农村无形地被不受限制的资本主义经济渗透。

在下一节中,通过对程家油坊屯的实地调查,具体展示农村和资本主义外围的接触面。

第二节　本屯主要农产品的种植倾向

本屯主要农产品种植比率的顺序,根据表1,康德5年、6年依次是大豆、小麦、谷子、玉米、高粱。这与大同2年、康德元年相比,可以十分清楚地看出小麦从第4位上升到第2位。此外,大豆的种植比率依然毫无动摇地保持第1位,玉米、谷子各降低了一位,高粱排在第5位。

再来根据年份看种植比率的推移变化。根据表2,大豆从大同2年的42.9%降低到31.4%,减少了大约10%,谷子也从23.2%降到17.9%,减少趋势明显。其他方面,小麦从7.7%增长到24.9%,增加了约三倍。玉米、高粱没有变化。这里变化最为明显的是大豆的大幅度减少和小麦的显著增加。

表 7　各年份种植面积比率的排名

年份	大豆	小麦	玉米	高粱	谷子
大同 2 年	I	IV	III	V	II
康德元年	I	IV	III	V	II
康德 5 年	I	II	IV	V	III
康德 6 年	I	II	IV	V	III

备注:参考表 8 制成。

表 8　　程家油坊屯主要农产品种植面积比率

年份	商品作物			自然作物				其他
	大豆	小麦	小计	玉米	高粱	谷子	小计	
大同 2 年(1933)	42.9	7.7	50.6	7.7	3.0	23.2	33.9	15.5
康德元年(1934)	33.2	6.0	39.2	7.5	3.4	23.2	34.1	26.7
康德 5 年(1938)	33.5	25.4	58.9	6.2	4.3	18.1	28.6	12.5
康德 6 年(1939)	31.4	24.9	56.3	6.5	4.8	17.9	29.2	14.5

备注:据大同 2 年康德元年产调资料①。

上文中,小麦是增产计划中的农产品,小麦的种植比率如此急剧增加,一个主要原因在于小麦价格的高涨。大豆和谷子(尤其是大豆)的种植比率减少,是小麦种植比率急剧增加所带来的必然的结果。满洲的农民即使由于轮作的关系被制约,但仍然进行着一定程度的农产品转换。

---

① 编者注:原文如此,最初报告书大概有附加资料,但编者见到的版本无附加资料。

此外,如果将其区分为商品作物和自给作物两大类来看,除去经济危机加深的康德元年,商品作物的种植比率大约是自给作物种植比率的两倍。与商品作物的种植比率在增长相反,自给作物的种植比率却在减少。可是进入康德6年,这种情况有所转变,与自给作物的种植比率呈现增加的趋势相反,商品作物却呈现出减少的趋向。

康德元年,商品作物的种植面积骤减,其他农产品却急剧增加,主要原因在于大麦(5.24%)和芝麻(3.32%)的增加。(参考表9)

表9 大同2年和康德元年"其他农产品"种植比率比较表

年份	大麦	稗子	黍	芸豆	小豆	线麻	芝麻
大同2年	4.22	1.43	1.42	0.01	0.37	0.17	1.12
康德元年	9.66	1.41	2.17	0.16	0.29	0.79	4.44

年份	*子	烟草	蔬菜	燕麦	豆子	合计
大同2年	0.07	0.03	6.22	—	0.20	15.47
康德元年	1.50	0.26	5.72	0.07	0.20	26.67

接下来,从生产规模来看康德6年主要农产品的种植情况。从表10可以看出,上、中级阶层和下级阶层之间差异显著。在上、中级阶层,大豆和小麦分别占据第1、第2位,紧接着谷子是第3位。下级阶层第1位是大豆,接下来是谷子、玉米分别占第2和第3,第4是小麦。与去年相比,上、中级阶层的位次没有发生什么变化,但下级阶层在去年排名第1位的小麦和第4位的大豆,却在今年颠倒了位置。

表10 阶级差别下种植比率的排名

阶级	年份	大豆	小麦	玉米	高粱	谷子
下层(10晌以下)	康5	4	1	3	5	2
	康6	1	4	3	5	2
中层(10晌以上40晌以下)	康5	1	2	4	5	3
	康6	1	2	4	5	3
上层(40晌以上)	康5	1	2	5	4	3
	康6	1	2	5	4	3

表 11　不同的生产规模下各主要农产品种植面积比率表

按种植面积区分	年份	商品作物					
		大豆		小麦		小计	
		面积	比率	面积	比率	面积	比率
10 晌以下	5 年	9.0	18.4	13.5	27.6	22.5	46.0
	6 年	21.45	26.6	12.7	15.7	34.15	42.3
	增减		(+)8.2		(-)11.9		(-)3.7
10 晌以上40 晌以下	5 年	88.0	34.5	61.5	24.1	149.5	58.6
	6 年	65.5	27.2	59.0	24.5	124.5	51.7
	增减		(-)7.3		(+)0.4		(-)6.9
40 晌以上	5 年	122.5	34.4	93.0	26.1	215.5	60.5
	6 年	199.2	33.8	155.0	26.3	354.2	60.1
	增减		(-)0.6		(+)0.2		(-)0.4
全屯	5 年	219.5	33.5	168.0	25.4	387.5	58.9
	6 年	286.15	31.4	226.7	24.9	512.85	56.3
	增减		(-)2.1		(-)0.5		(-)2.6

按种植面积区分	年份	自给作物							
		玉米		高粱		谷子		小计	
		面积	比率	面积	比率	面积	比率	面积	比率
10 晌以下	5 年	9.8	20.1	0.5	1.0	11.2	22.9	21.5	44.0
	6 年	11.6	14.4	3.0	3.7	15.1	18.7	29.7	36.8
	增减		(-)5.7		(+)2.7		(-)4.2		(-)7.2
10 晌以上40 晌以下	5 年	18.0	7.1	9.5	3.7	46.0	18.0	73.5	28.8
	6 年	22.0	9.1	11.5	4.8	47.5	19.8	81.0	33.7
	增减		(+)2.0		(+)1.1		(+)1.8		(+)4.9
40 晌以上	5 年	13.0	3.7	18.5	5.2	62.0	17.4	93.5	26.3
	6 年	25.5	4.3	29.5	5.0	100.2	17.0	155.2	26.3
	增减		(+)0.6		(-)0.2		(-)0.4		0
全屯	5 年	40.8	6.2	28.5	4.3	119.2	18.1	188.5	28.6
	6 年	59.1	6.5	44.0	4.8	162.8	17.9	265.9	29.2
	增减		(+)0.3		(+)0.5		(-)0.2		(+)0.6

续表

按种植面积区分	年份	其他		合计	
		面积	比率	面积	比率
10 晌以下	5 年	4.95	10.0	48.95	100.0
	6 年	16.85	20.9	80.70	100.0
	增减		(+)10.9		
10 晌以上 40 晌以下	5 年	32.1	12.6	255.10	100.0
	6 年	35.15	14.6	240.65	100.0
	增减		(+)2.0		
40 晌以上	5 年	46.9	13.2	355.90	100.0
	6 年	80.3	13.6	589.70	100.0
	增减		(+)0.4		
全屯	5 年	83.95	12.5	659.95	100.0
	6 年	132.3	14.5	911.05	100.0
	增减		(+)2.0		

注:"其他"一栏中包含菜园。

表 12　依据生产规模的不同的商品作物对自给作物的种植比率

年份	40 晌以上	10 晌以上 40 晌以下	10 晌以下
康 5	43.5	49.1	95.7
康 6	43.8	65.2	87.0
增减	(+)0.3	(+)16.1	(−)8.7

因为经营面积狭小,所以可以看到一般的下级阶层受轮作关系制约的程度更深的现象。

再者,根据表 11,康德 6 年商品作物的种植比率显示,上中下各阶层分别为六成、五成、四成,将这个数据与上一年相比,中层大约减少了一成,上下两层同时减少,显示出商品货物的种植比率是根据经营面积的增加而增大的。另一方面,自给作物的种植比率在上中下阶层分别为三成、三成和四成。将这个数据与上一年相比,随着中层各种作物的共同增加,整体也在增加。虽然下层在减少,上层没有什么变化,但显示出自给作物的种植比率与商品作物相反,是随着经营面积的增大而减少的。

换言之,商品作物的种植面积是与经营面积的增大成正比的。与此相反,自给作物的种植面积则与经营面积的增大成反比。

于是,假设这两者之间的比率,即商品作物的种植比率为 100 的话,此时表 12 中的康德 6 年时的自给作物的种植比率在上、中、下各阶层分别约为四成、七成和九成。就下层阶级来说两者之间的差值有很大的缩小。将这个数据与上一年相比,可以看出上、中层都有增加,特别是中层明显地增加了大约两成,下层大约减少了一成。最终根据表 11"其他谷物"中呈现出了增长趋势,但是在经营面积有所减小的下层中,这种变化对于整体来说没有造成很大影响。

归纳一下以上的这些内容,为以下几点:

1.一方面受到轮作关系的制约,一方面也能看出作物转换的趋势。

2.受轮作关系的制约程度是根据经营面积的减小而增强的。

3.在趋势上表现为商品作物(主要为小麦)的增加和自给作物的减少。

4.但是这种发展性的趋势在最近也略微显示出逆转的趋势。

5.商品作物(大豆、小麦)的种植比率与经营面积的增大和缩小成正比,而自给作物则成反比。

6.经营面积的增大程度主要是通过大豆的种植比率的减少和向自给作物与其他农产品的作物转换的倾向显示出来。

以上是我们对本屯的主要农产品的种植倾向所做的简单分析,接下来要对明年的种植做大体预测。

第三节　明年重要农产品的种植变化倾向

我们在前一节中对本地重要农产品的种植倾向做了分析,接下来是针对去年 11 月实施的大豆专管制度以及主要粮食的统管,农民们是如何反应以及这种反应造成的结果是以什么形式表现出来的,这一点我们从本屯明年的种植预想中来看吧。但是这种程度的统管为什么会产生这样的结果,这个过程的讨论我们放在下一章。

将本屯明年的种植预测和康德 6 年对比来看的话,就如下面表 13 所示:

表 13　按生产规模区分康德 6 年及康德 7 年主要农产品的种植比率

经营面积	年份	商品作物			自给作物				其他
		大豆	小麦	小计	玉米	高粱	谷子	小计	
10 响以下	6 年	26.6	15.7	42.3	14.4	3.7	18.7	36.8	20.9
	7 年	29.5	10.5	40.0	20.8	3.6	28.7	53.1	6.9
	增减	(+)2.9	(-)5.2	(-)2.3	(+)6.4	(-)0.1	(+)10.0	(+)16.3	(-)14.0
40 响以下	6 年	27.2	24.5	51.7	9.1	4.8	19.8	33.7	14.6
	7 年	29.5	18.8	48.3	10.5	6.0	23.8	40.3	11.4
	增减	(+)2.3	(-)5.7	(-)3.4	(+)1.4	(+)1.2	(+)4.0	(+)6.6	(-)3.2
40 响以上	6 年	33.8	26.3	60.1	4.3	5.0	17.0	26.3	13.6
	7 年	25.4	26.3	51.7	6.7	8.9	19.4	35.0	13.3
	增减	(-)8.4	0	(-)8.4	(+)2.4	(+)3.9	(+)2.4	(+)8.7	(-)0.3

续表

经营面积	年份	商品作物			自给作物				其他
		大豆	小麦	小计	玉米	高粱	谷子	小计	
全屯	6 年	31.4	24.9	56.3	6.5	4.8	17.9	29.2	14.5
	7 年	27.2	22.5	49.7	9.1	7.4	21.7	38.2	12.1
	增减	(−)4.2	(−)2.4	(−)6.6	(+)2.6	(+)2.6	(+)3.8	(+)9.0	(−)2.4

上边表 13 的明年种植比率的数字是以农民的种植预测为基础计算出来的,以后会如何变化,以及在实际种植过程中会呈现怎样的变化是难以确保的。但是作为种植倾向的可能性,暂且可作为参考。

根据此表,明年本地的主要农产品的种植比率显示出明显的趋势,即从商品作物向自给作物转换的倾向。将此与康德 6 年相比较,自给作物如谷子、玉米、高粱等都分别有所增长,从总体上看呈现了大约一成的增加。与之相反,商品作物小麦则减少了约 2%,大豆则呈现了约 4% 的减少,整体呈现出 7% 的减少。

按经营面积大小来看,自给作物中的下层大约有 16%,中层为 7%,上层则有 9% 的增加,可以看出农民们固守在自己范围之内。另一方面,商品作物中上、中、下层都呈现出减少的趋势。上层中大约一成的减少表现的特别显著,凌驾于整个本地的减少率之上。进一步看,小麦在上层没有变化,大豆减少了 8%。决定了上层商品作物的急速减少,中、下层都显示出了大豆的微增,小麦却有大约 6% 的减少。这就如第二节中所看到的,可以说经营面积越小,受轮作关系的制约就越强,而经营面积越大,受轮作关系的制约就越弱。

从以上几点,我们可以看出:

1.关于明年的种植倾向,呈现出商品作物向自给作物的种植转换的倾向。

2.自给作物的种植比率在各个阶层都有很大增加。

3.商品作物中当前大豆的种植比率,尤其是在上层有大的减少。

在这里我们稍微探究一下当前有关大豆的种植倾向的问题。

以上看到的关于作物转换的过程在战时经济中多大程度上影响了农村的这一问题,必须弄清楚。这一点就像前面所述一样,在下一章进行分析。

但是另一个重要原因是,在满洲农业中,比起施肥,更倾向于根据大豆的种植来计算土质的恢复。因此,作为阻碍作物转换倾向的重要原因,必须提出轮作关系这一问题。

也就是说由于这种不成熟的经营方式,必须种植大豆的限制俨然存在。但是这个轮作制度就像我们在第二节里看到的那样,考虑到农民们被这种轮作关系制约着的同时还能进行作物转换,说明也许有其他外部因素促成了这种作物转换。并且这种外部因素越强,种植转换所显示的程度就越显著。

关于轮作关系的制约就如我们在第二节或者本节中看到的按照生产规模区分的那样,受轮作关系制约比较小且经营面积大的上层农家,受到强烈的外部原因影响时,这种影响就成为了决定性的因素。

这样想来,如前所述明年本屯的上层农家的大豆种植比率的减少十分富于启发性,即上层农家种植比率的减少是基于经营面积的扩大,就算下层农民的种植比率增加,其面积减少的具体数字的影响也是决定性的。

从以上来看本屯明年大豆种植的倾向,可以知道对大豆种植减少的倾向无法保持乐观态度。但就全满来看,我们已经在第一节中讲到,大豆的种植倾向乃至每年的增减的记录都实在太惨不忍睹了,和其他的农产品相比较,都相对地有所减少。解释这种"一般性"的关键会不会隐藏在我们对程家油坊调查所得倾向的"特殊性"深处。

第四节　本屯主要农产品的收成状况

到前一节为止,我们就主要农产品的种植上所表现的农村整个形态进行了分析,本节主要是探寻农民们有时与降雨对抗,有时与酷暑作战,灌注心血,满身泥土的辛勤耕作所得的农产品的收成情况。

在这里必须要注意的是,没有比农产品更易受自然条件支配的了,于是一般认为农产品的产量完全取决于自然因素。但是我们认为虽然自然原因是其中一个重要原因,但决定农产品的收成的并不只有自然原因,同时还必须考虑各种各样生产关系的作用。

向农民们询问了本屯主要作物的一般的年收成,他们是这样回答的:"根据去年(康德 5 年)的一般年收成来看,各主要作物的每响收成是大豆 4 石、小麦 3 石、玉米和谷子共 4 石。"

关于康德 6 年各作物的依赖程度来说,北屯 2 号农家说"去年大体上为普通收成,今年的收成与去年相比大约减少了三成。原因是今年虽然在春季时日照一直持续,但是到了 5 月第二除草期的时候却降水过多,所以造成了收成前所未有的差。"与此相同,北屯 5 号农家说:"5 月初旬到 6 月中旬降水过多,但是到了 6 月下旬开始降水越来越少,甚至到后来毫无降水,同时日照却持续强烈,7 月上旬开始多次进行祈雨到最后却还是没有什么降雨,农产品因为旱灾的原因收成变得很差。因此今年的收成大概为五成,主要作物的每响产量大约为大豆 2 石(旧石),小麦 3 石,谷子、玉米、高粱共 4 石。"另外,北屯 2 号农家在康德 6 年的每响产量是大豆 3 石(旧石),小麦 2 石,高粱 2.5 到 2.6 石,玉米、谷子共 3.5 石左右。

这两户农家中,一边的 5 号农家是经营面积为 86 响的自耕农,另一边的是地主、自耕农。把他们的每响产量当做一般产量来看虽然不妥当,但还是能从中观察到大致的依赖状况。

康德 6 年本屯主要农产品的产量如表 14 所述,每响的产量为大豆 2.48 石,小麦 1.76 石,玉米 3.6 石,高粱 4.12 石,谷子 3.89 石。将康德 5 年的收成设为 100——普通年收成,比较主要农产品的每响产量来看,情况最糟的是大豆减少了三成,小麦、玉米和高粱则分别大约减少了一成,谷子则基本没有变化,可看做与普通年收成相同。

根据同一表格,再来按年份看每响的产量的增减,除小麦之外,农产品大致都有三成到六成的减少。与康德元年相比,康德 6 年的主要农产品(除小麦之外)每响的产量都有所好转,将其与大同 2 年相比,大豆、玉米各有约一成的减少,高粱、玉米各有约四成、两成的增加。至于小麦,与康德元年相比,约有两成减少,与大同 2 年相比大约有五成的减少。将其大致分为商品作物和自给作物来看的话,商品作物所有农产品每响的产量,都有所减少。自给作物则除了玉米之外,所有农产品的产量都有所增加。

造成主要农产品产量减少的原因不得不算上农产品的商品化所带来的影响。如大豆、小麦这样的商品作物,每响产量的减少无论其价格的相对上涨与否,一般来说都意味着每响产量价格的减少,而且农民必须购买的生活必需品价格的相对上涨更加剧了这种情况。农民们拿自己一片小小的土地上辛辛苦苦耕耘而来的收获,为了返还金融合作社的贷款,上交租税,或是购买生活必需品,支付薪水,不论自己喜欢与否都必须出售。根据这些必然的原因,对于不得不卖出收成的农民来说,商品作物产量的减少成为了一个决定性的打击。由这种商品作物的卖出而得的货币没有达到必要的货币数量的时候,就造成了必须将自家的口粮也卖出的结果。这就是促成自给作物商品化的基本原因之一。(另一方面,一般来说佃农向地主作为地租交纳的实物地租的自给作物都被地主作为商品卖出,也造成了自给作物的商品化。)这个基本原因也同样促成了满洲农民贫困化的根源。除此之外,自给作物的商品化也有外来的因素——一般需求的增加而加深。

对于像这样贫困化不断加重的农民们来说,以康德 6 年 11 月 1 日所实施的大豆专管制度为开始,由粮食公司所制定的公定价格,由于其自己所存在的缺陷——各农产品之间价格的不平衡,造成了谷子、高粱、玉米的绝对以及相对性价格上涨,酿成了农产品商品化上的一大异变。

关于这一统管制度在农产品商业化上所造成的一系列变化,我们将在下一章中进行研究。

表 14　程家油坊屯主要农产品种植面积及产量　(面积:大亩;产量:旧石)

		大同 2 年			康德元年		
		种植面积	总产量	每响产量	种植面积	总产量	每响产量
大豆	实数	256.596	747.461	2.9	247.70	520.526	2.1
	指数			80.6			58.3
小麦	实数	46.2	120.957	2.6	45.00	92.297	2.1
	指数			138.5			107.7
玉米	实数	45.804	186.168	4.0	55.80	147.18	2.6
	指数			100.2			65.2
高粱	实数	17.70	41.826	2.4	25.30	45.159	1.8
	指数			53.2			39.9
谷子	实数	138.8	458.394	3.3	172.78	334.859	1.9
	指数			84.0			48.3

续表

		康德 5 年			康德 6 年		
		种植面积	总产量	每晌产量	种植面积	总产量	每晌产量
大豆	实数	219.50	789.70	3.60	286.15	706.15	2.48
	指数			100.0			68.9
小麦	实数	168.0	327.90	1.95	226.70	397.80	1.76
	指数			100.0			90.2
玉米	实数	40.8	162.70	3.99	59.1	212.97	3.60
	指数			100.0			90.20
高粱	实数	28.5	128.40	4.51	44.0	181.40	4.12
	指数			100.0			91.40
谷子	实数	119.2	468.50	3.93	162.80	633.50	3.89
	指数			100.0			99.0

第三章　对主要农产品的处理

第一节　对本屯主要农产品的处理概况

一、销售

克山地区主要商品化农产品是大豆和小麦这一点不用多说。它们的种植面积——产量的绝对性优势最终使高粱、玉米、谷子等的产量和销售的可能数量受到了制约，促使这些粮食的自给化趋势更为明显——也带来了销售率低下等后果。

第15表和16表是本屯在康德元年、5、6年主要农产品的销售额和销售率的比较。抽出50户左右的一屯的销售率，仅仅因为一个条件的变化（比如地主的迁移等）就很容易发生极其强烈的变动，在这个意义上是不能成为普遍性推论的基础的。康德元年的销售率，特别是玉米、谷子等特别高的数字，明显是在观察卖完了的农家时只根据以西屯程家为中心的大农（地主）的销售得出的，其他的农家仅仅只算上了一两户。因此康德3年程家分散之后，程普、程庆、程山所拥有的土地被全部卖出，举家迁移去了嫩江，最小的弟弟程林也去了县城开了一家油坊，变成了不在地主，所以完全没有了像从前那样的大地主的身影，收取地租者的杂粮卖出也减少了，县城程家收取的地租也完全不能计算到本屯的销售额中。全屯的产量都在整体下降，特别是杂粮的变动特别强烈，造成了销售率的大幅变动。与元年相比，5年的销售率的低下在玉米、谷子上反应得尤其明显。从5年和6年的比较中看不出来，但由"屯构成的变化"引起的销售率的变动中可以看出，销售的诸多条件中，第一是减产，第二是大豆、小麦的价格分配的统管的大变动而造成的。总之，一般来说该地的商品化农产品都是大豆和小麦，与南满相比，杂粮的商品化率是非常低的。虽说苏子、亚麻等特殊农产品的商品化率都为100%，但它的种植面积和产量在全部农产品中所占的地位都极其低下，并没有看到其重要性，并把它作为问题的主要对象提出来。

表15　康德元年及康德5、6年主要农产品产量及销售量　（单位：旧石）

	康德元年		康德5年		康德6年	
	产量	销售量	产量	销售量	产量	销售量
大豆	565.85	318.58	789.70	514.47	706.15	385.70
小麦	71.27	45.98	327.90	193.86	397.80	240.29

续表

	康德元年		康德5年		康德6年	
	产量	销售量	产量	销售量	产量	销售量
玉米	144.24	38.43	162.70	8.00	212.97	24.00
谷子	342.12	75.76	468.50	42.00	633.50	49.90
高粱	不明	不明	128.42	3.00	181.40	23.50

表16　康德元年及5、6年主要农产品的销售率比较

	康德元年	康德5年	康德6年
大豆	56.3(2)	65.1(1)	54.6(2)
小麦	64.5(1)	59.1(2)	60.4(1)
玉米	26.6(3)	4.9(4)	11.3(4)
谷子	24.3(4)	6.8(3)	77.9(5)
高粱	不明	2.3(5)	13.0(3)

第15及第16表备注:

①康德元年是从1月到12月为止。5、6年是从当年9月到第2年8月为止。两者都是全屯产量的销售率。6年度包含预测数字。因此严格意义上来说很难确保正确,但能作为一个指标表示大概的倾向。

②康德元年的产量因为跨两个特产年,因此所给的数字是康德元年+前期转账-下期转账。

二、自家消费

如前所述,因为要交纳一定金额的地租给现在以县城程家为代表的不在地主(推测为产量的30%左右),所以不能将前项销售数量以外的东西全部算为自家消费。

但是自家消费率的高低顺序与前项销售率的顺序完全相反是一件必然的事情,而且不用说玉米、高粱、谷子的自家消费率与大豆、小麦的自家消费率相比,前者远远高于后者。在这里我们将自家消费大概分为食品、饲料、种子三类,地租及工资将不作为纯粹意义上的处理。

(一)食品

康德6年(6年9月到7年8月)全屯67户调查户的自家食用消费数量为:

大豆　33.88石(旧石)

小麦　14.75石

玉米　139.13石

高粱　9.75石

谷子　388.96石

合计　586.47石(全屯474人,平均1人1.24石)

以上五个品种各自的比率在下一个表中表示。

表 17　康德 5 年和 6 年自家食品主要农产品数量比率

	康德 5 年	康德 6 年
大豆	6.1	5.8
小麦	2.4	2.5
玉米	26.6	23.7
高粱	0.8	1.7
谷子	64.1	66.3
合计	100.0	100.0

备注：从当年 9 月到第 2 年 8 月末止。

康德 6 年包含预测数字。

如表所示，自家食品中占最大比率的是谷子（小米），大约 65%，其次是玉米（约 25%）、大豆（6%）、小麦（2.5%）、高粱（1.5%）这样的顺序。

自家食用的谷子全部是由自家劳力来碾成小米，相当于是主食。（区别与南满以高粱主食是由于高粱品质的差异。）

小麦全部多是在自家做成小麦粉来消费。（但是小麦粉的大部分——白面——一般主要靠购买。）

玉米大多是做成玉米渣子，一小部分做成玉米面来食用。玉米面中一般有 10% 的豆面（大豆粉）混杂其中。

本屯的高粱基本上不作为食品消费。

自家的推米和拉面的制作方法仍然是利用碾子和磨。

本调查的主要对象——大豆的食用开销的顺序如前所述，除了有少量的豆面，第一为大酱，第二为豆芽，第三为豆腐，第四为咸豆。一般低级的日常饮食为大酱、豆芽（3 月份左右生产）。豆腐则稍微高级或者用来招待客人。豆腐主要是富农自己制作的，而小农就连购买的人也很少。（参考表 18）

表 18　康德 5 年大豆自家食用消费明细

用途	实数	比率（%）
豆腐	8,200	23.0
大酱	12,390	34.8
豆芽	10,605	29.7
咸豆	4,455	12.5

续表

用途	实数	比率(%)
合计	35,650	100.0

备注:全屯中44户的大豆食用消费合计。

康德5年9月到6年8月末为止。

(二)饲料

康德5、6年全屯家畜(成畜)的头数如下表所示:

表19 全屯成畜头数

	康德5年	康德6年
马	96	100
骡	25	31
驴	2	2
牛	10	9
猪	50	45
合计	183	187

备注:康德6年67户中完全没有家畜的有27户。

以上大约有190头成畜及几十头幼畜(只有猪的幼畜比成畜多)。饲料消耗大约为200石。大约相当于全屯食物消耗的三分之一。

表20 康德5、6年自家饲料消费数量　　　　　(单位:旧石)

	康德5年	康德6年
大豆	29.92	46.80
小麦	—	—
玉米	6.70	5.30
高粱	93.88	103.59
谷子	50.20	52.25
合计	180.70	207.94

备注:当年9月到第2年8月为止,可看出以上各个品种的消费率差别。

家畜饲料的顺序中,高粱具有绝对性的优势(50%),其次是谷子(25%)、大豆(22%)、玉米(3%)。

秭子在本屯的生产量非常少,因此作为饲料的意义也很小。不用说作为大型家畜饲料。除了这些粮食谷物之外还有更多是青草、谷草,特别是在冬季的劳动休止期时,基本只把谷草作为饲料。高粱糖和谷子糖也同样是(主要是猪)作为饲料来使用。如后面所述,大豆饲料化的倾向在大豆统管制出台之后成为了一个特色,但大豆不能直接喂食,必须煮过才能喂食。

表 21　康德 5 年及 6 年自家饲料主要农产品数量比率

	康德 5 年	康德 6 年
大豆	16.5	22.5
小麦	0	0
玉米	3.7	2.6
高粱	52.0	49.8
谷子	27.8	25.1
合计	100.0	100.0

备注:当年 9 月到第 2 年 8 月为止。

康德 6 年包含预测数字,冬季有冻结的危险,它的供给会有些不便。

在这里因为限定在自家消费饲料上,所以关于豆饼的数字就没有列举出来,它作为饲料的重要性就不在这里赘述了。但是大豆统管制之后豆饼价格上涨这一趋势更加迫切需要其向大豆转换,这将在后面细述。

包括猪在内的所有家畜平均一年的自家饲料消费量如上表所示,计算可以得出大约为旧石 1 石。以大型家畜(马)一整年的饲料消费量为例子(据农民所说),如下所示:

大豆　0.5 旧石

豆饼　12 枚

高粱　1.5 旧石

谷草　2,500 斤

本屯牛的头数较少,它的饲料与马不同,在必要的时候只提供大豆做饲料,对于生理上也没有伤害。在这一点上也与大豆饲料化的倾向有关,值得我们关注。

(三)种子

与种植面积增减区分开的是种子消费的增减,在现在这个生产阶段是还需等待。

接下来我们从它与种植面积的关系来看其绝对量的增减。在这里我们先用本屯一个农家平均每响各农产品种子的使用量作为例子来进行说明。(小麦、大麦的种子用量很大,成为了本屯两三处可见的地租的特殊形态——减去种子的 4% 到 6%——的基础。)

每晌种子的使用量　　　　　　　　　　(单位:旧石)

大豆	0.2		谷子	0.05
小麦	0.5		苏子	0.02
大麦	0.5		稗子	0.05
玉米	0.1		饭豆	0.2
高粱	0.05		亚麻	100(斤)

第二节　大豆统管后农产品处理中出现的新倾向

一、主要农产品销售率的变化

在康德5年、6年,五种主要农产品(大豆、小麦、玉米、高粱、谷子)处理方式的概况在表22中有详细记载。为了将各种农产品在全屯各户的收入进行统计,合计栏的数字除了实际产量之外,还包含屯内移动的地主的收入——地租、雇佣劳动者收入——工资,这样的话数字明显会有重叠。因此为了使以合计数字为基础得出的各种处理项目的比率不失去其意义,在表26之后只列举了纯粹处理的食物、饲料和种子的和销售,只考察其相互之间比率的增减。

表22　康德5、6年度主要农产品处理方式比较

已使用　今年9月到12月末
〇已使用数量　　　　　　　　　　　预测　　　明年1月到8月末

品种	年份	户数	合计	小计	销售	食料	饲料	地租	工资	其他
大豆	康德5年	35	845.40	733.36	495.97	11.18	11.47	164.44	46.5	3.8
	康德6年	35	739.15	615.32	367.30	11.6	15.85	197.07	21.6	1.9
小麦	康德5年	32	344.35	266.24	193.86	7.40	—	59.48		5.5
	康德6年	33	409.61	346.23	235.04	9.76	—	87.13	4.0	10.3
玉米	康德5年	32	184.60	80.58	8.00	51.80	1.00	19.48	—	0.3
	康德6年	36	224.97	113.82	21.00	42.52	1.50	44.60	3.5	0.7
高粱	康德5年	14	129.20	75.50	23.00	0.50	46.80	25.20	—	—
	康德6年	21	183.54	119.85	223.50	6.85	48.54	39.76	—	1.2
谷子	康德5年	34	534.15	241.44	22.00	108.30	19.10	89.04		3.0
	康德6年	40	681.48	339.83	46.00	122.96	15.80	136.88		18.2

备注:康德6年包含未来的预测数字。

○预测使用数量

品种	年份	小计	销售	食料	饲料	种子	其他
大豆	康德5年	112.04	18.50	20.82	18.45	53.97	0.30
	康德6年	123.83	18.40	22.28	30.95	50.50	1.70
小麦	康德5年	378.31	—	5.01	—	72.30	0.80
	康德6年	63.38	5.25	4.99	—	53.14	—
玉米	康德5年	104.02	—	87.79	5.70	5.03	5.50
	康德6年	111.15	3.00	96.66	3.80	6.44	1.30
高粱	康德5年	53.70	—	3.50	47.08	2.18	0.94
	康德6年	63.69	—	2.90	55.05	5.14	0.60
谷子	康德5年	292.71	10.00	227.89	31.10	7.72	16.00
	康德6年	341.64	3.90	266.00	36.45	16.09	19.20

如同前面表16的销售率比较表可以看到的那样,大豆的销售量从康德5年的65%降到康德6年的55%,与此相反,玉米、高粱的销售率则分别从5%升到11%,从2%升到13%。这种商品化比率的转变倾向可以明显地反映出公定大豆价格的影响,大豆占全部农产品销售总额的地位也从康德5年的54%降到了6年的39%,虽说它的绝对量的减少很小,但是玉米、高粱、谷子的比重显示出了明显的膨胀趋势。(参考表23)

表23　主要粮食销售价格比率

	康德5年(9月到12月)		康德6年(9月到12月)	
大豆	8,891.59	54.3%	6,903.68	39.4%
小麦	5,379.56	32.9%	6,986.28	39.9%
玉米	114.00	0.7%	327.20	1.9%
高粱	45.00	0.3%	425.65	2.4%
谷子	270.00	1.6%	823.36	4.7%
其他	1,663.92	10.1%	2,040.06	11.7%
合计	16,364.07	100.00	17,506.23	100.00

最能简洁明了显示出大豆统管影响的是表24"主要农产品按时间分布的销售数量比较"。根据上述表格,出乎意料的是,与整个时期的销售量锐减相反,在大豆统管之前的销售量和价格与上一年同期相比是如何地激增。12月末为止的销售量中相对于康德5年同期的销售量仅占12%,与此相对,6年的统管之前,预测到统管实施的销售显示出了激增的趋势,12月末的

销售量超过了48%。与其相反,玉米、高粱、谷子等所谓的自给作物虽显示出了销售总额的激增,但因为多是地方消费,公定价格在交易市场难以实施,因此不如说是大豆统管之后(10月之后),代替大豆商品化而形成的销售激增。

表24　主要农产品按时间分布的销售数量比较　　(数量:旧石;价格:圆)

		康德5年(新谷上市到12月末)				康德6年(同上)			
		数量	比率(%)	总额	单价	数量	比率(%)	总额	单价
大豆	9月前	60.75	12.1	999.96	16.46	176.00	48.1	3,514.13	19.97
	10月后	440.12	82.9	7,891.63	17.93	189.80	51.9	3,389.55	17.86
	计	500.87	100.0	8,891.59	17.75	365.80	100.0	6,903.68	18.87
玉米	9月前	6.00	75.0	90.00	15.00	—	—	—	—
	10月后	2.00	25.0	24.00	12.00	21.00	100.0	327.20	15.58
	计	8.00	100.0	114.00	14.25	21.00	100.0	327.20	15.58
高粱	9月前	—	—	—	—	—	—	—	—
	10月后	3.00	100.0	45.00	15.00	23.50	100.0	425.65	18.11
	计	3.00	100.0	45.00	15.00	23.50	100.0	425.65	18.11
谷子	9月前	—	—	—	—	—	—	—	—
	10月后	22.00	100.0	270.00	12.27	46.00	100.0	823.36	17.90
	计	22.00	100.0	270.00	12.27	46.00	100.0	823.36	17.90
小麦	9月前	114.48	59.1	3,161.78	27.62	175.04	74.3	5,225.40	29.83
	10月后	79.08	40.9	2,217.78	28.04	60.50	25.7	1,760.88	29.11
	计	193.56	100.0	5,379.56	27.79	235.54	100.0	6,986.28	29.66
其他				6,663.92				2,040.06	
合计				36,264.47				17,506.23	

如表25所示,在战时一年间,与农村购入产品价格的显著上涨(例如,主要购入品棉布——大尺布、花旗布等的价格上涨了两倍到两倍半,参考第一篇《农村的动态》)相适应,大豆以外的品种显示出与之相等的增长。与此相反,仅仅只有统管之后的大豆价格与去年同期相比稍有回落。一般农民对于价格估价敏感度过小,这是非常危险的。另外,从上市数量这方面来看,特别是对于占总销售数量一半以上的大中农而言,他们应对价格变动(法定)采取的策略周到得让人震惊。哪怕是损失一点点财富的价格统管模式立即让上市数量锐减,这也不能不说是理所当然的。(7年2月虽说大豆公定价格上调了,但是只要与其他农产品的公定价格之间还存在明显的不均衡,这个问题就无法解决。)

表 25　康德 5、6 年主要的农产品实际销售价格比较

（单位：旧石）

		康德 6 年	康德 5 年同期	涨落
大豆	统管前	19.97	16.46	3.51
	统管后	17.86	17.93	0.07↓
玉米	9 月至 12 月	15.58	14.25	1.33
高粱	9 月至 12 月	18.11	15.00	3.11
谷子	9 月至 12 月	17.90	12.27	5.63
小麦	7 月至 12 月	29.66	27.79	1.87

二、大豆自给化的倾向

统管后的大豆处理所显示的特殊现象，其自给化扩大很明显是以饲料消费扩大为中心。如表 26 所示，全屯的饲料消费总量从 29.9 石增加到 46.8 石，在总处理中所处的地位由 4.7% 上升到 9%。

很明显大豆自身的价格有其根源所在。另一方面，作为重要饲料的豆饼(小玉粕)由于不受统管而价格暴涨，这些因素都必须考虑进去。于是在克山县城，康德 5 年大约 60 钱到 80 钱的小玉粕的价格在康德 6 年时暴涨到了大约 90 钱到 1 圆 10 钱。与之相应，本屯的豆饼购买数量也急剧下降，由康德 5 年(5 年 9 月—6 年 8 月)的 990 张剧减到 6 年的(6 年 9 月—7 年 8 月)560 张，差不多减少了一半。同时也促使了自家生产大豆的饲料化，更进一步促使作为饲料而购买的大豆数量从 5 年的仅仅 2 石激增到 6 年的 33 石。

表 26　康德 5、6 年度大豆处理对照表

处理完的　当年 9 月—12 月
预定　　　来年 1 月—8 月

		已经处理		预定		合计	
		实数(旧石)	比率(%)	实数	比率(%)	实数	比率(%)
康德 5 年	食品	11.18		20.82		32.00	5.1
	饲料	11.47		18.45		29.92	4.7
	种子	—		53.97		53.97	8.6
	出售	495.97		18.50		514.47	81.6
	合计	518.62	82.0	111.74	18.0	630.36	100.0

续表

		已经处理		预定		合计	
		实数（旧石）	比率（%）	实数	比率（%）	实数	比率（%）
康德 6 年	食品	11.60		22.28		33.88	6.6
	饲料	15.85		30.95		46.80	9.0
	种子	—		50.50		50.50	9.8
	出售	367.30		18.40		385.70	74.6
	合计	394.75	76.4	122.13	23.5	516.88	100.0

　　如表所示，与饲料消费增大的倾向相比，粮食消费只是稍微增长了一点，没有像饲料消费那么显著。

　　而且同样是所谓商品化了的农产品，小麦的处理过程中，销售所占的地位更高。自家的粮食消费和前一年相比基本不变，小麦粉的自家生产并没有像预想的那么急速发展。（参考表 27）

表 27　康德 5、6 年度小麦处理对照表

处理完的　　今年 9 月至 12 月
预测　　　　来年 1 月至 8 月

		已经处理		预定		合计	
		实数（石）	比率（%）	实数	比率（%）	实数	比率（%）
康德 5 年	食品	7.4		5.01		12.41	4.46
	饲料	—		—		—	—
	种子	—		72.30		72.30	25.95
	出售	193.86		—		193.86	69.59
	合计	201.26	72.25	77.31	27.75	278.57	100.00
康德 6 年	食品	9.76		4.99		14.75	4.79
	饲料	—		—		—	—
	种子	—		53.14		53.14	17.24
	出售	235.04		5.25		240.29	77.97
	合计	244.80	79.43	63.38	20.57	308.18	100.00

三、"自给作物"商品化的倾向

所谓的"自给作物"——玉米、高粱、谷子——的销售率如前所述,有了明显地提高,与大豆自给化相对应的,受到农村货币经济的补助者也变富裕了。即如表28所示,玉米和食品、饲料一样,所占比率在下降,而销售量却从5%飞升至13%,表29中的高粱和表30中的谷子的销售也一样显示出急剧增加的态势。高粱,玉米等作物在战争时期的对日供给起着非常重要的作用,这也必须看做粮食作物商品化趋势的一个重要原因。但是克山地区的粮食作物即便被销售,却是县城(以及县内)的交易消费占绝对地位,在几乎完全没有铁路运输的地区,农产品商品化的紧迫性可以看做是与大豆自给化正好相对立地区的公定价格不平衡的明显反映。

对于在油坊屯里主要的粮食处理乃至其商品化的趋势,以及康德6年大豆统管后出现的新倾向的现实写照,现在可以推断它们恐怕是在同样的形势下所产生的。以当时县以下的多个农村为背景,参考县城中农产品上市的趋势,由此就能更加明确其意义了。

表28　康德5、6年度玉米处理对照表

处理完的　今年9月—12月
预测　　　明年1月—8月

		已经处理		预定		合计	
		实数(旧石)	比率(%)	实数	比率(%)	实数	比率(%)
康德5年	食品	51.8		87.79		139.59	87.61
	饲料	1.0		5.70		6.70	4.21
	种子	—		5.03		5.03	3.16
	出售	8.0		—		8.00	5.02
	合计	60.8	38.16	98.52	61.84	159.32	100.00
康德6年	食品	42.52		96.61		139.13	79.56
	饲料	1.50		3.80		5.30	3.03
	种子	—		6.44		6.44	3.68
	出售	21.00		3.00		24.00	13.73
	合计	65.02	37.18	109.85	62.82	174.87	100.00

表 29　康德 5、6 年度高粱处理对照表

处理完的　今年 9 月—12 月
预测　　　明年 1 月—8 月

		已经处理		预定		合计	
		实数(旧石)	比率(%)	实数	比率(%)	实数	比率(%)
康德 5 年	食品	0.5		3.5		4.00	3.88
	饲料	46.8		47.08		93.88	91.09
	种子	—		2.18		2.18	2.12
	出售	3.0		—		3.00	2.91
	合计	50.3	48.81	52.76	51.19	103.06	100.00
康德 6 年	食品	6.85		2.90		9.75	6.87
	饲料	48.54		55.05		103.59	72.96
	种子	—		5.14		5.14	3.62
	出售	23.50		—		23.50	16.55
	合计	78.89	55.56	63.09	44.44	141.98	100.00

表 30　康德 5、6 年度谷子处理对照表

处理完的　今年 9 月—12 月
预测　　　明年 1 月—8 月

		已经处理		预定		合计	
		实数(旧石)	比率(%)	实数	比率(%)	实数	比率(%)
康德 5 年	食品	108.30		227.89		336.19	78.90
	饲料	19.10		31.10		50.20	11.78
	种子	—		7.72		7.72	1.81
	出售	22.00		10.00		32.00	7.51
	合计	149.40	35.06	276.71	64.94	426.11	100.00
康德 6 年	食品	122.96		266.00		388.96	76.69
	饲料	15.80		36.45		52.25	10.30
	种子	—		16.09		16.09	3.17
	出售	46.00		3.90		49.90	9.84
	合计	184.76	36.43	322.44	63.57	507.20	100.00

第四章　克山县城主要农产品的上市

以上主要以北满的一个农村——程家油坊屯的大豆统管的影响为中心,观察了主要农产品生产处理的实际情况。在这一章,将以此中心,更进一步扩展到观察县内的多个农村为背景的县城上市情况,这反而能观察到大豆统管对于县内农村的影响。同时,给县城的流通机构带来的影响也能洞察一二。

要想看看刚刚所说的县城主要农产品的上市情况,首先有必要留心该县的这些农产品的收成如何。也就是说除去58%的小麦外,去年的大豆、玉米、高粱、谷子的收成大体上和普通年份相近。今年(康德6年)的上市率相对于去年而言,大豆是69%,高粱和谷子各为93%,小麦是65%,玉米是100%。总之,小麦的上市率最差,紧接着是少了三成的大豆。一般,玉米、高粱、谷子等自给农产品的上市率接近普通年成,和去年相比可以说相差不大。

另外,将这个与我们这次调查的程家油坊屯对比来看,如同第二章第四节中所明示的那样,除去小麦(比去年少一成)外几乎都是同样的。即在同一屯里面,大体上去年和普通年成相近,今年和去年相比,可以看到大豆减少了三成,玉米、高粱各自差不多减了一成,保持一致。在这个意义上,对于接下来本章中所叙述的县城上市中出现的各种现象与本屯处理中出现的相通点很多。因此要把两者对照来看,才能更进一步明确各个所具有的意义。

第一节　克山县城主要农产品的上市概况

在观察县城的上市情况时,要区别交易市场上市和驿站上市(发送)。前者是从农村直接上市,因此我们可以看出大豆统管(特产专管制)对农村经济的影响。后者则是可以看到在此以后直到上市的过程中,给油店、粮栈以及其他一些流通机构带来的部分影响。

一、在交易市场的上市

如下表所示,本年度10月以后一直到来年1月末为止当地交易市场中主要农产品的上市,从总体上来看比去年同期减少了19%。而且从个体上来看,大豆约减少了三成,小麦则减少了26%,因此我们可以看到这些商品化农产品都有所减少。

然而与此相反,玉米比去年上涨了119%,高粱则上涨了220%,谷子甚至激增1293%,这些自给作物则呈现出显著的增长。

进一步将上面5年度到6年度1月末为止的各种农产品的上市情况和5年度1年(从10

月到9月)的上市相对比的话,如下表所示:

表31 康德5年及6年(从10月至1月)克山交易市场(本场)主要谷物上市量对照表

(单位:吨)

品名	康德5年	康德6年	和5年比较	
			增减	比率(%)
大豆	50,832	35,677	(-)15,155	(-)29.8
小麦	25,516	18,802	(-)6,714	(-)26.3
玉米	920	2,010	(+)1,090	(+)118.5
高粱	869	2,785	(+)1,916	(+)220.4
谷子	296	4,123	(+)3,827	(+)1292.9
合计	78,433	63,397	(-)15,036	(-)19.2

表32 克山交易所主要的粮食康德5年全年上市量与康德5年及6年

(自10月至1月)1月末为止上市量对照表 (单位:吨)

品名	康德5年全年上市量(A)	康德5年一月末止的上市量(B)	B/A	康德6年一月末止的上市量(C)	C/A
大豆	66,739	50,832	76.2	35,677	53.5
小麦	32,125	25,516	79.4	18,802	58.5
玉米	1,095	920	84.0	2,010	183.6
高粱	1,161	869	74.8	2,785	239.9
谷子	808	296	36.6	4,123	510.3

到康德5年度1月末的大豆的上市量是康德5年全年上市量的76%,而康德6年1月末的大豆的上市量是康德5年整年上市量的54%,相比之下,减少了22%。同样,小麦的上市量也由康德5年的79%减少到了康德6年的59%,相比减少了20%。然而玉米却恰恰与之相反,康德5年度1月末的上市量为全年的84%,与之相对康德6年度为全年的184%,即大约为康德5年年内上市量的近两倍。同样高粱显示了240%的激增,谷子显示了510%的激增。

根本原因是大豆和小麦的生产下降,再加上受到统管的影响而导致自家消费的增大。还有其他自给农产品的增加受到统管的影响很大。关于这些原因还会在第二节本年度上市的特征及其原因中作详细描述。

接下来,把今年当地交易市场的上市情况按时间划分和去年同期作比较,如下表所示:

表 33　克山交易市场主要粮食上市量的不同时期参照表

月份	年份	大豆		小麦		玉米		高粱		谷子	
		吨数	比率(%)	吨数	比率(%)	吨数	比率(%)	吨数	比率(%)	吨数	比率(%)
10 月	5 年	1,739	3	3,496	14	3	—	84	10	48	16
	6 年	13,395	38	2,430	13	193	10	525	19	25	1
11 月	5 年	11,135	22	7,900	31	49	5	192	22	29	10
	6 年	8,710	24	6,916	37	703	35	720	26	604	15
12 月	5 年	22,323	44	9,002	35	445	49	268	31	70	24
	6 年	8,602	24	7,017	37	503	25	646	23	1,632	39
1 月	5 年	15,635	31	5,118	20	423	46	325	37	149	50
	6 年	4,970	14	2,439	13	611	30	894	32	1,862	45
10 月至 1 月	5 年	50,832	100	25,516	100	920	100	869	100	296	100
	6 年	35,677	100	18,802	100	2,010	100	2,789	100	4,123	100

如上表所示,到 1 月末的上市量按时间区分和上年同期相比,大豆的变化特别显著。即康德 6 年大豆实施价格管制之前的 10 月,上市率为 38%,非常之高。然而以此为最高点,在统管之后的 11 月和 12 月分别减少到 24%,特别是在 1 月份骤减至 14%。

然而上一年的上市情况,10 月份仅有 3%,11 月份是 22%,12 月份是 44%,依次逐渐增加。到了 1 月份时仍有 31% 的上市率。这样一来,大豆等到 11 月份后便出现了上市量递减的情况,特别是到 1 月份上市量锐减。然而与此相反,玉米、高粱、谷子等五谷杂粮的上市量越来越多。

二、克山站的上市情况(发送)

今年 10 月到来年 1 月末,该站发送的大豆如下表所示。与前年同期相比,仅为 1,600 吨,减少了 6%,再加上别的一些作为零散大豆逃过特产专管法后发出的 46 车(1,380 吨),可以说和前一年差不多。另外豆粕有 2,500 吨,是去年的五倍。

玉米、高粱、谷子等自给作物的上市,从绝对量上来看没多大问题。但在比率上谷子大约是去年的 10 倍,玉米增加了 6 倍,高粱也多少增加了一些。这一点从程家油坊屯的销售情况和交易市场以及站里的上市情况来看,稍微有点差别外,有着同样的趋势。从自给作物的收成来看,尽管和去年相比没有什么差别,但对于像这样的现象(参考本章第二节),应该作为本年度上市的特征而重点关注。

在观察大豆的情况时,如前所述,很明显,尽管今年在交易市场的大豆上市量比去年减少了约三成,但在站里的大豆发送量和去年相比不仅没有很大的差别,加上豆粕之后再和去年相比较,倒不如说是增加了,这是什么原因呢? 这主要是大豆统管的县城里,带给油坊、粮店这样的其他商业影响的结果(参考本章第二节)。

以下10月到1月末,当地驿站在康德5年、康德6年各自的运送数量和康德5年度1年的运送数量比例将在下表中呈现。

表34　克山站运送的主要粮食对照表(自10月至1月)　　　(单位:吨)

品名	康德5年	康德6年	与康德5年相比增减	增减比例(%)
大　豆	27,653	25,991	(-)1,662	(-)6
豆　粕	455	2,500	(+)2,045	(+)449
小　麦	19,018	14,254	(-)4,764	(-)25
玉　米	24	150	(+)126	(+)542
高　粱	161	166	(+)5	(+)3
谷　子	14	129	(+)115	(+)821

表35　克山站主要农产品全年输送量和1月末输送量的对照表　　　(单位:吨)

	康德5年全年上市量	康德5年1月末的上市量(B)	B/A	康德6年度1月末止的上市量(C)	C/A
大豆	77,164	27,653	35.8	25,991	33.7
豆粕	1,661	455	27.4	2,500	150.5
小麦	35,255	19,018	53.9	14,254	40.4
玉米	57	24	42.1	150	263.1
高粱	322	161	50.0	166	51.5
谷子	260	14	5.4	129	50.0

大豆到去年1月末为止的本站上市量是康德5年全年上市量的36%,64%是在这之后上市的数据。今年同期上市量是康德5年全年上市量的34%,仅仅只减少了2%。今后将能期待出现多少上市量呢,这真是个难题。对于这一点,我们稍后会论述。豆粕正好与此相反,是全年上市量的150%,玉米是263%,都呈现了猛增的势头。高粱、谷子分别是51%、50%的上市量。

而且今年10月到来年1月末本站上市量(发送)按月份和去年同期相比,如表36所示,可以得知大体上和交易市场的量差不多。只不过像大豆这样大部分都是通过铁路运输的农产品,在交易市场实施统管前的10月份,在市场上的上市量势不可挡。然而统管后,这种情况出现在了驿站,这是由于混保寄存所进行的精选和其他作业需要花费时日,因此大多数都不能赶在同一个月内运送,而在下个月里运送。所以10月是去年的2.6%,今年达到10%,11月是去年的20%,今年激增为48%,随后呈现出剧减的趋势。其他自给农产品的数量也极少,但问题不大。

表 36 克山站输送主要粮食对照表 （单位：吨）

月份	年份	大豆		豆粕		小麦	
		吨数	比率（%）	吨数	比率（%）	吨数	比率（%）
10 月	5 年	709.5	2.6	99.7	21.9	7,672	40.3
	6 年	2,585.5	10	73.5	2.9	932.4	6.5
11 月	5 年	5,581.9	20.2	114.4	25.1	3,035	16
	6 年	12,508.7	48.1	377.5	15.1	2,560	18
12 月	5 年	10,741.2	38.8	123.8	27.2	2,160.9	11.4
	6 年	4,350	16.7	1,114.8	44.6	4,114.8	28.9
1 月	5 年	10,620	38.4	117.4	25.8	6,150	32.3
	6 年	6,547	25.2	934.4	37.4	6,646.6	46.6
自 10 月至 1 月	5 年	27,652.6	100	455.3	100	19,017.9	100
	6 年	25,991.2	100	2,500.2	100	14,253.8	100

月份	年份	玉米		高粱		谷子	
		吨数	比率（%）	吨数	比率（%）	吨数	比率（%）
10 月	5 年	2.1	8.7	73	45.3	8.9	65.9
	6 年	30	20	42.4	25.6	—	
11 月	5 年	2.9	12.1	14.3	8.9	1.6	11.9
	6 年	90	60	93.4	56.3	—	
12 月	5 年	3	12.5	22.3	13.8	2.3	17
	6 年	—		—		69	53.5
1 月	5 年	16	66.7	51.6	32	0.7	5.2
	6 年	30	20	30	18.1	60	46.5
自 10 月至 1 月	5 年	24	100	161.2	100	13.5	100
	6 年	154	100	165.8	100	129	100

其中，与大豆统管后上市量的锐减情况相反，谷子在 12 月到 1 月止，上市量再次受到瞩目。（参考第二节）

以上是关于交易市场及车站的上市基本情况和去年的一个比较，从这个县城上市情况的总体来看，大豆和前一年相比，上市到交易市场的生产量有所减少。另外受到大豆统管的影响，农村内部的消费量也在增大，以此为基础，大豆尽管呈现减量趋势，但后来在车站的上市过程中，应该说同样受到统管的影响。与去年相比，应该说更早从油坊、粮食店等其他行业者中脱手上市。尽管玉米、高粱特别是谷子等自给作物在交易市场的上市量激增,但是大部分相当于县城的当地消费,抑或是一些业者的蓄意囤积,因此,数量上的百分比并没有增加。

虽然多少可能会和本节有些重复,下一节中将陈述县域上市中本年度上市情况的特征和产生的原因。

第二节　本年度农产品上市的特征及其原因

将克山本年度上市量的特征列举如下:

1 玉米、高粱、谷子等自给作物的上市量激增。

2 尽管大豆的交易市场的上市量减少了,但加上豆粕、零碎大豆后,送往车站的大豆上市量,比起去年仍然增加了。

3 豆粕的上市量增加了。

4 零碎大豆的上市。

5 十月份大豆的上市量激增而后又剧减。

以上是对特征的说明,主要原因将在下面阐述。

一、玉米、高粱、谷子等自给作物的上市量激增

由于当地自古以来的气候、土壤和其他的原因,高粱、谷子等五谷杂粮主要属于自家用食物和饲料的范围,所以生产上市的几乎全部都是大豆和小麦。

也就是说去年的交易市场的全年上市量中大豆为 67,000 吨,小麦 32,000 吨,一共 97,000 吨。与此相对的玉米和高粱各是 1,000 吨,谷子不到 1,000 吨,这三者的总和只有前者总和的 3%。然而,尽管在这种状态下,到今年一月末为止与去年同期相比,上市量大约玉米是 2 倍,高粱是 3 倍,谷子是 14 倍。实际重量上,与去年同期相比,大约增加了 7,000 吨(三者合计)。这个原因是:

1.在特产统管实施之下,一方面大豆价格受到低廉的公定价格影响而被压低,另一方面主要的五谷杂粮尽管在统管地区,但实际上市后便放任它以高价销售,处于没有管制的状态。因此一直以来自家消费用的食品和饲料等杂粮被拿出来卖掉了一部分。但是在此产生了一个疑问,和去年大致相比,难道产量不是在增加吗?根据当地县政府开展的今年第三次收获量预计调查,县下高粱和玉米的收成量的预计仅仅比去年增长了 3%,谷子却反而减了 13%,因此从这一点来看,疑问也就消除了。

接下来,是不是从其他县城运到当地交易市场的上市量增加了呢?对于这样的疑问,我们把其与附近的县城,如拜泉、讷河、德都、克东等几个没有价格统管的县城相比,特别是仅限于今年在克山市场,找出这个理由也并不成立。当然一部分特殊的情况在该市场上市时也会出现,但我们不认为仅仅因为此原因就会有如此的数据增加。

2.因为贫困而出售

作为唯一预定换取现金的大豆和小麦的收成都不好(对比去年,大豆为 69%,小麦为 65%)。

由于歉收带来的致命打击,在此基础之上一方面劳动及生活物资价格暴涨,另一方面大豆的公定价格又太低,因此虽然有大豆和小麦以及其他的销售货款,但还是没办法还清从金融合作社以及其他渠道的借贷款。为了弥补不足,所以连这些五谷杂粮类,特别是像谷子之类的粮食和饲料,都一下子卖掉后偿还。在偿还时,在新政策下,等待从金融合作社等的贷款。今后必须要购买这些食物及其他物品,这就反映出了所谓的贫困出售的问题了。

二、大豆交易市场的上市量减少

到本年度 1 月为止,交易市场的大豆上市量约为 36,000 吨,比去年同期的 51,000 吨少了 15,000 吨,大约减少了 30%。其根本原因在于减产,即今年的收成是去年的 69%,由于种植面积的增加,最终根据当地县政府的第三次收成预计调查,大豆(黄大豆)的生产量是去年的 77%,减少了 23%。因此当地的交易市场上,去年全年大豆的上市量大约是 67,000 吨,把在今年农村内部大豆消费量看作基本上等同于去年,可以预想本年度大豆的产地交易市场的上市量大约为 51,000 吨。然而相对于此,到今年 1 月末的大豆上市量为 36,000 吨,可以说有 70% 的上市量。而且,把它和去年同期相比,去年是 76%,比去年减少了 6%。也就是说即使考虑到生产量减少了,把消费量看做和去年一样时,还是减少了 6%。接下来,分析其原因如下所示:

(1)由于把大豆代替豆粕作为饲料来使用。

由于特产专管制的实施,大豆被政府限定低价出售,结果就像南满地方上一样,和受大油坊,与上市量相比,当地的消费量较大。在地方上,专管公社的收购价格(公定价格)和交易市场的价格之间有很大差额。在北满的一些地方,和当地那样,相对于上市量,油坊及其他地方消费量非常小,不得不以很接近公定价格的市价卖出。一直以来,按照农社的估算,旧斗一斗的大豆相当于三枚的豆粕(小粕)的交换比率,而现在,公定价格实施后,一斗大豆只相当于一枚半乃至不足两枚的豆粕。于是几乎没有人购买豆粕,而用大豆来取代豆粕使用,只是为了将其抵押并拖到下次。

(2)玉米、高粱、谷子等五谷杂粮处于无统管状况下,被高价放置。

这些自家用的饲料、粮食的一部分被卖掉,再用比较便宜的大豆来补充。

如上所述,到今年 1 月末为止,当地交易市场的大豆上市量和去年同期相比,生产减少了,农家的自家消费增大了。因此尽管大豆生产减少了 15,000 吨,然而当地车站运送量和上一年同期相比来看,大豆减少了 1,663(6%)吨,豆粕增加了 2,045(449%)吨,和去年相比不仅没有大的落差,而且加上 46 车的零碎大豆后,反而可以说增加了。主要原因是:

1.由于到去年都没有实行大豆统管,因此粮栈油坊的输出量及一些其他行业主预想到在交易市场收购后可以囤积提高价格,于是便企图把商品握在手中。今年 11 月 1 日以后,由于特产专管制的实施,专管公社的收量价格被法定化,一般像以前那样企图囤积抬高价格出售的妙计便失灵了(我们可以认为,一部分的粮食店和油坊的老板料想公定价格往上涨,于是有囤积出售的倾向)。

2.面向农民的豆粕销售几乎消失,而转向铁路运输。

以前,当地的豆粕是弄成小粕,大部分都是在当地作为饲料被农民卖掉,其中剩余的部分也不过是通过铁路输送到附近。

然而,今年在专管制的实施下,大豆的价格降低了,而小粕的豆粕受到统管的影响,反而暴涨了。销售给农民的部分几乎都被断绝,而转向铁路输送的销路方向发展。

三、豆粕的上市量显著增加

如上一节中所述,10月份后到1月末为止,当地车站豆粕发送量在今年是2,500吨,与去年同期的445吨相比,增加了2,045吨,也就是增加了四五倍。其主要原因是:

1.在特产专管制的影响下,和大豆的价格相比,豆粕的价格明显暴涨。因此几乎没有卖给农民的部分了。如下面的理由所示,都通过铁路运输销售出去了。

2.随着在日本内地对豆粕需求的增大,以前只是限于满洲国内市场消费的小玉米粕,现在都进驻到日本市场。并且大粕受到统管后,生产小粕的内地油坊便非常受益。因此当地由去年的10家油坊增加到今年的12家,从10月到1月底,豆粕的制造量是3,702吨,和去年同期的2,055吨相比,增加了1,647吨,即增加了80%。大部分主要是运送到海港,因此车站的上市量显著增加。如前所述,到今年1月底为止,当地车站输送量比去年同期增长了四倍半。

四、零碎大豆的上市情况

钻专管制度不完备的空子,不属于这一制度管制的零碎大豆,面向大连、普兰店、瓦房店还有其他一些油坊地区,到1月末为止总计有46辆车的输送量。这个现象是今年大豆上市(变形的)的一个重要特征。

主要原因是专管公社的大豆收购价格被法定化,通过市价变动的妙计几乎完全失灵,因此在交易市场中以此为基准设定的公定价格,也就是所谓的大臣的二重公定价格,在克山中实施。这期间,粮食店的利润范围被极度地限定,特别是交易市场里每天的上市量都是以公定价格强制分摊给交易人,因此有时明知道会亏损也不得不购买。无论哪个粮栈都处于非常不利的位置。为了应对此况,由于不在专管制度的管制范围内,于是便钻这一空子来打破专管制度的僵局,向原料缺乏的海港(主要)油坊运送大豆。

在克山,公社的收购价格为混保三等品大豆60千克3.60圆,交易市场的法定价到1月末为新石1石5.47圆,从2月1号开始改为5.52圆。现在此处公社的收购价格为5.60圆,除开各种花费后,交易市场上新石每石的价格为多少如下所示:

麻袋费用每60千克　　　　　　　　　0.65圆 ⎫
给出口商的回扣　　　　　　　　　　0.02圆 ⎬ 合计1.07圆
粮站从交易市场上购入后到混保证券为止的杂费 0.40圆 ⎭

由于在交易市场上的60千克混保三等品的纯价格是4.53圆(5.60圆-1.07圆=4.53圆),把此换算成新石1石大豆73千克的话,新一石的价格是5.52圆,和交易市场上大豆的5.52圆公定价格相一致。但是当各种费用为 40 钱时，光是粮栈的经营费用就要亏损，而像油坊这样通过加工来获取利润的就是另外一回事了。在粮栈，用 5.52 圆这个交易市场的公定价格来强制分摊必须购买的时候，只要不采取相应的特别措施，损失就不可避免。其中的方法之一就是在磨坊或者是小油坊将大豆弄碎，在大连等地的大豆地下交易市场以每 60 千克 1.00 圆的便宜价格销售给当地的油坊业者。由于害怕被没收，因此并不向大连码头输送，而是送往小岗子站或者普兰店等地。

五、10 月大豆上市量的激增和随后的剧减

大豆统管前的 10 月份，当地交易市场的大豆上市量是 1 月末上市量的 38%。与去年同期的 3% 相比有很大的差别。并且，今年 10 月份上市量达到最高峰之后便急剧下降。1 月份仅仅只有 14%。我们可以看到，在农村的程家油坊屯也几乎出现了同样的现象，在 10 月有 48% 而在 1 月仅有 5%。根据以上情况，在克山以大豆为主的主要农产品的上市，主要运送到车站或到交易市场，在其销售数量上与去年作了对比，大致阐述了本年度的上市特点及原因。因此，考虑到以上情况，我们来预测一下今年当地大豆上市的大致情况。

如前面所述，根据县政府第三次收成推测调查数据显示，本县的大豆生产量比去年减少了 23%。而且，由于受大豆统管的影响，因大豆的饲料和食品化的原因，减少率为 6% 到 7%。（参考第二节中大豆上市量减少的原因）可以估计出大约比去年的上市量减少了 30%。即去年一年间当地交易市场的大豆上市量约为 67,000 吨，那么可以推测今年年内的上市量为 47,000 吨。因此，前不久的今年 1 月末为止一共有 36,000 吨的上市量，可以认为此后该交易市场的上市量大约为 11,000 吨。

其次，运送到车站的上市量，去年大豆是 77,000 吨，如果把豆粕也还原回大豆计算的话，大约有 79,000 吨。与 67,000 吨的当地交易市场的上市数量相差了约 12,000 吨。（不经过当地交易市场的大豆）姑且将其看做减少了 30%，今年车站的大豆上市量，将大豆和豆粕合计估计约有 55,000 吨，即 1,800 车。

当地粮食店商人预期估计大概有 1,800 车，因此把到本年一月末为止的 26,000 吨大豆以及从豆粕还原成大豆后的大约 3,000 吨大豆，以及 46 车破碎大豆合计起来，大约运送了 30,000 吨大豆。和今后该车站上市的大豆和豆粕合计起来不到 25,000 吨的预期相差不大。

我们认为，农民一般是和往年一样，由于借款（主要是金融合作社、农事合作社）的返还、工资的支付及取得其他必要的现金，所以在春节之前不得不销售一定数量的农产品。在此意义上，特别是像今年这样，尽管最近的工资和生活物价高涨，但是农产品，特别是大豆的销售价格没有随之上涨，而由于受到低廉的统管价格的压制，因此销售以上数量的大豆也是迫不得已。因此，今年春节之前 1 月的上市量可以说比较好，在上市的过程中，和统管之前的去年相比必须注意一些不一样的地方。这些现象不是仅在当地单独出现，在一些收成不太好的地方（伴随着穷困销售）也有共通的地方。

总而言之，在考察大豆时，像前面生产、处理的章节中所说的，受到这次划时代的大豆统管的影响，在大豆消费量的增加和生产减少的共同作用下，春节时上市量必定有明显的减少。

结　语

这个国家农业经济发展的历史过程经历了"世界大战后世界资本主义的相对安定期"——"恐慌"——"从恐慌进入到新的相对安定期"的恢复过程,像看投影一样,留下历史足迹的商品作物特别是大豆种植比率增大的这种倾向在1933年时基本告一段落,此后再也看不到这么积极地增加、发展的趋势。大豆的地位,尤其以这次的中国事件为契机,受到其他经济作物绝对、相对的增多而被动摇。

在大豆生产相对减少的过程中,在这样的战争时期,以这次实地调查的程家油坊屯和克山县城为中心来看,大豆统管的各种影响大约概括出以下几点。

一、农村大豆自给化的倾向和自给作物商品化的倾向

统管规定的公定价格的重大组成缺陷——价格的再定和破坏以及相对低等级、各种主要农产品价格相互间的不协调等原因,带给消费和流通过程的变化是,与大豆商品化低下——自家用品的消费化(特别是饲料化的增多)的倾向完全相反,自给作物商品化在高效催促下——强制穷困销售(因为对再生产的尽可能的贡献)。并且,这其中简直就是跨越了"受到大豆统管影响"的地区。于是,我们可以了解到在战时经济下的农民生活质量被压缩的过程。

二、以县城地带为中心来观察主要农产品上市现象的剧变

在县城交易市场上,主要农产品上市情况中所出现的特殊现象是受到大豆生产减少和大豆统管的影响,饲料、食品化等的自家消费增加了,大豆的上市量剧减。而与此相反,玉米、高粱、谷子等自给农产品的上市量却与日俱增。按时间区分,在统管前的10月份(阳历)这一特殊时期下,大豆是上市量剧增,但因突然间实施了这一统管政策后便不断地剧减,而这些自给作物在统管后在与大豆上市量剧减的趋势相逆而行并逐渐增加的。

而且,交易市场之后在车站(发送)中出现的特殊情况是,豆粕的上市量在增加。我们还看到了像零碎大豆这样的特殊上市。而且尽管在交易市场上的大豆上市量剧减,但还是反映出统管前农民所卖掉的数量是非常良好,和去年上市量相比没多大差别,由此预想出在春节后可能会剧减。

总之可以说,纵观两者在县城的上市量,大豆统管的效果呈现出极其不正常的现象。

三、为了抗衡这种统管制度,康德7年出现了农产品种植转换的倾向

如上所述,作为在康德6年大豆统管带来诸多影响的直接结果,在此也是不得不提的结论

中的结论,产生这一倾向是不言而喻的。作为农民抵抗性防守的明显表现,康德7年农产品种植转换成为一种势不可挡的趋势。

然而如同全满洲生产历史记录考察上所明确显示的那样,"大豆改为其他种植物后产量减少"决不是简单的个别表现。就像急迫转换一样,因穷困而销售下的农业生产总值也必然会呈现出出缩小的局面。

从这个意义上来说,比起大豆问题,关于7年度生产的情况才是最大的令人忧虑的问题,也更具有决定性的意义。

昭和 10 年 1 月

经济资源调查报告书第　105　号

兴安　26　号　林业　第　6　号

横跨北部大兴安岭的调查报告书

㊙

满铁经济调查会第二部

调查员　三田村六郎

目 录

第一部　实地调查报告

一、概说

对于人迹罕至的北部大兴安岭,至今我们仍有很多未解的疑团。本次横跨北部大兴安岭的调查计划是由满洲国兴安省的奇乾警察局制定的。

兴安岭的中部与南部自古就有林区存在,我们已经对其进行过部分调查。因此,本次是针对以前没有调查过的地方进行的调查。

尽管此次调查计划是由警察局制定的,但因其与调查目的并无任何相关之处,所以在此处略去不予记述。

从严格意义上来说,在兴安岭生活着逐水草而居的索伦、雅库特、鄂伦春等狩猎民族。大约30年以前,沙皇俄国的野战炮部队曾沿着诺敏河溯流而上,横跨兴安岭,并出没在三河一带。十月革命时期,学术研究团一行也曾进入这一地带。

由于这样的情况,本次调查必须伐木取路,架桥渡河,甚至还要做好可能连人带马坠入河中的心理准备。

除此之外更甚的是,由于此地是鄂伦春人和雅库特人等原始村庄的领地,我不得不考虑与他们打交道时的危险性。然而幸运的是,到底不愧是人迹罕至的地方,我并未遇到这些原始村庄,人与马都安全而归了。

横跨兴安岭的路线,自奇乾始,终于嫩江。为了准备干粮以及做一些其他的准备工作,我从海拉尔出发,经吉拉林,沿着额尔古纳河顺流而下。因此,在这里,我也想附带简单介绍一下额尔古纳河延沿岸的一些情况。

另外有关森林调查,我本来打算重新立项来进行记录,但如前文所述,有关林业方面,现在并无任何可用设施,而且目前在兴安岭北部也没有进行开发,因此,我只不过是记载了有关资源方面的事项而已。

这份调查报告,大体上是我从海拉尔出发以来,一直到嫩江为止,大约40天的日记。

同时附上本次在兴安北分省和兴安东分省已调查的地区地势地形的大致情况,以资将来于此类调查队的参考之用。

兴安北分省被北满铁路大致由中央分为南北两部。北部在行政上划分为额尔古纳右翼旗,额尔古纳左翼旗和陈巴尔虎旗三旗,是北分省中唯一的农耕用地。

此地涵盖三河地区和矿产资源丰富的奇乾地区,以及将成为满洲国将来重要财源的兴安岭的森林,临额尔古纳河直接与苏联后贝加尔州接壤。

若是更进一步以产业的视角来划分该区域的话,以我之见,可划分为如下4个部分:

1.海拉尔以北至吉拉林地区

得益于海拉尔附近的伊敏河与海拉尔河两大河流的灌溉,该地区土地肥沃,适宜耕种。因此,我认为此地可形成相当规模的农牧混合区。但因该地区人烟稀少,加之先入为主的单一牲畜放牧观念,故一直没有耕作,这实在是很令人可惜。我想随着人口的增长,一定会在该地区开发农耕用地。

黑山头站,吉拉林以南处处有着大片湿地。另有很多坡度较缓的丘陵,上面一棵大树也没有,除了放牧之外,现在并无别的利用价值。

2.吉拉林以北以及额尔古纳河沿岸地区

与吉拉林以南的草原湿地不同,以北区域气候、地质、土壤条件都不是很好。而且平地不多。自古以来该区域作为对俄贸易的重要集散地曾一度繁荣。但现在对俄贸易封锁之后,除吉拉林和奇乾外,其他的村庄已经日渐衰落。有的甚至只有村庄之名而无其实,人户极为稀少。

3.三河地区

三河地区的农业和黄油一直以来就很有名气。距离吉拉林东北方大约 30 千米的古那地区,不仅土地肥沃,适宜耕作,而且背靠极富消费潜力的大片金矿地区。因此将来随着金矿的逐渐开发,该地区有足够的理由成为相关产业链上重要的一环。

4.奇乾地区

该地区不仅绵延着金矿埋藏量丰富的山脉,而且有着前景极为可观的森林资源。因此,待该地区至海拉尔的交通与通讯设施建设完善之后,这里极有可能会成为非常繁盛的地方。

兴安岭东分省大体上也被北满铁路分为南北两个部分。其北部划分为巴彦旗,莫力达瓦旗和阿荣旗三旗。地形上与北分省不同,呈阶梯状地形。兴安岭向东南方向延伸,与山脉西侧相比,东侧坡度较缓,森林较少,广袤的甘河流域一直延伸到平原地带。山间湿地处处皆是,可以说几乎没有能够用来耕作的土地。

二、调查日程

横跨兴安岭调查计划是在昭和 9 年[①]5 月上旬实行,但因未到牧草丰茂期,马草料不足,而且又是多雨季节,不便调查,故相比原计划推迟了 1 个月,即 6 月份才付诸实行。

5 月 27 日,我乘坐马车由海拉尔出发,乘船从吉拉林至奇乾。而后,6 月 8 日骑马出发,7 月 3 日到达嫩江。调查时日总计 38 天,具体日程见下表。

---

① 译者注:即公元 1934 年。

调查日程表

月日	出发地	经由地	目的地	距离（千米）	摘要
5 月 27 日	海拉尔		头站	34	投宿
5 月 28 日	头站		水泉子	22	投宿
5 月 29 日	水泉子		黑山头	46	投宿
5 月 30 日	黑山头		拉布大林	45	投宿
5 月 31 日	拉布大林		黑山头		投宿
6 月 1 日			黑山头		投宿
6 月 2 日	黑山头		小河子	20	投宿
6 月 3 日	小河子	泉山子、桦树林子、七卡	八卡	66	投宿
6 月 4 日	八卡	水磨	吉拉林	60	投宿
6 月 5 日	吉拉林	十卡	十一卡	35	投宿
6 月 6 日	十一卡	十二卡	奇乾	70	投宿
6 月 7 日					滞留
6 月 8 日	奇乾		ミシエ①	12	投宿
6 月 9 日	ミシエ		ラパーズヌイ②	28	露营
6 月 10 日	ラバーズヌイ		ハレビョート③	20	露营
6 月 11 日	ハレビョート		サンコウウィッチ④		露营
6 月 12 日	サンコウウィッチ	ウリユタイロソーン⑤	ツングススカヤ⑥	32	露营
6 月 13 日	ツングススカヤ	莫尔道嘎河畔	ウルギーチェ⑦	22	露营
6 月 14 日	ウルギーチェ		アイエギーチェ⑧	5	露营
6 月 15 日	アイエギーチェ		クリーンダー⑨	28	露营

① 译者注:地名,具体译法经查未果,原文保留,日文罗马字读音为 Mishie。
② 译者注:地名,具体译法经查未果,原文保留,日文罗马字读音为 Rapazunui。
③ 译者注:地名,具体译法经查未果,原文保留,日文罗马字读音为 Harebyoto。
④ 译者注:地名,具体译法经查未果,原文保留,日文罗马字读音为 Sankouuiichi。
⑤ 译者注:地名,具体译法经查未果,原文保留,日文罗马字读音为 Uryutairoson。
⑥ 译者注:地名,具体译法经查未果,原文保留,日文罗马字读音为 Tsungususukaya。
⑦ 译者注:地名,具体译法经查未果,原文保留,日文罗马字读音为 Urugicye。
⑧ 译者注:地名,具体译法经查未果,原文保留,日文罗马字读音为 Aiegicye。
⑨ 译者注:地名,具体译法经查未果,原文保留,日文罗马字读音为 Kurinda。

续表

月日	出发地	经由地	目的地	距离（千米）	摘要
6 月 16 日	クリーンダー	ウスチェクーナ①	ヴェレーヤー②	28	露营
6 月 17 日					露营(滞留)
6 月 18 日	ヴェレーヤー		クン③	32	露营
6 月 19 日	クン		イルギーチェ④	32	露营
6 月 20 日					露营(滞留)
6 月 21 日	イルギーチェ			34	
6 月 22 日				36	
6 月 23 日			ホガ⑤	40	投宿
6 月 24 日					投宿(滞留)
6 月 25 日	ホガ		"ロード⑥沟"前面 8 千米的地方	42	露营
6 月 26 日	"ロード"前面 8 千米的地方	カシエ⑦	齐齐林	28	投宿
6 月 27 日	齐齐林			26	露营
6 月 28 日		ロード沟	タコナイズ⑧	38	
6 月 29 日	タコナイズ		朝阳	40	
6 月 30 日	朝阳	ウルブテ⑨	媒窑	56	
7 月 1 日	媒窑		山口	22	
7 月 2 日	山口		五家子	38	
7 月 3 日	五家子	草糖沟、桦皮山子	嫩江		

① 译者注:地名,具体译法经查未果,原文保留,日文罗马字读音为 Usucyekuna。
② 译者注:地名,具体译法经查未果,原文保留,日文罗马字读音为 Bereya。
③ 译者注:地名,具体译法经查未果,原文保留,日文罗马字读音为 Kun。
④ 译者注:地名,具体译法经查未果,原文保留,日文罗马字读音为 Irugicye。
⑤ 译者注:地名,具体译法经查未果,原文保留,日文罗马字读音为 Hoga。
⑥ 译者注:地名,具体译法经查未果,原文保留,日文罗马字读音为 Rodo。
⑦ 译者注:地名,具体译法经查未果,原文保留,日文罗马字读音为 Kashie。
⑧ 译者注:地名,具体译法经查未果,原文保留,日文罗马字读音为 Kukonaizu。
⑨ 译者注:地名,具体译法经查未果,原文保留,日文罗马字读音为 Urubute。

三、地势

大兴安岭呈南北走向,是东分省和北分省的自然界线。其支脉众多,沿东西方向倾斜。北分省境内山间的河流都向西注入额尔古纳河。

根河以南同铁路以南一样,附近一带都是草原。坡度较缓,岩石裸露的丘陵广布。

海拉尔河沿岸及附近山谷之间,湿地广布,河汊交通。多生杂草及柳类树木。

至根河以北,方圆1千米的山地绵延起伏,平均高度约700米。因此,相对来说显得特别高。流淌在山间的河川水流湍急,清澈见底。

在奇乾及其以北地区,大兴安岭一直延伸到额尔古纳河沿岸。在浑特山,额尔古纳河从苏联境内流出,入境与石勒喀河汇流,成为黑龙江。

所有流经兴安北分省的北部,即大兴安岭西侧的河流,都是从大兴安岭发源的。

其中主要的河流有:海拉尔河、额尔古纳河、旱河、得尔布尔河、牛耳河等等。这些河流都注入额尔古纳河中,最后北流注入黑龙江。总体来说这些河流都蜿蜒曲折,河岸杨柳丛生,湿地广布。但三江合流之后,河流弯曲度相对变小,水深相对上游来说较浅(1—3米)。河底皆为石砾,沿岸几乎没有湿地,山脉也逐渐延伸至河岸附近。过了吉拉林之后,河流弯曲极少,河水湍急,岸畔山崖耸立,山上多生落叶松、白桦、白杨等树木。有的地方断崖绝壁,岩石裸露。仅至奇乾一带才出现平地,奇乾市镇便坐落在其中。

牛耳河发源于アルバジハ①川和カマラ②川附近,河长大约400千米,ベレヤ、ヂン、キタ③等皆为其支流。牛耳河向北流经一片落叶松树林,在フロジハ④以北注入额尔古纳河。平均河宽为200米,水流湍急,河底多为石砾,深度约为150厘米。骑马涉水过河并不困难。河口及其余河段未实测水深,也没有乘船航行过,因此对于这些地段,情况不明。

大兴安岭以东,即兴安东分省,与北分省相比,在地势地形上,有些许差异。东分省大致被北满铁路分为南北两个地方。其北部在行政上划分为巴彦旗、莫力达瓦旗、阿荣旗等三旗。该地区的兴安岭山脉呈倾斜度较缓的阶梯状,向东延伸。山体西侧的森林不仅树种繁杂,而且木材储蓄极为平平。柏树等树木在山体西侧完全没有见到,而山体东侧则要好很多。

甘河流域分布着广阔的草原和湿地,山间各处也都水草丰茂,但无论如何也不可能被开发为农耕用地。一直到甘河下游,即チメルゲン⑤的附近,才出现农耕可能用地。

四、交通

(一)陆路

以海拉尔为起点,通向四方的道路中,北满铁路以北的大致情况如下:

---

① 译者注:河名,具体译法经查未果,原文保留,日文罗马字读音为 Arubajiha。
② 译者注:河名,具体译法经查未果,原文保留,日文罗马字读音为 Kamara。
③ 译者注:河名,具体译法经查未果,原文保留,日文罗马字读音为 Bereya,Din,Kita。
④ 译者注:地名,具体译法经查未果,原文保留,日文罗马字读音为 Hurojiha。
⑤ 译者注:地名,具体译法经查未果,原文保留,日文罗马字读音为 Chimerugen。

1.始于海拉尔,经乌龙套海,至吉拉林;

2.始于海拉尔,经上库力和苏沁,然后和前文所述路段合并通往吉拉林。

这两条道路皆以海拉尔为起点,在头站分为左右两路,道路状况大致一致,路面略微倾斜。因受当地地形的影响,道路穿山渡水,像波浪一样蜿蜒山间谷地中。其中一条,经乌龙套海至七卡。另一条经上库力、ドラガッエンカ①、苏沁至七卡,但后和上文所述道路合为一条,沿着河岸直到吉拉林。

道路整体对于马车来说畅通无阻。海拉尔附近宽约 180 米的河面上架设有牢固的浮桥,桥中间有约 50 米的一段,有能够承载三四辆使用索条的马车的渡船供使用。另外,根河有可以承载两辆马车的渡船供使用(船费是单人 1 角,马车一辆 7 角)。其余的河流水深都只在 1 米左右,赶着马车就可以直接过江。只不过,这些河流在降雨之后,河水暴涨,四五日乃至 1 周之内渡河都是不可能的。沿着道路,有很多满洲人经营的土制或者木制的旅馆,可以住上 30 到 80 人。然而条件设备极为简陋,可以说只能作避雨之用。住宿费是 1 晚国币 3 角。

3.始于吉拉林,经古那至奇乾。这条路虽是很好的马车道,但沿途山崖峡谷交互,单靠马来驮运行李几乎是不可能的。最大限度仅能带上一到两天的食料。马车通过主要村落间所需天数如下:

海拉尔—乌龙套海	三四天
海拉尔—上库力	三四天
上库力—吉拉林	五天
吉拉林—奇　乾	六天(骑马)

注:若是牛车的话,大概要花以上两倍的时间。

接下来,介绍一下关于关于汽车通行的情况。

自海拉尔至上库力,汽车可以通行。但是根河以北的区域由于河汊交错,不利于汽车通行。夏季,该区域的汽车通行几乎是不可能的。

自海拉尔至ドラガッエンカ,去年虽有过几次汽车运行,但都没有完全到达目的地。夏季,汽车通行是不可能的。冬季,与北满其他地方相同,湿地封冻不化,交通无阻。由海拉尔至三河地区及吉拉林的公路,乘汽车的话只要两天的行程。吉拉林以北区域在封冻之后,利用马撬可以顺利渡河。

上文所述路段皆是自然道路,除海拉尔河以外,没有桥,只能靠小渡船或者涉水渡江,因此在雨后,水位升高,导致交通断绝也不是什么稀奇事。

(二) 水路

自额尔古纳河上游三河到吉拉林河段,不仅浅滩多,而且河流曲折蜿蜒,完全没有通航。

从吉拉林以下,河流较深,弯曲度也较小,帆船可以自由通行,丰水期汽船也可通行。在奇乾,有拥有数只戎克船(500 布度②积)的运输业者,承载着吉拉林至北方西口子、漠河的客货

---

① 译者注:地名,具体译法经查未果,原文保留,日文罗马字读音为 Doragatsuenka。

② 译者注:布度即俄制单位普特,1 吨约合 60 布度。

运输。

吉拉林以北主要航道的航行天数如下：

吉拉林—奇　乾　　顺流为两三天　　逆流为七天以上

奇　乾—西口子　　顺流为两天　　　逆流为二十天以上

西口子—漠　河　　顺流为七天　　　逆流为十一天以上

漠　河—大黑河　　顺流为十五天　　逆流为四十天以上

注：上述天数是在顺风情况下的天数。若是逆风，可能会花超过两倍的时间。

额尔古纳河在阳历 10 月下旬结冰，结冰前 10 天至 20 天仍有流水，因此考虑其危险性，此期间不可通航。结冰 5 天之后，冰上可以通行。

解冻是在阳历 4 月下旬至 5 月上旬。到 3 月中旬，冰上通行就已经很危险。

下表是苏联测定的吉拉林和奇乾两地，近十几年河流的封冻解冻时间数据。

地区	解冻期		冰块期		流水期		封冻期		
	较早的年份	较晚的年份	较早的年份	较晚的年份	较早的年份	较晚的年份	较早的年份	较晚的年份	较晚的年份
吉拉林	4 月 17 日	4 月 29 日	9 月 25 日	10 月 1 日	4 月 20 日	4 月 24 日	10 月 2 日	10 月 16 日	
奇乾	4 月 8 日	4 月 30 日	10 月 13 日	10 月 16 日	5 月 2 日	5 月 2 日	10 月 26 日	11 月 4 日	

注：上表数据因年份不一可能会有些许出入。

(三) 航行标识

自吉拉林，航道下流的航行标识位于苏联和满洲国的交界处。满洲国使用的是红色的木板，苏联使用的是白色的木板。据称，这个航行标识是 30 年前苏联在两岸设立的（当时夜间点灯照明方便通航，现在没有这种设备）。中华民国成立之后，民国 19 年两国在哈尔滨经过交涉，在费用由两国平摊的情况下，由苏联修理。

自吉拉林至奇乾，满洲国的航行标志有 203 个。

五、居民及其生活状况

(一) 人种及人口

1.额尔古纳右翼旗

满人	1,241 人
非苏联俄国人①	248 人
朝鲜人	10 人

---

① 译者注：十月革命之后逃亡的俄国人。

| 鄂伦春族人 | | 150 人 |
| 总计 | | 1,649 人 |

2.额尔古纳左翼旗

满人		1,663 人(混血儿看作是满人)
非苏联俄国人		5,190 人
通古斯人、布里亚特人、鄂伦春族人	合计	241 人
	总计	7,094 人

(二)额尔古纳河沿岸地区

额尔古纳河沿岸至额勒合和达为止,虽有 39 个村庄,但除去吉拉林和奇乾之外,都是仅有一两户到十户左右的荒村。以前,中俄贸易兴旺的时候,该地区村庄的户数是现在的几倍,繁盛一时。后来由于中苏纷争,沿岸全线遭到苏联的侵略,居民全都逃往齐齐哈尔和哈尔滨避难。苏联实行焦土策略,烧毁了所有的村庄。中苏纷争和解之后,逃难的居民又相继回到此地生活,但由于中苏贸易一直处于停滞状态,现在的居民仅靠农业和渔业来糊口,过着极为贫困的生活。

在该地区让我感到很不可思议的是,满族的妇女很少;满族男人的妻子绝大部分都是俄罗斯人。满族妇女和俄罗斯妇女的比例是:100 人中,俄罗斯人 83 人,满族妇女 17 人。据称,这种现象的原因是:

1.以前,沿岸的满族男丁进入俄国境内开采金矿,便与当地俄罗斯人结婚了。

2.由于对中苏纷争的恐惧,满族妇女不愿入住该沿岸地方。

3.俄国十月革命之后逃亡的俄国人衣食无依,因此嫁给了满族人。

另外,俄国男子很少是由于害怕被 GPU[①] 逮捕,都逃到三河地区去了。

(三)三河地区

三河地区的居民大都是俄罗斯人,这些人原是居住在俄国后贝加尔地区的哥萨克人,于 1920 年俄国内乱的时候,逃难到三河地区的。

初到三河地区的时候,都只是暂作避难之居,用杨柳枝搭建简易的住房,饲养少量的牲畜。后来星移斗转,渐知归国无望,便定居下来。后来满洲国成立之后,军阀弊政压迫皆被除去,三河一带的生活变得愈加稳定踏实。

就三河地区主要村落的ドラガツエンカ[②]、上库力、ワエルフワガ[③]的情况来看,满人和俄国人的比例是,全户数为 270 户,其中 245 户为俄国人,满人仅有 25 户,不到一成。因此,三河地区的地名几乎全是俄语,居民皆信奉旧俄国国教东正教,使用语言为哥萨克人特有的语言。

---

① 译者注:苏联秘密警察,KGB 的前身。

② 译者注:地名,具体译法经查未果,原文保留,日文罗马字读音为 Doragatsuenka。

③ 译者注:地名,具体译法经查未果,原文保留,日文罗马字读音为 Waeruhuwaga。

(四) 金矿区

　　吉拉林大有金矿　　苦力　　400 人
　　古那产业公司金矿　苦力　　150 人

(五) 鄂伦春族

　　奇乾县境内的山林中居住着 150 名鄂伦春族人,以狩猎为生,茹毛饮血,住在用鹿皮搭建的蒙古包里。他们将打猎得来的兽皮或鹿角拿到奇乾市集上换取杂货或精面粉。与他们进行交易的一般都是俄国人,交易时大都使用俄语。

六、产业

　　三河地区一直以来就以农业和黄油生产闻名,而且草原广阔,水草丰茂,畜牧业也很兴盛。兴安省北分省北部有埋藏量相当可观的金矿,但由于资金匮乏,技术落后,迟迟未能得到开发。其中现在已经开始采金的有吉拉林金矿(也称大有金矿)及产业金矿等主要金矿。大有金矿是距今约 60 年前俄国人发现的,最初由俄国人经营,后来经广信公司于民国 2 年移交至大有公司。该金矿的采金量在数年前为 1 个月五六百个[①],现在为 800 个左右(价格是 12 圆 5 角哈大洋)。

　　额尔古纳河沿岸的五卡至六卡一段,盛产鲫鱼、鲇鱼。沿岸居民以捕鱼为业,采用张网式捕鱼方法。其他七卡至吉拉林地段,对岸也有十几处横跨额尔古纳河两岸的撒网捕鱼的渔民。

　　冬季农闲的时候,在奇乾附近的山林地带,有很多打猎的俄罗斯人。另外奇乾以东深居山中的鄂伦春人以打猎为生。

　　去年,在奇乾出售的兽皮种类数量以及价格见下表:

种类	一年的数量	单价(江洋)	海拉尔地区单价(江洋)
松鼠皮	8,000 张	1 圆 4 角	3 圆
獾皮	100 张	3 圆	5 圆
兔皮	200 张	5 角	8 角
鹿皮	4 付	13 圆	18 圆
旧鹿皮	6 付	12 圆	18 圆

　　注:皮加双角为 1 付。

七、国境警备状态

　　民国 9 年(1920 年),扎赉诺尔至俄勒和合达之间设置了十八卡(长官 1 名、副官 1 名、士兵 10 人)。一直到 1929 年中苏纷争之前人员设置都没有变化。中苏纷争之时,各卡的人员尽

---

① 　译者注:1 个约合 4.69 克。

皆逃亡,直到第二年的 2 月乃至 3 月份才回到原地。中苏纷争之后,废副官,改为长官之下设 11 名部下。大同元年,呼伦贝尔事件时逃亡的人和投奔海拉尔苏炳文,成为其直辖部下的人接连出现,因此各卡人员减少到只有七八人。此时,兴安岭警察局将这些人控制起来,在大拉寸克成立额尔古纳左翼旗警察局。由此,另派出吉拉林和奇乾警察局以及第一卡到第十八卡各卡共同组成国境警备。

然而,国境警备还是有很多不足的地方,与苏联相比,简直可以说几乎没有警备。

八、走私状况

自古以来,满洲境内的额尔古纳河沿岸地区是依靠对俄贸易发展起来的。吉拉林和奇乾的市镇也因为这个原因曾拥有几百匹马,繁盛一时。

1881 年中俄之间签订《伊犁条约》。按条约规定,中俄两国人民在国境线 50 俄里[①]之间可以免税通商。这一保护政策,对于该地区的贸易发展起了很大的作用。

该条约在 1913 年期满之后,该地区无论合法还是违法的贸易都变得更加兴隆了。贸易最盛是在欧洲混战乃至革命后的数年间,俄国政府禁止国内酒类的生产,因此酒类走私激增。俄国革命之后,尽管苏俄停止了对华贸易,但由于苏俄国内制造工业凋敝,物资缺乏,日用杂货、食材的走私更加猖獗。贸易由合法贸易完全蜕化为走私贸易,该时期成为该地区贸易的鼎盛时期。

革命当时,苏俄政府忙于控制国内局势而无暇顾及秘密走私贸易。但当苏俄国内秩序逐渐好转,农工业得到复苏时,苏联立即实行了对走私贸易的打压政策,同时大大加强了国境警备。因此,该地区的走私贸易不得不走向了衰落。1929 年中苏纷争爆发,额尔古纳河沿岸全线遭到苏联的侵略,当地居民的房屋被烧毁,居民大量逃亡,各商铺的物品被洗劫一空,从此此地的经济发展一蹶不振。

(1)走私中心地

涅尔琴斯克扎沃德(即尼布楚)是苏联额尔古纳河沿岸的工商业中心,同时也是附近农村和金矿地区走私物品的集散地。与之相对满洲一方则是奇乾和吉拉林。但现在由于戒备森严,几乎没有什么贸易往来。

(2)走私物品

输出品:酒类、丝织品、红茶、砖茶、日用杂货、食材
输入品:毛皮(狼、松鼠、土拨鼠等)

九、森林

本次调查只是针对大兴安岭森林整体的极小的一部分,主要是海拉尔至奇乾地段、ブイストラ[②]河沿岸、甘河沿岸三片区域。就海拉尔至奇乾地段来说,吉拉林以南的区域就像是蒙古

---

① 译者注:约合 53.34 千米。
② 译者注:河名,具体翻译经查未果原文保留,日语读法为 Buisutora。

一样的草原,一棵大树也没有;吉拉林以北,沿额尔古纳河而下,沿岸只有直径为20厘米,高8米左右的白桦、松树、落叶松而已。

但是,据称吉拉林至奇乾的山中被白桦、落叶松的密林覆盖,其中最大的树直径为60至70厘米,小树直径为10厘米左右。

(一)森林面积及其相应木材资源储量

森林面积的测定是根据调查当时所携带的1/500 000的地图来测算的,木材资源储量因地而异,故采其平均值(针叶林1公顷合300石;阔叶林1公顷合290石)来计算。

针叶林	74,800 町步①	22,440,000 石
阔叶林	46,400 町步	13,456,000 石
合计	121,200 町步	35,896,000 石

(二)树种及其混杂比率

(1)树种

本次调查,本人亲自见到的树种及从满族人哪里听取的树种列举如下:

①针叶林

落叶松、松树、西伯利亚冷杉

针叶林中大多数是落叶松,其中虽不乏建筑用木材,但更多是适合做电线杆和枕木的木材。

②阔叶林

白桦、桦类、枹栎类(橡树)、杨类(白杨、青杨)

柳类、椴木、榆树、枫树、花楸树、杏树、稠李、榛树

上列树木的大多数是白桦、桦类、枹栎类(橡树)和杨类(白杨、青杨)。

附:草本类

兴安岭诸峰的草原地带生长着许多草本植物,现列出以供参考。

冰草、鹅观草、酸模、莎草、南苜蓿、蓟、铃兰、缬草、百合、千屈菜、柳兰、菖蒲、丛生风铃草、锯齿草、薄雪火绒草、石竹、乌头、罂粟、芍药、铃兰、樱草、甘草、灯芯草、山尖子、兔儿伞。

(2)混合比例

奇乾附近是白桦的纯林,向东南方延伸至ブイストラ②河则渐渐成为与落叶松的混交林。总体来说针阔混交林比较少,东侧斜面地区的阔叶林的混合比例如下:

桦 类	60%
枹栎类	30%
其 他	10%

---

① 译者注:日本面积单位,1町步约合9,920平方米。

② 译者注:原文用这种方式记音,未注明对应的汉字,日文罗马字读音为Buisutora。

(三) 树龄

本次调查的北部大兴安岭地段的森林似乎并没有被采伐过。大龄树木的情况如下：

阔叶林中大多数是 30 年至 60 年的树。针叶林中最老的有 250 年到 260 年的树。但这样的树极少，一般都是 50 年至 60 年的树。

(四) 树种分布状况

大兴安岭西侧斜面大致为落叶松林，低地有白桦、山杨、榆树等树木的杂生林。生长在ブイストラ[①]河流域的落叶松是其森林中最好的木材，1 公顷可以达到 280 至 300 石。东侧斜面，即甘河上流地区，以白桦、辽东桦、枹栎为主的阔叶林居多。以纯林或者混交林的形式生长。但是，甘河下流是草原地带，不见树木。向北应该逐渐是落叶松林，但由于没有调查，未能确信。

(五) 利用状况及其他

大兴安岭西侧的落叶松林一直延伸至河边，其中的建筑用材、枕木用材、电杆用材都能够比较容易地搬运出来。但由于用木筏从ブイストラ河运木材出额尔古纳河，然后沿额尔古纳河顺流而下至黑河、哈尔滨有相当的距离，加之伐木工人和木材流送工人人手短缺之故，现在想采用这样的方法来运木材是不可能的。

山脉东侧，即甘河源及其上中游附近，有可供采伐运输作建筑用材和圆木的落叶松。现在其流域＊＊＊

(六) 主要阔叶林的生长状况

兴安岭山脉中白桦多生长在低湿地段或坡度较小的斜坡上。本次调查的区域中，山脉西侧额尔古纳河附近的白桦林相比较而言生长状况良好。至山脉分水岭，除东侧山谷外，其余地区白桦的生长状况相当差。生长状况最好的地段，木材 1 公顷可达 360 到 400 石，一般情况大致是 250 至 300 石。

桦类生长最多的是在山脉东侧，最好的地段，木材 1 公顷可达 400 到 450 石，一般情况大致是 300 石左右。

枹栎类的生长区域集中在山脉东侧，在山脉西侧一棵也没有见到。

据称有超过 20 个小型伐木商在该地区采伐木材，流筏运木。然而，由于甘河水量少，流筏运木至齐齐哈尔和嫩江需要相当的时间，因此，现在他们的伐木规模很小，大多 1 公顷木材不到 300 石，仅有几处有 360 石。

---

① 译者注：原文用这种方式记音，未注明对应的汉字，日文罗马字读音为 Buisutora。

第二部　调查日记

横跨北部大兴安岭调查日记

5 月 27 日　晴　行程 34 千米

　　四五天以来的持续降水使得坐落在沙土地之上的海拉尔市出现蒙古地区特有的景象,道路变得泥泞不堪。大型车辆皆靠牛马牵引来行驶,非常困难不便。今天天气终于好起来,很短的时间内,马车汽车都可以通行了。

　　今天终于决定要出发了。虽然不知道海拉尔河现在情况如何,但现在无线电设备已经到位,食料也已准备好了。且没有因为由吉拉尔出发的船的状况而延期。

　　参加这次调查的人员中,满铁方的人很多。上午 8 点,大家都在海拉尔事务所前面集合。这支调查队的人员编制如下:

　　满铁　　横谷(建设)铃木(建设)渡边(第三部)

　　　　　　山岛(地质)笠井(齐齐哈尔无线电主管)

　　　　　　新具(海拉尔出差员)的各位以及三田村

　　军部　　梶中尉　石黑一等兵

　　　　　　赤木特务机关俄国方面的 3 位主管

　　满洲国　仓重(奇乾警察局局长,奇乾地区的警察队现已合并)

　　马车　　11 辆

　　在海拉尔市,出动军部以外的如此规模的调查队恐怕还是头一次。然而,由于对于横跨大兴安岭之事到底应该做好哪些准备心中没有底而颇感不安。总之就这样出发,希望自己没有遗漏什么吧。上午 11 点 20 分我来到了海拉尔以北距离大约 3 千米的地方,由于连日的降水,沼泽地带早已汪洋一片。因此很快便遇上了此行调查的第一个难题。早我们一步来此的满族商人们高举货物,勇敢地开始徒步渡水。由于一旦被水打湿货物便会损坏,商人们不得不多次转运。看样子非常辛苦。

　　我们也已预想到,一旦离开海拉尔市区,就立即会遇上这样不便通过的难题。

　　花了近一个钟头终于成功渡水,下午 1 点到达海拉尔桥。海拉尔桥虽称为桥,但并不是架设完整的桥,中途有近 50 米,不得不依靠渡船来渡河。

　　下午 2 点,渡船完毕。

渡口 180 米　渡船 50 米

坐在河畔,吃罢旅馆给我准备的午饭,下午两点 20 分又上路了。途中是一棵树也没有的草原,牧草现在也还很少。马车通行顺畅,晚上 7 点到达了分布着形状大致相同的丘陵的头站。因为是夏天的缘故,虽是傍晚,天色依旧明亮。

5 月 28 日　天气雨　行程 22 千米

凌晨 4 点起床。因为下雨,虽很担心今天的行程,但由于调查日程紧张,早已做好淋雨的心理准备,我们收起行囊又出发了。幸好当时雨渐小,天气有所好转。蒙古高原的天空时常风云突变,虽是初夏,但寒风势力还是很强。

早上 6 点 45 分由头站出发。途中下了两三次雨。但道路没有因此变得泥泞,马车快速向前迈进,晚上 7 点到达水泉子。

此地仅有 1 处旅馆,4 人投宿。

5 月 29 日　天气　雨　行程 46 千米

又不是雨季,怎么天天下雨啊.实在教人心烦。出发才两三天,这么早就被雨淋到实在是出乎我的意料。铃木君因为生病,很遗憾不得不被遣返而停止调查。由水泉子出发,上午 7 点在甘河下流地区距离成吉思汗堡台很近的,聚居着大量满人村落的黑山头附近,遇到倾盆大雨,全身都被淋透了。雨中终于到达了一家旅馆。为了给行李遮雨,我尽快将行李搬进屋去,还不等我稍事安心,发现旅馆房屋竟然漏雨,忙前忙后竟是一场徒劳!我不得不再找一家旅馆。直到下午 1 点,才安置稳妥。三江合流点附近柳树密生,这是我启程以来第一次看到树木。看着岸边朦胧的雨中翠柳如烟,心情舒畅了许多。

黑山头地区常年雨季因降水河水暴涨,而致此地南来北往交通断绝。我现在也不知道我何时能够出发。

黑山头有人口 11 户 47 人(内含小孩 17 人)。

5 月 30 日　晴　行程 45 千米

尽管调查的日程很紧,但对暴涨的河水我们也毫无办法,仓重署长较之一般人更着急。最后,上午 10 点半,我和赤木以及署长 3 人绕开三河地区,骑着马往吉拉林方向出发去考察道路状况。沿着成吉思汗堡台,翻山越岭,直到下午 6 点。多方打听,终于知道从三河地区经过是完全不可能的。于是我们决定在黑山头待机,留宿一晚。

5 月 31 日　晴

上午 11 点,因为没有带干粮出来,吃了 10 个鸡蛋便出发了。晚上 7 点在回黑山头的途中,见到了一些狍子和兔子。我试着去捉一两只,结果一无所获,反倒累得自己筋疲力尽,悻悻而归。

6月1日　晴

滞留在黑山头。

昨天我们顺路在三河买来了鸡,今天在户外铺上圆草垫坐下,做起了鸡肉烧烤,以养元气。几个俄国马车夫也在一旁学起我们,虽不喝酒,却放歌合唱,真是一群活力无限的伙伴们啊。石仓被狗咬了一口,起身追着狗赶去,但还是让狗跑了。

6月2日　晴　行程20千米

今天本来是很悲观地想还是留在黑山头的,上午9点半接到消息说现在可以渡河了。于是立即敦促马车夫准备出发,一时之间大家忙得不可开交。在这两三天滞留期间中,马也养足了精神。不过让我讶异的是,马车夫们竟然没有拿来打包行李的网。见到他们用的似乎是我们准备拿来在山里用的东西,一瞬间惊呆了。这些人完全没有做马车夫的资格。

上午11点半准备完毕。

到达根河渡口已经是12点40分。涨水之后的根河有100多米宽,水势湍急。渡口供使用的渡船,只能载两辆马车。往返好几趟,总算是把行李运过去了。但因为水势太急,车轮及一半行李都被打湿,无线电设备还翻倒了。这实在是一件麻烦事啊。

晚上9点,吃了不少苦头,到达得尔布尔河渡口,河对岸是小河子小村落。我们打着手电筒过了河。渡河完毕,饥寒交迫。虽然是个村落,却只有一家满人开的小旅社。如此,一天也过去了。

不想昨天吃鸡竟然中了毒,今天一直腹痛难忍。因为米是准备进山之后吃的,所以今天早饭和午饭都吃的面包,晚上吃的乌冬面。到达小河子旅社时已是晚上9点40分。

6月3日　天气阴　行程66千米

今天早上5点50分就出发了。沿途多是状况恶劣的湿地,前面说不定还有什么样的难题在等着我们,甚感忧虑。到现在为止,附近的地形一直都没有什么大的变化。沿途看见铃兰、萱草等很多花草,远处的山上散生着白桦。上午9点40到达泉山子。以前这里有一家旅社,现在却人去楼空了。

中途有两名满人农夫赶上我们,试着向我们申诉什么。好像是他们的草料被别人恶作剧放火烧了。因为这些草料是他们唯一的燃料,所以他们对这些开玩笑太过分的人非常怨恨。因为不是很懂他们的语言,所以我只是凭想象推测而已。仔细询问之后,听说好像是最近有人因去调查被偷的马而再也没有回来,这两人犹豫要不要去海拉尔申诉这件事情。看见我们警察队,因而赶上来申诉了。

下午5点半到达桦树林子。

旅社1家　　家人4人

我们接着往前赶路,晚上7点半到达七卡。

8户　　满人26人

对岸ブリンスキー[①]有大约 100 户,其中 2/3 都已人去楼空。因为没有料到的在黑山头的滞留使得现在马夫的干粮不够了。距离八卡还有 35 华里,而且听说路也不是很好走。虽然马夫头阿特曼建议在七卡留宿,但因为不到八卡就不能确认等在吉拉林的船情况如何,所以我们不得不赶路。虽然马夫们摆着架子威胁说太晚了不想去,但最后还是去了。

来不及吃晚饭,晚上 8 点从七卡出发了。虽说夏天白昼长,但到了晚上 9 点左右便伸手不见五指了。到达八卡的时候已是凌晨 0 点 30 分。沿途吃了不少苦头。

八卡　车辆数　木轴车　　5

七卡　车辆数　木轴车　　11

以上车辆的情况如下:

车轴高度	50—70 厘米
车轴间的距离	2.2 米左右
车辙之间的距离	1.15—1.2 米
装载量	30—50 布度

七卡及八卡的情况见下表:

调查项目　　　　　地区			七卡	八卡
户数			20 户	9 户
人口		成年男子	40 人	19 人
		成年女子	13 人	8 人
		男孩	14 人	5 人
		女孩	8 人	9 人
人口合计			75 人	41 人
家畜	马	成马	24 头	16 头
		幼马	6 头	9 头
		合计	30 头	25 头
	牛	成牛	13 头	33 头
		幼牛	12 头	23 头
		合计	25 头	56 头
	羊	羊	—	170 头
家畜合计			55 头	251 头

备注:八卡有 8 名俄罗斯人(警备员 6 人,女子 2 人)、混血儿 6 人。该地区的作物主要是小麦、燕麦、大麦。小麦的种植面积为 187.65 俄町。

---

① 译者注:地名,具体译法经查未果,原文保留,日文罗马字读音为 Burinsuki。

6月4日　雨　行程60千米

本来打算5点出发的,但等到6点半才出发。

我把毛毯披在肩上,然后再在外面套上了雨衣,但依旧感到很冷。下午12点15分到达了距离八卡9日里的水磨。在水磨吃了午饭,午饭吃的仍是乌冬面。水磨有人家约30户。下午3点半,我们从水磨出发,一路颠簸晚上9点才到达马车道终点的吉拉林。

黑山头至吉拉林,沿途生长的树木大体如下:

川柳、沙梨、稠李、白桦、辽杨、白杨、胡桃、赤杨、落叶松

上述树木多为幼苗或者呈灌木状。

水磨的车辆数如下

铁轴车	3辆
木轴车	45辆
合计	48辆

6月5日　晴　行程35千米

从吉拉林开始便不能再使用马车,因为预订计划的改变,我们等了很久的便船,因此装载货物也积攒了很多,光是我们的行李就达1,200布度(20吨)。运输用的船是帆船,运着货物,看着就像要沉到河里去的样子。

船费　吉拉林——奇乾　每人国币5圆(吃饭另算)

行程　顺风时　2天

吉拉林的户数为112户,人口为335人(男210人,女54人,儿童71人)。

单看当地营业状况的话,有杂货商12家、铁匠铺2家、理发2家、烟铺1家、肉店1家、磨房4家、皮匠铺1家、豆磨坊1家、旅馆3家、木匠铺3家、妓院3家、饭店2家等等。在海拉尔以北的额尔古纳河沿岸,吉拉林是可以与奇乾相匹敌的农业中心村落。

吉拉林地区的房屋不是满族风格的土屋,而几乎都是俄国风格的木屋。这是因为,对岸便是被苏联直接控制的地区,而且俄国革命之后,有很多俄国人逃难而移居到了这里。

对岸苏联的奥洛奇有人家约400户,俄罗斯帝国时代的教堂旧迹犹存,但已经严重坍圮破败,不复见昔日光景。现在建有苏联国境监视总部的红军兵营。听附近的满人说,涨水的时候,从ブラゴエチエンスク①开来的汽船会来此村落,将储存在本地国营仓库的小麦,燕麦等运到バクロフスキー②和シムカ③河上流1,200华里处的スタンイン去。

上午9点我们开始装行李,1个半小时后,即上午10点半装运完毕并立即出发。虽然出发时间稍稍有点迟了,但因为水流迅疾,船速还是很快。但因为是逆风,而且风力又很强,所以没

---

① 译者注:地名,具体译法经查未果,原文保留,日文罗马字读音为 Buragoechiensuku。

② 译者注:地名,具体译法经查未果,原文保留,日文罗马字读音为 Bakurohusuki。

③ 译者注:河名,具体译法经查未果,原文保留,日文罗马字读音为 Shimuka。

有升上船帆。结果,12 点 35 才到ガルチ①。没有办法,不得不等风停下来再出发。下午 4 点半,风终于停下来,于是船又出发了。晚上 6 点,在莫里勒克(十卡)上了一下岸,但因为船的行程安排,当时立即又出发了。这里建有在中苏纷争的时候,战斗牺牲在此地的士兵 6 人,村民 17 人,逃难到此地的俄国人 40 人,总计 63 人的纪念碑。

晚上 9 点到达十一卡,在右翼旗警察局毕拉尔河分局投宿。

十一卡的户数及人口情况如下:

满人　　　　44 户　　　　男 104 人　　　　女 22 人

俄国人　　　4 户　　　　男 19 人　　　　女 48 人

该地区附近在昭和 8 年 8 月 14 日曾遭盗匪袭击,昭和 8 年的二三月间有偷渡来的男子 4 人。村落的主要产业为农业,其耕作面积如下:

小麦　80 亩　　　　燕麦　120 亩　　　　大麦　5 亩　　　　鸦片　10 亩

家畜有马 28 匹、牛 7 头,另有马车 5 辆。

6 月 6 日　　晴　　行程 70 千米

凌晨 3 点起床,虽是半夜,天色却已明亮。但因晨雾弥漫,看不了多远。

我们早早踏上了征程。这个地方晚上 9 点天黑,凌晨 2 点就天亮了。

10 点 50 分到达牛耳河河口(即十二卡)。

人口　　　　男 76 人　　　　女 32 人　　　　39 户

其中俄国人　男 3 人　　　　女 23 人

对岸苏联的ウエレーヤ②有人家 130 户,面对牛耳河,村落呈细长状向南而立,能看见建在其中央的国境监视部队本部以及其兵营。据当地满人说,一个月内有一到两次从苏联国内过来的汽车往返此地。沿着附近的河岸,尽管皆是断崖,苏联人却全然不顾。修了马车道并架设了有线天线,国境监视戒备森严。

反之,满洲国方的国境监视到现在为止依然显得微不足道。而且现在设置的这些巡警是否能够认真履行职责还是一个未知数。当地的商铺数与人家数相当,据说,这些商铺都在晚上与对岸进行秘密交易,昭和 8 年年度的偷渡人员也达到了 40 人。

下午 4 点 20 分到达目的地奇乾,当地居民举着日本国旗和满洲国国旗欢迎了我们。奇乾警察局做了一个彩门把我们当做勇士一样欢迎,在我们下榻的宿舍里,也有写着"勇士间"字样的纸张。实在是一个极好的欢迎仪式。

据说,这是奇乾有史以来第一次有这么多的日本人来访。

6 月 7 日　晴　　小雨

自从海拉尔出发以来,今天是第 10 天了,终于泡了一个澡。因要开横跨大兴安岭调查计

① 译者注:地名,具体译法经查未果,原文保留,日文罗马字读音为 Garuchi。
② 译者注:地名,具体译法经查未果,原文保留,日文罗马字读音为 Uereya

划的碰头会,还要为接下来的行程准备马,忙了好一阵。弄完之后,好好休息了一下。

奇乾的户数及人口如下

满人　　78户　　男262人　　女56人

俄国人　29户　　男130人　　女186人

奇乾在夏季的时候,走水路乘船花2到3天的时间可到吉拉林,冬季乘马撬要花3天时间。走陆路的话,山道崎岖,要花7到8天的时间才能到吉拉林。

兴安北分省警察局奇乾警察署设在这里,配备有无线电设施、马匹、武器,治安可以保证。

昭和8年共有偷渡者68人,其中大多数都被允许在满洲国境内生活。偷渡者中多为老人、小孩和妇女。我想,在逃亡国外的他们中,应该有在政策上被苏联忽视的人存在。

民国18年之前,奇乾通过向苏联出口酒、衣服料子、茶叶以及一些其他的杂货来换取金块、毛皮、马、牛等物资及牲畜。多的时候,毛皮多达2—3万张(一张值江洋3圆4角到3圆5角)。而杂货类则全部由海拉尔运过来,1个年头销售额达5到6万圆。其中1/3在满洲国境内消费,2/3则全部出口。

但是,中苏纷争之后,奇乾的走私贸易也就趋于断绝了。

奇乾的物资供给全部来自海拉尔。夏天的时候利用马车从海拉尔将到物资搬运至吉拉林,而后从吉拉林用船转运到奇乾。冬天的时候则从海拉尔直接用马车、牛车或拖拉机撬等工具进行搬运。中苏纷争的时候,有着200户人家的海拉尔发出了从海拉尔撤退的命令,其中700人进行了撤退,而逃亡到这里的俄国人没有撤退。听说,撤退后3天,大约40户人家都被烧成了灰烬。

对岸的ウスチウローフ(Usuchiurofu)有大约270户,500人,是个比较大的村落。人们都被强要求制劳动,过着悲惨的生活。

奇乾也与其他的村落一样,没有森林工人。农闲时节,当地人会进山。或打猎,或砍柴。

居民在附近的森林中采伐落叶松作为其各自的建筑材料。其中,长21尺,直径为8寸的圆木的价格是江洋1圆到1圆5角。

柴禾(主要是白桦),都是个人自由砍伐。关于运输,一般是将工人们在山中采伐的树木运到(Herutsu)河口,然后装运到筏子上,流送到奇乾来。3尺3寸到6尺6寸的树木的价格行情是10圆左右。

在奇乾附近,到现在为止并没有进行柴禾的采伐,也没有听说过这样的事情。

6月8日　阴转小雨　行程12千米

今天是开始横跨大兴安岭的第一天。天空阴沉,但天气并不热。这样的时候是最适合赶路的。

马匹准备完毕后,旗公署商务会为我们举行并出席了欢送宴,祝我们圆满完成调查。我们还能再一次回到这个地方吗? 我们真能在调查中取得圆满成功吗? 这些都还是未知的。想想接下来的行程,密林之中杂草繁密,蚊虫满天,还有数不清的河汉溪流在等着我就不由得紧张起来。

临我们出发之际,有很多奇乾市民来到警察局前为我们送行,让我们倍受鼓舞。

我们鼓起精神骑上马准备出发,50头马排成了一长列。正当我们出发之际,虽遭骤雨来袭,但大家决心坚定,不畏挫折,冒着大雨出发了。

幸运的是,雨不久便住了。当时是下午3点,我们走过奇乾村庄背后的放牧场,便渐渐进入森林地带了。白桦、辽东桦呈群状散生林,其比例为白桦4棵、辽东桦6棵。直径15到35厘米,树高8到10米。＊＊和山杨为数甚微,而且山杨都只是些小树。

白桦一般都生长良好,材质优良,但是遭砍伐严重。而且被人用火烧过,腐烂在地的木头很多。采伐过后,地里种着小麦、葱等作物。晚上6点,我们到达距离奇乾以东3日里的ミシエ①。

户数　4户　山谷里种着小麦和葱等作物,没有树木。

6月9日　天气晴　行程28千米

上午4点起床。今天该我和横谷一起做饭。上午7点50分出发,渡过阿巴河支流伊里吉斯河的分流,向着东南方沿ダリンカ(Darinka)河顺流而上,北侧生长着白桦,落叶松,欧洲赤松(山峰上的树木直径在35到40厘米,高13到15米),一般都是白桦和落叶松的混交林。ダリンカ河的南侧只有少量的白桦和落叶松。山谷间开阔的地方生长着柳树,白桦和一些幼树。

湿地里面到处生长着密密的榛树丛,我们虽很担心在里面是不是会迷路,但幸好我们的向导亚历克山大是这里的东道主雅库特人,熟悉地形,带的每一步路都得可靠。真不愧是兴安岭的主人啊!

我们还没有到达能让人觉得是密林的地带,但相比沿额尔古纳河顺流而下的时候,哪怕是看见一两棵树也感到很高兴。

晚上6点30分到达阿巴河畔,7点半渡河完毕。过河之后,普洛库吉巴河自南流来,注入阿巴河。吃午饭时给马喂食,休息了两三个小时。一天之中骑马跋涉,是一件相当辛苦的事情。因为没有携带草料,只能打来附近的牧草给马喂食。

因露营之故,我们不得不自己生火做饭、搭帐篷等做很多事情,因而很疲倦。加上早上起得又早,睡眠不足,骑在马上常常困得不行。

山路仅仅能供1匹马通行,而且枯枝横伸,还不得不注意遍地的沼泽、岩石,一刻也不得松懈。

6月10日　晴　行程20千米

早上4点起床,6点出发。今天为了休养马匹而决定徒步行走。何况,路程还很远,若是途中马毙命倒下了更是让人困扰。当人还有气力走路的时候,就让马休息一下。上午10点50分,在榛树的灌木丛和岩石之间,根本看不到路。我们失了自信,牵着马,小心地行走着。途中落叶松的幼树和白桦混交生长,并发现了赤松的幼苗。我们找到这些幼苗的种木,树龄为70

---

① 译者注:原文用这种方式记音,未注明对应的汉字。罗马字读音为 Mishie。

到 80 年,直径 35 厘米,高 13 米,鹤立鸡群一般颜色分明地立在那里。

到达リビヨトキンナ(Ribiyotokinna)(从前一个叫リビヨトキンナ的俄国人在这里开采金矿,因而该地就以他的名字来命名了)。离我们昨天露营的地方正好 12 千米。我们在这里吃了午饭,下午骑马出发了。

上午所经之地既有湿地沼泽又有山谷河川,驮运行李的马有时会被路两边的树挂住行李,有时马腿陷进沼泽,有时又被树根别住,大大出乎了我们的预料,没能顺利前进。在有些地方马陷进泥中一直到腰,把行李都浸坏了。下午 1 点 30 分出发,4 点半到达ブロクシハ河(Burokushiha)和サンコーウイッチ(Sankouiichi)河的分水岭。幸运的是至今还没有碰到兴安的特产——蚊、虻。

6 月 11 日　　晴

5 点半起床,7 点出发。我们虽早就知道在山里面要找人家或者吃上奢侈的食物是不可能的,但别说没有见到棕熊和赤鹿,竟然连西方狍、野兔都没有遇上。因好不容易带了枪过来,故还是感到些许扫兴。

兴安岭不论什么地方,看上去地形都大概是一样的,即便看地图也不知道自己身在何处。更甚的是,地图上处处与地形不同,于是不知道自己身在何方了。

上午 10 点 20 分第一次见到了雅库特人,在离ブイストラ(Buisutora)河 1 千米的湿地中,他们一行共有 8 人(成年男子 1 人、小孩 3 人;成年女子 2 人、小孩 2 人),领着 60 头驯鹿,狗 2 只,正在向有水草地方迁移赶路。

我和俄国人向导先队伍而行,最先遇到了他们。因语言不通,听见他们似乎在说什么却完全不明白是什么意思。我给了他们的小孩一些奶糖。他们和我的俄国人向导说了些什么,然后递给了我一个鹿皮做的手套。我以为是他们对我给的奶糖的答谢,就什么都没想接了过来。他们似乎能懂俄语。第一次见到了人,真是稀奇啊!

驯鹿的颈上系着铃铛,发出很悦耳的声音。此地附近是ブイストラ(Buisutora)河流域,虽并没有被采伐过的痕迹,但低湿地带里,一些直径 40 到 60 厘米,高 20 米的落叶松却孤立在各处。另外,时时见到直径 30 米,树高 13 米,树龄 50 年左右的白桦交织在一起。河畔当然生长着繁茂的柳树,山杨等阔叶树。

上午 11 点到达ブイストラ(Buisutora)河畔。露营。

为了将行李运过河,雅库特人不知道从哪里找来了 1 艘桦树皮做的小船,据说除了他们的同族,没有人知道那个地方。这条船长 7 米,宽 60 厘米,深 20 到 25 厘米。小船附带 1 柄 2.2 米长的桨,行李、船夫、积载量总共是 12 布度。

小船重 3 到 4 布度,材料是サスノーウエイチヤン(Sasunoueichiyan)木,缝里面涂的是松油。

6 月 12 日　　晴　　行程 32 千米

从昨天晚上开始,横谷生病了。因为离奇乾很近而且有船,便安排他返回了。虽然很遗憾,但是没有办法。横谷和语言完全不通的一名雅库特人一起坐船沿着ブイストラ(Buisutora)河顺流而下,开船之际,我什么话也说不出来。横谷叮嘱我千万要注意身体,不要勉强自己,注意别得风寒。每当想起这些话就不禁感慨无限。

9点30分开始渡河,因为那条小船要用来运行李,我们便骑马渡河。河宽近100米,水深及马腹,水流较快,但幸运的是谁也没有掉到河里去。

下午1点半到达同一条河的支流ウリュタイロソーシ(Uryutairososhi)。吃罢午饭,4点20分又出发,晚上8点到达ツングーススカヤ(Tsungususukaya)。露营。离此地大约4千米的山谷里,有茂盛的阔叶林,,其中混杂着较少的落叶松。白桦一般是直径15、18到20厘米,有大约100到150棵。斜面多生赤松,1町步约有320到350石(赤松里面混生落叶松),山谷里有少量的赤松的小苗。再向前进一步,虽是针阔混交林,但1町步不足300石。再往上游去一点为250到300石。再往前走便是针叶林了。一般是直径为15厘米、20厘米、40厘米,高12到14米的树,中途第一次见到了五叶松。听说3年会一结果。

6月13日　　晴　　行程22千米

早上5点起床,8点出发。

就露营地附近伐木取根来看,最老的是80年的树。现在附近没有像这样的成树,一般都是直径10到15厘米,高8到10米的树。1町步约450棵到500棵(约200石)。

今天我们遇到了我们的向导,亚历克山大的弟弟的家人。他们正在往奇乾去卖鹿茸的途中。时间8点半,地点ツングースカヤ(Tsungusukaya)。

4户人家　　通行7人(但不是全员到齐)

成年女子　　　1人　　　儿童　2人　　　驯鹿　20头鹿的鹿茸(国币300圆)

重量　　8フント(Funto)(约1贯匁)

上午11点到达莫尔道嘎河畔,河宽6米,深20厘米,呈东西流向。我们在这里吃完午饭后渡河。下午2点出发,晚上6点到达(Urugicyu)。途中经过了一片似乎叫做牛耳湖的大片湿地。此地2万町步的地方以及周围山上的落叶松全部都枯死了,原因是8年前的那场大冰雹。

枯死的树一根枝桠也没有,直径为30到40厘米,高18到20米。越过山岭,沿途的落叶松也全部枯死了。逐渐走下坡去,才渐渐出现活着的树。不过都是生长得很不好的白桦和落叶松的混交林。下山之后,在开阔的ワルギーチュ河(Urugicyu)畔露营。

6月14日　　阴　　行程5千米

今天本来是打算原地休整人马,但听向导说再往前走一段会有更好的地方,于是我们翻过顺着河沿的山,走过阔叶林,耗时近1个半小时,行程5千米,到达了アイエギーチャ(Aiegicya)河畔。在这里的阔叶林中,我第一次见到了羊齿类的草。登上东侧的山远眺,我发现在西南一带的山腰生长着繁茂的落叶松。据山岛实地考察的结果来看,那边与此地的森林状况没有什么显著的区别。因此,1町步该有280到320石吧。

此地最大的树树龄为250到260年,直径1米,高23米的落叶松。一般的树木都是高约

15 米,直径 20、30 到 35 厘米的树。

10 点从ワルギーチャ出发,11 点 40 分到达アイエギーチャ(Aiegicya),到今天为止我已经一个星期没有洗澡了。虽然河水冰冷,但我还是在河里洗了一个澡。在河里待上一分钟全身便变得通红。即便是这样,仍然感到神清气爽。

在向导亚历克山大的带领下,队长和山岛、浅见 3 个人去离此地西南 8 千米之外的二子山考查地形去了。走的时候没有带上干粮,可到晚上还没有回来,让我担心了好一阵子,不过还好半夜 1 点左右终于回来了。

我们试着烧掉一棵直径 80 到 90 厘米的枯落叶松(当然以前也遭过火焚,根部已经被烧空了),架起了大火。尽管火势很大,大树却纹丝不动。一直到第 2 天早上,树才倒了。此地的附近生活着水獭,据渡边说他看见了两只。我们一行带着的米被水浸了好几次,却没有时间把米拿出来晒干。因为在山里面实在没有办法,只有就用这样的米来做饭吃。可是米一点都不膨胀,还散发着很难闻的臭味。但丢了又太可惜,不得不吃。于是,我们在饭里面拌上干鲣鱼、牛肉罐头什么的,做出的饭自己也不知道叫什么名字好。

晚饭吃的是乌冬面,里面加了很多野生的葱苗。虽说我们吃的是乌冬面,但与其说吃的是乌冬面,我倒觉得吃的尽是葱苗。

6 月 15 日　晴　　行程 28 千米

6 点 30 分起床,10 点半出发。

据向导说,因为今天沿途没有牧草,尽是灌木和岩石地带,于是我们打算不吃午饭,一口气走到预计的露营地。

昨晚感觉今天要下雨,幸运的是到底没有下雨。下午 4 点 40 分,我们走过一片落叶松林(低湿地),5 点半到达一片叫做"千人原"的山间湿地草原。千人原面积广阔,不知道有几万町步。草原上完全没有树木,我们在面对ブイストラ(Buisutora)河的开阔地带,即所谓クリンダー(以毒蛇闻名的地方)露营(下午 6 点 15 分)。俄国革命即将爆发之前,其皇家学术调查团曾到ブイストラ(Buisutora)河来考察,也在此地露营过。我们的一个向导アタマン(Ataman)也曾给他们担任向导,据说,当时他把登载着革命消息的报纸就在这个露营地给他们看后,他们立即中断调查回国去了。

现在正是大量毒蛇产卵的时期,顾及到危险性,不得不多加注意。渡边捉了一条蛇,准备作为礼物带回大连去。

到现在为止,我们沿途走过来的路是所谓的猎人之路。道路两侧延伸 1 千米的地域之内,几乎都遭灾害,树木皆被伐来做帐篷或者燃料,森林被破坏得很严重。据此,其他的山中虽应该是没有遭受火害,然可以想见住在山中的鄂伦春人和雅库特人所到之处,定皆焚林取柴取地。而且,也还可想见,不仅仅是因为失火,有时为了驱赶野兽,而后捕获其中掉队的鹿,从而获取其角,也会放火,从而一片森林全部化为灰烬。

6 月 16 日　晴　　行程 28 千米

5 点起床,7 点半出发。

　　我们渐渐朝着山顶进发,森林的状态依旧没有什么变化,近八成是落叶松。大树很少,多是还未长大的幼树。发源于兴安岭的河川创造了幅员辽阔的草原,河水深度大致皆可乘马徒步渡过。水流一般较急,水质好,作为饮用水完全没有问题。

　　上午 11 点 30 分再一次到达ブイストラ(Buisutora)河沿岸的ウスチェクーナ(Usucyekuna)。

　　ブイストラ(Buisutora)河全长 1,000 俄里,此处以上,其上流长度为 150 俄里。ブイストラ(Buisutora)河沿岸大都是平原,几乎没有树木,远处的山腰处可见有落叶松,但森林状况不好,处处可见一棵树都没有的地带。

　　下午到达ベレーヤ①河畔(クーム②河畔)。

クリンダー　　　　　　　　　　　ウスチクーナ　　　　　　　　　　　ヴレーヤ
○────────────────○────────────────○

19 千米　　　　　　　　　　　　9 千米

此处尚存的落叶松的状况如下:

直径 38 厘米

高度 16.5 米

树龄 150 年(采树根推测而来)

　　低湿地带的情况是,60 到 70 年间的年轮显得很宽,之后便变窄了。另外,50 到 60 年的白桦,其 30 至 40 年间的年轮很宽。

6 月 17 日　阴,时有雨

　　今天原地滞留。昨晚的雨吧嗒吧嗒下个不停,现在下得更厉害,想着终归被淋湿,于是就干脆钻在羊皮睡袋里面没有出来。

　　所幸的是,即便是雷阵雨也没有出什么事情。

　　据向导亚历克山大说,现在此地附近一带应该有鄂伦春族人出没,于是我们出发去探险。

　　途中经过了一片落叶松和五叶松的混交林(高 4 至 5 米)。我们仔细寻找着鄂伦春人的足迹,找到了一块以前他们露营过的露营地。现在虽早就不见人的踪迹了,但还有一个小棚子的架子留在那里——约 30 根长 3 到 4 米,直径 4 到 5 厘米的落叶松圆木被用来组合做成圆锥形,中间 1 根柱子直立。就附近状况来看,他们搬走还不久。

　　我们开了两枪作为信号,然后屏气凝神等待,可惜什么回应也没有。向导亚历克山大孤身前去探查,依旧无功而返。

　　注:两声枪响是鄂伦春族人的信号,若是他们听见的话,应该也会以两声枪响作为回应的。

　　没有办法,我们不得不返回。正在这时天又下起雨来,衣服都被打湿了。沿途山急路陡,山谷间阔叶林羊齿类植物生长繁密,路更是难走。最终还是未达目的,于下午 4 点半折回。

①　译者注:河名,具体译法经查未果,原文保留,日文罗马字读音为 Bereya。
②　译者注:河名,具体译法经查未果,原文保留,日文罗马字读音为 Kumu。

亚历克山大的话不能说是确凿的,但现在正好这附近有1户7口之家(只有女人在家,男人因去三河地区购买食品和其他生活用品外出了)正在等待家中男子的归来,新作的棚架子有7到8个,也有最近用过火的痕迹,所以向导的话并非全是谎话。然一步之差和这个鄂伦春族家庭失之交臂实在是很遗憾。

6月18日　　阴雨　　行程32千米

5点起床,8点半出发。

我们一行一直以来承蒙老天照顾天气都还好,但最近一两天以来,兴安岭也进入了雨季,感觉就像国内阴霾的梅雨。我们照理说是已经完全离开了ベルツ(Berutsu)河的主流,进入了大兴安岭山区的中心地带,现在却一点这样的感觉也没有。

进入湿地地带以来,附近没有供马吃的草料,马开始吃到至今未吃过的草和灌木的枝叶。供人吃的大米也已消耗殆尽,而我们到现在还没有登上山顶实在叫人担心。然而因还留着面粉故不至于饿死,但接下来的10天、20天不得不天天吃面粉,恐怕我们的身心都要变成满人了吧。

走过低缓广阔的谷底,接着又开始爬山。12点到达大兴安岭中唯一出咸水的沼泽地,距离此地6千米之外,即是山顶的前面。山上仅有为数不多的白桦,四周的山上树木也很少,一般都是白桦。我们休息了半日,饮用水只有在很远的山坡上才有,而且此地周围树木很少,不适合露营,我们不仅要考虑自己,更要担心马的草料。若停止赶路,就会立即倒下睡觉。

傍晚突降大雨,帐篷也被打湿,无论如何也睡不了。

这是自黑山头以来,第一次彻底被淋了个落汤鸡。

向导的猎人们出去打猎,只打到了一只狼崽。现在不是打猎期,想找到猎物很困难。另外因为狍子、鹿之类的动物听觉敏锐,戒备心又强,只要听到我们说话的声音或者马蹄声就立即逃之夭夭,所以打猎更是不可能。

附近的森林状况相比沿途可以说是最恶劣的,除了白桦,本应见到的树木也没有见到。刚刚还可见的群山,现在却也在烟雨中不见踪迹。

6月19日　　阴雨　　行程32千米

5点半起床,8点出发。

朝雾弥漫,眺望看不见任何东西。近山顶的地方,随着圆柏和杜鹃花的出现,针叶树木数量开始减少,(直径5—7—8—20厘米,高10—12米)。白桦虽数量较多,但(直径10—20厘米,高约8米)一般都是又细又短的树。走过白桦林(约4—5公顷,直径25—30厘米,高10—12米,总储量1,350石)到谷底,从峰顶到山腰有生长良好的落叶松。面积约10公顷。

(1)直径　　　15—20厘米　　　　　高15米

(2)直径　　　30—35厘米　　　　　高18米

1公顷木材储量420根(约750石)

储量　7,500石

(1)(2)的棵数比为 3∶7

山谷里面也有直径 8—10 厘米,高 8 米左右,20—25 年的落叶松,生长繁茂。(1 公顷约有木材 200 石)

接着我们经过了大湿地带,岩石裸露地带上午 11 点到达水岭。到今天为止(今天的行程),沿途见到过一两片森林状况比较好的树林,但都面积小,一般 20 到 30 年的树,高度在 10 米以内。山顶仅散生着一些白桦,没有落叶松。而且有的地方没有树,有的地方被采伐过,森林状况很不好。这里的白桦林和落叶松林的生长状况相比西侧斜面要低劣很多。下午 5 点 10 分到达甘河源头上流的大盆地。露营。

6 月 20 日　晴　　滞留

昨晚 8 点多虽然碰上了雷阵雨,今天早上却完全放晴,阳光刺眼,感觉就像夏天的太阳在照射一般。

因为一路跋涉人困马乏,今天决定休整一天,好久都没有洗澡的大家今天终于在河边洗了个澡养足了精神。露营地附近是广阔的平原,只有几棵落叶松孤零零地立在那里,没有树林。远处的山腰散生着白桦。

这些孤树的情况是

直径　40 厘米　高 16 米、树龄 53—60 年(40 年的居多)。

直径　66 厘米　高 19 米、树龄不明,推测为 105 年。

直径　44 厘米　高 21 米、树龄不明,推测为 150 年。

6 月 21 日　　晴

4 点起床,6 点 45 分出发。行程 34 千米。

兴安岭山体东侧和西侧大部山势地势都不一样,植物的生长状况也有几分差异。一般来说,西侧大都为落叶松,混生着白桦(桦类)、榆树、山杨、柳树等,岩石碎石裸露的地带很多。

越过分水岭来到甘河流域则落叶松渐渐减少,生长着繁茂的白桦。地形与西侧一致,沿着斜坡向下,呈阶梯状渐渐来到低地,即斜坡与台地相继出现。山麓的草原地带生长着铃兰、杜鹃花、囊兰、蝴蝶花、甘草、百合、瞿麦、樱草等各种各样的花草争芳斗艳。绕着花朵,蜂围蝶阵,忙个不停。

观察沿途的森林状况发现,草原地带中只是有处处簇生的白桦林。

　　1.面积　　　约 6 公顷

　　蓄积　　　约 1,800 石

　　直径　　　20 厘米

　　高度　　　9 米

　　2.面积　　　约 20 公顷

　　蓄积　　　约 4,800 石

　　直径　　　20 到 25 厘米

	高度	8 米
3.	面积	约 1 公顷
	蓄积	约 240 石
	直径	15 到 20 厘米
	高度	10 米
4.	面积	约 15 公顷
	蓄积	13,800 石
	直径	20 到 30 厘米
	高度	10 米
5.	面积	约 52 公顷
	蓄积	约 26,000 石
	直径	25—35 厘米
	高度	9—11 米

6月22日　阴　　行程36千米

4 点半起床,6 点 40 出发。

7 点 15 分在草原河畔遇到了几个打猎归来的鄂伦春族人(抑或是索伦人?),他们看见我们一行人,便立即逃走了。我们的向导亚历克山大赶上去跟他们解释清楚后,他们消除了戒心,甚至邀请我们去他们家。

4 户人家　13 人(女 4 男 9)

他们骑马,像雅库特人一样没有驯鹿。从他们那里得知,以前有个中国内地商人从ホガ(Hoga)来到了这里。这个人向兴安岭山中 24 户人家供应食量(小米、面粉),杂货等。这些鄂伦春族人因为猎物少的原因,欠了这个商人上万的借款(这个数额实在是不合常理,似乎是这个商人在欺骗这些不知道货币实价的鄂伦春族人来谋取暴利)。

他们有近 30 匹马,附近建有独特的建在树上的粮食贮藏所。因为常遭偷盗,现在他们已经不在那里贮存食物,在搬运其他包裹的时候他们也开始转移他们贮存的食物。他们因和满人交易的缘故懂汉语,西侧的鄂伦春人使用俄语。

5 点 20 分到达露营地(地名?)。在到达露营地约 2 千米的地方,天又下起雨来。不过还好没有出什么事情。半个月以来的连续赶路使得我的坐骑极为疲倦,失去了动力,瞪着大眼,喘着粗气。

它在湿地之中遭到过雨淋,相比大部队一行越走越慢。走 10 间[1]就休息一下。开始还用鞭子赶它走路,到后来越来越觉得它可怜,于是我下马牵着它走路。即便是这样,迈出的每一步都是有气无力的,很辛苦地走到了露营地。

---

① 译者注:约合 18.18 米。

6月23日　　　雨转晴　　　行程40千米

5点起床,7点40出发。

已经远远地离开了落叶松树林,感觉好像也远远地离开了兴安岭。在一望无际的平原之中,目之所及,树木寥寥无几。上午10点20分遇到大雨。昨天,我的坐骑相当疲倦,今天依旧是牵着它走,看上去就像要死的样子。到了此处,第一次看到小的泡栎类树木。雨渐渐越下越大,想赶路却难以前进。不管撑不撑帐篷,在这样的倾盆大雨之中,都无济于事。我们剥下白桦的皮盖在行李上,顶在头上挡雨。终于下午1点左右能看见阳光了,这真是出发以来久违了的太阳。

下午4点3半到达ホガ(Hoga)河畔。渡河后,4点30分在离河400米远的中国人家里投宿,终于能住在房间里了。有3户中国人(只去了其中1户)。我见到了这里仅有的1个日本人,他叫川端,为了开矿而来到了这里。

据他所说:鄂伦春族コイ(Koi)河流域　5户人家(1户人家有3到4人)　甘河流域5户人家　アリ河流域　3户人家　甘河下游　5户人家。马:多的1户有10匹,1匹都没有的人家也有。食物:兽肉、小米、面粉。鸦片也能从满洲人那里得到。烟草和酒是非常受欢迎的东西。火器是老式俄国连发枪,子弹从卖木材的人那里获得。

传　说

相传生仙山南边的山脚下有个名为"生仙洞"的洞穴,其中供奉着"鄂伦春族"的祖先君王。另外,有1个放有俸银的柜子。在洞穴的入口处,两位巨大的鄂伦春族人手持长矛始终在警戒着。

但却从未有人见过这个所谓的"鄂伦春族"。

从名为"ホガ(Hoga)"的山里砍伐落叶松的圆木,然后编成竹筏,游遍嫩江。

当时能够在甘河通行的木材具体情况如下:

圆木一:直径　12厘米　长4米60　3层　450根

圆木二:直径　32厘米　长4米60　1层　42—50根

圆木三:直径　20厘米　长4米60　1层　60根

每天需运出500根左右。将78—80根直径1尺的圆木编成竹筏后,由1个人撑筏将其运出。仅当年1年进入甘河流域的木材商的人数就达近200—350人。

据说漠河—齐齐哈尔之间乘竹筏漂流需要1个月。枯水期时也要花半个月。这些将作为齐齐哈尔的建筑用材使用。"ホガ(Hoga)"附近以及其上流10千米以内"桦类"生长繁茂,且白桦、枹栎类、水曲柳等混杂其内。落叶松则少。甘河流域有广阔的草原且峡谷多。在其他地方看不到这种情况。从住在"ホガ(Hoga)"的一位满人那里听说,兴安岭东边山里的树种如下:

臭松　　　　　　3-2丈6-7寸弱

赤松　　　　　　2-3丈

椴木	3-2 丈 5-6 寸弱
白杨、青杨	8 丈-10 丈 30 寸强
桦木	白、黑
橡树	少许
榆树	10-8 丈 1 尺强
柳木	10-8 丈 1 尺强
枫树	

6 月 24 日　少雨　多云

逗留(洪那山山脚)。

6 月 25 日　多云转晴　行程　42 千米

5 点起床,6 点 30 分出发。

地图上好像是冬季的道路,一旦进入雨季的话,河水就会增加,渡河难的地方也会增多。因此,夏季除了沿着山脚或者越过山脉之外别无他道,一般沿着甘河左岸行走的话比较稳妥。洪那山的半山腰以上生长有"桦类",但几乎没有白桦。在这一带看到的白桦好像就是最后的了。

上午 10 点 30 分到达"チュラコ①"山东南山脚。

这里停有从"ホガ(Hoga)"漂来的竹筏,另外还把从北方 4 千米远处砍来的落叶松的圆木做成筏。

搬运是使用 1 头马拉的车,1 天从山里搬出 4—5 根。按人力车夫的说法,采伐地平均 1 亩只有 17—20 根左右的树木。而需 70—80 根才能编成一排竹筏。

现在木材库堆砌的角材约 500 根。其大小如下:

直径　　32 厘米　41 厘米　39 厘米

长度　　5 米 36

到目前所在地为止沿途主要是"枹栎"林,"白桦""桦类"落叶松极为稀少。

午饭后下午 1 点出发,5 点 30 分到达"ロード②"前面 8 千米的地方,野营。

6 月 26 日　晴转大雨　行程　28 千米

凌晨 3 点 30 分起床;凌晨 4 点 30 分出发(没吃早饭)。

因太阳光直射强烈加之有牛虻,人马都很难受,故决定早点出发以便在最酷热的时候能休息。因此这么早就出发了。早上雾气真是重,我们在雾气的漩涡中感到了刺骨的寒冷。

穿过"白桦""桦类""枹栎类"等的混淆材(未达到能计算出数值的分量),7 点 30 分抵达

---

① 译者注:推测为山名,按照日语发音,其罗马字读音为 Cyurako。
② 译者注:推测为地点名,按照日语发音,其罗马字读音为 Rodo。

"カシエ①"。

进一步延长行程,沿着河畔走,于 9 点 30 分抵达甘河的支流阿里河畔。

在这里,既称不上是吃早饭也称不上是吃午饭,我们往"ロービン②"里加了点砂糖吃,然后一边驱赶牛虻一边休息,直到下午 3 点。

因河流急且深,故渡河困难。但无论如何又必须过此河,于是我们计划砍下"高 13 米,直径 35—40 厘米"的泥树临时搭建成桥,以便搬运行李。(不知是谁提出来的,但不能说是鲁莽亦或是滑稽)。在此计划下,大家开始了作业。临时搭建桥的地点定在离树木约 200 米的地方,这是个即便是一个人去也是相当困难的复杂地形,现在却要 8—10 人扛着过去。树很重,一步都走不动,结果我们还是决定中止从这条支流渡河的计划,决定改渡甘河的主流。下午 3 点 40 分,河宽 50 米,到马的侧腹深(1.30—1.40 米),大家都全身湿透了。而我还被冲到河下 10—20 米远,真是既惶恐又愉快。我们约用了 30 分钟渡过了这条大河,然而继续渡过小流,进入了"齐齐哈林"前面大概 3,500 米河畔处的草地。

有时霎时间满天乌云,忽然嗖地刮起一阵狂风,而且滴滴答答地下起颗粒状的雨点来。马儿们将屁股朝向风雨的方向,然后就一动不动地排出一列横队。不久大雨倾盆雷声轰隆,而且还下起了直径达 2—3 分的冰雹。眼看着去路要被水淹没,真是进退维谷。这样进退不得的状况如果再持续下去我们还能活吗?实在是心里没底啊。身上已经被完全淋透了,加之极度地寒冷,马儿也动弹不得了,附近又屡次发生雷击,真是万念俱灰。大约过了 1 个半小时,雨暂停了,雷云也渐渐远去了。在离我们被困地 400 米左右的一棵独树(落叶松)处发生了雷击,树枝四处进裂,惨不忍睹。进向四周的树枝散乱地被风刮到了 40 米远之外,实在令人咋舌。

因还没停止雷鸣,故我们赶紧赶着马横穿过山腰,好容易到 6 点 20 分的时候才到了齐齐林。

　　　1 户人家　竹筏小工　4 人

半夜为了晾干衣物而整晚没睡。幸好雨也终于停了下来。

6 月 27 日　晴　行程　26 千米

因昨日降雨,导致花了不少时间来整理行李,故到下午 1 点 30 分才出发。一反昨日的严寒,今日极其闷热。甘河的两岸有大概三四十年至五六十年的"桦类""枹栎类"散在地生长着,但却又达不到计算平均每 1 町步多少的数量。

左岸的山谷之间是草原,杂草牧草生长繁茂,岩石突兀,而无挺拔的树木。在数处泥湿地里,有很多落马者,真是很可怜啊。

在直径 15—35 厘米、高 8—10 米、平均每 1 町步约 500 石的"枹栎"林里野营(下午 6 点抵达)。

---

①　译者注:推测为地点名,按照日语发音,其罗马字读音为 Kashie。
②　译者注:推测为食物名,按照日语发音,其罗马字读音为 Robin。

6 月 28 日　　行程　38 千米

4 点 30 分起床,5 点 20 分出发。

昨晚一轮皎洁的满月照亮夜空,月光从"枹栎"类的树叶间透过。这在北满来说,大概是也只有在兴安岭才能看到的独特风景吧。8 点 50 分徘徊在湿地中,虽然沿着山脚前进着,但是因前天晚上就开始降雨的缘故,突然间冒出了一条水沟,对于水相当深的地方,我们先让马将蹄踏入其中,但是还是出现了照相机等行李和人一起横倒下去的惨状,致使我们通过这个仅 3 间①宽的小沟却花了 45 分钟以上。

10 点 20 分抵达"ロード(Rodo)"沟,吃午饭。3 点 30 分出发。穿过湿地,于 7 点 30 分抵达"タコナイズ②"。野营。虽有少许"枹栎类""桦类",但连一棵针叶树都没有。

6 月 29 日　晴时而转阴　行程　40 千米

3 点 30 分起床,5 点 15 分出发。

从来没有像昨晚一样被蚊子呀蚂蚁攻击的,弄得整夜几乎都没睡着。穿过不知有几万坪的甘河流域大草原,于 9 点 30 分抵达"ノルコチ③"河畔。因涨水,故无法从渡河地点过去,真是让我们一筹莫展。于是我们把河对岸的一家满人叫出来,借了他们的独木舟。这样就能将行李和人渡过去了。至于马的话,就将其赶到河里,让急流顺势把它们冲过去。在这里吃完午饭,2 点 20 分出发,担心这时是不是又要下大雨了,但好在暂时停了。6 点 10 分抵达朝阳。借宿当地民家。

6 月 30 日　阴转晴　行程　56 千米

5 点起床,6 点 45 分出发。

这附近一带是草原,高地里到处都散生着"桦类""枹栎类"。9 点 20 分抵达"ウルブテ④",吃午饭。12 点 30 分出发,此时早已远离山岳,且水也远去,我们一边被太阳光直射着,一边找寻着宿营地"メイヨウ⑤",但怎么走也走不到。好容易晴朗起来的天空突然变得奇怪起来,吹起微暖的风,同时雨也又下了起来。因此,人马一起拖着疲惫的身体走在这与往常不同早早地就暗下来的夜路上,人马一起拖着疲惫的身体,终于在 9 点 30 分的时候抵达了目的地。与此同时,雷声轰隆,大雨倾盆。但是幸亏安全无事。这附近如同蒙古的高原,没有树木的沙丘连绵不断。

在抵达"メイヨウ"前的山岭处,残留有些许"枹栎类""白桦""桦类",其数量可以数得过来。

---

① 译者注:约合 5.46 米。

② 译者注:推测为地点名,按照日语发音,其罗马字读音为 Takonaizu。

③ 译者注:推测为河流名,按照日语发音,其罗马字读音为 Norukochi。

④ 译者注:推测为地点名,按照日语发音,其罗马字读音为 Urubute。

⑤ 译者注:推测为地点名,按照日语发音,其罗马字读音为 Meiyou。

7 月 1 日　雨　行程　22 千米

6 点 30 分起床,10 点 10 分出发。

由于下雨的缘故,我们完全弄不清周围的状况,且因昨天的强行军,我患了重感冒,身体状况感觉非常糟糕。

2 点 10 分抵达山口,借宿当地民家。

7 月 2 日　雨　行程　38 千米

6 点起床,7 点 20 分出发。

兴安岭离我们远去,翻越的山脉几乎都无树木,全是高原。这以后的道路只要不下雨应该就没什么大的困难。因为带上了在山口留宿处的年轻满人作向导,虽下着雨但还是较早地抵达了五家子。

这是个沿着甘河有相当数量人家的村庄,不知道怎么说才好,总感觉这是个让人有种"特种村庄"感觉的村庄。

7 月 3 日　阴转晴

4 点 30 分起床,7 点 50 分出发。

通过作为最后的路线的韦塘沟、桦皮山子的各村庄,于 12 点 20 分抵达嫩江。从海拉尔出发至今有 38 天了,横跨大兴安岭的旅行到此结束了。除铃木氏、横谷氏的折回之外未出现别的大故障。能够如此安全圆满地走完全程实在是件值得庆幸的事情。

最后,对于奇乾警察署给予的大力援助,在此深表感谢。

昭和 8 年 12 月

绥芬河区域农业调查报告

调查员　二星丰彦　　福留邦雄

助　手　柏仓泰治　　中村忠雄

翻　译　李桂松　　　殷录铭

目 录

第一　绪论

本调查是以吉林省东宁县、绥芬河市为中心,针对在俄国和满洲国国境附近的小绥芬河、塞葱河、八道河子以及新立屯等村庄的一般农业状况以及宜居情况进行的,调查从 12 月 3 日开始到 14 日结束。

该地区虽然位于俄国和满洲国的交通要塞,在政治、经济上都有重要影响,但汉族人未搬迁,故农业不发达,加上近年来土匪强盗猖獗,一般产业呈萎缩趋势。

以绥芬河市为中心的地区多为山岳地区,平原地区大部分依赖于粗放的开垦。从维持治安交通,与相关市场的距离,农耕条件的许可,气候和水土条件的适宜,以及可以容纳集团型移民的可能性等几个方面考虑,这个地区未发现比较适合作为移民地的居住地。并且,耕地情况就像在后面的详述中提到一样,土地基本上都是裕宁公司的所有地,而且现在满洲人和朝鲜人也在这一区域定居并从事农耕业。治安方面,目下附近的各个村庄的人都因为土匪而到绥芬河避难。以现在的状态,该地区既远离作为北满大市场的哈市,治安情况又不稳定,因此想要紧急作为日本人的移民地是非常困难的。想要快速改善治安状况也是非常困难的。

本报告书所记载的以下内容,也许有不规范或者不完整的部分。但调查报告的内容来自各种公共机关的数据,或者直接约访农民,并且将访谈的内容如实记述下来,没有添加丝毫的主观的修正。

第二　绥芬河

1.概况

绥芬河作为北满铁路东部线的终点,离哈市 549 千米,连接乌苏里铁路南部线,是俄国和满洲国国境的的要冲,同时也是东宁县的交通要道。

市区中的以车站为中心的绥芬河特别市和西边沿东宁道路的约十个镇是满人居住的地方。阜宁镇以及在两个区域之间的西毛屯被划分为朝鲜人区。特别市里有北满特区第三警察总署、土 * 处分处等。苏联人、大部分的满洲商人和日本人都居住在此区域。从事农业的满洲人和朝鲜人则分别居住在阜宁镇和西毛屯。

1922 年(民国 11 年),奉天第三旅长张宗昌作为特使进驻绥宁镇。他让山东移民开垦荒地,奖励生产罂粟,允许人们吸食鸦片以及从事赌博活动。在这些政策下,绥芬河出现了前所未有的人口增加。聚集了各地从事鸦片贸易的人,也有来往于国境从事走私贸易的人。根据记载,在最繁盛的时候人口达到了 3 万。不过,由于 1924 年禁止种植罂粟,市场开始萧条。满洲事变后,因叛军、土匪横行等,农业生产上不仅没有收获,反而由于连年的歉收使农民极度贫困。再加上断绝了与苏联的商业往来,商人们也纷纷陷入萧条的困境。

随后,该地区在 1924 年(大正 13 年)以来先后设立了特务机关和满洲国国境警察队,在维持治安的同时也在发展地方文化。今年3月,虽然有一批土匪来袭,不过并没有出现任何的异常,一直到现在都是平稳的状态。

　　绥芬河地区位于车站附近,海拔510米,是重叠起伏的山岳地区。在三十年前铺设铁路之前是密集的大森林。但是现在由于砍伐,只看得到柏树、白杨和一些其他的粗树。耕地以红褐色的又粗又软的土壤为主,肥沃度远远不如哈市附近的土壤。

　　2.气象状况

　　由于没有可参考的关于绥芬河地区的气象资料,以下所示太平岭观测所的调查。太平岭观测所位于小绥芬河和马桥河之间,北纬44°33′,东经130°41′,海拔是556.60米。

自 1924 年至 1925 年 5 年间每月平均气温　　　　（单位：℃）

	1924	1925	1926	1927	1928
一月	−6.1	−19.2	−18.4	−18.4	−18.6
二月	−17.6	−16.4	−12.2	−16.8	−15.8
三月	−9.3	−8.9	−7.0	−7.5	−6.7
四月	3.3	5.5	1.2	5.8	4.4
五月	9.7	11.8	13.0	8.6	9.5
六月	17.3	18.6	16.2	15.8	14.6
七月	22.0	20.5	20.6	20.4	19.2
八月	20.9	19.0	19.3	18.3	19.1
九月	12.9	13.3	14.2	12.2	13.3
十月	2.9	5.1	1.3	5.2	4.1
十一月	−7.2	−4.2	−6.6	−6.0	−7.7
十二月	−15.1	−15.1	−17.2	−16.7	−17.7
平均	1.8	2.4	1.9	1.8	1.5

自 1924 至 1928 年 5 年间每月降水量　　　　（单位：毫米）

	1924	1925	1926	1927	1928
一月	4.0	0.5	1.7	1.6	10.1
二月	9.4	4.5	1.7	1.9	3.6
三月	11.6	12.6	4.8	8.6	13.0
四月	30.3	18.2	13.4	5.1	17.5
五月	56.2	82.9	30.4	96.9	82.9
六月	44.3	14.7	57.0	79.2	124.0

续表

	1924	1925	1926	1927	1928
七月	43.9	53.0	90.5	205.8	148.9
八月	132.3	23.7	77.9	53.6	114.4
九月	14.2	118.2	72.9	25.0	103.3
十月	59.5	43.0	37.9	62.0	41.3
十一月	8.6	7.5	4.1	16.3	42.2
十二月	7.0	11.6	12.9	14.0	5.1
合计	421.3	390.4	405.2	570.0	706.3

3.绥芬河特区户口及财产

北满特区警察署、市政公署、特务机关的户口调查结果，如下表所示：

北满特区第三警察总署户口调查　　　（昭和8年11月到现在）

国别 \ 户口	户数			人口		
	住户	商店	计	男	女	计
满洲国	1,354	210	1,564	4,628	1,782	6,410
入籍俄人	13	0	13	26	21	47
苏联	443	5	448	780	703	1,483
日本	28	7	35	47	69	116
白俄人	164	11	175	312	253	565
朝鲜	127	4	131	351	295	646
波兰	3	0	3	8	5	13
捷克	2	1	3	8	6	14
计	2,134	238	2,372	6,160	3,134	9,294

绥芬河市政公署户口调查

住户数2,145　商户数30　合计2,454

人口

（昭和8年11月至现在）

国籍	人数	国籍	人数	国籍	人数
满洲国	5,545	无国籍	624	捷克	15

续表

国籍	人数	国籍	人数	国籍	人数
苏联	1,736	日裔朝鲜	521	入籍白俄	78
日本	38	波兰	5	入籍朝鲜	40
计					8,609#

特务机关户口调查　　　　　（昭和8年1月1日）

国别＼户口	户数	人口 男	女	计
满洲	1,254	3,324	1,492	4,816
入籍俄罗斯	19	34	37	71
入籍朝鲜	8	41	37	78
苏联	603	1,158	1,104	2,262
无国籍	173	303#	262#	567#
日本	11	23	35	58
朝鲜	70	221	53	274
波兰	3	4	5	9
计	2,145#	5,087#	2,990#	8,077#

北满特区第三警察总署绥芬河特区人民财产调查　　　（昭和8年11月）

国别＼种类	地亩数(响)	车	马	牛	羊	猪	房间数
本国	960	108	272	61	51	136	1,325
苏联		38	59	189		2	257
旧俄		39	47	84		7	344
朝鲜	69		34	15			99
计	1,029	183	412	349	51	145	2,025

注:上表除了特区之外,还包含了小绥芬三岔沟的一部分、寒葱河、马桥河、太平岭、红泥河以及八道河子。

4.土地所有情况

以绥芬河为中心的本地区的铁路附属地和耕地,前者归土地管理局管辖,后者为裕宁公司所有,其管理情况如下所述。

北满特区公署土地管理处绥芬河第三分处是由东省特区土地管理局第三分局改称而来。

在 1923 年(民国 12 年)开设,护路参谋长张焕相担任第一任局长,从苏联手中收回土地管理的实权,该处的经租科则管理铁路附属地、住宅、田地,并且同时也从事土地的借贷和租金的征收等。其他的管理区域则为从绥芬河出发直到三大 * 集地的铁路沿线地带。

市内的住宅区的租金一般为 1 方丈哈大洋 1 圆 10 钱,农村则是 11 钱(哈市是 13 圆)。田地的租金则根据土壤的肥瘠程度、与市场的距离远近、交通的便利与否等因素,一般分为 1 晌地 3.20 圆、3.80 圆、4.00 圆、4.80 圆、6.00 圆、8.00 圆、12.00 圆七个等级。

注:这里所说的住宅地的 1 方丈是 4 步平方,租借时 1 方丈缴纳 12 钱的保证金,租金一年预付一次。

北满特区第三警察总署井口数调查

人力井	20
不能使用	11
铁路洋式井	12
(井内不能使用)	1
计	43

特区的土地租用户数如下表所示:

	俄罗斯人	满人	朝鲜人	日本人	合计
绥芬河	304	594	34	3	535
小绥芬河	5	45			50
马桥河	118	366	58		542
牡丹江	2	386			388
穆棱	77	499	6	5	587
海林	94	496	30	2	622
下城子	45#	151#	7#	1#	208#
八道河子	1	9	7		17
寒葱河	54	55	2		111
* 马沟	8	25	2		35
* 林鲜基		3			3
山石站	9	82	1		92

裕宁公司拥有从绥芬河起至小绥芬、八道河子方向铁路沿线一带的约 1 万天地的土地,是该地方少见的大地主。但是铁路沿线两侧各 50 米是铁道附属地,属归绥芬河特别市和阜宁镇的国有土地。

1919 年(民国 8 年),张宗昌用现大洋 5 万圆从段祺瑞手中买下这块土地,让农民从山东让农民迁徙过来居住并开垦,于 1922 年(民国 11 年)创立了裕宁公司,让其进行土地管理。不过由于今年春天被判定减产,所以有一段时间被政府接管,但是九月已经返还。现在的事务所位于绥芬河阜宁镇,董事长张孟楫在新京,总经理张乐忠居住在绥芬河。民国12、13年的时候,该公司由于从事罂粟的栽培而极其繁荣,不过现在因地租拖欠严重,这三四年间都持续亏损。并且小绥芬河、塞葱河办事处经常被匪贼袭击,纵火。

公司把荒地租给农民开垦时,前三年不征收地租,第四年起则征收地租、县税、农会费等。地租是1天地哈大洋3圆25钱,并没有根据收获程度增减地租。公司缴纳每户50钱的大租。同时代替县公署从农民处每年征收60钱的县税。与县税相比农会费则每年不同,征收60钱、1圆、1圆25钱不等。租佃契约则是每年十月份以书面形式签约,租金则是签约的时候预付。公司并没有借给农民资金和种子等,用土地的转让的方式。

并且连续三年开垦荒地的人可以得到土地的耕作权,如果离开该地移居到其他地方的话可以把耕作权转让给他人,其转让费则是每天地7.80圆。但是由于抢匪的横行,安定下来从事农业的人很少,卖掉耕作权移居的人变多,可是有些人没有找到买家。

5.粮食税及出产量

东宁县财务局绥芬河分局于今年十月十五日创立,位于阜宁镇上。该分局对于出售的谷类征收粮食税(地方税),税率为谷子、高粱、豆子、大麦、小麦等的合计卖价每10圆征收40钱。阜宁镇对交易的谷物类(仅大豆)所征收的税额如下所示:

十月中旬200圆、十一月中旬500圆

1石大豆7圆的话,根据上面的税额则可以知道交易的大豆数量为2,499石。

北满特别区警察管理处绥芬河粮木检查所,对用货车运输的大豆以及大豆以外的谷物也征税,其税率是正粮(大豆)每1千布度8圆,杂粮(大豆以外的谷类)则是每1千布度4圆,1布度为40斤,出货情况如下表所示:

从绥芬河站发送的货物(警察署粮木检查所调查)
大豆(大同元年)

车辆数	一月	二月	三月	四月	五月	六月	七月	十一月	十二月	车辆计	总计
20	875	633	2,381	771	66	206	374	224	428	6,158	123,160
50	991	146	197	129		191	186	916	228	2,984	149,200
33	509	288	564	85						1,446	47,718
165			58	17				142	685	903	14,883
25			42			4	4	6	149	205	5,125
30			5							5	150
15								2	14	16	240
40								1	4	5	200
17									4	4	68

月份\车数	一月	二月	三月	四月	五月	六月	七月	十一月	十二月	车辆计	总计
18								1	5	6	108
12									1	1	12
60									2	2	120
计	83,847	29,464	82,189	24,955.5	1,320	13,770	16,880	52,861	35,697.5		340,984

大豆（大同2年）

月份\车数	一月	二月	三月	四月	五月	六月	七月	十月	十一月	十二月	车辆计	总计
10	372	269	257	102	152	54	5	18	262	84	1,575	31,500
10	103	142	641	162	103	8			146	79	1,384	69,200
6.5	1,156	556	366	364	470	201	12	50	732	229	4,136	68,244
15	57	16	50	18	29	5	1	2	92	19	289	7,225
15	160	149	263	2					89	124	686	37,730
15	50				26						76	1,140
40									2		2	80
17	8										8	136
8	42										42	756
21	1										1	12
16.5										10	10	265
计	38,043	30,249	58,889	16,706	17,060	4,921.5	325	1,233	31,893	16,968.5		216,288

注：由于大同元年8、9、10月以及大同2年8、9月不通车，所以没有出货记录。

绥芬河驿站发送货物中小麦的输出量如下所示：

大同元年　　　　20吨车　　　3

　　　　　　　16.5吨车　　4　　　　计　126吨

大同2年　　　16.5吨车　　3　　　　计　49.5吨

6.阜宁镇概况

根据阜宁镇警察署的调查，户口数如下所示：（大同2年11月）

户数　　　　　703

人口　男　　2,560

　　　女　　1,427

　　　计　　3,987

根据绥芬河市政公署的调查,户口数如下所示:

户数		718(其中商户20)
人口	男	2,287
	女	1,059
	计	3,346
井数		6

在阜宁镇有约30名会员的农会,十多年前开垦了裕宁公司的荒地约800天地,主要农作物有豆子、谷、玉米、大麦、小麦等。今年大豆由于虫害严重,农民蒙受的损失十分严重。

每1天地的产量以及1石的价格如下所示:

	平年	今年	1石(哈大洋)
豆子	3石	2石	7—8圆
谷子	4石	3石	自家用
玉米	4—5石		自家用
大麦	4石	2石	7—8圆
小麦	4石		22圆

蔬菜类每1天地的产量以及价格:

白菜	1,200斤	100斤	80钱
萝卜	1,200斤		
卷心菜	1,500斤	100斤	65钱
芸豆	1亩150斤	10斤	10钱

除此之外,也种植了少量荞麦,产量约每1天地3石。

并且收获后则进行秋季土地的耕锄等,1天地秋耕所需劳力2人、马2匹,大概1天可以完成。

施肥每3年每1天地土地约用马粪50车。播种量是大豆1斗,玉米1至2斗,大麦1斗,荞麦1斗。

阜宁镇的工资情况如下所示:

	平常	农忙期
日工	80钱	1圆10钱
月工	18圆	22圆
年工	50圆(领头劳工每人140圆)	

年工中的领头劳工必须掌握除草、收割、脱壳等各种技术,并且要能指挥、指导其他人进行各种作业。

从阜宁镇农会所听取,该地区内有马120头、牛50—60头、猪100头、大小车共有60辆,有木匠4户,铁匠4户。新造1台大车(四轮)的费用是80到90圆,小车(两轮)的费用则是30

到 40 圆左右,大车 1 天的租赁费用是 6 圆。

7.绥芬河朝鲜人的情况

根据朝鲜人居留民会调查的朝鲜人户口情况如下所示:

(昭和 8 年 12 月 1 日)

	户数	人口		计
		男	女	
市内	36	59	71	130
西毛屯	110	262	208	470
计	146	321	279	600

朝鲜人从三十四五年前开通东清铁路时就移居到了绥芬河地区。朝鲜人移居到满洲国是从 1870 年的北朝鲜大饥荒开始的,他们经过俄国领沼海州或者间岛①北上。一路上颠沛流离,饱受游击队的压榨和匪贼的抢夺②,并且忍受着极度的贫困和压迫继续流浪。虽然如此,他们通过不屈不饶的努力,所到之处均开垦荒地,经营水田,为满洲的开发做出了巨大的贡献。

绥芬河的朝鲜人居留民会创立于大正 10 年,由当时的 50 户人家发展到现在的 150 户,外交部每年提供数百圆的补助。还有对于从东宁镇来避难的人,哈市日本领事馆提供每年约 300 圆的补助,并且安排工作。但是由于近几年匪害严重,很多住在近郊的人纷纷放弃耕地而移居到绥芬河境内。虽然也可以得到一些补助,不过鲜人之间很少有资金交易,更多的是跟满人借贷资金,利率高达每月百分之十甚至是百分之二十。如果在约定期限内不能归还的话,在年末还要追加利息,每 100 圆本金收取 30 圆的利息。

但是由于金融业极其萧条,经济极其贫困,想要从事劳动也基本无劳动需求,所以金融市场几乎没有发展,可以说人们都处在生死线上挣扎的状态。朝鲜人农民大部分居住在西毛屯,虽然去年经营水田取得了少量的收获,但收割后全部都被匪贼抢走。由于今年连耕种也没有进行,居留民会想办法为这些贫困的难民提供保护。根据绥芬河居留民会的调查,朝鲜人的耕种面积约为 120 天地。

根据绥芬河居留民会的调查,朝鲜人新搬迁的情况如下表所示:

(从昭和 8 年 3 月 1 日起至 9 月末)

移居者原籍	经由地	定居地	户数	男	女	移居原因
庆尚北道	东宁	绥芬河	3	7	4	游击队压榨

---

① 译者注:间岛地区,指图们江以北、海兰江以南的延边地区,中国方面并无此称呼,日本侵华时期被用于蚕食中国领土,伪满洲国曾于此设立间岛省。
② 译者注:原文如此,是日本调查员无视史实的编造。

移居者原籍	经由地	定居地	户数	男	女	移居原因
庆尚北道	东宁	西毛屯	2	3	2	匪害
江原道	东宁	西毛屯	2	4	3	匪害
江原道	东宁	西毛屯	1	2	1	匪害
平安南道	东宁	西毛屯	2	4	5	游击队压榨
平安北道	东宁	西毛屯	3	7	4	游击队压榨
平安南道	东宁	西毛屯	2	3	4	匪害
平安南道	东宁	西毛屯	2	5	3	游击队压榨
咸镜南道	东宁	西毛屯	2	4	3	游击队压榨
咸镜南道	东宁	西毛屯	2	3	4	匪害
咸镜南道	东宁	西毛屯	1	4	2	匪害
咸镜南道	东宁	西毛屯	1	2	2	游击队压榨
咸镜南道	东宁	西毛屯	1	1	3	匪害
咸镜北道	东宁	西毛屯	3	7	5	游击队压榨
咸镜北道	东宁	西毛屯	5	9	7	匪害
咸镜北道	东宁	西毛屯	3	7	6	游击队压榨
咸镜北道	东宁	西毛屯	6	11	9	匪害
咸镜北道	东宁	西毛屯	6	13	8	匪害
咸镜北道	东宁	西毛屯	4	9	7	游击队压榨
咸镜北道	东宁	西毛屯	2	3	4	匪害
咸镜北道	东宁	西毛屯	5	8	7	匪害
咸镜北道	东宁	西毛屯	6	13	10	匪害
咸镜北道	东宁	西毛屯	5	8	9	匪害
咸镜北道	东宁	西毛屯	2	5	6	匪害
户口计			71	142	118	

8.禁止种植罂粟的情况

正如前面概况中叙述到,1922 年张宗昌进驻绥芬河以后,允许种植和吸食罂粟,为当地带来了前所未有的繁荣。但是 1924 年颁布禁止种植罂粟的法令后,给当地农民带来了巨大冲击。但是不久之后农民们便在隐秘的深山区内重新种植罂粟,屡禁不绝。政府针对这一情况,对违反者实行严罚,东宁县公署也于今年5月上旬发布了关于严厉取缔罂粟种植的法令。

吉林省指定的罂粟栽培区域为方正、依兰、华川、富锦、勃利、虎林、密山、宝清、饶河、同江以及绥远等11个县,东宁县是指定区域外的地方。然而,当地有适宜罂粟生长的土地,又没有其他的普通农作物,所以农民自身也是十分困惑。

现在在绥芬河特别市有鸦片的零售店,他们出售从哈尔滨专卖局配送过来的烟膏,专卖局从农民处买来的原料(烟浆)价格以及烟膏在零售店的价格(圆)如下所示:

	一等	二等	三等	四等
原料烟浆	3.00	2.64	2.48	2.16
零售烟膏	3.66	3.30	3.10	2.70

但是上表所表示的是每1斤(13两=130匁)的价格,专卖局指定的烟膏的市价为4.3分包50钱,7.3分包50钱。

9.榨油厂概况

绥芬河特别市有一个榨油厂,其工程说明如下。

该工厂有螺旋式手动榨油机8台。原料是大豆,先由两个由发动机发动回转的滚筒把豆子压扁,然后放入锅里蒸,放入锅中的时候要用定量(约17斤)。然后用叫作搭头草的草包裹成3个,把7张重叠在一起,需要2个人操作榨油机,将其压榨出油。

大豆的消耗量一般是1天3石程度,1石大豆能榨出的豆油最好的产量为74斤(12.3%),普通的为70斤(11.6%),质量差一点的则是66斤(11.1%),最大的生产量是1天豆油75布度,豆饼47斤左右。

价格是1布度豆油4圆,豆饼1个(16斤)22钱,一般豆饼都作为当地的家畜的饲料。

第三　小绥芬河

1.概况

小绥芬河市区位于北满铁路东线的终点绥芬河以西约7日里的地方。该市有一条以小绥芬河车站为中心,与铁路平行的东西方向流淌的河宽为100多米(现在约为60米)的小绥芬河。小绥芬河处于绥芬河的上游,经过东宁注入苏联的亚摩尔湾。本市区即河流的北边为东宁县,南边属于北铁特别区,前者为河北区,后者为河南区。

居民主要是满洲人,但是迁移过来经营水田的朝鲜人也很多。他们的户数、人口、家禽数等如下表所示:

		户数	人口		
			男	女	计
河北区	满人	728	2,502	1,069	3,571
	朝鲜人	30	114	92	206

续表

	户数		人口		
			男	女	计
河南区	满人	225	679	332	1,011
	朝鲜人	48	134	127	264
	入籍俄罗斯人	6	4	5	9
	赤系	7	20	18	38
	白系	3	7	11	18

家禽数以及井数如下所示：

	马	驴	牛	猪	鸡	井(口)
河北区	84	3	15	150	300	23
河南区	59	3	53	145	200	7
计	143	6	68	295	500	30

注:该表为小绥芬河警察署调查,昭和8年11月至现在。

2.满洲人农业情况

满人的农耕面积在两三年前为止为5,700天地。由于匪害严重,今年减到2,000天地,耕地的耕作情况大体如下:

豆子	1,200天地	60%
玉米	200天地	10%
谷子	200天地	10%
小麦	200天地	10%
蔬菜	200天地	10%

由于高粱的成熟期比下初霜早,高粱的成熟情况不好等,所以没有种植高粱。

主要农作物每1天地的产量以及1石的价格如下所示:

	往年	今年产量	1石价格(今年)
大豆	2—3石	1—2石	8圆
玉米	3石	2石	5—6圆
谷子	2—3石	2石	5圆
小麦	2石	1石	22—25圆

由于今年匪害严重,这些作物都错过了最佳播种期,因此收成不好,产量剧减。再加上大豆价格由去年的13—20圆跌落了将近一半。所以农民的生活更加贫困,有了迁回山东的倾向。

下面就大豆的农耕法进行概述。

民国 6 年进行开垦以来没有施肥,几乎也没有进行秋耕。播种是从三月中旬(阴历)开始的,每晌地的播种量为 81.5 斗,所需劳动力为 3 匹马,5 个人左右。第一次除草是五月上旬,第二次是五月下旬,第三次是六月上旬,所需劳动力各为 6 到 10 人、8 人、5 人。一般都是除两次草,除三次的情况比较少。培土则是在每次除草后的两三天进行,需要 2 匹马和 2 个人工作半天。收获是八月下旬,所需劳力是 5 到 6 个人。从脱壳到装袋则需要 2 匹马和 4 个人,需要花 2 天的时间。

1 麻袋的大豆有 150 斤重,约 2.5 斗,装在货车进行贩卖的话则需要交税。1 石大豆要交给财务处 6%,税捐局 4% 的税。1 辆货车一般可以运载 200 麻袋,约 50 石。

在种植农作物的时候,一般采用的是三年轮作法,其顺序是豆子、玉米、谷子、小麦。

蔬菜类有白菜、萝卜、马铃薯等,除去这些还种植了自家用的南瓜、茄子、胡瓜、韭菜、水芹菜等,以马粪作为肥料。每天地的产量以及每 100 斤的价格如下所示:

白菜	3,000 斤	1.20 圆
萝卜	2,000—3,000 斤	0.90 圆
马铃薯	2,400 斤	0.60 圆

小绥芬河附近有约 2 万天地的荒地,人们可以自由砍伐树木作为柴火,开垦荒地的话可以得到耕作权,薪柴 5,000 斤(俄罗斯 1 クボ)的话用马车运要 5 次,可以卖 30 圆。

耕地 1 晌地的地价一般是上等 150 圆,中等 100 圆,下等 50 到 60 圆不等。土地测量不用步测的方法,而是用 25 号或者 50 号的绳子作为测量的工具。1 天地为 10 亩(2,880 号),1 号为 5 尺平方。将其换算成日本的土地面积约为 7 反 1 亩 4 坪,只是这里的 1 尺是日本的 1 尺 3 分 3 厘。

劳动者被雇佣的时候一般都是由雇主提供仓库。日工以及月工的工资是以最繁忙时期的工资。其工资如下所示:

日工	80 钱
月工	15 圆
年工	120—150 圆

小绥芬河有木匠 2 户、铁匠 3 户、榨油厂 3 户。每个榨油厂都有 3 台螺旋式榨油机,各工厂年产量大约为豆油 1,000 布度、豆饼 10,000 个,都运送到绥芬河。

3. 朝鲜人农业情况

在小绥芬河的朝鲜人大约是 30 年前从咸镜北道来出发,经过间岛而定居下来的,现有 78 户人家,470 人。在河南区有朝鲜人居留民会以及作为小学的大东学校,学校有教师 1 名,学生 30 名,教材由朝鲜总督府配发。

耕地总面积为 300 天地,其中水田面积有 50 天地,在小绥芬河西南方向约 3 日里的城东村有 20 天地,西北方向约 1 日里半的柞木台约有 30 天地的水田。冬天的时候就生活在当地的村子里,农忙期就居住在水田附近的村落。除此之外,其他的村子贯穿东西方向。沿着小绥芬河流域南下的话,约有 300 户左右的朝鲜人农家在耕作水田。

水稻的播种在每年的四月下旬,采用撒播的方式,到七月份为止要除三次草,九月份收割。产量一般是每天地脱壳的稻谷 10 石左右,最多的产量可达到 15—16 石。根据当地的朝鲜人所说,当地的 1 天地土地相当于日本的 6 反(1 反为 300 坪)。跟前面所说的 7 反 1 亩 4 坪相比有很多开垦的余地,但是我们不能再深入调查,因此深感遗憾。

土地全部都归裕宁公司所有,公司的条款如上所述,佃租 2 圆 75 钱,大租 50 钱,县税 60 钱,农会费 1 圆(每年不一样),共计要交付给公司 4 圆 85 钱。

4.货物输出输入情况

输出输入	货物	年度	数量	方向
输出品	大豆	昭和 7 年	300 车	发向浦潮
		昭和 8 年 11 月止	20 车	发向浦潮
	棺材	每年	20 车	发向新京
	牛皮	每年	1—2 车	发向哈尔滨
	木耳	每年	3—4 车	发向哈市、长春、营口
输入品	小麦面粉	每年	6,000 斤	来自哈尔滨、牡丹江
	烧酒	每年	30,000 斤	来自穆棱
	盐		不明	来自绥芬河
	麦酒		不明	来自绥芬河
	砂糖		不明	来自浦潮
	棉布		不明	来自哈尔滨

经济资源调查报告书第　71　号

黑龙江　10　号经济第　3　号

昭和 9 年 9 月

黑龙江省讷谟尔河、呼裕尔河流域农业调查报告书

㊙

满铁经济调查会第二部

调查员　土居　丁

助　手　松村藤男

翻　译　川田通秀

目 录

调查报告

昭和 9 年 9 月 5 日至同年 9 月 30 日,就嫩江的支流讷谟尔河及其以南呼裕尔河沿岸进行了农事调查报告。

调查地区的位置及区域

调查范围是东西方向位于东经 126°35′和 124°50′之间,南北方向位于北纬 48°5′和 48°20′之间的讷谟尔河和呼裕尔河沿岸,调查地区是连接讷河、德都镇、北安镇、二克山及克山的主要道路沿线地区。

调查行程

9 月 5 日　从齐齐哈尔出发,同日午后到达讷河,住一晚。

　　 6 日　从讷河出发,沿讷谟尔河北岸行军,在哈里住一晚。

　　 7 日　从哈里出发,到达忙乃,住两晚,在附近进行调查。

　　 9 日　渡过讷谟尔河,到达北兴镇,住三晚,在附近进行调查。

9 月13 日　从北兴镇出发到达十四号,住一晚。

　　14 日　从十四号出发到达德都镇,住六晚,对附近和市内进行调查。

　　20 日　从德都镇出发到达花园,住一晚。

　　21 日　从花园出发到达北安镇,住三晚,对附近和市内进行调查。

　　24 日　从北安镇出发沿呼裕尔河行进。由苏先生将队伍分为两队,一队渡河到达二克山住下,一队到达钟家屯住下。

　　25 日　两队在二克山会合对市内和附近进行调查。

　　27 日　从二克山出发在伊河诺尔渡过呼裕尔河,沿北岸到达克山,住三晚,对市内进行调查。

　　30 日　从克山出发返回齐齐哈尔。

在进行调查的这段时间里,前一半日子几乎都在下雨,因为湿地遍布所以有时候每天只走 3 里,再加上我们原定每天要走 7 里或者更多,没有足够的时间对途中的村庄进行调查,这样让我们感觉相当困难。

第一节　地形、河川及排水状况

讷谟尔河流经本地区的北部,向西汇入嫩江;呼裕尔河流经南部,向西南流至嫩江东岸的平原处逐渐消失。两条河流都是两岸低平,水草茂盛,因排水状况不好,所以多湿地。在这个地方,虽说是小河,但小河两岸无一例外都很湿润,一有少量降雨,地面就会变得泥泞,人和马通行都很困难。

讷谟尔、呼裕尔两河都多曲折,四月份的解冻期开始河水上涨,六七月份的雨期时水位上涨至最大值。在昭和7年和9年,由于遭遇到几十年一遇的河水泛滥,不仅是两岸的湿地,耕地和房屋也蒙受了巨大的损失。不过在正常的年份里耕地被水淹没的情况很少,枯水期的时候两条河的总流量估计只有三百多﹡。两条河之间是丘陵地带,地势起伏平缓,坡度大约在1/5到1/10之间,山脚下平缓的原野地带,有不少地方坡度大约只有1/30,因此易于开垦,只要把排水工作做好,就是很好的耕地。

第二节　地质

整个地区都是黑色粘质土壤,湿地是富含腐殖质的酸性土壤。

第三节　气象状况

由讷河、北安镇、克山的县公署或我军守备队进行了观测,但记录比较新,难以用于各项计划。据齐齐哈尔满铁事务所的观测显示,与克山相比,北安镇10点观测的日气温要低2.3℃—3.1℃,日最高气温也低2.3℃,不过北安镇的日最低气温多数情况下会稍微高一些。

与克山相比,讷河在6月至8月这段时间大致上要低1℃—2℃,也许每月、每年都会是这样。与克山相比,齐齐哈尔的日平均温度低1℃—2℃。下面公布齐齐哈尔满铁事务所1928—1933年6年间的记录。

1.各月平均温度(℃)

月份＼年度	1928	1929	1930	1931	1932	1933	平均
1月	−21.9	−22.3	−20.4	−24.2	−16.9	−19.3	−20.8
2月	−15.3	−18.0	−15.8	−22.0	−17.5	−17.2	−17.6
3月	−4.8	−4.3	−3.7	−6.0	−7.1	−7.3	−5.5
4月	7.1	5.9	7.4	1.9	4.0	3.7	5.0
5月	13.4	15.1	12.7	11.1	11.7	14.2	13.0
6月	20.6	19.3	17.6	18.3	19.5	19.8	19.2
7月	23.8	23.6	23.0	23.2	22.3	23.7	23.3
8月	22.5	20.8	20.1	21.2	19.6	20.2	20.7

月份 年度	1928	1929	1930	1931	1932	1933	平均
9 月	14.1	13.4	13.9	13.9	15.6	13.0	14.0
10 月	5.2	4.7	5.5	—	6.1	4.6	5.2
11 月	-8.8	-6.8	-9.8	—	-5.5	-10.7	-8.3
12 月	-18.9	-18.8	-19.2	-14.8	-12.6	-17.4	-17.0

2.各月平均最高温度的平均值(℃)

1929—1933 的 5 年间

月份	温度	月份	温度	月份	温度	月份	温度	月份	温度	月份	温度
1 月	-13.7	3 月	2.4	5 月	20.2	7 月	28.3	9 月	20.4	11 月	-1.4
2 月	-10.2	4 月	11.9	6 月	24.7	8 月	26.1	10 月	12.9	12 月	-9.6

3.各月平均最低温度的平均值(℃)

1928—1933 的 6 年间

月份	温度	月份	温度	月份	温度	月份	温度	月份	温度	月份	温度
1 月	-27.2	3 月	-13.1	5 月	5.8	7 月	18.7	9 月	8.7	11 月	-14.0
2 月	-23.9	4 月	-2.5	6 月	12.8	8 月	16.1	10 月	-2.5	12 月	-22.9

4.各月极高温度及其平均值(℃)

从 1929 年到 1933 年,5 年中各月的极端最高温度及其平均值

月份	温度	5 年的平均值	月份	温度	5 年的平均值	月份	温度	5 年的平均值
1 月	-3.8	-6.5	5 月	34.9	29.9	9 月	30.5	37.4
2 月	-1.5	-2.6	6 月	35.5	31.0	10 月	26.1	22.7
3 月	15.3	14.1	7 月	35.8	33.7	11 月	11.4	7.1
4 月	26.0	22.2	8 月	33.9	31.5	12 月	-0.2	-2.2

5.各月极低温度及其平均值(℃)

从 1928 年到 1933 年,6 年间各月的极端最低温度及其平均值

月份	温度	6 年的平均值	月份	温度	6 年的平均值	月份	温度	6 年的平均值
1 月	-37.7	-34.1	5 月	-1.8	-0.8	9 月	0.9	-2.3

月份	温度	6年的平均值	月份	温度	6年的平均值	月份	温度	6年的平均值
2月	−36.6	−30.1	6月	1.9	7.2	10月	−1.8	−8.9
3月	−24.0	−22.7	7月	9.9	13.3	11月	−22.0	−22.5
4月	−12.5	−10.3	8月	9.6	11.0	12月	−32.5	−29.4

6.各月降水量(毫米)

从1928年到1933年的6年间

月份 \ 年度	1928	1929	1930	1931	1932	1933	平均
1月	3.4	0.9	0.4	2.3	2.7	0.7	1.7
2月	0.4	2.6	5.4	0	0.3	0.2	1.5
3月	7.4	0.2	6.2	4.0	0.3	0	4.7
4月	27.8	4.5	0.5	19.0	17.3	2.3	11.9
5月	22.0	41.1	15.9	11.8	63.2	25.9	30.0
6月	72.6	117.1	109.8	85.3	139.9	44.3	94.8
7月	150.3	101.4	82.7	30.0	356.7	88.5	134.4
8月	97.6	216.8	183.2	115.6	130.3	92.0	139.3
9月	51.0	16.9	21.4	98.6	55.5	50.2	48.9
10月	5.5	4.1	2.2	—	29.4	28.2	15.9
11月	1.0	1.8	7.6	—	1.0	20.7	6.5
12月	1.0	1.8	2.7	1.0	—	0.6	1.4

7.各旬的降雨量(毫米)(作物栽培期间)

年 \ 月 \ 旬		上	中	下
一九二八年	4月	/	0.4	27.4
	5月	14.9	6.1	1.0
	6月	23.8	13.8	35.0
	7月	18.5	9.4	122.4
	8月	38.5	2.3	56.8
	9月	36.3	3.6	＊＊
	10月	0.8	/	/

续表

年 月 旬	上	中	下
一九二九年 4 月	/	4.5	0
5 月	22.7	6.6	11.8
6 月	14.6	49.1	53.4
7 月	16.2	52.5	32.7
8 月	64.5	93.8	58.5
9 月	1.1	9.8	6.0
10 月	3.2	/	/
一九三〇年 4 月	/	0	0.5
5 月	0	0.1	15.8
6 月	65.8	23.0	21.0
7 月	73.2	6.0	3.5
8 月	25.3	84.3	73.6
9 月	6.5	5.0	9.9
10 月	—	/	/
一九三一年 4 月	/	6.3	12.7
5 月	1.6	4.1	6.1
6 月	48.7	26.0	10.6
7 月	6.1	20.8	3.1
8 月	85.3	12.5	17.8
9 月	47.3	44.2	6.9
10 月	—	/	/
一九三二年 4 月	/	11.5	5.3
5 月	15.8	17.9	29.5
6 月	50.8	20.2	68.9
7 月	71.7	48.0	237.0
8 月	19.0	82.0	29.3
9 月	41.4	11.9	2.2
10 月	4.6	/	/

续表

年 ＼ 月 ＼ 旬		上	中	下
一九三三年	4 月	/	0	0.2
	5 月	3.2	0	22.7
	6 月	12.4	9.5	23.0
	7 月	9.0	50.4	29.1
	8 月	33.7	22.1	36.2
	9 月	8.9	32.1	9.2
	10 月	15.8	/	/

8.前述各旬的降雨量(毫米)6年间的平均值

月 ＼ 旬	上	中	下
4 月	/	5.7	9.2
5 月	9.7	5.8	14.5
6 月	36.0	23.6	33.7
7 月	32.5	31.2	71.3
8 月	44.4	49.5	45.4
9 月	23.6	17.8	7.6
10 月	6.1	/	/

9.日最大降水量(1928年—1933年6年间)

第一位　1932年7月26日　152.1毫米

第二位　1931年8月7日

　　　　1930年7月4日　} 49.0毫米

第三位　1930年8月26日　48.1毫米

10.连续干旱天数

在1928年—1933年6年中的作物栽培期间,即从4月下旬至10月上旬,把降雨量在0.5毫米以下的视为没有降雨的话,第一位是1930年的4月21日至5月26日,一共30天。第二位的是1933年的5月6日至5月27日,一共22天。

11.各旬的蒸发量(毫米)(作物栽培期间)

年 \ 旬 \ 月	上	中	下
一九二八年 4 月	/	70.7	58.7
5 月	75.5	76.1	125.1
6 月	98.4	100.6	78.6
7 月	79.6	118.5	54.8
8 月	47.8	53.1	52.9
9 月	35.5	42.3	25.2
10 月	45.2	/	/
一九二九年 4 月	/	67.1	92.6
5 月	61.2	102.5	117.5
6 月	93.4	66.9	62.5
7 月	56.2	66.2	79.2
8 月	58.8	39.9	36.1
9 月	33.9	35.2	33.5
10 月	37.2	/	/
一九三〇年 4 月	/	102.6	101.2
5 月	111.6	147.1	110.4
6 月	42.8	75.1	57.3
7 月	48.5	68.0	192.0
8 月	61.9	28.4	39.5
9 月	39.6	32.8	32.0
10 月	41.3	/	/
一九三一年 4 月	/	46.8	56.0
5 月	82.0	69.2	89.6
6 月	68.9	52.5	68.4
7 月	83.2	75.6	73.5
8 月	63.2	75.8	70.8
9 月	43.4	30.2	28.3
10 月	—	/	/

续表

年／旬 月	上	中	下
一九三二年 4 月	/	48.8	58.5
5 月	59.8	75.2	77.8
6 月	56.1	73.5	61.9
7 月	48.0	49.0	47.5
8 月	45.7	46.7	46.2
9 月	38.2	36.5	32.5
10 月	25.5	/	/
一九三三年 4 月	/	51.5	54.5
5 月	84.7	103.4	93.1
6 月	79.1	91.5	52.6
7 月	75.1	65.9	75.4
8 月	54.0	55.1	47.3
9 月	38.7	42.4	32.1
10 月	22.5	/	/

12.前述各旬的蒸发量(毫米)6年间的平均值

月／旬	上	中	下
4 月	/	64.6	70.3
5 月	79.8	95.6	102.3
6 月	73.1	76.7	63.6
7 月	65.5	73.9	87.1
8 月	55.4	49.8	48.8
9 月	38.2	36.6	32.3
10 月	34.3	/	/

13.霜、雪、冰

初霜　9月下旬—10月上旬

晚霜　4月下旬—5月中旬

初雪　9 月下旬

晚雪　4 月下旬—5 月上旬

初冰　9 月下旬—10 月上旬

解冻　4 月下旬—5 月中旬

地下冻结层厚约 2.3 米,深井中大约 3.5 米及更深处终年结冰。

第四节　度量衡和土地面积

物尺:不同地方有不同标准。

　　　木工使用的物尺的 1 尺,相当于日本的 1.028 尺—1.045 尺—1.05 尺。

　　　1.045 尺是标准尺度。

　　　裁缝使用的尺,1 尺相当于日本的 1.143 尺—1.145 尺。

　斗:是官斗,1 斗相当于日本的 1.73 斗。

　　　一般使用的测量器具是各式各样的,整个地区来说 1 斗相当于日本的 1.67—1.9 斗,其中最多的是相当于 1.75 斗。

天平:天平在整个地区是统一的,16 两为 1 斤,这里的 1 斤相当于日本的 140 匁[①]。

地积:测量土地面积使用的单位是弓,5 尺等于 1 弓。测量土地面积的时候,木工尺 5 尺长度平方称为 1 弓,整个地区都是 288 弓称为 1 亩,10 亩称为 1 晌。1 晌相当于日本的 7 段[②] 3 亩。

第五节　市场和交通运输

　　本地区的物资是以讷河、克山、二克山、北安镇、德都镇、北兴镇为市场进行流通的。杂货类经齐齐哈尔由讷河、克山进入的最多。经哈尔滨由北安镇进入的货物也有,但由于运费高的缘故,数量很少。

　　二克山以前有很多农产品在此聚集,因此有制粉工厂,制油、酿造业也很发达,豆油、白面、酒向地区内外运送。但是自从齐克线通车后,由于没有在二克山设站,与最近的迅速发展的克山、北安镇比起来,二克山让人感到似乎被遗弃了。制粉工厂停业,只有附近的少量农产品聚集到此。地区内外的物资集散状况如下表所示:

---

① 译者注:1 匁 ≈ 3.75g。

② 译者注:1 段 ≈ 992㎡。

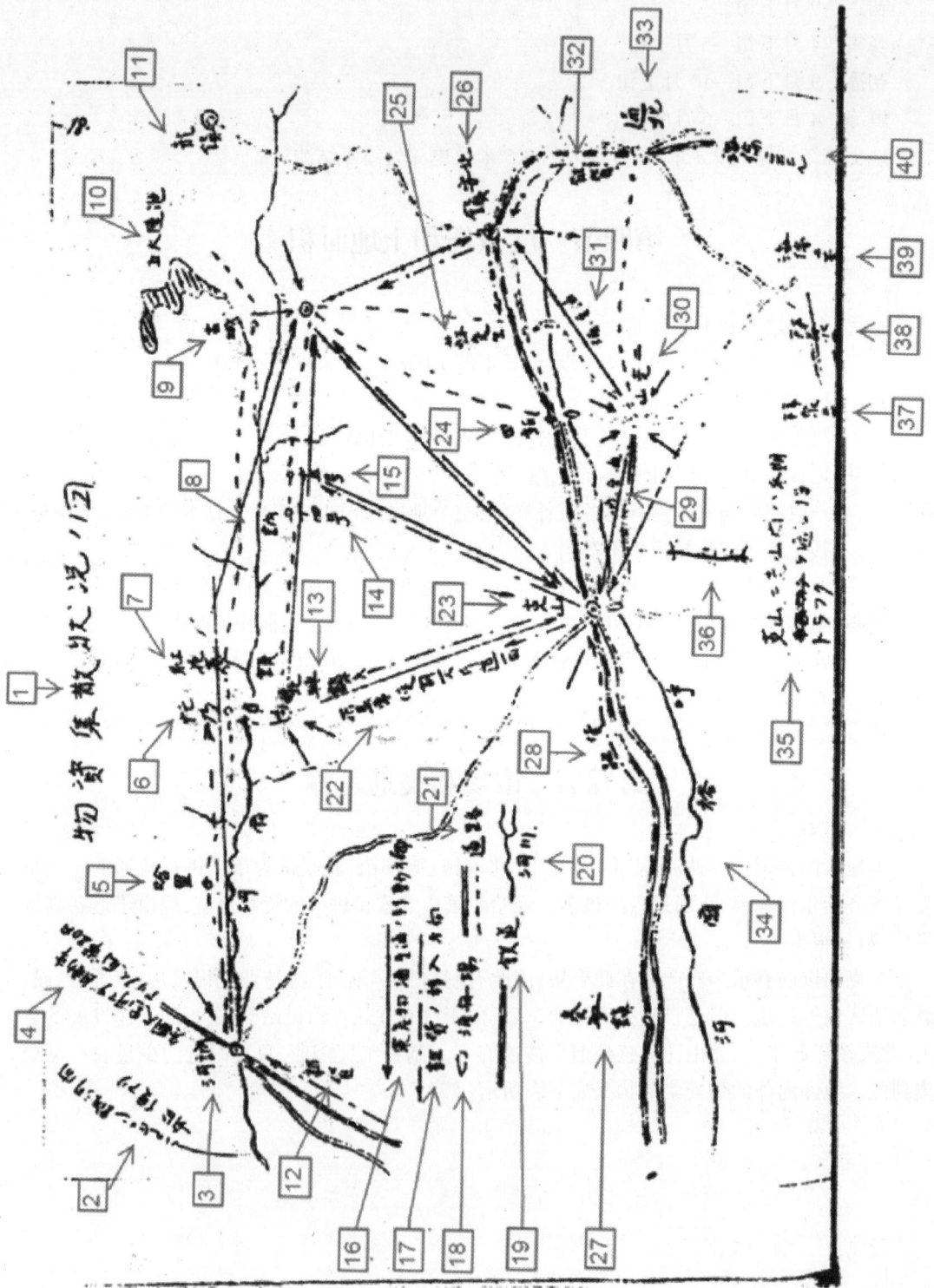

物資集散状況 (12)

上页地图注释

1：物资集散状况图
2：哈尔滨至讷河间有船运
3：讷河
4：冬季到大黑河有汽车,每人国币20＊
5：哈里
6：莽乃
7：红花基
8：讷谟尔河
9：古城
10：五大连池
11：龙镇
12：杂货
13：北兴镇
14：十四号
15：十五号
16：农产品、酒、豆油的移动方向
17：杂货的运入方向
18：渡口
19：铁路
20：河流
21：道路
22：使用货运马车1人单程1天
23：克山
24：四站
25：苏先生
26：北安镇
27：泰安镇
28：杂货
29：酒、豆油
30：二克山
31：酒、豆油
32：杂货
33：通北
34：呼裕尔河
35：克山、二克山间冬季可通行卡车
36：＊＊＊
37：至拜泉
38：拜泉＊
39：至海伦
40：至海伦

　　主要的道路把这些城市连结起来,交通机构把马车当做主要的交通工具,尤其是在四月上旬到十一月中旬这段时间,由于湿地的缘故,马车以外的交通工具几乎无法通行,稍微下点雨的话,马车的通行也是非常困难的。然而到了结冰期,卡车就可以通行了,讷谟尔河、呼裕尔河都无法通航,但很便于木材运输,过河的话可以使用渡船,有的在支流上架了桥,但由于计划和管理的不足,出现了很多破损,洪水期经常影响排水。与交通运输相关的一些细节就委派交通调查班进行报告。

第六节　本地方运输材料及其数量

　　本地的运输工具有汽车、卡车、雪橇、马车。除马车以外,当然就是雪橇了,但它除了在冬季以外几乎派不上用场,汽车、卡车在克山、北安镇各有数辆,二克山有一辆小汽车,这个数量很少,雪橇是冬季普遍使用的运输工具,是易耗品,说到船也就是各个码头上有一些可以运载五六人乃至十人左右的船,在地区内的运输和交通方面并不占重要地位。

　　与此相关的详细情况委托交通调查班调查,就把对农民很必要并且在当地四季通用的最重要的马车进行说明。调查了60个村庄(讷河、克山、二克山、北安镇、德都镇、北兴镇除外),共有2,627户,牛、马、骡共计3,580头,而相对的车数仅有572辆(为了把农户和车辆数相比较,把城市的户数、车数、家畜数暂时除去进行计算),每 6.26 头大型家畜对应 1 辆车,每户有 0.22 辆车,如果把前面除去的城市的数量也加在一起计算的话,那么共有 1,218 辆车,其中铁车 742 辆,其余的是大轱辘车,花轱辘车也有,但是数量太少不值得一提。

"铁车"一般最大的载重量可达 2,000 千克或者 1,800 克,普通的道路需要三四匹或者五匹膘肥体壮的马来拉车,车轮是用铁皮弯成,非常结实,适于负重行走条件恶劣的道路,车轮的直径大约为 1.06 米。

"大轱辘车"车轮比较大直径可达 1.33 米,车轮是把木头弄弯曲制成的,箍着铁圈,构造豪华轻便,但承重力较弱,一般情况下载重量约 800 千克,适于行走地表不结实的湿地、浅水地带等,在本地的主要城市有木匠师傅,制造这种车的风气很盛,价格写在"马车新造费"一栏处。

第七节　地区内都市和农村的概况

调查地区的农村非常衰败,大约六成以上的耕地被抛荒,究其原因,和其他地方一样,是因为以前没有合适的指导机关,因此,农作物的品种没有加以选择,耕作技术没有改良,农民在农产品交易时常常处于不利的境地,而且又没有以保护农民为目的的金融机构,农民一旦有一次种植失败就会渐渐陷入困境。昭和 7 年以后又逢土匪猖獗,六成以上的家畜丧失,家产、粮食被抢,再加上由于昭和 7 年的水害导致昭和 8 年主要的农作物大豆的价格暴跌,钱、种子、家畜都没了,好歹种上了维持自家使用的农作物,可今年又遇上了降水过多,河川泛滥,估计收成会比正常年景减少三成或者三成以上,这些愈发加剧了农民的贫困。作为救济政策,实施了春耕资金的贷款制度,可是佃农几乎并未享受到这一恩惠,这笔钱直接从地主那儿落入商人的口袋,并未达到实施这一政策的真正目的。

由于这一状况,从拥有 2,500 人以上人口的北兴镇、德都镇、二克山、北安镇、克山、讷河这些地方的情况来看,和外部有直接接触、联系的前述北安镇、克山、讷河三地,由于最近通了铁路,经济不断取得惊人的发展,而北安镇、德都镇和二克山则是农村经济凋敝,商业不振,粮食买卖流通不景气,以前相当发达的酿造业、制油、制粉业也一起凋零。

下面是用表格表示的调查村庄及城市的状况。

第八节　调查村庄状况一览表(昭和9年9月调查)

讷河县

项目＼村庄名		老来屯	张家窝棚	大伯拉克	小伯拉克	芒乃伯拉克	红花伯拉克	哈里	西南阳屯
播种面积(晌)			250	400	120	200	1260	700	190
户数		＊＊	30	150	20	30	104	120	55
人口		＊＊	130	743	100	200	760	800	292
井		＊＊	＊＊	7	2	4	7	—	7
家畜及家禽数	马	＊＊	20	200	20	20	80	160	60
	牛	20	7	40	10	20	20	40	32
	驴	0	0	0	0	0	0	0	5
	骡	0	0	0	0	0	0	0	4
	猪	150	20	200	25	100	120	100	20
	鸡鸭	—	—	200	—	—	—	200	120
车	种类			铁车		铁车／大轱辘车	铁车／大轱辘车	铁车／大轱辘车	铁车
	数量	—	—	10	—	2／10	26／20	8／10	18
摘要				荒地200晌	荒地80晌				

项目＼村庄名	东南阳屯	龙河镇	倭都台	安太哈	莽乃	霍赫	莫力	红华旗
播种面积(晌)	120	90	350	45	230	112	45	30
户数	20	150	30	70	汉人130 蒙古人21	81	62	57
人口	160	812	275	300	汉人1,030 蒙古人547	813	763	260
井	4	44	8	6	23	22	7	9

项目 \ 村庄名		东南阳屯	龙河镇	倭都台	安太哈	莽乃	霍赫	莫力	红华旗
家畜及家禽数	马	50	49	100	40	130	112	115	15
	牛	20	42	20	60	100	91	100	9
	驴	0	5	0	—	—	—	—	0
	骡	0	—	0	—	—	—	—	0
	猪	100	130	200	100	300	70	95	60
	鸡鸭	200	—	—	200	400	150	184	—
车	种类	铁车	铁车	铁车	大轱辘车	大轱辘车	大轱辘车	大轱辘车	大轱辘车
	数量	5	8	6	10	20	90	15	4
摘要		抛荒100 晌	商人多	蒙古人	大部分是蒙古人，汉人 56	抛荒 540 晌	蒙古人；抛荒 1800 晌	蒙古人；抛荒 200 晌	抛荒 50 晌

德都县

项目 \ 村庄名		12 号	13 号	14 号	27 号	前郝拉斯	后郝拉斯	新字 61 号	34 号
播种面积（晌）		100	60	80	100	—	—	100	100
户数		30	20	35	110	24	30	14	20
人口		120	100	100	520	125	150	50	120
井		2	3	10	5	5	6	3	5
家畜及家禽数	马	12	9	55	30	15	11	20	14
	牛	2	2	4	18	2	—	1	8
	驴	1	—	1	1	0	0		
	骡	0	—	1	1	0	0		
	猪	30	30	30	30	21	—	30	50
	鸡鸭	40	—	30	80	—		60	35

续表

项目 \ 村庄名		12号	13号	14号		27号		前郝拉斯	后郝拉斯		新字61号		34号	
车	种类	大轱辘车	—	铁车	大轱辘车	铁车	大轱辘车	大轱辘车	铁车	大轱辘车	铁车	大轱辘车	铁车	大轱辘车
	数量	4		3	6	3	10	4	1	4	1	3	1	2
摘要		抛荒200晌	抛荒100晌；荒地200晌	抛荒100晌；荒地50晌		抛荒300晌；荒地300晌					抛荒100晌；荒地100晌		抛荒80晌；荒地200晌	

项目 \ 村庄名		四平街	殷家窝棚	新兴三十号	德都镇	前南阳屯	后南阳屯	海星村（古城）	末家粉房
播种面积（晌）		80		30	671		70	水田20	200
户数		50	16	8	1,195	20	13	朝鲜人6 满人3	25
人口		350	80	74	6,649	120	70	32　20	110
井		＊＊	1	1	27	5	3	1	3
家畜及家禽数	马	15	—	8	386	10	25	0	35
	牛	4	—	0	158	0	0	0	0
	驴	0	—	0	14	0	1	0	0
	骡	0	—	0	9	0	0	0	0
	猪	60	—	12	609	—	35	0	40
	鸡鸭	120	—	15	1,050	—	26	—	30
车	种类	铁车 / 大轱辘车	—	铁车 / 大轱辘车	铁车 / 大轱辘车	—	铁车 / 大轱辘车	—	铁车
	数量	6 / 16	—	2 / 16	78 / 58	—	3 / 2	—	6
摘要		未开垦的可耕地300晌		未开垦的可耕地300晌	农户数110户；抛荒169.6晌；荒地3,960晌		也叫吴家窝棚，抛荒100晌	朝鲜人还没有牛马	抛荒150晌

续表

项目＼村庄名	西德府盛（408 号）	409 号	马家窝棚	花园		千花先生	成字六井
播种面积(晌)	100	70	8	120		8	20
户 数	13	16	3	16		8	5
人 口	117	80	30	110		52	30
井	1	1	1	3		1	2
家畜及家禽数　马	47	25	—	15		7	8
牛	4	0	2	—		0	2
驴	0	0	3	0		0	0
骡	2	2	0	0		0	0
猪	18	20	—	30		10	2
鸡鸭	23	—	5	20		—	11
车　种类	铁车	铁车	铁车	大轱辘车	大轱辘车 / 铁车	大轱辘车	大轱辘车
数量	4	3	1	1	3 / 1	6	4
摘 要	抛荒 70 晌	抛荒 60 晌		抛荒 60 晌；荒地 80 晌		抛荒 60 晌；荒地 100 晌	抛荒 50 晌；荒地 200 晌

龙镇县

项目＼村庄名	北安镇	崔家窝棚	天字四井（窑盆屯）	牛家窝棚	于家店（天字头井）	苏先生
播种面积(晌)		40	60	100	200	110
户 数	2,244	6	17	21	50	10
人 口	14,820	40	55	190	245	70
井		1	2	3	1	1
家畜及家禽数　马	2,872	6	10	20	56	12
牛	391	0	2	2	10	0
驴	32	0	0		0	0
骡	124	0	0	2	0	0
猪	4,242	10	10	20	100	30
鸡鸭	1,127	2	10	10	50	—

续表

项目 ＼ 村庄名	北安镇		崔家窝棚	天字四井（窖盆屯）	牛家窝棚		于家店（天字头井）		苏先生
车 种类	铁车	大轱辘车	大轱辘车	铁车	铁车	大轱辘车	铁车	大轱辘车	铁车
车 数量	50	50	5	4	7	2	7	12	3
摘要	农户数1939户		抛荒20晌；荒地100晌	今年抛荒60晌	抛荒面积100晌		今年抛荒600晌；播种了但由于水灾未发芽		今年抛荒20晌；荒地100晌

项目 ＼ 村庄名	钟家屯		刘生	一道街	初家屯	尉记屯	三家店
播种面积（晌）	50		80	500	220	10	—
户数	31		11	166	20	4	8
人口	140		50	1,440	100	20	—
井	2		1	19	3	1	饮用河水
家畜及家禽数 马	17		4	185	45	2	—
牛	0		0	13	0	0	—
驴	0		0	7	0	0	—
骡	0		0	4	0	0	—
猪	100		50	120	10	6	—
鸡鸭	20		15	280	45	20	—
车 种类	铁车	大轱辘车	铁车	铁车	铁车	铁车	—
车 数量	2	3	5	20	7	2	—
摘要	今年抛荒100晌；荒地200晌		今年抛荒30晌；荒地140晌	今年抛荒100晌；未垦地450晌	今年抛荒30晌；荒地100晌		

项目 ＼ 村庄名	王家店	两家船口	二克山	庚字四井	庚子五井	兼家大围
播种面积（晌）	—	—		80	60	350
户数	—	1,575	24	30	30	

续表

项目＼村庄名		王家店	两家船口	二克山			庚字四井	庚子五井	兼家大国
人口		—	—	8,550			150	—	100
井		—	—	49			2	4	5
家畜及家禽数	马	—		359			10	10	20
	牛	27	0	—			0		
	驴	—	—	211			0	—	0
	骡	—	—	1,376			0		0
	猪	—	—	2,562			70	30	50
	鸡鸭	—	—	30			60	110	
车	种类	—	—	铁车	大轱辘车	花轱辘车	铁车	铁车	铁车
	数量	—	—	43	7	4	2	4	4
摘要							抛荒面积20晌；荒地30晌	抛荒面积100晌；今年抛荒15晌	抛荒面积400晌；荒地200晌

克山县

项目＼村庄名		北兴镇	姜家岗子	姜大犁	干化东屯	冯家围子	隋家窝棚
播种面积（晌）		230	120	140	705	600	300
户数		599	11	14	113	105	50
人口		2,903	54	91	351	760	350
井		28	1	1	2	10	5
家畜及家禽数	马	110	23	36	142	200	50
	牛	30	1	*	18	30	—
	驴	6	—	*	20	—	0
	骡	3	3	1	2	—	0
	猪	100	30	30	117	800	40
	鸡鸭	350	—	—	27	200	45

续表

项目 \ 村庄名		北兴镇		姜家岗子	姜大犁	干化东屯	冯家围子		隋家窝棚	
车	种类	铁车	大轱辘车	铁车	铁车	铁车	铁车	大轱辘车	铁车	大轱辘车
	数量	200	30	2	5	9	10	8	2	3
摘要				抛荒200晌 荒芜地800晌	抛荒70晌 荒芜地200晌	抛荒505晌	抛荒300晌 荒地500晌		抛荒800晌 荒地500晌	

项目 \ 村庄名		姜家窝棚		周平屯		王会屯	金家窝棚		小山王屯	一棵挠
播种面积（晌）		146		150		200	267		70	120
户数		*		10		40	31		40	20
人口		350		30		200	189		160	150
井		7		2		3	3		3	2
家畜及家禽数	马	64		15		40	35		20	33
	牛	4		—		7	3		5	0
	驴	*		0		2	1		0	0
	骡	*		20		—	2		0	0
	猪	123		—		50	60		50	5
	鸡鸭	112		—		20	95		80	0
车	种类	铁车	大轱辘车	铁车	大轱辘车	—	铁车	大轱辘车	铁车	铁车
	数量	4	4	1	2		3	4	3	4
摘要		抛荒665晌；荒芜地808晌		抛荒70晌		抛荒30晌	抛荒230晌；可耕未垦地1,100晌		抛荒100晌；荒地200晌	也叫做伊河诺尔

续表

项目 ＼ 村庄名		郭家店		大张家窝棚		小张家窝棚		克山
播种面积（晌）		3		600		220		
户　数		8		30		50		4,035
人　口		36		150		150		20,414
井		1		2		3		195
家畜及家禽数	马	2		70		35		780
	牛	2		10		5		320
	驴	0		0		0		30
	骡	0		0		0		55
	猪	23		—		30		—
	鸡鸭	20		—		20		—
车	种类	铁车	大轱辘车	铁车	大轱辘车	铁车	大轱辘车	铁车
	数量	2	1	6	6	5	5	150
摘　要		抛荒 40 晌				今年抛荒 50 晌		

第九节　农业状况

正如上一节所讲述的那样,当地拥有广阔的沃野,农业却不景气,下面是用数字表示的农业状况。

以前面调查村庄一览表为基础,农户及其耕种面积、持有家畜数量等的比例如下所示。

但是在各村庄中,虽说居民是苦力,也最少可以耕种 1—2 晌土地,所以把村庄内的所有户数全部视为农户来计算。马和骡几乎是完全一样的用处,所以把骡的数量加在马的数量里一起算的。

1.农户和本年度种植面积及耕种用的家畜的比例（昭和9年9月调查）

村庄＼项目	农户数和播种面积的比值	农户数和农耕用家畜的比值	农耕用家畜和播种面积的比值	备注
老来屯	—	1.44	—	讷河县 商人多农民少
张家窝棚	8.33	0.90	9.26	
大伯拉克	2.67	1.60	1.67	
小伯拉克	6.00	1.50	4.00	
芒乃伯拉克	6.67	1.33	5.00	
红花伯拉克	12.12	0.96	12.60	
哈里	7.00	0.84	7.00	
西南阳屯	3.45	1.75	1.98	
东南阳屯	6.00	3.50	1.71	
龙河镇	0.60	0.60	0.99	
倭都台	11.67	4.00	2.92	
安太哈	0.64	1.43	0.45	
莽乃	1.52	1.52	1.00	
霍赫	0.72	2.51	0.55	
莫力	0.73	0.35	0.21	
红华旗	0.53	0.42	1.25	
12 号	3.33	2.00	6.67	德都县
13 号	3.00	0.55	5.46	
14 号	2.29	1.71	1.33	
27 号	1.00	0.43	0.44	
前郝拉斯	—	0.52	—	
后郝拉斯	—	0.37	—	
新字 61 号	7.14	1.50	4.76	
34 号	5.00	1.15	4.35	
四平街	7.60	0.38	20.00	
段家窝棚	—	—	—	
新兴 30 号	3.75	—	3.75	
德都镇	3.20	2.66	1.20	

项目 村庄	农户数和播种面积的比值	农户数和农耕用家畜的比值	农耕用家畜和播种面积的比值	备注
前南阳屯	—	—	—	
后南阳屯	5.38	1.92	2.70	
海星村(古城)	3.33	—	—	
未家粉房	8.00	1.40	5.71	
西德府盛(408号)	7.70	3.92	1.64	
409号	4.12	1.56	2.80	
马家窝棚	2.66	1.67	1.60	
华园	7.06	0.94	8.00	
于花先生	1.00	0.88	1.14	
戊字六井	4.00	2.00	2.00	
北安镇	—	1.70	—	龙镇县
崔家窝棚	6.67	1.00	6.67	
天字四井	3.53	6.67	5.00	
牛家窝棚	4.76	1.05	4.55	
干家店	4.00	1.32	3.03	
苏先生	11.00	1.20	9.17	
钟家屯	1.61	0.55	2.78	
刘生	7.27	0.36	20.00	
一道街	3.01	1.23	2.44	
初家屯(仲家窝棚)	11.00	2.25	4.89	
慰记学屯	2.50	2.00	—	克东县
三家店	—	—	—	
王家店	—	—	—	
两家船口	—	—	—	
二克山	—	—	—	
庚字四井	3.33	0.42	8.00	
庚字五井	2.00	0.33	6.00	
兼家大国	11.67	0.67	17.50	

项　目 村　庄	农户数和播种面积的比值	农户数和农耕用家畜的比值	农耕用家畜和播种面积的比值	备注
北兴镇	—	—	1.58	
姜家岗子	10.91	2.18	0.50	
姜大犁	10.00	2.57	0.39	
干化东屯	6.24	1.59	3.92	
冯家围子	5.71	2.19	2.61	
隋家窝棚	6.00	1.00	6.00	
姜家窝棚	4.06	2.00	2.03	
周平屯	15.00	1.50	10.00	克山县
王会屯	5.00	1.23	4.08	
金家窝棚	8.61	1.26	6.85	
小山王屯	1.75	0.63	2.80	
一棵挠	6.00	1.65	3.64	
郭家店	0.38	0.40	0.75	
大张家窝棚	2.00	2.67	7.50	
克山	—	—	—	

前表是沿着调查路线调查的村庄的农户、种植面积、农耕用家畜的现在的比例。

"每户本年度的种植面积"如下所示:

　　0.5 晌—2.0 晌的村庄　　　　8　　平均每户 0.95 晌

　　2.0 晌—4.0 晌的村庄　　　17　　平均每户 2.95 晌

　　4.0 晌—6.0 晌的村庄　　　10　　平均每户 4.64 晌

　　6.0 晌—9.0 晌的村庄　　　12　　平均每户 6.71 晌

　　9.0 晌—12.0 晌的村庄　　　5　　平均每户 10.97 晌

　　12.0 晌—15.0 晌的村庄　　　2　　平均每户 13.56 晌

除去第一表格中平均不足 1 晌的数字外,整个地区平均每户拥有耕地面积 4.94 晌,这是能够满足一家有五口人的自耕农普通生活的最小土地面积。

相关各县的每户的耕种面积是,克东县 4.53 晌、克山县 8.14 晌、德都县 4.25 晌、讷河县 4.76 晌。

下面是"农户数和农耕用牛马的比例":

　　每户 0.5 头—1 头的村庄　　16　　平均每户 0.63 头

　　每户 1.0 头—2 头的村庄　　27　　平均每户 1.42 头

　　每户 2.0 头—4 头的村庄　　15　　平均每户 2.59 头

统观整个地区平均每户 1.50 头

"农耕用牛马和耕作面积的比例"

　　每头 1 晌—3 晌的村庄　　　19　　平均每头 1.91 晌

每头 3 晌—5 晌的村庄　　　　9　　平均每头 4.04 晌

每头 5 晌—8 晌的村庄　　　11　　平均每头 6.21 晌

每头 8 晌—11 晌的村庄　　　5　　平均每头 8.88 晌

每头 11 晌—＊＊的村庄　　　7　　平均每头 0.58 晌

统观整个地区平均每头 3.72 晌,每头分摊到的面积并不多。

相关各县整体上看,每头承接任务量是:克东县 3.7 晌、克山县 4.61 晌、德都县 2.62 晌、龙镇县 2.84 晌、讷河县 3.9 晌。

一般来说因为每头差不多能耕作 5 晌或 4 晌土地,所以就现在的耕作面积而言不缺牛马,但状态反复的话就会马上出现牛马不足。

为了了解过去的正常状态是什么样的我们调查了事变前的比例,在调查的 60 多个村庄中,只搜集到了其中的 17 个村庄的数据,不过通过这些数据我们也能了解一下大概了。

2.事变前后的耕作面积、农户数及农耕用牛马的比较

项目\村庄	事变前播种面积	事变后播种面积	事变前农户数	事变后农户数	事变前牛马骡数	事变后牛马骡数	事变前的耕地、牛马骡、农户的比值		
							每户耕地	每户牛马骡	每头分摊土地面积(晌)
姜家岗子	340	120	15	11	51	24	22.6	3.40	6.66
姜大犁	210	140	14	14	37	37	14.3	2.64	5.68
于化东屯	1,210	705	113	113	243	162	10.7	2.15	4.98
冯家围子	900	600	105	105	230	230	8.6	—	—
隋家窝棚	1,100	300	80	50	200	50	13.8	2.50	5.50
姜家窝棚	811	146	42	36	340	73	19.3	8.09	2.43
金家窝棚	497	230	47	31	300	40	10.6	6.38	1.66
27 号	800	100	150	20	200	49	—	—	—
15 号	420	120	30	40	47	52	14.0	1.57	—
四平街	800	80	100	50	200	19	8.0	2.00	4.00
吴家窝棚	170	70	13	13	40	25	8.5	2.00	4.25
牛家窝棚	100	100	21	21	24	24	—	—	—
于家店	800	200	50	50	199	66	8.0	1.98	4.04
一棵挠	120	120	20	20	50	32	6.0	2.50	2.40
平均							12.03	2.30	4.28

根据前表对事变前后的状态进行比较,结果如下所示:

事变前		事变后	比率
每户平均耕种面积	12.03 晌	5.54 晌	46.05%
每户平均牛马头数	2.30 头	1.40 头	51.09%
牛马每头耕作面积	4.28 晌	3.98 晌	93.00%

即耕地面积减少54%、牛马减少50%、农耕用的牛马每头承担的耕种面积变化很小。相对于耕种面积而言，牛马的数量是变多了，牛马数量减少耕种面积减少，并且因为驱使牛马的劳动者的减少，耕地面积愈发减少，如此这样下去农家日趋萎靡。

3.农户的耕种面积和自耕农佃农

目前地区内农户的耕种面积非常混乱，不能一概而论，大体上把耕种 30 晌以上的称为大农、10 晌以上不满 30 晌的称为中农、10 晌以下的称为小农的话，大农的耕种面积占 50%、中农的耕种面积占 26%、小农的耕种面积占 24%。

自耕农和佃农的耕种面积比例大概是自耕农四佃农六。

从土地持有状况来看：

100 晌以上的所有者	1.8%	50 晌以上 100 晌以下	3.5%
10 晌以上 50 晌以下	14.0%	10 晌以下	16.7%
未持有土地的	65.0%		

拥有土地量在 10 晌以下的最多，五口之家的自耕农耕种 5 晌土地，在正常年景可以维持生活，佃农大约需要耕种 10 晌土地可以确保生活安定。拥有 10 晌土地的自耕农生活最为安定。

4.本地方的家畜数

对调查的 67 个地方的情况进行合计：

马 3,595 匹（不含军队、警察等的坐骑）牛 1,149 头

骡 90 头　　骡 97 头　　猪 10,531 头　　鸡和鸭 10,296 只

农户每户平均　牛、马、骡的数量是　1.5 头

农户每户平均　猪的数量是　　　　1.6 头（去年因猪瘟死了很多）

农户每户平均　鸡和鸭的数量是　1.9 只

牛、马、骡都可以用于农耕、交通运输，决定着农家的经营面积。马是非常重要的家畜，事变前拥有 20 匹马的农户并不少，最近最多的只有 10 匹左右。大型家畜和耕种面积的比例在第九节的一、二两部分所陈述的与家畜的价格租金相关的物价部分有所陈述。

5.主要作物及其种植比例

主要作物有大豆、粟、小麦、大麦、玉米、蔬菜（马铃薯、白菜、甘蓝等）、烟草、麻、燕麦、高粱等。讷河县内燕麦很多，占种植面积的 11.38%，大多是地区内讷谟尔河北岸的蒙古人种植。在调查的 62 个村庄中就其中 53 个村庄本年度的作物种植比例进行了调查，结果如下表所示：

作物	大豆	粟	大麦	小麦	玉米	燕麦	蔬菜	烟草	高粱	其他	合计
播种面积(晌)	3,103	1,689	667	1,283	906	434	214	109	104	150	8,659
比率(%)	35.80	19.43	7.68	14.79	10.47	4.99	2.46	1.25	1.20	1.73	100

备注:"其他"是大麻、亚麻、小豆、绿豆等。

6.每晌土地的主要作物的产量

作物	大豆	粟	小麦	玉米	高粱	燕麦	烟草	马铃薯	白菜	苏子	水稻(稻谷)
最高(石)	4.33	4.75	3.13	5.45	4.00	4.17	600斤	10,000斤	8,000斤	3.50	20.00
最低(石)	1.86	1.33	1.57	2.27	2.00	2.33	150斤	2,000斤	—	1.60	7.00
平年(石)	2.86	3.10	2.09	3.40	2.88	3.45	400斤	8,000斤	650斤	2.70	10.00

注:斗是当地的斗,1晌相当于日本的7反3亩,1石相当于日本的1.73石,1斤相当于日本的140匁。

7.肥料及轮作

这个地方几乎不施肥,就是在种植粟、大豆、蔬菜时会每隔两三年施一次马粪,每晌地约施马粪四五百贯。一般是按照粟、小麦、大豆的顺序每三年进行一次轮作。

8.播种期和收获期

作物名	播种期	收获期
大豆	4月下旬—5月中旬	9月中旬—下旬
玉米	4月下旬—5月中旬	9月中旬—下旬
高粱	4月下旬—5月中旬	9月中旬—下旬
小麦	3月下旬—4月下旬	8月上旬—下旬
大麦	3月下旬—4月下旬	8月上旬—下旬
燕麦	3月下旬—4月下旬	9月下旬
粟	4月下旬—5月中旬	9月中旬—下旬
烟草	5月中旬—下旬	9月中旬
稻	到5月中旬为止	9月下旬
亚麻	5月中下旬	8月下旬—9月上旬

中耕除草是根据各种作物的情况,适当进行两到三次。

稻进入9月份之后要断水。

9.主要作物播种量

用日本的升来表示每反土地的播种量,如下:

大豆　　5.9升　　　玉米2.4升　　　亚麻　　10.2升

高粱　1.2 升　　小麦 10.1 升

大麦　10.2 升　　燕麦 10.2 升

粟　　1.9 升　　稻　10.2 升

10.主要作物从播种到收获每反土地的劳动力

项目 作物	起耕播种		除草一次		中耕一次		收割		脱谷		备注
	人	马	人	马	人	马	人	马	人	马	
大豆	0.56	0.83	0.90	0	0.14	0.40	0.49	0	0.49	0.28	中耕除草最好同时进行,各三回
粟	0.28	0.40	0.50	0	0.14	0.40	0.40	0	0.49	0.28	中耕除草最好同时进行,各三回
玉米	0.40	0.40	0.69	0	0.14	0.40	0.40	0	0	0	中耕除草最好同时进行,各三回
小麦	0.40	0.28	0.28	0	0.14	0.40	0.40	0	0.56	0.28	中耕除草最好同时进行,各三回
燕麦	0.40	0.80	0	0	0.14	0.40	0.50	0	0.56	0.28	不进行中耕除草
烟草	从起耕播种到收获总共 10.0 人										适当除草

把小麦磨成面粉的话,1 头牛 1 天可以把 3.5 斗(日本石)小麦磨成面粉。

小麦要进行秋耕,每反土地需要 0.48 匹马、0.14 个人。

第十节　本地区前景好的作物

小麦

现在也仅次于大豆和粟,种植相当广泛,以往的小麦容易染上病害(＊＊病)、丰收和歉收产量相差极大,所以被认为是有风险的作物,但在克山农事试验场,一种能有效抵御这种病害并且产量高的改良品种正在研制之中,估计很快就会成功。当改良完成时,这项改良将不仅在本地,也将在北满的农业中占据重要地位。

亚麻

现在几乎没有栽培,但是在克山设立了亚麻公司,使之成为本地的鼓励种植作物,今年在克山县种植了 80 晌,属于未来前景良好的作物。

稻

本地区从五年前开始,在北兴镇以东的王会屯,朝鲜人种植了大约 8 晌。除此之外,德都镇的周边古城村庄附近的朝鲜人今年首次开辟了 20 晌的水田,种植了北海道(赤毛)这一品种,在王会屯每晌正常年景收 10 石(稻谷)(每反收成用日本的斗计量的话达 2.4 石)。本地的气象状况和哈尔滨附近相似,这个地方的水稻收成可观,将来前景一定不错。

紫花苜蓿

根据克山农事试验场的试验,成绩良好,因此畜牧业也很有发展前景。

第十一节　佃耕惯例

佃农的契约大多是口头约定,有时候找证明人,但大多时候没有证明人。由于契约大多每年都会重新订,所以契约一般都比较随意自由地进行。

对于蔬菜的地租,如果是给外地的地主缴纳的话一般是现金缴纳,平常都是以实物缴纳,现在的行情是把作物收成的两到三成缴纳给地主,收成好的时候有时要缴四成。

税金中的地方税是按照地主七佃户三,以和地租相同的比率分担的。地租的比率是在每年的 2 月份左右就事先定好的,不过也会根据本年度的收成好坏进行如上调整。上述的各种情况,是农户拥有农具、家畜、住所,也有的地主是把这些东西给佃农,然后把收获物等分,但这种情况是很少的。最近地主拥有过剩的土地而难以处理。

第十二节　与农户相关的税收

1.国税

税目	税率		
粗粮税	玉米、高粱、谷子、稗子、荞麦等	买卖价格的	0.5%
细粮税	粳米、稻米、小麦类	买卖价格的	1.0%
油脂税	芝麻、糜子、苏子类	买卖价格的	2.5%
豆类	大豆、青豆、黑豆、绿豆、小豆、豌豆等	买卖价格的	2.5%
豆饼税	豆粕	买卖价格的	3.0%
鱼　税	鱼类	买卖价格的	12.0%
山货皮张税	山货皮张	买卖价格的	11.0%
木植税	木材杂木木制品	买卖价格的	21.8%
木炭税	木炭	买卖价格的	11.0%
麻　税	麻	买卖价格的	4.0%

续表

税目	税率		
油税	香、豆、松、奶、桦皮等五种	买卖价格的	5.0%
油税	苏里油	买卖价格的	4.0%
油税	三合油	买卖价格的	3.0%
白条猪税	冻猪	买卖价格的	3.0%
木植附加捐	木材	买卖价格的	7.0%
牲畜税	牛、马、骡、羊、猪，由买家支付	买卖价格的	5.0%
屠宰税	牛 1 头 1 圆、猪 1 头 3 角、羊 1 头 2 角		
营业税		买卖价格的	2.0%
民令营业税	油、米面	买卖价格的	1.8%
地租	每晌上等地 0.5 圆、下等地 0.3 圆（江洋）		

2.地方税

德都县

捐目	捐率	
晌捐	每晌（江洋）	0.500 圆
粮石捐	每圆（江洋）	0.014 圆
商捐	每圆（江洋）	0.020 圆
妓捐	每人（江洋）	1.000 圆
屠宰捐	牛马每头 0.500 圆　猪每头 0.300 圆	
鱼捐	每圆（江洋）	0.005 圆
石捐	每圆（江洋）	0.002 圆
牲畜捐	每圆（江洋）	0.020 圆
木植捐	每圆（江洋）	0.012 圆
山货捐	每圆（江洋）	0.014 圆
房租	一等 3.00 圆、二等 2.00 圆、三等 1.00 圆	
炭窑捐	每座（江洋）	10.00 圆
车牌捐	1 套 1.00 圆、2 套 3.00 圆、3 套 4.00 圆、4 套以上 5.00 圆（国币）	

龙镇县

捐目	捐率		
晌捐	每晌	（国币）	0.4850 圆
荒捐		（国币）	0.0286 圆
货运马车捐	每月每头	（国币）	0.5000 圆
妓捐	每月每人	（国币）	二等 2.5 圆　三等 2.0 圆
房捐	价格的 35%		
粮石捐	买卖价格的 24%		
木植捐	买卖价格的 36%		
营业捐	买卖价格的 1%		
车牌捐	1 套 1.00 圆、2 套 3.00 圆、3 套 4.00 圆、4 套以上 5.00 圆		

克东县

捐目	捐率		
晌捐	每晌	（国币）	5.90 圆
妓捐	每人	（国币）	10.80 圆
粮石捐	每圆	（国币）	0.34 圆
营业捐	每圆	（国币）	0.02 圆
牲畜捐	每圆	（国币）	0.20 圆
山货捐	每圆	（国币）	0.32 圆
屠宰捐	牛 1 头 2.20 圆、猪 0.80 圆		
车牌捐	2 套 1.00 圆、3 套 2.00 圆、4 套 3.00 圆(国币)		

克山县

捐目	捐率		
晌捐	每晌	（国币）	0.991 圆
粮捐	每圆	（国币）	0.014 圆
牲畜捐	每圆	（国币）	0.020 圆
山货捐	每圆	（国币）	0.032 圆
营业捐	每圆	（国币）	0.020 圆
屠宰捐	牛马每头 0.30 圆　猪、羊每头 0.20 圆(国币)		
妓捐	每人每月国币　1.5 圆		

捐目	捐率
汽车捐	中牌每月 30.00 圆　大牌每月 40.00 圆（国币）
快马车捐	1 辆每月（国币）　1.00 圆
大车牌捐	5 套以上 6.00 圆、3 套以上 4.00 圆、2 套以上 1.00 圆（国币）
屠宰手术费	猪每头 1.40 圆、羊每头 0.40 圆、牛每头 1.60 圆（国币）
卫生费	甲 0.40 圆、乙 0.30 圆、丙 0.30 圆、丁 0.10 圆、戊 0.05 圆（国币）
吸户证捐	每年每人（国币）1.00 圆

讷河县

捐目	捐率	
粮捐	每圆　　买卖价格　（江洋）	0.05
营业费	每圆　　买卖价格　（江洋）	0.006
牲畜捐	每圆　　买卖价格　（江洋）	0.036
木植捐	每圆　　买卖价格　（江洋）	0.036
山货捐	每圆　　买卖价格　（江洋）	0.03
附加公益捐	每圆　　买卖价格　（江洋）	0.001
车牌捐	1 套 1.00 圆、2 套 3.00 圆、3 套 4.00 圆、4 套以上 5.00 圆　（国币）	
晌捐	每晌　　国币 0.26 圆	

第十三节　物价和租金

1.粮食价格及其他

讷河县北兴镇（康德元年 8 月调查）

（国币支付：圆）

	数量	价格		数量	价格
精选谷子	1 石	高　7.00	小豆	1 石	低　5.00
精选谷子	1 石	低　4.50	绿豆	1 石	高　10.00
玉米	1 石	高　4.00	绿豆	1 石	低　8.00
玉米	1 石	低　3.50	小麦	1 石	9.00
大豆	1 石	高　4.00	白面	1 斤	0.05—0.055
大豆	1 石	低　3.00	白米	1 斤	0.08

续表

	数量	价格		数量	价格
小豆	1 石	高　6.00	大豆粕	1 包 27 斤	0.18
麸皮	1 袋 80 斤	0.20	油	1 斤	0.10
酱油	1 斤	0.16	木材	15 尺—10 尺	3.00—5.00
粟秆	1 束 5 斤	0.05	马车 1 辆		30.00
柴	1 束 9 斤	0.03			

德都县德都镇调查(康德元年 9 月)

(国币支付:圆)

	数量	价格		数量	价格
大豆	1 石	高　3.00	小麦	1 石	低　8.00
大豆	1 石	低　2.50	白面	1 斤	高 0.045
小麦	1 石	高　10.00			低　0.04
大麦	1 石	高　3.00	玉米面	1 石	10.00
大麦	1 石	低　1.50	麸皮	1 袋 20 斤	0.10
谷子	1 石	3.00	盐	1 斤	0.14
精选谷子	1 石	12.001 斤	木炭		0.02
玉米		4.50	木炭	1 斤	零售 0.025

龙镇县北安镇调查

(国币支付:圆)

	数量	价格		数量	价格
大麦	1 石	高　3.30	谷子	1 石	低　3.50
大麦	1 石	低　2.50	高粱	1 石	高　7.00
谷子	1 石	高　4.00	高粱	1 石	低　6.00
大豆	1 石	高　4.50	盐	100 斤	12.00
大豆	1 石	低　4.00	酒	1 斤	0.12—0.14
小麦	1 石	高　16.00	大豆粕	1 包 20 斤	0.16—0.20
小麦	1 石	低　14.00	精选谷子	1 石	12.00

续表

	数量	价格		数量	价格
玉米	1 石	6.00	白米	3 斗装	10.00
玉米	1 石	5.50	石油	1 箱	9.70
白面(进口物品)	1 袋 40 斤	一等品 3.60	豆油	1 斤	0.08—0.10
白面(进口物品)	1 袋 40 斤	二等品 3.40	木炭	1 斤	0.03
白面(进口物品)	1 袋 40 斤	三等品 2.90			
白面(进口物品)	1 袋 40 斤	四等品 1.80			

克山县克山调查(康德元年 1 月—8 月)

(国币支付:圆)

	数量	价格		数量	价格
小麦	1 石	高　15.00	玉米	1 石	高　3.70
小麦	1 石	低　11.30	玉米	1 石	低　2.20
大豆	1 石	高　5.90	高粱	1 石	高　4.20
大豆	1 石	低　3.10	高粱	1 石	低　2.40
谷子	1 石	高　2.90	小豆	1 石	高　7.30
谷子	1 石	低　2.00	小豆	1 石	低　4.00
大麦	1 石	高　2.90	黍	1 石	高　3.20
大麦	1 石	低　1.90	黍	1 石	低　2.00

2.马车新造费用

(国币支付:圆)

	铁车	花轱辘车	大轱辘车
北兴镇	30.00	—	5.00—6.00
德都镇	30.00	25.00	大型　20.00
			中型　15.00
			小型　10.00
北安镇	50.00	35.00	15.00
克山	40.00—60.00	35.00	20.00

3.运输费用

(国币支付:圆)

	夏季	冬季	备注
小郭家窝棚至二克山	每石谷物　0.30	—	
一棵挠至二克山	0.36	—	
北安镇至克山	每辆车单程　4.00	每辆车单程 3.00	3—4套马车
一道街至克山	3.00		3套马车
二克山	1.50	—	
北安镇	1.50	—	
北兴镇至克山间	马车1人单程　1.00	—	搭乘顺便的货运马车

注:"石"为当地的石。

4.劳动力费用

(国币支付:圆)

类别＼项目	年雇用费	月雇用费	日雇用费	备注
农业劳动者	50—80	6—11	0.2—0.6	提供两餐或三餐
普通劳动者	—	10—11	0.3—0.8	
木工	—	—	0.8—1	
铁工	30—50	—	0.8—1	
店员	—	5—40	—	

5.地价

(单位:圆／晌)

村庄＼项目	上等地	中等地	下等地	荒地	备注
讷河	康德元年定价 22.16	作为春耕借款(抵押的大同2年土地定价)29.32			
大伯拉克	40.00	—	20—15	—	
哈里	20.00	15.00	10.00	10.00	五六年前的话,上等地是 30—40
北镇	15.00	—	10.00	5.00—6.00	
冯家围子	30.00	—	7.0—8.0	3.00	

村庄＼项目	上等地	中等地	下等地	荒地	备注
德都镇	25.00	—	20.00	8.00	街内一丈见方的地是1.00左右
手家窝棚	45.00	—	20.00	—	被放弃的上等地是40
二克山	50.00	15—30	10.00	5.00	
一棵挠	30.00	—	10.00	—	铁路用地

第十四节　农户的家庭收支状况实例[①]

例一　北兴镇　高兴阳　拥有3晌地的佃农

家庭成员

7人　　包括成年男性3人　成年女性3人　小孩1人

可从事劳动的2人

家畜是从地主那借的，房屋是归自己所有。

收　　入 （单位:圆）

种类	数量	金额
瓜类	1晌	50.00
马铃薯	1晌	50.00
白菜	1晌	50.00
农业劳动收入	1年	50.00
合计		200.00 圆

支　　出

种类		数量	单价	支出(圆)
口粮	精选谷子	4石	10.00 圆/石	40.00
	玉米	1石	7.00 圆/石	7.00
	盐	100斤	0.15 圆/斤	15.00
	豆粕	30斤	0.15 圆/斤	4.50

[①]　译者注:原文在标题后用括号手写了如下一句话,"头两个例子说不上是进行了很确切的调查,仅供参考"。

续表

种类	数量	单价	支出（圆）
石油	10 斤	0.20 圆/斤	2.00
白面	100 斤	0.06 圆/斤	6.00
酒	20 斤	0.15 圆/斤	3.00
柴	1 年		20.00
杂货	1 年		10.00
地租（含农耕用马租金）	3 晌	12.00 圆/晌	36.00
农具购入修理费用	1 年		5.00
合计			148.00

收入　　　　200.00 圆

支出　　　　148.00 圆

余额　　　　 51.00 圆

备注：菜园的地租要在早春前现金缴纳。

例二

哈里　薄保林　拥有八晌地的自耕农

家庭成员

10 人　其中成年男性 3 人　成年女性 4 人　小孩 3 人

家畜

马 4 头　猪 4 头　鸡 10 只

收　入

	面积（晌）	每晌收成（石）	总收成（石）	口粮（石）	余额	单价	剩余
谷子	3	5	15	15	—	—	—
小麦	2	2	4	4	—	—	—
大豆	3	3	9	1	8 石	3.00 圆	24.00 圆

支　出

种类	数量	单价	支出（圆）
盐	200 斤	0.15 圆/斤	30.00
石油	30 斤	0.06 圆/斤	1.80

续表

种类	数量	单价	支出（圆）
豆油	40 斤	0.10 圆/斤	4.00
税金		1 圆/晌	7.00
家畜饲料	放牧		
合计			42.00

收入　　　　　24.00 圆

支出　　　　　42.00 圆

收支赤字　　　18.00 圆

备注：看来要借贷一些农耕资金作为农耕和生活的费用。

例三

二克山　姜善　　　　拥有 25 晌地

当年耕作面积 12 晌　　抛荒 13 晌

家庭成员　　　　　　　15 人

自家的劳动力　　　　　 5 人

临时雇用人员总人数　　90 人

家畜

马　5 头　猪　2 头

收　入

	面积	每晌收成	总收成	粮食	剩余量	单价	剩余全额
谷子	5 晌	3 石	15 石	15 石	—	—	—
大麦	2 晌	5 石	10 石	家畜饲料	—	—	—
玉米	2 晌	4 石	8 石	口粮	—	—	—
麻	2 晌	1,000 斤	2,000 斤	—	2,000 斤	0.060 圆	120.00 圆
马铃薯	1 晌	2,000 斤	2,000 斤	1,000 斤	1,000 斤	0.006 圆	6.00 圆
其他收入							48.00 圆
春耕借款							179.00 圆
合计							

支　出

种类	时间	金额(圆)
食盐	1 年	20.00
食油	1 年	28.00
衣服费	1 年	10.00
交际费	1 年	7.00
公共收费	1 年	40.00
嗜好费	1 年	3.00
农具费	1 年	18.00
牛马折旧费	1 年	10.00
苦力雇用费	1 年	3.60
合计		157.60

收入　　　　　179.00 圆
支出　　　　　157.60 圆
收支差　　　　 21.40 圆

备注:这是二克山县公署调查的数据。

例四

二克山　李长森　拥有 45 晌土地的自耕农

家庭成员

8 人　其中成年男性　3 人　　　成年女性　2 人　　　小孩　3 人

长工　2 人　　自家劳动力　2 人

临时雇用人员　　一年　　900 人

家畜

马 11 匹　猪 25 头

住房

13 间房子　　属于自家所有

收　入

	面积 (晌)	每晌收成 (石)	总收成 (石)	粮食 (石)	剩余量 (石)	单价 (圆)	剩余金额 (圆)
大豆	13	3	39	5	34	3.00	102.00
大麦	17	5	85	30	50	2.30	115.00

续表

	面积 （晌）	每晌收成 （石）	总收成 （石）	粮食 （石）	剩余量 （石）	单价 （圆）	剩余金额 （圆）
谷子	4	3	12	12	—	—	—
玉米	4	4	16	8	8	2.50	20.00
小麦	7	3	14	4	10	12.00	120.00
不动产 （土地出租）							
牲畜							150.00
其他收入							300.00
春耕贷款							340.00
合计							1447.00

支　出

种类	数量	金额
面粉	350 斤(1 斤 7 毛)	24.50 圆
食盐		84.00 圆
灯油	5 罐	30.00 圆
衣服		60.00 圆
交际费		100.00 圆
公共收费		100.00 圆
借款利息	每月 5 分	120.00 圆
嗜好品		10.00 圆
日用品		100.00 圆
药		100.00 圆
农具折旧费		50.00 圆
苦力雇佣费	临时雇用苦力总人数　900 人	495.00 圆
长期雇佣苦力费	2 人份	160.00 圆
合计		1433.50 圆

收入　　　　1,447.00 圆

支出　　　　1,433.50 圆

余额　　　　　13.50 圆

备注: 此为二克山县公署调查数据。

第十五节　相关各县的一般情形

公布与调查地区相关的各县的一般情况仅供参考：

讷河县

总面积	1,023,705 晌
耕地面积	180,404 晌
现在播种面积	97,117 晌
未开垦土地面积	130,156 晌
可开垦而未开垦土地面积	740,141 晌
户数	24,666 户　其中农户 20,414 户
人口	151,444 人

家畜　马 20,712 头、骡 901 头、驴 554 头、牛 3,316 头、猪 15,422 头、鸡 9,773 只

德都县

总面积	468,000 晌
耕地面积	45,000 晌
现在播种面积	43,350 晌
未开垦土地面积	68,000 晌
可开垦而未开垦土地面积	355,000 晌
户数	3,694 户　其中农户 3,609 户
人口	22,024 人

家畜　马 4,206 头、驴 83 头、骡 126 头、牛 1,870 头、猪 4,957 头、鸡 12,210 只

龙镇县

总面积	1,177,740 晌
耕地面积	21,471 晌
现在播种面积	12,000 晌
未开垦土地面积	385,425 晌
可开垦而未开垦土地面积	770,844 晌
户数	3,611 户　（农户数不明）
人口	19,360 人

家畜　马 3,372 头、驴 38 头、骡 139 头、牛 711 头、猪 6,742 头、鸡 10,810 只

克东县

总面积	226,800 晌
耕地面积	102,860 晌
现在播种面积	34,654 晌
未开垦土地面积	13,800 晌
可开垦而未开垦土地面积	110,140 晌
户数	9,113 户　　其中农户 7,538 户
人口	19,360 人
家畜	马 6,799 头、驴 78 头、骡 553 头、牛 1,881 头、猪 13,097 头、鸡 8,947 只

克山县

总面积	478,512 晌
耕地面积	243,300 晌
现在播种面积	143,300 晌
可开垦而未开垦土地面积	235,212 晌
户数	27,920 户　　其中农户 17,600 户
人口	162,358 人
家畜	马 27,154 头、驴 36 头、牛 2,375 头、骡 1,494 头、猪 23,966 头、鸡 25,351 只

第十六节　本地水田的需水量

在当地还没有求得能从气象状况表的蒸发量数据得出叶面水面蒸发量的系数,不过利用朝鲜及熊岳城附近所使用的数据得出了渗透量,因本地土壤中的含水量非常高,所以从渗透量推算流失量的话,凭经验大约在 0.010 町秒立方尺左右。

叶面水面蒸发量

	蒸发总量（毫米）	叶面水面蒸发比率（%）	叶面水面蒸发量（町秒立方尺）	备注
稻子需水期的多年平均值	791.8	1.2	0.0347	5 月 11 日至 9 月共 113 天
最大需水期	253.9	1.5	0.0785	1930 年 7 月下旬至 8 月上旬共 20 天

有效雨量

	雨量(毫米)	利用率(%)	利用量(町秒立方尺)	备注
用水期间的多年平均值	387.9	50%	0.0071	六年的平均值
最大需水期	为安全起见,没有有效雨量			

灌溉需水量　　　　　　　　　　　　　　　　　　　　(町秒立方尺)

	叶面水面蒸发量	渗透量	合计	有效雨量	灌溉用水量
用水期间连年的平均值	0.0348	0.01	0.0448	0.0071	0.0377
最大需水量	0.0785	0.01	0.0885	0	0.0885

加上水路损失的15%,平均需水量是0.0566町秒立方尺,最大需水量是0.133町秒立方尺。

第十七节　地区内适合用作水田的土地

水田必须要选择那种灌溉水源充足,可以很廉价地引水灌溉又没有洪水困扰的土地。讷谟尔河、呼裕尔河虽然水源丰富,但是因为本地交通不便,机械灌溉不容乐观,只能寄希望于利用河床的倾斜度自然引水灌溉,不过又不能不考虑引水时路线的长度。此次采用这样的调查方法,还不能断定应该选择什么土地,但下面的土地我们认为大致上是可以的。

在北兴镇东边的姜家窝棚、孙家窝棚附近,土地平坦,没有洪水的困扰,从北兴镇往西可以得到1千町步的土地,必须从讷谟尔河干流引水灌溉,这些土地现在几乎都成了耕地。

德都镇西北方的古城(吴家窝棚)附近的土地,现在信仰天主教的朝鲜人从信仰同一宗教的满人那借来土地,今年第一次开始种植了20晌水田,将来计划发展到200晌。

现在附近的泉水被用作灌溉水源,本年度也没有遇到洪水灾害,估计能够得到一千町步的地形条件良好的土地。如果面积扩张的话,利用从北方五大连池流出的白河的水源引水灌溉是很经济划算的。但是因为没有充分的调查时间,关于地形高低等的调查不充分,又没能调查出五大连池的水质及泻水量,还不能下定论。如果这方面条件良好的话,加上风景也不错,我想是适于移民的好地方,现在大部分是被抛荒的耕地。

第十八节　对本地区未开垦土地与开垦方法的考察

讷谟尔河、呼裕尔河两河的河岸自不待言,这两条河流的支流、下游以及流域附近的地方全部都是湿地,这些湿地大多都被当做未开垦土地而放弃,未开垦土地面积集中的地方有两河沿岸、讷河以东,大拍拉克对岸的北兴镇以东,从十二号村庄到二十七号村庄之间的河岸,北安镇一带的低湿地,据估计有数千町步的土地。

因未开垦土地几乎都是排水不良的土地,如果要开垦这些地方,必须要能够完全排水。但是这些湿地遍布整个北满,要想改良这些土地,必须对北满整体进行治理。目前暂时对讷谟尔河、呼裕尔河两河的河心区域进行局部治理,努力使两河干流的水位下降,平原的过剩水量可以很容易的排除,与此同时围绕所治理的地区构筑堤防、防止洪水,堤内设扬水机完全排水,在河的上流适当的地方挖造可以用来调节洪水的贮水池来缓和洪水,在丘陵地带各处挖排水沟以此来吸收过剩的水量并适当的放流,在水位允许的平坦地带可以造暗渠进行排水,我想这是很经济实惠的,可以把以上的各种方法适当结合起来使用。

昭和 11 **年** 8 **月**

三江省绥滨县农业调查报告书

满铁经济调查会

前　言

　　此调查报告书是在昭和 11 年 5 月 27 日到 6 月 26 日大约 30 天的时间内完成的。当时本人参加了以满铁经济调查会为主的"绥滨县机械农场适用耕地调查队",经过调查后完成此报告书。

　　绥滨县与苏联隔江相望,中间仅隔着一条黑龙江,是国防上非常重要的地域。尽管如此,至今尚有广袤的未开垦的肥沃平原。

　　本次调查的目的是想了解本县在今后的农业机械化开垦中,是否是很好的耕地。

　　本次调查组织了由 12 名调查员和 2 名翻译构成的调查队来开展的。调查大本营设在绥滨县城内,首先收集了县政府存有的相关调查资料,然后在县参事官宇都宫仁先生的指引下,以县城为中心,乘坐货车在县内各地进行了实地调查。另外,此次调查的项目内容主要有以下六项:"机械化农业"、"机械化农场"、"工业方面"、"一般农业"、"土地改良"、"运输方面"。依此六项确定了各调查员分担的任务从而进行了这次调查。

　　这份调查报告书也可以说是"一般农业关系"的复命书。

　　本次调查队成员的分管项目构成如下所示:

调查队的组成:机械化农业　　　　　佐藤信元(凤凰城机械化农场)

　　　　　　　机械开垦#　　　　　　长尾行介(北满经济调查所)

　　　　　　　工业(面粉制造)　　　内野来助(经济调查会)

　　　　　　　一般农业　　　　　　　尾崎英雄(同上)

　　　　　　　　　　　　　　　　　　细野重雄(满洲国实业部)

　　　　　　　　　　　　　　　　　　本田正晴(满洲国民政部)

　　　　　　　　　　　　　　　　　　山田武彦(满洲拓殖公司)

　　　　　　　土地改良　　　　　　　渡边金三(满铁聘请人员)

　　　　　　　　　　　　　　　　　　坂田一雄(同上)

　　　　　　　运输　　　　　　　　　益仓初(哈尔滨水运局)

　　　　　　　翻译　　　　　　　　　渡边清(经济调查会)

　　　　　　　唐立盛(满洲国民政部)

　　另外,这份调查报告书是在五名调查员(分别是细野重雄、本田正晴、山田武彦、益仓初、尾崎英雄)的大力协助下,以收集到的材料为基础制作写作完成的。

目 录

第一章　一般概况

一、位置

本县位于东经 132°,北纬 47.5°,在旧黑龙江省的最东边。北边隔着黑龙江干流与苏联相望,南边隔着松花江与富锦县相邻,只有西边连着陆地,与萝北县相邻。本县地域正处在由松花江和黑龙江所夹而形成的三角地带。

二、地势

本县地势大体上平坦,海拔高度保持在 70 米至 100 米。广袤沃野连绵不断,基本上看不见起伏,只有第二区的长龙岗和第九区的老龙岗在平原上拔地而起,蜿蜒起伏。

此地区靠北的部分与南边的松花江流域相比地势稍高,其中第四区是县内最干燥的区域。另外,本县中部第一、第三区呈东西走向的低地越向东地势越低,到最东端进而形成了低湿地。处在松花江流域的第五、七、九这三个区地势也很低,一到雨季就会有一部分地区因排水困难而形成湿地。

流经本县的河流主要有都鲁河(九区)、蒲鸭河(七区)及莲花泡。前面的两条河流经县城西北部的九区和七区注入松花江。莲花泡是沿着前面提到的一区三区的低地因雨季大量降水的汇聚而形成的泡,泡的东端流入松花江。此三条河流都是浅流,只能航行小船舶,只不过能输送些薪炭木材罢了。(来源于《绥滨县志》)

三、气候

正如前面第一项说过的那样,本县为松花江和黑龙江所夹,因此受两江的影响,与北满的其他地方相比,气候比较温和。然而由于本县没有气象观测站,气候是否真的如此,还不能确定。但是,本县呈大陆性气候,寒暑同样酷烈,降雨也主要分布在春夏两季,由此看来呈现出与东部北满地区大致相同的气候倾向。还有,从本县农民的交谈和县当局的资料来看,本县的气候可以概括如下:

1.温度

冬季一月的最低气温甚至达到摄氏零下 30°以下,夏季最高气温能达到摄氏 30°以上,从全年来看,最高最低气温的差能达到 60℃—70℃。松花江对岸的富锦县康德元年的气温表如下所示:

月份	平均气温(℃)	最高气温(℃)	最低气温(℃)
1月	−12.0	−9.9	−30.0
2月	−15.0	−9.8	−23.0
3月	−11.1	1.3	−20.1
4月	2.1	15.8	−11.8
5月	14.1	30.1	2.0
6月	20.0	30.0	11.6
7月	20.1	28.9	13.5
8月	21.3	31.4	14.5
9月	14.1	25.0	5.0
10月	5.0	17.3	−8.0
11月	−6.6	6.2	−25.0
12月	−19.7	−7.0	−29.2

2.无霜期

本县晚霜在5月上旬,初霜在10月上旬,因此无霜期大约有145—150天,和位于北纬45.5度的哈尔滨基本相同。

另外,依据对岸富锦县康德2年的记录,晚霜在5月9日,初霜在10月1日,无霜期有144天,估计本县情形与之大体相同。

3.降水量

本县全年降水量在500毫米左右,其中90%的降水量集中在5月到9月之间。冬季基本上没有降雨,这一点和北满其他地区大体相同。由于降雨集中在短期内,又加上本县位于松花江和黑龙江之间,致使本县易受雨水泛滥而至的洪涝灾害,这也是本县开发上最不利的一点。

4.其他

关于风向,根据县当局的调查,一般从10月到翌年3月主要刮西北风及北风,4月到9月主要吹西南方及南风。详细的风速目前还不清楚,但基本上没有造成农产品受灾那样的强风。

本县的结冰期,松花江是从10月中旬到翌年4月下旬为止的约6个月。这期间的4个月可以充分利用陆路交通。此外,陆地上的结冰化冰与河流的结冰化冰差不多同时开始,只不过稍稍早一点,所以结冰期差不多相同,结冰的厚度在1米左右。本县的小麦种植栽培与土壤的化冰有着紧密的关系,每到4月下旬地表四寸左右的冰都融化了,便可以进行小麦的播种了。

四、土壤

本县是由松花江和黑龙江的合流形成的冲积地带,表层土是带黑色的含砂质土壤,第二层是带黄褐色的砂质土壤,第三层则是纯砂土壤。可以推测得到,表层土的厚度在30厘米左右,第二层土厚度在 1 米到 2 米。

因为本县的土地是由坚硬如石的土壤组成的,所以雨水的渗透性良好,比如本县与对岸的富锦县及桦川县相比,同样是在 50 毫米降雨的情况下,本县在雨后的第 3 天就完全可以通行了,相反那两个县在雨后 10 天内都不能通行卡车。因此也不难推断,本县的农耕与提到的两县相比,更能获得良好的效能。此外,本县土质大体良好,一般农产品在开垦以后即使不施肥,每年也能有大致相当的收获。还可以从未开垦地区茂盛的杂草情况就能看出,本县是适合种植农产品的优良地域。

如上所示,拥有良好的土壤和土质是将来本县的农业开拓上最有利的一点。

五、历史变迁

本县的土地开拓是在清朝光绪三十年左右由汉族农民开垦耕作,时至今日已有约 30 多年的历史。

此地最早是原住民鄂伦春族靠狩猎和打渔生活的地域,尽管土质肥沃,却被当作未垦荒地而搁置。之后,与开始黑龙江省政务工作的同时,本县作为萝北县的一部分而被管辖。当时,在邻县汤原清丈局的主持下开展萝北县"荒地垦拓"政策的同时,本县也开始了开垦开拓。当时的土地区划如围棋棋盘般划分开来,东西向以牌称之,南北向以井称之,开展了所谓的"区划整理"运动。接着,民国元年中央政府向黑龙江派遣了清丈员,清丈结束后绥滨县即从萝北县独立出来,以绥东为中心设置了绥东设治局。随着汉族农民迁入的增加,民国 15 年设治局从绥东迁到了绥滨,民国 18 年 2 月开始称"绥滨县"直到今天。

再来看本县土地开拓的历史变迁。民国元年设治局刚设置的时候只有汉人农家 10 余户,开垦面积也只不过两三百晌。但随着县政府的迁入奖励政策和松花江水运的开发,从南满、山东等方向迁入本地的人逐渐增多,到了民国 6 年耕地面积达 7 千余晌,民国 10 年耕地面积达到 1 万 1 千余晌,到民国 18 年激增到 5 万晌。这样,本县从开垦最初到满洲事变为止的大约 30 年左右的时间里,其后半期取得了相当大的开垦进展。其中的特点之一就是由高官、财阀参与投资的大农场使用了机械农具,从而开展了经营。

具体地说,以民国 3 年在本县第五区创办了东益公司,投入 3 台拖拉机开垦 2,700 晌荒地为开端,同年东井公司在第六区成立,投入 1 台拖拉机进行开垦。之后民国 17 年广信公司投入 13 台拖拉机开始了大范围的垦荒,以及民国 18 年张团长设立的机械化农场等等。这些开垦多数是在高官、财阀和军阀的资本投入下进行的。正因为如此,以拖拉机为首的机械化开垦十分盛行。到了民国 20 年,全县拥有拖拉机 21 台,耕地 13,500 余晌。

尽管本县一直保持着快速的开垦进度,但是满洲事变后,匪贼横行,普通百姓无法完全耕作,再加上大同元年受到了洪水灾害的严重打击等因素,即使是前面所提到的那些大农场也无法开展机械化耕作,纷纷陷入经营困境。

正因如此,目前全县的开拓都处于停顿状态。

六、面积、人口、户数

1.面积

本县的东南北三个方向被松花江和黑龙江围绕,西边和萝北县相邻,东西呈椭圆形。

本县东西约220华里,南北30华里,全县总面积约13,248平方华里。

本县还有广袤的沃野迟迟没有得到开垦,土地也没有得到充分利用,大量未垦荒地还处于闲置状态。因此目前已开垦的耕地面积还不到总面积的2%。本县的土地利用状况如下表所示:

绥滨县土地利用状况表

区名	区总面积	已耕地		未耕地	
		现耕地	二次荒地	可耕地	不可耕地
第一区	30,234,810#	1,503,000	2,864,550	33,889,647	2,216,613
第二区	89,898,080	220,000	2,750,420	80,097,040	6,830,620
第三区	53,247,170#	3,966,000	2,280,740	45,516,105	6,584,325#
第四区	58,892,337	1,913,000	4,267,840	50,225,733	2,485,764
第五区	70,498,001	2,049,000	3,656,650	64,034,941	757,410
第六区	63,929,560	1,316,000	3,094,450	57,980,650	1,584,460
第七区	63,205,000	—	—	62,600,850	604,150
第八区	58,320,000	—	280,015	57,038,157	1,001,828
第九区	43,908,610	—	560,000	42,673,155	675,455
第十区	58,320,000	—	—	53,013,635	5,306,375
总计	600,863,568	10,967,000	19,754,665	547,069,913	23,071,990
比例(%)	100	1.8	3.2	91.2	3.8

从上面的表格,我们可以清楚得知,目前本县的农耕地只占全部耕地面积的1.8%,而且二次荒地(本来是农耕地后来因为经营不善或洪水灾害等而被荒弃的土地)竟快占现有耕地的2倍。另外,可耕而未开垦的土地占到总面积的91.4%。因此本地的农耕开垦问题是留给今后的一个重要问题。

2.人口户数

接着来看人口和户数。本县总户数有4千户左右,总人口2万多(数据来自康德元年11月底警务局的调查)。本县第三区(县城所在地)人口最为稠密,第七、八、九、十区则几乎无落户人家。康德元年11月底警务局调查的人口户数表如下所示:

区名	户数	人口		总计
		男	女	
第一区	721	3,502	1,777	4,279
第二区	78	278	173	451
第三区	1,767	5,222	3,819	9,041
第四区	634	2,030	1,399	3,629
第五区	371	1,184	959	2,143
第六区	347	1,160	921	2,081
总计	3,918	12,376	9,248	21,624

此外,本县的居民主要是汉人,原住民鄂伦春人基本看不到了。此外城内还有身为官员的日本人及少数朝鲜人和俄罗斯人。从全县的职业类别来看,农民占了总人口的80%。本县居民的民族类别及户数人口统计如下表所示:

国籍族别 职业 户口	日本人		满洲国人		朝鲜人		俄国人		回族人		赫哲人	
	户数	人口	户数	人口	户数	人口	户数	人口	户数	人口	户数	人口
官吏	2	2	12	189								
警察	2	2	9	117								
农民			3,685	17,221	4	19	3	9				
畜牧								5				
汉#			4	16							1	4
工人			47	216								
商人									10	31		
运输			3	18								
劳工			24	392	4	10						
学生				411								
无业者			11	2,249								
失业者			2	57								
其他		1	11	314						9		
合计	4	5	3,908	21,584	8	32	3	14	10	40	1	5

七、水灾状况

本县为松花江和黑龙江所夹,地势低平,当这两江发洪水时如何防止洪水泛滥就成了一件困难的事。尤其是夏季,北满一带一到雨季,两江地区特别是松花江地区遭受洪水泛滥灾害的事情屡屡发生。就说最近的大同元年,松花江就发生洪水泛滥,而康德元年,黑龙江洪水泛滥。

接下来,位于两江流域的本县洪水泛滥情况如下所述:

1.大同元年8月,松花江畔的本县发生洪水泛滥。当时北满一带在雨季中很快就流量猛涨以致洪水泛滥,到下游水势更是暴涨。在三姓,松花江与牡丹江合流以致水量进一步增加。在松花江的弯曲地区,暴涨的水势更是漫过河堤,侵入当地。而在梧桐河、都鲁河及蒲鸭河等松花江支流处,江水倒灌入支流以致洪水泛滥,低地一片汪泽。

因此,本县除了第二、四、六区外,其他七个区全部发生洪涝灾害。上述受灾地区中,在五、七、九区的低地区域水深甚至达5尺,一般人家的房屋浸水2到3尺深。另据当地农民所讲,浸水时间长达3个月,期间的交通全靠小船来维持。浸水区域的农民的农产品收获全部泡汤,这也是诱发上面所说的匪贼横行局面的一个原因。

2.康德元年夏季,黑龙江发生洪涝灾害。由于水量增加,导致流经邻县萝北县的鸭蛋河河水逆流倒灌,倒灌的水势流向本县的低地,一直漫过第十、第七、第五区,灌入莲花泡。此时的浸水区域与上面所说的大同元年的情况相比,明显少了很多,因此当地的农业耕种也没有受到太大的影响。

八、治安状况

本县的治安与位于三江省的其他诸县一样,颇为恶劣。成立之初,以洪灾为契机而标榜反满抗日的拥有几千人或几百人的匪贼团伙常常横行霸道。他们占领县城,焚毁办公楼,或者绑架官员,极尽凶残之势。在日满军警的不间断讨伐之下,现在治安状况逐渐转好。

大同2年,第一任县参事官江崎九一先生上任。大同3年1月,任命了3名警务指挥官(日本人),并由此革新了警察的政务,在日满讨伐队的帮助下,剿灭了大匪贼集团的头目侯志山、胜武、刘武以及大力会的头目。匪贼们逐渐在县境以内消失,或者归顺政府。目前,本县除上述匪贼外,还残存有两三个20到70人构成的小匪贼团伙。

而在此期间,普通老百姓处于上面所说的大匪贼团伙的蹂躏之下,丧失了粮食,被强行赶走了马匹,更不用说从事农耕了。他们连生命都有危险,因此都放弃耕地而去安全的地方避难了。这也是导致农村荒废的一个重要原因。

第二章　农业状况

　　本县的农业如上一章节所述,因为自然环境及历史的原因,未能得到充分的发展。与满洲事变之前相比,相反出现了衰退的局面。

　　另外,本县的主要农产物有大豆、玉米、小麦、粟、高粱等,此外还有豆类、大麻、亚麻、烟草、蔬菜等。但是这些产量只不过刚能达到农民自给自足的数量。

　　根据如上所述的这种发展不足的现状,本县农业的一般现状大致可划分为农耕方面和农业经济二节,随后进行概述。

第一节　农耕方面

一、农产品的种植状况

　　(一)本县的主要农产品中,大豆的种植面积最多,占总农产品种植面积的35%以上,接下来依次是玉米、小麦、高粱、粟等。

　　此外,也种植了豆类、大麻、马铃薯、蔬菜等。但是没有确切的统计,具体情况不明。

　　依据县政府的调查,主要农产品的种植状况如下表所示:

农产品种植面积表　　（康德 2 年 12 月底　绥滨县公署调）

作物名	第一区	第二区	第三区	第四区	第五区	第六区	总计	各作物占总耕地面积的比例(%)
大豆	449	74	1,201	658	923	551	3,856	35.6
玉米	255	32	709	350	305	301	1,952	18.0
小麦	344	56	509	35	241	287	1,752	16.2
高粱	97	12	267	170	129	24	699	6.4
小米	73	10	295	60	12	27	477	4.4
杂谷	274	20	950	334	426	95	2,099	19.4
总计	1,492	204	3,931	1,887	2,036	1,285	10,835	100
各区占总耕地面积的比例(%)	13.8	2.0	36.0	17.4	18.8	12.0	100	

　　注:①本表的面积以晌来表示。

　　　　②1 晌相当于日本土地面积的 6 反 8 亩。

(二)接下来说明出现在上表中的本县种植的主要农产品及各个农产品的品种。

1.大豆

大豆如上表明确所示,在绥滨县种植面积最大,是十分重要的经济农产品。与其他农产品相比,也能得到最安全的栽培种植。

栽培品种主要有本地品种"大白眉"、"小金黄"、"四粒黄",其中"大白眉"栽培的最多。

另外的二个品种中,"小金黄"含油量多,但产量少一些;"四粒黄"成熟期迟,收成率也不高。与这两个品种相比,"大白眉"耐寒性强而且是早熟品种,因此能获得最好的收成。

2.玉米

玉米在本县的种植面积仅次于大豆,栽培目的不是像大豆那样作为经济农产品,而是供给普通老百姓的日常食用。

其中主要的栽培品种是被称为"黄玉米"的本地品种。

3.小麦

小麦的种植面积在本县位于第三。栽培的目的既是为了自家食用也是为了贩卖,因此是一种重要的农产品。

栽培品种主要有"大青王(有芒种)"和"光头(无芒种)"。前者是供自家制粉食用,后者是为了贩卖的目的而栽培的。

在本县,种植小麦尽管与其他的农产品相比最有优势,但是所占种植面积比例小。这是因为和收成稳定的大豆、玉米等相比,小麦的丰收和歉收差别很大,是一种在种植上存在极大风险的农产品。

另外,本县的小麦是否为软质,因为还未进行过充分的调查研究,较难确定。这是今后需要解决的一个重要问题。

4.高粱

在本县,种植高粱主要是提供粮食。

栽培品种一般选择早熟品种。主要品种有"棒子"、"蛇目"两种,其中种植前一品种"棒子"的最多。

5.粟

关于其他的杂粮及马铃薯、大麻等的具体情况不明。但是,大麻、亚麻、马铃薯是最适合本地栽培种植的农产品,因此十分期待今后的相关指导。

(三)1935年(康德2年)南满、北满及全满洲的各农产品种植比例(%)的比较如下表所示:

种类	绥滨县	北满	南满	全满
大豆	35.5	26.8	23.9	25.2
玉米	18.1	8.2	10.6	9.5
小麦	16.2	15.4	1.7	8.0

续表

种类	绥滨县	北满	南满	全满
高粱	6.4	12.2	31.0	22.4
小米	4.4	19.1	19.2	19.2
其他	19.4	18.3	8.6	14.7
总计	100%	100%	100%	100%

从上表可以清楚看到,在本县玉米是作为固定农产品来栽培种植的。从种植面积上来说,玉米可以与其他地方作为主食农产品来种植的高粱、粟相匹敌。另外,在市场上作为商品经济农产品的大豆和小麦,在本县的栽培种植面积占到全县耕地面积的 50%。

二、农具

本县的普通农民开展的农业经营是依照原始性的所谓本地农耕方法进行的。使用的农具在南北满也大致相同,都是很原始的农具。

然而,现在本地与其他地方显著不同的一点是,自民国 3 年开始,本地进行了约 20 年的机械化农业。受当时一些农场使用新式农具的影响,现今使用的原始本地农具中有一部分欧美式的农具。

例如,开荒走犁,洋耙等农具在农业耕耘效率方面比起本地农具有相当大的优势。

这样的欧美式的农具是从哈尔滨(万国农具公司)引进的,其他的所谓本地农具则是在本县或者富锦县生产的。

在本县使用的各农具的种类及产地、使用年限等情况如下表所示:

	农具	价格	使用年限	产地
1	开荒走犁	220 圆	5 年	哈尔滨万国农具公司
2	种熟地犁	5 圆	3 年	本县
3	锡犁	4 圆	3 年	本县
4	小锄头	9 圆	3 年	本县
5	镐头	7 角	2 年	本县
6	铁锹	7 角	3 年	本县
7	筒锹	1 圆 2 角	3 年	本县
8	刨疙瘩镐	1 圆	3 年	本县
9	铁叉子	1 圆	5 年	本县

	农具	价格	使用年限	产地
10	铁耙子	5 角	3 年	本县
11	木头磙子	5 圆	10 年	本县
12	石头磙子	6 圆	永久	富锦石厂
13	二齿镐	5 角	3 年	本县
14	穰耙	5 圆	3 年	本县
15	拉子	5 角	5 年	本县
16	点葫芦	1 圆	10 年	本县
17	把斗子	5 角	5 年	本县
18	木#	6 角	1 年	本县
19	锄头	1 圆	2 年	本县
20	镰刀	5 角	2 年	本县
21	稻刀	2 角	2 年	本县
22	木杈子	4 角	1 年	本县
23	扫帚	7 角	1 年	本县
24	太子#	7 角	1 年	本县
25	扇车	20 圆	20 年	本县
26	筛子	1 圆	1 年	本县
27	箩子	1 圆	1 年	本县
28	簸箕	1 圆	2 年	本县
29	碾子	80 圆	永久	富锦石厂
30	磨	25 圆	永久	富锦石厂
31	操叉	2 角	3 年	本县
32	撮子	1 圆	2 年	本县
33	大车	160 圆	10 年	本县
34	筐	2 角	1 年	本县
35	抬帘子	自己制作		

续表

	农具	价格	使用年限	产地
36	推车子	5 圆	5 年	自己制作
37	马槽子	小 2 圆 大 1 圆	5 年	本县
38	料斗子	1 圆	1 年	本县
39	洋犁(6 头 1 架)	220 圆		哈尔滨万国农具公司
40	洋犁	1 圆	3 年	哈尔滨万国农具公司
41	柏*	2 圆 5 角	3 年	哈尔滨万国农具公司
42	铁子#	1 圆 5 角	1 年	哈尔滨万国农具公司
43	四轮车	140 圆	7 年	哈尔滨万国农具公司
44	花轮车	70 圆	7 年	哈尔滨万国农具公司
45	洋耙(耙荒地用)	160 圆	10 年	哈尔滨万国农具公司

注:①上表的农具价格以国币表示。

②产地是"哈尔滨万国农具公司"的农具是所谓的欧美式的引进农具。

三、农耕季节

本县的农业季节从化冰期开始,也就是在 4 月 20 日左右土地解冻后开始。首先播种小麦,接着过 15 天后开始种植大豆及其他的谷类。

播种大豆等农产品后,再过约 50 天即 6 月上旬左右开始给小麦除草,同月下旬开始给其他谷类第一次除草。本县的农耕一般实行的是粗放式经营。小麦只除草一次,其他农产品也只不过除草一次到两次。

大豆之外的农产品的第二次除草一般是在第一次除草后的 20 天内进行。

收获期方面,小麦是在 8 月 8 日左右,其他谷类则是 9 月下旬。因为实行的是粗放式经营,不仅耕作时间较短,而且一般每户相应的耕地面积的比例很大。

下面记述的是本县主要农产品的耕作季节,如下表所示:

主要农产品的耕种季节表

作物名	播种期	除草第一回	除草第二回	收获期
大豆	5 月 6 日	6 月下旬	7 月上中旬	9 月下旬
玉米	5 月 6 日	6 月下旬	7 月上中旬	9 月下旬
小麦	4 月 20 日	6 月 6 日		8 月 8 日
高粱	5 月 6 日	6 月下旬	7 月上中旬	9 月下旬

作物名	播种期	除草第一回	除草第二回	收获期
小米	5月6日	6月下旬	7月上中旬	9月下旬

四、农耕和劳动力需求关系

1.本县农民的固有农耕方法与北满通行的方法差别不大,没有要进一步报告的内容。只是如前一项农耕季节中记述的那样,本县采用的是粗放型的农耕方法。

本县普通农民实行的传统农耕方法与需要劳动力的关系在不同农产品上的反映如下表所示:

每晌的劳动力需求状况表

耕作工程 ＼ 作物名	小麦	大豆	谷子	玉米	高粱	备注
播种	马2头 人3人	马3头 人4人	同左	同左	同左	小麦(较特殊,是秋天耕种)需马2头,1人
中期除草	只除1次 人2人	第一次3人 第二次3人	同左	同左	同左	
培土	马4头 人1人	马2头 人1人	同左	同左	同左	
收割	人3人	人2人	人4人	人7人	人3人	
搬运	马车1台 马3头 人2人	马车1台 马3头 人2人	同左	同左	同左	
脱粒	马或牛4头 人2人	马或牛4头 人2人	同左	同左	同左	
合计	马15头 人14人	马12头 人17人	马12头 人19人	马12头 人22人	马12头 人18人	

从上表可以看出,本县的粗放型农耕与劳动力的不足以及耕地面积比例有很大的关系。

2.另外,本县因为是冲积地区,耕地土壤膨松湿软,与其他地方相比,更有利于实现农耕的高效率。比如在拖拉机耕地方面,松花江南岸的富锦县与本县相比,本县使用835马力,牵引力24的拖拉机1天可以耕地6—7町步,而富锦县只有相当于约1/3的较低劳动生产率。

五、播种量和产量

一般认为本县主要农产品的播种量比北满地区少,但是只有小麦的播种相反,本县的小麦播种量是每反 1 斗 5 合,比富锦县稍多。主要农产品的产量比起北满要好一些。但是大豆、粟则稍差一些。

本县主要农产品的播种量、产量与北满平均播种量、产量的比较如下表所示:

每反的播种量、产量表　　　　　　　　　　　　　　　(康德 2 年)

	播种量	北满的播种量	产量	北满的产量
大豆	4 升 2 合	4 升 4 合 6 勺	9 斗	1 石 4 升
玉米	1 升 4 合	3 升 3 合 6 勺	1 石 2 斗左右	1 石 3 斗 1 升
小麦	1 斗 5 合	6 升 5 合 9 勺	8 斗左右	7 斗
高粱	1 升 4 合	1 升 6 合 5 勺	1 石 1 斗左右	1 石 2 斗 3 升
小米	1 升多	1 升 2 合	8 斗左右	1 石 2 斗 6 升

注:①北满的平均播种量、产量摘自《北满的农业》。

　　②上表的播种量、产量是以日本的升为单位表示的。

六、储藏方法

本县脱谷、加工后的粮食收放在用玉米秆做成的干燥的仓库中。

另外,为了避免蔬菜在冬季冻结,都会把蔬菜储藏在挖掘的地窖中。

七、肥料、轮作

本县在农产品的栽培方面,开垦 30 年来基本上不用肥料,靠轮种的方法来保持土地生产力。这种轮作叫三年轮作,采取的方法如下所示:

	第一年	第二年	第三年
(1)	大豆	小麦	玉米
(2)	大豆	高粱、玉米、粟	小麦

在蔬菜种植上一般使用牛马粪为肥料,施肥量为每反 200 斤左右。

八、病虫害

本县农产品的病虫灾害最严重的是小麦的锈病及黑穗病。

这类病虫灾害每年都有。就拿锈病来说,民国 11、12 年时爆发严重,小麦的产量只有平均年收成的 40%,受灾情况可想而知。然而,当地无知的农民还以为是天命如此,之后小麦的种植显著减少。

其他的农产品方面,如高粱的黑穗病、玉米的黑穗病,每年多少会因此受灾,只不过还没有出现过收获减半这样大的病害。

九、家畜

在本县饲养的家畜种类有马、骡、驴、牛、山羊、猪和鸡。农耕用的家畜主要是马,运输用的也主要是马。

(1)家畜的饲养头数如下所示:

马1,361匹;骡225头;驴10头;牛1,484头;山羊3,817只;鸡5,647只

如上所示本县耕畜的饲养头数很少,按比率算每100晌(68町步)只有马6匹左右,牛7头左右。1匹马或1头牛相对应的耕地约为10町步,畜力明显不足。

耕畜的农家中,饲料及供给状况如下表所示:

(单位:斤)

	农耕期					农闲期				
	谷草	豆饼	高粱	喂养次数	每日饲料花费	谷草	豆饼	高粱	喂养次数	每日饲料花费
马	15	10		5	43	10	8		3	30
骡	10	8		5	35	8	6		3	24
驴	10	6		5	32	6	5		3	18
牛	18	12		5	57	15	10	3	3	43

注:资料来自三江省公署畜产科福间先生。

(2)当地家畜兽疫方面,牛马的炭疽病最多。特别是在水灾后本县的炭疽病尤为猖獗。

康德2年家畜疫病发生状况如下表所示:

康德2年家畜疫病发生状况

病名	牛	马	猪	鸡	发生时期
黄病		25			夏季
炭疽病	9				四季都有
猪霍乱			144		春季

注:资料来自三江省公署畜产科福间先生。

第二节　农家的经济关系

如第一章所描述的那样,由于本地的地理条件及历史的原因,本县农民在土地开发极为不利的条件下生活着。因此本县目前二次荒地很多,而且农业开垦迟迟未能进行。这种状况将在以下诸项中依次说明。

一、耕地经营面积和分布状况

本县耕地在 1 万 5 千晌左右,平均每户的耕地面积为 87.8 晌。这些耕地面积的所有形态在满洲事变前后发生了显著的变化。

具体地讲,事变前耕地面积大的占地较多,50 晌以上的经营者拥有的总经营面积为总耕地面积的 36%,而 5 晌以下的零散经营只占总耕地的 6.5%。满洲事变之后,情况则相反,5 晌以下的小农的总经营面积占总耕地的 32%,大农(经营 50 晌以上耕地的农户)的总经营面积只有总耕地的 4.5%,这刚好和事变前零散农的位置发生了对换。

大同元年水灾前的耕地面积的表示如下表所示:

大同元年水灾前农家经营土地面积及户数表

区	5 晌以下		5—10 晌		11—20 晌		21—30 晌		31—50 晌		50 晌以上		合计	
	户	晌	户	晌	户	晌	户	晌	户	晌	户	晌	户	晌
第一区	124	389.53	85	730.04	72	1,074.53	28	689.25	24	906.33	16	1,377.00	349	
第二区	43	141.60	34	281.18	28	431.20	11	271.00	11	374.50	3	225.00	130	
第三区	250	666.73	135	2,518.60	165	351.23	79	1,359.16	57	1,932.06	47	3,911.74	793	
第四区	82	281.60	71	587.15	92	1,397.70	28	670.86	26	960.70	12	729.47	311	
第五区	63	666.73	48	398.50	35	532.50	18	447.40	11	484.40	7	569.00	182	
第六区	27	93.00	29	222.50	27	425.10	8	214.00	19	723.50	23	3,983.50	133	
第七区	7	15.80	3	20.30			1	28.00					11	
第八区	24	65.40	6	42.00										
合计	620	2,320.39	411	4,800.27	419	4,212.26	173	3,679.67	148	3,381.49	108	10,795.71	1,909	
比例	32%	6.5%	24%	15.5%	21%	13.5%	9%	12.5%	7.5%	17.1%	6.5%	35%	100%	

注: 资料来自绥滨县公署。

康德元年农家经营土地面积及户数表

区＼晌	5晌以下 户	5晌以下 晌	5—10晌 户	5—10晌 晌	11—20晌 户	11—20晌 晌	21—30晌 户	21—30晌 晌	31—50晌 户	31—50晌 晌	50晌以上 户	50晌以上 晌	合计 户	合计 晌
第一区	84	199.76	19	126.87	12	348.67	2	52.30			1	55.00	118	
第二区	24	61.05	5	31.50	2	37.45							31	
第三区	229	865.70	76	609.60	32	419.90	8	201.00	5	210.00	1	59.30	351	
第四区	235	148.05	67	545.00	21	276.00	6	149.00	1	42.00			328	
第五区	87	276.70	23	164.90	16	257.50	3	668.50	1	40.00	2	130.00		
第六区	102	301.00	51	202.15	23	439.85	7	179.30	2	68.20	1	69.50	188	
合计	769	1,852.26	241	1,680.00	108	1,779.37	26	1,250.10	9	360.20	5	314.00	1,016	
比例	66%	32%	21%	24%	9.5%	25%	23%	9.2%	0.8%	5.3%	0.4%	4.5%	100%	

注:资料来自绥滨县政府。

比较以上两表,如显示的那样有着显著的经营形态的变化:(1)事变后二次荒地数量激增(2)由大家族所有并经营的大面积耕地随着家族的分家而分割。以上两条也可作为变化的理由。

二、地主、佃户、自耕农的分布和佃耕惯例

(1)在本县的地主、自耕农、佃户的分布中,地主有1,500户是最多的,而佃户也不过800户左右。可以说这是农村结构上颇为奇怪的现象。

造成这种奇怪的农村结构的原因是满洲事变后由于鸦片种植被禁止,多数地主及佃户迁移到其他能进行鸦片种植的地区了。

各区的地主、地主兼自耕农、自耕农、佃户等的比例如下表所示:

各区农家经营分类的户数表　　　　　　　　　　　　　(康德2年12月末)

区＼农家种类	地主	地主兼自耕农	自耕农	佃户	合计	农业劳动者
第一区	182	106	20	36		400
第二区	45	20	10	15		350
第三区	584	163	130	464		678
第四区	289	158	118	98		586

续表

区\农家种类	地主	地主兼自耕农	自耕农	佃户	合计	农业劳动者
第五区	243	94	36	138		105
第六区	172	176	31	68		152
合计	1,515	717	345	819	1,881	2,271

注:资料来自绥滨县政府。

上表中地主户数 1,505 户,住在外县的本县地主相当多,其中很多是在事变后迁出的。目前县当局对这种住所不详的地主发布了归乡布告,并努力地进行县行政的整备工作。

(2)另外,本县地主较多,与之相反的是耕作的佃户颇少。因此为了弥补劳动力的不足或者防止出现荒地,本县地主较之外县地主更优待佃户。比如向佃户无偿贷出房屋、磨、碾子、木头、辕子、井和菜园等,又对佃户在开垦的最初三年以及有天灾的年份免除交租。

(3)接着来看地主和佃户之间的契约关系。

①佃户的契约期限一般最多是 1 年,也有长达 2、3、5 年的长期契约。契约签订一般在农历十二月、一月、二月和三月进行。

②佃户交租一般是每晌交纳 4 斗到 6 斗的大豆作为谷租,不过也有交纳金钱的。这种情况下交纳如上所述的谷物按照当时的市场价换算的金额。

③佃租的交纳时间是在农历的十月至十一月底。

三、地价

在本县由于治安等一些原因,基本没有土地买卖。因此土地价格不详。

根据县当局所述,未耕地价格便宜,特别是在第七、八、九、十区,1 晌地花 60 钱—3 圆就能买得到。

如此便宜的土地价格可以说是今后本县开拓上颇为有利的一点。

四、农业劳动者

本县处在满洲北边,由于人口稀薄,劳动力经常不足。为了顺利度过农忙时节,从南满方面流入本县的农业劳动者 1 年约 2,000 人。可是由于紧邻对岸鸦片耕作区域的富锦县等原因,劳动者经常会被抢夺。

在农忙时节,劳动报酬会显著增涨,所以在本地全年各个季节的劳动报酬经常会变动。

具体地讲,劳动报酬在农耕期间一般每日包伙食是 80 钱至 90 钱,但是到了大豆的第二回除草期间,报酬涨到每日 1 圆甚至 1 圆 20 钱。到了小麦的收割期(8 月上旬),更是暴涨到每日 1 圆 50 钱甚至 2 圆。

小麦收割期,劳动报酬额外暴涨的主要原因在于它和富锦县的鸦片收获期是同一时期。

　　然而,在冬季所谓农闲时节,一般劳动报酬在每日1圆50钱左右,而且如果是长工,1年的报酬在130圆左右,这和其他地方并无显著差别。

　　如上所示,高昂的农业劳动力报酬对于谷物价格低廉的本地农民来说,恐怕是经营上非常不利的一点。

五、农民金融

　　直到大同元年水灾前,本地的金融机构一直都是广信公司(也就是现在的中央银行),一般金融事项也由他们办理。之后,由于治安不良,农村凋敝等原因,广信公司返回到松花江对岸的富锦县,眼下本地没有任何金融机构。为此农民缺少春耕资金,导致县内的借贷出现显著的高利率。

　　本县当局针对这种情况,通过中央银行富锦支行在大同2年借贷了4万8千圆的春耕贷款,但是这笔款项的回收却颇为困难,也未能取得充分的效果。并且,康德元年县政府通过中央银行借贷了2万圆,转贷给农民是按照1晌2圆的比例交付的。

　　这种方法在农民一方确立连带保证人,在这种保长责任制下得以实施。县政府成为了转贷当事人。在这种情况之下,县政府对银行支付6分5厘的利息,而农民对县政府支付的利息规定为9分。并且规定贷款的返还通过以下三个期限完成:

第一期　　　　　　　从康德2年11月　　　　　　　至康德3年2月
第二期　　　　　　　从康德3年11月　　　　　　　至康德4年2月
第三期　　　　　　　从康德4年11月　　　　　　　至康德5年2月

　　以上提到的两次春耕贷款均摊的农民户数是第一次(大同2年)549户,第二次(康德元年),1,033户。(数据来自与县当局的谈话)

　　其他的农民金融借贷有(1)来自商人的借贷;(2)来自粮仓的借贷。

　　(一)商人与农民的金融关系是以所谓的"＊买卖"而不是借贷金钱,一般在收获期及正月这1年2次的决算期决算。

　　(二)粮仓与农民的借贷方式是到了春耕期,农民从粮食收购商那借贷春耕资金,而到了秋收时将大豆提前卖给收购商。在这种情况下,一般需要设立保证人或者以不动产作为担保。大豆的收购一般在农历的十一月十五日左右,虽然没有利息,但大豆的卖价设定是由粮食收购商决定的,经常会出现收购价不到市场价一半的情况。

　　现在县城内的粮商已没有了往日的财力,昔日情形也不复存在了。但仍然在现今的农民金融中发挥着主要的作用。

　　其他的作为本县一种特殊的金融形式是在地主和佃户之间进行的借贷方式。此时地主一般在春耕时对佃户贷出1晌5到6圆的资金,到了秋收时节在收缴佃户租金的同时收回本金。这种情况下不收取利息,地主本身也是被金融问题所逼迫。目前对佃户实施这种宽大的金融措施,也可以说是本县劳动力不足的一个佐证吧。

六、农家副业

本县农民的副业并没有什么特别值得一提的,但是部分农民利用漫长的冬季,开展了如下副业:(1)搬运(2)燃料的采集与出售(3)烧炭(4)打渔狩猎。

(一)搬运是指拥有大马车及家畜的农民在入冬之后从事的搬运特产粮食到市场的工作。这种情况下,利用由 3 到 4 匹马架成的大马车进行搬运,每日可得到 5 到 6 圆的报酬。因为能拿到现钱,可以说是一种有利可图的副业。

(二)燃料的采集是指农民利用农闲时节去广大的未开垦地域砍伐丛生的灌木及小树枝,到冬季去县城贩卖。城内一般冬季把灌木、树枝等作为供暖的燃料,需求状况一般是 1 户 1 个月消耗 600 捆(6 圆),消费量相当可观。因此成了当地一种特有的副业。

(三)烧炭

本县和萝北县相邻处有很多的柏杨、*类的杂树林,以前就把这些作为原料来烧炭以满足富锦、绥滨两县的需要。但是现在由于治安原因陷入了停顿状态。

以上所说的这些副业对于本县农民来说是非常重要的副业,对于将来计划开拓此地来说,通过利用漫长的冬季来填补家计的这一重要副业,有必要进行研究。

七、苛捐杂税

本县农民的租税负担未必沉重,满洲事件之后农村凋敝,县当局无法按规定对农家进行征税。就大同 2 年农民的总收入和总租税额进行比较来看如下所示:

总收入	153,519.96 圆
总租税负担	7,464.20 圆
其中国税	4,989.40 圆
地方税	2,474.80 圆

以康德元年 6 月 30 日人口 20,117 名,户籍 3,743 户这一数据进行比较可以看到:

耕地收入	平均每户收入	41 圆
平均每人收入	收入	7.63 圆
租税负担	平均每户	2 圆
	平均每人	0.37 圆

通过以上的耕地收入和租税负担的比率可以看到:

平均每户负担率 4.76

以上是农民负担的所谓"国税及地方税",但此地还负担有保甲的自警国费等村公共收费。

试看农民的税率、村公共收费额如下表所示:

绥滨县国税、地方税项目及税率表

税目 税率	国税率	地方税率	备注
粗粮税	5/100	2/100	高粱、谷子、玉米等
细粮税	1/100	2/100	大麦、小麦、粳米、稻子等
豆类税	2.5/100	2/100	
木税	8/100	2.5/100	
营业税	个别征收	5.0/100	
牲畜税	6/100		每笔买卖
屠宰税	牛 1 头　71 钱 猪 1 头　21 钱 羊 1 头　20 钱	牛 1 头　2.00 圆 猪 1 头　1.00 圆 羊 1 头　0.50 圆	
黄烟税	2.2/100		
婚书费	每张 2 圆		
印花税	1.00 圆以上　　　1 钱 2.00 圆以上　　　2 钱 100 圆以上　　　4 钱 300 圆以上　　　10 钱 1,000 圆以上　　20 钱 5,000 圆以上　　50 钱 10,000 圆以上　　1 圆		
田赋	全县　按平均中等地来算 每晌　38 钱 3 厘 每晌　1 圆		
街基税	一等(每次大概)　8 厘 6 毛 二等　　　　　　3 厘 三等　　　　　　2 厘		
契税	买　6/100 农　3/100 商　5/100		

绥滨县税及使用费、手续费、税率表

科目	征收率
户捐(房屋税)	对于 60 圆(年额)以上的征收 3% 对于 30 圆(年额)征收 2.5%
不动产取得税	根据不动产的价格征收 2/3
船捐	对于小轮船每艘征收 13 圆(每天征收) 对于帆船每艘征收 10 圆(每天征收)
车捐	对于搬运用货车年征收 8 圆 对于手推车 1 台年征收 2 圆 对于自行车年征收 2 圆 乘客用马车1 台　　　8 圆(每年)但是只限定员 4 人 农用大车　1 头拉　　年收 1 台 1 圆 　　　　　2 头拉　　2 圆 　　　　　3、4 头拉　4 圆 　　　　　5、6 头拉　6 圆
鸦片吸食证手续费	每张证明书 20 钱
屠宰检查手续费	对于每头猪和牛各征收 30 钱,每只羊征收 20 钱
码头使用费	定期小轮船每月征收 8 圆 帆船每月 1 艘 5 圆 对于临时轮船和牵引船每次停泊各收 2 圆 临时帆船及其牵引船每停泊 1 天收 1 圆,风船 50 钱 对于出口货物,属于粮谷类的,6 尺度特别征收 30 钱,杂货征收 60 钱,其他的征收市场价的 2‰。

户别税

对于纳税义务者依照下列税率进行征收:

对于年收入额5,000 圆以上的 1 户征收 13‰

3,000 圆以上的 1 户征收 12‰

2,000 圆以上的 1 户征收 11‰

1,000 圆以上的 1 户征收 9‰

500 圆以上的 1 户征收 7‰

300 圆以上的 1 户征收 6‰

180 圆以上的 1 户征收 5‰

180 圆以下的不收税

八、物价

本县因为农村的凋敝,各商户的生计状况也很艰难。康德元年的7、8、9、10这四个月不断出现破产者。现在各商户只有少量资本,不可能大量购入商品,所以在杂货贩卖方面有求于下游的富锦县。

而且,当地的杂货价格比富锦县高两三成,尤其是冬季的融冰期和结冰期。因为各有两个月的交通中断,所以物价比夏季高三成。

下表所示为县城内的康德2年粮食价格及康德元年12月底的物价:

(单位:圆/石)

	大豆	玉米	小麦	高粱	谷子
康德元年平均	5.07	4.34	7.45	2.58	2.55
康德2年1月	6.76	5.37	10.54	5.66	5.41
2月	7.57	6.08	11.12	5.95	5.41
3月	7.29	5.20	11.72	5.20	5.41
4月	7.18	6.62	11.12	6.12	5.79
5月	6.72	5.83	8.81	5.87	5.54
6月	5.45	5.87	8.20	5.92	5.41
7月	4.97	6.20	8.21	5.92	5.62
8月	4.53	6.20	8.21	5.66	5.62
9月	7.22	6.04	8.83	6.25	5.58
10月	7.17	6.16	9.35	5.92	5.58
11月	5.93	6.45	10.06	6.25	5.60
12月	5.83	6.25	9.20	6.62	5.28

农产品物价价格表　　　(康德元年12月底至现在)

作物名	单位	价格(圆)	作物名	单位	价格(圆)
小豆	1石	5.83	豆芽	120匁	0.03
绿豆	1石	12.50	菜豆	120匁	0.01
白米	120匁	0.11	萝卜	120匁	0.02
葱	120匁	0.04	蒜	100个	0.45
白菜	120匁	0.04	番椒	120匁	0.20

农畜产品价格表

种类	单位	价格
猪肉	120 匁	0.30 圆
牛肉	120 匁	0.20 圆
鸡肉	1 匁	0.50 圆
鸭肉	1 匁	0.05 圆

食 品

种类	单位	价格（圆）	种类	单位	价格（圆）
面粉	120 匁	0.09	酱油	120 匁	0.12
功面	120 匁	0.10	大酱	120 匁	0.10
玉米面	120 匁	0.03	醋	120 匁	0.06
粉条	120 匁	0.15	面	120 匁	0.07
豆腐	1 块	0.02	烧酒	120 匁	0.26
干豆腐	120 匁	0.10	香烟	120 匁	0.25
糖	120 匁	0.18	香烟	120 匁	0.06
盐	120 匁	0.13	香烟	120 匁	0.05
豆油	120 匁	0.18	茶叶	120 匁	1.60
猪油	120 匁	0.28	茶叶	120 匁	2.40

衣服类及其他

种类	单位	价格（圆）
棉花	120 匁	0.75
洋线	120 匁	1.20
洋线	120 匁	1.40
布匹	1 尺	0.11
布匹	1 尺	0.17
布匹	1 尺	0.07
袜子	1 双	0.30
袜子	1 双	0.20
鞋	1 双	1.20

注：以上诸表的单位依据日本的度量衡。

灯火燃料

种类	单位	价格（圆）
石油	1罐（冬）	7.50
石油	1罐（夏）	5.50
煤炭	1甫	0.60
煤炭	1甫	0.55
劈材	1沙申#	11.00
木炭	1贯	0.20
火柴	1包	0.07
火柴	1包	0.22

九、农产品的栽培收支

本县农民在粮食价格暴跌的大同元年、大同2年里，总的栽培收支上处于亏损状态。但是到了康德元年、康德2年随着粮食价格的逐渐上涨，收支渐渐取得了平衡。下表为根据康德2年12月的粮食价格标准展示的本县自耕农的主要农产品栽培的收支情况。

主要农产品栽培的收支

项目 ＼ 作物名		大豆	玉米	小麦	高粱	粟
果实	每反产量	9斗	1石2斗	8斗	1石1斗	8斗
	1石的粮价	5.80圆	6.25圆	9.20圆	6.62圆	5.58圆
	收入额	5.22圆	7.50圆	7.36圆	7.38圆	4.46圆
茎秆荚类	每反产量	0.3车	0.4车	0.2车	0.3车	0.2车
	1车的价格	1.00圆	1.50圆	1.00圆	1.50圆	1.50圆
	收入额	0.30圆	0.60圆	0.20圆	0.45圆	0.30圆
计		5.52圆	8.10圆	7.56圆	7.83圆	4.76圆

支出部分

费用及工序	大豆 数量	大豆 单价(圆)	大豆 价格(圆)	玉米 数量	玉米 单价(圆)	玉米 价格(圆)	小麦 数量	小麦 单价(圆)	小麦 价格(圆)	高粱① 数量	高粱① 单价(圆)	高粱① 价格(圆)	粟 数量	粟 单价(圆)	粟 价格(圆)
种子钱	4升2合	8钱	0.33	1升4合	8钱	0.11	1斗3合	8钱	0.84	1升4合	1石8.29圆	0.11	1升1合	1石4.46圆	0.05
整地(人)	0.1	0.80	0.08	0.1	0.80	0.08	0.15	0.80	0.12	0.10	0.80	0.08	0.20	0.80	0.80
整地(马)	0.1	0.50	0.05	0.1	0.50	0.05	0.30	0.50	0.15	0.10	0.50	0.05	0.10	0.50	0.50
播种(人)	0.4	0.80	0.32	0.4	0.80	0.32	0.45	0.80	0.36	0.04	0.80	0.32	0.40	0.80	0.32
播种(马)	0.3	0.50	0.15	0.3	0.50	0.15	0.30	0.50	0.15	0.30	0.50	0.15	0.30	0.50	0.15
除草第一回(人)	1.0	1.20	1.20	1.0	1.20	1.20	0.30	0.80	0.24	0.50	1.20	0.60	0.50	1.20	0.60
除草第二回(人)	—	—	—	—	—	—	—	—	—	0.50	1.20	0.60	0.50	0.20	0.60
中耕培土(人)	0.1	1.20	0.12	0.1	1.20	0.12	0.15	0.80	0.12	0.10	1.20	0.12	0.10	1.20	0.12
中耕培土(马)	0.3	0.50	0.15	0.3	0.50	0.15	0.60	0.50	0.30	0.30	0.50	0.15	0.30	0.50	0.15
收获(人)	0.4	1.30	0.52	1.0	1.30	1.30	0.45	1.50	0.58	0.45	1.30	0.58	0.58	1.30	0.75
搬运(人)	0.31	1.20	0.39	0.3	1.30	0.39	0.30	1.50	0.45	0.30	1.30	0.39	0.30	1.30	0.39
搬运(马)	0.4	0.50	0.30	0.4	0.50	0.20	0.45	0.50	0.22	0.40	0.50	0.20	0.41	0.50	0.20
脱壳调制(人)	0.3	0.80	0.24	0.3	0.80	0.24	0.30	1.30	0.39	0.30	0.80	0.24	0.30	0.80	0.24
脱壳调制(马)	0.6	0.50	0.30	0.6	0.50	0.50	0.60	0.50	0.30	0.60	0.50	0.30	0.60	0.50	0.30
人力计	2.6	—	2.87	1.7	—	3.65	2.10	—	2.26	2.65	—	2.93	2.78	—	3.10
马计	1.7	0.50	0.85	1.7	0.50	0.85	2.25	0.50	1.12	1.70	0.50	0.85	1.70	0.50	0.85
劳役费小计	—	—	3.72	—	—	4.50	—	—	3.38	—	—	8.78	—	—	3.95
租税公课	—	—	0.40	—	—	0.40	—	—	0.40	—	—	0.40	—	—	0.40
农具费	—	—	0.30	—	—	0.30	—	—	0.30	—	—	0.30	—	—	0.30
合计	—	—	4.75	—	—	5.31	—	—	5.48	—	—	4.59	—	—	4.70

① 高粱没有秋耕。

农产品的栽培收支

项目 ＼ 作物名	大豆	玉米	小麦	高粱	粟
收支部分	5.52	8.10	7.56	7.83	4.76
支出部分	4.75	5.31	5.48	4.59	4.70
纯收益	(＋)1.77	(＋)2.79	(＋)2.08	(＋)3.24	(＋)0.06

十、农民的生活状况

如前所述,本县开垦史上新迁来的农民大部分是 10 年乃至 30 年前从南满、山东那边迁居到本县的。

而且农民在遵循所谓的"大家族制度"的规定下生活,在此制度下生活的本县农家的经济状况和生活概况,下面用两三个例子展示。[①]

A 现住址 绥滨县第三区莲生村

原籍 凤城县

户主 农 宋广升(子宽)43 岁

一、家系(21 人 2 个分支)

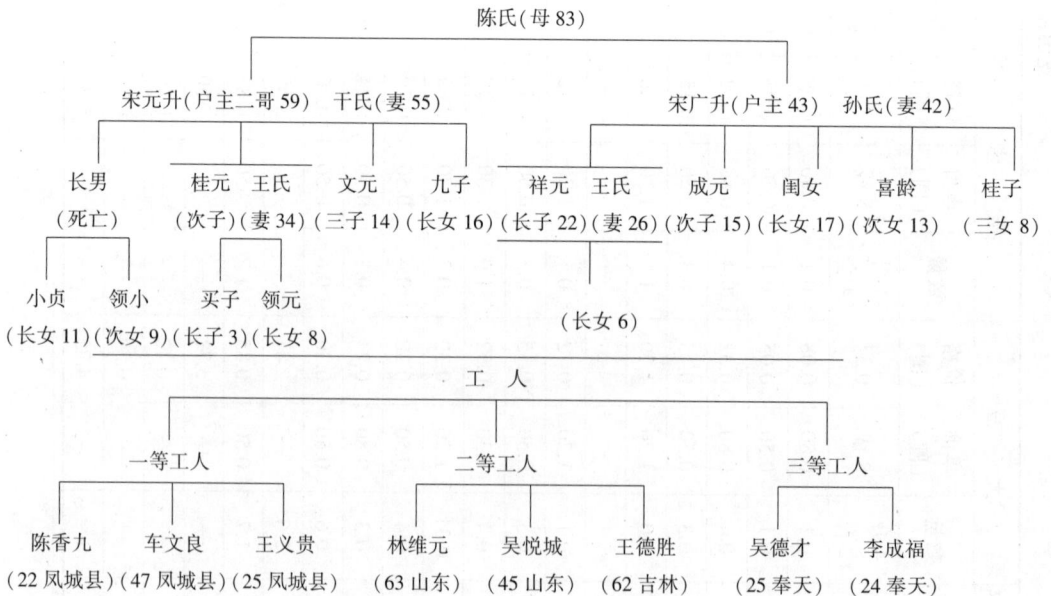

陈氏(母 83)

宋元升(户主二哥 59) 干氏(妻 55) 宋广升(户主 43) 孙氏(妻 42)

长男 桂元 王氏 文元 九子 祥元 王氏 成元 闺女 喜龄 桂子
(死亡) (次子) (妻 34) (三子 14) (长女 16) (长子 22) (妻 26) (次子 15) (长女 17) (次女 13) (三女 8)

小贞 领小 买子 领元 (长女 6)
(长女 11) (次女 9) (长子 3) (长女 8)

工 人

一等工人 二等工人 三等工人

陈香九 车文良 王义贵 林维元 吴悦城 王德胜 吴德才 李成福
(22 凤城县) (47 凤城县) (25 凤城县) (63 山东) (45 山东) (62 吉林) (25 奉天) (24 奉天)

---

① 编者注:共有三户家系表,原表部分信息疑有误,附原表于后供读者甄辨。

陳氏（母八三）

宋廣昇（戶主四三）

孫氏（妻四二）

祥元（長男二二）　（長女六）

王氏（妻二六）

成元（次男一五）

幽女（長女一七）

喜齡（次女一三）

桂子（三女八）

長男（死亡）

桂元（次男）

元昇（次兄五九）

干氏（妻五五）

文元（三男一四）

王氏（妻三四）

九子（長女六）

小貞（長女一二）

領小（次女九）

買子（長男三）

領元（長女八）

工人

一等工人

二等工人

三等工人

陳香九（二二鳳城縣）

車文良（四七）

王義貴（三五）

林維元（六五山東）

吳悅城（四五）

王德盛（六二吉林）

吳德方（五五吉氏）

李成福（五四）

二、来绥滨前后的状况

他们家在奉天省凤城县居住的时候,因为生活困难,所以包括老母在内并4名兄弟及其子女共计18人,于民国6年花费江洋100圆来到绥滨,最开始购入荒地45晌之后,逐渐扩大,直到现在。

三、所有财产(康德2年4月)

(1)熟地120间,荒地240间。

(2)草厢正房5间、侧房2间、草厢房10间。

(3)马8匹、牛9头、猪23头、鸡25只。

(4)马车1辆,＊1辆

(5)除此之外家具农具一切齐全,1口井。

(**注**:1间大约相当于日本1平方丈的大小)

四、收支情况(康德元年)

本年度自种70晌,佃农耕种40晌,共计110晌。

1.收入:2,550圆

(1)大豆销售额　　1,400圆

自己耕作40晌,平均每晌2石8斗,共计112石⎫

地租每晌6斗,40晌,共24石　　　　　　　　⎬

除去作为马的饲料以及第二年作种子用的36石,100石的售价为平均每石14圆。

(2)小麦销售额　260圆

自种7晌,平均每晌2石5斗,共计17石5斗。除去每年自家消费所用的7石5斗,10石的售价为平均每石26圆。

(3)马草销售额　300圆

出售自家用2万斤,每1万斤150圆。

除此之外,粟　10晌每晌1石5斗,计15石⎫

　　　　玉米8晌每晌1石5斗,计12石⎬作为自己用的食品及明年的种子

　　　　高粱5晌每晌1石4斗,计 7石⎭

(4)猪销售额　320圆

大猪10头(5月端午节6头,8月中秋节年末4头)每头20圆,共计200圆

小猪30头,每头4圆,共计120圆(除去以上的,自家消费5头)

(5)鸡蛋销售额

8月、5月500个,每个3分。

(6)冬季期间柳条柴火销售额60圆

马车20辆,每辆3圆。

(7)冬季马车运送收入200圆

2.支出　2,387圆9角

（1）工人费用（长期）　　1,010 圆

一等工人	3 名	年　160 圆	计 480 圆
二等工人	2 名	年　130 圆	计 260 圆
三等工人	2 名	年　100 圆	计 200 圆
厨师	1 名	年　 70 圆	计　70 圆

（2）工人费用（临时）

旧历五月到六月间 200 名，八月下旬 150 名

计 350 名

每人 1 天 8 角

（3）区村费　　203 圆 3 角

第三区区费 53 晌 5 亩，每晌 3 圆 8 角

（4）地租及县晌捐　　48 圆 6 角

地租及县晌捐　　1 年 1 晌 1 圆 8 分　　45 晌

（5）招待费及杂费　　100 圆

招待费、学生费用及其他

（6）食品费　　　　　100 圆

燃料、肉、玉米、高粱等为自家食用保存下来。

（7）衣服被褥费　　　　240 圆

户主 1 年 40 圆，总计 20 名，每年 10 圆，大同元年以前是每名 25 圆。

扣除支出纯收益　562 圆 1 角

五、家规

男子 15 岁到 60 岁要从事耕作，女子要从事家务直到 40 岁，但是学生不算在内。

女子通过长幼代际交替，主要负责做饭及被服的缝补。

家庭中一切的安排均在家长手中，从工人（长期）的聘用到所有方面均由家长掌控。家长从年长者中选定。年底召开家庭会议，也就是将年长者聚集起来，通过口头的形式推荐学识、经验、德行等优良的长者担任家长。

对于违反家规的人，由家长或者是其家庭分支责任人训诫，仍然不遵守家规时，将其驱逐或给其小额财产，让他和妻儿一起从家族脱离。

一切经费的使用——应酬费、伙食费、医疗费、学费、红白事的费用均要经过家长之手，不允许各分支秘密储蓄，有重大支出的时候，通过老人及兄弟等的商议来决定。

衣服被褥一年发两次，依据破损程度发放的时间有早晚之分。在吃饭方面没有差别，男女老少和工人都是一样的。农历正月初一开始后的 6 天，正月十五日、十六日、三月三日清明节、五月五日、八月十五日的这 12 天，是农民的休息日，享用猪肉、酒、面包等美食是他们唯一的娱乐。

另外，在分家的时候，各分支是平等的，女子是没有分配权的。在双亲健在的情况下，先将所有财产的一部分作为双亲的养老费保留下来。父母想要在儿子之处度过余生，其存留财产

不够以及缺少葬祭费用的话，只在分家的时候由各分支平均分担。

　　学费方面，一般可以上到小学。之后如有去更高级别学校学习的意愿，就需要在家庭会议中讨论其天分之后再决定。现在的学生有宋文元、宋成元两人。

B　现住址　绥滨县第四区公和村

原籍　　岫岩县　　户主　农　王殿富（61 岁）

一、家系（42 人 4 个分支）

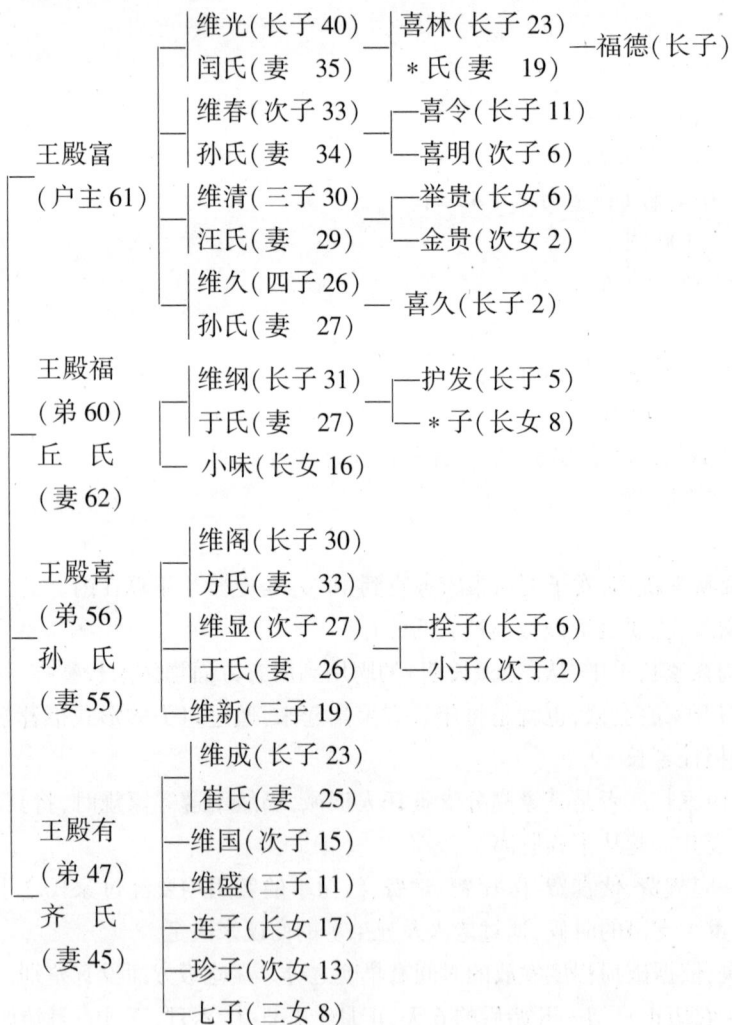

```
王殿富                维光（长子40）——喜林（长子23）
（户主61）            闰氏（妻 35）   *氏（妻 19）——福德（长子）
                      维春（次子33）——喜令（长子11）
                      孙氏（妻 34）——喜明（次子6）
                      维清（三子30）——举贵（长女6）
                      汪氏（妻 29）——金贵（次女2）
                      维久（四子26）
                      孙氏（妻 27）——喜久（长子2）

王殿福                维纲（长子31）——护发（长子5）
（弟60）              于氏（妻 27）——*子（长女8）
丘 氏                 小味（长女16）
（妻62）

王殿喜                维阁（长子30）
（弟56）              方氏（妻 33）
孙 氏                 维显（次子27）——拴子（长子6）
（妻55）              于氏（妻 26）——小子（次子2）
                      维新（三子19）

王殿有                维成（长子23）
（弟47）              崔氏（妻 25）
齐 氏                 维国（次子15）
（妻45）              维盛（三子11）
                      连子（长女17）
                      珍子（次女13）
                      七子（三女8）
```

王殿富（户主六一）
王殿？（弟五二）　邱氏（妻五〇）
王殿喜（弟五六）　孙氏（妻五五）
王殿有（弟四七）　萧氏（妻四五）

維光（长男四〇）　閻氏（妻三五）
維春（次男三三）　孙氏（妻三四）
維清（三男三〇）
維久（四男二六）　于氏（妻二七）
維綱（五男二一）　孙氏（媳二七）
喜珠（长男二三）——福德（长男）
喜分（长女一六）
喜明（次男六）
金曹（次女二）
喜久（长男二）

小妹（长女一三）

維閣（长男三〇）
方氏（妻三三）
維顯（次男二七）　于氏（妻二六）
維新（三男一九）
栓子（长男六）
小子（次男二）

維成（长男二三）　崔氏（妻二五）
維國（次男二一）
維盛（三男一七）
逗子（长女一五）
珍子（次女一三）
七子（三女八）
蘇勵（長男五）
夢子（长女八）

二、财产关系

(1)熟地 60 晌，荒地 67.5 晌

(2)草葺正房 17 间、草厢房 5 间

(3)马车 1 台

(4)马 3 匹、骡 7 头、猪 20 头 { 母猪 2，大猪 6，小猪 12 }　鸡 20 只

(5)另外，所有家具和农具一应俱全

三、收支关系（康德元年）

（单位：圆）

收支项目	收支情况													
	收入							支出						
	大豆	小麦	粗粮	马草	小猪	房租	瓷器出租	长工及临时工工资	食用谷类	衣服被褥	婚丧嫁娶费	马料费用	订婚彩礼	杂费	公共税
价格	每石15圆	每石23圆	每石10圆	共7,000斤		每间1年8圆		一等年160　二等年100　临时工	每石10圆						

续表

收支项目	收支情况															
	收入							支出								
	大豆	小麦	粗粮	马草	小猪	房租	瓷器出租	长工及临时工工资		食用谷类	衣服被褥	婚丧嫁娶费	马料费用	订婚彩礼	杂费	公共税
数量	120石	8石	72石			5间		3名	1名	粗粮50石						县国税和各村收费
金额	1,800	184	720	96	20	40	10	480	100	20	500	400	200	350	480	200	200
总计	2,870							2,930								
差额	60															

以上5家一族年收支的各详细情况　王殿富个人拥有200圆,通过放贷获得收入80圆,支出50圆;王殿福有120圆,获得收入50圆,支出30圆;王殿喜有150圆,获得收入60圆,支出30圆;王殿有70圆,获得收入30圆,支出30圆。

四、家规

男子12岁以上到65岁要耕作,女子13岁到48岁从事家事。妇女主要负责饮食和碾磨,每隔5天交换从事的家务。

一般应酬招待的一切经费都作为家族开支被计算在内,各个家庭不用负担。服装费男女没有区别,15岁以上每人每年12圆,15岁以下的每年6圆。就学儿童根据自己的意愿上学5年。如果读书有天分,其上学年限没有限定,但是上学的费用要看家族的收入能否承担。红白喜事中,男子结婚这一项可以支取160圆的彩礼及被褥1套,金耳饰1组(十分之一两),银*环1组(6两)及服装2套。

出嫁的时候由所在家庭负责提供柜子1个,被褥1套,其他的必需品则从之前的彩礼中支出。去年(康德元年)该家族支出彩礼为:王维国(未婚妻为14岁张氏)160圆,王喜令(未婚妻为13岁张氏)160圆,王拴子(未婚妻为13岁孙氏)160圆。共计480圆。该费用没有年龄大小的区别,支出无差别。

在饮食上没有男女老幼之分,在购入新鲜物品的时候,作为分支家长的四兄弟可以最先享用。

一般工薪劳动者从每年的正月十五日(阴历)工作到腊月十五日结束,其间五月初五,八月十五日各有1天的休息。他们和该家族一起吃饭,按惯例是由家族开支来供应伙食。

现在4名工薪劳动者的工资见前面记载的收支表。其他的习惯、家规和之前记载的家族的大同小异。

C　现住址　　绥滨县第五区敖来村

原籍　宽甸县　　　户主　农　汪庆泰

1.家系(46人2个分支)

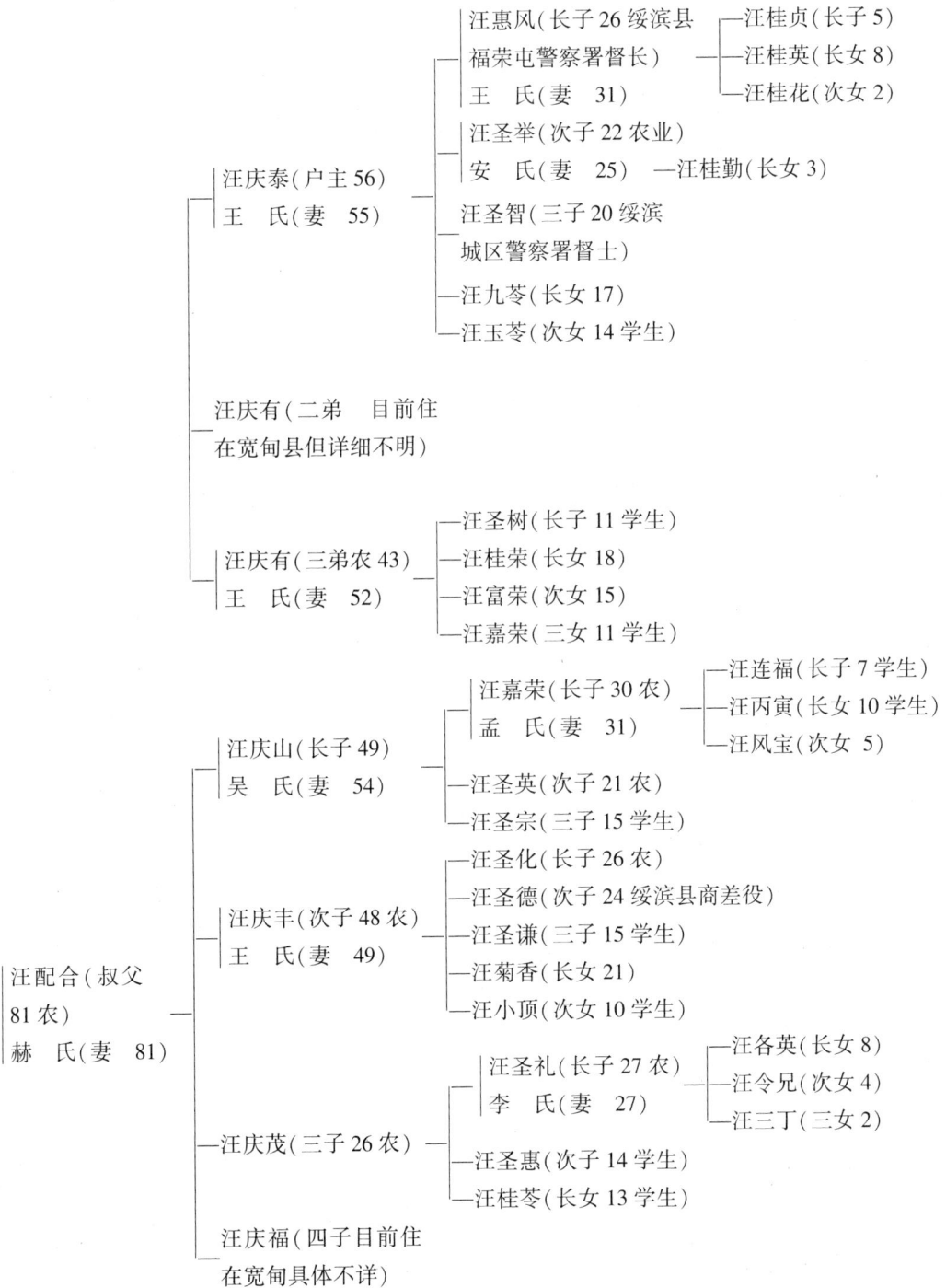

汪配合(叔父 81 农)
赫 氏(妻 81)
├─ 汪庆泰(户主56)
│   王 氏(妻 55)
│   ├─ 汪惠风(长子26 绥滨县福荣屯警察署督长)
│   │   王 氏(妻 31)
│   │   ├─ 汪桂贞(长子5)
│   │   ├─ 汪桂英(长女8)
│   │   └─ 汪桂花(次女2)
│   ├─ 汪圣举(次子22 农业)
│   │   安 氏(妻 25)── 汪桂勤(长女3)
│   ├─ 汪圣智(三子20 绥滨城区警察署督士)
│   ├─ 汪九苓(长女17)
│   └─ 汪玉苓(次女14 学生)
├─ 汪庆有(二弟 目前住在宽甸县但详细不明)
├─ 汪庆有(三弟农43)
│   王 氏(妻 52)
│   ├─ 汪圣树(长子11 学生)
│   ├─ 汪桂荣(长女18)
│   ├─ 汪富荣(次女15)
│   └─ 汪嘉荣(三女11 学生)
├─ 汪庆山(长子49)
│   吴 氏(妻 54)
│   ├─ 汪嘉荣(长子30 农)
│   │   孟 氏(妻 31)
│   │   ├─ 汪连福(长子7 学生)
│   │   ├─ 汪丙寅(长女10 学生)
│   │   └─ 汪风宝(次女5)
│   ├─ 汪圣英(次子21 农)
│   └─ 汪圣宗(三子15 学生)
├─ 汪庆丰(次子48 农)
│   王 氏(妻 49)
│   ├─ 汪圣化(长子26 农)
│   ├─ 汪圣德(次子24 绥滨县商差役)
│   ├─ 汪圣谦(三子15 学生)
│   ├─ 汪菊香(长女21)
│   └─ 汪小顶(次女10 学生)
├─ 汪庆茂(三子26 农)
│   ├─ 汪圣礼(长子27 农)
│   │   李 氏(妻 27)
│   │   ├─ 汪各英(长女8)
│   │   ├─ 汪令兄(次女4)
│   │   └─ 汪三丁(三女2)
│   ├─ 汪圣惠(次子14 学生)
│   └─ 汪桂苓(长女13 学生)
└─ 汪庆福(四子目前住在宽甸具体不详)

汪配合（叔　父八一歳）
赫氏（妻八一歳）

汪庆泰（戸主五六）
二氏（妻五五）
汪庆有（次第目下宽甸县二居住ナルモ詳細不明）
王氏（妻五二）

汪慶福（四男目下宽甸二在住ナルモ詳細不明）
汪隆茂（三男二六歳）
汪族山（長男四九歳）
吴氏（妻五八歳）
汪族豊（次男四八歳）
王氏（妻四九）

以上男 20 人女 26 人共计 46 人(除去汪庆有、汪庆福)，家族由汪庆泰及叔父汪配合这两分支组成。

二、来绥滨以后的状况

在之前的居住地奉天省宽甸县，由于民国 16 年奉天票的暴跌导致汪家背负巨额债务，于是将全部财产抵押还钱，与此同时也计划迁移住所。

由于多数汪庆有家族的成员意欲迁徙，所以只有他和妻儿接受农具、饮食器具的分配而留在宽甸县，家族其他成员于民国 17 年移居到绥滨县。

之后由于大同元年的水灾导致汪配合的四儿子汪庆福生活困难，所以分配到一些农具、饮食器具之后，汪庆福和妻子儿女 8 人一起回到了宽甸县。

三、收支关系(康德元年)

A.劳动人员及财产关系

男性劳动者　10人，女性劳动者　9人，男性当差　3人

（男　不劳动者　2人，女不劳动者　12人）｛男学生　5人　女学生　5人

草房6间、牛2头、马2头、骡子1头、马车1辆

B.收支情况

作为佃农租地52晌，但是由于水灾基本上没有收入。大豆5石、玉米3石、糜子2石，仅仅就这些收入。

（1）收入　605圆

①大豆　65圆（5石，1石13圆）

②俸禄转入款项　150圆　｛汪惠风　俸禄　剩余转入款项　7圆　6个月共42圆　汪圣德　5圆　1年　共60圆　汪圣智　4圆　1年　共48圆

③冬季期间马车运送的收入　90圆

④借款　300圆

（2）支出　853圆

①豆油　57圆6角　1年360斤　1斤1角6分

②盐　50圆　1年400斤　1斤1角2分5厘

③石油　30圆　1年5罐　1罐6圆

④小麦　66圆　1年30袋　1袋2圆3角

（第四号）

⑤粳米　24圆　1年300斤　1斤8分

⑥学费　50圆　10名　1名5圆

⑦服装支出423圆　｛学生　被褥服装费　10名　每名12圆　120圆　男农工被褥服装费　10名　每名17圆　170圆　女工作被褥服装费　9名　每名17圆　153圆　男女不工作也要花费　14名　每名5圆　70圆

⑧应酬费　120圆

⑨杂费　30圆

结算亏损　248圆　这是作为借款所留下来的。

四、家规

男子从14岁到60岁要从事耕作，女子从结婚后的第3个月到55岁要负责家务，各自以5天轮流来负责。另外在农忙期间，男子人手不够的时候女子要帮忙。

一切的收入作为家庭收入记为共同财产。另一方面，家庭支出包括一般应酬费、伙食费、红白喜事等均从家计中支出。衣服每年定期大量购入，每日支取。教育方面一般读完小学，之后成绩好的话也有可能上高级别的学校。

注：以上内容是根据已故本县前任参事官洲崎吉郎的调查所做。

第三节　农产品的生产额与消费状况

一、本县农产品中的生产额,大宗的是大豆7,712石(本地升),其次主要有玉米、小麦、高粱、粟等。下表所示为康德2年生产额。

绥滨县农产品的年生产额　　　　　　　　　　(康德2年12月底)

农产品	大豆(石)	玉米(石)	小麦(石)	高粱(石)	粟(石)
第一区	898	765	688	291	146
二	148	96	112	26	20
三	2,402	2,127	1,018	801	590
四	1,216	1,050	630	510	120
五	1,846	915	482	387	24
六	1,102	903	574	72	54
计	7,712	5,856	3,504	2,097	954

注:上面所示的本地升1石相当于日本升2石4斗。

二、农产品中作为商品上市的主要是大豆和小麦,玉米是农民的主食,主要是自家消费。粟在大同2年被广泛种植,但可以想象的到,由于粮食价格暴跌,导致在康德2年之后种植大面积减少。

本县城内上市的主要作物,大同元年、大同2年及康德元年的7月开始到康德2年2月为止的总量,据税务局的调查如下表所示:

	大同元年		大同2年		康德元年7月—2年2月	
	石数	原价	石数	原价	石数	原价
大豆	1,204.00	14,417.10	110,988.98	120,132.62	13,325.62	155,331.06
玉米	1.00	7.00	155.00 5.50	823.00 55.00	5.00	32.00
木炭			627.50	8,561.74	22,876.60	331,330.94
高粱			345.60	2,074.40	12.00	9.00
粟	6.00	132.00	537.00	6,347.800	5.00	13.00

三、上表为现在上市的主要粮食,其中大豆和小麦基本上由城内的特产商也就是粮栈处理,其中大豆在哈尔滨市场上销售。

由于以前经营这些特产品的粮栈控制着作为新兴地的本县长村,在事变前极其繁盛。但是事变后由于长村的贫苦及农民往县外逃跑的持续打击,损失极大。再加上大同元年、2年等的谷价暴跌,使从前由大资本控制的市场倒闭或者资本撤回。现在新设的粮栈商只有6户还在经营着业务。

本县粮栈商的特产处理量和各站的资本如下表所示:

粮栈商号	店主名	资本金		杂货资本	开设年月日	自大同2年至康德元年	自康德2年至康德2年	自康德2年至康德2年
		现有资本	借入资本					
顺记号	牟延思	6,000圆	6,000圆	2,000圆	大同2年6月29日	大豆3,700石 小麦680石	大豆2,650石 小麦2,000石	大豆4,704石 小麦1,161石
益众丰	郭秀生	2,000圆	10,000圆		康德2年8月10日			大豆650石 小麦86石
日升皮	牟江之	4,500圆	4,000圆	1,500圆	大同2年7月20日		大豆988石	大豆2,111石 小麦198石
东昇茂	王崇五	4,000圆	4,000圆	1,000圆	康德元年8月11日		大豆260石 小麦237石	大豆2,993石 小麦392石
合计粮栈	灵玉昆	4,000圆			康德2年11月3日			大豆6,652石 小麦509石
新记号	姜锡林	5,000圆	2,000圆		康德2年11月15日			大豆2,079石 小麦143石

四、本县内虽有以农产品为原料的手工业性质的小资本油坊,但是没有有特色的工业。

油坊的原料大豆主要是从本县农民处直接购买,产品的销售市场主要是供应本县农民,也有部分销售到松花江流域。

如下所示为城内的油坊概况:

工厂名	代表者名	资本额	员工	开工天数	生产数量	
同兴永	周子云	1,200圆	12人	240日	豆粕18,000个	豆油13,440斤
德源涌	李克安	1,500圆	10人	180日	20,000个	21,600斤
机器油坊	陈富有	500圆	9人	240日	23,296个	38,608斤

备注:①这是绥滨县商务会于康德2年12月底的调查。

②豆油1斤相当于日本的120匁。

第三章　运输方面

关于本县的运输情况,由哈尔滨水运局的益仓初负责调查。本报告书直接使用了益仓初的调查原稿。以下是具体内容。

第一节　绥滨县水路运输概况

绥滨县位于松花江和黑龙江两江之间,即所谓的大三角洲。土质中一般含沙,和其他县的粘土土质相比,在陆路运输上受益很大。

一、陆路运输

夏季能够使用马、大车、汽车来运输。但由于本县土质中含沙,所以在大量降雨之后,经过两三天,到处都可以自由通行。只不过本县西部地区有若干湿地,所以也有几个地方不能通行车马。

冬季的时候,可以使用橇、大车、汽车等所有的交通工具,这种自由运输的情况,整个满洲都一样,此处不再说明。

下表为到附近县城以及县内主要的城镇(村庄)的距离:

由县城—富锦	6 千米	(水路)
同江	73 千米	(水路)
萝北	45 千米	(陆路)
佳木斯	126 千米	(水路)
汤原	210 千米	(水路)
三姓	266 千米	(水路)
哈尔滨	617 千米	(水路)
绥东	13 千米	(陆路)
莲生堡	14 千米	(陆路)
西熬来密	4 千米	(陆路)
北小岗	9 千米	(陆路)
兴隆屯	30 千米	(陆路)
近思公司	27 千米	(陆路)

　　由县城—福兴屯　　　　20 千米(陆路)
　　　　　　集贤村　　　　17 千米(陆路)
　　　　　　康乐村　　　　27 千米(陆路)
　　莲生堡—绥东间　　　　10 千米(陆路)
　　绥东　—前大柜间　　　15 千米(陆路)
　　莲生堡—集贤村间　　　28 千米(陆路)
　　集贤村—太平庄间　　　15 千米(陆路)
　　太平庄—福兴屯间　　　 4 千米(陆路)
　　福兴屯—北小岗间　　　26 千米(陆路)

在和其他县城连接方面,陆路只有萝北县可从县城的道路通行。夏季天气良好的时候乘汽车三个小时可以到达。冬季在富锦—绥滨—萝北之间有长途汽车通行,此外还有雪橇的定期运行。和其他县外的连接,夏季只有水运,冬季江水结冰所以可以通过县水运局经营的长途汽车连接。

二、水运

绥滨县位于距哈尔滨 617 千米的松花江下游地区,夏季主要通过航运和他县连接。

以前从哈尔滨下行 2 昼夜,上行 3 昼夜到富锦,现在乘小蒸汽船下行只需 1 小时,上行 1 个半小时就能到达。[#]

以前交通上只有帆船,从光绪三十三年(1907 年)开始使用汽船航运,现在哈尔滨航业联合会的汽船的上航和下航至少每天都在本县停靠 1 回。

今年江面开航的时候,在哈尔滨—富锦之间有所谓的急行船停靠。但是最近急行船也不停靠了,只有不定期的船停靠,所以颇为不便。现在正在向当局请求像从前一样有急行船停靠。目前哈尔滨—富锦之间正在运行的急行船为以下 7 艘:

　　哈尔滨号(1,742 吨)　　绥成号(1,129 吨)
　　庆兰号(910 吨)　　　　上海号(1,067 吨)
　　滨安号(1,206 吨)　　　海星号(992 吨)
　　亚洲号(991 吨)

船舶的运航期间为 4 月中旬到 10 月下旬的大约半年时间,结冰期和化冰期的各一个月水上交通完全断绝。

(1)绥滨港的流速、水深和河床

绥滨港投锚地附近的平均流速为 1.9 节,水深为 2 米左右,河床为含沙的粘土。

(2)护岸设备

现在绥滨港的护岸设备不值一提,在去年由国库支出修筑了 100 米的简单护岸,今年进一步发展到 200 米的护岸工程。

普通客货船停靠所需的泊位大约为 80 米至 100 米,如果以现有设备的修筑为标准,1 米大约需要 1 百圆,1 万圆左右就能够修筑船舶停靠所需要的工程。

第二节　绥滨县贸易概况

夏季时主要通过松花江上的船舶进行交易,冬季只能通过汽车、大车及橇等同近处进行贸易。

一、乘客
最近两年中的船客状况如下所示:

年度 ＼ 区分	乘船数(人)	下船数(人)	合计(人)
康德元年	7,576	9,780	17,356
2 年	5,859	10,906	16,765
平均	6,717	10,343	17,060

二、货物
本县通过船舶运出的货物基本上是特产物,陆路运入的货物则是少量的木材、薪柴、日用食品等杂货,其合计数量为5,000吨左右,这与北满水运货物(康德元年88万453吨、康德2年75万5,045吨)相比算是少的。

在此表之外,冬季还有通过汽车、大车等从富锦、佳木斯等地将若干面粉、食品杂货运入,但是数量不详。

最近两年进出的货物(通过水运)如下所示:

年度 ＼ 种别	装船数量				卸货数量				合计
	大豆	小麦	其他	计	木材和薪柴	麻袋	其他	计	
康德元年	5,254	291	无	5,545	132	无	159	291	5,836#
2 年	3,544	1,182	2	4,728	36	15	217	268	4,996#

三、松花江沿岸都邑所生产的小麦粉的贸易概况

(1)康德元年

(单位:吨)

卸货地 / 装船地	木兰	通河	宏克力	罗勒密	三姓	伊汗通	汤原	同江	东安镇	饶河
哈尔滨	31			57	16	107	20			
三姓		276		148		49			36	41
佳木斯	35	503	105		35		112	128		
桦川				310		40				
富锦		68					143	75	89	409
合计	66	779	173	205	345	65	402	75	125	598

卸货地 / 装船地	虎林	太平沟	兆兴镇	奇克特	瑷珲	大五家子	黑河	其他	合计
哈尔滨				27	189	288	759	595	2,089
三姓	20				63		400	96	1,129
佳木斯	43			34	119		898	36	2,048
桦川							139	318	807
富锦	185	215	179	137	659		2,265	725	5,149
合计	248	215	179	198	1,030	288	4,461	1,770	11,222

(2)康德2年

卸货地 / 装船地	木兰	通河	宏克力	罗勒密	桦川	同江	汤原	新城镇	东安镇
哈尔滨	86		188	56			37		
三姓	11	288	7	32			7	2	34
佳木斯	42	189	144	7			97	52	5
桦川			11					49	
富锦		170	96		94	140	419	131	729
合计	149	747	446	96	94	140	523	234	805

续表

卸货地 装船地	饶河	虎林	太平沟	奇克特	瑷珲	黑河	莲江口	其他	合计
哈尔滨	154	215		18		467	177	604	2,003
三姓	12	78	16	110	85	429		337	1,448
佳木斯	192	46	88	26	16	354		178	1,536
桦川							26	101	187
富锦	185	301	449	179	319	2,492		673	6,377
合计	543	640	553	333	420	3,742	203	1,893	11,551

如上表所示,每年松花江沿岸所消费的面粉大约为 1 万 1 千吨,以现在的需求关系来看,需求还会进一步增加,但是现在无法实现更多的生产。(具体请参考"面粉制造业")

第三节　客运与主要货物运输

一、船客运费

与绥滨县关系最紧密的船客运费如下所示。此外一、二等舱的船客中,饮食费用的标准是日式食物(2 圆),满洲式食物(1 圆 60 钱)。

(单位:圆)

区间 等级	三等	二等	一等
绥滨—富锦	0.55	1.10	1.65
—佳木斯	1.30	2.60	3.90
—三姓	2.30	4.60	6.90
—哈尔滨	5.50	11.00	16.50

团体运费是普通三等舱运费的五折,移民等特殊团体适用四等运费率。

二、货物运费

现行的货物运费基本上是按照旧的费率来实施的,很明显不一定是合理的运费率。

过去在松花江征收的江捐、修江捐等税金,将在今年 4 月 15 日之后废除,并且由于图佳线的开通近在眼前,所以水运货物的费率也应该改变使之合理化。利用此次机会,眼下当局正在专心研究新的费率。

运货费率与铁路一样定为一到四4个等级,对于特殊的货物通常当时进行协定。而且以区间为单位,即如哈尔滨—三姓区间、三姓—富锦区间、哈尔滨—富锦区间、同江—虎林区间,在区间标准中征收中间港和到该区间的终端港的费用等。由于此制度非常不合理,所以应该改变。

以下所示为和本县有关系的航线和货物的不同等级费率:

航 路 \ 等 级	一级	二级	三级	四级	备注
哈市—富锦	21.35	17.08	12.81	10.37	哈市—绥滨间的实率也适用哈市—富锦间的本率
富锦—三姓—佳木斯	8.54	6.10	4.88	4.27	
同江—虎林	22.57	18.30	13.42	9.15	
同江—黑河	15.25	10.37	6.10	4.27	
绥滨—虎林	31.11	24.40	18.30	13.42	
绥滨—黑河	28.06	20.74	13.42	9.76	

注: ①火药类的加收一级运费的50%;谷物类的减免四级运费的20%;像汽车、卡车1辆不超过两吨半的话,规定哈尔滨—富锦为80圆,超过这一标准的时候临时再协定。机械类也参照此标准。

②运费率参考康德3年的"哈尔滨航业联合会货物运费表"。

第四节　轮船以外的运输机构

除了松花江航行的船舶和冬季长途巴士之外,连接县内和邻县的交通机构的概略如下所示:

一、县内所有各种车辆数量

大车　　222辆

牛车　　264辆

木头车　 15辆

花轱车　 91辆

计　　　592辆

二、县内所有各种船舶数量

船种	船名	装载量	船主名	通航区间	备注
轮船	绥东	15 吨	刘振海	县城—富锦—绥东	从事县城—富锦—绥东间的货物及旅客的运送
帆船	景全	14 吨	张景全	县城—富锦—绥东	利用风力及人力进行货物运输
帆船	德顺	13 吨	苗沛然	县城—富锦—绥东	通过风力及人力进行货物运输
帆船	康兴	12 吨	王庆祥	县城—富锦—绥东	通过风力及人力进行货物运输
帆船	宝顺	7 吨	谢宝生	县城—富锦—绥东	通过风力及人力进行货物运输
帆船	济南	8 吨	韩德荣	县城—富锦—绥东	通过风力及人力进行货物运输
帆船	康顺	11 吨	王庆林	县城—富锦—绥东	通过风力及人力进行货物运输
帆船	江平	8 吨	刘佐臣	县城—富锦—绥东	通过风力及人力进行货物运输
帆船	同济	10 吨	刘占海	县城—富锦—绥东	通过风力及人力进行货物运输
帆船	通江	7 吨	纪广生	县城—富锦—绥东	通过风力及人力进行货物运输

除上表所示之外,还有渔船 14 艘,只从事渔业而不从事运输业。此外 7 艘船专门运送农民的柴草。

上述的轮船及帆船以县城为中心,在富锦、绥东之间将面粉、日用食品杂货、石油等进行地区性的运送,未曾航行到较远处的佳木斯、三姓等地。

结　语

　　如前所述,虽然本县肥沃的未开垦耕地占总面积的90%以上,但是其开发未见头绪。和事变前相比,耕地面积反倒是减少到原来的三分之一以下。农民迁移去别的地方或从事其他行业,农村处于极度荒废的状态。

　　在事变之前,本县的开发由南满农民的迁入或借助高利贷商人对土地开发的大资本投资来进行,开展情况也很顺畅。特别是后者实行拖拉机开垦,使北满传统农业发生巨大变化。但是由于经营未能长久持续而最终失败。现在在当时农场旧址里还到处可以看到朽烂的大空屋和露天放置的拖拉机等,往昔繁荣的农村也只能成为回忆了。

　　那么是什么原因使本县的农业变成现在这种状况呢? 究其原因如下:

　　一、事变之后匪患严重。

　　二、大同元年由于松花江泛滥导致农户受水灾严重。

　　三、因为世界大战导致担任大农场经营干部的欧美人被召回,机械农业失去了指导者。

　　四、俄罗斯帝国瓦解导致边境贸易受挫。

　　五、鸦片种植在本县被禁止。

　　六、受世界经济危机的影响,本县粮食价格暴跌。

　　七、农村劳动力不足,而季节性劳动者的工资很高。

　　以上七个原因直接阻碍了本县的农业发展,导致农村荒废。

　　由于第一项使农民经常受到匪贼的掠夺,财产自不用说,农民还得担心生命安危,就更别说开展生产了。并且普通农民由于第二项而缺少粮食陷入悲惨的状况,这在前面已经有描述。一直以来,本县通过满洲最北的偏远地区和俄国开展的所谓"边境贸易"很繁盛,本县农产品的大半被搬运至松花江及黑龙江两江下游的哈巴洛夫斯克港和符拉迪沃斯托克港,但是由于第四项原因"边境贸易关闭",这些农产品一直以来的销路断绝,只好改变方向而谋求南行。因为本县位于离南满市场较远的地方,这个地区的农产品即所谓"内地产物",对于农民来说本地在经营上是颇为不利的地区。因为面临此种情况,所以一般农民中,把粮食生产转变为在宁口经营更为有利的罂粟的人渐渐增加,于是形成了特种农业地区。由于第五项对罂粟栽培的禁止,给本县农民以巨大的冲击。有些人因此迁移到其他的鸦片种植区,还有一部分人由农业转行至其他行业,出现了很多的离村者。

　　虽然一方面由于机械农业的发展,在大农场里使用拖拉机,使开垦事业显著进步。但是由于第一项、第二项使其不能如其所想的那样去发展,再加上第三项导致没有了欧美指导者,使本来远大的计划受挫。而且由于第四项使得机械农业在经营上陷入困境,最终资本被撤回,事业不得已而停止。

在这种状况下,再加上受第六项的影响,农村变得越来越贫困。

以上所述的种种原因导致本县的荒地增加,而且荒地是现有耕地的一倍。

由于县当局的大力投入,使得治安渐渐得到确保。康德2年之后粮食价格渐涨,第一项和第五项问题也都得以解决。但是现在农村不见好转的原因之一是第七项的问题,它使农民不能如其所愿地去经营农业。

而且,作为将来的对策,首先应该完成松花江泛滥的防备工程,以扫除阻止农业开发进展的根源性障碍。如前所述完全防止一直以来的灾害并不是那么难。

另外,在交通不便利的本县铺设铁路是最为紧要的事情。其铺设可从本县西南边的莲江口(佳木斯的松花江对岸)到鹤立冈,将鹤立轻铁延长80千米左右。这样本县可以和图佳线连接起来,不仅可靠近本县的粮食市场,还可以确保治安状况。

以上的两大工程对于绥滨县未开垦的五十万晌土地的开发是不可或缺的。这些工程完成之时,本县现在闲置的肥沃且广袤的沃野将会成为北满重要的农业地带。

另外,像本县这样无霜期短暂的地方,农业的各项工序必须快速进行,否则不能取得预期的收获。本县地处偏僻,因为缺乏劳动力,所以无法解决这一问题。这也是小地方依赖劳动力耕作的现状。

作为将来的对策,首先,作为弥补劳动力不足的方法之一,需要复兴机械农业,使得能够在短时间内正确且快速地耕作广阔的面积。

现在如果能够彻底解决导致本县机械农业失败主要原因的匪害和水灾,以本县这样的地理条件和社会经济条件,开展机械农业是最合理的开垦方法。

经济资源调查报告书　第57号

吉林　27　号　农业第　8　号

昭和9年3月

乌吉密河、延寿、一面坡附近的农业调查报告

满铁经济调查会

农业调查员　　　柏仓泰治

翻　译　　　　　李桂松

第十师团

调查员	助手	翻译
福留邦雄	中村忠男	卢心义
三田村六郎	渡部彦三	徐守贵
盐田俊夫	右田港	李桂松
渡边勇#	濑崎义雄	徐德升
江幡三郎	伊黑文人	康双海
松山照	柏仓泰治	川田通秀
土居丁	松村藤男	

㊙

凡 例

度量衡以及土地面积

度　　　　裁尺 1 尺 = 日本的 1 尺 1 寸 5 分

　　　　　木尺 1 尺 = 日本的 1 尺 0 寸 5 分

量　　　　1 石 = 日本的 1 石 7 斗 8 升

衡　　　　1 斤 = 日本的 150 匁(1 匁为 3.75g)

　　　　　1 布度 = 30 斤

土地面积　1 晌地 = 7,200 弓

　　　　　　　　 = 2,880 方弓 = 日本的 7 段 3 亩 15 步

　　　　　1 弓 = 木尺的长度 5 尺,宽度 2 尺

　　　　　1 方弓 = 木尺 5 尺平方

目 录

一、序言

本调查小组自昭和9年3月8日从哈尔滨出发,到25日为止对珠河县、延寿两县根据下述日程进行了调查。

调查一方面从农家以及从事农业的人当中,针对实际情况进行询问,另一方面则从各个官厅听取。虽然要做到百分之百正确是很困难的,但我们力争将调查地区的实际情况记录下来,做到切实可信。

昭和9年3月第五给水调查队日程

日程	日期	出发地	经过地	到达地	停留地
第一日	3月8日	哈尔滨	东清东部线	乌吉密河	乌吉密河
第二日	3月9日		调查准备	乌吉密河	乌吉密河
第三日	3月10日		市区调查	乌吉密河	乌吉密河
第四日	3月11日		市区调查	乌吉密河	乌吉密河
第五日	3月12日	乌吉密河	乌吉密、小九站	乌吉密河	乌吉密河
第六日	3月13日		三河乡、兴隆镇、宋家店、黑龙宫、亮珠河	乌吉密河	乌吉密河
第七日	3月14日		炭坑		
第八日	3月15日		延寿	延寿	延寿
第九日	3月16日		市区调查		延寿
第十日	3月17日		市区调查		延寿
第十一日	3月18日	延寿	黄泥河子、石道河子、张寿河子		延寿
第十二日	3月19日	延寿	东柳树河子、洪山乡、姜家葳子		延寿
第十三日	3月20日	延寿	烧锅店子、柳河乡、常里油坊、西柳树河子	乌吉密河	乌吉密河
第十四日	3月21日		市区调查		
第十五日	3月22日	乌吉密河	亚库①尼	一面坡	一面坡
第十六日	3月23日		市区调查		

---

① 译者注:原文为仓,然后文均为库,该地应为今亚布力镇。

日程	日期	出发地	经过地	到达地	停留地
第十七日	3月24日		市区调查		
第十八日	3月25日	一面坡	东清东部线	哈尔滨	哈尔滨

调查队组成

第五给水调查队长陆军工兵军官横林武男

工兵队	17人
水质调查班	3人
资源调查班	6人
计	26人

二、地势

地势　地形以山岳为主,不过从北满铁路东部线沿线的乌吉密附近到一面坡的方向地势较为开阔,并且从乌吉密河到蚂蚁河下游是平原地带。

河流　蚂蜒河是最主要的河流,发源于东南方向的苇河县,途经珠河县和延寿县的平原区域,最后在方正县注入松花江。还有一条叫作大泥河的河流,发源于珠河县南部途经五常县注入松花江。

交通　在蚂蜒河夏汛的时候,可以通过船运从松花江到达乌吉密河,无其他方式。

马车、汽车行驶的道路主要有两条,一是从乌吉密河到延寿方向(直到方正)之间的,一条是从乌吉密河到一面坡之间的。这些道路用于农作物的运送和旅人的通行,但在雨季的时候汽车的通行会变得非常困难。

三、气候

本调查区域内的气象状况以一面坡气象观测所的每年平均统计作为依据。

1.气温

(单位:℃)

月份＼气温	平均	最高	最低
一月	-19.0	-13.1	-25.3
二月	-14.5	-7.9	-21.3
三月	-5.8	0.0	-11.7
四月	5.6	11.3	-0.7

气温 月份	平均	最高	最低
五月	13.1	19.1	6.1
六月	18.7	24.6	12.2
七月	22.4	27.7	17.1
八月	20.9	26.5	15.8
九月	13.5	20.3	7.6
十月	5.5	11.9	-0.3
十一月	-6.0	-0.9	-11.2
十二月	-16.1	-10.6	-21.9
年平均	-0.99	6.04	-0.75

2.降水量、雨天及晴天数

类别 月份	降水量（mm）	雨天数	晴天数
一月	8.4	9	11
二月	8.8	9	9
三月	15.7	9	7
四月	26.3	9	4
五月	58.9	14	3
六月	116.4	17	2
七月	181.8	17	2
八月	137.0	17	3
九月	70.9	14	6
十月	46.0	10	9
十一月	25.9	10	7
十二月	11.3	10	10
累计	707.4	145	73

　　根据对各县的了解,该地区的气候特点是,一般六、七、八月份为雨季,特别是在作物繁茂生长时期会有多次暴雨,河流地带非常泛滥。在农作物生长发芽的五月雨量也很多,因此是非常适合农业发展的气候。

3.霜雪季节

初霜	终霜	初雪	终雪
9 月 29 日	5 月 11 日	10 月 17 日	4 月 19 日

4.土壤解冻期

综合当地流传的谚语等信息,该地区的土壤一般从四月上旬开始解冻,和南满洲北部大致相同。

四、面积(基于延寿、珠河两县农会的调查)

(一)总面积

1,304,185 晌地(1 晌地相当于日本 7 段 3 亩,1 段约 992m²)

内含

已耕地　　　210,805 晌地

未耕地　　　224,615 晌地

不可耕地　　868,765 晌地

(二)昭和 8 年的种植面积和种植比例

1.普通作物

作物名	种植面积	种植比例
大豆	63,980 晌	44.35%
高粱	4,500 晌	3.12%
谷子	12,900 晌	8.94%
玉米	37,970 晌	26.32%
其他豆类	3,655 晌	2.54%
小麦	3,725 晌	2.58%
大麦	1,950 晌	1.35%
水稻	9,892 晌	6.86%
其他	5,682 晌	3.94%
小计	144,254 晌	100%

2.经济作物

作物名	种植面积	种植比例
烟叶	3,710 晌	26.7%
线麻	6,750 晌	48.6%
青麻	3,120 晌	22.4%

芝麻	10 晌	0.1%
* * *	310 晌	2.2%
小计	13,900 晌	100%
计	158,154 晌	

五、主要城市一览

本次调查中的乌吉密河、一面坡、延寿是政治、交通、经济上的中心,都具有作为城市的形态。

乌吉密河和一面坡是东清东部线上的主要驿站,是来自延寿县和苇河县的货物的集散地,又是通向延寿、方正、五常方向的交通要地,占有十分重要的地位。

市区由特别区(东清线附属地)和城市街道组成,乌吉密河有 1 万人口,一面坡约达到了 3 万。目前在城市内部也约有 300 多人,他们主要是官吏,经营旅店和饮食业的人。市区内大都是工商业,主要有榨油厂、烧锅厂、制粉厂、粮食厂等。今后如果对腹地进行开发的话,可以预期到比现在更活跃的经济发展状态。

延寿(旧名长寿、同滨)离乌吉密河 60 华里,离方正 80 华里,是当地的物资集散地。市区的周围被城墙包围,城内基本上都是商业街,人口约 5,700 多人。当地的农作物会在这里集中,向乌吉密河输出。

六、珠河、延寿县各区人口户数

(一)珠河县

县公署人口调查　　　　　　　　　　(昭和 9 年 1 月末至现在)

区别\区分	户数	人口			摘要
		男	女	计	
第一区	3,465	10,050	8,046	18,096	乌吉密河及其附近
二	5,591	20,076	10,488	30,564	一面坡及其附近
三	286	885	449	1,334	青龙镇及其附近
四	1,541	3,762	2,283	6,045	乌吉密及其附近
五	1,160	3,165	2,134	5,299	亮珠河及其附近
六	910	2,912	1,546	4,458	范家大及其附近
计	12,953	40,850	24,946	65,796	

(二) 延寿县

县公署人口调查　　　　　　(昭和9年1月末至现在)

区分 区别	户数	人口			摘　要
		男	女	计	
第一区	8,277	25,727	17,039	42,766	延寿及其附近
二	4,396	12,590	8,493	21,083	黑龙宫及其附近
三	5,483	17,844	12,810	30,654	兴隆镇及其附近
四	3,426	9,628	7,066	16,694	魁兴福及其附近
五	2,893	8,765	6,142	14,907	中和镇及其附近
六	2,943	9,829	7,376	17,205	加信镇及其附近
计	27,418	84,383	58,926	143,309	

七、调查村落的户数、农家户数以及家畜概况

地名\类别	总户数	总人口	农户数	面积 (晌)	家畜			车	井	每户平 均耕地 (晌)	每户平 均家畜 (头)
					牛	马	猪				
乌吉密河	1,947	8,263				290	500	80	100		
乌吉密	641	13,122	470	800	25	42	150	15	14	1.70	0.14
小九站	494	2,011	220	600	30	40	200	20	9	2.75	0.32
三河乡	12	77	12	100		20	30	3	3	8.33	1.67
兴隆镇	243	1,199	150	400	30	100	200	30	8	2.67	0.87
宋家店	25	100	22	50		10	20	3	3	2.27	0.45
黑龙宫	154	688	88	660	68	230	700	44	4	7.50	3.39
亮珠河	70	350	50	200	5	20	40	8	4	4.00	0.50
延寿	1,102	5,753			31	158	352	35	48		
黄泥河子	7	40	7	100	2	5	20	2	2	14.29	1.00
石头河子	4	15	4	30			5	1		7.50	
张寿河子	6	50	6	100	10	18	50	6	6	16.67	4.67
东柳树河子	8	50	8	30	2	3	30	1	1	3.75	0.63
洪山乡	12	40	12	60		10	16	2	3	5.00	0.83
姜家崴子	20	70	20	80	2	12	20	3	4	4.00	0.70
烧锅店子	5	20	5	50		3	5	1	3	10.00	0.60

地名＼类别	总户数	总人口	农户数	面积（晌）	家畜			车	井	每户平均耕地（晌）	每户平均家畜（头）
					牛	马	猪				
柳河乡	12	70	12	300	3	13	20	4	4	25.00	1.33
常里油坊	13	65	13	200		10	18	3	2	15.38	0.77
西柳树河子	9	60	9	60		24	36	6	2	6.66	2.67
亚库尼	195	600	160	350		50	150	15	28	2.19	0.31
一面坡	4,965	27,274			120	395	500	80	90		
计	9,944	50,407	1,268	4,170	328	1,453	3,062	361	335	7.76	1.23

现在该地区每户农家的耕作面积最少的有 2 到 3 晌地，最多的有 50 到 60 晌地，平均耕地面积为 7.67 晌地。一般都是以自家劳动力为主，规模稍大的农家一般会雇佣 2 到 3 名的年工。

平均每户人家有大的家畜 1.23 头，1 头大家畜的耕作面积一般为 6.31 晌地。

但是由于匪贼的掠夺，用于农耕的家畜呈现不足的状态，所以农民为了防止家畜被抢，彻夜守护。

八、调查地区内的朝鲜人的情况

事变后当地的朝鲜人农民们陷入了极端的疲惫状态。他们不能在各地定居并从事农业生产，许多农民陷入了极度的贫困，很多人迁回了老家。因此，朝鲜总督府和满铁机构出资在东亚劝业公司旗下设立了河东农场（距离乌吉密河十华里），约有 600 户避难的朝鲜农家永久居住在这里。这些朝鲜农民都尝尽辛酸，去年收成获得了显著提高，借贷资金也都归还，并且有些人生活比较富余。在大青川附近的朝鲜农户则要向匪贼交纳租税，从而从事农业。他们在农忙时期就努力耕作，在冬季农闲时期就会到城市里寄宿于亲友家中。所以随着今后治安状况的稳定，这些朝鲜人期待着作为移民在这里永久定居。不过事变后满人和朝鲜人之间的关系变得非常复杂，尤其是在金钱借贷关系上，出现了不愉快的事情。

以下是针对调查区域内及其附近的朝鲜人户数及其水田耕作的概况。

调查是由一面坡朝鲜人居留民会在昭和 9 年 1 月末至现在开展的。

(一)珠河县

地名	户数	人口	地名	户数	人口
乌吉密河	128	512	西沟	2	7
河东	618	2,302	小九站	5	19
一面坡	81	336	石家沟	4	14

地名	户数	人口	地名	户数	人口
元宝镇	3	10			
小亮子河	23	82	计	864	3,282

(二)延寿县

地名	户数	人口	地名	户数	人口
延寿	45	175	全坑	4	17
黄家烧锅	57	335	柞林台子	5	19
亮子河	25	110	源家屯	9	35
黑龙宫	5	18	二黄山	4	15
楷子后	9	34	中和镇	17	66
东乌吉密	3	7	兴隆镇	13	49
石道河子	2	7			
榆树河子	2	7	计	200	894

九、农作方法

(一)施肥

当地大部分是在东清线开通后被开发的,现在作物的产量有些减少,施肥方面除了蔬菜作物,都是三年施一次马粪或猪粪,每响地10车(1车800斤)左右。

(二)轮作关系

主要作物是大豆、玉米、谷子和高粱,其次是小麦、大麦、水稻和小豆。一般是以大豆、玉米、谷子、高粱的顺序进行三年轮作,在第一年种植大豆的时候施肥。

(三)起耕、播种

如果先种植高粱和玉米,用镐头挖去根部,用犁头锄地并堆起田埂。被挖去的植物的根部被用作唯一的燃料。

然后用犁头挖好沟,之后把种子播撒下去。

播种则是虽然依据作物的种类的不同有所不同,但大豆、玉米、稻子、小豆、大麦、小麦大多用一种叫把斗子的农具播种。高粱、谷子、糜子一般用叫做点胡芦的农具进行下种。

本调查区域内的播种期及1响地的播种量大致如下所示:

作物名	播种期	播种量	播种法
大豆	5 月 6 日	2 斗	点播
高粱	5 月 6 日	7 升	点播
谷子	5 月 6 日	5 升	条播
玉米	5 月 6 日	1 斗	点播
大麦	4 月 20 日	4 斗	条播
小麦	4 月 15 日	3 斗	条播
水稻	5 月 10 日	6 斗	散播
小豆	5 月 20 日	1 斗 2 升	点播
旱稻	5 月 10 日	2 斗 5 升	条播
绿豆	5 月 20 日	1 斗	点播
荞麦	5 月 30 日	4 斗	条、散播
糜子	5 月 6 日	8 升	条播
稗子	5 月 25 日	1 斗	条、散播

播种时所需劳动力和方法虽然有所不同,但一般下种时都遵循以下的要领:

播种法	人	马	每日播种面积	摘要
翻种	4	4	1 晌地	犁车、马 3 匹,1 人,播种 1 人,镇压 1 人,石磙子挂马 1 匹,1 人
穮种	4	3	2 晌地	穮耙、马 3 匹,1 人,播种 1 人,覆土 1 人

(四)中耕除草

除草和中耕都是各种作物一起进行,一般是粗放式的。根据家庭规模的大小会有所不同,但一般都是三次,中耕都是紧接着除草后立刻进行的。

下表是除草中耕的时间以及 1 天的劳动力。

次数 回数 月份	第一回 六月上旬	第二回 七月上旬	第三回 七月下旬	摘要
除草	2 亩	3 亩	3 亩	1 人,1 日
中耕	8 亩	1 晌 5 亩	2 晌	2 马,1 人,1 日

（五）幅、株距①

作物名	田幅	株距	摘要
大豆	2 尺	2 寸 5 分	不留间隔
高粱	2 尺	1 尺 3 寸	在第一、第二次除草时以锄头的刀尖隔出距离
谷子	1 尺 9 寸		不留间隔
玉米	2 尺	1 尺 5 寸	在第一、第二次除草时以锄头的刀尖隔出距离
大麦	1 尺 8 寸		不留间隔
小麦	1 尺 8 寸		不留间隔
小豆	1 尺 9 寸	2 寸	不留间隔
旱稻	1 尺 8 寸		不留间隔

（六）收割

收割的方法根据作物的不同也有所差异。高粱和玉米的收割是用镰刀在距离根部大约50 到 60 厘米的地方割断。以 20 株为一束扎好，然后每 20 束放到一个固定的田埂上让其充分干燥。然后经过十五六天等完全干燥以后，高粱用镰刀或者捻刀割下穗，玉米用手拧住摘下来之后将他们搬运到脱壳场除去壳，然后将他们放入仓库里面储藏。高粱则是就堆放在脱壳场。

大豆、谷子、小豆和稻子则是割到根部，然后堆到田埂上让其干燥，或者像稻子和谷子每30 厘米为 1 束，以 20 束为 1 堆放置，等其全部干燥后就搬运到脱壳场。当地每年的收获期大致如下所示：

作物名	收获期	作物名	收获期	作物名	收获期
大豆	9 月 15 日	大麦	8 月 10 日	荞麦	9 月 10 日
高粱	9 月 15 日	小麦	8 月 20 日	糜子	9 月 10 日
谷子	9 月 1 日	旱稻	8 月 15 日	稗子	9 月 1 日
玉米	9 月 10 日	绿豆	9 月 10 日		
小豆	9 月 15 日	水稻	9 月 10 日		

（七）脱壳

脱壳场一般选定在距离住家比较近的地方，预先利用石头碌碌压实。脱壳的方法是，将高粱、大豆、小豆堆成 5 寸的厚度，然后让牛、马、骡或者驴拉动石碾而进行脱粒。谷子、稻子、稗子、小麦和大麦则是解开扎好的束，然后在脱壳场上摆开，使其相对成圆形，然后再拖动石碾使

---

① 译者注：原文注明以日本鲸尺为单位，1 鲸尺约合 37.879 厘米。

其脱粒。这时把草秆扎成一束一束,作为家禽的饲料。另外,朝鲜人以前是将一捆一捆的稻子用石头打的方法来脱壳。

现在用脱壳器来脱壳的情况比较多。

脱壳后的谷物通常都是用风来除去杂物。

脱粒后一般会留下自家用的玉米、高粱等作为粮食储备,剩余的一般多用于贩卖。

十、农作物产量和地价

作物的产量根据年份和地域的不同有所不同。不过综合对各个农家的走访,调查区域内的作物年产量一般没有太大的差别,每晌地的平均产量如下表所示(1 石相当于日本的 1 石 7 斗 8 升)。

1.普通作物 1 晌地的产量 (单位:石)

作物＼地名	乌吉密河	乌吉密	小九站	三河乡	兴隆镇	宋家店	黑龙宫	亮珠河
豆子	4.0	5.5	3.5	4.0	7.0	5.0	5.0	5.0
高粱	8.0	6.5		6.0	7.0	6.0	8.0	4.0
玉米	7.0	8.0	5.5	8.0	10.0	8.0	6.0	7.0
谷子	7.0	6.5	3.0	4.5	6.0	5.0	5.0	6.0
大麦	9.0						8.0	
小麦	3.0			3.0			4.0	
小豆	4.0			4.0				
旱稻	10.0							
绿豆	12.0			14.0				
荞麦	5.0						4.0	8.0
水稻	25.0							
糜子								

作物＼地名	炭坑	延寿	黄泥河子	石道河子	张寿河子	东柳树河子	洪山乡	姜家威子
豆子	3.0	2.5	3.0	4.0	4.0	5.0	5.0	4.0
高粱	5.0	4.0	4.5	6.0	4.0	4.5	5.0	3.0
玉米	10.0	4.5	4.5	6.0	6.0	6.0	5.0	5.0
谷子	5.0	5.3	4.5	6.5	5.0	5.0	6.0	6.0
大麦		2.0						
小麦		1.0						
小豆		2.0						2.0

续表

作物＼地名	炭坑	延寿	黄泥河子	石道河子	张寿河子	东柳树河子	洪山乡	姜家威子
旱稻		2.5						
绿豆		13.0					12.0	
荞麦		2.0				5.0	4.0	
水稻		6.0						
糜子		1.5						

作物＼地名	烧锅店子	柳河乡	常里油坊	西柳树河子	亚库尼	一面坡	平均
豆子	5.0	6.5	3.0	5.0	4.0	3.5	4.4
高粱	4.0	4.0	4.0	4.0	6.0	4.5	5.1
玉米	6.0	5.0	4.5	6.0	5.5	7.5	6.4
谷子	6.0	6.0	5.0	6.0	4.5	8.0	5.5
大麦							6.3
小麦							2.8
小豆						5.0	3.4
旱稻							6.3
绿豆							2.8
荞麦							4.0
水稻						2.0	9.0
糜子							1.5

2.经济作物产量

作物名	1晌地产量	作物名	1晌地产量
烟叶	2,000斤	芝麻	3石
线麻	1,200斤	蓝靛	2,000斤
青麻	1,000斤		

3.当地价格

(单位:哈大洋)

地名＼作物	豆子	高粱	玉米	谷子	大麦	小麦	小豆	旱稻	绿豆	荞麦	水稻	糜子
乌吉密河	5.0	4.0	3.0	3.0	3.0	10.0	6.0	8.0	3.0	3.0	15.0	

续表

作物 地名	豆子	高粱	玉米	谷子	大麦	小麦	小豆	旱稻	绿豆	荞麦	水稻	糜子
乌吉密	5.0	4.0	3.0	3.0							1*.0	
小九站	5.0	2.0	2.5								12.0	
三河乡	5.0	4.0	3.5	4.0		10.0	4.5		4.0			
兴隆镇	5.0	3.5	2.5	5.0								
宋家店	5.0	4.0	2.5	2.0								
黑龙宫	5.0	4.0	3.0	4.0	3.0	10.0					15.0	
亮珠河	4.0	4.0	4.0	3.0							10.0	
炭坑	5.0	4.0	3.0	4.0								
延寿	4.5	3.0	2.0	3.0	4.0	13.0	4.0	7.0	2.5	3.0	13.0	5.0
黄泥河子	4.0	3.0	3.0	3.5								
石头河子	4.0	2.5	1.5	3.0								
张寿河子	4.0	2.5	2.0	3.0								
东柳树河子	4.5	4.5	2.0	3.0						3.0		
洪山乡	4.0	4.0	2.0	3.0					3.0	3.0		
姜家威子	4.0	4.0	2.0	3.0			3.0					
烧锅店子	4.0	4.0	2.0	3.0								
柳河乡	4.0	3.0	2.0	3.0								
常里油坊	4.0	3.0	2.0	3.0							10.0	
西柳树河子	4.0	3.0	2.0	3.0					3.0		10.0	
亚库尼	4.5	3.0	3.0	3.5								
一面坡	5.0	4.5	3.0	3.0			7.0				10.0	
平均	4.5	3.5	2.5	3.2	3.3	10.8	4.9	7.5	3.1	3.0	11.8	5.0

4.农产品当地的价格(圆/石)统计(由一面坡朝鲜人居留民会调查)

年月 作物	昭和6年			昭和7年			昭和8年			摘要
	四月	八月	十二月	四月	八月	十二月	四月	八月	十二月	
稻子	14.00	17.00	9.00	9.00	18.00	11.00	13.00	20.00	13.50	
白米	20.00	32.00	18.00	19.00	35.00	18.00	25.00	37.00	26.00	
大豆	9.00	10.00	8.00	8.00	9.00	7.00	8.00	6.00	4.00	

续表

年月 作物	昭和 6 年			昭和 7 年			昭和 8 年			摘要
	四月	八月	十二月	四月	八月	十二月	四月	八月	十二月	
高粱	10.00	11.50	7.50	9.50	8.00	7.50	8.00	6.80	5.50	
谷子	10.00	11.00	8.50	16.00	14.50	13.00	14.00	15.00	10.00	
玉米	6.00	6.00	7.00	6.00	7.00	6.50	4.50	4.00	4.00	
大麦	2.00	1.80	2.20	2.00	2.10	1.80	1.70	1.50	1.80	

5.谷类重量

大豆	420 斤	荞麦	220 斤
高粱	340 斤	稻子	270 斤
谷子	320 斤	粳子	250 斤
玉米	360 斤	吉豆	490 斤
大麦	250 斤	其他豆类	400 斤
小麦	350 斤	杂粮	300 斤
糜子	320 斤		
秆子	320 斤		

十一、土地的买卖价格

当地的耕地价格根据地域的不同和土壤的肥瘠不同有较大的差别,大体如下表所示。由于土地买卖市场不景气,土地买卖较少,所以土地价格一般较为低廉。

地名	上等地(圆)	中等地(圆)	下等地(圆)	平均(圆)	备注
乌吉密河	260	115	80	152	1 晌水田为 300 圆
乌吉密	200	120	80	133	
小九站	200	100	60	120	
三河乡	200	150	100	150	
兴隆镇	150	80	50	93	
宋家店	30		20	25	
黑龙宫	35	22	10	22	
亮珠河	100	50	30	60	
炭坑	60	30	20	37	
延寿	100	50	30	70	

续表

地名	上等地（圆）	中等地（圆）	下等地（圆）	平均（圆）	备注
黄泥河子					没有土地买卖
石头河子					没有土地买卖
张寿河子	100	80	50	77	
东柳树河子					没有土地买卖
洪山乡	60	30	10	33	
姜家威子					没有土地买卖
烧锅店子					没有土地买卖
柳河乡					没有土地买卖
常里油坊	80	60	30	57	
西柳树河子					没有土地买卖
亚库尼					没有土地买卖
一面坡	120	80	50	85	
平均	121	74	44	80	

十二、农业劳动力的工资

从事农业的劳动者几乎都是当地人，一般小农户家有剩余劳动力。雇佣的方式分为三种，年雇、月雇和日雇。

（一）年雇（年工、长工、坑#年做）

地名	上等（圆）	中等（圆）	下等（圆）	平均（圆）	备注
乌吉密河	120	80	30	76	上等是指技术熟练的劳力，一般是工头或＊＊车的人；中等是指普通的劳力；下等是指十五六岁的孩子以及＊＊
乌吉密	100	60	20	60	由雇佣者提供伙食
小九站	100	80	50	76	以哈大洋为单位
三河乡	110	80	40	76	
兴隆镇	120	80	50	83	
宋家店	100	80	30	70	
黑龙宫	90	50	20	53	
延寿	100	70	30	66	
黄泥河子	80	50	30	53	
亮珠河	100	80	40	73	

续表

地名	上等(圆)	中等(圆)	下等(圆)	平均(圆)	备注
石头河子	80	70	30	60	
洪山乡	100	80	50	76	
常里油坊	100	70	40	70	
一面坡	100	70	40	70	
平均	100	71	36	69	

(二)月雇(月工)

地名	上等(圆)	中等(圆)	下等(圆)	平均(圆)	备注
乌吉密河	12	8	3	7.7	伙食由雇佣方提供
乌吉密	11	8	4	7.7	
小九站	10	7	3	6.7	
三河乡	13	8	3	8.0	
兴隆镇	10	7	2	6.3	
宋家店	10	8	4	7.3	
黑龙宫	8	5	2	5.0	
亮珠河	8	5	2	5.0	
延寿	10	8	3	7.0	
黄泥河子	10	7	3	6.7	
石头河子	8	5	4	5.7	
常里油坊	8	6	4	6.0	
一面坡	12	8	5	8.3	
平均	10	7	3	6.7	

(三)日雇(日工)

劳动力的工资以月别来表示如下:

一月	二月	三月	四月	五月	六月	七月	八月	九月	十月	十一月	十二月
3毛	3毛	3毛	5毛	8毛	1圆2毛	1圆2毛	1圆	8毛	8毛	6毛	3毛

注:雇佣者不给日工提供伙食的,如果由雇主提供伙食的话则工钱减半。工资以哈尔滨大洋来结算。

十三、租佃关系

地主把土地租赁给农民的时候一定签订合约。以前有口头契约,但现在是就算是仅一年的租赁也都要签订协议书。北方的满人全部是租赁地主的土地进行耕种的比较少,大部分都是贫农家有剩余劳动力的时候才会去租赁地主的土地。田租根据土地的肥瘠程度有所不同,但交纳大豆、高粱、谷子、玉米等谷物作为田租的情况比较多。也有租赁水田的朝鲜人用稻谷作为田租的。

地名	单位	土地等级			备注
		上等地	中等地	下等地	
乌吉密河	1垧地	1石2斗	6斗	4斗	不用现金交纳田租
乌吉密	1垧地	2石	1石3斗	5斗	
小九站	1垧地	1石	8斗	4斗	
三河乡	1垧地	1石	8斗	5斗	
兴隆镇	1垧地	1石	6斗	3斗	
宋家店	1垧地	1石	5斗	3斗	
黑龙宫	1垧地	1石2斗	1石	5斗	
亮珠河	1垧地	1石	6斗	3斗	
炭坑	1垧地	5斗	3斗	2斗	
延寿	1垧地	2石5斗	2石	1石	
黄泥河子	1垧地	5斗	4斗	3斗	
石道河子	1垧地	1石	8斗	5斗	
张寿河子	1垧地	2石	1石8斗	8斗	
东柳树河子	1垧地	1石	8斗	5斗	
洪山乡	1垧地	1石	7斗	5斗	
姜家威子	1垧地	5斗	3斗	2斗	
烧锅店子	1垧地	1石	5斗	3斗	
柳河乡	1垧地	1石2斗	8斗	3斗	
常里油坊	1垧地	1石	7斗	3斗	
西柳树河子	1垧地	1石5斗	1石	8斗	
亚库尼	1垧地	2石	1石5斗	7斗	
一面坡	1垧地	2石	1石5斗	8斗	
平均	1垧地	1石2斗	9斗	5斗	

十四、租税

(一)国税

珠河县延寿县税务局按照下表所示税率征收租税:

(单位:哈大洋)

种类	税率		摘要
大豆税	从价	2.5%	由卖方缴纳
油粮税	从价	2.5%	由榨油业主缴纳(大麻子、苏子、芝麻、大豆)
细粮税	从价	1%	小麦、粳米
粗粮税	从价	0.5%	由卖方缴纳(高粱、玉米、小麦、荞麦、谷子)
牲口税	从价 牛、马　5% 猪、羊　2.5%		按头数缴纳
屠宰税	牛、马　1圆 猪　　　3毛 羊　　　2毛		按头数缴纳

(二)地方税

地方税并不是每个县都一样,但每个县都根据下表的税率向县公署财务局交税。

种类	珠河县	延寿县	摘要
地税	1.92圆	2圆	上、中、下三等土地的1晌地的平均值
粮税	2%	2%	根据价格,由卖方缴纳
车税	6毛	1圆	车辆所有者每年缴纳的税
屠宰税	牛　6毛 猪　3毛 羊　2毛 马　5毛	1.30圆	
典当税	3%		根据价格,由佃农出
自卫团费	4毛	3毛	土地所有者每晌地每年缴纳的税

十五、衣食住行

事变后,农民们由于屡次遭到匪贼的抢夺,粮食被夺,一直过着极其贫困和悲惨的生活。主要食物以玉米为主,其次是小麦和高粱,副食品主要有豆油、盐和蔬菜。大米饭、白面和肉类,一年里能吃的次数屈指可数。普通农家都是用土糊墙,建造5间房子的费用为200圆左右。下面列举的是中等农家一年里的生活开支。

	中年劳动者	老年、少年劳动者
食费	25 圆	20 圆
衣服	25 圆	20 圆
其他	30 圆	25 圆
计	80 圆	65 圆

十六、食品市价

(一)主食

地名 \ 种类 单位	白米 1 石	小米 1 石	高粱米 1 石	玉米 1 石	玉米面 100 斤	大麦 1 石	小麦 1 石	黄米 1 石	小豆 1 石	大豆 1 石	白面 1 袋
乌吉密河	40 圆	12 圆	7.5 圆	3 圆	2 圆	3 圆	10 圆	18 圆	7 圆	7 圆	中等 3.6 圆
延寿	38 圆	12 圆	8 圆	2 圆	2 圆	4 圆	14 圆	18 圆	5 圆	5.6 圆	中等 3.8 圆
一面坡	39 圆	13 圆	9 圆	3 圆	2 圆		10 圆	20 圆	6 圆	7 圆	上等 4.2 圆

(二)副食

地名 \ 种类 单位	萝卜 1 根	白菜 10 斤	葱 10 斤	豆油 10 斤	盐 10 斤	粉条 10 斤	猪肉 10 斤	牛肉 10 斤	烧酒 10 斤	白糖 10 斤
乌吉密河	2 分	2 毛	2 毛	1.1 圆	1.4 圆	1.7 圆	2 圆	1.8 圆	1 圆	2 圆
延寿	2 分	1 毛 8 分	2 毛	8 毛	1.4 圆	1.7 圆	2 圆	1.6 圆	1 圆	1.7 圆
一面坡	2 分	2 毛	2 毛 2 分	1.1 圆	1.4 圆	1.3 圆	2.5 圆	1.6 圆	1 圆	1.9 圆

(三)马粮

地名 \ 种类 单位	大豆粕 20 斤	谷草 100 斤	稻草 100 斤	高粱 1 石	麸 1 麻袋	米糠 1 麻袋
乌吉密河	1 毛 8 分	3 毛 5 分	3 毛	4 圆		1 毛
延寿	1 毛 5 分	3 毛	2 毛 8 分	3 圆		1 毛
一面坡	1 毛 8 分	3 毛	3 毛	4.5 圆	8 毛 5 分	1 毛

十七、结语

由于匪害严重,农民无法过上安定的生活,并且在播种期、收获期都不能够按时进行劳作,导致农作物产量减少。除此之外,谷物价格的暴跌也让农民纷纷放弃耕地,生活较富裕的人都去城市避难。

如果购买被农民们放弃的土地,感觉可以以较低廉的价格购入。今后随着治安条件的好转,可以预期内地的农业可以以小家庭的形式移民,不能期望有大规模的集体移民。如果日本的农业移民不致力于水稻栽培,就没有经济可行的方法种植大豆和高粱等普通作物。相比于大家庭的农业种植方而言,小家庭里有两三名劳动力一起农作反而是更重要,并且是更加理想的农业发展方式。

现在满洲国人的农民根据地区所需以大家族的方式来经营农业的。

最后希望日本的农业移民精神上和物质上都能够过上幸福的农村生活。

经济资源调查报告书第　*　号

黑龙江　6　号农业第　2　号

昭和 9 年 4 月

齐齐哈尔—甘南沿线农业调查报告

秘

满铁经济调查会

调查员　　田中义英

助手　　　冈村笃太郎

翻译　　　加纳忠一

第十四师团

调查员	助手	翻译
福井文吉	小林春雄	徐钟恩
田中义英	冈村笃太郎	加纳忠一
山田茂胜	生驹武彦	山下正己

绪　言

　　本调查队加上齐齐哈尔驻地第十四师团供水调查队第八班的成员,于昭和 9 年 2 月 2 日从大连出发进行调查,此次调查历时 20 天。

　　在本次调查中感觉到最明显的不便是村落的行政单位极其不统一。村庄与村庄之间相隔几华里,由几户(约 10 户)组成,属于这个村庄的户又受到其他村庄的管辖。不仅这样,作为村庄长官的屯长大部分都是文盲,不能从他们那里获取有效的信息。为了了解整个村子的情况必须把所有的牌长都集中起来。知识水平的低下导致在该地区的调查效率十分低。

　　调查队的成员如下:

队长	工兵第十四大队第二中队	工兵中尉	山口一
调查员	水质调查班	关东厅	石见隆义
	地质调查班	满铁地质调查所	山口四郎
	资源调查班	满铁经济调查会	田中义英
	助手	满铁经济调查会	冈村笃太郎
	翻译员	满铁经济调查会	加纳忠一

此外还有下士官和士兵,共 26 人。

　　途经地和停留天数如下所示:

　　2 月 8 日齐齐哈尔出发→文固达(停留 8 天)→甘南(停留 10 天)→2 月 26 日返回齐齐哈尔

　　本报告书中所出现的度量衡单位的换算率如下所示:

　　度量衡及土地面积

		甘南	文固达
一、度量衡	裁尺 1 尺	=日本尺 1.145 尺	日本尺 1.15 尺
	大布尺 1 尺	=日本尺 1.72 尺	日本尺 1.88 尺
	木尺 1 尺	=日本尺 1.04 尺	日本尺 1.05 尺

	1 斗	= 2.61 石	2.5 石
	1 斤	= 140 匁	140 匁
二、土地面积	1 弓	= 27.04 平方尺	27.04 平方尺
	1 亩	= 216 坪	216 坪
	1 晌	= 7.21 反	7.21 反
	1 方地	= 32.445 町步	32.445 町步

目 录

第一节　经过地方的地理情况和居民的社会习惯

本调查所涉及的区域位于大兴安岭的入口,东南面从齐齐哈尔到渡过嫩江的甘南以及甘南街道沿途一带。如果以县级来显示的话,跨越龙江、甘南两县,横跨龙江县西北部和甘南县。甘南县在位于离齐齐哈尔西北部约 90 公里的地方。甘南街道是连接两者的干线。此线作为交通道路被开发,从齐齐哈尔坐车大约 3 个小时就到了。从甘南向西前进约 100 公里就到了中东铁路上的扎兰屯站。

概观全体地势的话,东南部靠近嫩江,作为其支流的音河在甘南街道的东边平行着流淌,折向西北部,源头从大兴安岭流出。西北部一带由大兴安岭的山岳地带构成,东南部被开发后和广阔的沙漠地带的北满谷仓相连。齐齐哈尔与甘南之间的的平原地带上散落着村庄,还有很多未开垦的部分。甘南和扎兰屯之间山岳地带较多。音河流域由有丘陵起伏的平原地带构成,但可耕地面积很少。嫩江和音河环绕本地区流淌,有两河共同泛滥的情况。尤其音河,虽然是河宽不足 25 米的小河,但其灾害会带来相当大范围的损失。

在本调查地区的山岳地带上,野生着尚称不上是森林的杂草灌木一类。

如果把居民的生活关系作一般意义上的规定,当然尚未形成高级的社会关系,但聚居的村庄相互之间保持密切的联系。虽然依然实行自给自足为原则的经济基础,但是其中也混杂着相当程度的交换经济。本地区的大部分地方作为所谓的甘井子拓荒地在 1906 年向拓荒者开放,虽然有各种保护奖励措施,但因土质不好故人口的流入并不如预期。本地区临近齐齐哈尔,交通便利,人口平均广泛的分布开来。

本地的一切都在齐齐哈尔市场的支配圈里,甘南是甘南县公署的所在地,人口约有 4,500 人,是附近村庄的日用品供给市场,这所有都是依存齐齐哈尔,与扎兰屯几乎没有任何联系。

原因在于扎兰屯街道穿过山岳地带,交通不便。本地的交通搬运工具只有大车和大轮车,其他没有值得关注的东西。

将居民的社会习惯按不同项目,如下所示:

1. 教育和宗教

本地的教育设施非常缺乏,是因为大部分的农村村庄还处在较低程度的经济阶段。

教育和宗教在本地有紧密的联系。也就是说,应该关注本地天主教广泛分布,成为地方文化的指导力量这种情况。不管在文固达还是甘南,都有各自的教会,尽管教会还不完善,但经营着小学。两个教会中各有一名瑞士人牧师兼任小学校长,收容儿童,教授《圣经》。其教授内容和满洲国的县立小学没有大的差别。甘南的天主教小学的情况如下所示:

儿童数　　　男　120 名　　女　　70 名

学童年龄　　　7—16岁

职员数　　　　校长以外3名

创立年份　　　民国19年

学科科目　　　算术、国语、修身、自然、经学、地理、历史、图画、手工、体操、音乐等

课外　　　　　圣经

所有的学科内容都是采用《圣经》的主旨来教学。

文固达只有天主教小学,规模较小,作为龙江县立小学被移送到县上接管。甘南的县立第一初高两级小学的情况如下所示。

儿童数　　　　75名(全是男生)

学童年龄　　　7—16岁

职员数　　　　校长以外4名

创立年份　　　民国17年

学科科目　　　算术、国语、修身、常识(自然)、经学、地理、历史、图画、手工、体操、音乐等

教科书主要使用文教部审定的奉天教育厅图书编纂委员会编纂的图书。儿童的就学率大概能达到40%。

从宗教来看,如上所述,本地的天主教的信徒普遍分布,远超过佛教徒。依据甘南及文固达警局的调查显示,其繁盛程度如下:

	总户数	816户
	天主教徒	58户
甘南	属于新教的数量	13户
	佛教	35户
	其他是儒教信徒	
	总户数	181户
文固达	天主教徒	118户
	其他都是佛教及儒教信徒	

原本在中国文化的影响下,该地区的居民对儒教的信奉程度应与日本的神道相提并论,但在所谓的宗教形态里,天主教占绝大多数。从甘南的天主教小学和县立小学的创立年份来看,尽管是后者的更靠前,但就儿童的收容数量来看,却是前者占绝大多数。这样的情况应该能成为证明天主教的普及程度的资料。

本地天主教的入驻大约在民国18年,以齐齐哈尔天主教会为根据地,始于德国和瑞士牧师的布教。

2.卫生娱乐

没有值得记录的卫生设备和娱乐机关。

地方居民吸食鸦片的情况与卫生和娱乐两者相关,虽说经常吸食的人大体上只有二十分之一,但实际上更多。没有特别设置厕所,澡堂设备在本调查所涉及的地方一个也没有。

3.共同观念

本地区居民的共同观念非常缺乏。只有以维持治安为目的的自卫团,农会、商务会等都是有名无实,全然没有实现其作用。

并没有像与共同观念相关联,极其自由地入会。

4.治安情况

大同元年期间,虽然遭受数次匪乱之害,但是现在的治安情况大体上良好。治安依靠警察队、自卫团来自行维持,现在即使是个人旅行,也几乎不用担心安全问题。

第二节　气候以及土壤

1.气候

本调查地区没有正确的气象统计。适用齐齐哈尔的统计,没有大过错,较为妥当,如下所示是满铁齐齐哈尔事务所的气象统计。

齐齐哈尔气象所

(历年平均)

项目月份	平均气温	最高气温	最低气温	高低差	地面温度	最低地温	地下温度 (0.3m)	风速 (m/s)	季风方向	日照时间	雨量 (mm)	霜
一月	-22.1	-15.8	-28.7	12.9	-19.7	-30.3	-13.4	2.8	北	212.1	2.4	
二月	-16.7	-11.5	-23.6	12.1	-14.8	-26.4	-12.2	3.7	北、西北	194.8	1.5	
三月	-4.6	6.8	-13.5	20.3	-0.5	-15.7	-4.5	6.0	西、西北	250.2	3.8	
四月	6.5	15.1	-3.2	18.3	12.0	6.7	1.4	5.7	西、西北	265.1	16.2	
五月	14.3	21.8	5.3	16.5	21.5	4.5	9.7	5.6	南、西南	229.4	31.6	初霜八月中旬
六月	20.0	24.4	11.7	12.7	27.9	9.2	15.6	4.4	北、西北	231.7	94.9	
七月	23.7	27.4	18.8	8.6	29.1	15.3	20.3	4.1	北、东北	293.0	35.9	终霜三月下旬
八月	21.7	26.7	15.9	10.8	26.3	13.9	19.9	3.4	西	165.2	157.2	
九月	13.8	20.1	7.2	12.9	18.9	3.8	14.2	4.7	北	237.0	34.0	无霜期150日
十月	5.0	13.8	-5.0	18.8	7.5	-4.6	7.2	4.8	北	266.0	9.8	
十一月	-7.8	2.7	-14.3	17.0	-5.4	-15.4	-0.5	3.3	西	156.4	1.4	
十二月	-18.9	-9.4	-24.7	15.4	-16.1	-25.2	-7.1	2.6	西北	179.5	1.4	
年平均	2.9	-10.2	-4.5	14.7	7.2	-6.5	4.2	4.3	西、西北	2,656.9 (计)	480.1 (合计)	

与此表对比如下所示,是从文固达以及甘南的地方居民调查而来的气象状况。

调查地气象表

项目 地名	初霜	终霜	初雪	终雪	雪深	结冰	解冰	地下结冰
文固达	八月上旬	三月上旬	十月上旬	三月上旬	2尺	十月中旬	三月初旬	从十月下旬开始,达到6—7尺
甘南	八月上旬	三月中旬	十月上旬	三月上旬	1—2尺	十月中旬	三月中旬	从十月下旬开始,达到7—8尺

项目 地名	播种期旱灾	繁茂期旱灾	水灾	雹灾	主风方向	风灾
文固达	程度很轻	没有	从民国19年左右开始,每年都有水灾,大同2年浸水3—5尺	五年一次	西北风	播种期最多,有时不能播种
甘南	次数少,有时候会延期半个月到一个月播种	5—6月即使多也是程度轻	音河泛滥多次,前年浸水2尺	很少	西北风	2、3月份风大,有在发芽期受害的情况

还有,调查中实际观测到的天气及气温表如下所示:

所在地气温台

所在地	文固达	文固达	文固达	文固达	文固达	文固达	文固达	文固达
月	2	2	2	2	2	2	2	2
日	8	9	10	11	12	13	14	15
天气	晴	晴	多云转晴	晴	小雪转晴	晴	晴	晴
风向	西	西	西北	西	西北	北	西	西

续表

		所在地	文固达	文固达	文固达	文固达	文固达	文固达	文固达	文固达
气温	上午（零下）	2:00		19	20	22	24	16	25	25
		4:00		20	21	24	24	24	22.5	25
		6:00		20	19	24	26.5	15	22.5	23
		8:00	19	18	16	20	23	12	20	17.1
		10:00	15	11	10	16	18	11	13	12
		12:00	10	9	9	14	12	10	10	18
	下午（零下）	2:00	7	8	10	10	9.5	9.5	9.5	6
		4:00	9	10	11	14	12	10	11	7.5
		6:00	13	14	16	17	16	16	19	14
		8:00	16	16	19	20	18	19	20	16.5
		10:00	18	18	22	23	18	21.5	24	18
		12:00	18	19	22	23	17	23	24.5	18.5

		所在地	甘南	甘南	甘南	甘南	甘南	甘南	甘南	甘南	甘南
		月	2	2	2	2	2	2	2	2	2
		日	16	17	18	19	20	21	22	23	24
		天气	多云转晴	多云转晴	晴	晴	晴	晴	晴	晴	晴
		风向	西北	北	北	西	北	东西#	北	西	西北
气温	上午（零下）	2:00	20	15	23	26	29	25	23	23.5	19
		4:00	25	17	26	27	30	28.5	25	21	17
		6:00	20	17	27	28	30	26	23	23	16
		8:00	17	16.5	26	24	26	23	21	18	15
		10:00	16	12	20	20	24	15	12	12	9
		12:00	10	11	14	18	16	10	9	9	5
	下午（零下）	2:00	5.5	10	12	14	14	8	10	4	4
		4:00	5	12	14	13	19	10	10	9	9
		6:00	10.5	18.5	17	21	22	16	15	13	13
		8:00	12	21	21	24	23	18	18	14	14
		10:00	13	24	24	27	23	20	19	17	17
		12:00	14	24	25	28	24	22	20	18	18

备注：所在地的气温都是零下。

2.土壤

本地属于第四纪层,八里岗子以南属于新层,上层是黑灰色粘土土质,下层多是细微的沙层。甘南附近属于四纪古层,下层富含砾土。土质平均良好,到西北部的山岳地带增加了一些肥沃度。碱性土壤到处散落着,据说平均1晌地能有1亩乃至2亩。

调查各地的土壤状态,结果如下表所示:

各地的土壤状况表

项目＼屯名		文固达	＊＊	＊＊	卜哈拉坊	拉马坊子	西勒杜	星安堡	后甘井子	大岗	前长岭沟
上层	性状	＊＊					黑＊＊土				
	深度	1米									
中层	性状	黄色粘质	黄色粘质	黄色粘质	黄色砂质	黄色砂质	黄色砂质	黄色粘质	黄色粘质	黄色粘质	黄色粘质
	深度	0.5米	0.5米	0.5米	0.5米	0.5米	0.5米	0.5米	0.5米	0.5米	0.5米
下层	性状	砂		砂质	砂质		黄色砂质	黄色砂质	砂质	砂质	砂质
	深度	3.＊米	2.5米				不详	不详	不详	不详	不详
土质		中等	中等	肥沃	中等	中等	肥沃	肥沃	肥沃	肥沃	肥沃

第三节　村庄的户口、职业内容及聚集形式

调查各村庄的人口、户数,结果如下表所示。

村庄的户数和人口表

地名		文固达	＊＊＊	马家屯	姜家地房子	李家地房子	郭家岗子	三棵树	小榆树	双岗子	靠山屯	哈什哈	喇吗房子	八里岗子	太平川
户数		181	118	32	12	19	21	38	30	48	34	84	135	44	52
人口	男	631	413	105	76	50	63	122	90	164	118	266	445	164	219
	女	524	380	95	53	48	59	86	81	131	80	254	367	99	191
	合计	1,155	793	200	129	98	122	208	171	295	198	520	812	263	410

地名		西勒图	土房子	后五家字	舍根泡子	陈家阿拉	吴家阿拉	悦明阿拉	马哈台	音钦多布台	十五里屯	大胡店	腰店	戚店	查查力
户数		67	50	32	48	18	31	18	52	8	38	63	33	33	128
人口	男	280	186	113	155	71	97	54	152	36	155	184	117	86	388
	女	184	146	98	126	53	77	53	132	33	113	168	74	69	292
	合计	464	332	211	281	124	174	107	284	69	268	352	191	155	680

地名		小哈拉坑子	大哈拉坑子	长岗子	四方山	福知村	长山村	大平村	前甘井子	西甘井子	五峰山	中央十一屯	唐营长屯	韩家沟屯	姜家粉房
户数		110	126	56	102	76	75	94	79	100	59	10	18	50	29
人口	男	434	401	184	437	297	402	447	522	623	351	73	156	230	271
	女	366	341	160	289	274	324	387	434	468	310	57	114	163	222
	合计	800	742	344	726	571	726	834	956	1,091	661	130	270	393	493

地名		刘广全屯	干家窑堡	陶家窑堡	正阳村	兴隆庄屯	双峰山屯	聚宝山屯	兴隆泉屯	中兴村	长发村	金山村	福寿村	靠山村	太平村
户数		10	25	14	19	47	26	18	26	30	16	20	19	19	30
人口	男	92	129	79	93	290	92	63	124	279	150	89	150	125	170
	女	61	74	59	74	174	60	55	114	222	128	87	124	89	132
	合计	153	203	138	167	464	152	118	238	501	278	176	274	214	302

地名		兴隆村	安兴村	金海村	后甘井子	哈牙屯	霍多台	前三道岭	大岗	音钦屯	星安堡	甘南县城			
户数		9	10	20	69	27	50	140	83	156	59	816			
人口	男	80	117	197		153	190	467							
	女	55	80	132		101	146	375							
	合计	135	197	329	561	254	336	842	584	1,092	561	4,507			

各个村庄的职业类别以及内容,如下表所示:

村庄职业及内容

项目＼屯名	音钦屯	哈牙屯	霍多台	星安堡	前三道岭	后甘井子	文固达	甘南	小哈拉坑	大岗	合计	比例(%)
农业户数	54	27	50	32	34	40	92	69	60	41	499	30
工商业户数	—	—	—	兼农业3	6	—	3	96	1	—	109	6
农业劳动户数	102	—	—	24	100	29	83	408	48	42	836	49
工商劳动户数								3	117		120	7
其他	—	—	—	—	—	—	—	126	1	—	127	8
合计	156	27	50	59	140	69	181	816	110	83	1,691	

依据此表来看,本地的主要职业是农业,商业和工业只是作为农业的辅助职业而存在。(关于农业劳动户数将在后面叙述。)

接下来看村庄的聚居形式。行政的最小单位称之为牌,一般10户形成牌,集中数个牌统辖于甲长,数个甲形成屯,屯又被乡编入在内。虽然有牌在同一个屯内形成集体的情况,但在本地大概还是分散的各个牌各自形成集体的情况多些。还有同一个屯名下面,有的牌为求便利,归属于其他屯长的行政管辖,因此行政区分是非常复杂的。这些情况在序言上已提到。

总而言之,本地居民的谋生职业几乎都是农业,经济基础就是以自给自足为原则的农村经济。

第四节　耕地和未开垦地的情况

各屯已开垦和未开垦的耕地的实际数目和比例如下所示:

各村庄已耕地面积和其比例

种类＼屯名	文固达	哈牙屯	后甘井子	霍多台	小哈拉坑	音钦屯	星安堡	大岗	前三道岭	甘南县城	合计
总面积(晌)	2,804	555	901	1,296	2,007	1,200	1,600	851	3,870	842	15,926
已开垦土地 面积(晌)	1,006	331	501	932	870	500	600	616	991	313	6,660
已开垦土地 比例(%)	36	60	56	72	43	42	38	72	26	37	42

续表

种类		屯名	文固达	哈牙屯	后甘井子	霍多台	小哈拉坑	音钦屯	星安堡	大岗	前三道岭	甘南县城	合计
未开垦土地		未开土地总面积	1,798	224	400	364	1,137	700	1,000	235	2,880	529（地皮）	9,267
		比例(%)	64	40	44	28	57	58	62	28	74	63	58
	可耕未垦地	面积(晌)	1,258	208	100	274	787	100	500	137	1,440	—	4,804
		比例(%)	45	37	11	21	40	8	31	16	37	—	30
	不可耕未垦地	面积(晌)	540	16	300	90	350	600	500	98	1,440	529	4,463
		比例(%)	19	3	33	7	17	50	31	12	37	—	28

第五节　地价

各村庄民国 19 年和大同 3 年的地价的调查结果如下所示：

地价表 　　　　　　　　　　　　　　　　　（国币）

种类		地名	文固达	哈牙屯	后甘井子	霍多台	小哈拉坑	音钦屯	星安堡	大岗	甘南县城	前三道岭
时价	耕地	上等	21.30	14.20	10.71	5.00	10.70	7.14	28.60	25.00	400.00	35.70
		中等	17.75	7.10	—	4.00	—	—	—	—	300.00	—
		下等	10.65	4.26	3.57	3.00	8.60	2.90	21.00	21.00	150.00	21.00
	未耕地	上等	—	2.84	0.71	2.00	7.14	3.57	8.57	12.80	—	—
		中等	—	2.13	—	—	—	—	—	—	—	—
		下等	—	1.42	0.36	1.00	5.00	1.60	5.70	10.70	—	—
民国19年的地价	耕地	上等	35.50	21.30	25.20	24.85	21.50	21.40	57.00	35.70	500.00	50.00
		中等	24.75	10.65	—	21.30	—	—	—	—	400.00	—
		下等	17.75	3.55	10.71	18.46	50.00	10.70	35.70	32.10	300.00	28.60
	未耕地	上等	7.10	7.10	2.10	4.97	32.00	10.70	21.00	14.30	—	10.00
		中等	4.30	5.70	—	3.55	25.00	7.14	—	—	—	—
		下等	2.80	2.80	1.60	2.13	—	—	14.30	12.80	—	7.14

　　从上表可以看出在事变前后,地价大致上走向了渐渐回落的趋势。这是因为事变前后遭到匪徒的加害,农民的土地购买力下降了。现在几乎看不到土地的买卖,很多地方都对地价无法评估。如果治安稳定,农民的经济能力有所恢复的话,可以预测不久就会呈现高涨的势头,但眼下事实上土地买卖并未进行。

第六节　租税

　　农民负担的国税和地方税的税种和税率,如下表所示(龙江、甘南两县相同)。

农民的诸税

1.土地税

税目	地租	三费	经 * 费	街基费	园基费	清赋照费	清赋经费
课税对象	田地	田地	田地	市街地	菜园地田地	田地	
课税标准及税率	上中等地每晌则江洋 5 角,下等则 3 角	上等地每晌则 3 分,中等地则 2 分,下等地则 1 分	地租和三费总额的 3%	1 丈方一等地江洋 1 分厘,二等地 7 厘,三等地 3 厘	1 丈方江洋 7 毫	每晌江洋 2 圆	每晌江洋 4 圆
纳税义务者	土地所有	土地所有	土地所有	土地所有	土地所有	土地所有	土地所有
征收官署	县公署	县公署	县公署	县公署	县公署	县公署	县公署
纳税期	十二月一日开始到第二年六月末	十二月一日开始到第二年六月末	十二月一日开始到第二年六月末	四月一日开始至六月末	四月一日开始至六月末	清赋申请时	清赋申请时

2.契税

税目	买契税	典契税	契纸费	租契税
课税对象	买卖契税	典质契税		商租契约
税率	买卖契税额的 6%	典质契约额的 3%	1 张江洋 5 角	商租契约额的 5%
纳税者	买主	承典人	契约者	商租人
征收者	县公署	县公署	县公署	县公署
纳税期	随时	随时	随时	随时

3.生产税

税目	粮食税	鸡蛋税	豆饼税	石税	鱼税	山货皮张税	植树税	植树附加税	木炭税
课税对象	谷类	鸡卵	豆粕	石材、石制品	鱼类	山货皮张	木材、杂木、木制品	木材、杂木、木制品	木炭
税率	5%	5%	3%	7%	12%	11%	21.8%	7%	11%
纳税者	买主或者卖主	贩运人	制造人	贩卖人	贩运人	买主或者卖主	贩运人	贩运人	贩运
征收者	税捐局	税捐局	税捐局	税捐局	税捐局	税捐局	税捐局	税捐局	税捐局
纳税期	随时	随时	随时	随时	随时	随时	随时	随时	随时

税目	靛碱税	麻税	油税	皮硝税	羊草税	骨殖税	白条猪税	出境牛肉税	猪羊猪税
课税对象	靛碱	麻	油类	皮硝	牧草	骨殖	冻猪肉	输出牛肉	猪羊猪
税率	7%	4%	香油、豆油5%,酥黑油4%	5%	3%	5%	每口3%	5%	5%
纳税者	买主	买主	制造者贩卖人及买主	贩运人	贩运人	贩运人	贩运人	贩运人	贩运人
征收者	税捐局	税捐局	税捐局	税捐局	税捐局	税捐局	税捐局	税捐局	税捐局
纳税期	随时	随时	随时	随时	随时	随时	随时	随时	随时

4.烟酒税

税目	烟税	白酒税	黄酒税
课税对象	烟草	烧酒	黄酒
税率	11%	1斤(日斗约3合7勺)江洋2分	1斤江洋2分
纳税者	生产者或者输入者	制造者或者输入者	制造者或者输入者
征收者	税捐局	税捐局	税捐局
纳税期	贩卖或者输入时	每月末输入输入品时	每月末输入输入品时

5.牲畜、屠宰、印花、杂税

税目	牲畜税	屠宰税	印花税	税捐自治费
课税对象	猪、羊、骡子、驴、牛、马	屠杀牛、猪、羊	第一类到第四类契约书及账簿	从地方7厘捐中取1厘
税率	5%	牛1头江洋1圆,猪1头江洋3角,羊1只江洋2角	有定例税和比例税两种	
纳税者	买主	所有者	账簿作成者或者受领者	贩运人

税目	牲畜税	屠宰税	印花税	税捐自治费
征收者	税捐局	税捐局	县公署及税捐局	税捐局
纳税期	随时	随时	随时	随时

第七节　土地所有情况及农业的经营规模

1.土地所有

土地所有面积的大小如下表所示:

各村庄农耕地所有权情况表

种类 \ 屯名	哈牙屯	后甘井子	霍多台	小哈拉坑	星安屯	文固屯	甘南	大岗	合计	比例(%)
无土地	9	47	31	64	32	128	40	55	406	62
不满 5 晌	2	2	2	13	12	17	9	5	62	9
6 晌—10 晌	3	5	4	15	—	7	7	5	46	7
11 晌—20 晌	8	6	5	5	8	9	6	6	53	8
21 晌—30 晌	1	5	3	4	2	5		3	23	4
31 晌—50 晌	4	1	2	4	3	9	2	6	31	5
51 晌—100 晌	—	3	2	4	2	6	3	3	23	4
100 晌以上	—	—	1	2	—	—	1		4	1
合计	27	69	50	110	59	181	69	83	648	
极数(晌)	37	50	500	185	70	80	125	60		
同上所有面积(晌)	155	90	750	370	90	100	125	112		

备注:只针对农家户数进行统计。

如下所示是为了了解本地的耕地所有规模的大小而得到的甘南附近地区的更多的统计:

种类 \ 项目	农家户数	比例(%)
无土地	823	71
不满 5 晌	83	7

项目 种类	农家户数	比例(%)
6 晌—10 晌	57	5
11 晌—20 晌	73	6
21 晌—30 晌	54	4.6
31 晌—50 晌	50	4.2
51 晌—100 晌	17	1.5
100 晌以上	8	0.7
合计	1,165#	
极数	360 晌	
备注:本表是甘南县第二乡到第五乡的统计(注:第一乡是甘南县城)。		

甘南附近是本调查地区中具有代表性的农村,所以用上表的统计数字来表示本地的耕地所有规模应该是妥当的。

2.经营规模

经营面积的大小如下所示:

各村庄级别经营面积的统计

屯名 晌数	文固达	哈牙屯	后甘井子	霍多台	小哈拉坑	音钦屯	星安堡	大岗	甘南	前三道岭	合计	比率(%)
不满 5 晌	31	2	3	4	15	7	10	10	28	10	120	26
5 晌—10 晌	21	2	13	1	11	6	—	9	18	17	98	21
11 晌—20 晌	20	5	9	8	9	5	13	8	12	7	96	21
21 晌—30 晌	10	5	10	5	12	3	5	3	1	14	68	15
31 晌—50 晌	5	7	1	6	6	6	5	6	—	3	45	10
51 晌—100 晌	5	—	1	—	4	9	2	3	—	1	25	5
100 晌以上	—	—	—	3	4	—	—	—	—	2	9	2
合计	92	21	37	24	60	40	35	39	59	54	461	100
极数	80	40	50	48	185		70	60	30			

在经营规模方面,和前面记述的第一项一样,甘南附近的统计数字如下表所示:

种类 \ 项目	农家户数	比例(%)
不满 5 晌	114	23
6 晌—10 晌	109	22
11 晌—20 晌	130	26
21 晌—30 晌	69	14
31 晌—50 晌	56	11
51 晌—100 晌	18	4
100 晌以上	1	0[①]
合 计	497	
极 数	157	
备注:本表是甘南县第二乡到第五乡的统计(注:第一乡是甘南县城)。		

接下来是经营面积和家畜数,如下所示:

各村庄家畜头数

项目 \ 屯名	文固达	哈牙屯	后甘井子	小哈拉坑子	霍多台	星安堡	大岗	甘南县城
晌数	10	20	10	10	10	10	10	10
马	2	1	5	1	1	4	2	2
牛	—	3	—	1	15	—	—	—
骡子	—	—	—	1	2			
合计	2	4	5	3	8	4	2	2
晌数	80	40	50	185	48	70	60	30
马		5	12	12	6	12	6	4
牛		—	—	—	—	—	—	—
骡子		—	—	8	3	—	—	—
合计		5	12	20	9	12	6	4

注:本项调查有残缺。

各种经营规模的家庭构成如下所示:

---

① 译者注:原文简省数字,实为 0.2%。

经营以及家庭构成表

家庭情况 \ 屯名 \ 户主	文固达 赵殿银	文固达 周风现	文固达 孙庆昌	文固达 狄宝茶	文固达 邓世勒	文固达 韩起元
经营面积(晌)	40	5	5	15	5	15
男 60岁以上	2	—	—	1	—	—
男 壮年	7	3	5	5	1	5
男 不满15岁	5	—	—	2	1	1
女 60岁以上	—	—	—	—	—	—
女 壮年	5	2	2	2	1	3
女 不满15岁	5	—	—	—	1	2
长期雇用的工人	3	—	—	—	—	—
家人总数	27	5	7	10	4	11
可劳动人口	10	3	5	5	1	5

家庭情况 \ 屯名 \ 户主	文固达 张峻峰	文固达 韩起发	文固达 登士仁	文固达 李子青	甘南县城 郭嵩年	甘南县城 路相臣
经营面积(晌)	22	10	15	5	20	20
男 60岁以上	—	—	—	—	2	1
男 壮年	3	5	1	4	6	1
男 不满15岁	2	1	—	1	7	—
女 60岁以上	—	1	1	1	—	1
女 壮年	1	5	1	3	6	1
女 不满15岁	—	2	2	4	6	—
长期雇用的工人	2	—	1	—	—	5
家人总数	8	14	6	13	27	9
可劳动人口	5	5	2	4	6	6

尝试以五口之家来调查维持本地中等生活标准所需要的标准耕地面积,得到如下的结果:

地名	哈牙屯	后甘井子	小哈拉坑子	霍多台	大岗	文固达	前三道岭
晌数	20	10	15	10	25	10	25

第八节　佃农情况

1.佃农比例

各村庄自耕、佃耕状况如下所示:

屯名	哈牙屯	后甘井子	霍多台	小哈拉坑子	音钦屯	星安堡	文固达	大岗	甘南县城	合计	比例(%)
地主	3	3	—	—	—	—	2	2	11	21	2
地主兼佃农	—	2	1	13	—	8	5	5	1	35	3
自耕农	4	16	4	27	40	7	53	20	18	189	18
自耕农兼佃农	11	1	8	6	14	1	4	—	—	45	4
佃农	6	18	11	14	—	9	28	13	39	138	13
农业劳动者	3	29	26	48	—	24	79	42	389	640	60
合计	27	69	50	108	54	49	171	82	458	1,068	

从上表可以看出,农业经营者中自耕农占最多,佃农居第二。即使在地主农户中,仔细看其内容的话,可以看到未必全是拥有大面积耕地并进行经营的。比如说,极小经营规模的农家,把自己的经营地租给别人耕种,自己却给别人劳动来维持生计这样的情况到处都是。并且在地主中有少数不在本地的地主。

2.佃耕惯例

本地交纳地租的方法都是以物品交纳,没有交纳金钱的,用定额制式的方式,不采用分益的方式。文固达附近地租普遍是每响地缴纳高粱、大豆、粟等各自4—5斗。越往北缴纳的越多,如大岗地区可达到7斗乃至1石。在甘南,形成了1响地交纳大豆1斗、粟2斗、玉米2斗合计5斗的惯例。遇到歉收,斟酌其情况并协定佃耕费用。大多每年更换一次佃耕期,但有时候2到3年乃至5年左右更换一次。没有签定契约书而以口头达到协议。没有永久租地的形式。

第九节　农业金融

本地没有可以称作金融机关的地方。也没有当铺、高利贷这样的平民金融机关。所有的借贷关系在亲友之间以互助形式进行。

互助金融的借贷条件多是采用抵押形式,以实物为信用担保,将土地作抵押物件,耕种权在承借人名下。借入金额一般是每 1 晌熟地限定借江洋 15 圆,利率普遍是每月 5 分。虽然进行信用借贷,但只不过是极短时间的一时融通的程度。典当、批发等的金融方法也不是完全没有,但是实际上进行的例子目前几乎看不到了。现物借贷采取极其任意的借贷方法进行少量交易。

大同 2 年,满洲国政府拿出的春耕资金在本地多用于购买耕作用的家畜、农具,还用于补充不足的生活费的消费借贷形式。所以几乎不进行回收。

本地的通用货币最多的是国币。其次是江大洋,流通的越来越多。金票的流通额很少。

下面是当时的换算率:

金票 1 圆	国币 0.88 圆
	江洋 1.20 圆
国币 1 圆	金票 1.14 圆
	江洋 1.40 圆

第十节　农业劳动

关于农业劳动者户数及其比例,已经在第三节《村庄的户口、职业内容及聚集形式》一项中提到。所谓的农业劳动者,与其说是为农业经营提供劳动的人,不如说在农村依靠劳动来维持生计的农村租赁劳动者。劳动的用途在农业经营或者是交通运输等都不确定。

所谓的农业经营劳动的供给源都是各村庄的剩余劳动力,没有称之为移动劳动力,但有剩余劳动力时就到齐齐哈尔的其他地方离乡外出干活。雇佣多采用年工的形式,包食宿。月工在农繁期较多,月工的食宿也由雇主负担。日工普遍都是只提供吃饭。因为彼此都是老关系了,所以一般都是口头约定,不特别签定契约书。年工的工资作为契约金,先付大约一半,剩下的在阴历十一月完结,这已形成惯例。

各村庄的年工、月工、小工的工资如下所示:

农业劳动工资表

屯名	后甘井子	小哈拉坑	霍多台	音钦屯	星安堡	大岗	文固达	前三道岭	甘南
长工	120.00—140.00	120.00—150.00	50.00—100.00	90.00—120.00	120.00—160.00	80.00—130.00	75.00	80.00—120.00	110.00—120.00
月工	8.00—20.00	15.00—20.00	—	10.00—15.00	16.00—50.00	15.00—18.00	15.00	10.00—25.00	10.00—18.00
日工	0.30—1.20	1.00—1.40	—	0.70—1.40	0.80—2.00	0.60—1.50	1.00	0.80—1.00	0.50—1.20
备注:价格以江洋表示。									

第十一节　主要作物的种类以及种植情况

　　本地的主要农作物是大豆、粟、玉米、高粱、小麦、糜子等,主要商品作物是大豆。本地没有水稻栽培,也没有值得关注的蔬菜类。各村庄主要的农作物种植面积、种植比例和每晌的收成量(满洲斗)如下所示:

哈牙屯

作物名	大豆	谷子	小麦	高粱	玉米	其他	合计
种植面积(晌)	60	85	16	77	70	23	331
种植比例(%)	18	26	5	23	21	7	100
每晌收成	8斗	1石2斗	5斗	1石	1石3斗		
总收成(石)	48	102	8	77	91	—	326
备注							

后甘井子

作物名	大豆	谷子	小麦	高粱	玉米	荞麦	糜子	合计
种植面积(晌)	207	71	18	41	58	44	33	472
种植比例(%)	44	15	4	9	12	9	7	100
总收成(石)	1.0	1.2	1.1	1.5	1.5	1.2	1.0	
总收成(石)	207	85.2	19.8	61.5	87	52.8	33	546.3
备注								

小哈拉坑子

作物名	大豆	谷子	小麦	糜子	荞麦	高粱	玉米	合计
种植面积(晌)	200	120	60	50	30	300	60	820
种植比例(%)	24	15	7	6	4	37	7	100
每晌收成(石)	1.0	1.5	0.7	1.0	1.0	1.5	1.5	
总收成(石)	200	180	42	50	30	450	90	1,042
备注								

霍多台

作物名	大豆	谷子	小麦	菱大麦	荞麦	高粱	玉米	合计
种植面积（晌）	55	45	25	50	170	35	129	509
种植比例（%）	11	9	5	10	33	7	25	100
每晌收成（石）	0.8	1.3	1.0	1.0	1.0	1.5	1.5	
总收成（石）	44	58.5	25.0	50.0	170.0	52.5	193.5	593.5
备注								

音钦屯

作物名	大豆	谷子	小麦	菱大麦	糜子	荞麦	高粱	玉米	合计
种植面积（晌）	75	75	20	25	45	36	15	56	347
种植比例（%）	22	22	6	7	13	10	4	16	100
每晌收成（石）	1.0	1.3	0.8	1.5	0.5	1.0	1.0	1.3	
总收成（石）	75	97.5	16.0	37.5	22.5	36.0	15.0	72.8	372.3
备注									

星安堡

作物名	大豆	谷子	小麦	大麦	糜子	荞麦	高粱	玉米	合计
种植面积（晌）	200	150	10	2	20	30	90	50	552
种植比例（%）	36	27	2	0	4	5	17	9	100
每晌收成（石）	0.9	2.0	1.0	3.0	2.0	2.0	2.5	2.5	
总收成（石）	180.0	300.0	10.0	6.0	40.0	60.0	225.0	125.0	946
备注									

文固达

作物名	大豆	谷子	小麦	菱大麦	糜子	荞麦	高粱	玉米	合计
种植面积（晌）	50	260	5	150	70	45	160	160	900
种植比例（%）	5	29	1	16	8	5	18	18	100
每晌收成（石）	1.0	1.5	0.8	1.5	1.0	1.0	1.5	2.0	
总收成（石）	50	390.0	4.0	225	70	45	240	320	1,344
备注									

大岗

作物名	大豆	谷子	小麦	糜子	荞麦	稗子	高粱	玉米	合计
种植面积(晌)	188	190	25	35	63	15	26	66	608
种植比例(%)	31	31	4	6	10	3	4	11	100
每晌收成(石)	4	1.2	0.6	0.3	0.8	0.5	0.6	1.2	
总收成(石)	752	228	15.0	10.5	20.4	7.5	15.6	79.2	1,128.2
备注									

前三道岭

作物名	大豆	谷子	小麦	菱大麦	糜子	荞麦	高粱	玉米	合计
种植面积(晌)	31	150	60	80	370	120	—	70	881
种植比例(%)	4	17	7	9	41	14	—	8	100
每晌收成(石)	0.7	0.6	0.8	0.7	2.0	0.6	—	0.8	
总收成(石)	21.7	90.0	48.0	56.0	740.0	72.0	—	56.0	1,083.7
备注									

甘南

作物名	大豆	谷子	小麦	糜子	荞麦	稗子	高粱	玉米	合计
种植面积(晌)	75	70	9	27	33	2	12	75	303
种植比例(%)	25	22	3	9	11	1	4	25	100
每晌收成(石)	0.9	1.1	1.3	1.1	1.3	1.0	1.7	1.3	
总收成(石)	67.5	77.0	11.7	29.7	42.9	2.0	20.4	97.5	348.7
备注									

统计以上数据,可见其比例是大豆20%,谷子21%,小麦4%,糜子12%,荞麦10%,高粱13%,玉米14%,菱大麦(燕麦)6%,大麦、稗子不到1%。

第十二节　农具

本地没有大农式的机械农具,相比南满地区,有很大的差异。所以看不到农具的赁借贷式的情况。文固达及甘南有各种经营规模的农家,农具的种类及数量如下表所示:

1.文固达

名称		开荒犁	种犁	锡犁	铁锹	镐头	铁齿耙子
保有的经营面积数	40 晌	1	2	1	2	4	1
	15 晌	—	1	1	1	2	—
	5 晌	—	1	1	2	—	—
价格		不明	8.00	5.00	1.00	1.00	不明
寿命			2	2	3	2	—
制作和修缮者	制作		当地的工人	当地的工人	齐齐哈尔	当地的铁工	当地的铁工
	修缮		当地工人	当地工人	不能修理	当地工人	当地工人

名称		笓子	木头碌子	石头碌子	二齿镐	冀耙	冀叉子
保有的经营面积数	40 晌	2	1	4	2	2	2
	15 晌	1	1	4	1	1	1
	5 晌	1	—	3	1	1	1
价格		0.4	2	不明	1	1.2	1.2
寿命		2	3	半永久	—	1	1
制作和修缮者	制作	当地的木工	当地的木工	当地的木工	齐齐哈尔	齐齐哈尔	齐齐哈尔
	修缮	当地工人	当地工人	当地工人	齐齐哈尔	齐齐哈尔	齐齐哈尔

名称		穰耙	拉子	收子	点葫芦	把斗子	木掀
保有的经营面积数	40 晌	1	1	—	2	1	1
	15 晌	1	1	1	1	1	—
	5 晌	1	1	—	1	—	1
价格		5	不明	不明	0.5	不明	0.8
寿命		3	4	—	7	—	1
制作和修缮者	制作	当地工人	当地工人	当地工人	当地工人	当地工人	齐齐哈尔
	修缮	当地工人	当地工人	当地工人	当地工人	当地工人	齐齐哈尔

名称		冀筐	锄头	镰刀	芟刀	韭菜刀	铁叉子
保有的经营面积数	40 晌	2	8	15	4	2	—
	15 晌	—	3	3	2	1	1
	5 晌	1	3	3	1	1	—
价格		0.5	1.2	0.7	1.4	1.2	不明
寿命		1	1	1	1	3	-
制作和修缮者	制作	当地	齐齐哈尔	齐齐哈尔	齐齐哈尔	齐齐哈尔	齐齐哈尔
	修缮	当地	不能修理	不能修理	不能修理	不能修理	不能修理

名称		木杈子	扫帚	赏耙	扬掀	扇车	筛子
保有的经营面积数	40 晌	4	3	2	2	1	2
	15 晌	2	1	1	1	—	1
	5 晌	1	1	—	1	—	—
价格		不明	0.4	0.6	0.8	15	1
寿命		1	1	2	1	15	3
制作和修缮者	制作	齐齐哈尔	齐齐哈尔	齐齐哈尔	齐齐哈尔	齐齐哈尔	齐齐哈尔
	修缮	齐齐哈尔	不能修理	不能修理	不能修理	当地	不能修理

名称		箩子	簸箕	碾子	磨	梁锯	撮子
保有的经营面积数	40 晌	2	2	2	1	1	1
	15 晌	—	1		1	1	
	5 晌	—	1	—		1	
价格		0.7	0.70-1.00	18	5	0.5	0.6
寿命		5	1	不明	不明	2	2
制作和修缮者	制作	齐齐哈尔	齐齐哈尔	齐齐哈尔	齐齐哈尔	齐齐哈尔	齐齐哈尔
	修缮	齐齐哈尔	齐齐哈尔	齐齐哈尔	齐齐哈尔	不能修理	不能修理

名称		大车	筐	扁担	推车子	铡刀	马槽子	料斗子
保有的经营面积数	40 晌	1	—	1	1	1	1	1
	15 晌	1	1	1	—	1	1	1
	5 晌	—	2	—	—	—	1	—
价格		100	不明	0.5	3	5	7	1
寿命		20	1	6	7	10	6	1
制作和修缮者	制作	齐齐哈尔	齐齐哈尔	齐齐哈尔	齐齐哈尔	齐齐哈尔	当地	齐齐哈尔
	修缮	当地	不能修理	不能修理	齐齐哈尔	齐齐哈尔	当地	当地

1.甘南（价格、命数以及其他同文固达大致相同）

名称		开荒犁	种犁	锡犁	铁锹	镐头	铁齿耙子	笆子	木头磙子	石头磙子	二齿镐	冀耙	冀叉子	檁耙
保有的经营面积数	25晌	1	2	1	2	1	1	2	1	4	1	—	—	—
	20晌	1	1	1	1	1	—	1	1	4	1	—	—	—
	10晌	—	1	1	1	1	—	—	—	3	1			
价格														
寿命														
制作和修缮者	制作													
	修缮													

名称		拉子	收子	点葫芦	把斗子	木掀	冀筐	锄头	镰刀	芟刀	铁叉子	木杈子	扫帚	赏耙
保有的经营面积数	25晌	1	1	2	2	1		5	5	4	2	3	6	2
	20晌	1	—	1	1	2	1	5	5	2	1	3	2	2
	10晌	1	—	1	1	1	—	3	3	2	1	2	2	2
价格														
寿命														
制作和修缮者	制作													
	修缮													

名称		扬掀	扇车	筛子	笼子	簸箕	碾子	磨	梁锯	撮子	大车	筐	扁担	铡刀	马槽子
保有的经营面积数	25晌	3	1	2	3	1	1	2	1	1	2	1	1	1	1
	20晌	2	1	1	1	2	1	—	2	1	1	1	1	1	3
	10晌	1	—	1	1	2	—	—	—	—	1	—	1	1	1
价格															
寿命															
制作和修缮者	制作														
	修缮														

第十三节　农业季节

下表所示从村庄调查来的农耕季节(阴历)。

甘南附近

作物名	大豆	谷子	小麦	大麦	菱大麦	糜子	荞麦	高粱	玉米
播种期	四月上旬	四月上旬	三月中旬	三月中旬	四月上旬	五月上旬	五月下旬	四月上旬	四月上旬
收获期	八月中旬	八月中旬	七月上旬	七月上旬	八月中旬	八月上旬	八月上旬	八月中旬	八月中旬

文固达地方

作物名	大豆	谷子	小麦	菱大麦	糜子	荞麦	高粱	玉米
播种期	四月上旬	三月中旬	三月中旬	五月上旬	四月下旬	五月下旬	四月中旬	四月中下旬
收获期	八月下旬	八月上旬	六月下旬	八月中旬	七月下旬	八月上旬	八月中旬	八月上旬

音钦屯地方

作物名	大豆	谷子	小麦	菱大麦	糜子	荞麦	高粱	玉米
播种期	三月中旬	三月下旬	三月上旬	四月上旬	四月中旬	五月上旬	三月中旬	三月下旬
收获期	八月中旬	八月中旬	六月下旬	八月下旬	八月中旬	八月中旬	八月下旬	八月中旬

第十四节　农耕情况

1.耕锄、整地、播种

秋耕时只栽培小麦,其他的作物一般进行春耕。

秋耕一般耕作两次,收获后将先前耕作好的畦用锡犁翻土,在阴历正月左右施用黄粪。第二次的耕作在播种之前进行,一般是1人1天用4头牵锡犁耕作1晌地。

耕锄的方法有两种,既反种法和糠种法。

反种法用于大豆、玉米、大麦、小麦、菱大麦、荞麦、糜子等的栽培,有两种:一种是在湿地进行,用大犁杖来回一垄,播种盖土;另一种是在干燥的土地进行,把先前耕作好的畦保持原样,在沟的部分播种,一垄一趟,盖土播种。后一种方法一般比较常用,大约是1天3人用4匹马来耕1晌地。糠种法多用于谷子、高粱和糜子等,用糠耙来锄先前耕作好的畦,之后播种盖土。一般来说1天3个人3匹马耕2晌地。

没有一定的轮作顺序,以文固达为例,如下所示:

（1）大豆—高粱—粟—大豆—高粱

（2）小麦—玉米—粟—大豆—玉米—大豆

（3）燕麦—荞麦—玉米—小麦

接下来是文固达及甘南地区单位面积的播种量：

（单位：升）

	大豆	高粱	粟	玉米	糜子	菱大麦	大麦	小麦	荞麦
文固达	15	4	3	5	9	20	20	20	12
甘南	12	3	2	5	3	25	25	25	10

2.畦间、株间

畦间都是2尺。高粱、玉米的株间约为8寸，其他作物不固定。

3.施肥

本地使用的肥料是黄粪和土粪。大致上多是用黄粪。黄粪和厩肥一样，是把牛马羊猪的粪便和褥草一起堆积腐热之后形成的。这个施肥法有两种，一是叫作律粪即在畦并排施肥；二是叫作扬粪即在圃面全体撒布施肥。一般使用前者次数较多。施肥作物是大豆、玉米、小麦、大麦、菱大麦等。其施肥量一般是每响3千斤至5千斤左右。小麦、大豆、玉米一般所需施肥量较多。另外不是每年都施肥，每2—3年施1次。

4.除草、中耕、培土

除草有割掉的铲草和用手拔出的拔草两种除草方法。除草后用犁头中耕，培土和中耕同时进行。除草和中耕的时期和次数及效果如下表所示。

（1）文固达地区

种类		作物名	大豆	谷子	玉米	高粱	小麦	大麦	菱大麦	糜子
除草	第一回	时期	五月中旬	五月上旬	五月中旬	五月中上旬	四月下旬	四月下旬	六月上旬	六月上旬
		所需劳动力	4人	4人	4人	4人	6人	6人	6人	6人
	第二回	时期	六月中旬	六月中旬	六月中旬	六月中下旬	—	—	—	—
		所需劳动力	4人	4人	4人	4人	—	—	—	—
中耕	第一回	时期	五月中旬	五月上旬	五月中旬	五月中上旬	四月下旬	四月下旬	六月上旬	六月上旬
		所需劳动力	人0.5 马1.0	人0.5 马1.0	人0.5 马1.0	人0.5 马1.0	人0.5 马1.0	人0.5 马1.0	人0.5 马1.0	人0.5 马1.0
	第二回	时期	六月中旬	六月中旬	六月中旬	六月中下旬	—	—	—	—
		所需劳动力	人0.5 马1.0	人0.5 马1.0	人0.5 马1.0	人0.5 马1.0	—	—	—	—

备注：所需劳动力是1日1响地的量。

（2）甘南地方

种类\作物名			大豆	谷子	玉米	高粱	小麦	大麦	菱大麦	糜子
除草	第一回	时期	五月上旬	五月中旬	五月中旬	五月中旬	四月下旬	五月上旬	六月中旬	六月中旬
		所需劳动力	5人	4人	6人	6人	4人	4人	4人	4人
	第二回	时期	六月上旬	六月中上旬	六月中旬	六月上旬	—	—	—	—
		所需劳动力	5人	4人	6人	6人	—	—	—	—
中耕	第一回	时期	五月上旬	五月中旬	五月中旬	五月中旬	四月下旬	五月上旬	六月中旬	六月中旬
		所需劳动力	人 0.5 马 1.0	人 0.5 马 1.0	人 0.5 马 1.0	人 0.5 马 1.0	人 0.5 马 1.0	人 0.5 马 1.0	人 0.1 马 1.0	人 0.5 马 1.0
	第二回	时期	六月上旬	六月中旬	六月中旬	六月上旬				
		所需劳动力	人 0.5 马 1.0	人 0.5 马 1.0	人 0.5 马 1.0	人 0.5 马 1.0				

5.收获、干燥、脱壳及调制

收割都是用镰刀,其效率依作物种类不同而不同。每天每晌地所需人员如下所示:

收割作业效率表

地名\作物名	大豆	谷子	玉米	高粱	小麦	菱大麦	糜子	荞麦
文固达(人)	4	4	3	4	5	4	4	2
甘南(人)	3	3	3	4	4	4	3	2

干燥就直接放置在圃场两周左右,或者有时候在收割的同时就搬运到脱壳场,专门进行干燥。脱壳都是用石头碌子进行打扬的方式,调制是用木锨、借用风力。1日1晌地的效率如下所示:

地名\作物名		大豆	谷子	玉米	高粱	小麦	大麦	菱大麦	糜子	荞麦
文固达地区	人	3	4	3	4	3	3	3	4	2
	马	3	4	3	4	4	4	4	4	2
甘南县城附近	人	2	4	3	3	3	3	3	4	2
	马	3	4	3	4	4	4	4	4	2

6.贮藏

谷物的贮藏与南满一样,一般存在仓房,但有时也利用房屋的一部分,把谷物分类贮藏。蔬菜利用地下室贮藏。

7.种子

种子虽以自家采种为原则,但到秋天收获时全部卖掉,因而在播种期间向邻家购买种子。选种方法没有什么特别的,唯选培育良好的种子单独脱壳贮藏。

8.病虫灾害

因没有降雨而遭受旱灾之际,会出现一种黑色的1寸大的用方言叫做苗虫的东西,在大豆、高粱、粟等长至5寸到1尺时,就会吃其茎叶,使其受害,但其危害程度较小。此外,降雨湿润的时候,会遭受方言称之为水虫的虫害,但其受害程度微乎其微。没有值得关注的病害。

音河、嫩江沿岸地方的水灾或是因降雨造成的低洼地方的浸水之害较为严重。音河的治水事业应该成为今后的课题。

9.常用的开垦方法

因为本地是草原地带,所以其开垦方法极为简单。平时用6匹马牵的洋犁(开荒犁)来耕地,草除去,播种。其效率据说在文固达是1天1晌地,甘南附近是2天1晌地。甘南附近土壤中砾质多,故效率就低。

第十五节　家畜的分布和买卖

家畜作为农耕劳力资源和肥料生产源,是农耕的一部分,在农耕中起着重要作用。家畜产业没有值得重视的东西。各村庄的家畜、家禽的种类和头数如下所示:

种类\屯名	后甘井子	哈牙屯	小哈拉坑	霍多台	音钦屯	星安堡	后多多布台	文固达	大岗	前三道岭	甘南	合计
马	116	36	238	102	58	124	22	213	117	70	182	1,278
牛	19	5	8	26	54	12	38	43	15	174	24	418
猪	133	20	269	149	61	46	18	213	162	185	225	1,481
骡子	9	—	31	22	—	45	1	8	9	21	24	170
驴	17	—	47	4	28	14	22	55	3	3	99	292
羊	—	—	—	—	—	—	—	70	—	—	5	75
山羊	—	—	—	—	—	—	—	—	—	—	—	—
鸡	251	31	283	113	94	109	22	225	290	243	1,453	3,114
鸭	—	12	5	—	31	—	—	7	17	29	49	150
鹅	9	—	11	—	2	—	—	17	4	5	19	67

半放牧半圈养的饲养方法较多,生畜圈没有完整的设备。在放牧地没有特别的权利关系,可以在附近的原野上自由放牧。饲料在夏季使用生草,冬季使用干草或者谷物壳,除此之外没有特别的东西。

牧羊也是极小规模的,不过是农家的副业罢了。而且不是以利用羊毛为目的,是以做防寒用的毛皮为目的而饲育,一头一头搬出来在齐齐哈尔市场上贩卖。

就家畜的交易来看,没有专门的买卖经营者,不过是依据相互的协定进行,也没有保证人。交易价格一般牛马都是江洋 50 圆左右。

第十六节　森林资源和渔业

1.森林资源

本调查地区沿道没有值得一提的森林。但从甘南西北部的音河流域的农民那里听说五方山附近有红松森林地带。虽然该地区的居民现在采伐直径 1 尺乃至 1.5 尺左右的红松木材来用,但一般来说建筑用材是从齐齐哈尔购入的。

其材料价格如下所示:

红松价格表

屯名 种类	霍多台	星安堡	文固达	前三道岭	甘南	哈牙屯
树种	红松	红松	红松	红松	红松	红松
大小	末口 5 寸,长 1 丈 5 尺	末口 5 寸,长 1 丈 5 尺	末口 1 尺,长 1 丈	末口 5 寸,长 1 丈 5 尺	末口 1 尺,长 1 丈	末口 5 寸,长 1 丈 5 尺
价格	2.00	2.00	6.00	2.00	2.50—2.60	2.00
备注	从齐齐哈尔购入	从齐齐哈尔购入	从齐齐哈尔购入	从齐齐哈尔购入	现场价格(县城东北 100 华里)	从齐齐哈尔购入

注:价格是以江洋计,尺是木尺。

2.渔业

虽然嫩江及音河围绕本地区流淌,但没有专门从事淡水渔业的居民。特别是音河,没有发展淡水渔业的条件。

第十七　居民的衣食住行

1.衣服

地方居民的衣服都是棉织品,防寒用的外套都是用羊皮或者其他兽皮做成的。文固达及甘南中下等农家的衣服类及其价格的表格,如下所示:

甘南

季节		冬					夏					春	秋	合计
衣服名称		棉袄	棉裤	布衫	大棉袄	靰鞡	大皮帽子	短裤	短褂	短布衫	棉鞋	草帽子	夹袄	夹裤	
数量	男	1	1	1	1	1	1	1	1	1	1	1	1	1	
	女	1	1	1	—	1	—	1	1	1	1	—	1	1	
	合计	2	2	2	1	2	1	2	2	2	2	1	2	2	
单价		5.00	5.00	2.50	8.00	3.00	1.50	1.00	1.00	1.00	1.30	0.80	2.00	2.00	
总价		10.0	10.0	5.0	8.00	6.00	1.50	2.00	2.00	2.00	2.60	0.80	4.00	4.00	57.90

文固达

季节		冬						夏					合计
衣服名称		棉袄	棉裤	布衫	短裤	靰鞡	皮帽子	短裤	短布衫	短褂	棉鞋	草帽子	
数量	男	1	1	1	1	1	1	1	1	1	1	1	
	女	1	1	1	1	1	—	1	1	1	1	—	
	合计	2	2	2	2	2	1	2	2	2	2	1	
单价		5.00	5.00	2.50	2.00	5.00	1.50	2.00	2.00	2.00	1.50	0.60	
总价		10.00	10.00	5.00	4.00	10.00	1.50	4.00	4.00	4.00	3.00	0.60	16.10#
备注													

注：春秋天的时候，用夏天或者冬天的衣服来应付。

2.饮食

住民的主食是玉米、粟，以文固达及甘南的日常菜单一例展示如下：

文固达

农户＼菜单		富农	中农	贫农
菜单	早餐	主食:玉米 副食:白菜、地豆子、萝卜、盐、豆油	主食:玉米、小米 副食:白菜、地豆子、盐、豆油	主食:玉米、小米 副食:白菜、盐、豆油
	午餐	主食、副食和早餐相同	主食、副食和早餐相同	和早餐相同
	晚餐	主食:玉米、小米 副食:白菜、地豆子、萝卜、盐、豆腐、豆油	和早餐相同	和早餐相同
备注				

甘 南

菜单 \ 农户		富农	中农	贫农
菜单	早餐	主食:玉米 副食:白菜、地豆子、萝卜、酱油、豆油	主食:小米 副食:白菜、地豆子、萝卜、盐、豆油	主食:小米 副食:白菜、地豆子、萝卜、盐、豆油
	午餐	无	主食:糜子 副食:和早餐相同	主食:玉米 副食:和早餐相同
	晚餐	主食:白面或者白米 副食:白菜、豆腐、地豆子、盐或肉	主食:玉米渣子 副食:和早餐相同	主食:糜子 副食:和早餐相同
备注				

预计大人1个月的伙食费是江洋8圆左右。

3.住宅及光热条件

房屋是细长的木造平房,以厚厚的墙壁覆盖,中间是水泥地走廊,两边装备了火炕床铺,作为居室。宽度大约是3间,长度根据家人数而不同。有多余房屋的时候让亲朋好友居住,与正户相对应,称之为附户。屋顶是用茅草葺成的山形屋顶。住宅两侧一般有制粉屋、碾米屋、收藏屋、牲畜屋等的厢房。宅地周围设有土垣。

在甘南的商店等地方,有用洋火的,但一般还是用豆油灯。做饭和采暖燃料是用野草及谷物壳,没有专门的柴火。饮水是共用井水,甘南附近的水质良好,但嫩江沿岸地方的水质不太好。房屋、农舍的建筑费和打井费如下所示:

建筑费及打井费

种类 \ 地名		文固达	甘南
房屋(1间)		140.00	136.00
农舍(1间)		70.00	70.00
一眼井的打井费	深度	2丈5尺	1丈5尺
	价格	250.00	130.00

第十八节　与市场的关系

1.农民的自给程度

虽然已讲述本地的经济是以自给自足为原则,但还是与交换经济有一定程度的关系。与他们没有物物交换,而是贩卖剩余农产物、出租剩余劳力来取得收入。贫农阶级多以后者的方式进行交易,富农阶级多以前者的方式进行交易。下表所示文固达和甘南的富、中、贫农根据农产物的贩卖而延伸到交换经济领域的程度。

文固达

种类＼农户	富农	中农	贫农
经营面积(晌)	80	25	13
成人	15	13	6
长期雇工	2	—	—
孩子	8	2	3
马	10	6	2
牛	4	3	3

此表的富、中、贫农相当于下表的各项:

种类＼作物名		大豆	玉米	高粱	谷子	菱大麦	小麦	糜子	荞麦
富农	产量(石)	13	15	20	—	16	7	—	—
	贩卖量(石)	7	—	—	—	8	7	—	—
	自家消费(石)	6	15	20	—	8	—	—	—
中农	产量(石)	10	10	—	12	—	8	—	5
	贩卖量(石)	8	—	—	—	—	6	—	—
	自家消费(石)	2	10	—	12	—	2	—	5
贫农	产量(石)	4	5	—	4	—	—	3	1.5
	贩卖量(石)	3	—	—	—	—	—	—	—
	自家消费(石)	1	5	—	4	—	—	3	1.5

甘　南

种类＼大小	地主	中农	小农
经营面积(晌)	80	20	10
成人	8	5	3
长期雇工	—	—	—

种类 \ 大小	地主	中农	小农
孩子	2	1	2
马	2	3	2
牛	1	3	—

此表的大、中、小农相当于下表的各项：

种类 \ 作物名		大豆	玉米	谷子	小麦	糜子	荞麦	*子
地主	产量	3	8	9	—	—	—	—
	贩卖量	—	—	—	—	—	—	—
	自家消费	3	8	9	—	—	—	—
中农	产量	15	8	10	4	10	2	4
	贩卖量	15	3	3	4	10	—	4
	自家消费	—	5	7	—	—	2	—
贫农	产量	5	10	3	2	0.3	0.5	—
	贩卖量	5	2	2	2	—	—	—
	自家消费	—	8	1	—	0.3	0.5	—

备注:本表的富农是拥有耕地80晌的地主,所以其产量是佃耕量。由于大同2年遭匪害和其他灾害,其数量特别少,属于特例。如下所示各村庄的主要作物的生产量。

各村庄主要农作物的生产量及运入运出额量

村庄名	音钦屯(156 户)								
项 \ 种类	大豆	高粱	玉米	粟	小麦	燕麦	糜子	荞麦	蔬菜
生产量(石)	180	36	175	234	38	900	864	54	10,000 斤
运入量(石)	—	12	60	120	17	36	36	24	—
运入地		齐齐哈尔	齐齐哈尔	齐齐哈尔	齐齐哈尔	齐齐哈尔	齐齐哈尔	齐齐哈尔	—
运出量(石)	2	24	48	24	24	96	—	—	2,000 斤
运出地	齐齐哈尔	齐齐哈尔	齐齐哈尔	齐齐哈尔	齐齐哈尔	齐齐哈尔			齐齐哈尔

村庄名	哈牙屯(27户)								
项 ＼ 类 种	大豆	高粱	玉米	粟	小麦	燕麦	糜子	荞麦	蔬菜
生产量(石)	115	185	218	245	119	—	—	—	90,000斤
运入量(石)	—	—	—	—	—	—	—	—	—
运入地	齐齐哈尔	齐齐哈尔	齐齐哈尔						
运出量(石)	48	48	96	—	—	—	—	—	—
运出地	齐齐哈尔	齐齐哈尔	齐齐哈尔						

村庄名	后多布台(41户)								
项 ＼ 类 种	大豆	高粱	玉米	粟	小麦	燕麦	糜子	荞麦	蔬菜
生产量(石)	13	12	24	120	24	72	—	120	不详
运入量(石)	—	—	—	—	—	—	—	—	—
运入地									
运出量(石)	—	—	—	—	—	—	—	—	—
运出地									

村庄名	霍多台(50户)								
项 ＼ 类 种	大豆	高粱	玉米	粟	小麦	燕麦	糜子	荞麦	蔬菜
生产量(石)	97	126	464	140	48	120	—	408	2,000斤
运入量(石)	—	—	—	—	—	—	—	—	2,000斤
运入地									文固达
运出量(石)	48	48	192	72	34	96	—	168	
运出地	齐齐哈尔	齐齐哈尔	齐齐哈尔	齐齐哈尔	齐齐哈尔	齐齐哈尔		齐齐哈尔	

村庄名	哈什哈阿拉(80户)								
项 ＼ 类 种	大豆	高粱	玉米	粟	小麦	燕麦	糜子	荞麦	蔬菜
生产量(石)	480	80	384	576	48	—	—	48	50,000斤
运入量(石)	62	—	—	—	38	—	—	—	—
运入地	甘南								
运出量(石)	200	—	—	—	22	—	—	—	—
运出地	齐齐哈尔				齐齐哈尔				

村庄名	哈牙屯(27 户)								
种类 \ 项	大豆	高粱	玉米	粟	小麦	燕麦	糜子	荞麦	蔬菜
生产量(石)	22	—	136	90	48	56	—	—	330,000 斤
运入量(石)	70				20	30	—	—	
运入地	齐齐哈尔				齐齐哈尔				
运出量(石)	—	—	—	—	2	50			
运出地					齐齐哈尔	齐齐哈尔			

村庄名	后甘井子(69 户)								
种类 \ 项	大豆	高粱	玉米	粟	小麦	燕麦	糜子	荞麦	蔬菜
生产量(石)	207	62	87	109	20	—		—	170,000斤
运入量(石)	3	—	20	34	1				
运入地	甘南		齐齐哈尔	齐齐哈尔	甘南				
运出量(石)	11	9	15	—	—		—	—	
运出地	齐齐哈尔	甘南	齐齐哈尔						

村庄名	西勒图(67 户)								
种类 \ 项	大豆	高粱	玉米	粟	小麦	燕麦	糜子	荞麦	蔬菜
生产量(石)	7	11	60	35	25	—	4	40	25,000 斤
运入量(石)	20	45	35	45	10		—	—	—
运入地	甘南	甘南	甘南	甘南	甘南				
运出量(石)	—	—	—	—	—				
运出地									

村庄名	喇吗房子(135 户)								
种类 \ 项	大豆	高粱	玉米	粟	小麦	燕麦	糜子	荞麦	蔬菜
生产量(石)	300	200	135	150	104	70	—	—	4,000 斤
运入量(石)	—	100	40	150	30	20			—
运入地		齐齐哈尔	齐齐哈尔	齐齐哈尔	齐齐哈尔	齐齐哈尔			
运出量(石)	50	—			25				
运出地	齐齐哈尔				齐齐哈尔				

村庄名	双岗子（48 户）								
项\种类	大豆	高粱	玉米	粟	小麦	燕麦	糜子	荞麦	蔬菜
生产量（石）	240	480	168	36	48	480	90	60	1,000 斤
运入量（石）	—	—	240	70	—	—	—	—	4,000 斤
运入地			齐齐哈尔	吴家子					马哈拉屯
运出量（石）	80	—			24				
运出地	齐齐哈尔				齐齐哈尔				
村庄名	文固达（181 户）								
项\种类	大豆	高粱	玉米	粟	小麦	燕麦	糜子	荞麦	蔬菜
生产量（石）	288	576	768	936	10	540	168	108	不详
运入量（石）	—								
运入地									
运出量（石）	168	48	120	72	—	48	—	—	—
运出地	齐齐哈尔	齐齐哈尔	齐齐哈尔	齐齐哈尔		齐齐哈尔			
村庄名	大岗（38 户）								
项\种类	大豆	高粱	玉米	粟	小麦	燕麦	糜子	荞麦	蔬菜
生产量（石）	75	16	79	228	15	—	—	—	270,000斤
运入量（石）	24	—	53	40	8	—	—	—	—
运入地	甘南		扎兰屯	甘南	甘南				
运出量（石）	24	—		4	—	—	—	—	—
运出地	甘南			甘南					

注：容量和重量单位都是满洲单位。

农家的副业是农闲期的收入，没有农产制造和其他的手工业。

2.农产品销售的市场以及销售方式

已经在前面叙述过本地是在齐齐哈尔市场的支配圈里。虽然有时候会有把剩余农产物直接向村庄里的农作物不足者强行推销，但大部分都是用马车或者牛车搬到齐齐哈尔市场上卖。甘南附近的农民把甘南当作小市场，甘南一边依存于齐齐哈尔的市场，一边正在形成小范围的农产物集散地。粮食的出售期是阴历十一月及十二月。从甘南和文固达到齐齐哈尔的市场的农作物的运费前者是 1 石粮食江洋 5 圆,后者是 2 圆。

没有值得关注的畜产物和林产物。只有用其毛皮的羊在齐齐哈尔的市场上进行交易。

第十九节　主要物价的地理分布

本调查当时的主要物价表如下:

主要物价表　　　　　（单位均为满洲式,货币为国币）

农作物 地区	大豆 (圆/石)	谷子 (圆/石)	大麦 (圆/石)	小麦 (圆/石)	菱大麦 (圆/石)	糜子 (圆/石)	高粱 (圆/石)	荞麦 (圆/石)	玉米 (圆/石)	白面 (圆/斤)
齐齐哈尔	18.50	5.00	8.00	20.70	8.00	9.50	6.00	4.20	5.30	0.09
文固达	7.80	5.00	—	16.00	7.18	8.50	5.68	3.55	5.68	—
霍多台	6.40	4.26	4.97	17.00	6.40	8.57	4.97	3.55	4.97	—
甘南	6–7.00	5–6.00	—	16.00	—	4.90	4.20	3.50	4.20	0.08

农作物 地区	大豆粕 (圆/块)	白糖 (圆/斤)	盐 (圆/斤)	豆油 (圆/斤)	石油 (圆/斤)	木绵 (圆/斤)	绵 (圆/斤)	犁杖 (圆/架)	锄头 (圆/个)	大车 (圆/辆)
齐齐哈尔	0.27	0.14	0.12	0.11	0.17	0.10	0.54	—	—	—
文固达	—	0.20	0.14	0.17	—	—	—	3.55	1.00	71.00
霍多台	—	—	—	—	—	—	—	3.35	1.00	
甘南	0.24	0.17	0.14	0.13	0.20	0.12	0.67	3.50	1.00	85.00

第二十节　农户的经营收支和各种作物的种植收支

以下为农户的经营收支以及若干作物的栽培收支,内容不全。

农户的经营收支(其一)

农户经营状态

一、调查农户的概况

1.地名:甘南县城

2.姓名:郭嵩年

3.农户的地位:中农

4.耕地、经营地:20 晌、另有佃耕地 60 晌

5.建筑物:家宅 1 间(平房 5 间)

6.禽畜:3 匹马、3 头骡子、15 只鸡、1 只鸭、看家狗 4 条

7.家庭成员:27 人(男 13 人,女 14 人)主要从事农业者为 6 名男子

8.帮佣:无年工月工,100 人(总人数)

9.贷款:无贷款

10.借款:民国 17 年贼匪作乱,家财尽失,生活极度贫困,借款 2,360 圆(江洋)作为经营资金使用。

去年五月向满洲政府借春耕资金 374 圆(国币)。

二、收支计算(货币单位为江洋)

1.收入部分

类别	大豆	豆秆	谷子	谷草	玉米	玉米秆	小麦	小麦秆	荞麦	糜子	蔬菜
种植面积	7 晌		4 晌		3 晌		4 晌		1 晌	0.5 晌	0.5 晌
每晌产量	2.5 石	250 斤	2.5 石	800 斤	2.7 石	270 斤	1.0 石	300 石	2.0 石	2.4 石	
总产量	17.5 石	1,750 斤	10 石	3,200 斤	8.1 石	810 斤	4.0 石	1,200 斤	2.0 石	1.2 石	
单价	10.00	0.004	8.00	0.006	6.00	0.004	23.00	0.004	5.00	7.00	
总额	175.00	7.00	80.00	19.20	48.60	3.24	92.00	4.80	10.00	8.40	80.00
出售数量	17.5 石	—	2.0 石	—	—	—	4.0 石	—	1.0 石	—	—
现金收入	175.00	—	16.00	—	—	—	92.00	—	5.00	—	—
备注											

| 类别 | 地租 | | | | 畜产收入 | 冬季期间的劳动报酬 | | | 总计 |
	大豆	玉米	谷子	糜子	猪	柴火	劳动	其他	
种植面积									
每晌产量	8.00 石	3.0 石	2.0 石	1.0 石					
总产量	10.00	6.00	8.00	7.00					
单价	80.00	18.00	16.00	7.00	20.00	11.00	240.00	20.00	940.24
总额	8.0 石	3.0 石	2.0 石	1.0 石	4 头				
现金收入	80.00	18.00	16.00	7.00	20.00	11.00	240.00	20.00	700.00
备注									

2. 支出部分

种类		数量	单价	总价	购买数量	现金支出	备注
租税公课	国税			33.57	—	33.57	
	县税						
	自卫团费			18.40	—	18.40	
	公费			5.40	—	5.40	
种苗费	大豆	8.6 斗		16.10	8.6 斗	16.10	
	谷子	1.2 斗		2.04	1.2 斗	2.04	
	玉米	1.5 斗		2.50	1.5 斗	2.50	
	小麦	8.0 斗		32.00	8.0 斗	32.00	
	荞麦	0.5 斗		0.50	—		
	糜子	0.15 斗	0.70	1.05	—		
	白菜	1 斤	2.00	2.00	1.0 斤	2.00	
	地豆子(马铃薯)	200 斤		不详			
	葱	5 斤	0.30	1.50	5.0 斤	1.50	
农具费	锤子	2 个	1.60	3.20	2 个	3.20	
	镰刀	4 个	0.50	2.00	4 个	2.00	
	芟刀	4 个	1.10	4.40	4 个	4.40	
	锄头	5 个	1.00	5.00	5 个	5.00	
役畜费	豆粕	50 枚	0.80	40.00	50 枚	40.00	
	高粱(高粱米)	3 石	17.00	51.00	3 石	51.00	
	谷秆	3,000 斤	25.00	75.00	3,000 斤	75.00	
	盐	50 斤	0.14	7.00	50 斤	7.00	
小工费	小工	100 工	1.10	110.00	100 工	110.00	
主食费	玉米	8 石	6.00	48.00	—	—	
	谷子	20 石	5.00	100.00	10 石	50.00	
	面	900 斤	0.08	72.00	900 斤	72.00	
	糜子	4 石	7.00	28.00	—	—	
副食费	豆油	300 斤	0.18	54.00	300 斤	54.00	
	盐	350 斤	0.20	70.00	350 斤	70.00	
	白糖	7 斤	0.24	1.68	7 斤	1.68	
	粉条子	50 斤	0.14	7.00	50 斤	7.00	
	蔬菜			80.00		80.00	

续表

种类		数量	单价	总价	购买数量	现金支出	备注
服装费	靴	1 双	3.00	3.00	1 双	3.00	
	靰鞡	双	3.00	21.00	7 双	21.00	
光热费用	豆油	100 斤	0.18	18.00	100 斤	18.00	
	洋蜡烛	4 斤	0.12	0.48	4 斤	0.48	
交际费				40.00		40.00	
医药费				50		50	
杂费				8.7		8.7	
总计				1,014.52		886.97	

3.收支相抵

总收入	总支出	差额盈亏	现金收支		
			收入	支出	收支差额
940.24 圆	1,014.52 圆	(−)74.28 圆	700.00 圆	886.97 圆	(−)186.97 圆

农户经营状况(之二)

一、调查农户的概况

1.地名　甘南县城

2.姓名　路相臣

3.经营地　自耕 200 晌(所有耕地 200 晌)

4.住宅　1 套(3 间房)　农舍 2 套(各 5 间房子)

5.马 7 匹　牛 20 头　鸡 7 只

6.家庭　男丁 2 名　女眷 3 名　主要务农者为男丁 1 名

7.长工　4 人

8.小工总人员 80 人

9.平时劳动力人数　5 人

10.贷借关系　借款 2,220 圆(江洋)　无贷款

二、收支计算(江洋)

1.收入部分

类别	大豆	豆秆	谷子	谷秆	玉米	蔬菜	畜产收入		总计
							羊	牛	
耕作面积(晌)	9		10		1	0.1			

类别	大豆	豆秆	谷子	谷秆	玉米	蔬菜	畜产收入 羊	牛	总计
每晌产量	1.5 石	300 斤	1.5 石	250 斤	—				
总产量	13.5 石	2,700 斤	15.0 石	2,500 斤		—	50 头	3 头	
单价(圆)	10.00	0.004	6.00	0.006	—		5.00	30.00	
总价(圆)	135.00	10.80	90.00	15.00	—	58.00	250.00	90.00	648.80
出售数量	10.0 石	—	—	—	—		50 头	3 头	
现金收入(圆)	100.00	—	—	—	—	—	250.00	90.00	440.00
备注					歉收				

2.支出部分

类别		数量	单价	价格	现金支出数量	现金支出	备考
租税县课	国税	—	—	—	—	—	不缴纳
	县税	—	—	—	—	—	
	自卫团费	7.20	7.20				
	警察费	7.00	7.00				
	学费	3.40	3.40				
种苗费	大豆	8 斗	10.00 圆/石	8.00	—	—	
	谷子	3 斗	6.00 圆/石	1.80	—	—	
	玉米	4 升	6.00 圆/石	0.24	—	—	
	白菜	6 两		1.00	6 两	1.00	
	其他					3.00	
农具费	锄头	5	1.00	5.00	5	5.00	
	铧	3	1.40	4.20	3	4.20	
	镰刀	5	0.40	2.00	5	2.00	
	芟刀	2	1.50	3.00		3.00	
	二齿镐	1	1.00	1.00		1.00	
	铁锹	2	1.20	2.40		2.40	
	木锹	2	1.00	2.00		2.00	
役畜费	谷草	15,000 斤	0.004	60.00	15,000 斤	60.00	
	豆粕	150 块	0.48	72.00	150 块	72.00	
	高粱	6 石	8.00	48.00	6 石	48.00	
	盐	100 斤	0.14	14.00	100 斤	14.00	

续表

类别			数量	单价	价格	现金支出数量	现金支出	备考
长工			4 人		305.00	4 人	305.00	
小工			80 工		86.00	80 工	86.00	
食物	主食	玉米	5 石	6.00	30.00	5 石	30.00	
		谷子	7 石	7.00	49.00	7 石	49.00	
		高粱米	3 石	12.00	36.00	3 石	36.00	
	副食	豆油	100 斤	0.18	18.00	100 斤	18.00	
		盐	150 斤	0.20	30.00	150 斤	30.00	
		蔬菜			50.00		50.00	
		白糖	10 斤	0.20	2.00	10 斤	2.00	
		粉条子	50 斤	0.10	5.00	50 斤	5.00	
被服费		鞋	3	3.00	9.00	3	9.00	
		帽子	2	2.50	5.00	2	5.00	
光热费		石油	2 罐	9.00	18.00	2 罐	18.00	
		洋蜡烛	5 斤	0.60	3.00	5 斤	3.00	
交际费					50.00		50.00	
学费					12.00		12.00	
总计					950.24		943.20	

3.收支相抵

总收入	总支出	相抵盈亏	现金收支		
			收入	支出	相抵盈亏
648.80 圆	950.24 圆	(－)301.44 圆	440.00 圆	943.20 圆	(－)503.20 圆

农户经营状况（其三）

一、调查农家的概况

1.地名:龙江县文固达

2.姓名:刘玉峰

3.农户中的地位:中等

4.经营地:自耕 30 晌　另有租地 45 晌,荒地 22 晌

5.建筑物:1 套住宅(5 间房)、农舍 2 套(各 3 间房),另有家宅 7 套(4 套给佃农住,2 套给

年工住,1套出租)

 6.家畜:7匹马、12头牛(大的5头,小的7头)、猪7只、看家狗2条

 7.家庭:男4人、女9人　主要务农者为2名男丁

 8.长工:2人

 9.月工:5人(五个月1人、两个月1人、三个月3人)

 10.贷借关系:借款280圆(江洋);贷款300圆(江洋)

 二、收支计算(江洋)

 1.收入部分

种别		种植面积	每晌产量	总产量	单价	总价	出售数量	现金收入	备注
大豆		10晌	0.8石	8石	81.00	88.00	4.5石	49.50	
豆秆			400斤	4,000斤	0.004	16.00	—	—	
高粱		5.00晌	0.8石	4石	8.00	32.00	—	—	
秫秸			1,500斤	7,500斤	0.004	30.00	—	—	
谷子		5.00晌	0.8石	4石	7.00	28.00	—	—	
谷秆		600斤	3,000斤	0.06	18.00	—			
玉米		5.00晌	1.2石	6石	8.00	48.00	1石	8.00	
玉米秆		600斤	3,000斤	0.004	12.00	—			
荞麦		4晌	1.25石	5石	5.00	25.00	2石	10.00	
小麦		1晌	1石	1石	32.00	32.00	—	—	
蔬菜收入						60.00	—	—	
地租收入	大豆			5石	11.00	55.00			
	谷子			5石	7.00	35.00	1石	11.00	秋季价高时卖出
	玉米			3石	7.00	31.00	1石	7.00	
	高粱			2石	8.00	16.00	1石	8.00	
	荞麦			2石	5.00	10.00	1石	5.00	
畜产收入	骡子			1头	70.00	70.00	1头	70.00	
	牛			2.00	50.00	100.00	2.00	100.00	
	马			1.00	60.00	60.00	1.00	60.00	
其他	房租	1台	15.00	10.00	1台	10.00			
	牛车(临时收入)			15.00		15.00			
总计				781.00		455.50			

2.支出部分

种别		数量	单价	价格	购入数量	现金支出	备注
租税金				117.30		117.30	
种苗费	大豆	1石2斗	18.00	21.60	1石	18.00	
	高粱	3斗	18.00	5.40	3斗	5.40	
	谷子	0.25	15.00	3.75	—	—	
	玉米	0.5	18.00	9.00	0.5	9.00	
	荞麦	0.8	11.20	8.96	—	—	
	小麦	0.2	45.00	9.00	0.2	9.00	
	蔬菜			2.80		2.80	
农具费	铧	7	1.30	9.10	7	9.10	
	镰刀	10	0.40	4.00	10	4.00	
	锄头	10	0.70	7.00	10	7.00	
役畜费	豆饼	70块	0.48	33.60	70块	33.60	
	高粱	6石	8.00	48.00	—	—	
	大豆	2石	11.00	22.00	2石	22.00	
	盐	100斤	0.17	17.00	100斤	17.00	
	羊草	60车	8.00	48.00	—	—	
	谷草	10,000斤	4厘	40.00	—	—	
食物费	主食 高粱	8石	8.00	64.00	—	—	
	主食 谷子	15石	7.00	105.00	7石	49.00	
	主食 玉米	12石	8.00	96.00	10石	80.00	
	主食 面粉	200斤	0.08	16.00	200斤	16.00	自产
	副食 豆油	400斤	0.16	64.00	400斤	64.00	齐齐哈尔的价格
	副食 盐	400斤	0.17	68.00	400斤	68.00	
	副食 粉条子	100斤	0.10	10.00	100斤	10.00	
	副食 肉	300斤		40.00	—	—	自家东西
	副食 白糖	20斤	0.20	4.00	20斤	4.00	
	副食 蔬菜			60.00	—	—	

续表

种别		数量	单价	价格	购入数量	现金支出	备注
服装费	棉布			81.00		81.00	
	棉花			19.00		19.00	
	帽子			5.50		5.50	
	靴鞋			10.00		10.00	
	袜子			9.00		9.00	
光热费		90斤	0.16	14.40	90斤	14.40	石油
交际费				50.00		50.00	
医药费				20.00		20.00	
劳工费	年工	2人	90.00 100.00	190.00		190.00	
	月工	4人		140.00		140.00	
	小工	90人	0.80	72.00		72.00	
总计		1,544.41				1,156.10	

3.收支相抵

总收入	总支出	盈亏	现金收入		
			收入	支出	盈亏
781.00圆	1,344.41圆	(-)773.41圆	353.50圆	1,156.10圆	(-)802.60圆

由上可见,农户经营的收支情况均为亏损,而将自家劳动视为工资支出,亏损就会减少。占商品粮主要位置的大豆价格的下跌是经营亏损的重要原因。

各种作物的栽培收支

一.大豆栽培收支
位置:甘南县第一区
栽培者:张永祥
种植面积:5晌(佃耕)

1.支出部分

(1)种苗费以及地租

项目	数量	单价(圆)	价格(圆)	支出(圆)	自家补给
种子费	7斗	2.50	17.50	17.50	—
地租	2石5斗(粟)	6.00	15.00	15.00	—
总计			32.50	32.50	

(2)劳役费

项目	人			马			备注
	自家	雇佣	总计	自家	雇佣	总计	
耕锄下种镇压	5(人次) 3.00	15(人次) 9.00	20(人次) 12.00	5(次) 5.00	15(次) 15.00	20(次) 20.00	工钱 人0.6圆 马1圆
除草(2次)	22(人次) 26.40	6(人次) 7.20	28(人次) 33.60	—	—	—	工钱 人1.2圆
中耕(2次)硬土	6(人次) 4.80	— —	6(人次) 4.80	6(次) 6.00	6(次) 6.00	12(次) 12.00	工钱 人0.8圆 马1圆
收割	5(人次) 5.00	10(人次) 10.00	15(人次) 15.00	—	—	—	工钱 人1圆
搬运	5(人次) 5.00	5(人次) 5.00	10(人次) 10.00	15(次) 15.00	—	15(次) 15.00	工钱 人1圆 马1圆
加工去壳	5(人次) 4.00	5(人次) 4.00	10(人次) 8.00	5(次) 5.00	—	5(次) 5.00	工钱 人0.8圆 马1圆
运达市场	2(人次) 2.00	— —	2(人次) 2.00	2(次) 2.00	—	2(次) 2.00	工钱 人1圆 马1圆
总计	50(人次) 50.20	41(人次) 35.20	91(人次) 85.40	33(次) 33.00	21(次) 21.00	54(次) 54.00	
劳役费	人85.40圆,马54.00圆,总计139.40圆						

支出合计171.90圆　　每垧支出34.38圆

2.收入部分

项目	产量	单价	总价	每垧	
				数量	价格
籽实	7石5斗	7.50	56.25	1石5	11.25
茎	750斤	0.004	3.00	150斤	0.60
总计			59.25		11.85

3.收支相扣

收入	支出	盈亏	每垧		
			收入	支出	盈亏
59.25圆	171.90圆	(−)112.65圆	11.85圆	34.38圆	(−)22.53圆

二、小麦栽培收支

位置:甘南县第一区

栽培者:朱凤鳌

种植面积:2垧(佃耕)

1.支出部分

(1)种子费以及地租

项目	数量	单价	价格	支出	自家补给
种子费	4斗	4.00	16.00	16.00	—
地租					
谷子	2斗	60	1.20	1.20	—
玉米	2斗	60	1.20	1.20	—
高粱	3斗		1.40	1.40	—
总计	11斗		19.80	19.80	—

(2)劳役费

项目	人			马			备注
	自家	雇佣	总计	自家	雇佣	总计	
耕锄下种 镇压	5(人次) 2.50	2(人次) 1.00	7(人次) 3.50	7(次) 5.60	2(次) 1.60	9(次) 2.20	工钱 人 0.5 圆 马 0.8 圆

项目	人			马			备注
	自家	雇佣	总计	自家	雇佣	总计	
除草中耕培土	7(人次) 7.00	—	7(人次) 7.00	3(次) 3.00	—	3(次) 3.00	工钱 人1圆 马1圆
收割	6(人次) 6.00	—	6(人次) 6.00	—	—	—	工钱 人1圆
搬运	4(人次) 2.00	—	4(人次) 2.00	6(次) 4.80	—	6(次) 4.80	工钱 人0.5圆 马0.8圆
加工去壳	6(人次) 4.80	—	6(人次) 4.80	6(次) 6.00	—	6(次) 6.00	工钱 人0.8圆 马1圆
总计	28(人次) 22.30	2(人次) 1.00	30(人次) 23.30	22(次) 19.40	2(次) 1.60	24(次) 21.00	
劳役费	人23.30圆，马21.00圆，总计44.30圆						

支出合计64.10圆　　　每晌支出32.05圆

2.收入部分

项目	产量	单价	总价	每晌	
				数量	价格
籽实	2石	22圆	44圆	1石	22圆
茎	600斤	4圆	4圆	300斤	2圆
总计			48圆		24圆

3.收支相抵

收入	支出	盈亏	每晌		
			收入	支出	盈亏
48圆	64.10圆	(−)16.10圆	24圆	32.05圆	(−)8.05圆

第二十一节　作为移居住地的价值

　　总的来说,本地作为移民适宜地的价值谈不上很高。虽然待垦地很多,但小村庄分布广泛且平均,不仅没有太多余地容纳所有人口,土质也谈不上肥沃。

　　作为移民适宜地的详细调查由于积雪和时间不足的问题无法进行。总的来说农业经营方式是除了主要的谷物类农作物的旱田经营方式以外并无其他。

　　本地尚无水田经营,其可能性也是未知数,若寻求水利方法应该可行。

经济资源调查报告书　第98号

兴安　＊＊号农业　第＊＊号

昭和9年10月

泰来县、扎赉特旗、兴安岭脚下、龙江县农业调查报告

㊙

满铁经济调查会第二部

调查员　木下寿男

助手　　中村忠男

翻译　　陈佩钧

绪　言

　　本调查是受关东军的委托，根据满铁经济调查会的命令，以齐齐哈尔为根据地，在第十六师团兵要地志班的护卫下，加入了第九钻井调查队，以调查齐齐哈尔西南部、泰来县、扎赉特旗、布特哈旗的一部分、龙江县的一部分等地方的农业资源和适于移民的地方。从昭和9年5月30日至7月30日耗时60天调查了这个地方的农业状况。

　　和军队一起行动带来很多束缚，单独行动是不可能的。本调查专门调查经过地方的农业，要收集到一个旗或一个县的充足资料自然是很困难的，而且目前兴安省的施政方针没有确立，一般村庄居民很多是文盲，调查记录很少，这给调查带来很大障碍。因为充分把握一个旗、一个县的真实状况很困难，所以这里只能承诺会把当前形势下所经过地方的极其不全面的、零碎的农业一般状况毫无保留地汇报出来。

　　调查的着眼点主要放在以下经过地方的气候条件、普通农户的经济状况、苦于施政方针不确定的农家的现状以及未开垦土地的开垦利用限度等。因与一般经济、交通、工商业等相关的事项委托交通调查员调查，结果，他们依据以上的主旨，采用对当地居民直接访谈的方法获得了漏洞百出、残缺不全的片面的资料，给大家带来这样一份没有经过实地调查的资料，在请求大家的批评指正的同时，也给大家留下了谜一般的未开垦的兴安宝库开发的参考资料。

　　最后，要感谢在本次调查中为我们提供警备支持和调查上的便利的警备队，他们付出了很多辛劳，同时还要对各地社会人士及普通百姓的深情厚谊表示诚挚的感谢。

调查队组成

根据第十六师团兵要地志班派遣,第九钻井调查队的警备队以及调查班的成员如下:

警备队

  队长　诹访胁少尉

  兵　24人　　翻译1人

调查班

  水质班　关东厅　　　　1人

  地质班　地质调查所　　3人

  资源班　经济调查会　　6人

调查队全员　共计36人

目 录

◆ **第十六章　农家经济状况**　/ 561

◆ **第十七章　度量衡及土地面积**　/ 565

第一章　调查行程

年月日	经过地方地名	住宿地	交通工具	备注
昭和9年6月3日	齐齐哈尔出发	泰来	火车	
4日	大后克利、南干家围子、上河湾、保安屯	保安屯	马车	
5日	李家店、大榆树、老牛家	老牛家	马车	
6日	永安屯	武兴(塔子城)	马车	
7日	武兴、塔屯	武兴(塔子城)		
8日	城南外头	武兴(塔子城)		
9日	东五九、四家子、カンガル①	カンガル	马车	
10日	オラマトンボロゴ②、モラガール③	モラガール	马车	
11日	ホースタイ④	ホースタイ	马车	
12日	ソラトン、シングルス、ウッドタイ⑤	ホースタイ		
6月13日	ハルチユーローネリンチャニガ、メリト⑥	扎赉特王府	马车	
14日	扎赉特王府	扎赉特王府		
15日	エメトン、オボトン、ハラグトン⑦、ダルトウートン、ハラガラトン⑧	ハラガラトン	马车	
16日	大屯子、タント、ゴルブネーレイ⑨	オーハラトン⑩	马车	

① 译者注:原文用这种方式记音,未注明对应的汉字。罗马字读音为 Kangaru。
② 译者注:原文用这种方式记音,未注明对应的汉字。罗马字读音为 Oramatonborogo。
③ 译者注:原文用这种方式记音,未注明对应的汉字。罗马字读音为 Moragaru。
④ 译者注:原文用这种方式记音,未注明对应的汉字。罗马字读音为 Hosutai。
⑤ 译者注:原文用这种方式记音,未注明对应的汉字。罗马字读音分别为 Soraton, Shingurusu, Uudotai。
⑥ 译者注:原文用这种方式记音,未注明对应的汉字。罗马字读音分别为 Harucyuronerinchaniga, Merito。
⑦ 译者注:原文用这种方式记音,未注明对应的汉字。罗马字读音分别为 Emeton, Oboton, Haraguton。
⑧ 译者注:原文用这种方式记音,未注明对应的汉字。罗马字读音分别为 Darutouton, Haragaraton。
⑨ 译者注:原文用这种方式记音,未注明对应的汉字。罗马字读音为 Tanto, Gurubuneirei。
⑩ 译者注:原文用这种方式记音,未注明对应的汉字。罗马字读音为 Oharaton。

年月日	经过地方地名	住宿地	交通工具	备注
17 日	オーハラトン	オーハラトン		
18 日		オーハラトン		
19 日		オーハラトン		
20 日	バイノーウラン①—A 点	A 点露营	马车	
21 日	A 点—B 点间	B 点露营	马车	
22 日	B 点—C 点间	C 点露营	马车	
23 日	C 点—D 点间	D 点露营	马车	
24 日	D 点—E 点间	E 点露营	马车	
6 月 25 日	E 点—G 点间	G 点露营	马车	
26 日	G 点—H 点间	H 点露营	马车	
27 日	H 点—I 点间	I 点露营	马车	
28 日	I 点—D̲ 点间	D̲ 点露营	马车	
29 日		D̲ 点露营		
30 日	D̲ 点—A 点间ᵃ	A 点露营ᵃ		
7 月 1 日	A 点ᵃ— 点间ᵇ	B 点露营ᵇ		
2 日	B 点ᵇ—D̲ 点间	D̲ 点露营		
3 日		D̲ 点露营		
4 日	D̲ 点—J 点间	J 点露营	马车	
5 日	J 点—M 点间	M 点露营	马车	
6 日	M 点—N 点间	N 点露营	马车	
7 日	N 点—P 点间	P 点露营	马车	
8 日	P 点—R 点间	R 点露营	马车	
9 日	R 点—S 点间	S 点露营	马车	
7 月 10 日	S 点—T 点间	T 点露营	马车	
11 日	T 点(吴大爷屯)坑沿山塔子沟、老龙头	老龙头	马车	

---

① 译者注:原文用这种方式记音,未注明对应的汉字。罗马字读音为 Bainouran。

年月日	经过地方地名	住宿地	交通工具	备注
12 日		李三店	马车	
13 日		碾子山	马车	
14 日		碾子山		
15 日		碾子山		
16 日	碾子山出发	车中	火车	
17 日	返回齐齐哈尔	齐齐哈尔	火车	

第二章　所经地区地理概况及县、旗的一般状况

一、位置及地势

该地区位于北纬46度5分—47度5分、东经120度5分—123度5分之间,东边以平齐线为界,以西为内蒙古东北部即现今的黑龙江省泰来县,及兴安南分省扎赉特旗和隶属于外蒙古的兴安东分省布特哈旗南部,以及黑龙江省龙江县的一部分,西边越过大兴安岭与呼伦贝尔的サッバ[①]相连接。

大兴安岭从东北部到西南部形成了大分水岭,而サッバ那边的山谷宽而短,形成了坡度低缓高低起伏的高原。与河流匮乏相反,该地区东南部以一个大的较缓的倾斜面为基础,无数大小丘陵连绵起伏,其间有不计其数的山谷顺着东南方向形成了山地。离兴安岭越远倾斜度也越低,穿过高原地带,丘陵也愈加平缓,狭长的山谷渐渐变得广阔,河流流域面积扩大形成了放牧地。以分水岭和山地为源泉,许多河流向东注入平原地区,在此形成了辽阔的农耕地和放牧地,最终注入嫩江。

该地区的山岳中最高的是兴安岭的基尔果山(1,643米),东南部耸立着海拔1,000米到1,500米的山岳,ワイロ[②]山,古里斯阿拉山,ムグデゲジ[③]山,ハルハト[④]山,等。沿着绰尔河,东经122度的地方有东(587米)西(649米)两座鸡卵山,并形成了险峻的峡谷。

嫩江的支流绰尔河发源于大兴安岭穿过峡谷先向南流动,后来途中与柴河、古尔班打河合并流向东南方向,然后与哈勒图、托沁、パインワランゴール[⑤]等支流合并,形成了横穿扎赉特旗北部的许多村庄。在塔子城西北部的绰尔城处分流,形成了流域广阔的湿地,一处流往江桥方向,另一个继续向东南流最终被嫩江吞并。

雅尔河的一个支流济沁河发源于山地地区,向东南流后转向东流至碾子山与雅尔河汇合。而雅尔河支流哈达罕河与乌裕尔河的支流汇合,在景星的东边与雅尔河相汇。

二、从产业角度观察的地形概况

根据产业状况把该地区划分为三部分:

---

① 译者注:原文用这种方式记音,未注明对应的汉字。罗马字读音为Satsuba。
② 译者注:原文用这种方式记音,未注明对应的汉字。罗马字读音为Wairo。
③ 译者注:原文用这种方式记音,未注明对应的汉字。罗马字读音为Mugudegeji。
④ 译者注:原文用这种方式记音,未注明对应的汉字。罗马字读音为Haruhato。
⑤ 译者注:原文用这种方式记音,未注明对应的汉字。罗马字读音为Painwaranguru。

(一)被开垦为农耕地的广阔平原地区

(二)农耕地较少被视为放牧地的地区

(三)山谷地区不适合农耕放牧而用来发展林业的地区

(一)现在黑龙江省的泰来县和景星县一般来说农耕地较多,除去一部分的盐碱地和湿地不适合耕种外,该地区大部分已被开垦,据说是北大仓的一部分。即使省去景星县不说,泰来县肥沃的土地(仅调查沿线就有 13,000 町步)使泰来县和塔子城成为农产品的集散地。有相当数量的剩余生产记录。武兴(塔子城)和景星的中间地区有朝鲜人经营水田的地方。以后各章将会逐项详细叙述。

(二)从绰尔河沿岸的カンガル①经过扎赉特王府,至ウントコアイラ、オーハラ屯②这一地区是草原,非常适合放牧。农耕地只能利用山地斜面的一些零散区域。该地区的牧草以羊草和山野豌豆两类居多,充分发挥了蒙古人自古不喜欢农耕的习惯,让他们以放牧为正业维持生计,建立满洲国后,在日军的有力警戒下,外患之忧很少,一些地方进而开拓新的土地,畜牧业近来呈现出向有畜农业转换的趋势。然后,农产品的生产还只是自给自足,即便是不能和其他地方一样,如果找到目前的湿地、山地中的荒芜草原地带,采取合适的开垦方法,就有把它们转换成农耕地的可能。家畜以牛、马、驴、猪、鸡等为主,尤其是牛产量很高的泰来县,运来的牛不少。

沿着济心河一带的地区稍稍进步了一些,家畜的放牧变为完全的有畜农业。该地区的农产品、畜牧产品以李三店为集散中心,尤其以运往前碾子山的物品为最多。到了西部アラブヘド③附近,几乎没有可以看做耕地的部分,就是一片广阔的草原地带,有少量放牧,基本上被废弃了。

该地区经过成吉思汗城遗址,与バイのウラン④,哈勒图河沿岸地区一样,人烟稀少,无人居住。和柴河与绰尔河合流点 D 点一样只在某些季节有狩猎村庄群出现。

该地区树木茂盛,树龄短,且形成了初具规模的树林。

(三)沿着柴河至兴安岭山脚一带,主要是柞树、白桦、松树,另外杨树、柳树也不少。柴河流域和哈勒图、古尔班打河流域一样,虽流域面积宽广,但是由于气候条件,先前就不适合农耕,只能放牧。家畜几乎没有,只有獐、鹿、野猪等野生动物。

前面讲述了与农耕地区和放牧地区的情况,下面将要给大家介绍的是林业地区的概况。

三、交通概况

主要道路有两条,一条是从泰来出发经塔子城到达景星,另一条是从齐齐哈尔出发经景星、扎赉特王府到达扎萨克图王府。其他的都是一些小路。夏天时,马车通行十分困难;冬天

---

① 　译者注:原文用这种方式记音,未注明对应的汉字。罗马字读音为 Kangaru。

② 　译者注:原文用这种方式记音,未注明对应的汉字。罗马字读音分别为 Untokoaira, Ohara。

③ 　译者注:原文用这种方式记音,未注明对应的汉字。罗马字读音为 Arabuhedo。

④ 　译者注:原文用这种方式记音,未注明对应的汉字。罗马字读音为 Bainouraso。

时,汽车也许能通行。总之,仅靠小路的交通非常不便,并且阻碍物资运送。现在此处无人居住的现状也证明了这一点。

夏天虽有大路,但因河流泛滥和雨水积堵导致道路积水泥泞,那些小路就更不用说了。

观察夏季道路的两侧,平原地区道路以外很难通行,山地地区一般来说山脚处岩石裸露坡度很大无法通行。紧靠道路的上面部分的土壤是多孔性,积蓄了许多水分光是马通行都十分困难。下部的坡面相对较硬,晴天时还行,雨天的话还是无法通行的。

除了道路险恶以外,阻碍交通的另一大要因就是河流。河流上虽然可以依靠独木舟,但是车辆运输是不可能的。如果遇到没有独木舟的河流,不得已只能靠游泳了。这不可避免地成为交通运输上的一大不便。交通上的详细情况有待交通调查员的详细报告。

总之,该地区由于河流干扰导致多处交通断绝,只能依靠航运。如果只利用冬季十月中上旬结冰期以后的话,是无法充分发挥运输功能的。

就通信机关来说,电信、电话等设备贫乏,只有泰来和塔子城之间的联络,邮局也只是泰来和塔子城有,其他地方都处于通信不便的状态。

四、土地开垦的历史沿革及地方形势

明朝初期开始,曾荒废过的蒙古的土地是靠塞外民族进行单一的开垦,沃野千里也仅被当作放牧地使用。然而到了清朝康熙皇帝时,开始注重塞外的管理经营,沃野逐渐开垦出来,自那以后二百多年间,汉人不断以开垦为目的进入塞外。乾隆末年以后,曾几度禁止开垦蒙古土地,但很难镇压汉人入蒙。到了光绪中叶,由于害怕俄国突然入侵,解除了禁止入蒙的命令,反而奖励开垦。之后,汉人大量移居,并扩大了农耕面积,而蒙古土著人继承旧习,以放牧为主业,于是这里变成了汉蒙混居的社会。蒙古王族的直属部下拥有土地所有权,而后来移居过去的汉族人没有所有权,因此产生了本旗和外旗的区别。令人联想起我们日本的封建幕府时代的风貌。

成立满洲国后,兴安省下面的扎赉特旗和布特哈旗等有旗长掌管行政,泰来县、龙江县编入黑龙江省,置于一般的县行政之下。

在此,以扎赉特旗行政的内容为例来说明旗行政。(布特哈旗行政由于不经过扎兰屯而未调查)旗行政集权部设置在扎赉特王府的扎赉特旗公省。机关如下所示:

总务科——总务部、会计

内务科——执政部(包含实业)、文教部、财务部

警务科——卫生部、公安部

以上各机关管理旗的一般性行政事务,此外,还有司法事务公署,裁判与刑罚有关的事务。有扎赉特旗自卫团六队部管辖地方自卫团员。

泰来县、龙江县的行政和东三省各县行政一样,此处省略。

(1)泰来县形势

泰来县原来隶属于内蒙古,满洲国建立后编入了黑龙江省,泰来县有公署,分为五个行政区域来管理。

人口　　男　　52,092 人　　女　　　44,497 人

　　　　　合计　96,589 人

户数　　地主　775 户　　　　自耕农　1,932 户

　　　　　佃农　1,150 户　　　　贫农　　1,282 户

　　　　　合计　5,139 户（县公署调查）

　　另外有 15 户日本人，人数为 72 人，在泰来县主要经营商业；朝鲜人作为农民居住在农村经营水田，共 71 户 279 人。

　　农耕面积（泰来农会调查）

　　泰来县的农耕地受河水、洪水等危害很多，呈逐年减少倾向。水田、菜园、山地（未开垦，蒙古人用于维持生计）、特殊用地（沙石、学田）等大概会没有变化，旱田逐年减少，水湿地逐年增加，变化如下：

	大同元年	大同 2 年	康德元年
旱地	98,690 晌	84,330 晌	69,330 晌
水湿地	43,300 晌	57,860 晌	72,880 晌

　　另外，每年水田 2,000 晌、菜园 332 晌、山地 132,700 晌、特殊用地 122,978 晌

　　泰来县虽然面积广大，但由于每年浸水面积增大，农耕地转化为水湿地，很有必要寻找一些水利善后对策。泰来和塔子城作为农产品的集散地，尤其是到达泰来的货物要依靠铁道运出。

（2）扎赉特旗（昭和 8 年 4 月调查）

人口　　　31,753 人

户数　　蒙古户　3,258 户

　　　　满洲户　347 户　　　　主要是农民

　　　　朝鲜户　90 户　　　　　多数经营水田

农耕面积　中熟地　21,358 晌

　　　　下熟地　35,785 晌

　　　　合　计　57,143 晌

农耕面积相当少，农民半牧半农，扎赉特王府以西几乎都是以畜牧为正业。

交易市场除了泰来、塔子城外在王爷庙附近也有。购买杂货的很多也有贩卖家畜的。

（3）布特哈旗 D 点（绰尔河和柴河的合流点）的形势

　　该地区由于气候条件不适宜农耕，没有定居者。每年四月上旬左右到六月中旬这段时间，出现住在车上的狩猎村庄。他们在兴安岭中的森林和高原地区打猎。人种多是从扎兰屯过来的蒙古旗中的达斡尔—索伦系统，满人很少从事买卖，全车上大概 42 户，人数每年平均 80 人，多的时候达到 100—120 人。

　　或许他们本来是游牧民族，是赶着牧群趋向水草的种族。他们崇尚武力，充分发挥擅长骑射喜好打猎的个性，捕获的猎物有鹿、獐。为了节省子弹，他们基本上不射杀野猪，并把鹿角、毛皮作为商品出卖。鹿角由奉天省营口输出到内地。他们的主食粟子、黍、面粉、盐是自己带

来的,日用品依靠商人从扎兰屯采购。

(4)アリブヘド①狩猎村庄的形势

アリブヘド即是乌裕尔河的上游ハイラフン②河的合流点附近的 D 点,规模很小,有 3 户,是大车做成的房屋,人口不过 10 人左右,他们属于从サマガール③来的索伦系统。该地区有望发展畜牧业。

(5)济沁河附近的形势

环绕着东西两朝阳山的济沁河一带就和扎赉特旗的カンガール、モラガール④非常相似,都处于半农半牧的开发状态。由于盗匪的袭击、战乱等逃亡的农民很多,近来渐渐开始从事农耕,该地区的农业中心地是李三店、碾子山。目前,济沁河带来的水灾主要是碾子山一带的河流泛滥,总的来说还比较少。

以下章节将详细叙述。

---

① 译者注:原文用这种方式记音,未注明对应的汉字。罗马字读音为 Aribubedo。
② 译者注:原文用这种方式记音,未注明对应的汉字。罗马字读音为 Hairafun。
③ 译者注:原文用这种方式记音,未注明对应的汉字。罗马字读音为 Samagaru。
④ 译者注:原文用这种方式记音,未注明对应的汉字。罗马字读音分别为 Kangaru,Moragaru。

第三章　土地所有权问题及其对策

事变之前，即现在的兴安岭设立以前的蒙古是完全地沿袭封建制度。蒙古的土地全部归王族所有，王把一定的地区割让给王族让他们管理。拥有土地的王族们自己变成地主，并与佃农结成租借关系。向王府直接租借土地，处于地主地位的主要是本旗人，佃农基本上都是外旗人。

本旗人通常不向王缴纳租金，只是随意地向王献一些金钱或者物品。外旗人则承担着交纳租金的义务。

事变后，满洲国建立的同时，隶属于蒙古的该地区被编入兴安省。虽然已制定与土地相关的新规定，但是还没有完全普及到所有区域，依然存在着许多王族土地所有权，地主和佃农的关系依然如故。虽然知道纳税的新规定，但是都尚未实施。如此，地租自然由地主负担，地主又征收低廉的佃农租金来纳税。这正好表明了农村课税过重的弊端。

接下来，按地区来看的话，在泰来县，近来通过买卖形式将土地所有权由蒙人转嫁给满人的事件很常见，变成蒙古的地主之后，现如今是无力纳税的，和无需纳税相比，因为满人拥有土地，就要向满洲国纳税，不管种多少种农作物，多么努力想要丰收，荒地、盐碱地较多的该地区是无力纳税的。因此，听说不断有人放弃耕种，不得不四处逃亡。

前面所述，地主对佃农沿用旧习不纳租税，主要是在カンガール、モラガール①、扎赉特王府等拥有耕地的蒙古地区实行。扎赉特王府以西耕地很少，不成问题。现在，扎赉特王府的王在大赉、泰赉、カンガール等约有1,000晌土地。另外，扎赉特旗大约有1,000户地主，最大的地主有300晌地，最小的也有30—40晌地，平均地主所有土地面积为200晌。可以推断出蒙古地主大概有2,000晌的土地。这样，对于蒙古的土地，将来开拓时产生土地借贷问题时，可以充分考虑一下上述内容。

目前地租低下产生无力纳税的状况，又由于荒地和盐碱地多，收成不好，导致纳税负担和收支相抵的情况出现。为了打破这一现状改革施政方针，重新考量土地政策成为当务之急。根据蒙古人对满洲国强烈的敌对心理可以推断，即使有了对策，确立了施政方针，蒙古人也不会绝对地服从满人。很难想象他们会忽略种族无条件地服从满洲国统治。作为对策，在完满的解决土地问题的同时，为了肯定他们的人格，满洲国重要职位要由蒙古人代表担任，让他们把想要表达的毫无保留地吐露出来，形成两族共和，土地问题便自然有望得到解决。

---

① 译者注：原文用这种方式记音，未注明对应的汉字。罗马字读音分别为 Kangaru，Moragaru。

第四章　土地利用分布和未开垦土地的开拓方式

　　从泰来到塔子城之间一望千里没有丘陵全是平原,耕地也很多,但是由于河水泛滥和排水不利,湿地历年来都是闲置的,另外还有少量不可耕种的盐碱地。经过カンガルー、モラガール①到达扎赉特王府地区是丘陵地带,仅在坡度较小的地方有耕地,谷地是湿地,未开垦的地方大部分被用做放牧地了。此外,西部是起伏的高原地区,坡面上虽可以开垦旱田,但是展开面积很小,谷地河水泛滥、雨水灾害很多,无法开垦。虽说是山上的斜坡但有很多地下水流出,现在都被闲置着未耕种。从 D 点到兴安岭山麓基尔果山,山地的倾斜角度更大,柴河沿岸流域面积狭窄,并且被看做湿地,没有可做农耕用的土地,但在发展林业方面值得重视。

　　济心河附近和扎赉特王府类似,但与扎赉特王府相比,农耕的展开面积较大,水灾较少,有好的前景。

　　下面展示一下农耕地、湿地、放牧地等土地的分布:

	村庄地名	农耕地 (晌)	湿地 (晌)	放牧地、荒 地等(晌)	合计 (晌)	备注
泰来县各村庄	大后克利	320	不明		320	泰来县几乎没有放牧地,荒地面积很大
	保安屯	100	不明		100	
	李家店	660	40		700	
	大榆树 (老牛家)	7,000 40	1,000 20	2,000	10,000 60	大榆树包含老牛家
	永安屯	130	30	20	180	
	塔子城	5,400	3,600	2,000	11,000	
	计	12,650	4,650	4,020	4,020	22,360
扎赉特旗各村庄	东五九	280	100	120	500	扎赉特旗主要是荒地,被用作放牧地

---

① 　译者注:原文用这种方式记音,未注明对应的汉字。罗马字读音分别为 Kangaru，Moragaru。

续表

村庄地名		农耕地 （晌）	湿地 （晌）	放牧地、荒 地等（晌）	合计 （晌）	备注
扎赉特旗各村庄	四家子	100	20	10	130	虽然放牧地面积相当大，但是又许多地方不明
	カンガル①	400	200	—	600	存在没有耕地的村庄
	オラマトンホロコ②	146	100		246	
	モラガール③	265	100	300	665	
	ホースタイ④	68	20	200	288	
	ソラトン⑤	200	不明	不明	200	
	ウッドタイ⑥	271	100	不明	371	
	ハルチユロー⑦	200	不明	相当	200	
	ネリンテヤフカ⑧	56	100	相当	156	
	扎赉特王府	350	40	3,000	3,390	
	エメトン⑨	100	—	相当	100	
	オホ⑩屯	120	—	相当	120	
	ハラガラ⑪屯	无	—	很少	不明	
	タートン⑫ （ユーハイラ）⑬	无	—	不明	不明	
	バインウラン⑭	100	100	不明	200	
	オハラ⑮屯	64	60	100	224	
合计						

① 译者注：原文用这种方式记音，未注明对应的汉字。罗马字读音为 Kangaru。
② 译者注：原文用这种方式记音，未注明对应的汉字。罗马字读音为 Ormatonhoroko。
③ 译者注：原文用这种方式记音，未注明对应的汉字。罗马字读音为 Moragaru。
④ 译者注：原文用这种方式记音，未注明对应的汉字。罗马字读音为 Housutai。
⑤ 译者注：原文用这种方式记音，未注明对应的汉字。罗马字读音为 Soraton。
⑥ 译者注：原文用这种方式记音，未注明对应的汉字。罗马字读音为 Wutsudotai。
⑦ 译者注：原文用这种方式记音，未注明对应的汉字。罗马字读音为 Harucyuro。
⑧ 译者注：原文用这种方式记音，未注明对应的汉字。罗马字读音为 Nerinteyafuka。
⑨ 译者注：原文用这种方式记音，未注明对应的汉字。罗马字读音为 Emiton。
⑩ 译者注：原文用这种方式记音，未注明对应的汉字。罗马字读音为 Oho。
⑪ 译者注：原文用这种方式记音，未注明对应的汉字。罗马字读音为 Haragara。
⑫ 译者注：原文用这种方式记音，未注明对应的汉字。罗马字读音为 Taton。
⑬ 译者注：原文用这种方式记音，未注明对应的汉字。罗马字读音为 Juhaira。
⑭ 译者注：原文用这种方式记音，未注明对应的汉字。罗马字读音为 Bainuran。
⑮ 译者注：原文用这种方式记音，未注明对应的汉字。罗马字读音为 Ohara。

村庄地名		农耕地（晌）	湿地（晌）	放牧地、荒地等（晌）	合计（晌）	备注
吴大爷屯		20	相当	不明	20	
冯屯子		10	不明	不明	10	
炕沿山		35	280		315	
老龙头		250	不明	100	350	
塔子沟		80	不明	不明	80	
哈勒图河附近		宽 500 米 湿地——长 3.5 千米			50	100 米平方即把 1 公顷估算为 1 町步,把一晌地当做约 7 反地得出的面积
コルビダ①附近		宽 300 米,长 3 千米			13	
		宽 350 米 湿地——长 12 千米			60	
没有村庄的地区	绰尔河徒河点	宽 500 米 山地——长 600 米			4	
	基尔果山麓	宽 500 米 高地——长 2 千米			14	
	D 点附近	湿地——宽 400 米, 长 33 千米			17	
		高地——宽 550 米, 长 34.5 千米			35	
	D 点コルビダ河	湿地——宽 350 米 长 35 千米			25	
	胡王尔库河	湿地——宽 400 米 长 2.5 千米　　两处			28	
	アリフヘド②附近	高地——宽 1 千米, 长 6.5 千米			52	
	王龙沟 (热马河)	湿地——宽 600 米 长 6 千米			51	

根据以上的土地分布情况可以推断,如今没被利用的荒地和湿地很多。山地地区的湿地大多是夏季地下水渗出而造成的,这样,可以通过排水工程使地下水位下降,从而实现对这些

土地的利用。虽有农耕地的建设方法,但是存在暗渠、明渠的设计费用问题以及农产品贩卖的距离远近问题等,所以可利用开垦的地方很少。尤其是ウントコアイラ①西北没有村庄,离市场很远,运输不便,经济上是否有利可图还有待考量。

另外,还有一种方法是牺牲这些湿地构筑堤坝,但到了雨季,一旦雨水超过堤坝的容纳量,还是有泛滥的可能性。就算是不泛滥,也只是为下游地区谋得了福利,而其他山地地区带来的雨水灾害很大,所以收效甚微。只有截住从兴安岭东流的所有河水的水量,才能把水引向东部缓丘地区,平原地区也能深受恩泽。不过因为已经踏入资本经济,这样的话也不是我等可以公开说出来的了。

此外,由于平原地区的湿地和水害区域非常广泛,所以难于判定,这些地区的泛滥使用明暗渠或者水泵来进行小规模排水不成问题。这些地区通过构建堤坝可以阻止相当大的水量。另外,可以通过河流改道改善河流湍急问题,此外,还可运用淤灌方法使浊水抬高地表。

如上所述,仅通过比较绰尔河和济心河的一部分就能发现湿地利用计划过于草率。

接下来说说 D 点附近到兴安山麓的柴河流域的湿地利用情况,由于气候条件不适宜开垦耕地,作出如下判定,冬季气候寒冷,播种后很快就会遇到初霜,无法收获。地下冻结很严重,解冻后,地下水冻结仍然会持续到6月份左右,地温下降给发芽期、生长期带来的损失很大,不在农耕利用范围之内。

不过,该地区牧草充足,适宜放牧,应该建一些半永久性的房屋,但是该地区没有农产品,食品不足。由于该地区食品及其他物资运输困难,因此,放牧也无法迅速实现。

这些内地的开发需要五年乃至十年的计划,眼下应该注重交通便利地区的开发。比如塔子城和扎赉特王府之间的半平原地区的湿地利用;还有,要使塔子城和泰来之间附近的水害地区的利用得以实现,对曲折的绰尔河进行改造很有必要;开发水害史很少的济沁河流域,要使当地交通便利。想要利用アリブヘド②、炕沿山地区的高地、湿地的话,发展畜牧业是比较适当的。

---

① 译者注:原文用这种方式记音,未注明对应的汉字。罗马字读音为 Untokoaira。
② 译者注:原文用这种方式记音,未注明对应的汉字。罗马字读音为 Aribuhedo。

第五章　按村庄进行的户口调查及车辆、井的数量

县别	地名 \ 项目	户数			人口			车辆数	井数	备注
		满洲户	蒙古户	计	满洲人	蒙古户	计			
泰来县	泰来	3,244	—	3,244	17,811	—	17,811	不明	不明	日本人 15 户 72 人 朝鲜人 71 户 279 人
	大后克利	122	—	122	600	—	600	16	6	
	干家围子	18	—	18	120	—	120	—	3	
	上河湾	34	—	34	190	—	190	—	3	
	保安屯	20	—	20	125	—	125	4	4	
	李家店	15	—	15	180	—	180	—	1	
	大榆树	1,000	—	1,000	9,000	—	9,000	400	200	老牛家有 14 户共 64 人，1 口井，1 辆车
	永安屯	10	—	10	100	—	100	3	1	
	塔子城（武兴）	1,232	24	1,256	4,922	102	5,026#	47	63	以上只是第一保；第二保车辆 151 井 82；第三保车辆 124 井 62；第四保车辆 370 井 32
	塔屯	34	—	34	180	—	180	—	2	
	泰来县内合计	5,729	24	5,753	33,228	102	33,330	470	282#	

续表

县别	地名 项目	户数			人口			车辆数	井数	备注
		满洲户	蒙古户	计	满洲人	蒙古户	计			
扎赉特旗	东五九	42	16	51#	210	56	266	10	7	
	四家子	3	12	15	15	50	65	4	1	车辆是蒙古车
	カンカール①	—	90	90	—	450	450	18	8	
	オラマトンホロゴ②	—	45	45	—	200	200	24	4	
	モラガール③	—	110	110	—	350	350	100	15	
	ホースタイ④	—	30	30	—	200	200	10	3	
	ソラトン⑤	—	60	60	—	400	400	不明	4	
	シングルス⑥	—	56	56	—	330	330	20	7	
	ワッドタイ⑦	3	27	30	25	277	302	20	5	
	ハルチョワロ⑧	—	30	30	—	100	100	80	—	以河水当引用水
	ネリンチヤラガ⑨	—	23	23	—	70	70	15	—	以河水当饮用水
	メリト⑩屯	—	20	20	—	80	80	50	3	
	チャントモ⑪屯	—	1	1	—	200	200	—	1	只限僧侣
	エメトン⑫ (アメトン)⑬	—	15	15	—	77	77	10	8	
	オホトン⑭	—	12	12	—	80	80	10	3	
	ハラグトン⑮	—	10	10	—	60	60	6	2	

① 译者注:原文用这种方式记音,未注明对应的汉字。罗马字读音为 Kangaru。
② 译者注:原文用这种方式记音,未注明对应的汉字。罗马字读音为 Ormatonhoroko。
③ 译者注:原文用这种方式记音,未注明对应的汉字。罗马字读音为 Moragaru
④ 译者注:原文用这种方式记音,未注明对应的汉字。罗马字读音为 Housutai。
⑤ 译者注:原文用这种方式记音,未注明对应的汉字。罗马字读音为 Soraton。
⑥ 译者注:原文用这种方式记音,未注明对应的汉字。罗马字读音为 Shingurusu。
⑦ 译者注:原文用这种方式记音,未注明对应的汉字。罗马字读音为 Wutsudotai。
⑧ 译者注:原文用这种方式记音,未注明对应的汉字。罗马字读音为 Harucyuro。
⑨ 译者注:原文用这种方式记音,未注明对应的汉字。罗马字读音为 Nerinteyafuka。
⑩ 译者注:原文用这种方式记音,未注明对应的汉字。罗马字读音为 Merito。
⑪ 译者注:原文用这种方式记音,未注明对应的汉字。罗马字读音为 Cyantomo。
⑫ 译者注:原文用这种方式记音,未注明对应的汉字。罗马字读音为 Eemton。
⑬ 译者注:原文用这种方式记音,未注明对应的汉字。罗马字读音为 Ameton。
⑭ 译者注:原文用这种方式记音,未注明对应的汉字。罗马字读音为 Ohoton。
⑮ 译者注:原文用这种方式记音,未注明对应的汉字。罗马字读音为 Haraguton。

续表

县别	项目 地名	户数			人口			车辆数	井数	备注
		满洲户	蒙古户	计	满洲人	蒙古户	计			
扎赉特旗	扎赉特王府	—	30	30	—	185	185	26	2	
	タルトトン①	—	10	10	—	50	50	21	5	
	ハラカラトン②	—	7	7	—	29	29	5	1	饮用水良好
	ユーハイラ③	—	20	20	—	60	60	20	3	
	タント④	—	5	5	—	25	25	6	—	
	オーハラ⑤屯	1	49	50	10	290	300	15	4	
	パインワラン⑥	—	12	12	—	80	80	6	1	
	扎赉特旗村庄合计	49	690	739	260	3,699	3,959	476	87	
布特哈旗	Ⓓ点	—	42	42	—	80	80	42	—	
	アリプヘト⑦	—	3	3	—	10	10	5	—	
	吴大爷屯	—	6	6	—	30	30	4	1	
		—	7	7	—	42	42	4	—	以河水作饮用水 车上房屋为家
	布特哈旗合计	—	58	58	—	162	162	55	1	
龙江县	塔子城	21	21	—	21	43	—	45	9	6
	老龙头	23	23	—	25	125	—	123	10	9
	龙江县合计	46	—	46	168	—	168	19	15	

---

① 译者注:原文用这种方式记音,未注明对应的汉字。罗马字读音为 Tarutoton。
② 译者注:原文用这种方式记音,未注明对应的汉字。罗马字读音为 Harakaraton。
③ 译者注:原文用这种方式记音,未注明对应的汉字。罗马字读音为 Juhaira。
④ 译者注:原文用这种方式记音,未注明对应的汉字。罗马字读音为 Tanto。
⑤ 译者注:原文用这种方式记音,未注明对应的汉字。罗马字读音为 Ohara。
⑥ 译者注:原文用这种方式记音,未注明对应的汉字。罗马字读音为 Bainwaran。
⑦ 译者注:原文用这种方式记音,未注明对应的汉字。罗马字读音为 Aribuhedo。

第六章　气象概况

　　由于该地区没有气象观测机构,没有任何统计记录,很难了解到气温的月变化、年变化。我们只了解到调查期间(6月3日至7月14日)的温度,最高(中午2点)35度,最低(凌晨2点)7度。由此可推测该地区盛夏温度将达到摄氏35—36度,远比日本本土温度高。另外,由于大陆性使然,白天炎热,夜晚寒冷,温差较大,日温差通常在摄氏10度左右,较大时会达到19—20度。

　　没有冬季温度的记录,但根据推断,普遍地非常寒冷,地下冻结达到4尺多,达到7尺(炕沿山)的地区也有。因此很多地区无法耕种,这是气候对农业的影响。另一方面,就交通方面来看,到了结冰期,塔子城、オハラ(Ohara)屯要到了11月中旬,一般地区大体到了10月上旬车马就可以在冰上行走,弥补了夏季因河水泛滥道路不通的不足,做出了很大贡献。

　　该地区冬季河水冻结的厚度在3尺到5尺之间,降雪量一般在2尺左右。オハラ(Ohara)屯降雪量在3—4尺左右,降雨开始于春天3月左右,6、7月份时降雨量最大。以下是各地区的霜、雪、结冰、解冻、雨水等发生的时期及季节带来的风向变化和气象灾害状况。

一、各地区气象状况

地方名	初霜	终霜	初雪	终雪	结冰期	解冻期	雨期
大后克利	不明	不明	不明	不明	11月中旬	3月—4月	6月—7月
武兴	9月中旬以后	10月上旬以前	10月中旬	2月上旬	10月中旬	2月中上旬	6月—7月
东五九	8月中旬	9月上旬	不明	不明	11月中旬	2月中旬	6月—7月
カンガール①	8月中旬	10月中旬	9月中旬	3月中旬	9月中旬	2月中旬	6月7月 3月4月
モラガール②	7月中旬	9月上旬	不明	不明	10月上旬	2月中旬	6月—7月
扎赉特王府	8月上旬	8月下旬	不明	不明	不明	不明	不明
ハラガラ③屯	7月下旬	9月上旬	9月中旬	3月中旬	10月中旬	2月中旬	6月—7月

---

①　译者注:原文用这种方式记音,未注明对应的汉字。罗马字读音为 Kangaru。
②　译者注:原文用这种方式记音,未注明对应的汉字。罗马字读音为 Moragaru。
③　译者注:原文用这种方式记音,未注明对应的汉字。罗马字读音为 Hargara。

地方名	初霜	终霜	初雪	终雪	结冰期	解冻期	雨期
オーハラ①屯	7 月中旬	3 月上旬	9 月中旬	3 月中旬	10 月中旬	3 月上旬	6 月—7 月
D点	7 月中旬	3 月—4 月	8 月上旬	3 月下旬	9 月下旬	3 月中旬—4 月上旬	5 月中旬—6 月下旬
炕沿山	8 月下旬	2 月上旬	10 月上旬	2 月中旬	9 月下旬	3 月下旬	6 月—7 月
老龙头	9 月中旬	2 月上旬	11 月中旬	2 月中旬	10 月上旬	2 月中旬	6 月—7 月

　　根据对塔子城、オハラ屯的季节风的调查得出,塔子城附近总的来说一年都是东风,オハラ屯北风较多。

	春	夏	秋	冬
塔子城	东风	南风	西风	北风
オハラ屯	北风	南风	北风	东北风

　　受灾状况这方面,夏季水害和冬季霜害会导致农作物减产。

　　也就是说,夏季降雨量大,河川流量增大引发洪水导致交通断绝,另外,耕地浸水造成无法耕种,甚至形成了大量的湿地。各地区每年都会遭遇轻微的水害,由河流泛滥造成的大洪水大概五到十年一遇。据说,济沁河附近遭洪水灾害很少。

　　遭遇霜害的高粱、粟、玉米在收获期的损失,塔子城附近约减产 50%,オーハラ屯减收七八斗。大豆的收获期比较晚,抵抗力较强,受霜害的损失程度较小。

　　冰雹灾害是在 5—6 月份左右落下的像鸡蛋大小的冰雹,对人畜没有什么危害,但正处于生长期的农作物会遭受损失。该地区的风害一般被忽略。

---

① 　译者注:原文用这种方式记音,未注明对应的汉字。罗马字读音为 Ohara。

二、农业季节

作物名 \ 地名・项目	武兴(塔子城) 播种期	武兴(塔子城) 收获期	カンガール① 播种期	カンガール① 收获期	老龙头 播种期	老龙头 收获期	オーハラトン② 播种期	オーハラトン② 收获期
高粱	3月中旬	8月中旬	4月上旬	8月中旬	3月中旬	8月中旬	3月中旬	8月中旬
谷子	3月中旬	8月中—9月上旬	3月上旬	8月中旬	3月中旬	8月中旬	3月上旬	8月上旬
豆子	3月上旬	9月上旬	3月中—3月下旬	8月中旬	3月中旬	8月上旬	3月下旬	8月中旬
荞麦	4月中旬	8月上旬	5月上旬	8月中旬	—	—	5月中旬	8月上旬
糜子	5月上旬	8月中旬	5月上旬	8月上旬	3月中旬	8月上旬	5月上旬	8月上旬
小麦	3月上旬	6月下旬	—	—	—	—	—	—
烟草	3月中旬	8月下旬	3月上旬	7月中旬	3月下旬	7月中旬	—	—
玉米	—	—	—	—	—	—	4月上旬	8月中旬
苏子	—	—	—	—	3月上旬	7月上旬	—	—
白菜	3月 6月	5月 8月	6月上旬	9月上旬	6月上旬	9月上旬	5月中旬	8月中旬
葱	9月;翌年4月移植	5月—8月	7月上旬	翌年9月中旬	8月上旬	翌年5月上旬起	7月中旬	翌年5月—8月下旬
萝卜	3月上旬 6月上旬	6月起 8月起	6月上旬	9月上旬	6月上旬	9月上旬	5月中旬	8月中旬
菜豆	—	—	—	—	—	—	3月中旬	7月中旬
马铃薯	不明	不明	不明	不明	3月上旬	8月中旬	3月中旬	8月中旬

三、土壤

该地区附近的整个地区是由火山岩的风化土壤构成,其原岩是安山岩和石英粗面岩。(地质班调查)。

据推断,泰来县地区属于风蚀土堆积而成的冲积层,扎赉特旗很多地方有原岩露出。

总的来说,土质还算良好,土色以黑色、黑褐色居多,有一部分土壤也就是扎赉特王府的土壤带黄色,另外还有一部分是岩石风化不久后呈现出的红色,沙质土较少,粘质土较多。

耕地的有机物含量大自不必说,未开垦的原土中的有机物质也很多。对于新开垦的土地,

---

① 译者注:原文用这种方式记音,未注明对应的汉字。罗马字读音为 Kangaru。
② 译者注:原文用这种方式记音,未注明对应的汉字。罗马字读音为 Oharaton。

不用肥料栽培也是可行的。各地土质总体良好。

各地土壤状态如下表所示:

采集土壤试验成绩

(由大连满铁中央试验所实验得出)

采集地名	土样	深度(尺)	土性	颜色	化学性质	有机质(%)	水分含量(%)	土质
泰东县乌兰招	耕土	0.5	砂质壤土	黑灰	微弱碱性	1.85	1.20	不良
老牛家	耕土	0.5	粘质壤土	黑灰(稀)	弱酸性	5.25	4.90	良
武兴(塔子城)	原土	5.0	砂质土	黑褐	中性	3.10	1.75	可
武兴(塔子城)	耕土	0.5	砂质壤土	黑黄褐	极弱碱性	3.15	2.40	可
カンガール①	原土	3.0	砂质土	黑褐	中性	3.55	2.25	良
扎赉特王府	原土	2.0	粘质土	黄褐	弱碱性	1.85	3.15	不良
オーハラトン②	原土	1.0	粘质砂土	黑褐	中性	4.35	3.70	良
オーハラトン②	耕土	0.5	粘质壤土	黑黄褐	中性	4.35	3.10	可
D点	原土	1.0	粘土质	浓黑褐	中性	11.00	7.20	极良
アリブベト③	原土	0.5	粘土质	黑黄褐	弱酸性	8.45	4.40	极良
吴大爷屯	原土	1.0	砂质粘土	黄灰	弱酸性	1.95	3.30	不良
吴大爷屯	耕土	0.5	粘质砂砾壤土	灰褐	弱酸性	4.25	3.50	可
老龙头	原土	2.0	粘质砂土	淡灰褐	弱酸性	5.10	0.95	良
老龙头	耕土	0.5	粘质沙砾壤土	淡灰	中性	7.55	6.30	良

注:①化学性测定时,将样本20克浸泡在50立方厘米的蒸馏水里1昼夜后定性的。

②有机质含量测试是将样本干燥后烧热使有机质燃烧消散后称重量而得到的。

---

① 译者注:原文用这种方式记音,未注明对应的汉字。罗马字读音为 Kangaru。
② 译者注:原文用这种方式记音,未注明对应的汉字。罗马字读音为 Oharaton。
③ 译者注:原文用这种方式记音,未注明对应的汉字。罗马字读音为 Aribuhedo。

第七章 农产品生产概况

　　该地区的农产品以谷子为首，主要有大豆、高粱、荞麦、玉米（玉米）、黍（糜子）。另外，在泰来县地区可见到少量的朝鲜人经营的水稻耕作和小麦生产，扎赉特旗与泰来县相比，种植荞麦、糜子比较多，麻、菜豆、烟草的生产也有但一般都是自家用的。

　　不只平原地区的泰来县，就连扎赉特旗、龙江县大豆的生产都处于过剩状态，从种植比率来看，泰来县居第一，扎赉特旗占据第三位，全部都是面向输出的生产。

　　根据现在满洲苦于大豆生产过剩的现状推断，该地区的大豆生产也需要谨慎考量，现在还未找到它的替代作物，这对于满洲的经济建设来说是一大遗憾。

　　谷子栽培很多，生产也大量上升，但是最终只能满足自家消费，高粱也是如此，但是，扎赉特旗有的地方不适合高粱栽培，这个地区过去是以放牧维持生计，现在也渐渐开始旱田耕作，虽然有注重谷子、高粱的自给自足的倾向，但到了扎赉特旗西北部，由于耕地面积极度减少，再加上气候条件的影响，导致每晌收成减少，产生了经济上的不平衡。有的人像过去一样以放牧作为正业，自家消费的主要农产品通过家畜买卖购得。一般来说，蔬菜、马铃薯等产品泰来县比较多。

　　各地区主要农产品的生产状况，种植面积和所占比率，每晌的收成等如下所示：

县名	地名	现耕地（晌）	作物名	种植面积（晌）	种植比率（%）	每晌收成（石）	总收成（石）	备注
泰来县	大后克利	320	豆子	150	46.87	4	600	
			谷子	100	31.25	6	600	
			高粱	50	15.62	6	300	
			荞麦	20	6.25	3	60	
			蔬菜	若干				萝卜、白菜、葱、菜豆、马铃薯
	干家围子	不明	豆子	不明	不明	4	不明	
			谷子			6		
			高粱			5.5		
			小麦			2		

县名	地名	现耕地（晌）	作物名	种植面积（晌）	种植比率（%）	每晌收成（石）	总收成（石）	备注
泰来县	上河湾	不明	豆子	不明	不明	4.5	不明	
			谷子	不明	不明	5.5	不明	
			高粱	不明	不明	5	不明	
			荞麦	不明	不明	3.5	不明	
			小麦	不明	不明	3	不明	
			蔬菜	不明	不明		不明	
	保安屯	100	豆子	48	48	4.5	216	
			谷子	25	25	7.5	190	
			高粱	25	25	6	150	
			玉米	很少		4.5		
			小麦	很少		3.5		
			荞麦	1.5	1.5	4	6	
			蔬菜	很少				白菜、萝卜、葱
	李家店	700	豆子	490	70	5	2,450	
			谷子	70	10	8	560	
			高粱	70	10	7.5	525	
			玉米	21	3	4.5	95	
			小麦	35	5	4.5	160	
			荞麦	很少		4		
			蔬菜	14	2		马铃薯（3 万斤）	萝卜、白菜、马铃薯
	大榆树（包括老牛家）	7,000	豆子	2,800	40	4.5	12,600	
			谷子	2,000	28	7	14,000	
			高粱	2,000	28	6.5	13,000	
			旱稻	100	1.43	10	1,000	
			蔬菜	很少				

续表

县名	地名	现耕地（晌）	作物名	种植面积（晌）	种植比率（%）	每晌收成（石）	总收成（石）	备注
泰来县	永安屯	118	豆子	40	33.97	3	120	
			谷子	60	50.84	4	240	
			高粱	15	12.71	4	60	
			糜子	3	2.54	2	6	
			蔬菜	很少				
	武兴（塔子城）	9,000	豆子	900	10	5	4,500	大豆对土地要求高,收成少,未多种植
			谷子	4,444	49.37	4.5	20,000	
			高粱	2,500	27.78	4	10,000	
			玉米	444	4.94	4.5	2,000	
			旱稻	150	1.67	10	1,500	
			荞麦	275	3.05	4	1,100	
			小麦	不明	0.97			
			蔬菜	200	2.22			
扎赉特旗	东五九	282	豆子	100	35.46	2	200	
			谷子	100	35.46	3	300	
			麻子	20	7.54	1	20	
			蔬菜	10	3.77			萝卜、白菜、葱、红豆、马铃薯
	ホースタイ①	88	高粱	25	28.4	2	50	
			谷子	20	22.72	2.5	50	
			荞麦	10	12.27	3.5	35	
			糜子	30	34.09	3	90	
			蔬菜	3	3.4			白菜、萝卜、葱、马铃薯
	ソラトン②	200	豆子	35	17.5	2.5	87.5	
			谷子	55	27.5	4	220	
			玉米	30	15	4	120	
			蔬菜	2	2.5			白菜、莴苣、葱、萝卜、菜豆、马铃薯、胡瓜、南瓜、茄子、白瓜

① 译者注:原文用这种方式记音,未注明对应的汉字。罗马字读音为 Hosutai。
② 译者注:原文用这种方式记音,未注明对应的汉字。罗马字读音为 Soraton。

续表

县名	地名	现耕地（晌）	作物名	种植面积（晌）	种植比率（%）	每晌收成（石）	总收成（石）	备注
龙江县	老龙头	250	豆子	100	40	2.5	250	
			谷子	50	20	3	150	
			高粱	20	8	3	60	
			玉米	60	24	2	120	
			小豆	5	2	1	5	种在田地边上
			苏子	5	2	1.5	7.5	
			糜子	10	4	2	20	
			烟草	若干				
			蔬菜	若干				白菜、茄子、萝卜、葱、胡瓜、马铃薯

各县、旗农产品合计表及平均表

县旗别	经过地名	播种面积（晌）	作物种类	各作物播种面积(晌)	平均播种利率(%)	每晌平均收成(石)	总收成（石）	备注
泰来县各村庄	大后克利 保安屯 李家店 大榆树 永安屯 武兴(塔子城)	17,238	豆子	4,428	41.47	4.31	204.86	
			谷子	6,699	32.41	6.06	355.9	
			高粱	4,660	19.85	5.56	240.35	
			玉米	465	1.32	4.5	20.95	
			旱稻	250	0.51	10	15	
			荞麦	296.5	1.8	3.7	11.66	
			小麦	3.5	2.8	3.25	11.37	
			糜子	3	2.64	2	6	
			蔬菜	214				
	以上6个村庄合计						94,872	

续表

县旗别	经过地名	播种面积（晌）	作物种类	各作物播种面积（晌）	平均播种利率（%）	每晌平均收成（石）	总收成（石）	备注
扎赉特旗各村庄	东五九 四家子 カングール① オラマトンボロゴ② モラーガール③ ホースタイ④ ソラトン⑤ シンクルス⑥ ウッドタイ⑦ ハルチユーロ⑧ ネリンチヤラガ⑨ 扎赉特王府 エメトン⑩ オボトン⑪ オーハラトン⑫	2,955	豆子	530	18.41	2.4	1,275	
			谷子	855	29.7	2.97	2,540	
			高粱	393	11.91	2.81	202.5	
			玉米	289	8.19	3.51	1,013.5	
			荞麦	344	11.67	3.41	1,174	
			糜子	466	19.94	2.57	1,197	
			麻子					
			菜豆	其他0.18				
			烟草					
			蔬菜	14				
	以上15村庄合计						8,302	

附记　副产品生产概况

以上农产品中由大豆、谷子、高粱带来的副产品也不可忽视，大概数量如下：

每晌产量按照秫秸（高粱秆）、豆秸（大豆秸）、谷草（粟秆）的顺序估计为1,500斤、2,000斤、1,500斤。

---

① 译者注：原文用这种方式记音，未注明对应的汉字。罗马字读音为 Kanguru。
② 译者注：原文用这种方式记音，未注明对应的汉字。罗马字读音为 Oramatonboroko。
③ 译者注：原文用这种方式记音，未注明对应的汉字。罗马字读音为 Moragaru。
④ 译者注：原文用这种方式记音，未注明对应的汉字。罗马字读音为 Hosutai。
⑤ 译者注：原文用这种方式记音，未注明对应的汉字。罗马字读音为 Soraton。
⑥ 译者注：原文用这种方式记音，未注明对应的汉字。罗马字读音为 Shinkurusu。
⑦ 译者注：原文用这种方式记音，未注明对应的汉字。罗马字读音为 Utsudotai。
⑧ 译者注：原文用这种方式记音，未注明对应的汉字。罗马字读音为 Harucyuro。
⑨ 译者注：原文用这种方式记音，未注明对应的汉字。罗马字读音为 Nerincyaraga。
⑩ 译者注：原文用这种方式记音，未注明对应的汉字。罗马字读音为 Emeton。
⑪ 译者注：原文用这种方式记音，未注明对应的汉字。罗马字读音为 Oboton。
⑫ 译者注：原文用这种方式记音，未注明对应的汉字。罗马字读音为 Oharaton。

地名\种类\收成	泰来县		扎赉特旗	
	主要作物播种面积（晌）	总产量（万斤）	主要作物种植面积（晌）	总产量（万斤）
秫秸	4,660	699.00	393	58.95
豆秸	4,428	885.00	530	106.00
谷草	6,699	1,004.80	855	128.25

以上基本上用于家畜饲料和燃料,并没有运出。

第八章　物资移动现状及预计会出现的过剩

　　从农产品和日用杂货的移动状况来看,那些在物产丰富的泰来县生产的农产品——主要包括谷子、高粱、玉米等是向自古以来以游牧为主业而谷物生产很少的扎赉特旗地区移动,以塔子城为交易中心场所开辟了销路。另一方面,杂货类产品在塔子城以外的王爷庙成为贸易区,尤其是盐的方面和乌珠穆沁所生产的蒙盐有很多通过王爷庙销往扎赉特旗。总的来说,与塔子城相比,王爷庙的物价要低廉一些。

　　扎赉特旗的农业生产不值得大书特书,即便生产有剩余也只是大豆,除了大豆以外别的全都未摆脱自给自足的状况,整体处于不景气的状态。

　　该地区的大豆目前暂时是运往塔子城和那附近生产的大豆一起以原材料或者加工品(豆粕、豆油)的形式销往泰来。在广无人烟的 D 地区,只有来自狩猎者的需求。从扎兰屯到龙江县地区,李三店是唯一的市场,靠输出大豆来换取日用之需。

　　在这样农产品输出很少的扎赉特旗,有的专门喂养家畜来维持生计,家畜的输出状况以后详述。

一、主要粮食类的转移数量及预计供求状况

实地调查的结果,通过泰来的市场转移的数量如下:

大同元年　177,000 石

大同 2 年　152,000 石

康德元年　耕地面积减少的后果是生产减少,通过市场转移的数量也相应减少。

以塔子城为中心其他村庄移出的数量:

大豆	26,370 石	高粱	15,030 石
粟	1,220 石	荞麦	2,540 石
玉米	5,000 石	旱稻	250 石

下面是扎赉特旗各村庄移出和移入的数量,没有村庄的确切统计数据只是依靠判断出的数字:

移出	大豆	425 石	荞麦	70 石	其他不明
移入	粟	80 石	黍	70 石	

以上的实地调查有许多不清楚的地方,根据生产额和估计的消费数量预计出的供求状况如下:

（单位:石）

地方名	全部谷物年产额 （大豆除外）	人口	1年1人 谷物分配量	总人口所需 谷物数量	谷物过剩 与不足量
泰来县地区	74,386	33,330	2.2318	71,992	2,394（过剩）
扎赉特旗地区	7,027	3,959	1.7749	8,551	1,524（不足）

注:1人1个月的消费量平均为1斗8升,1年所需要的谷物数量为2石1斗6升。

　　根据以上数量推断,该地区有泰来县生产的大豆20,486石加上其他的谷物如上所示剩余2,394石,拥有输出能力。扎赉特旗所需谷物数量早就说过有1,500石的不足,但是依靠生产的1,275石大豆的输出和家畜的买卖,我们认为可以保持均衡。

二、日用品杂货的移动

　　日用品主要包括面粉、砂糖、盐,杂货主要包括布、石油、棉纱、茶等,这些产品经过泰来县进入塔子城,其中一部分进而流往扎赉特旗地区。光看塔子城,其移出和移入数量如下:

　　塔子城移入量

　　面粉40万斤、砂糖1万斤、盐200万斤

　　杂货类的移入价格合计为200万圆,其中布100万圆、石油20万圆、棉纱10万圆、蜡烛54万圆、茶5万圆。

　　其中一部分是转卖给扎赉特地区的面粉10万斤,各地区的杂货消费量各式各样,无法确定标准。因此,输往扎赉特旗地区的数量很难确定。

第九章　农耕方法

该地区的主要农作物是大豆、谷子、高粱、玉米、黍、荞麦等,农耕上与南满不同之处并不多,现在就主要农作物大豆、谷子、高粱等在泰来县塔子城附近和扎赉特旗オーハラ[①]屯附近的农耕法作以简述。

一、耕种概况(塔屯、オーハラ(ohara)屯附记、播量

(1)塔屯

用犁杖犁开前一年耕种过的土地,把前一年的作物残根去除之后再耕种。播种完后立刻用拉子覆土。播种后20天后(作物3—4寸)进行第一次除草,除草的同时疏苗。2—3天后用犁杖进行中耕并培土,20天以后便进入了第二次除草期,2—3天后再进行中耕(作物1米多高)之后,直到收获都无需管理。以上的过程是大豆、玉米、谷子、高粱相同的耕作方法,只有谷子,在疏苗的时候栽种要间隔大一点。

收获后2—3个月堆在脱谷场附近,晒干后进行脱谷。

(2)オーハラ屯

オーハラ屯的耕种方法和塔屯大同小异,用犁杖把去年的田垄锄一遍,用木头碌子翻耕之后再用犁杖锄一遍,播种之后立刻用拉子覆盖上土。各种作物基本一样,谷子是起垄之后直接播种这一点与其他作物不同。

然后,第一回除草(作物2寸左右)的同时疏苗,第二回除草时进行中耕培土,第二回中耕(作物2—2.5尺)时,如果是荞麦的话,不需要中耕。中耕后直到收获无需管理,收获后的过程和塔屯一样。

塔屯和オーハラ屯的耕种方法只有除草期和中耕期早晚有些差异其他的都一样。

附记　播种量

塔屯、オーハラ屯每晌播种量如下:

地名＼作物名	高粱	大豆	粟	玉米	荞麦	黍	菜豆	马铃薯
塔屯	3升	1斗8升	1升5合	1斗2升	2升	—	—	—

---

① 译者注:原文用这种方式记音,未注明对应的汉字。罗马字读音为Ohara。

地名＼作物名	高粱	大豆	粟	玉米	荞麦	黍	菜豆	马铃薯
オーハラ屯	2升5合	1斗5升	2升5合	3升	2升	5升	1斗5升	200斤

注:オーハラ屯的玉米的播种很少只有3升,是因为其间播种了大豆。

二、农耕工程及使用农具

(1)塔屯

耕法种类	作物名	1天量			使用农具名	摘要
		使用人员	使用家畜数	所要耕种面积		
耕锄播种	豆子	3	马4	1	穰耙、犁杖	
	豆子以外的作物	3	马3	2	穰耙、犁杖点葫芦	
中耕	豆子、高粱、玉米、谷子、荞麦、糜子	1	马3	2	犁杖	
除草疏苗	豆子、高粱、玉米、谷子、荞麦、糜子	4	—	1	锄头	
收获	高粱、谷子、玉米	2	—	1	镰刀	
	豆子	2.5	—	1	—	
	高粱穗	2	—	1	小镰刀	
运输	高粱秆 豆子 玉米 谷子	1	2—3	依距离而定	马车	装载量马车1辆 高粱秆300捆(1,200斤) 豆子1,000斤 玉米1,000斤 谷子1,000斤
脱粒完成	不明	不明	不明	不明	碾子、叉子、扫帚、木扒子、赏耙、扬锨、筛子、梁叉	豆子用石头碾子脱皮

（2）オーハラ屯

耕法 种类	作物名	1天量			使用农具名	摘要
		使用人员	使用家畜数	所要耕种面积		
耕锄	豆子、高粱、玉米、糜子、荞麦	3	牛3	2	犁杖	
播种	豆子、高粱、玉米、糜子、荞麦	3	牛3	2	点葫芦	豆子、玉米、荞麦、糜子不使用点葫芦
翻耕	豆子、高粱、玉米、糜子、荞麦	1	牛1	2	木头礤子	
耕锄播种	谷子	4	牛3	2	糠耙、点葫芦	
中耕培土	豆子、高粱、玉米、糜子、谷子、荞麦	1	牛3	1.5	犁杖	
除草疏苗	豆子、谷子、高粱、玉米、糜子、荞麦	第一次5 第二次3	— —	1 1	锄头	
收获	谷子、玉米、荞麦、糜子 高粱、豆子 高粱穗	2 3 4	— — —	1 1 1	镰刀 镰刀 芟刀	
脱谷	豆子、高粱、玉米、荞麦、谷子、糜子	4	牛马 3—4	1	石头碾子、叉子、耙子、扫帚	
完成	豆子、高粱、玉米、荞麦、谷子、糜子	3	—	0.5	筛子、木掀 扫帚	

三、施肥法

施肥方式非常原始，主要的肥料是土粪、马粪，其他的基本不使用，在蒙区，牛粪是用来作燃料的，不作施肥用。通常大豆和玉米需要施肥，其他作物几乎是无肥料栽培，尤其是在蒙古，新开垦的土地很多，有的地区仅依靠土地原有的肥料完全不施肥，等于是掠夺式的农耕方法。塔屯的大豆、玉米的施肥量是一样的，都是土粪和马粪加起来每晌施肥6马车，约合6,000斤肥料。

四、贮藏法

谷物和蔬菜的贮藏有仓库和窖藏两种。

仓库是指在地上建造圆筒形的土墙，经济上耗费大；窖是选一处高地，向地下挖3尺整体高度为10尺，一般来说是宽6尺长10尺，缺乏建造谷物仓库的资金时多建造窖代替。

一般来说，仓库用作谷物贮藏，窖用作蔬菜贮藏。

第十章　农业经营

一、经营面积的大小

要想了解农业经营的优劣状况必须先了解各家所有的耕地面积。然而,该地区没有各户耕地面积的记录,另外,由于地主兼自耕农,自耕农兼佃农,佃农又有租借等关系,很难知道确切数目,因此,地主、自耕农、佃农的比例也很难判断。现在只针对可判断的村庄的土地所有者的户数和耕作面积大小作以陈述。

塔子城(武兴)的地主一般都拥有面积广大的土地,10户地主中土地在100晌以上的有3户,自耕农和佃农的比例是4/6。其他地区的虽说是土地所有者,但又向大地主、王公租借土地进行佃耕,很难说是实际上的地主。如附表所示,仅仅是土地所有者的平均耕地面积很大,佃农、年工劳动者分配到的平均耕地面积大大减少,该地区平均12晌地。与黑龙江省其他地区相比处于劣势。

各户所有耕作面积、无所有土地户数、各村庄平均耕地面积(晌)如下:

各土地所有者户数的耕地面积

地别名类	该地总所有面积	无土地户数	各耕作面积户数							土地所有者平均耕地面积	总户数平均耕作面积
			10晌以下	10—20晌	20—30晌	30—40晌	40—50晌	50—60晌	60晌以上		
(武兴)塔屯	530	28	—	—	1	2	6	2	—	48	14
(武兴)南面外头	125	8	—	3	1	1	—	—	—	25	10
カンガール①	965	40	1	3	14	11	—	1	—	32	14
モラガール②	1,850	45	20	—	30	—	15	—	—	28	17
ホースタイ③	410	14	4	4	3	5	—	—	—	26	14

---

① 译者注:原文用这种方式记音,未注明对应的汉字。罗马字读音为 Kangaru。
② 译者注:原文用这种方式记音,未注明对应的汉字。罗马字读音为 Moragaru。
③ 译者注:原文用这种方式记音,未注明对应的汉字。罗马字读音为 Housutai。

续表

地名＼类别	该地总所有面积	无土地户数	各耕作面积户数							土地所有者平均耕地面积	总户数平均耕作面积
			10晌以下	10—20晌	20—30晌	30—40晌	40—50晌	50—60晌	60晌以上		
オーハラトン①	310	43	—	—	2	2	1	2	—	44	6
老龙头	270	16	2	3		4	—	—		30	11

二、佃耕惯例

说到佃耕惯例,在黑龙江省范围内,泰来县是按照省内一般的佃耕契约制度缴纳地租的。不过一旦进入蒙古旗后,它的土地借贷关系自然就有所不同,本旗人可以借用王公的大片土地而通常不支付地租,而外旗人租种土地需支付低廉的地租。因为租用土地时不光是耕种,而是把放牧地、荒地都一块儿租的,所以每晌土地的地租也就较低廉。契约是分为口头和书面两种,在泰来县、扎赉特旗及龙江县都是这种情况。契约年限的话,泰来县为1年,扎赉特旗的契约多是半永久性的,现金缴纳的很少,主要是缴纳粮食。

部落＼项目	地租(每晌地)		契约方式	摘要
	数量(石)	缴纳物品		
大后克利	0.6			
老牛家	1.6(中等) 1.8(上等)	高粱、谷子	1年的书面或口头契约	契约要求1个保证人
塔子城 (武兴)	0.8(下) 1.4(上)	高粱、谷子	口头、书面1年契约	1个或2个保证人,1人作介绍人,春天签订秋天上缴
塔屯	1.3	高粱、谷子	—	
カンガール②	0.5—1.0	谷子		谷物之外,1头猪
オラマトンホロゴ③	1.2—1.6	豆子、高粱、玉米、谷子		
モラガール④	0.5	谷子		
ホースタイ⑤	0.5—1.0	高粱、谷子		

---

① 译者注:原文用这种方式记音,未注明对应的汉字。罗马字读音为 Oharaton。
② 译者注:原文用这种方式记音,未注明对应的汉字。罗马字读音为 Kangaru。
③ 译者注:原文用这种方式记音,未注明对应的汉字。罗马字读音为 Oramatonborogo。
④ 译者注:原文用这种方式记音,未注明对应的汉字。罗马字读音为 Moragaru。
⑤ 译者注:原文用这种方式记音,未注明对应的汉字。罗马字读音为 Hosutai。

续表

项目 部落	地租(每晌地)		契约方式	摘要
	数量(石)	缴纳物品		
扎赉特王府	1.1	高粱、谷子	半永久性书面契约	每 90 晌(上中下一样)付 10 石,谷物之外每户上缴猪 1 头
オーハラトン①	0.2—0.5	高粱、谷子、荞麦、糜子	书面	谷物之外猪 1 头(不论地的大小),书面记录姓名和土地面积
吴大爷屯	0.5	高粱、谷子		
炕沿山	1.0	豆子、谷子、玉米		
塔子沟	0.2—0.5	豆子、谷子、玉米		
老龙头	1.2—1.5	豆子、高粱、谷子、玉米	1 年口头契约	需要 2 个保证人

三、农业劳动者及薪金

农业劳动者的雇佣形式通常是进入农忙时期后雇佣月工、小工。年工一般是在 10 个月的雇用期内现金支付,也有的和佃农一样,耕种地主的土地,收获后将收成的一半缴纳给地主。塔子城附近耕作土地面积平均 10 晌。

劳动工资根据地区、是否提供伙食、衣服等有所不同,城市的工资也不一定高。

下面是各地区的年工、月工、小工的劳动工资。

	年工	月工		小工		摘要
		农忙期(圆)	农闲期(圆)	农忙期(圆)	农闲期(圆)	
大后克利	—	10.00	8.00	0.30	0.25	
老牛家	30.00	6.00	5.00	0.40	0.25	年工、月工、小工都提供伙食
武兴	80.00	8.00	6.00	0.40	0.20	
オラマトンホロゴ②	70.00	15.00	5.00	0.30—0.40	0.20	
扎赉特王府	委托给第十一调查队					

---

① 译者注:原文用这种方式记音,未注明对应的汉字。罗马字读音为 Oharaton。
② 译者注:原文用这种方式记音,未注明对应的汉字。罗马字读音为 Oramatonborogo。

	年工	月工		小工		摘要
		农忙期(圆)	农闲期(圆)	农忙期(圆)	农闲期(圆)	
オーハラトン①	40.00—60.00	7.00—8.00	4.00—5.00	0.60—0.70	0.50	都提供伙食,年工再送衣服一套
老龙头	50.00	10.00	8.00	0.60	0.40	提供伙食

四、农家的租税及公共收费

在农户经济上,税率的轻重会对农户产生很大的影响不言而喻,由于各地税制不统一,给农户经济的确立带来阻碍,一般来说城镇地区按照规定征收地租、地方税等。一旦到了蒙古地区,未开垦的土地完全没有按照满洲国规定的的税制实施,真实地反映出税制不统一。他们的负担大部分来自自卫团费的支付,这个费用也是各地不统一,一部分进入了自卫团员的私囊,危害很大。其他的由自卫团的斡旋而产生的车牌税还多少彻底一些。

以下是各地区各税种的简述。

(一)泰来(按江洋算)

地方捐		每晌地	7角4分
亩捐	上	每晌地	3角6分7厘7
	中	每晌地	3角5分7厘4
	下	每晌地	2角6分8厘4
蒙捐	上	每晌地	} 3角1分8厘2
	中	每晌地	
	下	每晌地	1角9分9
自卫团费		每晌地	1角或2角
村公费		每晌地	5分(大洋)

(二)塔子城(按哈大洋算)

钱粮(地赋税)　每晌地　70钱(地主负担)
保甲费(警察费)
农会费　各户　1圆10钱
特别费(庆祝费)

生产税(由介绍人支付)	改正税率	旧税率
粗粮(玉米、高粱、谷子)	0.5%	5%
细粮(稻米、小麦)	1%	5%

① 译者注:原文用这种方式记音,未注明对应的汉字。罗马字读音为 Oharaton。

| 油料作物(芝麻、亚麻) | 2.5% | 5% |
| 豆类(黑豆、青豆、黄豆、豌豆、绿豆、小豆) | 2.5% | 5% |

(三)扎赉特王府(大洋)

地方税	上	每晌地	1圆20钱
	中	每晌地	80钱
	下	每晌地	40钱

车牌税　　　1套　　1圆　　(泰来县、塔子城和其他村庄的车牌税基本相同)

$\left.\begin{array}{l}2套\\3套\end{array}\right\}$ 2圆

$\left.\begin{array}{l}4套\\5套\end{array}\right\}$ 4圆

自卫团费　　90晌地的(指1户)由2家凑在一起雇佣1名自卫团,付给自卫团谷物16—18石,另外还提供衣服。

小家族是4家雇1名自卫团。

牲畜税(后述)

(四)老牛家(大洋)

警学费　　　用租票1人付1圆82钱

自卫捐　　　每年5钱

(五)オハラ①屯

无需缴纳国税和旗税。

自卫团费　　每户每年3圆

$\left.\begin{array}{l}小米子5斗\\洋草500捆\end{array}\right\}$ 每半年缴纳一次

白菜15斤、马铃薯20斤、萝卜15斤(每年缴纳一次)

(六)炕沿山

国税未缴纳。

自卫团费　　谷类2斗　　地主佃农各一半

(七)塔屯

| 国税 | 21钱 | 地主60%佃农40% |
| 自卫团费 | 1圆 | |

---

① 译者注:原文用这种方式记音,未注明对应的汉字。罗马字读音为Ohara。

（八）ホースタイ[①]

自卫团费	佃农每晌地	4—5 圆
	十口之家	8 圆

五、农具

经营面积的相对狭小导致还没达到大型农具使用阶段，连泰来县都没有大型农具，尤其是扎赉特旗那样的层叠起伏的丘陵地区，所使用的农具都是小型的。龙江县吴大爷屯虽然有洋犁，但也不是大型的，只是被用来开垦碎石很多的新土地。

农具的采购一部分来自王爷庙，大部分依靠塔子城。

该地区有一些地方农具共同使用，尤其是塔屯为了脱谷生产，地主购买脱谷用的碾子，精白用的扇车、漏斗等，让佃农共同使用。

下表显示了各地区的农具的种类、使用年限、单价等：

农具名	武兴		ホースタイ		老龙头	
	单价（圆）	使用年限	单价（圆）	使用年限	单价（圆）	使用年限
开荒犁	3.00	3	3.00	4	—	—
播种犁	2.00	3	1.50	4	2.00	不明
趟犁	—	—	1.60	4	1.50	不明
除草犁	—	—	1.60	4	—	—
菜园用镐头	1.00	1	1.00	1	0.50	不明
铁锹	1.50	2	1.50	2	0.50	不明
砍茬子用的镐头	0.80	1	—	—	—	—
铁齿耙子	2.00	6	1.50	5	—	—
木头磙子	1.00	6	—	—	0.50	不明
镇压土地用的石头磙子	3.00	不定	—	—	0.60	—
挖肥料用的镐头	1.80	1	—	—	—	—
二齿镐	1.00	2	1.00	1	0.40	不明
粪叉子	0.50	1	0.40	1	—	—
穰耙	2.50	2	—	—	1.50	不明
蛋儿磙子[#]	2.00	不定	1.50	不定	—	—

[①] 译者注：原文用这种方式记音，未注明对应的汉字。罗马字读音为 Hosutai。

续表

农具名	武兴		ホースタイ		老龙头	
	单价(圆)	使用年限	单价(圆)	使用年限	单价(圆)	使用年限
点葫芦	不明	—	0.20	—	0.10	不明
木锨	不明	—	0.80	—	0.20	不明
锄头	不明	—	0.50	—	0.30	不明
镰刀	不明	—	0.30	—	0.30	不明
扫帚	不明	—	—	—	0.20	—
木扒子	不明	—	—	—	0.10	
扬掀	不明	—	0.40	—	不明	—
扇车	8.00	10	—	—	4.00	—
筛子	不明	—	0.60	—	0.50	—
箩子	—	—	—	—	0.30	
碾子	不明	—	30.00	不定	7.00	—
垜杈	不明	—	0.20	—	0.10	—
箩箩	—	—	—	—	0.20	
大车	90.00	8	91.00	10	30.00	5
扁担	—	—	0.50		0.10	—
推车子	5.00	3	5.00	8	—	—
铡刀	5.00	5	8.00	8	—	—
马槽子	不明	—	4.00	3	1.50	—
料斗子	—		—		0.30	
备注	除以上这些,拉子(武兴、ホースタイ①)、收子(武兴)、粪筐(武兴、ホースタイ)、韭菜刀(武兴)、铁叉子(武兴)、簸箕(武兴、ホースタイ)、垜钩(武兴)等都是自家制造的,价格不明。					

---

① 译者注:原文用这种方式记音,未注明对应的汉字。罗马字读音为 Hosutai。

第十一章　农业金融及通货

一、农业金融状况

关于农业的金融机构,即使在开发程度较高的泰来县地区也还不存在银行、合作社等高级机构,现在正在实行的金融方法不过是富农(地主)或商人之间结成的高利贷关系。

在泰来县有信用贷款或抵押等融资方法,借款年利率在3分以上。此外,塔子城、カンガル①、オーハラ②屯也实行高利贷,但是其利率并不统一。

塔子城年利率4分,カンガル三分,オーハラ屯5分。

普通来说,金融处于尚未发育完全的阶段,特别是在扎赉特旗,因为金钱流通很少,基本处于最原始的物物交换以满足物资需求的状态。另外,如果遇到融资困难的时候,马上就要播种了却没有谷物时,直接借谷物来播种,待收获后,春天所借谷物每石返还1石5斗。

二、通货

关于现在泰来县、扎赉特旗、龙江县地区的现行的通货,有满洲国币、金票、黑龙江洋(黑龙江省官银号发行的大洋)和黑龙江省官帖。泰来县和扎赉特旗国币流通最多,江洋、金票次之。但是,泰来、塔子城、オーハラ屯一带凭帖通用。另外,塔子城有少量哈大洋流通。虽然也有泰票,但现在几乎没有流通了。

龙江县地区江洋的流通很多,国币很少,塔子沟几乎没有国币流通。下面是江洋、凭帖、国币的换算率。

1.江洋

江洋有1块、10块、100块、1000块、10000块,国币1圆=江洋1块4毛。

2.凭帖

凭帖是黑龙江省广信公司发行的,"凭帖取钱"文字的右上附上李、生、玄等,比如(李字第18273号)

凭帖有10吊、100吊、1000吊、10000吊,国币1圆相当于凭帖1680吊。

---

① 译者注:原文用这种方式记音,未注明对应的汉字。罗马字读音为 Kangaru。

② 译者注:原文用这种方式记音,未注明对应的汉字。罗马字读音为 Ohara。

第十二章　地价

　　泰来县在土地买卖过程中地价基本上一定的,像塔子城(武兴)一样,城镇的地价较高,偏僻地区的地价较低。但是在扎赉特旗,总体来说土地买卖较少,也很难了解到确切的地价。该地区原本是王侯的土地,不存在土地买卖,从而也没有买卖形式。如今,满洲国成立后,卖掉土地不需要得到王府的许可,得到满洲国的许可后方可卖掉。

　　以下是塔子城的契约公文格式、保证人、介绍人等相关的规定:

地价调查表

地区名	上等地	中等地	下等地	山地(荒地、放牧地)	备注
大后克利	20 圆	—	15 圆	—	
保安屯	30 圆	20 圆	10 圆	—	
老中家#	30—40 圆	20 圆	10 圆	5 圆	
武兴(塔子城)	60 圆	40 圆	20 圆	—	4 个保证人、3 个介绍人,书面契约
カンガール①	40 圆	30 圆	20 圆	—	
モラガール②	40 圆	30 圆	20 圆	10 圆	
扎赉特王府	20 圆	15 圆	10 圆	5 圆	
オーハラトン③	25 圆	20 圆	15 圆	—	
塔子沟	15 圆	—	—	—	
老龙头	15 圆	10 圆	6 圆	—	

---

① 　译者注:原文用这种方式记音,未注明对应的汉字。罗马字读音为 Kangaru。
② 　译者注:原文用这种方式记音,未注明对应的汉字。罗马字读音为 Moragaru。
③ 　译者注:原文用这种方式记音,未注明对应的汉字。罗马字读音为 Oharaton。

第十三章 物价调查

类别\谷物数	单位	武兴(塔子城)	扎赉特王府	オーハラトン①	老龙头	摘要
豆子	1斗	0.50	0.40	0.50	0.40	
谷子	1斗	0.22	0.30	0.20	0.25	
高粱	1斗	0.25	—	—	—	
玉米	1斗	—	0.30	0.20	0.30	
荞麦	1斗	—	0.30	0.20		
糜子	1斗	—	0.30	0.20		
白米	1斗	2.50	—	—		
麻子	1斗	0.60	0.40	0.60	0.60	
烟草	1斤	0.40	—	0.40	0.30	
苏子	1斤	—	—	—	0.20	
马铃薯	1斤	—	—	0.06	0.05	
白面	1斤	0.10	—	0.15	—	
咸盐	1斤	0.12	—	0.06	—	
白糖	1斤	0.20	—	0.20	—	
豆油	1斤	0.12	—	—	—	
酒	1斤	0.15	—	—	—	
石油	1斤	0.15	—	—	—	
新弹旧棉	1斤	0.70	—	—	—	
棉布	1匹	2.70—3.00	—	—	—	
猪肉	1斤	0.15	—	—	—	
牛肉	1斤	0.10	—	—	—	
羊肉	1斤	0.20	—	—	—	

① 译者注:原文用这种方式记音,未注明对应的汉字。罗马字读音为 Oharaton。

续表

类别 谷物数	单位	武兴(塔子城)	扎赉特王府	オーハラトン	老龙头	摘要
粉条子	1 斤	0.10	—	0.18	—	
羊皮	1 个	0.80—1.00	—	1.20	—	
麻袋	1 个	1.70	—	1.50	—	
鞋子(布制)	1 双	—	—	0.90	—	
袜子	1 双	—	—	0.20	—	
帽子	1 个	—	—	0.40	—	
麻子油	1 斤	—	—	0.15	—	
豆秸	100 斤	0.12	—		—	
谷草	100 斤	0.12	—	0.05	—	
高粱秆	100 斤	0.15	—	—	—	

第十四章　畜产业状况

　　蒙古族自古以来就被称为游牧民族,屠杀家畜用来食用,日常所需的杂货类则依靠家畜买卖所得购买。然而,清朝时期汉人迁入,从事农耕者增多,山地地区半牧半农,平原地区转化为纯粹的有畜农业。从而,自古以来的畜牧业在不开展农业的扎赉特旗西北部地区多以买卖为目的,进行饲养。其他地区开展畜业基本上是为了满足自家耕作用或者运输用。

　　这里值得注意的是,前面已经叙述过绰尔河上游地区虽荒地很多,但气候条件不适合农耕,洋草相当多,但都没有用于放牧。不适于农耕的话,大概放牧的管理者也不能永久性地居住。

一、家畜头数

　　观察家畜头数的分布可看出,泰来县地区的马多牛少,食用家畜家禽多,骡子与其他地区相比处于优势,但是完全没有羊。在扎赉特旗,饲养的牛居首位,羊次之,饲养这些东西的目的除了买卖还用于农耕,尤其是羊,也是食用珍品。饲养的骡子很少,驴相对较多。

　　已经调查清楚的扎赉特旗全部家畜数量如下(康德元年调查):

　　牛 2,936 头　　马 1,897 匹　　羊 19,360 只

　　布特哈旗、龙江县调查的村庄很少也很难了解分布状况,但是与扎赉特旗相同饲养很多,遗憾的是没有饲养羊。

　　根据对该地区气候的考察,发现该地区适合饲养羊,既然这样就应计划着利用未放牧地区增加羊的养殖数量,如能使现在正困扰着日本的羊毛进口问题得到缓和,也算是幸事一件。

　　各地区实地调查的牲畜数量如下所示:

牲畜头数

县旗名	地名 \ 类别	马	骡子	驴	牛	羊	猪	鸡	备注
泰来县的村庄	大后克利	70	20	10	8	—	60	1,000	鸭 100 只
	干家围子	20	—	—	不明	—	100	60	
	上河湾	5	3	1	—	—	60	98	
	保安屯	20	—	6	—	—	20	60	
	李家店	20	—	6	—	—	60	100	

续表

县旗名	地名 \ 类别	牲畜数量							备注
		马	骡子	驴	牛	羊	猪	鸡	
泰来县的村庄	大榆树(包括老牛家)	1,000 (16)	70 (3)	50 (1)	80 (1)	—	1,500 (15)	700 (50)	老牛家是大榆树里的一个屯子
	永安屯	10	1	7	8	—	40	20	
	塔子城(武兴)	159	23	—	57	不明	300	800	鸭 100 只
	泰来县合计	1,304	117	80	153	不明	2,140	2,838	
扎赉特旗的村庄	东五九	30	9	20	30		50	不明	
	四家子	3	—	16	20	—	50	30	
	カンガル①	9	6	30	80	—	150	100	鸭 10
	オラマトンボロゴ②	10		65	100	200	150	150	
	モラガール③屯	100	—	150	200	300	130	250	中山羊 100
	ホースタイ④	13	—	8	30	—	20	45	
	ソラトン⑤	30	—	45	300	10	60	200	
	シングルス⑥	30	—	10	100	—	80	50	
	ウッドタイ⑦	45	5	20	103	150	100	25	
	ハルチユーロ⑧	20	—	30	70	20	60	60	
	ネリンチヤラカ⑨	3	—	20	80	10	50	50	
	メリト⑩屯	30	—	10	250	130	30	20	
	扎赉特王府	128	7	22	285	493	36	41	
	エメ⑪屯	50	—	12	84	10	100	不明	
	オボ屯⑫	20		20	100	10	20	30	

① 译者注:原文用这种方式记音,未注明对应的汉字。罗马字读音为 Kangaru。
② 译者注:原文用这种方式记音,未注明对应的汉字。罗马字读音为 Oramatonbokogo。
③ 译者注:原文用这种方式记音,未注明对应的汉字。罗马字读音为 Moragaru。
④ 译者注:原文用这种方式记音,未注明对应的汉字。罗马字读音为 Hosutai。
⑤ 译者注:原文用这种方式记音,未注明对应的汉字。罗马字读音为 Soraton。
⑥ 译者注:原文用这种方式记音,未注明对应的汉字。罗马字读音为 Shingurusu。
⑦ 译者注:原文用这种方式记音,未注明对应的汉字。罗马字读音为 Uudotai。
⑧ 译者注:原文用这种方式记音,未注明对应的汉字。罗马字读音为 Harucyuro。
⑨ 译者注:原文用这种方式记音,未注明对应的汉字。罗马字读音为 Nerincyaraka。
⑩ 译者注:原文用这种方式记音,未注明对应的汉字。罗马字读音为 Merito。
⑪ 译者注:原文用这种方式记音,未注明对应的汉字。罗马字读音为 Eme。
⑫ 译者注:原文用这种方式记音,未注明对应的汉字。罗马字读音为 Obo。

续表

县旗名	地名 \ 类别	牲畜数量							备注
		马	骡子	驴	牛	羊	猪	鸡	
扎赉特旗的村庄	ハラカラ①屯	10	—	2	30	—	7	10	
	ユーハイラ②	30	—	6	60	—	4	—	
	タント③	5	—	6	30	—	不明	—	
	オハラ④屯	12	—	20	120	30	100	100	
	扎赉特旗合计	578	27	552	2,,072	1,363	1,197	1,161	鸭 10
布特哈旗各村庄	D 点	30	—	—	不明	—	—	—	D点、アリブヘド附近的马作狩猎用
	アリブヘド⑤	10	—	—	20	—	—	—	
	吴大爷屯	4	—	2	10	—	10	30	
	炕沿山	4	—	6	10	—	20	60	
	合计	68	—	8	40	—	30	90	
龙江县村庄	老龙头	3	—	10	10	—	20	50	
	塔子沟	10	—	5	15	—	100	100	
	合计	13	—	15	25	—	120	150	
总计		1,963	144	655	2,290	1,363（有不明）	3,487	4,239	

二、家畜买卖状况及税率

说到牲畜的买卖状况,贩卖途径有两个:第一,集中到扎赉特王府的牛马被移往塔子城和王爷庙,然后再向需求地配送。特别是集中到塔子城的牲畜运往泰来方向的很多;第二,羊类由扎赉特王府主要运往齐齐哈尔、昂昂溪地区,其中有一部分是从塔子城运出的。羊类物品主要是羊毛、羊皮贩卖较多。

该地区的农民几乎都是靠卖掉牲畜维持生计,主要出产地以扎赉特王府为首,包括モラガール、ソラトン、ウッドタイ、ネリレチヤラカ、メリトトン、エメトン、オボトン、ハラガラ⑥屯等地区,其他地区也是如果遇到生活上的困难,大多卖掉牲畜。仅仅扎赉特王府所产出的牲畜

---

① 译者注:原文用这种方式记音,未注明对应的汉字。罗马字读音为 Harakara。

② 译者注:原文用这种方式记音,未注明对应的汉字。罗马字读音为 Yuhaira。

③ 译者注:原文用这种方式记音,未注明对应的汉字。罗马字读音为 Tanto。

④ 译者注:原文用这种方式记音,未注明对应的汉字。罗马字读音为 Ohara。

⑤ 译者注:原文用这种方式记音,未注明对应的汉字。罗马字读音为 Aribuhedo。

⑥ 译者注:原文用这种方式记音,未注明对应的汉字。罗马字读音分别为 Moragaru, Soraton, Utsudotai, Nerincyaraka, Meritoton, Emeton, Oboton, Haragara。

类就相当于全旗的 1/10。

　　牲畜的价钱也根据贩卖途径不同而有所不同。生产地和集散地自然是不一样的,塔子城比モラガール、カンガル、ハラカラトン①价钱较高,相反,塔子沟方面的整体较低。

　　根据扎赉特王府的调查,牲畜买卖时的生产税为:

　　　　马 1 匹　买卖价格的 2%

　　　　牛、羊、猪都是每头收买卖价格的 2%

　　泰来县和扎赉特旗通常不征收屠宰税。

　　下面列出每年的运出数量和牲畜价格:

　　从扎赉特王府运往塔子城、王爷庙的数量(按村庄合计)

　　　　马 84 匹　　牛 213 头　　　驴 33 头　　　　羊 1,045 只

　　扎赉特旗全部运出数量:

　　　　马 444 匹　　牛 932 头　　　驴 105 头　　　羊 10,045 只

　　塔子城运出和运入数量:

　　运入:马　不明　牛 1,500 头　　猪 4,000 头

　　运出:牛 500 头　猪 500 头

　　塔子城的运出目的地为泰来,运入目的地为扎赉特王府。

牲畜价格

(单位:圆)

	塔子城			モラガール			塔子沟			备注
	上	中	下	上	中	下	上	中	下	
马	80	40	30	70	30	15	40	30	20	
牛	60	30	20	30	20	10	40	20	10	
骡子	80	40	30	—	—	—	—	—	—	猪上等的是 180 斤,其他是 100 斤
驴	30	15	10	10	7	—	20	18	10	
猪	35	20	15	20	—	10	—	—	8	
绵羊 山羊	15	8	5	—	—	3 2	—	—	—	
鸡	—	—	—	—	—	0.30	—	—	0.50	3 斤的鸡

三、家畜饲养管理

　　现行的家畜饲养法和管理法是以前扎赉特旗所采用的原始饲养管理法,没有任何经过改良的痕迹。与热河这样比较温暖的地区不同,当地的地面被降雪覆盖的时期很长,放牧主要在

_____

①　译者注:原文用这种方式记音,未注明对应的汉字。罗马字读音为 Moragaru, Kangaru, Harakaraton。

五、六、七月进行，其他时期虽采取圈养的方法，所喂饲料也都十分贫乏。在管理上，通常牛马一共 40 头以至 50 头作为一群，附带 1 个管理人。也会有极少量出现 200 头左右的大牧群需要骑马来管理的地区。羊通常是 50 只以上为一群。不过，由于猪是被随意散养在房屋附近的，不需管理人。

需要特别注意的是，以食用为目的饲养奶牛的地区很多，但所喂养的饲料和耕牛都是一样的。

与扎赉特旗广泛采取原始放牧的方式相反，在塔子城附近，没有能用作放牧地的土地，较少放牧牛、马，一整年都是采取圈养的方式。该地区实施肥育法养猪以供食用，因此，在饲料方面自然就会多加考虑，可以看出有了一些人工改良的迹象。

家畜的饲养费用如下所示：

家畜饲养费用（每头家畜每个月的费用）
（1）塔子城

（单位：圆）

饲料名	单价（圆）	马	牛	备注
高粱	1 斗 0.25	3 斗 0.75	—	一、马和牛不拘泥于忙闲，饲养法一致 二、因为没有放牧地所以不使用生草和干草 三、也不使用麸皮
豆饼	1 张（15 斤）0.25	50 斤 0.83	—	
谷草	100 斤 0.12	600 斤 0.72	600 斤 0.72	
黄豆	1 斗 0.50	—	1.5 斗 0.75	
酒糟	1 块（50 斤）1.00	—	45 斤 0.90	
其他		盐 0.5 斤 0.05	大酱 1 斤 0.15	
每月饲养费		2.45	2.52	

猪的饲养

幼猪生出来大约 1 个月后喂养高粱，之后到变成 100 斤重需要 1 年，期间无需喂高粱和其他谷物。从 100 斤重到 200 斤重，为了达到肥育的目的，喂养的饲料除了谷糠之外，还需要高粱、玉米来催肥。每个月肥育猪所需的饲料如下：

谷糠　　　　　2 斗　　　　0.20　圆
高粱或玉米　　2 斗 5 升　　0.625 圆
每月饲养费　　0.825 圆

（2）モラガール①

牛马共同圈养喂养同一种饲料，无需干草（或洋草）每个月 450 斤，另外喂谷草和高粱。

---

① 译者注：原文用这种方式记音，未注明对应的汉字。罗马字读音为 Moragaru。

（3）オハラ①屯

（单位：圆）

饲料名	单价	马		牛		猪	备注
		放牧时	圈养时	放牧时	圈养时		
黍（糜子）	1 斗 0.20	0.60	0.90	0.30	0.30	0.60（黍、粟）	奶牛和耕牛饲料相同。
粟（谷子）	1 斗 0.20	—	—	—	—		
谷草或洋草	100 斤 0.20		1.80		2.40		
其他		每 10 天两次盐 0.02					
每个月饲养费		0.62	1.72	0.30	2.70	0.60	

四、家畜的质量

马（蒙古马）　蒙古马与满洲马相比，差异如下：

一、蒙古马脚力、奔跑能力更强。

二、与满洲马相比，蒙古马更为耐寒。

三、体格上虽无明显差异，但性情上蒙古马较为狂暴。

现在，塔子城有希望通过蒙古马改良当地马。

乳牛　从扎赉特王府到オハラ屯所产的奶牛多为黄色品种及黑色品种，荷尔斯泰因牛种类有些许改良余地，每头牛每天可产 4—5 斤奶，1 年有 700—800 斤的产奶能力，且全部供食用，通常每年三月到九月为挤奶时期。

羊　绵羊春秋两次脱毛可产 1.5 斤羊毛。生产的羊毛、羊皮运到王爷庙塔子城，原本 1 斤 8 钱的羊毛在塔子城就会涨到 10 钱。山羊春秋两季共脱毛不满 1 斤，原本 1 斤 6—7 钱的山羊毛在塔子城上等的就会涨到 10 钱。

五、家畜疫病

（1）**黄症（马）**

患此病后，马将表现为食欲不振，约半月后死亡。此病感染率虽不高，但有传染扩大的隐患。

（2）**气胀（马）**

通称为便秘，牲畜腹部肥大，处理不当会造成其死亡。无传染性。

（3）**鼻疽（马）**

（4）**牛灾（牛）**

如大便中混有白色液状物一并排出，即不可医治。无传染性。

---

① 译者注：原文用这种方式记音，未注明对应的汉字。罗马字读音为 Ohara。

（5）**火龙病**

呈现狂暴症状,患病后不久就会死亡。

（6）**猪灾**（猪）

虽病名不明,患此病后,虽可进食,但会出现咳嗽症状最终致死。

第十五章　林业状态

　　扎赉特旗的森林区域及绰尔河、归勒河的上游也就是洮儿河的上游流经的森林地带,原属于清朝时期洮儿河上游索伦山的祥裕木植公司的管辖范围,直至光绪三十一年间,大规模入山伐木业进入瓶颈,水运条件变差,大型木材的搬运出现问题,最终停止采伐。其后,由于蒙古人开了旅店,木材的销路打开,伐木业得到了一定的发展。但民国政府成立后,由于呼伦贝尔的骚乱及蒙匪横行,导致伐木业再次中断。蒙古地区治安平定后,原先的祥裕木植公司得以恢复,管理对采伐运出的木材征收税务的工作。

　　当时没有依靠水运,在冬季也在进行搬运。但是,满洲国成立后,有关森林方面的诸多权利全部转嫁到兴安各省省公署的管理下。

　　该地方的树木大部分为松树、柞树,白桦、黑桦、杨树、柳树等也混生其间。

　　现在兴安岭脚下的森林树高直径大,数量也极多。木材的采伐与利用是兴安省的开发的一部分,可看作是划新世纪的项目。据调查结果显示,与以往河川搬运的失败历史相同,小型木材的搬运就算也许不成问题,但是用筏子运送大型木材却十分困难,这一点是不可否认的。还有,冬季时的陆地上搬运需要相当大的资本投入,这是资本家心中的一大问题。现行的采伐若是少量的个人所用是不需要许可的,但若遇到进行买卖则需要得到该地扎兰屯东分省省公署的许可。

一、树木的分布及疏密状况

　　该地方既无调查的记录,又荒无人烟。因此,很难得知树木的数量方面的数据,主要记载了树木的地方种类分布,成因分布以及疏密状况。

　　(一)从泰来到塔子城地区,几乎没有树木生长,塔子城内只有大约6千株榆树。

　　(二)济沁河沿岸,从炕沿山到前碾子山处的河岸,除了有柳树繁茂,还有少量灌木。

　　(三)位于扎赉特旗的モラガール、ソラトン、ネリンチヤラカ①扎赉特王府ハラガラ屯、タートン②有许多榆树和杨树,绰尔河沿岸柳树繁茂,各种树木合计约14—15万株。

　　(四)鸡卵山附近柞树丛生,穿过ハルハト③山脚ウイロ④山附近开始出现桦树,以此为分界西边地区的桦树开始增多。柞树最多,数量约为10万株。

----

① 译者注:原文用这种方式记音,未注明对应的汉字。罗马字读音分别为 Moragaru, Soraton, Nerincyaraka。
② 译者注:原文用这种方式记音,未注明对应的汉字。罗马字读音分别为 Haragara, Taton。
③ 译者注:原文用这种方式记音,未注明对应的汉字。罗马字读音为 Haruhato。
④ 译者注:原文用这种方式记音,未注明对应的汉字。罗马字读音为 Uiro。

（五）直至哈勒图河附近，有大量柞树，黑桦的数量也增加了，白桦的数量也相当可观。至上流处，松树茂密丛生。西边地区松树也很多。河的沿岸地区有相当多的柳树。

（六）コルビダ①河附近松树(落叶松)、白桦、柳树很多。

（七）从柴河与绰尔河的汇流处到兴安岭山脚处地区，生长着巨大的柞树、白桦、松树(参考下文)，数量虽多，但具体数量不明，大概有数十万株。

（八）从コルビダ河到アリブヘド②之间地区，有白桦(少量)、柞树、榆树(极少)分布，但不值得特别重视。山顶分布着大片灌木。

（九）アリブヘド附近松树、白桦数量减少，灌木数量多。

按成因观察树木分布

从成因上来看，各种种类的树木基本都在南侧山的北面斜坡以及西侧山的阳光直射少的地域生长。柞树、白桦、黑桦、松树均在山地生长，唯独柳树在河岸生长。柳树在河岸附近生长是由于水分的关系，而各种树木在北面斜坡生长的原因有如下解释：

其原因是主风向、树种的性质、光照关系等。该地方称得上主要原因的几点如下：松树(落叶松)是因为它属于寒带树木，喜欢在纬度47度以北、相对湿润的地区生长。而白桦和柞树同为半阴半阳的树木，从光照以及土地的干湿性很难解释它们为什么在北面斜坡茂密生长。其主要原因是由于白桦和柞树的种子受秋季北风影响，种子的散布状况而造成南面少、北面斜坡多的事实。

二、树木的大小、年龄

扎赉特旗无大树，直到兴安岭脚下才开始出现高且直径大的乔木。其中松树尤为巨大，稀疏生长，高度为3—4丈，也不乏树龄超过100年的树木。白桦高度高，柞树中也不乏直径大的树木。树高、直径如下：

树高树径表

树名	树高	直径	年龄	主要分布地	摘要
榆	最大1丈5尺 最小	不明 不明	10—15年 2—3年	ネリンチャラガ③	
柞树	最大2丈 普通1丈5尺	1尺 5—6寸	不明 不明	兴安岭 扎赉特王府	

---

① 译者注：原文用这种方式记音，未注明对应的汉字。罗马字读音为 Kurubida。
② 译者注：原文用这种方式记音，未注明对应的汉字。罗马字读音为 Aribuhedo。
③ 译者注：原文用这种方式记音，未注明对应的汉字。罗马字读音为 Nerincyaraga。

续表

树名	树高	直径	年龄	主要分布地	摘要
白桦	最大2丈5 普通2丈 最小1丈5尺	1尺 4寸 3寸	50年 30年 10—20年	兴安岭 コルビタ①河附近	
杨树	2丈5尺	7—8寸	40—50年	兴安岭	
松	最大4丈5尺 普通3丈5尺 最小2丈5尺	3尺 8—9寸 7寸	100—120年 95年 70—80年	兴安岭 D点附近 扎赉特王府	

---

① 译者注:原文用这种方式记音,未注明对应的汉字。罗马字读音为 Korubita。

第十六章　农家经济状况

A　佃农耕种 32 晌地的收支计算

居住地	泰来县武兴第三保塔屯
姓名	陈运山
家庭成员	18 人(其中男童 3 人,女童 5 人)
使用家畜	马 2 匹、骡子 2 头、小猪 4 只
农业从事人员	3 人
借贷关系	借用 100 圆现银(年利息 4 分)

收入部分

类别	种植面积 (晌)	每晌产量 (石)	总收成	卖出单价 (圆)	现银收入 (圆)	备注
豆子	20	4	80 石	5.00	400.00	
高粱	8	4.5	36 石	2.00	72.00	
谷子	4	4	16 石	2.00	32.00	
豆粕			6,600 斤	(每 100 斤)0.12	14.52	
秫秸			14,400 斤	0.15	21.60	
谷草			2,400 斤	0.12	2.88	
合计	32				543.00	

支出部分

类别	摘　要	现银支出	
地租	38 石 4 斗(高粱、谷子、玉米)	76.80	
租税	国税、县税(6.72)自卫团费(32.00)	38.72	
种苗费	大豆　1 石 5.00	5.00	
农具费	每年购入农具以及修理费	50.00	

续表

类别	摘 要	现银支出	
役畜费 (4 匹马 的分量)	豆粕 100 袋(1 袋 0.25)	25.00	
	高粱 20 石(1 石 2.00)	40.00	
	盐 24 斤(1 斤 0.10)	2.40	
工钱	给予的普通谷物的估算价格	100.00	
口袋费	3 个(1 个 1.70)	5.10	
食物费	高粱 21 石 6 斗(1 石 2.00)	43.20	
	谷子 28 石 8 斗(1 石 2.00)	57.60	
	面粉 250 斤(1 斤 0.09)	22.50	
	豆油 120 斤(1 斤 0.12)	14.40	
	盐 80 斤(1 斤 0.10)	8.00	
	砂糖 10 斤(1 斤 0.20)	2.00	
	粉条子 100 斤(1 斤 0.10)	10.00	
	肉 150 斤(1 斤 0.15)		自家生产
	鱼 100 斤(1 斤 0.06)	6.00	
	酒 30 斤(1 斤 0.15)	4.50	
被服费	衣服、布	35.00	
	棉花 10 斤(1 斤 1.00)	10.00	
	鞋、袜子、帽子	5.00	
光热费	石油 2 罐(1 罐 5.00)	10.00	
建筑物 修缮费	自家修缮		
合计		572.22	
收入		543.00	
支出		572.22	
收支相差		−29.22	

B 佃农耕种 29.5 晌地的收支计算

居住地　　　　扎赉特旗南分署オーハラトン①

姓名　　　　　鲍金山(蒙古名リンチエン(Lintien))

---

① 译者注:原文用这种方式记音,未注明对应的汉字。罗马字读音为 Oharaton。

家畜	马 1 头、牛 7 头 (其中大牛 4 头、小牛 2 头、牛犊 1 头)、驴 2 头、羊 5 只
家庭人员	11 人 (其中男童 1 人、女童 4 人)
农业从事人员	2 名
借贷关系	借用 30 圆现银 (年利息 5 分)

收入部分

类别	种植面积 （垧）	每垧产量 （石）	总收成 （石）	卖出单价 （圆）	现银收入 （圆）	备注
豆子	3	2	6	5.00	30.00	
谷子	11	3	33	2.00	66.00	
谷草		1,500 斤	16,500 斤	100 斤 0.20	33.00	
玉米	3	2	6	2.00	12.00	
糜子	6	2	12	2.00	24.00	
荞麦	5	3	15	2.00	30.00	
麻子	0.5	3	1.5	6.00	9.00	
烟草	0.5	1 亩 40 斤	100 斤卖	1 斤 0.40	4.00	
马铃薯	2 亩	1 亩 600 斤	1,200 斤	100 斤 0.40	4.80	
羊	5 头			1 头 3.00	15.00	
合计					271.00	

支出部分

类别	摘　　要	现银支出	
地租	10 石 (1 石 2.00)、猪 1 头		猪为自 家生产
租税	自卫团费 (洋草 100 捆、白菜 30 斤)	20.00	
	马铃薯 20 斤、小米子 5 斗	3.75	
	1 啤酒瓶麻子油		
	车牌税	4.00	
农具费	修理费 4.00、新置办所花费用 6.00	10.00	

续表

类别	摘　要	现银支出	
役畜费	1 匹马 1 个月的分量		
	放牧时谷子、黍合计 3 斗	0.60	
	舍饲时谷子、黍合计 4 斗 5 升	0.90	
	谷草合计 150 斤	0.03	
	盐 1 个月平均 2 钱	0.24	
	3 匹马 1 年的分量(其中含放牧 3 个月)	40.80	
	1 头牛 1 个月的分量(无放牧、舍饲之分)		
	谷子、黍合计 1 斗 5 升	0.30	
	谷草 450 斤	0.90	
	4 头牛 1 年的分量(大牛)	57.60	
	2 头小牛 1 年的分量(大牛的 1/2)	14.40	
	1 头牛犊 1 年的分量(小牛的 1/2)	7.20	
	1 头猪 1 个月的分量		
	谷子、黍合计 9 斗	21.60	
	4 头猪 1 年的分量	86.40	
口袋费	2 个(1 个 1.50)	3.00	
食物费	谷子 21 石 6 斗(1 石 2.00)	43.20	
	面粉 30 斤(1 斤 0.15)	4.50	
	麻子油 96 斤(1 斤 0.15)	14.40	
	盐 250 斤(1 斤 0.06)	15.00	
	砂糖 10 斤(1 斤 0.20)	2.00	
	粉条子 50 斤(1 斤 0.18)	9.00	
	酒 10 斤(1 斤 0.15)	1.50	
被服费	衣服、布、棉花合计	50.00	
	毛皮 8 张(1 张 1.20)	9.60	
	鞋子 3 双(1 双 0.90)	2.70	
	袜子 2 双(1 双 0.20)	0.40	
	帽子 2 顶(1 顶 0.40)	0.80	
光热费	麻子油 6 斤(1 斤 0.15)	0.90	
建筑物修缮费	自家修缮		
学费		5.00	
医药		9.00	
化妆首饰		6.00	
合计		445.72	

收支赤字　　　　　　　　　　　　　　　　　　174.72

第十七章　度量衡及土地面积

各地的度量衡单位不统一,虽然在城区有使用度量衡,但在偏僻地区基本没有度量衡单位,其中也不乏靠目测估算的地区。度量衡的日本换算方法如下:

一、度

	武兴(塔子城)	オーハラ屯①
裁　尺	1.146 尺	
营造尺	1.040 尺	1.043 尺
粗布尺	1.703 尺	

2.量

	武兴(塔子城)	ホースタイ②
中国斗 1 升	1.917 升	1.311 升

3.衡

中国 1 斤	155.077 匁

四、土地面积

A.1 晌地 = 10 亩 = 2,880 弓 = 2,163 坪 = 7.210 反。

B.另 7,200 弓这样的说法有的地方出现过,比如,1 垄宽 7,200 弓长,这种情况下,1 垄为 2 尺,弓为 5 尺,1 晌地 = 7.210 反。

---

① 译者注:原文用这种方式记音,未注明对应的汉字。罗马字读音为 Ohara。
② 译者注:原文用这种方式记音,未注明对应的汉字。罗马字读音为 Hosutai。

经济资源调查报告书第　＊＊　号

吉林　47　号农业第　＊＊　号

昭和 9 年 10 月

依兰县、勃利县地方农业调查报告

满铁经济调查会第二部

调查员　尾崎英雄

助手　　马场仪藏

翻译　　中嶋舍次郎

前　言

　　本报告书是从昭和9年8月21日至9月19日为期约30天的时间里,对吉林省依兰县、勃利县的农业进行一般调查得出的结果。

　　但在大正6年,由本公司总务部的调查科以及最近通过东亚劝业公司调查了本县地方的概况,所以本报告书省略了一般概况,只报告经济状况以及专业性的调查。

调查员　尾崎英雄

助手　　马场仪藏

翻译　　中嶋舍次郎

　　经过行程如下表所示

日次	日期	出发地	到达地	逗留地
1	8月21日	哈尔滨		
2	8月22日		三姓	
3	8月23日			三姓
4	8月24日	三姓	西三家子	
5	8月25日	西三家子	道台桥	
6	8月26日	道台桥	三道岗	
7	8月27日	三道岗	二道河子	
8	8月28日			二道河子
9	8月29日	二道河子	大四站	
10	8月30日	大四站	勃利	
11	8月31日			勃利
12	9月1日			勃利
13	9月2日			勃利
14	9月3日	勃利	大平沟	
15	9月4日	大平沟	罗圈河	
16	9月5日	罗圈河	大八浪	

续表

日次	日期	出发地	到达地	逗留地
17	9 月 6 日			大八浪
18	9 月 7 日	大八浪	湖南营	
19	9 月 8 日			湖南营
20	9 月 9 日	湖南营	柞木台子	
21	9 月 10 日	柞木台子	太平镇	
22	9 月 11 日			太平镇
23	9 月 12 日			太平镇
24	9 月 13 日	太平镇	团山镇	
25	9 月 14 日			团山镇
26	9 月 15 日	团山镇	三姓	
27	9 月 16 日			三姓
28	9 月 17 日			三姓
29	9 月 18 日	三姓		
30	9 月 19 日		哈尔滨	

凡　例

　　本报告书中所使用的满洲本地度量衡、土地面积换算成日本的度量衡、土地面积的
方法如下：

		满洲	日本
一、度量衡		1 裁尺	1 尺 1 寸 3 分
		1 木尺	1 尺 0 寸 4 分
		1 升	2 升 3 合 5 勺
		1 斗	2 斗 3 升 5 合
		1 石	2 石 3 斗 5 升
		1 斤	125.49 匁
		1 两(1 斤的 1/16)	7.84 匁
二、土地面积		1 晌(勃利县)	7 段 1 亩
		1 晌(依兰县)	7 段 2 亩 4 步

目 录

◆　**结论** / 645

◆　**附** / 645

第一节　位置、地势

依兰县位于吉林省最北端，即北纬45度—46度、东经130度附近，东临勃利县，西临松花江，与黑龙江省隔江相望，南接密山县、方正县，北以桦川县为界，位于离哈尔滨东北方向660华里、牡丹江与松花江汇流处以东的地区。

该县东北地区坐落着倭肯哈达山脉，绵延向南延伸，再折向东北，与猪山相连。位于倭肯哈达山正东的巴肯哈达山，在猪山的东北、松花江边，与倭肯哈达山等相连。大顶子山位于江的南北，与之相连的是著名的山脉。

河川方面，与黑龙江省相隔松花江相望，县内的河流主要有牡丹江、倭肯江、七虎力河、八虎力河等。流经的平原耕地数量多。勃利县接依兰县东南，与之地势情况相似。

第二节　面积

依兰县的总面积为1,800,000晌，已耕地为400,000晌，但今后凭未开垦的可耕地的开发，有可能将可耕面积扩大到接近原先的两倍。

将现有土地面积分类后，如下所示：

总面积		1,800,000晌
细目	已耕地	400,000晌
	可耕未垦地	300,000晌
	河川、山林、沼泽	1,000,000晌
	其他	180,000晌

备注：①1晌地等于日本土地面积7段2亩。
　　　②上表为截止康德元年6月22日的数据。

勃利县的总面积为900,000晌，总体来说山间河流很多，虽然已充分开发，但河流流域、盆地的开发还留有很大的空间。面积数据如下所示：

总面积		900,000晌
细目	已耕地	50,000晌
	可耕未垦地	210,000晌
	山林、其他	640,000晌

备注：1晌地等于日本土地面积7段1亩9坪。

第三节　户数、人口

依兰县总人口数为 191,957 人,但基本为满人,特别是山东人在总体上占多数。最近外来的朝鲜人也在不断增多。

试将其大概的数量列表如下:

依兰县人口户数表　　　　　　　　　　　　(大同2年9月调查)

管区	户数	人　口		合计	摘要
		男	女		
第一区	4,731	15,602	8,941	24,542	
第二区	2,422	8,924	7,024	15,963[#]	
第三区	7,964	30,738	24,372	55,110	
第四区	6,406	24,399	20,257	44,656	
第五区	2,532	9,127	6,597	15,724	
第六区	5,097	17,845	17,806	35,651	
合计	29,152	106,650[#]	84,997	191,647[#]	

在依兰县居住的朝鲜人户口调查

地名	户数	男		女		计	摘要
		大人	小孩	大人	小孩		
三姓	79	124	39	102	42	307	大人指12岁以上者
新兴屯	73	110	24	61	37	232	
袁家屯	37	56	18	39	17	130	
半截河	30	53	17	38	12	120	
三道岗	17	27	9	23	9	68	
八里河	17	32	14	24	8	78	
松木河	10	16	6	13	7	42	
太平镇	4	10	2	7	3	22	
小城子	53	94	35	65	37	231	
计	320	522	164	372	172	1,230	

勃利县人口户数表

（截止为康德元年 8 月的数据　县公署调查）

分区	户数	人 口		合计	摘要
		男	女		
城内	1,009	3,131	1,119	5,119[#]	
警察第一区	1,199	4,056	3,289	7,345	
警察第二区	3,229	12,175	9,917	22,092	
警察第三区	4,105	14,436	12,118	26,554	
警察第四区	1,175	3,979	2,926	6,905	
总计	10,717	37,777	30,238	68,015	

勃利县朝鲜人户口调查表　　（截止为康德元年 3 月的数据）

分区	户数	人 口		合计	摘要
		男	女		
警察第一区	12	30	19	49	
警察第三区	2	8	3	11	
警察第四区	17	58	31	89	
总计	31	96	53	149	

经过地区户口分布表

地名	户数	人口	大车	井	摘要
西三家子	8	55	2	6	
山咀子	2	6		6	
独一处	20	60	2		
张家屯	20	120		4	
道台桥	25	80	5		
新卡路	5	30	1	1	
徐家店	2	10	1	1	
三道岗	60	300	5	15	
贺家屯	8	30		1	
邢小铺	30	250		4	
二道河子	315	1,198		34	

续表

地名	户数	人口	大车	井	摘要
大四站	50	222		3	
勃利县城内	1,074	69,100		84	
大平沟	15	60			
青山堡	300	400			
罗圈河	15	40	2	3	
大八浪	200	1,500			
湖南营	281	12,506		90	
柞木台子	100	1,000		30	
袁家屯	35	300			
太平镇	720	3,839			
团山子	78	352			
长家屯	30	190		1	
稗子沟	120	547			

第四节　气象、土壤

在该调查地区的三姓,建有苏(联)式气象观测站,存有10年以上较为精细的气象统计资料。对气候状况,可以了解得比较清楚。但是,该地带的中央部没有观测站,局部地区的特性数据不明。

这是依据农民的口述所记述的概略:

从气候来看,春季从5月上旬到6月上旬,为时约1个月,夏季从6月中旬到7月下旬,为时约1个半月。秋季从8月上旬到9月中旬,为时约1个多月。剩余的则为所谓的冬季,占到了一整年中一半以上的时间,另外1年中最冷的时候在12月下旬到1月期间,最热的时候是7月。

5月上旬到9月下旬就是所谓的雨季,与其他北满各地相比,雨季稍长。

1年中风力最强的时候是3、4、5这三个月,10月有时风力也比较强。

平地上的气候,树木的发芽时期大体在4月中旬,10月中旬停止生长发育。气候大体呈现出内陆气候的特征。与北满各地的气候大致相同,但其年降水量较多,冬季积雪量也较大。

气　温

从10月上旬到4月上旬期间,一整天的平均气温低至零下。也有在9月上旬最低气温已经破零,直到5月上旬还持续低温的这种例子。1年中,12月末到1月期间气温最低,2月冷空气还比较强劲,但到了3月下旬,冷空气就突然衰退,4月下旬暖空气到来。

寒达山脉的西侧地区的气温为零下38度到39度。到了6月,日照变得强烈,天气也变得炎热,7月达到最高气温。创纪录的最高气温有达到37度左右的。

昼夜温差较大,全年的日夜温差都在10度到15度左右。

风 向

各地的每个月的风向频度如表二所示。

寒达山脉西侧地区1年中西南风最为强劲,其次是西风。特别是在三姓地区,11月到第二年3月也就是所谓的寒季,这一期间西南风尤为强劲,很少观测到其他方向的风。还有,炎热期时偏南风较多。

风 速

各地风速如表三所示。

总体而言整个地区风速最大的时候是3月到5月期间,10月以及11月期间风力也比较强,7月到9月期间是1年中风力最弱的季节。但在三姓地区的地势平坦区域,也有在11月到第二年2月的寒季期间风速最强的先例。拂晓后及落日前后,风的强度虽然没有很大的差别。但这种例子也不是没有,即:通常是在日出后发现有风,12时到14时期间风力最强,之后风力忽然减弱。

降 雨

各地的月降水及日降水的最少量是在4月下旬至10月上旬之间。6月至9月降水多,6、7、8这三个月称为雨季。

整个地区1年中降水最多的时候在7月,6月下旬至7月时常出现雷雨性大雨天气。

下表是根据地方居民的描述综合得出的气象概况:

		勃利县地区	大八浪(依兰县)
初霜		9月下旬—10月上旬	同左
终霜		4月下旬—5月上旬	同左
初雪		11月上旬—11月下旬	同左
终雪		4月下旬	同左
雪深	平均	1尺5寸左右	1尺左右
	最深	3尺左右	
结冰期		11月上旬开始	11月中旬
解冻期		4月下旬—5月上旬	4月末
地下冻结		自11月下旬—至4月上旬 (地下5尺左右)	同左

续表

	勃利县地区	大八浪（依兰县）
降雹	导致民国 18 年 120 晌的大豆绝收 时期—5 月下旬	大同 2 年九里六地区的 15 平方华里受灾
降雨	从 4 月下旬左右开始降雪变为降雨 7 月最多	同左
旱灾	降水多，无旱灾	同左
风向 冬季	西北风	西风 北风
风向 春季	东南风	南风 北风
风向 夏季	南风	南风
风向 秋季	西北风	西北风
风灾	无	无

下表是北满铁路三姓的气象观测中自 1919 年至 1928 年 10 年间的平均气象观测表：

一、气象表

——牡丹江（下面一行）

——三姓 （上面一行） （单位：℃）

	3 次观测值			平均	极端最高	最高平均	极端最低	最低平均
	7 时	13 时	21 时					
1 月	−23.9	−17.7	−20.7	−20.7	0.2	−15.4	−36.4	−25.5
	−25.5	−15.2	−20.9	−20.5	3.8	−12.9	−45.1	−27.6
2 月	−20.2	−21.1	−15.7	−16.0	5.9	−10.2	−36.2	−24.1
	−22.2	−9.1	−15.9	−16.0	7.5	−7.7	−45.2	−23.9
3 月	−11.4	−25.0	−6.6	−6.9	15.8	−0.6	−31.1	−12.7
	−11.6	−1.5	−6.8	−6.6	20.5	0.3	−32.8	−13.6
4 月	1.2	8.9	4.1	4.8	27.0	10.9	−11.6	−0.8
	1.4	10.1	4.0	3.2	26.4	12.1	−18.2	−2.0
5 月	9.5	10.4	12.0	12.8	32.4	18.1	−4.3	6.4
	9.1	17.3	11.4	12.6	31.5	19.2	−7.2	5.0
6 月	16.1	23.0	17.9	19.0	35.7	24.5	3.8	12.6
	14.9	22.6	16.8	18.1	35.9	24.9	−0.2	11.1
7 月	20.3	26.3	21.8	22.8	38.2	27.7	10.6	17.7
	19.3	26.0	20.7	22.0	26.2	27.3	6.8	16.1
8 月	18.6	24.8	20.1	21.2	35.0	26.3	5.7	16.4
	17.8	25.4	19.4	20.8	36.6	26.9	4.4	15.1

续表

	3 次观测值			平均	极端最高	最高平均	极端最低	最低平均
	7 时	13 时	21 时					
9 月	10.3	18.4	12.7	13.8	30.8	19.8	−2.5	8.6
	9.0	19.0	11.5	13.2	29.6	20.6	−5.2	6.6
10 月	1.3	9.6	4.1	5.0	23.8	10.8	−14.2	−0.1
	0.0	10.7	3.6	4.7	29.1	12.3	−14.5	−1.8
11 月	−10.1	−4.1	−7.7	−7.3	13.4	−3.1	−24.5	−11.5
	−10.7	−2.4	−8.0	−7.0	14.9	−0.8	−32.3	−13.1
12 月	−19.8	−14.4	−17.4	−14.2	2.2	−14.0	−33.4	−21.5
	−21.5	−12.5	−18.3	−17.4	4.2	−11.0	−36.3	−23.8

二、风向频率表

——三姓
——牡丹江
(八方位)

	每日 3 次观测所制成的风向频率表								
	N	NE	E	SE	S	SW	W	NW	静稳
1 月	3.2	1.2	0.3	0.2	3.6	42.3	4.2	0.9	33.3
	3.8	4.9	1.3	0.6	7.9	19.4	12.4	8.2	34.7
2 月	5.3	2.0	0.3	0.1	4.5	30.8	5.3	2.1	33.0
	3.3	5.2	1.1	0.4	5.5	19.1	13.0	7.7	28.7
3 月	6.4	3.9	1.2	0.4	4.6	26.6	5.1	2.0	42.4
	4.3	8.6	2.5	1.2	6.7	18.7	15.6	11.4	23.6
4 月	7.7	4.6	2.3	1.6	6.5	17.7	9.2	2.9	34.0
	4.6	9.5	2.4	1.7	6.0	19.7	14.4	10.3	21.3
5 月	10.4	9.8	4.0	4.4	7.8	18.7	8.0	3.0	27.7
	4.7	11.5	3.6	2.4	8.3	22.1	11.8	7.8	19.2
6 月	8.8	8.2	4.8	4.6	6.7	17.8	6.7	2.5	29.4
	4.6	10.2	3.7	3.4	7.7	21.3	11.4.	5.1	22.2
7 月	9.9	12.5	5.2	3.4	6.0	21.4	5.0	1.5	28.0
	4.0	11.7	4.0	2.4	6.4	22.8	11.4	3.7	27.2
8 月	10.3	9.4	5.1	4.1	4.1	16.8	5.5	2.3	34.1
	5.2	11.6	3.9	1.9	5.3	17.9	8.9	4.4	28.1
9 月	7.1	5.5	2.8	1.3	4.3	20.3	9.8	2.6	35.5
	5.6	10.1	3.9	2.1	5.8	18.2	11.2	6.5	27.0

	每日3次观测所制成的风向频率表								
	N	NE	E	SE	S	SW	W	NW	静稳
10月	6.0	4.1	1.2	1.5	4.0	26.1	10.6	3.6	33.9
	5.5	9.2	2.4	1.2	6.4	19.8	12.2	8.1	28.1
11月	6.7	3.2	0.9	0.8	5.4	33.5	8.1	1.3	28.9
	3.4	6.4	1.6	1.0	5.8	10.7	15.0	9.7	28.8
12月	3.5	2.1	0.4	0.3	4.6	42.5	7.2	1.5	30.4
	2.5	4.9	1.7	1.3	1.5	20.2	14.0	7.7	32.9

三、风速表

——三姓

——牡丹江 　　　　　　　　　　　　　　　　　　　(米/秒)

	三次观测值			
	7时	13时	21时	平均
1月	3.5	6.1	3.1	4.2
	1.6	4.1	1.9	2.5
2月	2.6	5.6	2.5	3.6
	1.5	4.5	2.0	2.3
3月	2.0	4.9	1.6	2.8
	2.0	5.5	2.3	3.3
4月	2.6	4.5	1.9	3.0
	2.2	6.6	2.4	3.9
5月	3.0	4.3	2.2	3.2
	2.7	5.5	2.3	3.5
6月	2.4	3.6	1.9	2.6
	2.2	4.0	1.8	2.7
7月	2.3	3.3	1.8	2.5
	1.9	3.7	1.4	2.3
8月	2.0	3.0	1.4	1.8
	1.6	3.2	1.3	1.7
9月	2.2	3.7	1.6	2.5
	1.5	4.3	1.4	2.4
10月	2.4	4.7	1.8	3.0
	1.6	5.1	1.8	2.8
11月	2.9	5.0	2.4	3.4
	1.9	4.8	2.2	3.2

	三次观测值			
	7 时	13 时	21 时	平均
12 月	3.6	5.8	3.1	4.2
	1.8	4.1	1.9	2.6

四、积雪量表

——三姓

——牡丹江　　（厘米）

	最大	日平均	月平均
1 月	9.8	8.3	8.1
	13.1	10.4	10.3
2 月	14.8	11.8	10.4
	16.0	12.7	12.4
3 月	14.4	9.0	7.9
	13.3	8.8	7.2
4 月	5.8	3.8	0.8
	4.5	2.8	0.8
5 月		—	—
	1.0	1.0	0.0#
6 月			
7 月			
8 月			
9 月			
10 月	4.7	3.6	0.4
	9.2	3.8	0.9
11 月	5.8	3.3	1.1
	11.7	6.9	5.5
12 月	8.4	5.0	4.7
	11.8	9.3	9.3

五、降水量表

——三姓

——牡丹江　　（毫米）

	月降水量	1 日最大降水量
1 月	2.8	1.0
	3.2	1.5
2 月	6.5	2.5
	4.5	5.0
3 月	8.0	5.7
	10.0	4.8
4 月	20.7	10.2
	24.5	11.0
5 月	53.1	19.4
	51.8	14.0
6 月	77.8	22.6
	87.2	21.3
7 月	124.7	27.4
	118.4	27.5
8 月	125.0	36.5
	108.0	31.8
9 月	91.7	25.1
	69.0	23.8
10 月	38.3	15.6
	33.3	13.2
11 月	3.5	2.6
	16.1	6.9
12 月	6.8	3.8
	5.0	2.8

六、天气日数表

——三姓

——牡丹江

（单位：天）

	雪	霰	雷雨	晴	阴	露	暴风
1 月	5.7	0.0	0.0	12.5	5.3	0.5	2.6
	4.0	0.0	0.0	11.5	5.4	1.2	1.0
2 月	5.6	0.0	0.0	10.7	3.6	1.4	2.2
	3.8	0.0	0.0	7.9	5.7	1.3	1.2
3 月	5.4	0.0	0.0	7.3	7.2	1.0	1.5
	6.1	0.0	0.0	6.4	7.3	0.6	1.5
4 月	2.5	0.0	0.1	4.4	7.4	2.4	2.1
	3.6	0.0	0.1	4.4	9.9	0.7	3.2
5 月	0.3	0.8	0.8	4.3	9.4	1.0	2.5
	0.2	0.4	0.8	3.4	13.9	1.0	2.6
6 月	0.0	0.1	2.1	2.5	8.5	0.9	0.9
	0.0	0.7	3.9	3.1	12.4	1.3	1.2
7 月	0.0	0.0	1.4	2.7	11.6	2.1	0.6
	0.0	0.1	3.2	2.8	14.1	2.4	0.6
8 月	0.0	0.1	1.5	4.5	8.1	3.6	0.4
	0.0	0.1	1.5	3.6	11.9	4.9	0.7
9 月	0.0	0.1	0.5	4.2	8.1	5.7	1.0
	0.0	0.2	1.4	5.0	8.9	7.2	1.0
10 月	2.7	0.0	0.2	5.9	5.7	2.2	1.2
	2.7	0.0	0.2	8.2	7.8	2.2	1.4
11 月	5.3	0.0	0.0	8.6	5.5	0.0	1.6
	5.5	0.0	0.0	6.1	8.4	1.3	0.9
12 月	6.0	0.0	0.0	10.7	4.1	0.2	2.1
	4.2	0.0	0.0	9.2	5.4	0.3	0.9

七、云量表

	三次观测值			
	7 时	13 时	21 时	平均
1 月	3.8	4.0	2.7	3.3
2 月	4.3	4.3	2.7	3.8
3 月	5.4	5.6	3.4	4.8

续表

	三次观测值			
	7 时	13 时	21 时	平均
4 月	6.0	6.6	4.5	5.7
5 月	6.3	6.8	5.2	6.1
6 月	6.0	6.6	5.0	6.1
7 月	6.7	6.8	5.8	6.4
8 月	6.5	6.5	5.0	6.0
9 月	6.4	6.1	4.6	5.7
10 月	5.0	5.0	3.5	4.5
11 月	5.1	5.3	3.6	4.7
12 月	4.3	4.4	3.0	3.9

八、量测降水日数表

（单位：天）

	0.1 毫米以上	1 毫米以上	10 毫米以上
1 月	5.7	0.8	0.0
2 月	5.6	2.0	0.1
3 月	5.9	2.4	0.0
4 月	6.3	4.3	0.4
5 月	10.8	7.3	1.6
6 月	13.9	10.5	2.5
7 月	13.6	11.3	4.1
8 月	14.5	10.5	4.4
9 月	12.3	8.0	2.5
10 月	7.2	5.1	1.0
11 月	6.0	1.6	0.0
12 月	6.2	2.0	0.0

九、初霜终霜初雪终雪日期表

	初霜		终霜		初雪		终雪		备注
	平均	最早	平均	最晚	平均	最早	平均	最晚	
	月日	月日	月日	月日	月日	月日	月日	月日	
三姓	10.4	9.20	5.2	5.12	10.20	10.8	4.20	5.11	
牡丹江	9.23	9.14	5.15	6.5	10.20	10.5	4.19	5.15	
太平镇	9.30	9.15	5.9	5.20	10.12	9.14	4.30	5.17	

十、主要河川结冰期融冰期日期表

	松花江	黑龙江	乌苏里江	挠力河	穆棱河	牡丹江	绥芬河	摘要
结冰开始	10月上	11月上	11月上	10月下	10月下	10月下	10月末	指两岸结冰,流线部附近仍有冰块流下的时期
结冰完成	11月末	11月下	11月中	11月中	11月上	11月中	11月中	指除了重型车辆外,其他车辆可在冰面上行驶的时期
融冰开始	4月上	4月上	4月上	4月下	3月下	3月下	3月中	指人马不能在冰面上通过的时期
融冰结束	4月下	4月下	4月末	4月中	4月上	4月中	4月中	指直至大冰块流失的时期

十一、日出日落时刻表(时刻为满洲国标准时)

		三姓		富锦	
		日出	日落	日出	日落
		东经129.6度	北纬46.3度	东经132.0度	北纬47.2度
		时分	时分	时分	时分
1月	1日	上午7:05	下午3:46	上午6:59	下午3:32
	11日	7:03	3:57	6:56	3:44
	21日	6:57	4:09	6:50	3:56
2月	1日	6:46	4:26	6:39	4:13
	11日	6:32	4:41	6:24	4:29
	21日	6:17	4:55	6:08	4:44
3月	1日	6:04	5:06	5:55	4:55
	11日	5:45	5:20	5:35	5:10
	21日	5:25	5:35	5:15	5:25

		三姓		富锦	
		日出	日落	日出	日落
		东经 129.6 度	北纬 46.3 度	东经 132.0 度	北纬 47.2 度
		时分	时分	时分	时分
4 月	1 日	5:03	5:50	4:53	5:40
	11 日	4:47	6:00	4:36	5:51
	21 日	4:26	6:16	4:15	6:07
5 月	1 日	4:10	6:29	3:58	6:21
	11 日	3:58	6:39	3:45	6:32
	21 日	3:43	6:54	3:30	6:47
6 月	1 日	3:35	7:05	3:21	6:59
	11 日	3:31	7:12	3:17	7:06
	21 日	3:30	7:17	3:17	7:10
7 月	1 日	3:34	7:17	3:20	7:10
	11 日	3:41	7:13	3:27	7:07
	21 日	3:51	7:05	3:37	6:59
8 月	1 日	4:03	6:53	3:50	6:46
	11 日	4:15	6:39	4:03	6:31
	21 日	4:27	6:23	4:15	6:15
9 月	1 日	4:41	6:03	4:30	5:54
	11 日	4:54	5:44	4:43	5:35
	21 日	5:10	5:20	5:00	5:10
10 月	1 日	5:19	5:05	5:10	4:54
	11 日	5:32	4:46	5:23	4:35
	21 日	5:46	4:28	5:38	4:16
11 月	1 日	6:01	4:10	5:53	3:58
	11 日	6:16	3:56	6:09	3:43
	21 日	6:30	3:46	6:23	3:33
12 月	1 日	6:42	3:39	6:36	3:25
	11 日	6:54	3:36	6:48	3:22
	21 日	7:01	3:38	6:54	3:25

第五节　治安维持状况

本县是吉林省治安状况最不理想的地区,第十师团及第三师团虽然强力讨伐,但由于该地区山地多,没有彻底解决,以头目谢文东[1]为首的残匪仍散落在各地为非作歹,侵扰地方民宅。由于我军治安工作力度加大,治安状况正在恢复之中。这次该地区的调查结果显示,该地区仍然处于危险状态,未能充分达成工作目标,感到万分遗憾。

勃利县也是如此。

第六节　教育、宗教、卫生

依兰、勃利两县的教育状况

该地区的教育机关如另表所示。县城内建有小学、中学、女子学校。城外(农村部分)只建有小学。但是学校里的设备都不完善,教室如同说书的场子一般,让人想起日本国内江户时代、明治维新初期的私塾。

总体来看,教育资料方面乏善可陈,学校的经营资金可分为私立学校和县立学校两类。

县立小学由县教育局发放经营管理资金。例如,太平镇县立第四小学的资金内容如下所示。

县教育局每月支付 122 圆 50 钱(国币)的经营管理费

校长	1 名	月工资	15 圆 50 钱(国币)
职员数	3 名	月工资	64 圆 （国币）
雇员工资	3 名	月工资	18 圆 （国币）

剩余金额用于杂费

学生年级		学生总数
初等 1 年级	男 60	65 名
	女 5	
初等 2 年级	男 40	42 名
	女 2	
初等 3 年级	男 21	22 名
	女 1	
初等 4 年级	男 4	4 名
	女无	

---

[1]　译者注:土龙山事件,1934 年 3 月 8 日,因不满日方强行低价收购土地,谢文东、景振等领导农民暴动,攻陷土龙山,之后在太平镇、九里六屯等多地予日伪军以重创。

以上儿童年龄为 7 岁到 16 岁

教科书由学校发放,儿童 1 年级、2 年级共用 4 册(30 钱),3 年级、4 年级共用 4 册(34 钱),书费由儿童支付,无需支付学费。

依兰县和勃利县的教育方针都是,只讲授现满洲国的国策即王道国家主义,完全没有讲授学术理论的机关。本地方在处理治安工作的同时,也有必要制定符合王道国家精髓的适合的教材,以此进行一番制度的大改革。

以下是依兰县、勃利县的经过地区的学校情况:

校名	年级	学生数	教员数	所在地		备注
女子中学	2	67	4	县城内		
中学	4	162	6	县城内		
模范小学	8	341	8	县城内	未	
女子小学	6	218	7	县城内	开	
第一小学	6	209	6	县城内	未	
第二小学	4	182	6	县城内	未	
第三小学	8	349	9		开	
第四小学	4	133	4	太平镇	开	
第五小学	5	208	6	二道河子	开	
第七小学	2	75	2	三道岗	未	
第八小学	2	69	2	大八浪	开	
第九小学	6	235	6	县城内		
第十二小学	2	142	3	团山子		
第十四小学	2	82	2	湖南营		
第十七小学	2	96	2	罗圈河	未	
第二十一小学	1	40	1	道台桥	未	

勃利县经过地学校调查

项目 名称	学校数	校长数	教员数	学生数	性别		所在地	面积
					男	女		
民众教育馆1		馆长1	讲师2	45	40	5	城内	简陋民房4间
县立第一小学	1	1	6	200	200	—	城内	街基1号官房10间
县立第六小学	1	1	校长兼	29	29		大平沟	公房4间
县立女子小学	1	1	2	67		67	城内	简陋民房7间
私立培基小学	1	1	1	32	32		大四站	简陋民房7间

宗教

本地区居民尚未理解宗教的本质,尽管外来传教士努力扩大各自宗教信仰者的人数,但当地居民没有表示出任何兴趣。当地对于外来传教士抱有不良印象的人很多。依照传统,(农历)四月十八日及二十八日是最大的祭日①,要去关帝庙进行祭祀。

二道河子城区西南端,有举行祭典的寺庙,这两天附近的农民停止耕作,再去前面提到的祭日里前来祭祀,这是居民最大的娱乐。虽然偶尔也有基督教、回教、在理教的教徒,但是数量很少。各种教徒的大致的数量如下:

太平镇　　　　基督教教徒　　　男 63　　女 16　　计 225# 名
　　　　　　　回教教徒　　　　男 21　　女 14　　计 35 名
勃利　　　　　基督教教徒　　　男 41　　女 16　　计 57 名
　　　　　　　回教教徒　　　　男 102　 女 61　　计 163 名

三姓其他地区的教徒数量不详。

卫生

事变后依兰县三姓新建了一所卫生机关(施疗院),但其设施尚不完备。

卫生工作毫无疑问是关系到国家兴衰的首要内容。然而,由于各地农村的卫生宣传还没有和劳动很好地配合起来,一旦发生传染病,人们完全无力阻挡疫病,有时一整个村子都会葬送于传染病。特别是在该地湿地多的地方,建立卫生设施还是当务之急。

然而,本县所幸在地方病方面并无需要特别提出注意的地方,勃利县也与依兰县相同。

第七节　农业概况

(一)农业季节

1.普通作物部分

地方 类别	播种期		收获期		摘要
	三姓地区	勃利地区	三姓地区	勃利地区	
大豆	四月上旬	三月下旬	八月中旬	八月中旬	日期为农历
高粱	三月下旬	三月下旬	八月中旬	八月中旬	
玉米	三月下旬	三月下旬	八月中旬	八月中旬	
小麦	三月上旬	三月上旬	七月上旬	七月上旬	
大麦	三月上旬	三月上旬	六月下旬	七月上旬	

---

① 译者注:农历四月十八为泰山庙神诞日,又称祈嗣日;二十八日为药王诞日。

续表

类别 \ 地方	播种期		收获期		摘要
	三姓地区	勃利地区	三姓地区	勃利地区	
谷子	三月中旬	三月下旬	八月中旬	八月中旬	
稗子	三月中旬	—	八月上旬	—	
黍子	四月上旬	三月下旬	八月上旬	八月中旬	
荞麦	六月上旬	—	八月上旬	—	
旱稻	—	三月中下旬	—	八月中旬	
水稻	—	四月上旬	—	八月中旬	

2.经济作物部分

类别 \ 地方	播种期		收获期		摘要
	三姓地区	勃利地区	三姓地区	勃利地区	
烟草	三月中旬	三月上旬	七月下旬	七月下旬	日期为农历
罂粟	—	二月中下旬	—	六月中旬	
线麻	三月下旬	三月上旬	七月下旬	七月中旬	
青麻	—	三月上旬	—	七月中旬	

3.蔬菜部分

类别 \ 地方	播种期		收获期		摘要
	三姓地区	勃利地区	三姓地区	勃利地区	
白菜	六月下旬	—	八月下旬	—	日期为农历
葱	三月下旬	—	九月下旬	—	
蒜	三月上旬	—	七月上旬	—	
胡瓜	四月中旬	—	七月上旬	—	
南瓜	四月上旬	—	八月下旬	—	
茄子	四月上旬	—	六月上旬	—	
马铃薯	四月中旬	三月下旬	八月下旬	七月下旬	

(二) 农业作物耕地概要

本县较早开发为农耕地的是三姓地区,但如今已露出石头,虽能到处可见旧耕地,但已是一幅荒漠景象。

　　然而七虎力河、八虎力河、倭肯河、乌斯浑河附近的开放地带由于有过人工耕作,其土质极为肥沃,所以今后在该地区好好开发,会成为一个很有希望的地域。

　　另外,最近同一地方的倭肯河沿岸在不断被开发为新耕地,主要栽培大豆、谷子、高粱、玉米、小麦等。结果产出了极其优良的品种。

　　虽然此地种有一定数量的罂粟、烟草、麻类,但其数量极少,罂粟以外没有特别值得一提的,故省略。

　　另,由于该地方的农民基本上全部都是汉人(山东省),农业耕作等并没有用特别的方法,与南满地方稍有类似。

　　该地方种植面积的大致情况如下:

各区的种植面积　　　　　　　　　　　(依兰县公署调查)

种类	一区(晌)	二区(晌)	三区(晌)	四区(晌)	五区(晌)	六区(晌)	计(晌)	种植比例(%)
高粱	2,500	5,000	21,000	9,000	5,000	7,500	50,000	16.4
玉米	1,200	2,400	10,080	4,320	2,400	3,600	24,000	7.9
谷子	2,500	5,000	21,000	9,000	5,000	7,500	50,000	16.4
小麦	1,600	3,200	13,440	5,760	3,200	4,800	32,000	10.5
大麦	250	500	2,100	900	500	750	5,000	1.6
荞麦	40	80	336	144	80	120	800	0.3
豆类	6,750	13,500	56,700	24,300	13,500	20,250	135,000	44.4
黍子	150	300	1,260	540	300	450	3,000	0.98
稗子	100	200	840	360	200	300	2,000	0.65
麻类	不明	不明	不明	不明	不明	不明	不明	不明
水稻	无	无	490	220	无	450	1,160	0.38
其他	140	180	420	260	180	220	1,400	0.46
合计	15,230	30,360	127,666	54,804	30,360	45,940	304,260	100

勃利县主要农作物种植面积

类别	比率(%)	种植面积(晌)	备注
大豆	32	10,500	县当局也并没有进行确切的调查,这是估算数量
高粱	16	8,000	比率为对熟地总面积 50,000 晌的比率
玉米	13	6,500	
谷子	20	10,000	
小麦	15	7,500	
大麦	5	2,500	
黍子	13	1,500	
稗子	2	1,000	
其他麻类等	5	2,500	

(三) 使用农具

本县所使用的农具基本上都是县内制作的,从县外运入的农具很少。而且,自家修理农具并提供农具的木质部分,其中需求量大的都是雇佣木工做,所以一直都不从县外购入。

下表为本县内使用的农具的品种。各地的价格有稍许差别。

地方 类别 项目	二道河子(聂昶)			太平镇(第三区保长)			备注
	所有个数	单价(圆)	使用寿命(年)	所有个数	单价(圆)	使用寿命(年)	
开荒木犁	1	4.00	5	1	20.00	8—10	
播种犁	2	大 0.80 小 0.30	5	—	—	—	
趟犁	4	0.30	4	—	—	—	
菜园子用镐头	4	1.00	1	大 1 小 1	6.00 3.00	5 2	
铁锹	3	0.80	2	2	2.00	1	
筒锹	1	1.00	2	1	2.00	3	
木头磙子	2	1.00	16	1	1.00	3	
二齿镐	—	0.60	2	1	2.00	3	
镇压土地用木头磙子	2	1.00	14	1	4.00	5	
木头耙子	4	0.20	—	1	1.50	2	

续表

地方 类别　项目	二道河子(聂昶)			太平镇(第三区保长)			备注
	所有个数	单价(圆)	使用寿命(年)	所有个数	单价(圆)	使用寿命(年)	
穅耙	1	4.00	6	1	6.00	5	
拉子	1	0.30	—	1	2.00	5	
点葫芦	2	0.40	4	1	1.00	2	
把斗子	2	0.80	12	1	1.00	10	
木掀	5	0.50	1	1	0.60	1	
锄头	13	1.00	12	5	1.00	1	
镰刀	6	0.60	1	10	1.00	1	
稻刀	1	0.30	12	3	6.00	2	
打场用石头碌子	4	3.00	永久	10	5.00	永久	
连枷	1	0.20	1	1	1.00	1	
木杈子	10	0.20	1	6	0.50	3	
扫帚	7	0.80	1	2	1.00	1	
木扒子	1	0.50	1	1	0.40	2	
赏扒	3	0.30	2	2	0.60	5	
扇车	1	12.00	7	1	20.00	10	
筛子	3	0.40	1	1	2.00	3	
箩子	1	0.80	12	1	2.00	1	
簸箕	3	0.60	1	1	1.00	2	
碾子	1	40.00	永久	1	40.00	永久	
磨	1	10.00	永久	1	20.00	永久	
垛杈	2	0.20	2	1	1.00	5	
撮子	2	0.80	1	1	1.00	5	
大车	1	60.00	5	2	100.00	10	
筐	5	0.20	2	2	0.20	1	
抬帘子	1	0.20	1	1	0.20	1	
扁担	—	0.20	永久	1	0.40	6	
推车子	1	3.00	3	1	10.00	3	
铡刀	1	6.00	2	1	6.00	1	

续表

类别 \ 项目 \ 地方	二道河子(聂昶) 所有个数	二道河子(聂昶) 单价(圆)	二道河子(聂昶) 使用寿命(年)	太平镇(第三区保长) 所有个数	太平镇(第三区保长) 单价(圆)	太平镇(第三区保长) 使用寿命(年)	备注
马槽子	—	—	—	3	4.00	5	
料斗子	1	0.60	2	1	0.60	1	
洋叉	2	1.00	1	2	1.00	2	

注:聂昶所有地面积为 200 晌,其中熟地 80 晌、荒地 120 晌。

依兰县第三区保长所有面积为 150 晌,其中熟地为 50 晌,荒地 100 晌。

(四)播种量及产量

在当地,主要农作物的播种量依兰县和勃利县相同。三姓地区每晌的播种量和各地方的产量如下表所示:

三姓地区

类别	大豆	高粱	玉米	谷子	小麦	大麦	小豆	黍子	稗子	荞麦	绿豆	烟草	线麻	青麻	水稻	旱稻
播种量(升)	12	3	10	6	30	35	10	3	2	6	10	1	20	5	12	30

备注:本地斗 1 斗折合日本斗 2 斗 3 升 5 合。

各地单位面积 1 晌地的产量如下表:

(单位:石)

类别 \ 地名	独一处	张家屯	道台桥	三道岗	新卡路	邢小铺	二道河子	大四站
大豆	11.5	2.0	2.0	4—5.0	4.0	3.0	4.0	3.5
高粱	—	—	3.0	4.0	5.0	3.0	6.0	3.0
玉米	3.0	3.0	3.0	5.0	4—7.0	3.0	4—6.0	4.0
粟	3.0	2.0	3.5	7.0	4.0	—	5.0	3.5
小麦	—	—	—	3.5	3.0	2.0	2.0	2.5
糜子	—	—	2.0	3.5	2.0	—	—	2.0
荞麦	—	—	—	—	—	—	—	0.2
稗子	—	—	—	—	—	—	4.0	3.0
麻	—	—	—	—	—	—	—	—

续表

类别＼地名	独一处	张家屯	道台桥	三道岗	新卡路	邢小铺	二道河子	大四站
烟草	（干叶）70.0斤	600斤	1,100斤	—	—	—	1,000斤	700斤
罂粟	—	—	—	—	—	—	—	1亩10两（16两为1斤）
水稻	—	—	—	—	—	—	—	—

类别＼地名	勃利县城附近	大平沟	罗圈河	大八浪	柞木台子	袁家屯	太平镇	团山子	倭肯河河畔
大豆	2.5	2.0	3.5	3.0		3.0	2.0	2—3.0	3.0
高粱	4.0	3.0	4.5	3.0	4—5.0	4.0	2.0	3.0	5.0
谷子	4.0	2.5	3.5	4.0	5.0	3—4.0	2.0	2—3.0	4.0
玉米	4.0	3.5	4.0	4.0	5—6.0	4.0	2.0	2—3.0	4.0
小麦	1.5	1.5	2.0	2.0	2.0	1.5—2.0	1.5	1—2.0	—
大麦	—	2.0	2.0	—	5.5	—	3—4.0	—	—
荞麦	—	—	—	—	3.0	—	—	—	—
小豆	—	—	—	3.0	—	—	—	—	—
绿豆	—	—	—	2.0	—	—	—	—	—
稗子	—	—	—	—	—	6—7.0	4—5.0	4—5.0	—
糜子	—	2.5	—	2.0	3.0余	1.0余	—	—	—
麻类	纤维700斤	—	500斤	线500斤 青600斤	—	线900斤 青700斤	—	—	—
烟草	1,000斤	—	—	1,000斤	1,000斤	700斤	600斤	—	—
罂粟	1亩地5两 1晌地50两	—	—	—	—	—	—	—	—
旱稻	4.0	—	—	—	—	—	—	—	—
水稻	—	8.0	—	—	7.0	—	8—10.0	—	2.6
马铃薯	7,000斤	—	—	5,000斤	—	—	—	—	—

（五）平整土地、播种、压平

平整土地就是在各种作物播种前，用镐头或糠耙将前作残根挖出，运出农田，当做日常生活所用的燃料。

种植了小麦后，通常在收获小麦当年进行秋耕，用犁杖平整土地后第二年播种。

采用撒播的播种方法的仅有水稻、荞麦，其他的作物均采用点播、条播方法。

按照耕种方法的分类，可分为翻种、糠种。

使用翻种方法的有大豆、小豆。使用糠种的有谷子、高粱、小麦等。这些播种方法与日本条播相同，通过点种、捻种在农田进行播种。

覆土的深度上来看，大豆大约为 2 寸，其他的作物根据土地的干湿度厚度不一。

镇压土地是用木头碌子，由马或者骡、驴等牵引着进行的。

播种期如同前面农业季节中描述的那样，小麦种子要等到融冰期，汲取冰雪融化的水分，所以要比其他作物提早开始播种工作。

（六）垄宽和株距

根据对本地区内耕地的实际测量，各种作物都保持着较为一定的垄宽和株距。以下为测量结果：

作物	垄宽（尺）	株距（尺）
高粱	2.3 尺	0.8
谷子	2.1	条播
玉米	2.3	0.8
元豆	2.5	条播
白菜	2.6	1.3
萝卜	2.4	1.3
甘蓝	2.4	1.4
香菜	2.4	条播
FURAN 草	2.1	5.6
RAJIYOU	2.1	0.4
茄子	2.6	1.2
葱苗	2.6	条播
西红柿	2.4	1.3
菠菜	1.4	条播
胡瓜	2.2	2.3
韭菜	3.7	1 垄植种 3 条
马铃薯	2.5	1.5

(七)肥料及施肥法

该地的肥料多用马、牛、猪的黄粪,在平整土地前运送到农田。

其种类分为黄粪和土粪,一般情况下都使用黄粪,土粪用得很少,是在进行大规模耕种有富余劳动力的情况下使用。施肥方法基本采用扬粪方法。时间上是先把运到农田的肥料分成 7 或者 8 处堆放,肥料的数量是 1 辆马车的量(承载量 1,000—2,000 斤),在即将进入春耕期时和＊＊一起进行。

施肥的数量因开垦的年数、土地的肥沃程度和自家持有的施肥数量的不同而产生差异。该地方的未开垦地带待开垦 3 到 4 年后,不施肥也对作物的产量没有影响。更多情况如下表所示:

地名	车数	备注	地名	车数	备注
独一处	5 车 (1 车 1,000 斤)	主要为烟草施肥、马粪	邢小铺	5 车 (1 车 2,000 斤)	每年施肥
张家屯	6 车 (1 车 2,000 斤)	主要为谷子施肥、马粪	二道河子	15 车 (1 车 1,000 斤)	只为种植的大豆施肥
道台桥	15 车 (1 车 600 斤)	(1)每年 (2)约每 3 年	大四站	13 车 (1 车 1,000 斤)	隔年
三道岗	7—8 车 (1 车 2,000 斤)	每年施肥	勃利县城附近	7 车 (1 车 2,000 斤)	每年为各种作物同样,地施肥 1 车 1 圆(国币)
新卡路	15 车 (1 车 2,000 斤)	3 年 1 次	大平沟	4—7 车 (1 车 2,000 斤)	每年施肥
罗圈河	3 车 (1 车 2,000 斤)	只为线麻、玉米施肥,其他作物无需施肥	袁家屯	15 车 (1 车 1,000 斤)	每年施肥
大八浪		施肥无规律	太平镇	13 车 (1 车 2,000 斤)	不一定,且当地施土粪
柞木台子	15 车 (1 车 1,000 斤)	施肥方法无规则	团山子	15 车 (1 车 1,000 斤)	全部施用自家生产的肥料

除草及中耕季节(使用阴历)

类别	三姓地区		勃利地区	
	除草	中耕	除草	中耕
大豆	第一回 五月上旬 第二回 六月上旬	除草后马上进行	第一回 四月下旬 第二回 五月上旬	第一回、二回除草后马上进行,第三回六月上旬

续表

类别	三姓地区		勃利地区	
	除草	中耕	除草	中耕
高粱	第一回　五月上旬 第二回　六月上旬	除草后马上进行	第一回　四月下旬 第二回　五月上旬	第一回、二回除草后马上进行， 第三回六月上旬
玉米	第一回　五月上旬 第二回　六月上旬	除草后马上进行	第一回　五月上旬 第二回　六月上旬①	第一回、二回除草后马上进行， 第三回六月上旬

（八）除草及中耕培土

地区内的除草及中耕培土的次数根据地区的不同有一定的差异。除草用锄头，中耕培土用犁杖，一般是在除草之后进行中耕培土，第一次要注意的是各种作物共同培土。

各作物的除草及中耕培土的施行季节如下表：

除草及中耕季节（使用阴历）

类别	三姓地区		勃利地区	
	除草	中耕	除草	中耕
大豆	第一回　五月上旬 第二回　六月上旬	除草后马上进行	第一回　四月下旬 第二回　五月上旬	第一回、二回除草后马上进行，第三回六月上旬
高粱	第一回　五月上旬 第二回　六月上旬	除草后马上进行	第一回　四月下旬 第二回　五月上旬	第一回、二回除草后马上进行，第三回六月上旬
玉米	第一回　五月上旬 第二回　六月上旬	除草后马上进行	第一回　第一回 第二回　三回②	第一回、二回除草后马上进行，第三回六月上旬
小麦	第一回　五月上旬 以后不施行	只除草，不中耕	第一回　四月下旬 以后不施行	只除草，不中耕
大麦	第一回　五月上旬 以后不施行	只除草，不中耕		
谷子	第一回　五月上旬 第二回　五月中旬 第三回　五月下旬	除草后马上进行 3 次	第一回　四月下旬 第二回　五月上旬	第一回、二回除草后进行，第三回六月上旬
稗子	第一回　五月上旬 第二回　五月中旬	除草后马上进行	第一回　四月下旬 第二回　五月上旬	第一回、二回除草后进行，第三回六月上旬

---

① 译者注：原文此处被涂改，加有"高粱二回六月上旬"字样，与前文矛盾。

② 译者注：原文此处疑是印刷有误。

类别	三姓地区		勃利地区	
	除草	中耕	除草	中耕
糜子	第一回　五月上旬 第二回　五月中旬 第三回　五月下旬	除草后马上进行 3次	第一回　四月下旬 第二回　五月上旬	第一回、二回除草后进行,第三回六月上旬
旱稻			第一回　四月中旬 第二回　五月上旬 第三回　五月下旬	中耕在除草前后进行
水稻			第一回　四月上中旬 第二回　第一回的半个月后	除草前后进行
烟草	四月中2次 五月中2次	四月中1次 五月中1次	第一回　三月下旬 第二回　第一回的半个月后	四月中1次 五月中1次
罂粟			第一回　三月下旬 第二回　四月中旬	
线麻			第一回　三月下旬 第二回　四月上旬	除草后马上进行
青麻			第一回　三月下旬 第二回　四月上旬	除草后马上进行

附:杂草

　　该地区的杂草繁殖力旺盛,其中被称为"取回菜"的蓟科植物,其根系发达,除草最为困难。

　　其他还有叫做"水稗草"、"豆苍草"、"灰菜草"的杂草。

(九)收割及干燥

大豆用镰刀来收割,其后,就放在地里干燥约十天。

高粱的收割方法是,用镰刀砍离根茎5—6寸处,一捆20根,穗朝上大约30捆立放在地里约一周的时间使其干燥。其后,用捻刀#在距离穗头10厘米左右的地方切下,再用马车或者马将穗头搬运到脱谷场附近合适的地方堆积。

玉米到了成熟之时,先收获果实,干燥的秆随后收获。

谷子、小麦的收割程序和大豆类似,但放在田里干燥的时间,谷子是十天,小麦为一周左右。

(十)脱谷、选别

大豆、小麦、荞麦等一般都是用打碌子进行脱谷,但是大豆、小麦有时也会在脱谷场,用马拉石头碾子来脱粒。谷子收获后在脱谷场上堆成环形使用第二种方法进行脱谷。

玉米是把玉米棒子掰下来，再通过打碾子来脱粒，高粱也是以这种方法，小麦、大麦等也有用连枷来脱谷的方法。

脱谷的普通方法如上所述。

脱粒好的谷粒堆放在脱谷场的中央，用扬掀进行风选，或者在高处用筐子撒谷粒，让风吹走不好的谷子。

以上农作物在耕作时 1 晌地所使用的劳力情况如下表所示。（由千振屯垦团长宗光彦计算得出。）

（十一）主要作物所需要的劳力表

	人马	拉拉子	种地	拉碾子	铲地	趟地	割地	拉地	打场	计	摘要
大豆	人	0.5	3.0	0.3	8.0 拔草 1.0	1.4	3.0	1.5	3.0	21.7	铲地 4 人 2 次 趟地 3 匹马 1 人第一次
	马	1.5	4.0	0.3	—	4.0	—	2.0	4.0	15.8	1 天 2 晌，第二次 1 晌
小麦	人	0.5	2.0	0.3	3.0	—	4.0	1.3	3.0	14.1	仅除一次草
	马	1.5	1.0	0.3	—	—	—	2.7	4.0	9.5	
高粱	人	0.5	3.0	0.3	10.0 拔草 1.0	2.0	5.0 前穗儿 5.0	1.0	1.0	28.8	第一回除草 6 人，如第二回 4 人糠种，下种就为 1.5 人马 10 匹
	马	1.5	4.0	0.3	—	6.0	—	2.0	1.3	15.1	
玉米	人	0.5	3.0	0.3	7.0 拔草 1.0	1.3	2.0 6.0	3.0	3.0	27.1	第一回除草 4 人第二回 3 人，中耕 1 人马 3 匹，第一回 2 晌，第二回 1 晌
	马	1.5	4.0	0.3	—	4.0	—	4.0	4.0	17.8	
谷子	人	0.5	1.5	0.3	10.0 拔草 1.0	1.3	4.0	1.5	3.0	23.1	因是糠种，所以播种所需劳力少
	马	1.5	1.0	0.3	—	4.0	—	2.0	4.0	12.8	
小豆	人	0.5	3.0	0.3	7.0 拔草 1.0	1.4	3.0	1.5	3.0	20.7	小豆大致与大豆相同
	马	1.5	4.0	0.3	—	4.0	—	2.0	4.0	15.8	
平均	人	0.5	2.6	0.3	8.3	1.2	5.3	1.6	2.7	22.5	
	马	1.5	3.0	0.3	—	3.7	—	2.5	3.6	14.6	

水稻部分

	人马	起耕	开沟	作畦	整地	播种	除草	灌排水	收割	搬运	脱谷	总计
水稻	人	3.0	3.0	3.0	3.0	2.0	20.0	1.0	15.0	2.0	6.0	58.0
	马	6.0	—	—	—	—	—	—	—	4.0	—	10.0

备注:①拉拉子是牵引着拉子来平整土地,种地为下种,拉磙子是将磙子拉动以压平土地。铲地就是除草,趟地就是中耕,割地就是收割,拉地就是进行收获粮食的搬运工作,打场就是脱谷。
②大颗粒的种子使用翻种方法(用犁杖下种),小颗粒的种子使用糠种方法(用糠耙下种),小麦使用对儿犁种的方法。
③翻种需要劳力为 3 人马 4 匹(1 日下种 1 晌),糠种需要劳力为 3 人马 2 匹(1 日 2 晌下种 2 晌)。对儿犁种需要劳力为 4 人马 2 匹,1 日下种 2 晌。

(十二)贮藏法

当地的农家将用作自家消耗的粮食蔬菜贮藏,通常收获小麦、大豆等之后将其卖给粮谷商。

粮食贮藏分室内贮藏和室外贮藏两种。一般来说,小农都使用室内贮藏的手段。

室外贮藏的设备主要为土壁子、木板儿食子。还有屋顶由小麦秆修葺,周围由高粱秆所包围的贮藏库。仓底建在离地面接近 1 米的高地,不会有家畜来破坏,通风又好,是湿润地区的理想选择。

蔬菜的贮藏方法是在室外建造菜窖,当地的构造和南满各地的方法很类似。贮藏可持续到融冰期前的阳历 3 月左右。

贮藏的蔬菜主要包括白菜、萝卜、马铃薯。

(十三)轮作法

当地的土地大都比较肥沃,因此通常都实行两年轮作或是三年轮作。

播种方面,在肥料不足的情况下主要给大豆施肥,也有地方给谷子施肥。

下表是各地方的轮作关系表:

	第一年	第二年	第三年	备注
独一处	大豆	玉米	谷子	三年轮作
张家屯	玉米	高粱或谷子	大豆	三年轮作,给谷子施肥
道台桥	大豆	粟或谷子、玉米	高粱或小麦	三年轮作
三道岗	大豆	小麦或谷子	大豆	三年轮作
新卡路	大豆	高粱或玉米	小麦或谷子	三年轮作,给谷子施肥
邢小铺	大豆	谷子高粱等		两年轮作
二道河子	大豆	高粱	谷子或小麦、玉米	

	第一年	第二年	第三年	备注
大四站	大豆	高粱、谷子等		两年轮作
勃利县城附近	大豆或小麦	玉米、高粱、谷子、大豆等		虽两年轮作,但大豆每年都种
大平沟	大豆	玉米、高粱、谷子		两年轮作
罗圈河	大豆	其他粮食	玉米	三年轮作
大八浪				不轮作
柞木台子	大豆	谷子、高粱	小麦	三年轮作
袁家屯	大豆	其他粮食	大豆	两年轮作
太平镇	大豆	其他粮食		两年轮作
团山子镇				

(十四) 选种

依兰县勃利县的三姓地区有很多农民都从粮商处购买种子,但是一般来说,农家都是用自家生产的种子。一般,当地农闲时,农民为了选种,把种子放在板子上或者桌子上,从中一个个地选出颗粒大、重量重的种子。

谷子、糜子这种小颗粒的作物则是用风选的方法选种。

(十五) 病虫害

其中叫做“密虫”的蚜虫危害最大,农民对于他的驱除及防治一无所知。这种蚜虫主要害虫中咬噬大豆、绿豆、小豆这种豆类的新芽或是嫩叶。

其外还有“黑瞳撞虫”(金龟子的总称)“地拉窟”(蝼蛄)“大根蝇”(跳虫)等。湖南营地区,跳虫主要咬噬日本种的萝卜等蔬菜类。

作物的病害情况如下所示:

高粱——黑穗病

粟　——黑穗病

玉米——黑穗病

粟　——白发病

小麦——黑穗病

以上5种的病害最为多见。

(十六) 主要作物栽培收支

下表是湖南营的千振屯垦团团长宗光彦,以日本农业以移民团耕作的地区,即以七虎力河及八虎力河两河峡谷处为中心的1晌地为调查对象计算出的作物栽培收支状况,供参考。

	苦力费	租马费	种子费	农具费	公共收费	计	收成	禾秆	计	收支差	摘要
大豆	17.36	9.90	0.84	1.00	2.00	31.10	31.50	3.00	34.50	3.40	
小麦	11.28	4.75	5.10	1.00	2.00	24.13	51.00	1.50	52.50	28.37	
高粱	19.64	7.55	0.18	1.00	2.00	30.37	33.00	12.00	45.00	14.63	
玉米	25.28	7.90	0.50	1.00	2.00	36.68	30.00	6.00	36.00	0.68	
谷子	18.40	6.40	0.18	1.00	2.00	27.98	33.00	2.00	45.00	17.02	
小豆	16.56	7.90	0.70	1.00	2.00	28.16	28.00	2.00	30.00	1.84	
平均	18.09	7.40	1.25	1.00	2.00	29.74	34.42	6.08	40.50	10.76	每反地1.79多
昭和12年后	10.85	7.43	2.50	1.00	2.00 肥料 6.00	29.78	66.84	12.16	81.00	51.22	20 晌 1.044 圆 纯利每反地 8 圆

备注：①苦力费 1 天哈大洋 80 钱。

②租马费 1 匹哈大洋 50 钱。

③收成 1 石价格　大豆——7.00、小麦——18.00、高粱——6.00、玉米——5.00、小豆——7.00。

④农具　1 组 160 圆，可耕作 40 晌地，平均可使用 4 年，大致农具费 1 晌地 1.00 圆。

⑤收成　大豆 4 石 5 斗，秆 1,500 斤；小麦 3 石，秆 1,500 斤；高粱 5 石 5 斗，秆 600 捆；玉米 6 石；秆 1,500 捆；谷子 5 石 5 斗，秆 5,000 斤；小豆 3 石 5 斗，秆 1,000 斤；水稻 9 石。

⑥价格　大豆——7.00、小麦——18.00、高粱——6.00、高粱秆——100 捆 0.80、玉米——100 斤 5.00、玉米秆——100 捆 0.40、谷子——6.00、谷子秆——100 斤 0.60、小豆——8.00、小豆秆——100 斤 0.20。

⑦昭和 12 年后直至昭和 12 年秋延佳线(延吉—佳木斯)预计开通经过千振，那时，劳役费预计是现在的六成，生产物品的价格预计是现在的两倍。

⑧以下是水稻栽培所需要的费用：苦力费——46.40、租马费——5.00、种子费——4.00、农具费——2.00、公共收费——2.0，合计——59.40；收成——90.00、禾秆——6.50，合计——96.50。收支差 37.10（截至到现在）。

第八节　家畜、家禽

依兰县、勃利县的家畜一般在山岳地带或者是两县边境的尚未开垦的地带以及各个河川流域的湿地地带进行放牧。这些地方虽然野草丛生，但农民却很少利用，还存有 30 万头牛、6,000 万头绵羊的放牧空间。

从饲养头数来看，猪是作为副业饲养得最多的家畜，马、牛紧跟其后，基本不养绵羊。

下表是经过地区的饲养头数情况：

经过地区家畜以及家禽头数表

地名 \ 类别	牛	马	驴	骡	山羊	绵羊	猪	鸡	狗	其他家禽
西三家子	1	8	—				30	15	5	
道台桥	—	12	1				20	30	不明	
三道岗	65	200	—	—			50	70	50	10
二道河子	450	915	37	300			132	1,175	1,045	
大四站	82	90	2	3		10	55	80	50	
勃利	247	929	90	184			2,155	960	不明	250
大平沟	5	50	4	15			150	49	25	4
大八浪	不明	65	不明				265	580	不明	
湖南营	120	79	3	15			400	500	不明	
柞木台子	25	500	60	120			900	300	不明	
太平镇	30	638	20	140			300	80	不明	
团山子	50	200	不明				150	100	不明	
三姓	600	3,000	450	1,300	30	60	10,500	3,000	不明	

依兰县、勃利县都饲养了大量的牛马,牛马不仅是当地唯一的交通搬运工具,也是农耕上不可缺少的家畜。

农家的家畜饲养管理极为粗放,春夏秋三季,农民都把各种家畜在农家附近的草地上放牧,只有在冬天将其放在棚舍中饲养。喂饲料的数量也不按季节区分。

下表是各个地方的饲料分类表:

家畜 1 天的饲料数量

地方 \ 类别	马	牛	猪	备注
道台桥	粟秆　10斤 高粱　2升 豆粕　12斤	粟秆　7斤 高粱　2升 豆粕　12斤	玉米　7合 高粱　7合 稗子　7合 大豆　1升5合	农忙、农闲两期都采用相同方法
二道河子		豆粕　6斤 粟秆　10斤 野草(繁茂期) 豆文子10斤		

续表

类别 地方	马	牛	猪	备注
（夏） 太平镇	高粱　15合 粟秆　5斤 豆粕　5斤	夏季为粟秆，放牧时 不用另给饲料	酒粕　7斤 稗子　2升	盐5—6日1次 每匹给1两
（冬）	大麦　5合 麸　　3碗	粟秆　10斤 黄豆　10合 豆粕　10斤		
团山子(镇)	粟秆　15斤 高粱　2升 豆粕　12斤			盐5天1次 每头给1两

家畜的买卖方法

在三姓有家畜市场，在此进行家畜买卖。但二道河子、大八浪等地离三姓很远，就在其他的地方买卖家畜。而且其价格是由买卖双方协议决定，大体上和三姓市场的价格相同。

下表是家畜买卖价格表：

（单价：圆）

	马		牛		骡	驴	猪	羊①	山羊
	公	母	公	母					
最高	60	100	100	80	100	50	25	15	15
最低	20	30	30	30	20	15	6	3	3
平均	40	65	65	50	60	32	15	9	9

备注：猪大约每100斤8圆，最重的有300多斤。

　　　　价格是以国币表示的。

处理方法

经过地区有四个屠宰场，分别在三姓、二道河子、勃利、太平镇。这些屠宰场均属于县当局的管辖范围内，但一般农家在自家进行屠宰。

该地方的家畜饲养年限为，马——7年、牛——10年、猪——4年，其后就要进行处理。

生产的生兽皮按照下面的价格卖出：

1头牛的生皮　　　　10圆左右(国币)

---

① 译者注：原文如此，应为调查员笔误，推测是绵羊。

1 匹马的生皮　　　　1 圆　　　（国币）

1 头猪的生皮　　　60 钱　　（国币）

家畜传染病其他

下表是大同 2 年 9 月 25 日，依兰县参事官寄给第十师团兽医部的答复表：

		马		牛		其他家畜		计		发生季节
		发生数	死亡数	发生数	死亡数	发生数	死亡数	发生数	死亡数	
寄生虫引起的病发数病发数	传染病及风土病由害兽以及									
	箍眼			300	400			500	400	春夏
	舌束			300	205			300	205	春夏
	涨肚	400	300	200	105			600	405	春夏
	鼻涕	1,300	1,100					1,300	1,100	四季
	黄病	1,000	800					1,000	8,00	春秋
	尿窒	30	20					30	20	秋冬
	狼	10	10	5	5			15	15	四季皆有
	虻	15	15	15	15			30	30	夏
	蚂蜞	4	4	5	5			9	9	夏
	疥癣	30	20	20	15			50	35	四季皆有

第九节　农业劳动状况

当地农业劳动者不够多，到了农忙时期就会感到人手不足。三道岗到了农忙时期，还曾经有过以 2 圆（国币）的工钱雇佣日工的例子。

通过规定期限的合同来雇佣的形式分为年工（或叫作长工）、月工、日工（也叫做短工）。这三种合同中，年工是雇佣 10 个月到 1 年，月工是雇佣 1 个月到 2 个月，日工是雇佣 1 天或者几天。

支付的工钱根据劳动者的技术、地方的不同而产生差异。而且根据农活的繁忙程度工钱也会产生差异。

以下是普通支付数额：

长工　　　80 圆—120 圆　　　（10 个月的时间）

月工　　　10 圆—25 圆　　　　（1 个月的时间）

日工　　　50 钱—1 圆 50 钱　　（1 天的时间）

一般雇主都提供伙食。

以下是三姓地区和勃利地区的例子：

	三姓地区	勃利地区	摘要
长工	80—150 圆	80—100 圆左右	
月工	15—20 圆	15—18 圆	农忙时期支付最高工钱
短工	80 钱左右	1—30 圆	同上

下表是三姓农会调查的按月计算苦力工钱表:

（单位:圆）

月份\类别	五月	六月	七月	八月	九月	十月	十一月
年工	12	12	15	15	12	16	12
月工	14	14	17	17	18	18	15
日工	每日 0.60	0.6	0.8	0.5	0.6	1	0.8
木匠	1.8	1.8	1.8	1.8	1.8	1.8	1.8
瓦匠	1.8	1.8	1.8	1.8	1.8	1.8	1.8

第十节　佃耕惯例

在依兰县,地主、自耕农和佃农的比例是 7∶3。满洲事变后及至今日,由于土匪横行,休耕现象层出不穷,导致地租锐减。并且由于村庄有产阶级的地主为了逃避土匪的骚扰弃家迁往城内暂居。总佃租缴纳税率比起满洲事变前减少到了三分之一。(农会职员所述)

勃利县所发生的事和依兰县完全一致。根据勃利县公署的调查,不在地主和现住地主的数量如下表所示:

区	地主数量		拥有面积	
	现住地主数	不在地主数	现住地主面积	不在地主面积
第 1 区	799 人	77 人	38,840 晌	4,059 晌
第 2 区	1,107 人	72 人	39,386 晌	1,684 晌
第 3 区	853 人	65 人	42,987 晌	8,320 晌
第 4 区	657 人	118 人	92,359 晌	7,917 晌
合计	3,416 人	332 人	213,572 晌	21,980 晌

佃农的契约形式：

契约形式根据各个地方有其各自的形式,如下进行分类：

一、地主和佃农之间进行口头契约并且需要保证人

(三姓、二道河子、太平镇)

二、地主和佃农之间进行口头契约但是不需要保证人

(南咀子、独一处、柞木台子、大平镇、团山子等地)

三、签订书面契约并需要保证人

(大平镇、二道河子、勃利之地)

这种情况时保证人和佃农都需要在契约上签字。

根据以上的方法以阴历十二月最后一天为期签订一年、两年或者五年的契约。十年以上的几乎没有。

无论签订何种契约,地主一般都会将房屋租给佃农。农具和役畜等设施视地主和佃农之间的关系很多是免费租出的,但实例较少。新立契约一般在十二月最后一天进行。

地租及地租的上缴形式

地租根据各地方及其土地生产力的不同而不同。下面将经过的地区的地租以表格的形式表示出来：

(单位：中国斗)

地名	1 晌地的地租	缴纳粮食种类				备注
独一处	4 斗		大豆	高粱	均纳	如果没有种植上述三种作物的话,则将种植的其他作物以当时的市价换算成货币缴纳。
道台侨	8 斗	大豆	谷子	玉米	均纳	
三道岗	15 斗	高粱	玉米	谷子	均纳	
二道河子	15 斗	大豆	高粱	谷子	均纳	
勃利	12 斗	大豆	高粱	谷子	均纳	
大八浪	10 斗	大豆	高粱	谷子	任何	
柞木台子	10 斗	大豆	高粱	谷子	均纳	
太平镇	上等地　10 斗	大豆　高粱　谷子　均纳				
	下等地　5 斗					
袁家屯	10 斗	大豆	高粱	谷子	均纳	
稗子沟	15 斗		大豆	谷子	均纳	

以上为一般情况下的缴纳数额,如遇因自然条件而导致严重歉收的时候则取消佃农的地租。土地开垦后五年间这片土地一般可不缴地租。

第十一节　租税及税率

农民生活最重的负担就是租税。由于当时旧军阀的不当赋税仍有一部分残余,高额租税导致农民生活苦不堪言。

将与农民关系最密切的租税目录和税率做成下表:

税目	课税物	税率	备注
山货税	对山里生产的东西课税,比如山鸡、木茸、瓜子	木茸　每100斤29钱 山鸡　每100斤43钱5厘 瓜子和木茸一样	除去向卖家征收的税率外另收5厘的手续费
土产税	酥油、豆油、洋草、鸡蛋等农产品或食品	价格的5%	5%的手续费
牲畜税	牛、马、骡、驴	价格的5%	向买家征收直接转卖时也要征收
	猪、羊	价格的2.5%	
屠宰税	牛　每头	吉大洋1.00圆	除牲畜税、屠宰税外另征收5%的手续费
	羊　每头	吉大洋0.20圆	
	猪　每头	吉大洋0.30圆	

出产粮食税

税目		课税物	税率	备注
粗　粮		玉米、玉米粒、高粱、秫米(高粱米)、谷子、小米、稗子、稗米、荞麦等	价格的0.5%	向卖家征收
细　粮		小麦、大麦、粳米、稻子、稻米、糯豆等	价格的1%	向卖家征收
油料作物		大麻子、小麻子、芝麻、苏子等	价格的2.5%	向卖家征收
豆　类		黄豆、小豆、菜豆、绿豆等	价格的2.5%	向卖家征收
以上全部是缴纳给税捐局的				
田　赋		田地	1晌地国币0.80圆	土地所有者
契税	买契	买卖契约地	契约额的6%	或者商业租用
	典契	典卖契约地	契约额的3%	
	租契	商业出租契约地	契约额的5%	

续表

税目	课税物	税率	备注
黄烟税	烟叶	契约额的 10%	生产者负担
黄烟费	烟叶	契约额的 12%	生产者负担
黄烟税	烟叶、卷纸、卷烟以外的烟草	契约额的 10%	生产者负担
杂烟税		契约额的 12%	生产者负担
砍照	山林采伐许可证一本	吉大洋 10 圆	
山份	贩卖山上树木时征收	其价格的 6%	

依兰县的税金(地方捐)

学田地租:向县所持土地上的居民征收

        1 年 1 晌地　35 钱 5 厘或者粮食 4 斗

粮食捐：农家负担　由粮栈代农家进行纳税

        国币每 1 圆　25 钱

车牌捐：1 套国币 1 圆、2 套 2 圆、3 至 4 套 4 圆、5 至 6 套 6 圆

屠宰捐：牛 1 头　　77 钱(国币)

        猪头　　　23 钱 1 厘(国币)

        羊头　　　15 钱 4 厘(国币)

警学捐：1 晌地 1 年　50 钱(国币)

勃利县的税金(地方捐)

车牌捐：4 套以下 1 年 4 圆(国币)

        5 套以上 1 年 5 圆(国币)

警学捐：每半期　77 钱(国币)

牛马捐：从农村拉大车进县城时由财务局征收。马或牛 1 头 4 钱。

自警团团费各地不一。有两种情况:一种是以拥有土地的面积为基础按晌征收,另一种是按户征收。

当地的自警团现在仍然为抗争土匪活跃着,为此需要的枪支弹药当然会使每户的负担加大。大八浪地区每户 1 年征收 4 圆(国币)来购买弹药。

第十二节　地价

土地收购问题

现在两县(依兰、勃利)都有很多地方禁止土地买卖。下表展示了昭和 9 年(康德元年 2

月)的地价表:

(单位:国币圆)

地 名 ＼ 等 级	上等地	中等地	下等地	备注
道台桥	60	40	20	现在无买卖
三道岗	50	30	8—10	
二道河子	60	40—50	30	现在无买卖
勃利	200	150	100	现在禁止买卖 水田 150—160
大八浪		30 圆—熟地	10 圆—荒地	
湖南营	—	—	—	无买卖
太平镇	60	50	40	荒地　　　30 水田地　60—70

　　当地为了施行日本政府的农业集团移民目的于昭和 9 年 2 月着手进行土地收购。当时是由东亚劝业公司按如下的条件进行收购。

　　一、对于升科地　　以 1 晌地 15 圆进行收购

　　二、对于未升科地　　以 1 晌地 2 圆进行收购

　　三、对于未升科的熟地　　以 10 圆进行收购

　　四、城镇(聚居村庄的大部分)主要街道以及郊外和水田等地　　以 1 晌地 18 圆进行收购。

　　最终依兰县七虎力河与八虎力河之间的大约 15,000 晌土地被收购。勃利县第四区全区共 120,000 晌土地被收购。

　　东亚劝业公司花费 300 万圆的资金收购土地,农民的地权一时奉还给了县公署。结果,由于资金不足及农民的地权奉还等问题还导致一般农民(土地所有者)对生活感到极度的不安,依兰县自警团团长谢文东奋起反抗,农民们积极响应。勃利县农民以庆云堡为中心,普通农民进入各县的山里开始暴动。

　　在依兰县因土龙山事件爆发后的,勃利县的周警务局长对农民进行抚慰并尽量使农民们理解日本政府的方针,从而避免了事变的发生,回复平静。另一方面与满洲国政府从中调解筹措了 300 万圆资金,农民也渐渐理解了日本政府的政策。在这种情况下,即将与勃利、依兰两县一样要进行土地收购的穆棱、密山两县也暂停了土地收购。

　　现在未被收购的土地地权已经返还给了农民。

第十三节　物价

下表为对三姓市场进行调查的结果：

品名		单位	物价（圆）
主食	小米子	1 石	12
	高粱米	1 石	10
	白米	1 石	38
	玉米	1 石	11
	白面	1 布度（30 斤）	一号当地无
	白面二号	1 石	2.9
	白面三号	1 石	2.7
	白面四号	1 石	2.2
副食	牛肉	1 斤	0.16
	猪肉	1 斤	0.2
	鸡肉	1 斤	0.3
	羊肉	1 斤	0.4
	鲋鱼	1 斤	0.16
	鲤鱼	1 斤	0.2
	杂鱼	1 斤	0.1
调味品	盐	1 斤	0.1
	酱油一等	1 布度	4.6
	酱油二等	1 布度	3.9
	酱油三等	1 布度	2.4

续表

品名		单位	物价(圆)
其他	石油	1罐	哈大洋8.00
	煤	1布度	0.32
	汽油	1箱	①18.00②17.20
	木炭	1斤	0.02
		长6尺5寸、宽7寸、厚3寸5分	0.25
	亚铅板		3.5
	洋钉	1樽100斤	哈大洋32.00
	洋灰	卖品	无
	石灰	1布度	哈大洋1.00
	麻袋	1条	哈大洋0.75
	木材	长26尺、宽1尺、厚1尺(1块)	2
	石材	长10尺、宽6尺、厚2尺6寸	13
	砖	100个	2
备注	①对于价格如果没有特殊标记则为国币。 ②满洲斗1石等于日本斗2石6斗。		

满洲国人民日常用品物价表(三姓贸易馆大信号①)

名称		商标	单位	物价
食品	白米	二等	1斗	7.5
				5.25
	高粱米	粗	1斗	1.5
				—
	面粉	二等	1布度	3.9
				3.6
	大豆	普通	1斗	1.5
				0.8
	小豆	普通	1斗	1.4
				—
	粟		1斗	4
				—

---

① 编者注:与原文一致,具体含义不明。

名称		商标	单位	物价
	玉米		1斗	1.50
				—
	牛肉		1斤	0.20
				0.20
	猪肉		1斤	0.25
				0.30
	鸡肉		1只	0.80
				1.00
	豆腐		1块	0.08
				0.05
	葱		1斤	0.03
				0.05
	白菜		1斤	0.05
				0.04
	鸡蛋		1个	0.04
				0.08
调味料	食盐	粗	1斤	0.16
				0.16
	酱油	二号	1升	0.20
				0.05
	豆油	大豆	1斤	0.16
				0.18
	砂糖		1斤	0.25
				0.25
	同上	焦糖	1斤	0.35
				0.25
	大酱		1斤	0.20
				0.16
	醋		1斤	0.19
				0.03
	味精	大瓶	1瓶	0.60
				0.89

续表

名称		商标	单位	物价
饮料及嗜好品	高粱酒		1斤	0.18
				0.16
	老酒		1斤	0.15
				0.25
	茶	上等	1斤	1.60
				4.80
	茶	下等	1斤	0.80
				1.20
	炼乳	老鹰	1罐	0.80
				1.40
	烟草	双鹤	1包	0.06
				0.06
	烟草	哈德门	1包	0.08
				—
五金类	平板	三十号	1枚	1.70
				2.50
	洋钉	1寸5分—6寸	1斤	0.32
				0.35
	亚线①	十号以上	1斤	0.35
				0.30
鞋袜类	袜子	太阳	1双	1.05
				1.15
	齐口鞋	太阳	1双	0.75
				0.80
	丰年鞋	太阳	1双	1.25
				1.40
	五眼鞋	太阳	1双	1.15
				1.30

① 译者注:亚线,原文是"亞綫",不知如何翻译。推测是"铅线"。

名称		商标	单位	物价
衣服布料	象冠大尺布		1尺	—
				0.09
	辽塔粗布		1尺	0.13
				0.09
	军人细布		1尺	0.14
				0.15
	彩球细布		1尺	0.13
				0.14
	人面细布		1尺	0.14
				0.14
	公*堂晒细布		1尺	0.14
				0.15
	蒲团棉		1斤	0.90
				0.80
	毛线		1磅	3.00
				3.30
燃料	石油	美字	1罐	8.20
				8.20
	煤	鹤岗	1布度	0.40
				0.65
	木炭		1斤	0.04
				0.04
杂物	香皂	九重	1块	0.25
				0.25
	肥皂			0.20
				0.15
	火柴	金钟		0.09
				0.09
备注	①本表格物价均为哈大洋(圆)。 ②物价栏上一行所示为昭和8年8月调查，下一行所示为昭和9年3月调查。			

上市交易旺季的特产价格(康德元年)

谷类价格调查(国币分)(本地斗每斗)　依兰商务会调查

时期 种类	民国20年			大同元年			大同2年		
	十一月	十二月	来年一月	十一月	十二月	来年一月	十一月	十二月	来年一月
黄豆	800	850	900	750	850	900	750	880	770
红粮	550	550	600	570	630	700	550	580	560
玉米	500	520	560	500	500	550	600	580	580
谷子	470	470	450	420	420	440	600	590	600
小麦	1,280	1,250	1,200	1,240	1,250	1,500	1,400	2,000	2,000
大麦	500	520	550	520	550	580	540	570	580
糜子	550	550	600	530	550	580	500	520	560
荞麦	520	520	560	500	540	560	550	550	580
小豆	750	770	800	720	750	780	700	680	650
绿豆	880	900	970	800	850	950	900	1,300	1,200
芝麻	2,400	2,400	2,800	2,300	3,500	2,800	2,300	2,400	2,500

勃利县的谷类价格

从昭和8年8月到昭和9年3月上旬的每月物品价格展示表如下所示:

(单位为中国斗、哈大洋圆)

谷类名	8月	9月	10月	11月	12月	1月	2月	3月	摘要
大豆	0.425	0.425	0.425	0.450	0.500	0.600	0.500	0.450	
小麦	1.000	1.000	1.250	1.250	1.750	2.000	2.000	2.000	
稻谷(稻子　粳子)	0.500	0.500	0.500	0.500	0.625	0.625	0.625	0.625	
白米(稻米　粳米)	1.750	1.750	2.000	2.000	2.000	2.500	3.125	3.125	
糯米	1.750	1.750	2.000	2.000	2.000	2.500	3.125	3.125	
粟	0.325	0.325	0.375	0.375	0.380	0.375	0.375	0.375	
粟(精白后)	0.750	0.750	1.000	1.000	1.000	1.000	1.000	1.000	
黄米	0.750	0.750	1.250	1.250	1.250	1.250	1.250	1.250	
高粱	0.375	0.375	0.400	0.400	0.400	0.400	0.400	0.400	
高粱(精白后)	0.857	0.875	1.000	1.000	1.000	1.000	1.000	1.000	
大麦	0.300	0.300	0.375	0.375	0.380	0.500	0.500	0.500	

谷类名	8月	9月	10月	11月	12月	1月	2月	3月	摘要
荞麦	0.250	0.250	0.350	0.250	0.250	0.250	0.250	0.250	
玉米	0.375	0.375	0.400	0.400	0.400	0.400	0.400	0.400	
玉米(精白后)	0.857	0.857	1.000	1.000	1.000	1.000	1.000	1.000	
小豆	0.425	0.425	0.500	0.500	0.500	0.500	0.500	0.500	
绿豆									

第十四节　农民的衣、食、住

衣服

农民的生活状况很简朴,衣服方面也仅有夹衣(春秋穿)、单衣(夏天穿)、棉衣(冬天穿),全是棉制品,和南满的衣服没有太大差别。一般来说,衣服的费用大约1年是11圆(国币),大部分农民从三姓那样的城市购入布、棉、羊的毛皮等原料回来自己制成衣服、帽子、鞋子等等。

食

饮食方面农民也吃得很简单,一天三顿主食早上是小米饭,中午是高粱米水饭,晚上是玉米饭。副食是自家种的马铃薯、白菜、萝卜等蔬菜。水泡高粱饭的时候一般会配些腌制的蔬菜。

大多数的农民除此之外还有自家做的大酱,只有在年末、旧历四月的娘娘祭等节日吃猪肉、牛肉。倭肯河、七虎力河、八虎力河等流域的居民也会吃鱼。

住

农民的住房和衣食一样极其简陋杂乱,根据大农、中农、小农的划分,其房屋的大小是不一样。

室内的构成和南满的农家大同小异,勃利县的房屋建筑费为茅屋(1户)一般为100圆(哈大洋)左右。具体材料费如下所示:

茅屋建筑费	哈大洋100圆
木材	30.00　圆
石材	30.00　圆
高粱秆	1.00　圆
工资	18.00　圆
杂费	21.00　圆

关于房屋建筑,根据三姓大街新兴公司木工部的估算,3间房子的建筑费如下表所示:

种类	长度	末端切口	数量	单价	总计
地基	12尺	5寸	11	3.00	33.00
地基	9尺	5寸	6	2.50	15.00
柱	11尺	4寸	6	1.75	10.50
柱	11尺	3寸	30	1.10	33.00
横梁	14尺	4寸	10	2.30	23.00
横梁	12尺	4寸	5	1.90	9.50
梁	23尺	6寸	4	7.90	31.60
梁	12尺	5寸	16	3.40	54.40
地板龙骨	12尺	3寸	10	1.10	11.00
短柱	6尺	4寸	8	1.15	9.20
椽子	16尺	2寸5分	66	1.06	69.96
椽子一套	12尺	4寸 2寸	6	1.30	7.80
封檐板	16尺	厚 1寸2分 宽 6寸	4	1.15	4.60
樘	12尺	厚 8分 宽 4寸	20	0.38	7.60
间入	9尺	厚 2寸 宽 4寸	10	0.85	8.50
间入	6尺	厚 2寸 宽 4寸	15	0.50	7.50
板	6尺	正 6分	7坪	3.00	21.00
窗框	8尺	厚 2寸 宽 8寸	11	1.30	14.30
窗框	6尺	厚 2寸 宽 8寸	10	1.10	11.00
门框	6尺	厚 1寸2分 宽 1尺	22	用良材 0.96	21.12
门板	6尺	正 4分	5坪	2.30	11.50
合计					415.08

备注:①报价为哈大洋。

②估算日为康德元年3月6日。

③本表之外木工工资为40—60圆。

第十五节　主要农产品产出额及县内消费额

依兰县及勃利县的主要农产品中,依兰县有小麦——80,000 石、大麦——20,000 石、高粱——200,000 石、谷子——200,000 石、大豆——405,000 石、水稻——8,600 石的生产量。

各区的生产量如下表所示:

依兰县主要农产品生产量　(用当地斗表示)　　　　(单位:石)

种类	第 1 区	第 2 区	第 3 区	第 4 区	第 5 区	第 6 区
小麦	4,000	8,000	33,600	14,400	8,000	12,000
大麦	1,000	2,000	8,400	3,600	2,000	3,000
高粱	10,000	20,000	84,000	36,000	20,000	30,000
玉米	4,800	9,600	40,320	17,280	9,600	14,400
谷子	10,000	20,000	84,000	36,000	20,000	30,000
糜子	600	1,200	5,040	2,160	1,200	1,800
稗子	500	1,000	4,200	1,800	1,000	1,500
大豆	20,250	40,500	170,100	72,900	40,500	60,750
荞麦	160	320	1,344	576	320	480
麻种	不详	不详	不详	不详	不详	不详
水稻	不详	不详	3,430	1,580	不详	3,600
其他	120	240	960	480	240	360
合计	51,430	102,860	435,394	186,776	102,860	157,890

备注:依兰县公署调查(康德元年 3 月)。

农产品中高粱、谷子、玉米等几乎全部是自家消费或是县内消费。用途有食用、制酒原料或是作为家畜的饲料等。大豆用来制油,小麦用来制粉,其余由三姓港向外输出。

下面为依兰县的生产量和县内消费额的概略。

（用当地斗表示）

种类	生产量(石)	该县消费量(石)				剩余量(石)
		食用	制酒原料	饲料	制油原料	
小麦	80,000	30,600	5,400	—	—	24,000
大麦	20,000	—	10,000	10,000	—	—
高粱	200,000	95,800	104,200	—	—	—
玉米	96,000	95,800	—	200	—	—
谷子	200,000	107,300	36,350	36,350	—	20,000
糜子	12,000	12,000	—	—	—	—
稗子	8,500	8,500	—	—	—	—
大豆及豆数#	405,000	10,000	—	11,000	100,000	284,000
水稻	8,600	8,600	—	—	—	—

勃利县的各作物生产量不详。

第十六节　三姓粮食库存数量

当地的粮食在三姓进行集散,集中到当地粮栈。地区包括依兰县(北部的大平镇除外)全境、勃利县全县及松花江对岸黑龙江省的一部分,大豆、小麦等等经上述地区集中在这里。并且依兰县及勃利县的水稻也在三姓粮栈集中。

下表为三姓商务会调查的一年间三姓全部粮栈总交易量。

依兰县粮商1年的收购数量　　　　（康德元年9月16日调查）

商号	品种	收购数量	商号	品种	收购数量
元茂店	大豆	16,294	成发东	大豆	1,325.50
元茂店	小麦	605	复发厚	大豆	506.5
永发德	大豆	14,290	源长东	大豆	4,082.00
永发德	小麦	455	长盛德	大豆	5,461.00
洪太祥	大豆	8,172	福泉涌	大豆	352
洪太祥	小麦	438.75	富吉公司	大豆	88
永盛德	大豆	13,551	同大公司	大豆	621.5
永盛德	小麦	684	同大公司	小麦	457.5

续表

商号	品种	收购数量	商号	品种	收购数量
顺合福	大豆	4,580	东济油厂	大豆	105.7
顺合福	小麦	163	旭东公司	稻子	200
协和昌	大豆	6,849	天兴公司	大豆	145.5
协和昌	小麦	273	同和祥	大豆	16,598.00
公兴和	小麦	1,498	同和祥	小麦	341.5
广梁德	小麦	2,920	信信德	大豆	3,276.00
福利兴	小麦	2,443	源隆泰	大豆	2,717.50
永发合	小麦	4,551	同兴德	大豆	13,403.00
福利兴	小麦	2,443	同兴德	小麦	41.2
长发合	小麦	4,551	永泰隆	大豆	6,431.00
德增丰	小麦	3,900	长丰太	大豆	5,137.00
德增丰	小麦	8.75	兴合茂	大豆	7,809.50
同和粮栈	大豆	12,966	山成玉	大麦	5,112.00
同和粮栈	小麦	24.7	洪兴永	大麦	8,133.00
永长德	大豆	4,102	隆升玉	大麦	4,346.00
永长德	小麦	227.5	万德长	大麦	1,282.00
同义成	大豆	4,112.5	福太恒	大麦	5,510.05
信合成	大豆	2,852.7	福太恒	大麦	39.5
信合成	小麦	154	元亨利	大豆	3,505.00
同成兴	大豆	4,899	德发丰	大豆	1,582.00
同昌德	大豆	6,928	东什义	大豆	4,498.00
永增茂	大豆	1,175.50	裕增广	大豆	8,454.00
大来新	大豆	8,774.00	裕增广	小麦	191
大来新	小麦	107	合计	大豆	219,857.90
兴记	大豆	291	合计	小麦	4,211.40
裕盛泰	大豆	291	合计	稻子	924
裕盛泰	稻子	714			

第十七节　工业

依兰、勃利两县内的工业为制油、造酒、制粉。工业原料全部是以县内农产品为主，生产出来的产品也是县内自己消费，剩余产品向松花江流域及哈尔滨市场输出。

工业的中心地在三姓，主要盛行的产业为制油、制烧酒和制粉。

其主要工厂如下所示：

三姓工厂调查表

商号	资本（圆）	年数	年产额（甫）	工人数	场所
同大火磨	120,000	5	面粉 155,000	65	东门外
天兴公司	50,000	20	面粉 126,000	56	楚木街
隆太油房	10,000	3	豆油 710	13	南关
源聚东油房	8,000	10	豆油 960	12	南草市
诚信永	1,000	2	酱油 450	4	西大街
裕兴酱园	2,000	6	酱油 600	5	西大街
德发昌	2,000	25	果饼 200	12	西大街
远东糖庄	3,600	4	糖果 200	12	南夹信街
裕盛泰	1,000	11	精米 8,000	11	东大街

一、同大火磨（康德元年 3 月）

创业年	民国 19 年
资本	个人资本（哈尔滨居住　马希圣）12 万圆（国币）
用地	总面积 22.5 亩①　细目　工厂 0.649 亩　事务所　0.941 亩　仓库 1.639 亩
从业人员	总人数 77 名　　细目　事务所 33 名　工厂 44 名（俄国人操作指导员 1 名　俄国人机械工 1 名）
职工工资	俄国人（指导员）100 圆　俄国人（机械工）160 圆　普通满人 15—25 圆
制粉机	哈尔滨制 6 台　动力　英 ROBEY 制　250 马力 1 台
该制粉能力	1 日（12 小时）　1 台——55 石　1 年总生产能力——23,100 石（40 万圆）
工作时间	1 年 7 个月
原料	每年小麦　740 万斤
产品	品质中等　年小麦粉　530 万圆（4,190,000 圆）

---

① 译者注：细目各项合计值与总面积不符，应是原文数据抄录错误。

打皮　140万斤(56,000圆)

　　　　　　　计　4,246,000圆

销路　　　三姓消费　270万斤

　　　　　　地方消费　260万斤(黑河129万斤　汤原45万斤)

　　　　　　　　　　　　(通河42万斤　方正25万斤　其他)

运输费　　黑河(水路国币3角7分)　汤原(陆路哈大洋2角8　水路—3角3)

　　　　　通河(陆路—哈大洋3角　水路—哈大洋2角5)　方正(陆路—哈大洋3

　　　　　　角　水路—2角8)

收支　　　收入—4,246,000圆　支出—4,216,000圆　纯利润—30,000圆

第十八节　交通

　　依兰、勃利两县的交通现在仍极其不完善。由于道路状况很差,夏季要驾马车,冬季由于河川道路的冻结,汽车可以通行。

　　下面为三姓到各地的距离(1华里=6町—10町)

　　三姓—(140)—三道岗—(20)—二道河子—(80)—勃利(三姓、勃利之间240华里)

　　三姓—(140)—太平镇—(100)—湖南营(三姓、湖南营之间240华里)

　　三姓—(140)—太平镇—(100)—佳木斯(三姓、佳木斯之间240华里)

　　三姓—(140)—太平镇—(150)—勃利(太平镇、勃利之间150华里)

　　下表为哈尔滨到三姓之间汽车的运费:

哈尔滨—富锦之间汽车旅客运费表

哈尔滨	哈尔滨									
松浦	0.20	松浦								
呼兰	0.90	0.75	呼兰							
巴彦	4.80	4.65	3.90	巴彦						
木兰	8.70	8.55	7.80	3.90	木兰					
通河	12.85	12.70	11.50	8.40	4.50	通河				
方正	13.95	13.80	12.60	9.55	5.70	1.20	方正			
三姓	18.00	17.85	17.25	13.15	10.10	5.70	4.50	三姓		
竹帘镇	19.25	19.10	18.50	15.05	11.50	7.20	6.00	1.50	竹帘镇	
汤原	20.50	20.35	19.75	16.45	12.45	8.70	7.50	3.00	1.50	汤原
佳木斯	23.50	23.35	22.75	20.50	16.15	11.50	10.95	6.60	5.10	3.60	佳木斯

桦川	25.75	25.60	25.00	21.75	18.50	14.50	13.40	9.30	7.80	6.30	2.70	桦川
新城镇	27.00	26.85	26.25	23.00	19.75	15.90	14.80	10.65	9.30	7.80	4.20	1.50 新城镇
富锦	30.75	30.50	29.75	26.76	23.50	19.75	18.70	14.80	13.40	12.30	8.70	6.00　4.50 富锦

备注:旅客随身行李:每人10千克以内免费;10千克以上每增加10千克按每千克国币1分收取(10千克未满也以10千克计算)。

融冰期间的水运以松花江的船运最为盛行。在以哈尔滨为基点延伸到三姓、佳木斯、富锦地方的航业联合局的统辖之下,每天都能看见哈尔滨、海星、海晏、滨安等船只及其他满洲国船只到达或出发。特别像哈尔滨号这样1,900吨的大船,各个等级的船舱都很多,设备都非常齐全,是很优秀的船。本航路曾经多次遭到土匪的袭击,现已无匪患,恢复航行。另外哈尔滨—三姓间的船费一等舱为9.30圆,二等舱为6.20圆,三等舱为3.10圆。

第十九节　可否发展移民事业

如上所示,依兰、勃利两县的农业和一般的经济状况我们已通过数字有所了解。

由于该地在农业上拥有较好的条件,而且符合满洲国建设的原则条件,所以正如不久前有识之士们所倡导的那样有希望成为移民地。

然而昭和8年7月以后的第二次移民,也就是拓务省和军部当局合作组织的屯垦团,是由初期移住于此的四百多人中的一部分组成的,他们在各方面展示出的实际情况是,中途退团者不断出现,因此恶评到处散布,不仅该地移民事业前景黯淡,还反而流传说政府的政策十分愚蠢。那么如上流言是真的吗? 这次便进行了调查,特别就其现状进行详细调查以探求真相。结果如下所示:

——土匪团伙十分横行

——交通不便

——生产品的经济价值低

——生活设施不完备

大致由于以上四项原因导致这个移民团的成果极其不好。

也就是说该团全体成员原本各家房屋及农耕准备结束,要扎扎实实开始新生活的时候,分散在内地的土匪团伙大举袭来。我军及移民团员虽然当时各自与他们交战,击退了他们。但之后土匪不时地会卷土重来,而由于应对措施极其薄弱导致当时甚至感受到生命威胁。此后由于退团人员不断出现,终于使得该团解体。然而该移民团当时所费的一片苦心现在还是历历在目。除此之外,人类生活的必要要素的缺少,以及交通不便导致收获的作物市价较低威胁到该移民团的生活,形成了这种十分悲惨的状态。

今后这种计划的施行要同地方的治安维持相辅相成。如果作为人类生活要素的经济安定、房屋设备的完善等等不能保障,计划的实现是很困难的。

该移民团变成现在这种结果的原因如上所述,土匪横行、交通不便、生产出的产品贱价、生活不安定是根本原因。

那是否因此可以说,该地作为农耕地是不适合的呢? 根据前面各项,农产品收获状况也可以看出,其成绩是极好的。虽然移民团的耕地由于播种期推迟而影响到收获成果,但经过生产和收获后,是生产出了优良品种的,这样就实际证明了该地区的确是土地肥沃。

下面所示为原有团员的经营实况。

一、农耕

今年(昭和 9 年)由于土匪骚乱,种植面积为 170 町步(1 町步 ≈ 9,920 ㎡)。大约 1 个人 5 反步多。

(一)昭和 9 年千振屯垦团种植面积收获计划表
(二)昭和 9 年千振屯垦团蔬菜栽培计划表
(三)昭和 9 年千振屯垦团农作物种子管理站一览表
(四)昭和 9 年千振屯垦团作物成长状况
(五)昭和 9 年千振屯垦团农作物栽培工作分配表
(六)昭和 9 年千振屯垦团耕畜使用状况

上面的各表将展示屯垦团的农耕组织的一部分

(一)昭和 9 年千振屯垦团种植面积收获计划表

作物	每反预计	组别	宫城	福岛	青森	山形	秋田	富山	石川	甲府
小麦	0.9 石	面积(町)	0.70	1.30	3.00	3.60	2.00	3.00	2.40	3.50
		收成(石)	6.30	12.70	27.00	32.40	18.00	27.00	21.60	31.50
大麦	1.0 石	面积(町)			0.10	0.20	0.10		0.25	
		收成(石)			1.00	2.00	1.00		2.50	
大豆	0.8 石	面积(町)	1.00	2.10	0.60	4.50	0.20	2.30	1.50	2.00
		收成(石)	8.00	16.80	4.80	36.00	1.60	8.40	12.00	16.00
小豆	0.7 石	面积(町)	1.30	0.60		0.28	0.10	0.30	0.20	0.70
		收成(石)	2.10	4.20		1.96	0.70	2.20	1.40	4.90

续表

作物	每反预计	组别	宫城	福岛	青森	山形	秋田	富山	石川	甲府
绿豆	0.6 石	面积(町)						0.05		0.01
		收成(石)						0.30		0.06
菜豆	0.6 石	面积(町)				0.10	0.10	0.05		0.04
		收成(石)				0.60	0.60	0.30		0.24
高粱	0.5 石 260 束秆	面积(町)	0.19	1.20	0.04	1.00			0.25	2.00
		收成(石)	0.75	6.00	0.02	5.00			1.25	10.00
		(束)	3,120	290	104	2,600			650	5,200
玉米	0.2 石 50 束秆	面积(町)	0.10	0.27		0.17	0.05		0.20	0.15
		收成(石)	0.20	0.54		0.30	0.10		0.40	0.30
		(束)	50	135		75	25		100	75
粟	0.5 石 40 束秆	面积(町)	1.20	1.74	2.00	1.90	0.20	1.45	0.25	0.50
		收成(石)	6.00	8.70	10.00	9.50	1.00	7.25	1.25	2.50
		(束)	480	686	800	760	80	580	100	200
黍	0.8 石 40 束秆	面积(町)				1.00		0.05		0.30
		收成(石)				8.00		0.40		2.40
		(束)				400		20		120
稗子	割青	面积(町)					0.10		0.10	
		收成(石)								
大麻	7 束/匁	面积(町)				0.10	0.03		0.10	0.15
		收成(束)				7,000	2,100		7,000	10,000
白苏	0.4 石	面积(町)								
		收成(石)								
荞麦	1.0 石	面积(町)								0.40
		收成(石)								4.00
亚麻	0.3 石	面积(町)								
		收成(石)								
蓖麻	0.6 石	面积(町)								
		收成(石)								

续表

作物	每反预计	组别	宫城	福岛	青森	山形	秋田	富山	石川	甲府
烟草	20束/匁	面积（町）						0.31	0.02	
		收成（束）						62	4	
甜菜	100束	面积（町）				0.01				
		收成（束）				10				
紫花苜蓿	100束	面积（町）								
		收成（石）								
蔬菜		面积（町）	0.51	0.34	0.10	0.60	0.40	0.45	0.50	0.60
		收成（石）								
合计		面积（町）	3.76	7.55	5.84	15.43	3.64	7.07	6.35	10.35
		收成（石）								
现在组员每人种植面积			0.235	0.36	0.75	0.497	0.607	0.47	0.794	0.631

作物	每反预计	组别	新潟	千振	长野	两毛	福井	团本部	合计#
小麦	0.9 石	面积（町）	8.71	7.70	2.24	2.30	2.35	2.31	45.09
		收成（石）	78.39	69.30	20.16	20.70	20.97	20.79	45.77
大麦	1.0 石	面积（町）	0.40	2.70				0.10	3.85
		收成（石）	4.00	27.00				1.00	58.50
大豆	0.8 石	面积（町）	4.90	2.20	1.67	15.00	3.30	2.50	30.27
		收成（石）	39.20	17.60	13.36	12.00	26.40	12.00	234.16
小豆	0.7 石	面积（町）	0.60	0.25	0.38	0.60	0.21	0.30	4.84
		收成（石）	4.20	1.75	2.66	4.20	1.47	2.10	33.84
绿豆	0.6 石	面积（町）	0.25	0.09		0.20		0.41	1.01
		收成（石）	1.50	0.54		1.20		2.40	6.00
菜豆	0.6 石	面积（町）	0.46	0.35	0.56	0.20	0.10	0.39	2.15
		收成（石）	2.76	2.10	2.16	1.20	0.60	2.34	12.90
高粱	0.5 石 260束秆	面积（町）	4.53	2.23	0.80	1.00	2.10	0.55	15.85
		收成（石）	22.65	2.15	4.00	5.00	10.50	2.75	79.05
		收成（束）	2,768	5,798	2,080	2,600	5,430	1,430	41,210 束

作物	每反预计		新潟	千振	长野	两毛	福井	团本部	合计#
玉米	0.2 石	面积(町)	0.15	0.10	0.27	0.35	0.10	0.27	2.16
	50 束秆	收成(石)	0.30	0.20	0.54	0.70	0.20	0.54	4.32
		(束)	75	50	135	175	50	135	1,080 束
粟	0.5 石	面积(町)	3.16	4.45	1.20	1.50	1.23	1.95	22.72
	40 束秆	收成(石)	15.80	22.25	6.00	7.50	6.15	9.70	123.60
		(束)	1,264	1,780	480	600	492	776	9,178 束
黍	0.8 石	面积(町)	0.61	0.35	0.50	0.27		0.41	3.49
	40 束秆	收成(石)	4.88	2.80	4.00	2.16		3.28	27.93
		(束)	244	140	200	108		164	1,396 束
稗子	割青	面积(町)			1,44	0.17	1.10		2.96
		收成(石)							
大麻	7 束/匁	面积(町)	0.40	0.35	0.13	0.07	0.10		1.43
		收成(束)	28,000	24,500	9,100	4,900	7,000		100,100 束
白苏	0.4 石	面积(町)		0.05					0.05
		收成(石)		0.20					0.20
荞麦	1.0 石	面积(町)	0.50	0.40		0.80	0.10		2.20
		收成(石)	5.00	4.00		8.00	1.00		22.00
亚麻	0.3 石	面积(町)							0.36
		收成(石)							0.63
		(束)							225 束
蓖麻	0.6 石	面积(町)						7反9亩	0.79
		收成(石)						4.74	4.74
烟草	20 束/匁	面积(町)			1.25	0.55	0.05	0.01	2.19
		收成(束)			250	20	10	2	438 束
甜菜	100 束	面积(町)							0.01
		收成(石)							10 束
紫花苜蓿	100 匁	面积(町)						1.40	1.40
		收成(石)					采种	饲料用	

作物\每反预计\组别			新潟	千振	长野	两毛	福井	团本部	合计#
蔬菜		面积（町）	0.85	1.30	0.90	1.10	0.90	2.16	10.52
		收成（石）							
合计		面积（町）	25.52	22.53	11.82	10.09	12.28	20.21	164.05
		收成（石）							
现在组员每人种植面积									

（二）蔬菜栽培计划表

春播——每人872坪

秋播——每人410坪　（共计1,282坪）

名称	轮作年限	品种	播种时期	每反苗床	垄宽	株距	每段播种量	每段收成
（春播）萝卜	连作1年	时无萝卜、年日萝卜、红水萝卜	4月中下旬		2尺	条播	1.0升	600贯
（秋播）萝卜	连作1年	宫重、圣护院、方领、美浓、早生、当地	7月10—15日		2尺	2尺点播	0.7	800贯 1,000贯
（春播）芜菁	连作1年	时无	4月中下旬		2尺	条播	1.0	500贯
（秋播）芜菁	连作1年	圣护院	7月10—15日		2尺	1尺5寸点播	0.7	800贯
牛蒡	5	大浦太	4月下旬		2尺	1尺条播	0.7	400贯
胡萝卜	连作	当地、札幌胡萝卜	5月上旬		2尺	条播	有毛3.0 有毛2.0	400贯
马铃薯	2	当地	4月下旬		2尺	1尺5寸	30贯	400贯
（春播）白菜	连作	同上	同上		2尺	条播	0.80	500贯
（秋播）白菜	2	直、包头连、芝罘	7月15—20日		2尺	2尺	0.40	1,000贯

续表

名称	轮作年限	品种	播种时期	每反苗床	垄宽	株距	每段播种量	每段收成
甘蓝	1	早生アーリー、マブリング、中生アーリー、サンマー、晚生サクセッション	4月5日		2尺	2尺	0.06	1,000贯
菠菜	1	当地	4月中旬 8月下旬		2尺	条播	5.0	300贯
嫩油菜	连作		4月下旬		2尺	条播	0.80	300贯
甜菜	1		5月1日		2尺	条播	400	300
紫苏	连作	红紫苏、青紫苏	5月上旬		2尺	1尺条播	50	
葱	1	当地、盖平、札幌根深	8月下旬	冷床10坪		3寸	50	400贯
韭菜	连作	当地	4月中 8月下	冷床10坪	6寸	条播	50	200贯
蒜	1	当地	4月15日		6寸	3寸	40贯	300贯
茄子	5	当地、早生、真黑、千成	4月1日	温床2坪5	2尺	1尺8	1	450
番茄	2	ジョンベア、ポンテローザ、アーリーローズ	4月1日	温床2坪	2尺	1尺8	1	700
辣椒	3	当地	4月5日	温床2坪	2尺	1尺5	3	300贯
南瓜	连作	デリシャス、ハワバード、甘栗	5月10—15日		8尺	3尺	5	800
西瓜	5	当地(三结义)、冰激凌、大和嘉宝	4月5日	温床1坪	10尺	4尺(270株)	4	600
甜瓜	3	当地、水、红子儿、梨瓜	5月5日		2尺3尺	2尺5 3尺	4	120
越瓜	3	桂瓜	5月5日		2尺3尺	2尺5 3尺	4	700
胡瓜	2	当地	4月10日—5月5日	2坪	2尺5寸	2尺	3	800
菜豆	2	当地	5月5日		2尺5寸	1尺5寸	4斤	200
豌豆	5	绢(三十日)	4月16日		2尺5寸	1尺5寸	3升5合	100石

续表

名称	每人播种坪数	每人播种量（升）	每人收成（贯）	400人的面积（反）	400人的播种量（升）	400人的收成（贯）	附注
（春播）萝卜	3.0	0.01	6.000	4.00	4.0	2,400	
（秋播）萝卜	20	0.047	53.000 67.000	26.60	18.6	21,200 26,800	
（春播）芜菁	0.5	0.0017	0.830	0.666	0.66	332	
（秋播）芜菁	1.0	0.0013	2.670	1.333	0.933	1,068	
牛蒡	3.0	0.007	4.000	4.000	2.800	1,600	
胡萝卜	2.0	0.020 0.013	4.000	2.70	8.000 5.400	1,080	
马铃薯	30.0	3.000	40.000	40.000	1200	16,000	
（春播）白菜	3.0	0.008	5.000	4.000	3.2 升	2,000	
（秋播）白菜	20.0	0.026	66.000	26.600	10.640	26,400	
甘蓝	5.0	0.001	16.600	6.660	0.400	6,640	
菠菜	1.0	0.016	1.000	1.333	6.650	400	和葱一样可放入冷床培育
嫩油菜	0.5	0.0013	0.500	0.666	0.532	200	
甜菜	0.5	0.00	0.500	0.666	2.666	200	
紫苏	0.2	少量	少量	0.266	0.133		
葱	20.0	0.03	26.600	26.66	13.33	10,664	
韭菜	0.5	0.00	0.333	0.666	0.333	133	
蒜	0.5	0.06	0.500	0.666	26.400	266	
茄子	2.5	0.0003	3.750	3.333	0.33	1,498	
番茄	3.0	0.001	7.000	4.00	0.40	2,800	
辣椒	0.5	0.0005	0.500	0.666	0.20	200	
南瓜	3.0	0.005	8.000	4.00	2.00	3,200	
西瓜	3.0	0.004	6.000	4.00	1.60	2,400	浮栽
甜瓜	2.0	0.0025	0.800	2.67	1.068	320	中国式是垄宽2尺、株距2尺5寸

名称	每人播种坪数	每人播种量（升）	每人收成（贯）	400 人的面积（反）	400 人的播种量(升)	400 人的收成(贯)	附注
越瓜	1.0	0.0013	2.300	1.33	0.534	930	
胡瓜	1.0	0.001	2.600	1.33	0.400	1,064	
菜豆	1.0	0.013	0.650	1.33	5.34	266	
豌豆	0.5	0.018	1 斗 6 升	0.666	2.33	66 石	

(三) 农作物种子管理站一览表(普通作物及经济作物)

类别＼项目	品种	数量	管理站	备注
大麦	公主岭 四平街	10 千克	满洲公主岭 农事试验场	
小麦	北海农林三号 桦太当地 札幌春播小麦	5 合 1 升 26 千克	北海道农事试验场 桦太农事试验场 公主岭农事试验场	
燕麦	胜利 里子	1 升 1 升	北海道农事试验场 桦太农事试验场	
大麻	枥木麻	1 升	群马县	
蓖麻	红茎无刺型	5 千克	公主岭农事试验场	
亚麻	砂川改良种	6 千克	同上	
烟草	美国种	10 匁	凤凰城	
甜菜	北海四十八号 呼兰	5 合 2 升	北海道农事试验场 哈尔滨呼兰	
紫花苜宿	公主岭	27 千克	公主岭农事试验场	
灯心草苗	冈山	1 束	冈山县农事试验场	
桑	＊桑	5 合	高知县	
玉米	郎费罗	5 合	朝鲜＊＊农事试验场	
莞草	水原	5 匁	朝鲜＊＊农事试验场	

(四) 作物成长状况

小麦——成长良好,6月20日开始抽穗,6月最后一天茎高约2尺5寸,调查中看到,收割之后堆放在脱谷场,似乎即将进行脱谷。预计收成是1反步1石。

大麦——成长良好,6月26日开始抽穗,6月最后一天茎高约3尺。其余状况与小麦一样。

燕麦——成长良好,6月3①0日开始抽穗,6月最后一天茎高约2尺多,8月下旬收获。

大豆——自5月28日到6月5日进行大部分播种,虽然时间有些迟但是成长良好,6月最后一天茎长5寸到8寸。

小豆——自6月5日到10日间进行大部分播种,发育中等,6月最后一天茎长3寸左右。

高粱——错过了6月5日左右之前的播种期,估计会颗粒长不饱满,于是以高粱秆为目标进行栽培,成长良好,6月最后一天茎长7寸到8寸。

玉米——6月5日播种结束,由于种子不好导致发芽不完全成果很差,6月最后一天茎长1尺。

粟——到6月10日播种完。5号以后进行播种的活都是以收秸秆为目的的,虽然播种发芽完全,但由于黄条蛋虫的横行导致成长不良,各处缺苗情况发生,6月最后一天茎长4寸左右。

黍——自6月5日开始到10日播种可以生长,6月最后一天的茎长为4寸到5寸。

大麻——失去了播种良机到5月最后一天才播种了大部分,4月最后一天播种的枥木种由于黄条蛋虫的危害已经全部毁坏,5月最后一天栽种的当地种也不同程度受到危害,6月最后一天茎长3寸,成绩不良。

麻——4月28日播种,成长良好,6月最后一天茎长8寸。

亚麻——5月4日播种,6月20日开始开花,成长良好,6月最后一天茎长2尺到2尺2寸。

烟草——当地种于4月下旬在温床播种,6月中旬进行移植,6月最后一天茎长5寸到6寸,成长良好。

美国种由于运到时间延迟导致错过播种良期,6月2日在温床播种,6月最后一天茎长3寸。

注:以日本的度量衡及土地面积来表示。

(五) 农作物栽培工作分配表

A.平整土地　B.播种　C.中耕除草　D.收割　E.搬运　F.脱谷选别
小数字表示日期,括号内的数字为人和马的劳动力,竖线表示劳动期间。

---

① 译者注:原文中为"3",联系前后文推测应为"2"。

作物名	小麦	大豆	高粱	玉米	粟
种植面积	2段5亩	2段5亩	1段	1亩	1段
4月	15－20 A(马0.52 人0.17)	15－30 A(马0.52 人0.17)	10－20 A(马0.21 人0.07)	15－30 A(马0.02 人0.02)	15－30 A(马0.05 人0.21)
5月	5－15 B(马0.45 人0.80) C(马— 人1.04)	5－15 B(马1.49 人1.15)	10－20 B(马0.62 人0.46)	5－20 B(马0.06 人0..5)	15－25 B(马0.18 人0.25)
6月	15－	10－ C(马1.39 人3.61)	5－ C(马0.84 人1.82)	5－ C(马0.08 人0.13)	10－ C(马0.56 人1.72)
7月	D(马— 人0.39) 25－	10－	15－	15－	10－
8月	10－20 E(马0.08 人0.13)				
9月	15－ (马1.04 人1.39)	20－30 D(马— 人1.04)	D(马— 人1.04) 25－		15－25 D(马— 人0.56)
10月		10－20 E(马0.65 人0.52) F(马1.45	15－15－25 E(马0.28 人0.14)	20－30 D(马— 人0.11) 20－30 E(马0.06 人0.04)	5－15 E
11月		15－ 人1.15)	5－20 F(马0.28 人0.14)	15－30 F(马0.06 人0.04)	15－25 F

续表

作物名	小豆	黍子	大麻	菜豆	水稻
种植面积	2亩	2亩	1亩	1亩	1段5亩
4月			15 –/30 – A(马0.02 人0.01)	15 –/30 – (马0.02 人0.01)	
5月	1 –/10 – A(马0.04 人0.02) 20 –/30 – B(马0.12 人0.09)	1 –/10 – A(马0.04 人0.02) 20 – B(马0.05)	10 – B(马0.06 人0.05)	5 –/15 – B(马0.06 人0.05)	A(马1.20 人2.40) 15 –/20 – B(马— 人0.40)
6月	15 – C(马0.11 人0.26)	5 – 人0.04) C(马0.11 15 – 人0.34)	10 – C(马0.05 人0.15)	5 – C(马0.06 人0.15)	10 –/20 – C(马— 人4.20)
7月	10 –	10 –	15 –	10 –	20 –
8月			20 –/30 – D(马0.11 人0.28) E		
9月	10 –/20 – D(马— 人0.08)	10 –/20 – D(马— 人1.04)	20 – F	15 –/25 – D(马— 人0.04)	20 –/30 – D(马— 人3.01)
10月	1 –/10 – E(马0.06 人0.04)	1 –/10 – E(马0.06 人0.04)		5 –/15 – E(马0.03 人0.02)	10 –/20 – E(马0.80 人0.40)
11月	1 –/10 – F(马0.11 人0.08)	10 –/10 – F(马0.11 人0.08)		1 –/15 – F(马0.06 人0.05)	30 – F (马— 人1.20)

续表

作物名	蔬菜类	烟草	杂	总计
种植面积	4 亩	1 亩	1 亩	1 町布
4 月		15 - A(马 0.02 5 - 人 0.04)	15 -	马 2.04 人 1.58
5 月	15 - (马 0.11 人 0.28)	20 - (马— 人 0.08)		(马 4.80 人 6.96)
6 月	A B(马 1.86 人 3.20) 20 - C	1 - C(马 0.06 人 3.01)	A B(马 0.50 人 2.40) C	(马 2.70 人 8.41)
7 月	D E F	15 -	D E F	(马 1.37 人 7.02)
8 月		15 - D(马— 人 0.22) 31 - E		(马 1.38 人 2.43)
9 月	30 -	30 - F		(马 1.86 人 7.78)
10 月				(马 2.94 人 2.21)
11 月			30 -	(马 3.34 人 2.98)

合计:人——3937

　　　　马——1943

备注:杂是指植树、种花、栽培、牧草等等。

（六）耕畜使用状况（牧马数量）

工作类别＼组别	宫城	福岛	青森	山形	秋田	富山	石川	甲府	新潟	千振	长野	两毛	福井	团本部	计
农耕数目	25	34	9	54	8	31	19	34	48	42	45	41	44		435
搬运数目	16	20	160	60		5		56		16	25		15	244	617
联络数目	2	2	2	20							21	50	2		107
其他			1		3	9	4	20	6			6		18	67
合计	43	56	172	134	11	45	23	110	54	58	91	197	61	262	1,226

备注：由于佳木斯—湖南营之间道路状况较差，运输行李和联络均使用马车。

二、牲畜

本屯垦地区放牧牲畜的原野，特别是湿地地区生长的牧草对牧牛来说十分理想。而且丘陵地带牧草茂盛，有许多种牧草开花，所以本团饲养的绵羊、猪、鸡或者蜜蜂等都能很健康地成长。以七虎力河、八虎力河的河畔为首的几个地方的草地约有 5 千町步。这样的话放牧 1 万头牛都可以。而且东宫山、奥州山合起来大约有 5 千 5 百町步山地，放牧 2 万 5 千头绵羊也绰绰有余。

牛以短角种为种牛与当地牛进行交配生下改良种。计划每户饲养 25 头。

绵羊是以"考历代"公羊为种羊与满洲的当地种母羊进行交配改良增产，十年后可以达到每户饲养 50 头乃至 60 头。

马是作为自家役畜的，当前再用"阿拉伯"种或"盎格鲁—阿拉伯"种进行改良种的生产。

猪以"伯克郡"种公猪，鸡以白色"来亨"种鸡进行改良。

团本部牲畜组以下表所示的给饲法法为标准进行饲养。

下面为"给饲量"表、"给饲法"、"现在的牲畜数量"。

（一）饲养状况

牧畜名	饲料	给饲量（1 头 1 天的分量是以日本单位计算）
马	粟稗、高粱、豆粕、大麦	粟稗 10 斤、豆粕 6 斤、高粱 3 合、大麦 5 合、食盐少量
牛（乳牛）	粟稗、豆粕、麸皮、青草、食盐	粟稗 9 斤、豆粕 4 斤、麸皮 8 升、食盐 8 匁
牛（当地）	粟稗、豆粕、青草	粟稗 4 斤、豆粕 2 斤、食盐少量，上午放牧
绵羊	粟稗、高粱、豆粕、食盐、青草	粟稗 4 斤、豆粕 0.15 斤、高粱 2 合、食盐 3 匁，上午下午各放牧 2 小时。
猪	麸皮、玉米、豆粕、剩饭	麸皮 2 升 1 合、玉米 5 合、豆粕 0.8 斤、剩饭，下午放牧 3 小时。
鸡	麸皮、玉米、高粱、糠、青草	玉米 1 合、麸皮 5 勺、高粱 2 勺、糠 5 勺，上午下午各放牧 2 小时。

(二)给饲法

时间 牲畜名	上午6点	10点	正午	下午3点	6点	10点
马	豆粕 0.5 斤、大麦 1 合、粟稗 2 斤		豆粕 0.5 斤、粟稗 3 斤、大麦 1 合	豆粕 1 斤	豆粕 1 斤、粟稗 2 斤、大麦 1 合	豆粕 1 斤、粟稗 3 斤、大麦 2 合
牛(乳牛)	豆粕 1 斤、麸皮 2.5 升、粟稗 2.5 斤、食盐 2 勺		豆粕 2 斤、麸皮 2.5 升、粟稗 2.5 升、食盐 3 勺		豆粕 2 斤、麸皮 3 升、粟稗 4 斤、食盐 3 勺	
牛(种牛)	麸皮 2.5 升、豆粕 1 斤、粟 2.5 斤、食盐 2 勺		豆粕 1 斤、麸皮 2.5 升、粟稗 1.5 斤、食盐 3 勺		豆粕 1 升、麸皮 2.5 升、粟稗 2 斤、食盐 3 勺	
牛(当地)	豆粕 1 斤、麸皮 1.5 升、粟稗 2 斤、食盐 2 勺	上午放牧			粟稗 4 斤、豆粕 2 斤	
绵羊	粟稗 2 斤	高粱 2 合、食盐 1.5 勺		豆粕 0.15 斤、食盐 1.5 勺	粟稗 2 斤	
猪	麸皮 7 合、玉米 2 合、豆粕 0.2 斤		麸皮 7 合、玉米 1.5 合、豆粕 1.3 升、剩饭		麸皮 7 合、玉米 1.5 合、豆粕 0.3 斤、剩饭	
鸡	玉米 0.3 合、麸皮 2 勺、高粱 0.7 勺、糠 2 勺		玉米 0.3 合、麸皮 1.5 勺、高粱 0.6 勺、糠 1.5 勺	玉米 0.06 斤、麸皮 1.5 勺、高粱 0.7 勺、糠 1.5 勺		
绵羊(仔)	粟稗 1 斤	高粱 1 合、食盐 1 勺		豆粕 0.06 斤、食盐 1.5 勺	粟稗 1 斤	

（三）现在牲畜数量（6 月 30 日）

牲畜名 ＼ 种类	成年	幼仔	合计	备注
马	公 47 头 母 25 头	公 4 头 母 1 头	77 头	2 头老马病死、2 头小马出生
牛（乳牛）（西门塔尔种）	母 2 头		3 头	
牛（种牛）（荷尔斯泰因种）	公 1 头		1 头	
牛（当地种）	公 1 头 母 6 头	公 2 头	9 头	6 月中生了头小牛
绵羊（当地）	母 16 头	公 2 头 母 4 头	22 头	6 月中有老羊 16 头、小羊 3 头病死
绵羊（种羊）美利奴	公 2 头		2 头	
绵羊（美利奴一代杂种）		公 3 头 母 13 头	16 头	6 月中 1 头病死
山羊（当地）	母 1 头	公 1 头 母 1 头	3 头	
猪（当地）	公 2 头 母 12 头	公 18 头 母 22 头	54 头	2 头老猪患霍乱死亡
鸡	雄 6 只 雌 90 只		96 只	2 只母鸡患霍乱死亡
兔子（当地种）	雄 2 只 雌 2 只		4 只	
家鸭	雄 18 只 雌 35 只		53 只	
鹅	雄 6 只 雌 7 只		13 只	

三、农产品加工

现在团本部在进行脱稻壳和碾米，生产出的粮食供给团员食用。而且造出曲子分配给各组酿造味噌和酱油。农产品加工渐渐地大规模进行，可以计划通过农产品加工来创收，也就是制粉、烟草的干燥、制麻、番茄酱、青豌豆、各种腌菜、甜菜糖、制油等等。

四、试种及采种

团本部在该移民团地区内发现适当的作物并进行试种。主要的作物有槿麻、啤酒花、亚麻、甜菜、燕麦、紫花苜宿、日本产的各种蔬菜种类等等。

　　另外还开展了采种运动来将优良种子分给团员,主要的有小麦、大豆、小豆、菜豆等等。

　　下表所示的是昭和9年度各作物试种植与采种计划表:

(一) 经济作物试种植计划表

作物名称	轮作年限	品种	播种期	播种法	每反苗床	畦宽	株距	每反施肥量	每反播种量	管理		
										除草	疏苗	中耕
烟草	3年	黄色烟草(凤凰城)	4月1日、同月5日	育苗移植	2.5、3坪	2尺	1尺8寸	300贯(堆肥)	6勺	3	2	3
烟草	3年	当地种	同上或5月10日	条播直播、育苗移植	2.5、3坪	2尺	1尺8寸	300贯(堆肥)	6勺	3	2	3
甜菜		北海48号、阿城、呼兰	4月20日、4月30日	翻种、条播		2尺	1尺2寸	300贯(堆肥)	700勺	3	2	3
亚麻	连作	公主岭	4月20日、同月30日	撒播					300勺	2		
蓖麻		公主岭、当地	4月20日、4月30日			2尺	2尺5寸	300贯(堆肥)	3升	2	1	2
大麻	连作	枥木种	5月1日	穰种、条播		2尺		300贯(堆肥)	3升	2		2
槿麻		公主岭										
莞草	连作	朝鲜	移植6月10日、同15日、播种4月25日	育苗移植	6坪	6寸	6寸		1.06	2		
兰草	连作	朝鲜	同上							2		
樱草		当地种	同上	分株移植		8寸		300贯(堆肥)		3		3

续表

收获期	每反收成		种植面积	同苗床	同施肥量	同播种量	同收成		备注
	粮食	茎秆					粮食	茎秆	
八月下旬		30贯（干叶）	0.3反	1坪	100贯（土肥）	少量		9贯（干叶）	烟草
八月下旬		25贯（干叶）	0.2	0.3坪	60贯（土肥）	少量		5贯（干叶）	同上（当地种）
九月中旬	800贯		1.0		300贯（土肥）	700匁	800贯		甜菜
茎七月下旬、种子九月上旬	0.35石	100贯秆	1.0		300贯（土肥）	300匁	0.35石	100贯	亚麻
九月下旬	0.60石	15贯秆	1.0		300贯（土肥）	3升	0.6石	15贯	蓖麻
八月下旬	1石	30贯秆	0.5		150贯（土肥）	1升5合	0.5石	15贯	大麻
八月下旬			0.1			0.1反			莞草
八月下旬			0.1			0.1反			灯心草
九月下旬			0.1			0.1反			樱草

总试种植面积　4反4亩

（二）普通作物采种计划表（其一）

作物名称	轮作年限	品种	播种期	播种法	每反苗床	畦宽	株距	每反播种量	管理		
									除草	中耕	疏苗
大豆	3年	当地种	5月5日—同10日	翻种、条播		2尺		6升	3		3
小豆	3年	当地种	5月10日—同20日	同上		2尺		3升	3		3
菜豆	3年	当地种、公主岭	5月5日—同10日	翻种		2尺		5升	3		3
高粱	3年	当地种	同上	翻种、条播		2尺		2升	3	1	3
粟	3年	当地种	同上	糠种、条播		2尺		6合	3		3

续表

作物名称	轮作年限	品种	播种期	播种法	每反苗床	畦宽	株距	每反播种量	管理		
									除草	中耕	疏苗
大麦	3年	当地种、公主岭	4月20日—同25日	对儿犁种翻种		对1尺翻2尺		对11升、翻9升	对1、翻2		对1、翻2
小麦	3年	当地种、公主岭、其他	4月15日—同25日	同上		同上		对9升、翻1升	同上		同上
裸麦	3年	北海道	4月20日—同25日	同上		同上		同上	同上		同上
燕麦	3年	北海道、公主岭	4月20日—同30日	同上		同上		对11升、翻9升	同上		同上
黍子	3年	当地种	5月15日—同20日	糠种		2尺		6合	2		2
水稻	连作	北海道	旱苗4月25日—同30日 直播5月20日—30日	移植、直播、条播	15坪	移植8寸、直播1尺	移植8寸	移5升、直8升	3		

收获期	采种田面积	每反收成		采种苗床	每反播种量	每反收成		
						粮食	茎秆	
九月中下旬	26反	1石5斗	茎21贯、糜子12贯		96升	36石	茎525贯、糜子260贯	
九月下旬	4反	1石	茎15贯、糜子10贯		12升	4石	茎60贯、糜子36贯	
九月下旬	1反	1石2斗	茎15贯、糜子10贯		5升	12斗	茎15贯、糜子36贯	
九月下旬	3反	1石5斗	60束		6升	45斗	秆780束	
九月下旬	3反	1石3斗	50贯		1.8升	39斗	150贯	
七月下旬、八月上旬	2反	1石	40贯		20斤	2石	80贯	1反使用对儿犁、1反翻种
七月下旬、八月上旬	25反	0.9石	40贯		215斤	12.5斗	1,000贯	20反使用对儿犁、5反翻种栽培
七月下旬、八月上旬	1反	1石	40贯		8升	1石	40贯	

收获期	采种田面积	每反收成		采种苗床	每反播种量	每反收成		
						粮食	茎秆	
八月上旬	1.5 石	40 贯	2 反		200 升	3 石	80 贯	
九月中旬	1.5 石	40 贯	2 反		1.2 升	3 石	80 贯	
九月下旬	稻(脱壳)2.5 石	40 贯	移 4.9 町、直 0.1 町	15 坪	40.0 升	12 石	200 贯	

如上所示,以有组织的经营方法和自给自足(多方面农业)经济为基础的该移民团要开拓事业的唯一方法就是铺设铁路。

当延佳线(延吉—佳木斯)开通之际,随着该团农产品价格的上涨,毫无疑问团员自身经济的安定和土匪团伙的消灭都不成问题。并且除了带来现团员的生活安定之外,内地人的迁入也变得容易起来。不禁感慨真应该早日修建这条铁路。

结　论

如前面所述,该地不仅土地丰饶,有美好前景,而且如果我们采取出一些措施,这里还可以容纳更多的移民。

本调查主要是从农耕方面来看,认为该地是移民的好地方。但由于时间短,治安方面还是危机四伏,所以没有展开充分的调查研究,此为本调查的一个遗憾。

本调查以如上的内容为基础提出一个很苍白无力的结论,但由于有一些上述的客观原因,还请见谅。

深切感到应该和该地的治安维护工作配合起来,进行根本性的调查。

附

依兰县的水稻栽培现状
依兰县的罂粟栽培现状

依兰县的水稻栽培现状

本县的水稻栽培开始于民国 15、16 年前后,和朝鲜人的移居一起开始。

迄今为止开垦的水田面积如下所示:

依兰县第三区	袁家屯	260 晌
依兰县第三区	新兴屯	150 晌
依兰县第三区	半截河	80 晌
依兰县第四区	九里六	120 晌
依兰县第四区	三道岗	100 晌
依兰县第六区	小城子	250 晌
依兰县第六区	小河沿	100 晌
依兰县第六区	南山咀子	100 晌
依兰县的水田总面积		1,160 晌

依兰县河川众多,其土地是作为湿地或荒地被抛荒的土地,虽然这些土地肥沃,但以前的满人农民认为不适合种旱田作物,就遗弃了,这样的土地随处可见。

开垦田地的朝鲜人仅仅准备了维持半年的粮食和稻种,又从地主及地方居民那里筹措了一些粮食便着手开垦。也就是说,是在没有财力的情况下开垦田地的,所以其栽培方法颇为粗放。

下面以住依兰县九里六的朝鲜佃农朴彰华所言为例介绍种稻方法的概况。

开垦田地一般选择低湿地,由河川进行自然灌溉来种植水稻。收获后残留的稻秆等到春天化冰后用铁耙、铁锹平整土地,然后再灌水压平土地。

播种、施肥、收获——种子是朝鲜北部的当地种,稻穗颜色为红黑或黄色。

播种法　将种子浸水五六天待发芽两三分后撒播到农田种。田里灌入约5寸的水,开垦后四年间进行不施肥连作。(第五、六年的时候开始用黄粪浇灌)

播种期为五月中旬、下旬

播种量　用日本斗每晌土地播种六斗五升左右

收获期为九月下旬,收获后,用石头或木块敲打稻秆脱粒。

由于干燥、选别不完善导致收获的稻谷品质不好。而且还有细砂混在里面。

产量为1晌20石(稻谷)左右,秆(稻秆)在400贯左右。

除草共两回。第一回是六月下旬,第二回是七月上、中旬左右。

关于开垦田地,由于进行自然灌溉,所以对小面积的土地是采取的非常简便的方法。并且在春季化冰的同时开垦,5月进行插秧,都是一些简单的暂时性的方法,没有采取任何基本的开垦方法。

一晌的开垦费要10圆乃至40圆(国币)才行。

依兰县的罂粟栽培现状

一、由于治安关系第五区禁止栽培。

二、昭和9年本县指定面积共5千5百晌。各区域划分如下:

分区	各区分配面积	平年 1 亩的收成
第一区	1,200 亩	25 两
第二区	9,500 亩	25 两
第三区	18,800 亩	25 两
第四区	13,100 亩	25 两
第六区	12,400 亩	25 两

然而,由于播种期土龙山事件的发生导致匪患扩大,指定许可调查完全不能实现。因此虽说指定面积是 5 千 5 百晌,但推算实际晌可能有 6 千多晌的种植面积。

收成方面由于播种期及收获期降水量大,收成是平年的三成乃至四成。预计产量约为 10 万 600 两,现在(八月最后一天)的产量大约为 600 两。

虽然如前所述由于各种情况导致收成极差,但现在随着治安渐渐恢复,关于收获方法也在考虑中,预计下一年度可以对全县进行有效管理。

三、可进行栽培管理地区内的耕地面积、农业人口及每户平均可栽培面积和预计生产额

分区	耕地面积	农业人口	每户平均可栽培面积	平均每户的预计产量
第一区	1,600 晌	22,490	5 亩	155 两
第二区	32,000 晌	16,927	5 亩	155 两
第三区	135,000 晌	47,677	5 亩	155 两
第四区	57,000 晌	28,581	5 亩	155 两
第五区	32,000 晌	15,842	5 亩	155 两
第六区	48,000 晌	19,955	5 亩	155 两
合 计	305,600 晌	151,472	5 亩	155 两

四、区域内的治安交通关系

本年度指定区域内除了像前面所述那样土匪横行之外,还有栽培地区的荒芜,以及收获时期发生抢夺这些事。但是,今年三月(阴历)的土龙山事件是个例外,收获期的一些类似的土匪抢夺事件,已经是平常。各集散地都有警察,和县城可以进行电话联络。县道可以通行汽车,交通便利。

五、劳动力供给关系

劳动者大部分是河川流域的迁移苦力,县内的居民特别是隐居的劳动者,几百人都在收获期从事外出劳动,工资就以烟土来付。

工资是 1 天 1 人收获数量的 25% 乃至 30% 的烟土,或者是与此相对的 40 钱。关于工资,警察贴过"工资必须以金钱支付"的告示,但私下的交易仍然没有完全禁止,现在还有很多用烟土支付工资的。

六、县内主要的集散地和运出路径

第一区	县城
第二区	宏克力
第三区	太平镇
第四区	二道河子
第六区	道台桥

（汇集到上述各集散地的物品集中到县城并由县城向哈尔滨运出）

七、本县境内居民对罂粟栽培态度非常积极，也就是说完全不因为是违禁作物而减少罂粟的栽培面积，反而希望增加。该县从今年开始指定许可区域栽培，但是栽培者对旧军阀时代的不法收购的恐惧感还未消退，而且对间接收购（大东号）的品种等级鉴定也有恐惧感。偶尔有人带来一两二两来打探收购状况，这样不利于收购也是可想而知的。

即便是间接收购，比起让目前在农民当中毫无信用的"大东号"去单独收购，不如让该县乃至集散地在农民当中有信用的居民和"大东号"一同去收购，可能会取得更好的成效。除此以外，在富锦实施的获得良好成果的措施，依兰县鸦片专卖分署也可以考虑实施。

昭和 9 年 7 月

经济资源调查报告书第　77　号

吉林　36　号经济第　7　号

农安、扶余地区一般经济调查报告

调查员　大场友次

翻　译　山下正己

新京中央地区调查员组成

调查员	助　手	翻　译
大场友次	马场仪三	山下正己
下田竹雄		卢心义
篠原　齐		

正误表

页①	行	正	误	页	行	正	误
5	9	*	二	99	4	市场	市城
5	11—12	嵌罗子	嵌汜罗子	116	12	种々	种口
9	11	农伏路	农狄路	117	2	處ない	處なな
20	9	三盛玉	三盛王	118	3	战	县
22	2	亲王府	颜府		4	高率赁金	商率赁银
24	7	低徊	徊				
29	9	(1)出廻期	(1)农民				
58	3	销场税	铜场税				
73	13	利用	私用				
74	13	民间	民国				
75	2	特に	時に				
98	10	處少く	處なく				
98	14	长春岭	长春				

---

① 译者注：本页所说的页码是指报告书原文的页码。

目 录

绪　言

　　此次调查原计划在尽可能广的范围内进行,在农安、扶余两县以县城为中心对各地进行彻底的实地调查,以期能够综合把握经济、社会等诸多关系。但到了农安县城后立刻意识到此计划在规定的短时间内难以实现。且因下了一整日的暴雨,汽车难以前行,可移动距离缩短,故几乎没有充分的机会进行这次紧迫的农村调查,特别是在扶余县我们只到了县城而已。

　　由于上述情况以及本调查员的笨拙、无经验,此次调查无趣且无价值可言。以下叙述的报告只不过是一种简单且零碎的拼接,我愿意接受大家的批评和谴责。

　　我忠心希望这个调查能对再次来此的更为优秀的调查队有一些帮助。

　　此次调查队的组成人员及日程如下所示。

本调查队的组成人员

关东军	陆军少佐	小川泰三郎
	陆军少尉	住田春延
满洲国	实业部	盐见友之助
	翻　译	森山宜夫
	国道局	佐多常一
		岩城达夫
满洲经济调查会		
	一般经济	大场友次
	交　　通	下田竹雄
	农　业	篠原齐
	助　手	马场仪三
	翻　译	山下正己
	翻　译	卢心义

本调查日程

5月20日	乘卡车从新京出发
20日	到达农安县城
21日	访问各官署
22日	进行县城一般调查
23日	骑马从县城出发
23日	到达伏龙泉进行一般调查
24日	骑马从伏龙泉出发
24日	到达三盛玉进行一般调查
25日	骑马从三盛玉出发
25日	到达县城
26日	进行一般调查　休养
27日	乘卡车从县城出发
27日	到达扶余县城
28日	访问各官署
29日	在县城内进行一般调查
30日	同上
31日	乘汽船从县城出发沿松花江下行
31日	到达长春岭　住在汽船上
1日	从哈尔滨出发　调查队解散

农安县

第一 概况

1.位置、地势及人口

农安县的边境线为:最东边为东经 9 度 27 分,最西边为东经 8 度 21 分,最南边为北纬 44 度 33 分,最北边为北纬 44 度 5 分。边界东至第二北石研子的榆树县,西至长岭县,南至两俄门的长春县,北至张家店的郭尔罗斯前旗。

面积为 13,800 平方里。县城位于东经 8 度 48 分(世界经度 125 度 14 分),北纬 44 度 35 分的位置,距离首都 140 里。

县城的地势总体为波状形丘陵地,西部地区除了凹中高地、紦簸罗欺紦子等湖沼外,没有山。因此,整个区域大体上适合农耕,伊通河沿县南境向东流入松花江,松花江与伊通河并流,途经县的东北部流向西北方向。

农安县全县共有 40,145 户人家,291,864 人,以下是各区的具体情况:

区名	乡数	村屯数	户数	男	女	人口合计
第一区	23	148	7,079	27,955	20,500	48,455
第二区	46	242	8,300	34,550	32,190	66,740
第三区	48	264	6,620	24,892	22,481	47,373
第四区	57	223	9,382	34,508	31,001	65,509
第五区	54	297	8,764	33,297	30,490	63,787
合计	228	1,174	40,145	155,202	136,662	291,864

另外,据领事馆分馆的调查,县内朝鲜人情况如下所示:

日本人　　　户数 17 户　　　男 84　　　女 30

明细

城　内　　　料理店 3　　饮食店 1　　旅馆 1　　食品杂货店 1　　满洲国官吏 7
　　　　　　　　　(县参事官、副参事官、军事指导官 2、警务指导官 3)

城　外　　　小城子　　　农业 3
哈拉海城子　　料理店 1
朝鲜人　　　户数 46 户　　　　人口男 143　　　女 89

明细

城　内	医生1	料理店1	巡捕2
城　外	靠山屯		
小城子		从事农业的约200	

2.沿革

据称农安县的历史始于2000年前,也就是公元前3世纪左右。因受汉族压迫而从山西逐渐迁至东北的＊族的后裔扶余族,来此地建立国家,并在农安设立了扶余府。[①] 他们面朝伊通河、松花江,占据了这一带的平原,过着安稳的农耕畜牧生活。此后随着向满洲土地延伸的高丽、唐、渤海的兴亡盛衰几经变迁,在公元4世纪的时候就已全部灭亡。

此后,这个地方历经金朝,又隶属于元朝统治,在很长一段时间内属于郭尔罗斯前旗,作为蒙古人的畜牧地任其荒芜。但嘉庆年间,蒙古王与清朝签订借地养民契约后,汉人就迅速开垦了此地,蒙古王为了征收汉人佃农的地租便在长春堡设立了事务所。道光五年,迁至龙＊府,同时改为农安并筑造了护城沟壕。

清朝从光绪八年开始在此设立分防照磨,十五年改为知县,同时设立佐二等官、巡检和儒学。全县划分为日、康、泰、和、勤、俭、来、裕、丰、祥、治、平12社,在以西一带设立分防主簿,三十三年重新成为区,称作心、正、意、诚、身、诚、家、修、齐、国、泰民、安,三十四年西北的齐、家、国3区编入长春县,余下9区,在宣统二年,民、泰两区改为镇,其他区都成为了乡,宣统三年撤回儒学,民国2年撤回了巡检,12年成立5分区、5分驻所,15年改为9区,18年再次变为10区,大同2年又变为5区。

3.交通

农安县的道路情况如下所示:

路名	起点	终点	途经地	宽度	长度
农长路	县城	长春县		28尺	140里
农岭路	县城	长岭县	巴吉叠 伏龙泉	28尺	110里
农郭路	县城	郭尔罗斯前旗	郭尔罗斯 哈拉海城子 大张店	28尺	100里
农扶路	县城	扶余县	高家店	28尺	180里
农靠路	县城	靠山屯镇	除家店	28尺	120里
农哈路	县城	北刘家店	哈拉海城子	28尺	60里
农大路	县城	大岗	三盛玉	28尺	80里

---

① 编者注:此处仅代表当时日方调查员的观点,与史实并不相符。

路名	起点	终点	途经地	宽度	长度
农伏路	县城	伏龙泉	巴里叠 三宾屯	28 尺	90 里
农高路	县城	高家店	哈拉海城子	28 尺	100 里

备注:农靠路之后的 5 条路作为警备道路,根据治安会议的决议,改良费用由各区村民承担。

汽车行进道路如下所示:

农安 —— 新京(1 天 1 回))铁路局经营

农安 —— 扶余(1 天 1 回))巴士(20 座)10 辆、卡车 2 辆

总乘车人数

每日平均 2 月(18 人)3 月(37 人)

伏龙泉—— 农安(4 圆)

伏龙泉—— 新京(4 圆 50 钱) 经营者李氏,详情不明

伏龙泉—— 长岭(5 圆) 共有 3 辆巴士

4.治安状况

据县参事官菊地先生所述,该县的治安状况从今以后都不用太过担心。县内并无匪贼团伙,只有四五个小匪贼时而蠢动。

从民间征收了约 3,992 件武器(按惯例,每件武器给 1 圆征收费),但此举也未必能给治安维持工作带来良好的效果,故而制定了需经允许方能借出的方针。

农安县内的警备组织状况如下所示:

名称	数目	组织状况	人员	经费
吉林警备第一旅	1	县城 450 靠山屯镇 123 哈拉海城子 123 伏龙泉 309	1,005	经费来源于省里
警察队	1	县城 48 三盛玉 40 金家店 40 三盛永 40 高家店 40	208	吉大洋 76,248 圆
行政警察署	5	5 区 12 分所	342	吉大洋 51,594 圆
自卫团	10	10 区	510	

最后,我想阐述一下本县居民的对日情感。据领事馆的人员称,本县居民大多从河北迁移而来,不知道是不是由于这个原因,他们在事变前的排日情感非常强烈。

　　但是对于此次我们调查团的到来,各地的官民给予我们的帮助及热情仅用笔墨言辞是无法完全表达的。我们的确受到了全县的热情款待。加之当地的日本官吏所述,我们丝毫不用担心他们的对日情感。不仅如此,而且他们还燃起了依靠亲善日本来发展产业的新希望。

第二　经济状况

1.财政

　　大同 2 年农安县的年支出与年收入共计约国币 25 万圆。年支出的主要费用是警备费,约 11 万圆。据县参事官菊地先生所述,康德元年的预算大致以此为基准,再加上用于民众福利的费用,预算约为 27 万圆,不采取急剧的改革方式而是试图进行渐进的改善。

　　据县当局提示,财政状况如下所示:

田赋国税一览表

税目	征收状况	征收机关	课税率
买契税	每年额定 5 万余	财政局征收	按价格的 6%
典契税		同　上	按价格的 3%
额征地 25 万余晌		国库吉洋 3 角 2 分	
田赋		南王、征局　每晌	
每年实收 20 万晌		蒙旗哈洋 3 角 吉洋 1 角 8 分	

　　备注:田赋不由财政局征收,而由郭尔罗斯前旗亲王府农安县征租局征收,是因为农安县为所谓的蒙地。财政局每天派人到蒙租局,从征收到的税款中按每晌吉洋 3 角 2 分收取费用。

地方税一览表

税目	征收状况	征收机关名	课税率
晌税	每年 240,000 余圆	财政局征收股　每晌收吉洋 1 圆零 3	
营业税	每年 5,800 余圆	同上	按价格的 2%
特别粮捐	每年 9,000 余圆	同上	按价格的 1%
中学粮捐	每年 9,000 余圆	同上	同上
牲畜捐	每年 700 余圆	同上	同上
旅店捐	每年 300 余圆	按旅店住客,大店每各 2 吊,小店每各 1 吊	同上
车牌捐	每年 30,000 余圆	5 套年收国币 6 圆、3 套 4 圆、2 套 2 圆、1 套 1 圆	同上
屠宰捐	每年 1,400 余圆	牛 1 头吉洋 1 圆 5 角、猪 1 头 6 角、羊 1 头 3 角	同上

续表

税目	征收状况	征收机关名	课税率
汽车捐	每年 200 余圆	按营业汽车月收吉洋 10 圆、小车 6 圆	同上
妓捐	每年额定 400 余圆	妓院每户每月收门捐 2 圆、妓女每人每月收洋 2 圆	同上
戏园捐	每年额定 450 余圆	同上	按价格的 5%

2. 农业

（A）概观

如前所述，农安县几乎没有山岳，地势平坦，是构成北满平原具有代表性的沃野的一部分。总面积约 63 万 2,420 晌，其中可耕田为 49 万 8,500 晌，不可耕田仅为 13 万 3,920 晌。因此，农业是农安县的主要产业是不言而喻的。

县当局提供的资料如下所示：

农户人口数　　　36,713

明细

地主　　9,412　　自耕农　7,699　　自耕农兼佃农　4,405

佃农　15,197

农户人口数　　　171,450

如前所述，农安县土地肥沃，适合各种农作物生长。其中产量最多的是大豆、高粱、玉米、小米，但无法获得其产量的精确数字。

下表是以农务会制作的农产品调查表为基础推算得知的数据：

农安县大同 2 年农产品推算额

种　类	种植面积（晌）	每晌产量（石）	产量
大　豆	85,400	3.5	298,900
小　豆	20,000	1.2	24,000
绿　豆	10,000	1.84	18,400
其他豆类	1,560	1.8	2,808
高　粱	76,000	6	456,000
小　米	52,000	4	208,000
玉　米	50,000	5	250,000
小　麦	20,000	3	60,000
大　麦	20,000	10	200,000
黍　子	11,000	5	55,000

种　类	种植面积(晌)	每晌产量(石)	产量
稗　子	10,000	5	50,000
荞　麦	2,500	3	7,500
水　稻	850	8	6,400
旱　稻	280	8	2,240
大 麻 子	1,200	2	2,400
小 麻 子	100	1.5	150
瓜　子	140	8	1,120
芝　麻	35	3	105
青　麻	5.5	16斤	880斤
合　计	360,970#		1,643,023 (另外880斤)

另外,农安县与蒙古放牧地的边境相邻,因此边境地方的畜牧非常繁盛。近年来也没少遭受匪贼的侵犯。

依据县的调查表,畜牧情况如下所示:

类别	县内现有数量	运出情况	类别	现有数量
马	48,557	1,325	鸡	78,500
骡	24,416	352	鸭	24,250
驴	10,150		鹅	12,725
牛	18,366	1,896	狗	1,450
羊	9,361			
猪	71,761			

(B)土地制度

农安县全境为所谓的蒙地,因此土地关系较复杂。以下对满洲国、蒙古王以及农民间的关系进行简单的阐述。

农安县原来是和长春、九台(其中一部分)、德惠、长岭、乾安等县一起归郭尔前旗所管辖。但依据清朝、民国政府的蒙地开放政策即借地养民契约,此地被开放。

根据蒙地情况,县的大部分是嘉庆初年,道光七、八年开放的,伏龙泉是光绪十六年开放的,本县内已无未开放的地区。

①首先介绍满洲国和蒙古王的关系

如前所述,本县的田赋不由财务局征收,而由郭尔罗斯前旗亲王府农安县征租局即所谓的蒙租局征收。财务局每天派人到蒙租局,从征收到的税额中按每响按国税吉大洋 3 角 2 分,蒙租吉大洋 3 角,哈大洋 1 角 8 分的比例收取费用。

	郭前旗亲王租处	
纳 租 证 书	为缴验租证书今据本县 农安县公署 县　甲　排业户　　报称有地　　晌　　亩应纳 圆 年分地租现洋　　　　　　**国税永大洋　　圆角 钱 县 分**已由本　　如数收讫　应将此联载下按月 处 汇总缴验此证 以下蒙古文	此 联 财 政 厅

②其次介绍蒙古王与农民的关系

农安县的农民可以自由买卖、抵押、典当自己的土地,他们和土地的关系无异于现代国家中土地私有者与土地的关系。因为他们在开放的时候也支付一定的费用,所以确信自己拥有土地私有权。

像这样,蒙古王向他们征收的田赋已早就脱离了之前的地租范围,而且自县制公布以后,很长一段时间农民在法律上不受蒙古王的统治。

根据伏龙泉附近的三盛玉烧锅(由张、贾、乔合股,大约拥有五六千响土地)的会计所述,因蒙古王按照借地养民的契约开放土地,给了汉族人谋生的机会,故他们为了报恩向蒙古王缴纳田赋。

向大家说明一下所有权者与永租权者之间的关系。实质上,农民的权利义务远远超过了永租权者的权利义务。另外蒙古王也只不过是征收田赋,并不存在对于土地的直接关系,与所有权者有着本质上的差别。

综上所述,满洲国、蒙古王、农民三者的关系离开了历史的变迁是无法理解的。可以说在明确区分地价和租税这一点上,其复杂性只不过是在于满洲国与蒙古王之间关系的延续上而已。

执 照	吉林省长公署 郭尔罗斯前旗颜府 发给执照摹照得长春农安德惠长山岭四县　蒙地　向系借地养民每晌纳蒙租大洋三角随　征国赋大洋二角遍　有水旱偏灾概不豁现因吉省举办处清查所有浮多地亩一律自报升科目应酌体畑经本　　　议定嗣遍灾歉县所有国赋大洋二角准其分别免缓　蒙租大洋三角准缓不准免　一依新订四县单行灾歉章程办理　自此次给后　如田查隐匿不报等项情弊定行照章畏惩不贷　倘或无力耕种　准其转免遵章报明换照投税所有长春四大乡等处假照原案每届四十五年　遵章清文符定制兹据县此户自报熟地段其计纳租地晌亩分除照章收费　外合行发给执昭　以凭管业须至执照者

乡　　　第　甲　第　　牌

计开坐落

臣　　　村　　*　屯

原额地晌亩　　　　　　　　　　　　原额地　　晌

东　　南

一段原栖地晌亩　　　　至　　至一段原栖地　　晌

西　　北

浮多地晌亩　　　　　　　　　　　浮多地　　晌

又荒晌亩分

以上共地一段共计原额地晌亩力分原　栖地　晌浮多地晌亩

中华民国　　　年　　月　　　日

石照给民字

⋯⋯收　　执

(C)农村所见

农业为本地区的主要产业,因此可以说农村是本地区经济的根本构成要素。且如绪言所述,本次调查是在短期内进行的,由于暴雨巴士不能正常行驶,以至于我们几乎要放弃此次农村调查。迫不得已我们最后骑马去伏龙泉,也只是为了完成任务故而仓促。我们利用人马停下休息的几十分钟向附近路经的文化程度不高的农民询问情况,得到了粗略的回答。基于这样粗略的调查报告而作的记录,其作为理论的推论资料几乎无价值可言。

因此,以下所述中不可避免的会存在模糊不清的情况。

①土地所有状况。我们行程所至的四五个区内大地主似乎很多。

太平山(500多天地的土地归同族的张三家所有)

三盛玉(张、贾、乔合股共拥有四五千天地)

吕家屯(100天地的土地归三四家地主所有,其他十几户人家是其雇佣的劳动者)到处林立着豪农的庄园。

②据县公署标示的地价(关于一晌地)

据我本人调查,第一、二、三区(十七八圆—八十圆)第四、五区(四五圆—四十圆)

三盛玉(十八圆—二十圆、放牧地五六圆) 铁岭窝桥(二十四圆)

吕家屯(二十赵家店(七八圆)

③租佃条件。大体上好像是由普通佃农支配的,基本上看不到像分利佃农的例子。

地租比率非常高,为地主五分,佃农五分,一石六七斗到七八斗居多,在三盛玉也出现有2石的情况(据说是因为给佃农无偿提供马粪,所以比一般比率高。)

我们发现村子的公共课税负担大体上由地主负担, * 现在耕作的佃农负担的一部分是折半的。

佃农的契约,若是熟人、有信誉的话,则采取口头形式;若不是,则用证书(祖帐)。长的期限为10年,短的期限有3年、2年、1年,几乎没有看到无期限的,好像需要保证人但不用押租。

总之,地主与佃农间处于封建关系,似乎不存在身份上的限制条件。佃农所有的是农业资本,农具以及住房由地主提供,佃耕到期后不重新签订契约的时候,就移居到别的地方。而地主也因为害怕匪贼的侵害移居到其他安全的地方,这些都成为了一种习俗。

④劳动关系。根据县公署的调查,外来劳动者入县人数如下所示:

	在满洲者	山东	河北	朝鲜
入县数	13,251 人	2,688 人	1,859 人	185 人
定居人数	1,687 人	2,621 人	1,844 人	121 人

临时雇工的佣金因工作繁忙与否而不同,在30钱至50钱之间,伙食费自理。——调查

劳资由村民集体决定(常佣是阴历十二月,临时雇佣是阴历五月)。——太平山调查

3.工商业

(1)农安市场兴衰

嘉庆年间,自清朝与郭前旗签订借地养民的契约以来,作为当地的物资集散市场及通货市场,商业极其繁荣。在北满铁路建成之前,农安县处于需经由西南的怀德、八面城,通往新民屯,甚至更远能到达锦州、营口、辽西一带,东北至哈尔滨、双城堡,东南至吉林,南至长春、奉天,西北通至都伯纳以及比蒙古地区更远的齐齐哈尔中心的交通要冲。而且附近一带形成了作为满蒙命脉的大平原的一部分,实际上若此处成为一片一望无垠的肥沃农耕地的话,其高产的农作物及牛马羊猪都集散于此,其商圈范围有望极大扩展。但继东清铁路建成后,南满支线的延长,俄国势力的南进,使其状况随之变动。另外日俄战争后其经济状态发生了大变动。其结果是自古以来的商圈逐渐衰退,而作为蒙古贸易市场的特殊地理位置转移至遥远的洮南、郑家屯等地,现在仅作为附近地区的中心市场保留下来。但在其管辖范围内有大片广阔且肥沃

的土地,开垦活动不断进行,且随之而来的农产物也不断增加,近来其衰退形势有所回转,再次呈现生机。(《满蒙城镇全志》50—51 页)

(2)**特产的上市情况**

农业是本县的主要产业。以下是对农产品上市情况的简单考察。

农安县农产品上市方面,其一是流向新京方面,还有大体上以县城为其中心市场,即使有一部分农民将货物直接出售到新京,也只是极小的一部分,没有大的流失。其上市过程如下:

△农民—县城粮栈—新京粮栈。上市时期。大体上是阳历 9 月开始,到 4 月告一段落。

△农民—农安县城粮栈。农安现存的粮栈如下所示:

广聚西栈(资金 15,000 圆)福兴合(资金 18,000 圆)成泰山(11,000 圆)广聚永(18,000 圆)永盛栈(13,600 圆)万增福(20,000 圆)义发东(10,000 圆)人和成(3,000 圆)

他们有时会派人到县内各地区进行采购,在县城粮栈业中居第一位的万增福会派一人或两人到哈拉海城子出差。另外派遣接车人员到城外(接车人的佣金按千分之六收取)互相竞争,都想把农民的马车拉到自己的粮栈去。青苗的买卖价格从民国 15、16 年以后就不明确,而到去年 9 月为止是由商务会决定的。但是此后由各粮栈集合起来决定,不存在像集粮市场这样的地方。

农安—新京。去年来本县城采购的粮栈有裕昌源、东永茂、福顺厚制稀、益发合。油坊、广和栈、千叶修一商店、日清制油会社、三泰栈、粟藤商店、三井物产等。他们从 9 月到次年 4 月期间派各个客商到本县城,从当地的粮栈采购。两者之间不存在代理关系,当地的粮栈按估计从农民那里采购货物,与老顾客之间根据市价制定买卖契约。当与市价不相符的情况下,也有亲自出货到新京的情况。

特产大体上按照以上的途径输出。在具体数量方面,由于调查时间较短,非常遗憾未能得出准确的资料。

根据领事分馆的调查,大同 2 年全年来县城粮栈进行的贸易当中,出货情况如下所示:

商品名称	数量	价格	运送地
高粱	70,000 石	150,000 圆	新京、大连
大豆	50,000 石	350,000 圆	新京、大连
红豆	10,000 石	80,000 圆	新京、大连
绿豆	2,000 石	46,000 圆	新京、大连
玉米	20,000 石	46,000 圆	新京、大连

(3)**工业**

本县的工业发展程度极低,几乎不存在可向其他地区运出的产品。

1.织布业　以日本制的棉丝为原料,使用手动纺织机,只能制出当地居民平常服装用的粗布。根据领事分馆的调查,机器操作人员 40 名,织布机总数有 168 台,年产布匹 53,000 匹,一部分销往扶余乾安、郭前旗。

2.酿造业　酿造业方面以烧锅酿造为主。根据县当局的调查,县城内有3家,县城外有6家,共计有9家。其销售额至多能够达到50,000圆,至少也能达到40,000圆。

3.电气业　民国10年以明星电灯公司为名设立,其后由于设备不足及管理不善等原因,入不敷出,以致于在民国19年倒闭。

(4)贸易

农安县的产品贸易输出主要是面向新京的土特产,输入产品则是利用返程货车运回的杂货等。输入和输出工作大部分都在马车和汽车能通行的冬季进行,虽其总额不详,但县内的交易情况如下所示(领事分馆大同2年调查):

农安县输出货物

商品名称	数量	价格	输出地
大豆	50,000 石	350,000 圆	新京、大连
高粱	70,000 石	150,000 圆	新京、大连
红豆	10,000 石	80,000 圆	新京、大连
绿豆	2,000 石	18,000 圆	新京、大连
玉米	20,000 石	48,000 圆	新京、大连
牛、马、骡子	2,000 头	60,000 圆 (按1头30圆计)	
布匹	60,000 匹	150,000 圆	扶余、乾安、郭前旗地方

输入货物

商品名称	数量	价格	采购地
丝棉布		800,000 圆	新京
石油	20,000 罐	80,000 圆	新京
火柴	7,000 箱	7,000 圆	
砂糖	2,000 袋	40,000 圆	新京
卷烟草	7,000 箱	140,000 圆	新京、奉天
蜡烛	55,000 箱	20,000 圆	新京
洋纸	300 箱	4,000 圆	新京
陶瓷器		30,000 圆	新京
玻璃器皿		4,000 圆	新京
铁材		20,000 圆	新京
药品		70,000 圆	新京

商品名称	数量	价格	采购地
小麦粉	20,000 袋	600,000 圆	新京
羊毛品		1,500 圆	新京
钟表类		3,000 圆	新京
化妆品装饰品		3,000 圆	新京
食品		1,500 圆	新京
煤炭	1,500 吨		抚顺
柑橘	500 箱	2,600 圆	新京
海产品	—	10,000 圆	新京

(5)工商业者

根据商务会的调查,县城的工商业者情况如下表所示:

商业营业种类	铺号	经理	籍贯	资本(圆)	营业额(圆)	股东人数(名)	摘要
烧锅油坊	福顺合 烧锅油坊	丁兴明	农安	23,000	62,000	3	
	聚顺源 兴记烧锅	于聘三	农安	10,000	54,000	2	
	鸿盛源 烧锅油坊	赵相仪	河北	7,200	51,000	1	
粮业油坊	万增福 粮业油坊	史槐三	河北	20,000	73,900	3	
	永盛栈 粮业油坊	朱補庭	农安	13,600	1,800	4	
	义发东 粮业油坊	王豫斋	河北	10,000	3,000	4	
粮业	人和成	李子汤	河北	3,000	1,000	3	
粮业油坊	广聚永 粮业油坊	苗锡三	河北	15,000	—	5	
	成泰栈 粮业油坊	何春武	河北	11,000	60,000	5	
	福兴合 粮业油坊	郑景山	宁河	15,000	12,000	4	
油坊	东兴合	黄鸣九	农安	4,000	2,800	4	
典当	同源当	杨峰山	乐亭	9,000	15,000	4	

续表

商业营业种类	铺号	经理	籍贯	资本(圆)	营业额(圆)	股东人数(名)	摘要
	兴源当	李世昌	农安	13,000	12,700	5	
	三成当	刘汇川	新京	20,000	4,500	3	
	义顺当	石荆山	昌黎	18,000	31,000	4	
	义顺当	高俊声	昌黎	12,000	16,500	5	
	发记当	白玉书	农安	10,000	8,000	10	
	永兴当	杨馥亭	乐亭	8,000	4,500	5	
	德增当	赵国安	昌黎	11,000	9,000	3	
	福顺当	高俊选	昌黎	10,000	9,000	2	
杂货铺	玉发合	傅聘三	新京	7,500	25,300	13	
	西农盛号	申怡亭	农安	5,000	21,700	4	
	同和兴	李润田	临榆	8,000	21,800	7	
	玉金升	周尊三	昌黎	7,000	21,800	1	
	公源泰	赵连成	乐亭	12,000	21,900	7	
	聚顺兴	刘预隆	昌黎	3,000	新开张	4	
	聚升福	李庆玉	农安	1,500	新开张	1	
	福来盛	钟品轩	乐亭	7,000	41,000	1	
	典记	杨会青	山东	2,750	12,900	6	
	兴顺昌	白兴武	乐亭	2,000	2,000	4	
	德顺魁	果廷芳	义县	2,500	3,300	2	
	德顺东	张冠勋	农安	2,000	新开张	1	
	德聚兴	赵会三	河北	4,500	6,500	3	
	同丰源	王纪盛	河北	2,000	新开张	4	
	德成厚	张成业	农安	500	新开张	2	
	义和永	赵友三	河北	4,000	5,200	8	
	同兴福	李清山	农安	1,000	新开张	4	
	格泰成	卢云武	农安	600	750	1	
	振发源	侯振国	山东	400	新开张	2	
	德成兴	王俊峰	农安	3,000	3,700	3	
	恒兴东	黄丰年	乐亭	16,000	91,000	11	
杂货茶食	玉茗顺	李振乾	昌黎	9,000	80,000	2	

商业营业种类	铺号	经理	籍贯	资本(圆)	营业额(圆)	股东人数(名)	摘要
杂货铺	泰记	劳泰祥	河北	150	新开张	2	
	德庆祥	尹景阳	农安	500	328	1	
	东盛合	谢维轩	农安	400	新开张	1	
	新发源	赵永坤	农安	2,000	200	8	
	冯机房	冯连和	玉田	620	新开张	1	
	于机房	于辅升	农安	300	300	1	
	福源永	张显文	农安	500	600	1	
	天合兴	李成身	昌黎	1,200	1,300	2	
	悦来公	李振声	抚宁	7,000	新开张	4	
	益祥成记	果国藩	农安	3,000	新开张	2	
	天丰东	戴文儒	农安	1,000	新开张	2	
	聚丰泰	李向荣	农安	8,000	新开张	8	
	陈培忠	陈培忠	农安	400	500	2	
	永兴长	曹雅廷	农安	1,000	新开张	2	
	协成峻	赵翔云	乐亭	1,200	新开张	1	
	永盛兴	吕鸿章	农安	1,000	1,200	1	
	福泰隆	黄品三	农安	400	3,200	1	
	双发合	姜耀昆	山东	4,000	7,180	3	
	福合永	焦玉春	农安	3,000	新开张	7	
	兴发祥	王玉山	农安	1,200	新开张	2	
	天合长	高治远	乐亭	750	1,650	3	
	源兴合	于品三	乐亭	10,312	27,500	5	
	广沅增	温香九	乐亭	1,700	新开张	1	
	东升永	张升远	河北	1,500	2,750	4	
	宏兴厚	刘火章	农安	1,300	2,900	1	
	福成典	朱庆恒	乐亭	300	新开张	2	
	义和增	王雨亭	农安	3,600	5,300	5	
	同巨东	何永年	乐亭	400	新开张	2	
	天发源	玉度林	农安	1,000	新开张	2	
	裕兴东沅记	刘兴奇	锦县	2,660	新开张	2	

续表

商业营业种类	铺号	经理	籍贯	资本(圆)	营业额(圆)	股东人数(名)	摘要
	广盛兴	周度三	昌黎	4,000	31,700	5	
	工富增长	宋宝山	乐亭	万增福	附设	—	
	杜机房	杜傅声	农安	400	1,200	1	
	香记东	李香芹	昌黎	1,000	新开张	2	
	公发源	张敬藩	锦县	1,200	新开张	4	
	福聚兴	孙辅庭	乐亭	500	新开张	1	
	同聚兴	赵兴武	乐亭	1,000	新开张	2	
	庆升泰	王仲三	洙县	13,500	46,800	3	
杂货附设木铺	公源达	王振之	农安	12,000	45,000	5	
杂货铺	泰和隆昌记	刘桐楼	锦县	2,625	4,500	6	
	发记	李廷端	乐亭	6,750	8,200	8	
京货庄	协春泰	程治平	乐亭	3,250	16,300	8	
	三义成	安名造	洙县	300	新开张	3	
	义升德	徐尊三	农安	750	新开张	3	
	新春庄	姜永泰	农安	400	新开张	1	
	同聚发	孙志德	农安	200	新开张	1	
	信增祥	陈左全	农安	600	新开张	2	
	义成祥	马左清	昌黎	500	新开张	1	
	泰发源合纪	李国宝	宁河	6,600	12,000	7	
	永义福	王春木	乐亭	5,400	7,700	5	
	大兴久	赵喜臣	昌黎	5,000	12,800	2	
	宝聚东	刘振海	农安	200	1,300	1	
	李福臣	李福臣	锦镇	50	600	1	
	王兴顺	张子丹	农安	300	新开张	1	
	傅润身	傅润身	农安	300	新开张	1	
	福成永	尽绍恩	北镇	400	1,195	1	
	福王成	闫香九	农安	450	新开张	1	
	裕丰合	杨庭及	农安	500	新开张	1	
	福聚长	胡春华	农安	500	888	1	
	福源长	侯永禄	农安	400	1,770	1	

商业营业种类	铺号	经理	籍贯	资本（圆）	营业额（圆）	股东人数（名）	摘要
	丁万福	丁万福	农安	300	700	1	
	万合长	杨显耀	农安	500	680	1	
	长记	李升三	农安	200	新开张	1	
	巨顺永	杨升远	河北	1,500	新开张	4	
	巨盛永	杨占山	奉天	500	1,500	3	
	巨顺成	果成玉	农安	2,000	4,000	1	
中药业	荣升合	李荣扑	河北	500	1,500	1	
	同升恒	白耀奉	河南	5,000	15,250	1	
	德泰增	孙信臣	河南	7,000	20,000	1	
	瑞兴隆	陈国恒	农安	5,000	8,800	2	
	万发育	蒋作臣	农安	100	200	1	
	泰和堂	刘品一	乾安	100	新开张	1	
	日升药局	骆洪齐	农安	100	新开张	1	
	福兴德	白敬齐	河南	1,000	3,500	1	
	德兴堂	张俊九	农安	100	300	1	
	广生堂	张名造	农安	1,000	1,280	1	
	同太昌	降文华	奉天	300	382	1	
	春生堂	李榆 *	农安	200	新开张	1	
	同德牲	闰德礼	农安	100	300	1	
	聚德堂	赵守刚	农安	70	300	1	
	普信堂	黄英海	农安	60	200	1	
	兴源堂	李福堂	临榆	5,400	5,230	1	
	华英医院	杨声波	农安	200	新开张	1	
	福德堂	王长春	农安	2,800	2,660	2	
	德生堂	修佐臣	锦县	40	300	1	
	天德堂	石忠诚	乐亭	6,000	8,000	7	
	天增堂	张化南	农安	100	新开张	1	
	宝泰昌	泰鸿奉	农安	300	1,100	1	
	天合堂	孙龙仪	农安	500	800	1	
	同义堂	刘维三	农安	1,000	新开张	1	

商业营业种类	铺号	经理	籍贯	资本(圆)	营业额(圆)	股东人数(名)	摘要
茶食店	永庆长	常治就	乐亭	2,000	新开张	1	
	永成德	傀永昌	抚审	2,750	3,000	5	
	万聚恒	刘云奇	农安	7,200	28,000	10	
	福发斋	施福全	农安	400	400	1	
	德庆隆	石凤岐	农安	85	650	1	
	双盛发	沙玉升	农安	300	800	1	
	义顺魁	朱成林	农安	500	2,000	1	
	德兴泰	全国治	农安	1,200	新开张	4	
	杨文明	杨文明	农安	20	新开张	1	
	松竹齐	李芳圃	奉天	200	新开张	2	
	恒利德	李子丰	农安	100	新开张	1	
	杨小铺	杨世魁	农安	30	新开张	1	
	李小铺	李安达	农安	150	1,000	1	
	东兴永	券廷宾	农安	150	300	1	
	天德泰	姜焕章	农安	200	300	1	
	郭家皮铺	郭义礼	河北	60	80	1	
	张家皮铺	张*俊	河北	300	300	1	
	三盛合	赵永鸿	河北	300	新开张	3	
	聚盛长	李国臣	河北	400	900	4	
	振记	刘振东	农安	150	560	1	
	福记	李国栋	农安	500	700	1	
	吕皮铺	吕忠和	农安	200	500	1	
	德兴合	赵秀	农安	1,000	2,270	2	
	永聚福	李木堂	农安	500	1,200	1	
	新发福	高学孟	农安	400	765	1	
	利典永	都志明	农安	500	1,100	1	
	德发合	李森	农安	100	700	1	
	聚发合	张利太	农安	1,000	2,800	5	
	同合发	王思兆	锦县	1,000	2,300	2	
	仆家皮铺	仆永祯	农安	800	1,350	1	

续表

商业营业种类	铺号	经理	籍贯	资本（圆）	营业额（圆）	股东人数（名）	摘要
＊饰楼	玉升金	何凤起	农安	1,000	1,200	1	
	详聚兴	吕云武	农安	500	1,050	3	
	玉宝金	陈凤亭	农安	2,000	新开张	2	
	祥茂兴	扬世起	河北	2,000	1,800	1	
	玉升庆	周庆萱	农安	1,500	2,720	1	
	隆合盛	李成喜	农安	3,500	3,400	5	
	四合金	刘榆声	农安	2,000	2,800	1	
	三盛合	高锡山	农安	1,200	1,150	3	
磁铁铺	双发成	赵振海	农安	200	新开张	2	
	利发合	武景贺	河北	1,000	1,100	3	
	天顺合	冯庆云	山东	200	550	1	
	天兴洪	路洪承	农安	400	180	1	
	利发成	高立	农安	500	1,000	1	
	二合成	董福合	农安	150	新开张	1	
	泰和兴	赵俊清	农安	1,500	700	5	
	春和长	李喜春	农安	300	新开张	1	
下杂货铺	福德厚	魏福文	农安	150	新开张	1	
	藤华国	薛华国	农安	150	新开张	1	
	顺发长	陈升三	昌黎	200	400	1	
	万德厚	刘云楼	昌黎	2,000	3,000	2	
	玉太长	刘香圃	农安	300	新开张	1	
	祥记	刘纪祥	农安	200	100	1	
	聚盛兴	才润身	江省	2,800	14,600	2	
	香记	王香圃	农安	100	新开张	1	
	王林	王林	农安	2,000	1,000	1	
	刘文田	刘文田	农安	50	200	1	
	成记	扬耀山	昌黎	300	新开张	1	
	张子房	张子房	农安	300	500	1	
	广记	孙广业	农安	300	150	2	
	曾合记	梁全德	农安	250	1,020	1	

续表

商业营业种类	铺号	经理	籍贯	资本（圆）	营业额（圆）	股东人数（名）	摘要
	福记	潘世洞	河北	100	580	3	
	福发永	张文轩	乐亭	3,000	新开张	2	
	义顺典	何国安	乐亭	6,250	9,000	3	
	东顺泰	王雨春	乐亭	5,250	15,900	5	
	万记	马宝全	农安	480	1,200	3	
	刘小铺	刘福	农安	150	300	1	
	德兴厚	赵得山	农安	140	500	1	
	双盛合	才王林	农安	50	200	1	
	广和福	张品一	乐亭	2,250	1,300	3	
鲜果铺	德增东	冯子明	昌黎	6,500	14,200	4	
	同增信	李秀春	农安	1,200	2,000	1	
	同和盛	赵恒久	乐亭	1,000	916	3	
	义兴隆	刘广义	宁波	200	1,000	1	
	合记	刘鸿德	农安	300	1,200	1	
	德增厚	丘凤鸣	农安	2,250	7,400	4	
	王世才	王世才	农安	50	新开张	1	
	万顺增	张云芝	乐亭	150	300	1	
	李荣春	李荣春	农安	60	200	1	
	成义公	王义	农安	800	新开张	4	
	义盛合	杨廷俊	农安	40	300	1	
	聚兴福	魏度喜	农安	100	360	1	
	万发长	荣长春	农安	300	250	1	
	公升合	修治国	农安	4,480	6,000	3	
	福升德	王焕亭	农安	400	新开张	1	
木铺	鸿林木局	高洪林	农安	500	710	1	
	福成德	姜绍金	农安	300	800	1	
	相记	李向阳	农安	500	3,500	1	
	万盛永	孙殿文	农安	40	500	1	
	永发柳	刘兆才	农安	100	200	1	
	胡文	胡文	新民	50	150	1	

续表

商业营业种类	铺号	经理	籍贯	资本(圆)	营业额(圆)	股东人数(名)	摘要
	福聚长	王廷	农安	1,500	1,080	3	
	福兴木	马声远	农安	4,200	3,580	7	
	兴顺合	袁廷吉	农安	1,400	1,700	1	
	福兴厚	石凤安	农安	1,000	1,500	1	
粮米铺	兴顺东	王锡福	农安	600	新开张	1	
	玉盛福	彭瑞武	农安	3,000	2,000	5	
	聚源长	彭焕玉	农安	2,400	新开张	3	
	福巨永粮米油房	高永	农安	500	新开张	1	
铁炉	顺兴炉	郑来忠	山东	50	250	1	
	三盛炉	王殿云	山东	100	800	1	
	同盛炉	王教明	山东	60	320	1	
	东兴炉	齐景斌	山东	30	1,000	1	
	同兴炉	齐兴之	山东	50	新开张	1	
	永发炉	高现	山东	100	700	1	
	焦家炉	焦俊芳	农安	30	200	1	
	瑞记铁炉	赵福	农安	100	新开张	1	
	永盛炉	玉德顺	农安	50	300	1	
	双发炉	孟度仁	农安	60	200	1	
	宝兴炉	景家全	农安	30	400	1	
	东发炉	刘云斌	山东	100	800	1	
	毕家炉	毕喜	河间	50	400	1	
	义合炉	井家俭	山东	50	新开张	1	
	泰和炉	高伦	山东	80	新开张	1	
	福顺炉	李万才	山东	20	300	1	
饭馆	东升庆	杨树清	农安	200	1,900	1	
	杨烧铺	杨文秀	农安	40	720	1	
	福春园	刘凤山	农安	70	新开张	3	
	永升园	商云阁	农安	200	新开张	1	
	东亚饭店	单钧	农安	400	新开张	2	

续表

商业营业种类	铺号	经理	籍贯	资本(圆)	营业额(圆)	股东人数(名)	摘要
	孙喜堂	孙喜堂	农安	60	新开张	1	
	陈酱肉铺	陈志勋	河北	50	100	1	
	周尖饼铺	周德顺	农安	20	新开张	1	
	东兴园	赵俊彦	农安	120	1,000	1	
	王家馆	王永阅	农安	20	360	2	
	德源饭铺	胡夫宾	农安	20	360	1	
	王尖饼铺	王兆华	农安	20	350	1	
	九香居	张海万	农安	40	350	1	
	王家饭铺	王国恩	农安	100	400	1	
	永盛园	刘海宗	农安	100	700	1	
	羊汤馆	武杉波	农安	50	1,000	1	
	北盛园	李庆	农安	300	1,000	1	
	福合园	单俊峰	农安	1,000	新开张	5	
	一分利	王福臣	农安	70	500	1	
	三盛馆	孙志桂	农安	100	300	2	
	刘饭馆	刘玉臣	农安	60	250	1	
	孙家饭馆	孙世德	农安	50	300	1	
	义顺兴	王金堂	农安	100	300	1	
	马家小铺	马连升	农安	20	300	1	
	贾小铺	贾凤山	农安	70	400	1	
	吕家烧饼铺	吕德有	农安	50	新开张	3	
	福发兴	赵恩普	农安	20	新开张	1	
	初荣亭	初荣亭	农安	40	250	1	
	王尖井铺	王义鸿	农安	10	250	1	
	县烧饼铺	县汝新	农安	10	200	1	
	张小铺	张起瑞	农安	50	新开张	1	
	初小铺	初连升	农安	150	新开张	1	
花铺	成记号	宋喜会	农安	50	250	1	
山行厅	同义福	吕德山	农安	1,600	8,000	4	
	魁记	李魁臣	农安	1,000	5,000	1	

续表

商业营业种类	铺号	经理	籍贯	资本(圆)	营业额(圆)	股东人数(名)	摘要
	张玉田	张玉田	农安	200	1,000	1	
	骆元福	骆元福	农安	500	4,000	1	
染房	玉发兴	裴俊明	新京	1,500	5,500	10	
	顺升合	俣振东	农安	600	2,785	1	
	中兴合	孟裕瑞	农安	1,000	1,500	1	
	东兴合	傅瑞	锦县	400	1,000	4	
	同兴合	王纪雨	山东	1,000	1,500	3	
	源发合	运锡夏	农安	150	1,500	1	
	永顺合	崔星川	农安	1,000	3,000	6	
洋铣铺	李洋铣茶馆铺	李长瑞	农安	50	新开张	1	
	刘同铺	刘焕文	农安	200	480	1	
	同记	吕金波	山东	50	200	1	
	二合成	白尚武	农安	150	250	1	
	合顺成	邢照起	农安	200	400	1	
	三义成	沙成山	农安	200	400	1	
	利兴成	龙万成	农安	200	250	1	
肉铺	祥合永	刘成祥	乐亭	1,500	3,000	1	
	三合肉	袁福存	山东	1,000	1,500	1	
香坊	天德成	王焕延	农安	3,000	1,811	1	
书局	文昌书局	邢焕奉	农安	1,000	1,500	1	

正如前文所述,因为本次调查虽是在有组织、有计划下进行的,但因时间并不宽裕,故全体调查队成员仅对两三家大型商铺进行了巡查。

福顺合(油坊、烧锅业)资金2万3千圆,销售额共计6万2千圆,其章程如下所示:

今合约众财东纯德堂、厚德堂、永和堂、富贵堂、福厚堂、孙建功、张青山、高锡九、延青山、积余堂、延源堂等

今合资在农安县南大街路东开设福顺合烧锅生理共集本吉钱伍百捌拾五万吊正义妥按叁拾万吊作股壹俸领本人丁世明经理营业言明以三年清算赈目至期应获余利按股分收东县不许长支短缺亦不准假公缪身俟后如有身股不愿生理者＊照随年鸿卑清算不许别生枝节至于房屋并后柴园乃一切家倨铺垫共作股式俸四厘柜上应用物件如有不敷分使随时添买出柜上张东县均坦所有以先之铺垫均是房东之物别立账簿戴明房屋不敷佔用者遇修盖仍出房更之账历年苦

抹小工顺于柜上担任所有身股历年应文养家钱又戴于后东名应有钱股身股份多寡均注于后此是县议明各无异说自立生理之后东县志同而求万年之业弟兄道合预聚亿兆之财者同气相应各如是患业之不昌财之不感

以共钱股身股共计三十俸零五厘五毫

恒与东

行业	杂货商,资本 16,500 圆,销售额 91,000 圆
合股人	财主共 11 人(河北 2 人、下兵台 3 人、城内 6 人)
开业时间	光绪二十八年,赋课金、铜场税(国税)为 2%、营业税(地方税)为 1%
雇佣工人	78 人(工资从 25 圆至 150 圆)
分红	计算每 3 年每位财主 2,000 圆
供应商	主要为新京
销售地	与城内相比,城外农户较多,主要以现金结算。

此外,杂货店所售商品的具体如下调查所示:

商品名	日本名	商标	单位	价格(金票)	产地
4016 洋线	ガス線	银月	每包	2.10	大阪
4016	ガス線	桂月	1 包	2.08	大阪
60 大尺布	手織木絲	白羊美人	2 匹	2.90	大阪
60 大尺布	手織木絲	象冠	1 匹	2.80	大阪
20 花旗布	アメリカ良紗	不老草	1 匹	10.50	大阪
20 花旗布	アメリカ良紗	三元宝	1 匹	9.80	大阪
40 市布	大幅木綿(2.4 尺多)	军人票	1 匹	10.20	大阪
40 市布	大幅木綿(2.4 尺多)	辽塔	1 匹	9.20	满洲辽阳
坎布	綾木綿	人面	1 匹	6.00	大阪
漂市布	漂木綿	双狮塔	1 匹	12.00	大阪
漂市布	漂木綿	三鹰	1 匹	9.20	大阪
80 小斜文	綾木綿	宝珠	每板	10.00	大阪
80 小斜文	綾木綿	张良	每板	9.90	大阪
30 冲华达呢	綿ラシャ	二贤园	每板	13.50	大阪
30 印花市呢	花模様シュス	三马头	每板	8.70	大阪
30 码油光呢	シュス(光沢アルモノ)	祝英台	每板	8.90	大阪
30 码油光呢黄金地	シュス(光沢アルモノ)	黄金地	每板	18.50	大阪

商品名	日本名	商标	单位	价格(金票)	产地
30码细斜	綾木綿	驴美人	每板	5.90	大阪
30码印花斜纹	模様入綾木綿	莫干山	每板	8.20	大阪
30码花冲毛布	模様入綾木綿	金山寺	每板	8.40	大阪
28码猩孔洋织布	赤木綿	仙外	1匹	5.80	大阪
28码猩孔洋织布	赤木綿	郭巨	1匹	4.80	大阪
80码服绸	ポプリン	桐下美人	每板	10.50	
80码麻纱	木綿	三马头	每板	6.00	
1000号毛布	サージ	孔雀	1码	10.50	
华达呢	ラシャ	—	1码	13.50	
30码线绨	交織(レイヨン)	—	1匹	13.50	
亚花绒	模様入ビロード	—	1码	13.65	
回绒	ビロード	犬美人	1码	13.70	大阪
30码蹉子绒	縞ビロード	金钟美人	1码	13.66	
30码粉连绒	白イ紙	孔鹤	1包	2.10	日本
白糖	サトー	宇字	1包	2.00	日本
白糖		荒字	1包	1.95	日本
石碱	セッケン	文鸟	1打	2.40	日本
石碱	セッケン	九重	1打	1.40	日本
手巾	手拭	牛头	1打	2.20	日本

4.金融

(1)流通货币为国币、吉林大洋、黑龙江大洋、奉天大洋、哈大洋和吉林官帖。

虽规定国币以外的流通货币于6月底前丧失流通效力,但仍有相当一部分在流通。

各货币间的兑换汇率依据中央银行公定:

吉林大洋(国币1圆=1圆30钱)　　黑龙江大洋(国币1圆=14圆)

奉天票　(国币1圆=500圆)　　哈大洋(国币1圆=1圆25钱)

吉林官帖(国币1圆=50吊)

(2)金融机关:银行仅为中央银行农安支行。中央银行农安支行为民国12年开设,满洲成立后继续经营东三省官银号农安支店,并致力于产业开发、国币流通以及旧货币回收等工作。

(A)存款

共计12,400圆(活期存款12,000圆、定期存款400圆),存款人主要为部队、县税务部门、监狱等,民间存款几乎为 0。

利率为 10,000 圆每日 3 角。

(B)贷款

204,000 圆(信用贷款 63,000 圆、担保贷款 105,000 圆、农民贷款 76,000 圆)

农民贷款为春耕贷款,其中 1 晌应付约 3 圆。需要借款的对象以粮仓居多,其中 11 月、12 月、1 月这 3 个月的资金需求最大。利率为 7 厘至 9 厘,日息为每 10,000 圆 2 圆 20 钱。此外,支行于大同 2 年下半年业绩如下:利息收入 14,600 圆、工资及办公开支费用 7,200 圆。城内共存当铺计 9 家,具体如下(商务会调查):

商号	经理	资金(圆)	贷出金额(圆)
同源当	杨峰山	9,000	15,000
兴源当	李世昌	13,000	12,700
三成当	刘汇川	20,000	4,500
义顺当	石荆川	18,000	31,000
义顺福当	高俊声	12,000	16,500
发记当	白玉书	10,000	8,000
永兴当	杨馥亭	8,000	4,500
德增当	赵国安	15,000	9,000
福顺当	高俊选	10,000	9,000

粮栈和农民间基本不存在类似于借贷的关系,但在特产大量上市的时候会出现"存粮贷款"的情况。虽详细内容不明,但至少我们可以得知的是若农户对粮栈所给出的收购价格不满,则会将谷物委托给粮栈来抵一定数额的贷款。

另外,金融机构除以上外还有国际运融。

国际运融于去年 12 月向当地派出专派员,用以处理新大线铁路建材运输和粮栈贷款等事务。

去年起至今年 4 月间的贷款约为 30,000 圆,并且仍有 6,000 圆款项未归还。

使用合同票据作为借贷特产的担保凭证,其手续如下:依照专派员到同公司新京支店发行的"支付单"的形式,粮栈主到支店接受现金,回收金则以中央银行支行使用电报向新京支店汇款的形式进行。

贷款利率为 8,000 圆每日 28 钱 3 厘,含保险金(保火险)5 钱 5 厘,(纯利)计为 23 钱 3 厘,据粮栈业主反映,中央银行的利率是 28 钱,相比较而言国际运融(的利率)比其稍低,但过于冗杂的手续致使其不怎么受欢迎。

扶余县

第一　概况

1.位置、地势及人口

扶余县位于吉林省西北部,东接榆树县,西部以及西南部同郭尔罗斯前旗接壤,东南为德惠县,彼此间被第二松花江隔开,北面临松花江干流同黑龙江省肇州县相望,东北方向同双城县于拉林河处接壤。

地形大致平坦,亦有波浪起伏状的丘陵地带。平原土地肥沃,宜于农耕,尤以松花江畔一带最为显著。

县城处于全县西南端,位于第二松花江右岸农安西北方向 220 华里,北满洲铁路陶赖昭西方 240 华里,是吉林省内一流的繁华地区(《满蒙》四月号扶余介绍)。本县的户数人口如下表所示:

区	户数	人口		总计
		男	女	
第一区	12,242	35,246	29,625	64,871
第二区	5,361	17,921	15,097	33,018
第三区	7,995	26,381	25,518	51,899
第四区	6,197	15,933	24,161	50,094
第五区	6,392	24,183	19,832	44,035
第六区	8,316	27,119	24,351	51,670
第七区	6,599	26,010	26,098	52,108
第八区	4,572	16,311	14,336	30,647
总计	57,674	199,104	179,238	378,342

县城主要村镇户数、人口

	户数	人口数
县城	4,406	24,640

续表

	户数	人口数
长春岭	1,596	8,733
王家站	1,679	10,250
三岔河	1,697	11,520

按职业划分所统计的人数

职业	男	女	合计
学生	6,494	2,587	9,081
军人	3,805	—	3,805
官员	1,508	—	1,508
农民	126,003	80,821	206,824
工人	20,440	12,290	206,824[#]
商人	20,365	5,936	32,730[#]
渔民	589	52	641
船员	887	51	938
无业	7,107	64,816	72,025[#]
失业	2,265	3,530	4,795
其他	9,541	9,154	18,695
合计	199,104	179,238	378,342

县内外国人国籍表

	户数	男	女	合计
日本人	15	19	10	29
朝鲜人	124	339	210	549
法国人	1	1	1	2
丹麦人	1	1	1	2
合计	141	360	222	582

附记:县城中还有4户日本人,本表中的15户为陶赖昭在住者。

(以上出自扶余县公署总务科编印《县政月刊》)

2.沿革

今扶余县一带因曾为金太祖以少胜多大破辽军,继而攻打辽国的黄龙府(即今农安县城),确立金朝国基的史实,作为古时战场传承至今。

远古时期农安县城曾作为首都,划归于从事畜牧农耕的扶余人的版图。但此后依次并属于高丽、渤海、辽、金等国,明朝时期又被蒙古人所占领。

清朝初始,康熙年间,在讷尔汗的郊外设置伯都讷站来安定蒙古人,并学习明朝的护卫队制度,在各农村设置官立的军队站,凭借以旗兵编成的义勇守备队来镇压蒙古人。

此后,随着文化的不断发展,且伯都讷站距江较远而不得不选取商业贸易点,因此于康熙三十五年,选定今县城处为城,并取名新城,又依照此前即康熙三十三年颁布的旗军制度设置了副都统。此后,因居民商旅来往增多,需设立文官,委副都统兼任知事。

雍正年间更名为长宁县,乾隆年间废除县制设州同,十二年废除州同、设巡查隶属于吉林理事同知,二十六年废除巡查设置蒙古理藩院委属王事,今扶余、榆树两县隶属其管辖。嘉庆十六年设伯都讷厅任理事同知,增设两巡检分驻伯都讷及孤榆树,设同知专理移民往来事务。

光绪八年,将理事同知改为抚民同知,将孤榆树屯的分防巡检改为榆树县的分防巡检,分属于新城府的管辖范围内。

民国2年废除府、成立新城县,隶属哈尔滨西北路观察使。由于同直隶省某县同名,民国3年2月起至今更名为扶余县。

3.交通

(1)扶余县道路状况如下所示:

①至小城子大道(宽度40尺)　　　　　通过永宁镇

②至双城县大道(宽度40尺)　　　　　通过长春岭

③县境中部大道(宽度40尺)　　　　　到三岔河东榆树县界

④通江省大道　(宽度40尺)　　　　　到三岔河

⑤县东纵道　　(宽度40尺)　　　　　王家站—长春岭—下岱吉

(2)机动车

(A)铁路总局巴士

新京——农安——扶余　　　　　　　　　大同3年2月12日起

3天1班　　　　车票8圆30钱

(B)民间机动车

所有者　　万有栈

	夏	冬
县城—大宾县城	无	每日
县城—肇州县城	无	每隔两三天
县城—榆树县城	每隔两三天	每日
县城—农安县城	每隔两三天	每日

所有车辆数

客车10辆(16人座5辆、18人座5辆)

货车 10 辆

松花江航运冬季结冰期长,通航期为 4 月至 12 月,万有栈拥有 4 艘汽船,开放左侧航道。

	航程	费用
扶余—吉林	5 天	3.90 圆
扶余—哈尔滨	3 天	3.60 圆
扶余—江桥	4 天	3.90 圆
扶余—老哨沟	2 天	3.25 圆
扶余—大宾	1 天	0.80 圆

备注:二等舱价格为三等舱的一倍。

至各地航程如下所示:

		出港	到达
帆船	扶余—吉林	22 号	27 日
	扶余—哈尔滨	7 号	14 日
汽船	扶余—哈尔滨	2 号	3 号

汽艇共有 3 艘,总局 1 艘,民国 2 艘,帆船约 800 艘。

4.治安状况

本县的治安是由满洲国各警备机关同日本在驻部队依次确立的,目前并不完美,松花江的岛屿间仍时常有小伙劫匪出没,有相当多的航船受害。

本县警备设施如下所示:

吉林警备骑兵第一旅团第一团本部
县公署警备大队

警察大队本部(警务局内)二中队 160 人

第 1 区(县城　) 87 人 第 5 区(王家店) 19 人
第 2 区(大洼　) 19 人 第 6 区(三岔河) 21 人
第 3 区(长春岭) 21 人 第 7 区(了子#)　21 人
第 4 区(蒋家窝) 21 人 第 8 区(小城子) 19 人

自卫团

东园子　　165 人　　　大洼屯　　208 人
长春岭　　214 人　　　小家子　　210 人
王家站　　160 人　　　三岔河　　161 人
东兴县　　208 人　　　大三家子　164 人

合计　　　　1,490 人

该县无水上警察,由八里营子(农安县)上游警察分局负责哈尔滨至吉林间水域的警备工作。

扶余县对岸即郭尔罗斯前旗驻有负责新大线铁路警备事务的日军中队。

第二　经济状况

1.财政

据财政局及税务局提供的资料,扶余县的财政状况如下所示:

扶余县大同元年收支明细表

税目	实际收入(圆)	纳税标准及税率	各机关别名	实际支出(圆)
晌捐	53,261.67	每晌收吉大洋 5 角 7 分	警务局	49,836.40
二成粮捐	14,002.08	买价每百吊收吉钱 2 吊	保卫队	23,474.21
一成粮捐	4,068.02	卖价每百吊收吉钱 1 吊	教育局	24,102.54
站一成买主粮捐	16,061.21	买价每百吊收吉钱 1 吊	实业局	8,501.62
站一成卖主粮捐	16,061.21	卖价每百吊收吉钱 1 吊	财务局	9,106.68
四厘四捐	9.67	卖价每百吊收吉钱 440 文	试验局	925.32
四厘捐	8.79	买价每百吊收吉钱 200 文	诊疗所	778.47
烟麻城特捐	36.33	卖价每百吊收吉钱 1 吊	屠宰场	1,884.67
市场房租	82.64	一等收吉钱 180 吊 二等收吉钱 120 吊 三等收吉钱 100 吊	征收车牌办公费	440.692#
鸠子捐	12.48	每百盾个收吉钱 1 吊	清乡局子	335.692
牛马特捐	966.13	买价每百圆收吉钱 3 吊	长途电话费	5,500.006
警款发商利	235.16		票昭火车牌工梓等	2,285.715
营业税	1,182.91	卖钱每百吊收吉钱 1 吊	三七区自卫团子弹费	1,127.542
学田租	179.28		请准注销被匪枪款	3,255.909
车牌税	5,479.86	1 套国币 1 圆 2 套国币 2 圆 3、4 套　国币 4 圆 5 套以上国币 6 圆	补助前军用官车亏款	201.339

税目	实际收入（圆）	纳税标准及税率	各机关别名	实际支出（圆）
马车捐	40.00	每辆收吉大洋 1 圆	放榜电报费①	536.170
屠捐	1,651.08	牛 1 头收吉大洋 1 圆 羊 1 头收吉大洋 3 角 猪 1 头收吉大洋 3 角	合计	214,643.631
妓捐	453.47	一等 4 圆 二等 3 圆 三等 1 圆 5 角 四等 1 圆 5 角		
摊位捐	691.55	一等吉大洋 1 圆 5 角 二等吉大洋 1 圆 三等吉大洋 5 角 钱桌每张 5 角		
屠宰场捐	1,585.72	牛 1 头收吉大洋 1 圆 羊 1 只收吉大洋 2 角 猪 1 头收吉大洋 3 角		
附加捐	920.29	一成粮捐 4 厘 4 捐 烟麻城特捐每捐 1 吊		
漏捐罚金	62.69			
合计	117,052.51			
超支金额	97,591.12			

备注：超支的 97,591 圆 1 角 2 分（国币）由省库借款垫付。

扶余县大同 2 年 7 月至康德元年 4 月的收支明细表 　　　　（单位：圆）

税目	实际收入	标准及税率	实际支出	各机关名
县行政费	6,400.00		18,013.85	县公署
田赋提成	1,521.12		4,055.00	内务局
通话费	72.50		169,291.57	警务署
晌捐	13,961.14	每晌收吉大洋 5 角 7 分	377,690.53	教育局
二成粮捐	18,341.69	买价每百圆收吉钱 2 圆	12,421.12	财务局
一成粮捐	8,330.49	卖价每百圆收吉钱 1 圆	1,160.70	宝原局

① 　译者注：此处与本列标题"各机关名"不符。

税目	实际收入	标准及税率	实际支出	各机关名
站一成买主粮捐	17,810.15	买价每百圆收吉钱1	2,150.51	农业试验场
站一成卖主粮捐	17,810.16	卖价每百圆收吉钱1	1,908.15	救济院
四厘四捐	28.17	卖价每百吊收吉钱440文	1,749.47	屠宰场
四厘捐	23.77	买价每百吊收吉钱200文	2,221.60	长途电话局
烟麻城特捐	69.73	卖价每百吊收吉钱1	455.91	补发前自治区公所经费
菜肉市场房租	72.12	一等吉钱180 二等吉钱120 三等吉钱100	7.92	征收车牌办公费
戏捐	22.51	卖钱每百吊收吉钱88文	554.28	提前漏捐罚款
鸠子捐	20.28	每百盾吉钱	129.36	房屋电报费
木炭捐	28.00	炭商包纳	4,436.17	退还免除晌捐款
牛马特捐	1,538.56	买价每百吊收吉钱3吊	433.70	前解共党犯款项
警院款发商利	825.28		256.97	票昭火车牌工科等费
警款发商利	486.37		5,156.15	收尾快晌捐薪工等费
车牌捐	6,539.92	1套1圆 2套国币2圆 3、4套4圆 5套以上6圆	2,618.14	普省会议领款
马车捐	176.95	每辆收吉大洋1圆	1,246.76	县署提长途电话费
屠捐	1,367.72	牛1头收大洋1圆 羊1头收大洋3角 猪1头吉大洋3角	555.15	县署提前处罚商会款
妓捐	343.88	一等吉大洋4圆 二等吉大洋3圆 三等吉大洋1圆5角 四等吉大洋1圆	15.39	县署提前资质基金会
摊位费	489.24	一等吉大洋1圆5角 二等吉大洋1圆 三等吉大洋5角 钱桌每张5角	1,412.02	县维持会
营业税	10,218.20	卖钱每百吊收吉钱1吊		
附加税	2,195.60	一成粮捐4厘4捐烟 蔴城特捐每捐1吊		

续表

税目	实际收入	标准及税率	实际支出	各机关名
尾缺田赋提成	389.89			
尾缺晌捐	74,069.23			
农田租	6,832.88			
屠宰场费	1,430.39	牛 1 头吉大洋 1 圆 羊 1 头吉大洋 2 角 猪 1 头吉大洋 3 角		
漏捐罚款	484.40			
*提成	297.13			
合计	195,213.45		268,270.42	

备注： 超支的 73,056 圆 9 角 7 分（国币）由省库借款垫付。

除以上的地方税外，财务局同时还征收田赋契税、清赋等国税。

（1）田赋（每晌收吉大洋 8 角）的实际收入（自大同 2 年 7 月 1 日起至本年 4 月废止）大同元年年实际收入为国币 5,321 圆 3 角 7 分；大同 2 年年实际收入为国币 26,134 圆 8 角。

（2）契税（36%）的实际收入（自大同 2 年 7 月起至本年 4 月废止）15,981 圆 6 角 3 分。

（3）清赋的实际收入（自大同 2 年 7 月起至本年 4 月废止）438 圆 2 角。

扶余县税务局征收各税数目

大同 2 年 1 月至同年 12 月

税目	税收额（圆）	税目	税收额（圆）
土产税	2,705.06	粮石销场税	13,886.89
海菜税	1,920.80	粮石手税	5,155.59
卖钱营业税	12,871.86	皮张税	1,247.90
摊位税	2,062.99	牙税	346.88
牲畜税	5,208.22	当课	215.16
屠宰税	1,152.96		
粮石出产税	17,418.31	合计	64,193.62

康德元年 1 月至 4 月

税目	税收额（圆）	税目	税收额（圆）
粮石出产税	6,563.19	牙税	151.63
皮张税	1,106.58	当税	176.92
鱼税	2,454.39	屠宰税	311.31

税目	税收额(圆)	税目	税收额(圆)
土产税	569.29	牲畜税	1,665.96
营业税	6,907.09		
摊位税	366.15	合计	20,272.51

2.农业

经县农务会调查,扶余县的农业状况大致如下所示:

已耕地面积　500,000 晌

明细

普通地 400,000 晌、水田 2,000 晌、桑田 100 晌、果园 500 晌、牧草地 60,000 晌、菜园 37,400 晌

预计可耕地面积 182,000 晌

明细

林地 6,000 晌、原野 100,000 晌、沼泽 20,000 晌、盐碱地 56,000 晌

预计可耕水田面积 50,500 晌

明细

池沼 20,000 晌、湿地 30,000 晌、盐碱地 500 晌

已耕地作物的种植面积及种植比例如下所示:

种类	种植面积(晌)	种植比例(%)
小麦	50,000	12.50
高粱	100,000	25.00
大麦	5,000	1.25
其他豆类	5,000	1.25
荞麦	5,000	1.25
玉米	20,000	5.00
谷子	80,000	20.00
麻子	5,000	1.25
大豆	100,000	25.00
绿豆	20,000	5.00
其他作物	10,000	2.50
合计	400,000	100

大同 2 年总收成的精确数字无法统计,以下为农务会调查结果:

品名	产量(石)	品名	产量(石)
高粱	350,000	小麦	140,000
玉米	70,000	吉豆	80,000
小米	240,000	糜子	20,000
大米	6,500	荞麦	8,000
大豆	300,000	芸豆	10,000
小豆	8,000	合计	1,232,500

最后介绍一下土地关系,本县土地原属于吉林八旗,禁止买卖,此外还拥有封建性质的免税特权。光绪三十年该特权废除,允许自由买卖土地,征收地税,到今天农民完整的土地所有权已得到保障。

```
                        执照
                财政部      为
             发给执照事案准

吉林公署兹据吉林省清查土地局册报文明坐落扶余县七
区字业四平街屯户冯德海地一段计十九晌五亩九分除照
章   收经照等外合行发出


              执照须至执照者
   原额地十九晌三亩九分经费二圆一角三分九厘
      原扣地十九晌三亩九分收照费一圆
    浮  地     晌  亩   分  注册费一角


              入即无效
   中华民国 11 月 30 日右照给业主
        冯德海收执
                  吉林全省清埋田赋局
```

3.渔业

扶余县三面邻松花江,因而渔业相当繁盛,渔业为本县主要产业之一。

(1)渔场地名

杨家白、玉中花、唐林挖子、罗林营子、大鱼楜等。

(2)年捕鱼量

依据县当局水产调查,其总额约为700,000斤。按其类别表示划分为:

白鱼　　　新鲜鱼占2,000斤(价格300圆)

　　　　　冷冻鱼占3,000斤(价格600圆)

敖花鱼　　新鲜鱼占3,000斤(价格180圆)

　　　　　冷冻鱼占7,000斤(价格1,500圆)

胖头鱼　　新鲜鱼占100,000斤(价格4,000圆)

　　　　　冷冻鱼占250,000斤(价格20,000圆)

鲤鱼　　　新鲜鱼占30,000斤(价格2,100圆)

　　　　　冷冻鱼占70,000斤(价格12,000圆)

杂鱼　　　新鲜鱼占100,000斤(价格2,000圆)

　　　　　冷冻鱼占120,000(价格4,880圆)

此外,对康德元年1月至4月间捕鱼总量所征收的鱼税推算来看。由税务局征收鱼税,派稽查员至渔场进行严密的调查。

鱼业税的税率　　每百斤收吉大洋5角8分(折合国币44钱4厘)

1月至4月间所收鱼业税总额

国币2,454圆3角9分

推算捕鱼所获总金额　　552,800圆

(3)鱼种、鱼期

鱼种共80多种,主要种类为白鱼、边鱼、敖花、鲤鱼、胖头等。

鱼期为整年,但由于夏季运输困难,11月至来年4月间最繁盛。

(4)渔家、渔民

渔家　　约150家

渔民　　旺期9,000人　　初期、末期四五千人

(5)渔业税

一等40圆、二等20圆、三等12圆、四等8圆、五等6圆、六等4圆,以上均为吉大洋。

此外税务局稽查员还依据所调查数据征收吉大洋5角8分(每100斤)。据税务局称,先前在黑龙江省茂兴一带曾出现过以避税为目的的对捕捞品进行售卖的行为,但在该地设立税务局以后有效防止了避税行为。

(6)鱼种出口状况

先前内容已对渔业状况进行了大致说明,以下简单介绍其中的鱼种出口情况。

①出口时间。虽然当地的渔业(捕捞期)大致是一整年均可进行,但由于其出口运输方式的不完善,其出口时间仅限于每年十一月至次年二月期间。

②出口路径。出口地主要为新京、奉天、哈尔滨等方向。这些地方的商人进入当地,从鱼

市场或渔家直接购入。由于松花江冬季冰封,依靠马车、汽车到陶赖昭或三岔河,再经北满铁路送往各地。

③出口数量。有关出口数量的精确数字无法得知,但依据税务局工作人员所述,大约为总产量的 3/5。且输往新京、奉天方向的占(出口总量的)3/5,哈尔滨方向的占 2/5。

总之,由于捕捞方法还较低级,且运输方式尚有欠缺,当地渔业未得到充分的发展。若在这两方面适当加以改善,当地渔业应会有较好的发展。

4. 金融

(1)流通货币

现在流通货币为国币、吉林官帖、奉天票、哈大洋、吉林大洋、黑龙江官帖等,其交换价格由中央银行的规定的市价而定。

吉大洋 1 圆 30 钱＝国币 1 圆;吉林官帖 500 吊＝国币 1 圆;黑龙江官帖 1680 吊＝国币 1 圆。

国币流通数额被定为全部流通数额的 7/10,合 30,000 圆(中央银行工作人员称),中央银行支行正努力推进剩余国币的回收工作,到 6 月末其他流通货币将失去流通效力。

(2)金融机构

银行:事变前为中国银行支行,现在为中央银行扶余支行。

存款:约 90,000 圆,其中官员和商人为存款主力,利率为 1 万圆每日 30 钱。

贷款:贷款人主要为杂货商、粮栈主、其他商人,其中杂货商人数最多。贷款总额 170,000 圆,信用贷款 50,000 圆,抵押贷款 120,000 圆。利率为 1 万圆每日 3 圆。

此外,中央银行还办理农民贷款以及工商贷款。

工商贷款　48,000 圆　期限为 1 年。

农民贷款　180,000 圆　去年期限为七八个月,今年为 3 年。

两种贷款利率均为 7‰。

城中平民金融机构当铺情况如下所示:

(商务会调查)

铺号	经理	资金(圆)	贷出额(圆)
福裕当	季福堂	6,000	7,000
天玉当	程锦山	5,000	6,200
同升当	乔鸿升	5,000	6,500
德升当	季润堂	5,000	6,700
同义当	索树萱	6,000	5,200
福兴当	王锡章	6,000	4,500
益增当	自毓峰	5,000	5,900

续表

铺号	经理	资金(圆)	贷出额(圆)
裕富当	王仪	5,000	6,200
信和当	红遁石	6,000	6,800
德增当	刘香普	5,000	5,400
增升当	栗荫轩	5,000	5,300
恒发当	王品三	5,000	5,400

5.商业

(1)概况

扶余县城西、南、北三面隔松花江与蒙古相邻,在对蒙贸易上占据着极其有利的地理位置。且水陆交通方便,水运依靠一条水路可通吉林、卜魁、三姓等方向,此外陆路经郑家屯行500华里可至辽河。昔时作为蒙古市场和黑、奉、吉三省的交通要道得到了显著发展,但此后蒙古市场随着洮南、郑家屯、赤峰及其附近的大赉、肇州、安广、镇东等市场的开发,在此地的影响力被夺去,商业范围明显变小,最远至附近一两百里,尤其由于东清铁路的修筑,其消费者被三岔河等地吸收,商业势力明显衰弱。但近来同之前所述的新京、哈尔滨等地的直接商业活动联系加强,县城在事变前后被匪贼所占领,虽蒙受了相当大的匪害,但在治安确立的同时恢复了常态、现正朝着日益殷实昌盛的方向发展。

(2)农产品上市状况

本县农产品上市情况的一大特征为同交通系统密切相连,作为县货物运输通道的两大交通手段——北满铁路和松花江在内外两方面都对县经济起着规定作用。

为了将农产品从分散的生产者手中集中起来转化为统一的流通过程,在本县设立了两个地方性的中心市场,即县城和石道子城(三岔河),然后再统一销往大连、新京两个外部主要市场。然而两地是由种种经济条件因素自然形成,不像行政区划那样具有严密性和规划性,其市场区域不具备错综复杂的特性。且多数情况下同北满铁道沿线地区一样立刻被同铁道线的周边区域吸收。以下主要介绍县城的产品上市情况。

①首先观察县城的市场区域,正如所述那样其范围未必被限制,此外同三岔河相重叠的区域范围也较少,但从县当局商务会、大户粮栈等所述来看,其区域范围大约为县城百余里以内的地区。具体来说,位于距长春、集厂等地约120里的地区,依据市价行情被两个市场中任一所吸引,县外的肇州、大赉、茂兴等地若进入冬季,也会因这两个市场而集散。

②如上所示,市、城规模大小的县城中粮栈如下所示:

大成久(资金4,000圆、营业额4,700圆) 仁和茂(资金6,000圆、营业额9,800圆)

增盛谦(资金20,000圆、营业额28,000圆)福太成(资金5,000圆、营业额8,500圆)

双合福(资金4,000圆、营业额5,100圆) 福德兴(资金6,000圆、营业额7,500圆)

同顺利(资金1,000圆、营业额2,400圆) 裕丰当(资金5,000圆、营业额6,200圆)

永厚兴(资金 10,000 圆、营业额 20,000 圆)公和兴(资金 3,000 圆、营业额 4,700 圆)

此外,也存在若干被称为"粮堆"的小谷物经营者凭少量资金在市价低时买入,在价格高走时再卖给粮栈、油坊、烧锅作坊等等(粮堆即小户粮石,积户不是粮栈)的情况。

以上介绍的粮栈、粮堆构成了粮食市场,并同拥有粮食的农民签订与此市场相对应的买卖合同。

③同之前所述,积压货物主要销往大连、新京等方向。但据大户粮栈所说,销往大连的量占绝大多数,益发合、三泰油坊、福顺号为买主。过去他们向当地派遣"老客儿",担负起出产税,向当地粮栈支付手续费,也就是担任代理买办。但今天不存在这样的买办关系,代理买办只用通过书信把买卖的费用寄到新京邮局再利用中央银行即可解决。目前虽尚无日本企业的买卖机构,但今年 2 月前后三井物产、三菱商事等企业曾前来考察。

④其次为运输方式。水运虽便利,但由于在上市最旺的冬季河流结冰,只能从 4 月才能使用,冬季就使用大车或汽车由陶赖昭出发,再利用火车经农安运往新京。在河流解冻后,从松花江老哨沟出发,经北铁沿水路运往新京方向。

⑤综上,已经大体介绍了县城内外市场关系,但其集散数量具体为多少尚不清楚。

虽然我们尚未得到可信资料,但从县城第一大的粮栈永厚兴的推算来看如下所示:

集中起来的粮石数　　约为 700,000 石

明细

大豆十万石、绿豆三四十万石、小麦十万石、高粱、糜子、谷子、荞麦等四十万石。

出口数量约为 200,000 石,其他粮食被用作食粮、油坊、烧锅等消费掉。

(3)地区进出贸易

首先看国内输出,县城的主要出口商品为农产品和鱼类,此内容前文已述,因此本章节就其他内容进行说明。

第一　毛皮
牛、马、犬等毛皮主要出口到新京、哈尔滨、奉天等方向。

第二　粉条子
由于其性质,粉条子仅在冬季制作,因此输出旺季主要为 11 月、12 月、1 月前后,输出地为五家站、长春岭、大宾等方向。

第三　毛布
毛布在 5 月至 8 月间生产,9 月至 12 月间输向五家站、长春岭、黑龙江等地。

县城的输入商品估算如下所示:

(大同 2 年商务会调查)

种类、日本名	数目	进口金额(圆)	备注
粗布(毛織粗布)	230 包	36,800	每包 20 匹
大尺布(手織木綿)	120 包	19,200	
样线(ガス絲)	20 包	5,600	

续表

种类、日本名	数目	进口金额(圆)	备注
扁担	40 箱	7,600	每箱 40 匹
市布(木綿廣)	110 包	3,520	
格线(木綿線)	20 包	6,000	
茶叶(茶)	300 箱	4,500	
白糖(白砂糖)	500 包	9,500	
红糖(赤砂糖)	200 包	3,200	
冰糖(氷砂糖)	50 箱	400	
洋布(金巾)	150 匹	900	
人造线(人造絹糸)	100 匹	1,300	
豆条	20 匹	600	
药材	2,500 斤	3,000	
洋钉(西洋釘)	100	1,000	
折货	10 箱	240	
白平铁(アルミ板)	1,400 张	1,400	
黑平板(鉄板)	200 张	160	
铁锅(鍋)	1,000 口	1,100	
方圆铁(鉄棒)	15,000 斤	1,200	
洋灰(セメント)	100 袋	1,200	
铅缘	100 捆	1,000	每梱 90 斤
锄板(鋤の先)	160 捆	1,440	每梱 60 个
苇席	200 捆	3,000	每梱
木杓	30 串	210	每串 20 个
木瓢	1,000 个	200	
	1,000 根	400	
人子(敷布团)	200 梱	180	
扫帚(ホウキ)	2,400 把	600	
木杆(丸太板)	3,000 根	120	
马加板(馬のノドアテ)	300 付	45	
化妆品		4,000	
车鞍	300 斤	120	

种类、日本名	数目	进口金额（圆）	备注
合计		144,435#	

以上有关商品输入地的内容,虽有些细节不清楚,但可知其中六成来自新京方向、两成为哈尔滨、两成来自营口。

此外,石油的消费、流动情况如下所示:

①消费情况

(a)最近,年总额(灯油)为 40,000 加仑

(b)最近 5 年平均年总额(灯油)为 45,000 加仑

(c)汽车、飞机、汽船、消费量为 1,000 加仑

(d)工厂消费量为 60 加仑

②进出境状况

（商务会调查）

入境量		出境量	
一、灯油	60,000 加仑	一、灯油	20,000 加仑
二、汽油	1,000 加仑	二、汽油	
三、机油	60 加仑	三、机油	
四、其他	50 加仑	四、其他	
合计	61,110 加仑		20,000 加仑

此外,据吉黑盐仓管理员所述得知,盐自营口运来,大同 2 年全年从四洮线、江桥驿用水运搬运而来的共有约 9,000 袋(每袋净重 190 斤),其中的一千五六百袋又转运至大齐方向。

(4)物价

康德元年 5 月商务会对县城内一般物价的调查结果如下所示:

品名	数量	现洋价格	品名	数量	现洋价格
大米	1 斗	3 圆	鹰牌煤油	1 桶	6 圆
混保大豆	1 斗	70 钱	元宝牌煤油	1 桶	5 圆 60 钱
大豆	1 斗	68 钱	老牌煤油	1 桶	6 圆
高粱	1 斗	26 钱	大支洋烛	1 包	50 钱
小麦	1 斗	1 圆 60 钱	小支洋烛	1 包	40 钱
红豆	1 斗	60 钱	火柴	1 包	6 钱
小米	1 斗	90 钱	16 烛光电灯费	每盏每月	1 圆 40 钱

品名	数量	现洋价格	品名	数量	现洋价格
清煤	1吨	1圆20钱	32烛光电灯费	每盏每月	1圆68钱
木炭	100斤	4圆	装有电表电灯费	每走一字	30钱
木柈子	100斤	80钱	50烛光电灯费	每盏每月	2圆
秫秸	100捆	1圆20钱	大方茶	1斤	1圆92钱
酱油	1桶	3圆20钱	毛峰茶	1斤	1圆60钱
豆油	1斤	8钱	香片茶	1斤	1圆28钱
豆酱	1斤	8钱	寿眉茶	1斤	1圆28钱
美孚机油	1桶	18圆	瓦平房租金	每间每月	2圆
亚细亚机油	1桶	18圆	土平房租金	每间每月	1圆40钱
苏联煤油	1桶	6圆	砖平房租金	每间每月	1圆80钱
仓房租金	每间每月	1圆	不易糊	1瓶	40钱
大青烧砖	100块	80钱	胶水	1瓶	30钱
花砖	100块	70钱	红砖	100块	70钱
铅油	1斤	30钱	瓦匠工资	1日	80钱
香油	1斤	30钱	木匠工资	1日	80钱
毛造纸	1匹	5圆60钱	苦力工资	1日	30钱
模造纸	1张	3钱	大车工资	1日	2圆60钱
牛皮纸	1张	2钱	马车工资	1日	1圆80钱
双抄纸	1张	2钱	苇席	100捆	120圆
冬紫毫小楷笔	1支	30钱	大麻袋	100条	45圆
墨汁	1瓶	大瓶40钱 小瓶30钱	小麻袋	100条	20圆

6.工业

　　县城内的工业有磨坊、油坊、烧锅、纸坊等,但无论哪一种都是旧式传统工业,且几乎没有相应设施。

　　接下来介绍由商务会所提供的有关工业一般情况的调查表。

油坊调查表

　　　　　　　　　　　　　　　　　　　　　　　　　　　　　　　　　　　(大同2年)

工厂名	组织形式	资金(圆)	雇工人数	工作日	年生产量	
					豆油(斤)	豆饼(张)
信义和	合股	2,500	3	180	7,200	3,240

续表

工厂名	组织形式	资金(圆)	雇工人数	工作日	年生产量	
					豆油(斤)	豆饼(张)
福泰成	合股	1,000	5	180	7,200	3,240
吉隆栈	合股	1,000	4	120	10,000	8,320
永兴长源记	合股	2,000	5	180	15,121	6,480
大成茂	个人	2,500	10	200	17,000	7,200
德昌润	合股	2,500	8	190	25,390	
增盛谦	个人	4,000	4	300	28,800	10,800
福成源	合股	1,000	8	—	—	—
福德兴	合股	6,000	4	180	14,400	6,480
振昌德	合股	1,000	10	90	2,800	1,820
万德福	个人	3,000	5	120	9,600	4,320
德成源	个人	1,200	9	90	7,200	3,240
宏庆德	合股	2,000	3	180	7,560	3,240
裕增成	合股	1,500	3	180	7,560	6,480
厚记	合股	1,000	3	—	—	—
合计				2,280	151,230	67,500

备注:①大豆1石1斗可以产出豆油2斤、豆饼450斤。豆饼有1张24斤、25斤、26斤、27斤4种。

②仅从以上数据,可以推算出大豆原料的数量为4,296石。

③此外,豆油和豆饼的销售总金额分别为为190,034圆和23,196圆。

康德元年4月份毛毯以及粉业

(单位:国币)

行业	工场名	雇工人数	资金(圆)	4月产量	4月销售额	备注
毛毯	敖毯房	4名	40	毛毯1条	6	每条6
毛毯	周毯房	4名	100	毛毯8条	48	
毛毯	安毯房	4名	140	8条	48	
毛毯	张毯房	3名	140	9条	55	
粉业	泉记	5名	400	粗细粉条900斤	60	粗粉每斤5分 细粉每斤9分
粉业	厚生源	5名	300	粗细粉900		
粉业	三义合	5名	200	700斤		
粉业	同合泉	4名	150	500斤		

续表

行业	工场名	雇工人数	资金(圆)	4 月产量	4 月销售额	备注
粉业	福德泉	5 名	240	800 斤		
粉业	刘粉房	4 名	300	900 斤		
粉业	永增兴	8 名	150	500 斤		

烧锅工场名、资金及全年生产金额

工场名	资金(圆)	生产金额(圆)
德昌润	10,000	16,000
增盛谦	20,000	28,000
永兴长	13,000	20,000
大成烧锅	6,000	不明(新开张)

电力行业

当地的电力供给由扶余电灯有限公司提供。资本金额为 20,000 圆。

7.新大线开通与扶余县城

扶余县城的交通由现在的松花江水运和纵贯县东的北满铁路构成。现今作为新要素的新大线也就是新京—大宾间的新铁路,从根本上改变了原来的交通状况。由于交通的重要性,这种新形势想必一定会对该县的未来带来较大的影响。

依据此先决条件,以下对扶余县城的将来进行预期观察。

新大线沿松花江由新京出发,横贯农安县、郭前旗至大宾,但由于松花江的泛滥从扶余县到松花江要绕过相当远的距离。此情况对于扶余县城来说无疑是一个巨大的打击。

因此,该县的官员百姓共同商量向中央进言献策。他们所说的内容如下:

依靠铁路的便利,郭前旗境内建造的车站使得该地区得到了飞跃性的发展,以致夺取了县城内经济、社会的各种实力,县城就只是一味地衰落下去,且因新开发地在县外,故其繁荣似乎并未能给扶余县带来丝毫好处。

为此他们想出以下两种方案:

①赋予扶余县在新发展区征收税务的权力。

②将松花江对岸一带郭前旗的土地编入扶余县管辖,以防止扶余县的衰颓。

这两种方案或许可以防止扶余县财政上和商业上遭受全面性打击,但是大家心知肚明的是县城本身并没有实力来阻止其衰落趋势。正如历史板块介绍的那样,扶余县自古因古战场而闻名,近代意义上的扶余县始于清建国后为平定蒙古而建的旧都讷站。归根结底,新城也就是现在的县城是基于经济的理由建造而成的,且现在到了需要适应新事态的时期。

　　如此这般,在县城旧址的基础上诞生的新扶余市,依托新铁路能够形成一个怎样的经济圈呢?

　　如上所述,扶余县城的市场区域为县城的西部以及肇州、茂兴、大宾等方向,其范围的缩小或扩张均与北满铁路有关。由于新铁路铺设将使该地在县城中的商业地位得以提高,再加之北满铁路的商业状况与劳资报酬,致使该地能吸收相当的特产。

　　然而由茂兴大宾方向上市的货物不经过扶余,直接被新铁路吸收,同方向上的市场在相当的程度上缩小。总之,即便市场区域可能产生较大变动,但应该不会有较大发展。

昭和 9 年 6 月

经济资源调查报告书第 89 号

吉林 38 号农业第 11 号

农安、扶余地方农业调查报告

㊙

满铁经济调查会第二部

调查员 篠原齐

助 手 马场仪三

翻 译 卢心义

目 录

一、绪言

我们于昭和9年5月20日从新京出发,6月1日到达哈尔滨市。在为期13天的研究时间内,加入了由关东军组织的研究小组,也就是调查该地资源的新京中央班,主要对当地的农业状况进行了实地研究。

在短时日的调查期内,由于连降大雨,再加上贼匪猖獗,因此被迫调整了预定计划,导致无法进行深入调查,以至于很多时候没法详尽地查明当地的农业状况。

暂且不论先前的调查正确与否,也不管日后的研究将采取何种手段,我们一致认为,最有效、且最准确的调查方式是实地研究。这也是预备调查的其中一种方式。鉴于此点,要想实现此次调查目的,倘若对农业状况进行实地研究的话,在短期内,只能是不太彻底的、概括性的总结。

以下,汇报该地区农业的基本状况。

调查队的构成以及调查的行程如下表所示:

该部队成员表

军司令部	满洲国实业部
队　　长　　小川少佐 　　　　　　住田少尉	事务官　盐见　友之助 翻　译　森山　宣夫
满铁经济调查会 一般经济　　　大场友次 农　　业　　　篠原　齐 交　　通　　　下田竹雄 助　　手　　　马场仪三 翻　　译　　　山下正己 翻　　译　　　卢心义	满洲国国道局 技　士　佐多常一 技　士　岩城达夫 计　　　　12 人

调查行程表

月日	区　域	里程	调查事项	备注
5.20	新京—农安县城	19 里	道路、材料运输、湿地及基本地形等相关调查	汽车出行

月日	区　　域	里程	调查事项	备注
5.21	滞留农安县城		基本的经济情况、存货的出入状况、材料运输、道路、畜产、农产品的流动状况及生产等相关调查	市内调查
5.22	同上			同上
5.23	农安—伏隆泉	15 里		骑马出行
5.24	伏隆泉—三盛玉	7 里		同上
5.25	三盛玉—农安	12 里		同上
5.26	滞留农安县城			休养
5.27	农安—扶余县城	28 里	道路、材料运输、湿地及基本地形等相关调查	汽车出行
5.28	滞留扶余县城		道路、材料运输、出入交易、存货及生产等调查,水运及渔业状况	
5.29	同上			
5.30	同上			
5.31	扶余—新京岭		松花江的情况	乘船出行
6.1	新京岭—哈尔滨			同上

注:6 月 1 日下午 6 点到达哈尔滨市后,调查队解散。

货币换算率如下所示(5 月 22 日,农安县的调查结果):

哈尔滨大洋 1 圆	0.80 圆国币	吉林官帖 400 吊
国币 1 圆		吉林官帖 500 吊
吉林大洋 1 圆	0.77 圆国币	吉林官帖 385 吊
金票 1 圆	0.93 圆国币	
吉林小洋 1 圆	0.02 圆国币	

本报告中使用的度量衡、土地面积的换算率,如下所示:

满洲	日本	满洲	日本
1 斤	140 匁	1 晌(2,400 弓)	6.009 反
1 升	1.7 升	1 晌(2,880 弓)	7.211 反
1 斗	1.7 斗	1 华里	5.2 町
1 石	1.7 石(扶余县 1.5 石)	1 裁尺	1.15 尺
1 木尺	1.04 尺	1 大布尺	1.72 尺

二、位置及地势

农安县位于吉林省的东南部,东经 124°22′—125°44′,北纬 44°33′—44°50′之间,南接新京县,西北以及北同南郭尔罗斯前旗以及第二松花江相隔,与扶余县相接,东北流淌伊通河并与德惠县相邻。

农安县的地势为波状形丘陵地带,在西部的第四、五区有许多湖泊。例如:波罗湖泊、元宝洼湖泊、敖板吐湖泊以及广心店湖泊、洼中高湖泊、已吉叠湖泊等。除此之外,并没有什么山岳地带。因此,除开这些湖沼,大部分都是满洲和内蒙古地区极具代表性的沃野,盛行农耕,几乎没有未开垦的耕地。但是,比起东部的粘性土质土壤,西部的砂质多少有些贫脊,特别是伏隆泉附近。

在伊通河以及第二松花江的河畔处,多少存在着一些湿地,并且三盛玉附近的波罗湖泊周边的低地也形成了湿地,作为放牧地在使用。

扶余县位于吉林省西北部,东经 124°50′—125°50′,北纬 44°50′—45°50′之间,东接榆树县,西及西南为南郭尔罗斯前旗,南同农安县,东南同德惠县相邻,与第二松花江相隔、北以松花江为界,与黑龙江省肇州县相对,东北隔拉林河同双城县相望。

总的说来,地势平坦,呈微波状起伏,具备丘陵特性。平原土地肥沃,适宜农耕,特别是松花江流域一带,肥美、富饶。

三、所经地区的基本现状

新京至农安县城之间,从烧锅岭附近到伊通河流域有很多湿地。由于耕地比道路的地势高,因此降雨时,道路成为了湿地的排水沟,导致交通呈瘫痪状态。

可乘坐铁路总局的公共汽车来往于两地,交通便利。

农安县城位于县城中心地带,其周围环绕着高约 3 米的土壁,长度约 7 华里。以县公署为首,各官衙及团体所在地的商业十分繁盛。但作为农业设施的试验场以及农务协会的活动能力却是微乎其微。

设有日本领事馆分馆以及警察署。

关于本县的财政状况,大同 2 年,年收入为 25 万圆(国币),而年支出也控制在这个范围内。

但是本县因为鼠疫猖狂,本年度投入了 27 万圆左右的预算。同时,正在逐步推进县政府的改革措施。

在治安状况方面,大贼匪倒不多,仅仅只有三四名的小贼匪。

警察署在五区十个地方设有分驻所,署员 550 名,本年度的预算是 11,382 圆。此外,自卫团大约有 500 名成员。

教育方面,设置了初等教育机关 24 所,学生人数达到 3,051 名,经费为 37,307 圆。

中等教育机关 1 所,学生人数 117 名,经费 10,310 圆。此外,社会教育机关 1 所,学生人数 32 名,经费 240 圆。

农安县同扶余县与南郭尔罗斯前旗相隔,该旗总面积大约为600,000晌,全境没有山岳地带,只有广阔草原,呈微波起伏状。

齐王领导的本旗是完全独立的。13,000名居民全民皆兵,直属于齐王骑兵队的有600多名成员,用于境内警备和安保。

居民中,大部分是蒙古人,也有少数汉人定居下来,从事佃耕。蒙古人户数为1,999户,人口为13,057名。

自古以来,本旗还占据现今的新京、九台的一部分,例如德惠、农安、长岭、乾安等地。由于清朝以及民国等中央政府实施蒙地开放政策,使得本旗基本被强制开放(农安县在光绪八年被开放)。关于财政状况,大同元年的征税大约为345,000圆,上述五县收取大租以及茶租(只有新京县)。有了这个税收,经费相当充足,因此不必向王府内居民征收税金。

居民的大部分是军人,也有地主,生活方式非常原始。由于没有征税,所以对现状十分满足。

本旗大部分是草原,形成放牧地带。一部分是汉人开垦的佃耕地。当地人称这些人为"流民",每年春耕期来,秋季收获后缴纳地租后离开,数量为每年1万多人。

扶余县城位于县城的西南端,与第二松花江的右岸相隔,距农安的西北约28日里的地方。城内四周有土壁围绕,东西南北均为2华里,不仅是县公署,而且还是各官衙的所在地,因此商业繁华。

从农安到对岸,可以乘坐总局的公共汽车或者汽轮。

县城的交通枢纽因季节不同而有所差异。冬季为农安县、三叉河、新京岭、大赉、陶赖昭镇。夏期为三叉河、农安县。可以搭乘便汽车,很方便。

水运也很便利。顺着松花江畔,可以看到各种帆船及汽船来往于陶赖昭、哈尔滨、吉林、大赉等地。

目前,新大线扶余站正在建设中。与县城隔岸相望,靠南约4里的位置,位于南郭尔罗斯前旗的腰瓦房村和后瓦房村的中间地带。从这个车站的建设可以预想到县城的繁荣将被一座新型的大城市而取代,因此扶余县县长以及市内有志人士就此事,向中央政府请愿。

关于财政状况,大同元年的年收入总额为191,211圆(其中国库负担额为14,769圆,地方款收入额为151,442圆,国库补助额为25,000圆),同年支出总额191,211圆。

警卫费为104,200圆,教育费为62,200圆。

四、人口数量

所经地区的户口数以及农家户数如下表所示:

地方	户数	人口		每户平均人口	100女性对应的男性人数
		男	女		
农安县总数	40,145	155,202	136,662	7.3	113.6
第一区(县城)	7,079	27,955	20,500	6.8	136.4

续表

地方		户数	人　口		每户平均人口	100 女性对应的男性人数
			男	女		
第二区		8,300	34,550	32,190	8	107.3
第三区		6,620	24,892	22,481	7.2	110.7
第四区		9,382	34,508	31,001	7	111.3
第五区		8,764	33,297	30,490	7.3	109.2
附	日本人	17	84	30	6.7	280
	朝鲜人	46	143	89	5	166.3

地方		户数	人　口		每户平均人口	100 女性对应的男性人数
			男	女		
扶余县总数		58,634	200,199	179,470	6.5	111.6
第一区		12,241	35,279	29,650	5.3	119
第二区		5,361	17,930	15,110	6.2	118.7
第三区		7,998	26,395	25,538	6.5	103.4
第四区		6,198	25,937	24,163	8.1	107.3
第五区		6,392	24,173	19,873	6.9	121.6
第六区		8,330	27,552	24,958	6.3	110.4
第七区		7,542	26,619	25,840	7	103
第八区		4,572	16,314	14,338	6.7	113.8
附	日本人	15	19	10	1.9	190
	朝鲜人	124	339	210	4.4	161.4

农家户口数

农安县

户数　36,700 户

人数　171,450 人

年龄＼男女	男（人）	每户平均人口（人）	女（人）	每户平均人口（人）
人口（计）	86,894	2.4	84,556	2.3
未满 15 岁	18,343	0.5	16,265	0.4
未满 30 岁	24,308	0.7	25,371	0.7

年龄 \ 男女	男（人）	每户平均人口（人）	女（人）	每户平均人口（人）
未满 50 岁	23,174	0.6	22,215	0.6
50 岁以上	21,069	0.6	20,705	0.6

扶余县

户数　　40,000(户)

人口　　206,824(人)

男　　126,003(人)

女　　80,821(人)

每户平均人口

男　　　3.2(人)

女　　　2.0(人)

五、气象概况

由于本地没有观测气象的设备,因此无法知晓详细的气象情况。仅仅根据其地理状况,例如对新京、洮南、齐齐哈尔、哈尔滨等地进行观测后,大致推算出最终的结果。这个是很难令人信服的。以下的记载也只不过是请教当地人的意见之后获得的粗略数据。

		农安地方	扶余地方
(一)霜	初霜	9 月下旬	10 月上旬
	终霜	3 月下旬	4 月上旬
(二)雪	初雪	11 月上旬	11 月中旬
	终雪	3 月中旬	3 月下旬
	雪深	平均 5 寸左右,最深约 3 尺	平均 3 寸左右,最深 1 尺左右
(三)降雨		4 月上旬开始,7 月最多,连续降雨 3—5 天	4 月上旬开始,7 月最多,连续降雨 3—5 天,对小麦造成一定危害
(四)冰雹之害		一般在 7、8 月份 大同元年,降了两次冰雹	无
(五)播种期旱灾		伏隆泉以西 10 里附近,遭受旱灾,其他地方较少	少
(六)繁茂期旱灾		一般十年一次	无

续表

	农安地方	扶余地方
(七)风	春季　西南风强劲 夏季　南风强劲 秋季　西北风强劲 冬季　北风强劲	春季　西南风强劲 夏季　南风强劲 秋季　西北风强劲 冬季　北风强劲
(八)结冰期	11月下旬开始 结冰3—4尺	11月下旬开始 结冰3—4尺
(九)解冻期	3月下旬开始	3月下旬开始
(十)地下结冰	3尺左右	
(十一)泛滥区域	松花江及第二松花江两岸约10里左右,河水泛滥	

六、土地利用状况

		农安县			扶余县		
		面积(晌)	比　率(%)		面积(晌)	比　率(%)	
			总面积	可耕地		总面积	可耕地
总面积		632,420	100	—	972,000	100	—
可耕地	计	498,500	78.82	100	639,400	65.78	100
	既耕地	493,770	78.08	99.05	439,400	45.21	68.72
	未耕地	4,730	0.74	0.95	200,000	20.57	31.28
不可耕地		133,920	21.18	—	320,600	32.98	—
林地		—	—	—	12,000	12.34	—

七、农耕状况

(一)栽培作物

本地方栽培的作物主要是大豆、玉米、高粱、粟,还有大麦、小麦、荞麦、绿豆、小豆、糜子、麻子、青麻以及水、旱稻等。

(二)耕耘、整地及播种

大部分是秋天耕地,以备秋播。

同时,也要进行整地作业。唯有种过高粱的地地要对根进行处理,其他的作物耕地可以放置到翌春播种期。

播种方法:大豆、小麦等采用反种法,使用附带大型犁剜子的犁杖,为了耕耘播种起的垄与南满地方不太一样,即垄宽 1 尺左右,沟宽 1.3 尺左右。

播种:4 个人,4 匹马,1 犁杖,1 天完成 1 晌左右的土地。

镇压:把犁杖当作木棍,播种在田埂上面,拖拽拉子覆上泥土,一两天后用木头碌子碾压。

高粱及粟使用糠种法。也就是把已损坏的钉耙当做木棍,用点葫芦的方式来播种,如前所述,田埂上用拉子覆上土,一两天后碾压。播种工期 4 人、3 匹马、糠耙 1 个,1 日完成 2 晌左右的土地。

(三)肥料及施肥方法

肥料主要是牛、马、猪粪堆积而成,利用冬季农闲期,喷洒到预定施肥区,1 晌地大约 15,000 斤左右。

在当地(农安县),将种植面积较大的地方分为三份,通常每年只给其中的一份施肥,因此相当于每三年施一次肥。

施肥方法主要是律粪,由于劳动力的关系,有时也采用扬粪。

律粪:使用粪筐向播种沟里施肥。

扬粪:使用铁锨往圈场洒土粪后起垄播种。

(四)除草及中耕培土

使用锄头除草。平时 1 天 1 晌地,人数 3—3.5 人。

以下介绍主要作物的除草期及其工期。

作物名称	第一回除草		第二回除草		第三回除草	
	时期	1 日 1 晌地需要人员	时期	1 日 1 晌地需要人员	时期	1 日 1 晌地需要人员
大豆	6 月上旬	2.5 人	7 月上旬	2.5 人	8 月上旬	2.0 人
高粱	同上	4.5 人	同上	3.0 人	同上	2.5 人
玉米	同上	3.5 人	同上	3.0 人	同上	2.5 人
粟	同上	3.0 人	同上	2.5 人	同上	2.0 人

小麦是除草之后,大约 6 月中旬进行中耕。

中耕培土　第一次中耕,如果农作物较小,用顶端缺少两角的犁头劐子进行中耕,到第二、三次中耕时,需安装好草耙,对作物根部进行充分培土。

中耕培土在除草后 2—3 日进行。

大豆在第一次中耕时,使用大铧子,第二、三次中耕时,需安装好草耙进行充分培土。

像高粱、粟这类的农作物,第一次中耕使用小铧或者劐子,从第二次开始,使用铧子进行中耕培土。

这份劳作由一两人,3 匹马,1 根犁杖,1 天可完成 1.5 晌地。

(五)轮作

本地方栽培的农作物主要采用轮作的种植方式,连作很少,轮作通常为三四年。关于轮作的组合方式,现举二三例。

县名	第一年	第二年	第三年	第四年
农安县	高粱	谷子	大豆	
	小麦	谷子	高粱(玉米)	大豆
扶余县	高粱	大豆	小麦	谷子
	玉米	小豆	高粱	
	大豆	高粱	绿豆	大麦
	谷子	玉米	糜子	

(六)收割及运输

通常使用镰刀进行收割。农作物不同,方法和工期也不同。

大豆在收割完毕之后,平摊在圃场上,十天左右晒干。收割1天,1晌地需要3.5人,1晌地,搬运需要3—4辆大车。

收割高粱,至根部1—1.2尺砍下,然后20到25支为1束,穗芒朝上,摆成圆形,码好。两星期左右晒干。之后用切割麦穗的镰刀从1尺左右的地方切断,捆绑起来用马车运到打院子。收割1天,1晌地需要3.5人,切割麦穗1天,1晌地需要3人。

玉米在田地里直接掰下收割,然后在打院子晒干,拔掉秸秆。

谷子用镰刀收割,捆绑之后,穗芒朝上码起,放在圃场十日左右晒干。收割1天1晌地需要4人。

小麦和前面一样捆绑堆积晒干。收割1天1晌地需要3.5人。搬运的时候按照大豆、高粱、谷子的顺序搬运到打院子,十月下旬开始去壳。

(七)去壳方法

去壳方法和南满地方一样,用碌子滚压大豆、小麦、荞麦等农作物。

谷子是穗和穗相对摆成圆形,用石头碌子脱粒。

高粱、玉米等作物只需将穗铺放在打院子里,用石头碌子脱粒。

脱壳后各作物的秆放在院子的角落,只有谷集中放在打院子中间,通过扬锨的方式,利用风向,对谷子进行筛选。

1晌地产出的谷物,脱壳需要的工期如下所示:

作物名	日数	所需人员	所需家畜头数
大豆	1天	5人	3头

作物名	日数	所需人员	所需家畜头数
高粱	1天	3人	3头
谷子	1天	5人	4头
玉米	1天	4人	3头
小麦	1天	5人	4头
荞麦		3人	3头

(八)储藏方法

脱壳后的谷物,通常储存在院子的四周。另外,在院内干燥的地方,搭建简易收藏处,被称作穴子,这些穴子用高粱秆围起来以储藏东西。

八、农耕季节

本地农耕季节,大致如下所示:

作物名	播种期	收获期	作物名	播种期	收获期
大豆	自5月1日 至5月10日	自9月15日 至9月25日	小稻	自5月25日 至5月30日	自9月15日 至9月25日
高粱	自5月20日 至5月30日	自9月20日 至9月30日	旱稻	自5月20日 至5月30日	自9月15日 至9月25日
玉米	自5月10日 至5月20日	自9月5日 至9月15日	吉豆	自5月15日 至5月25日	自9月1日 至9月10日
谷子	自5月10日 至5月20日	自9月25日 至10月5日	马铃薯	自5月10日 至5月20日	自9月20日 至9月30日
小麦	自4月15日 至4月25日	自8月1日 至8月10日	白菜	自8月15日 至8月20日	自10月25日 至10月30日
大麦	自4月10日 至4月20日	自7月20日 至7月30日	葱	自4月20日 至4月30日	自9月10日 至9月20日
荞麦	自6月20日 至6月25日	自9月8日 至9月15日			

九、主要作物种植面积

农安县及扶余县,大同2年的种植面积以及种植比率如下表所示(县公署调查结果):

作物名	农安县		扶余县	
	种植面积(晌)	种植比率(%)	种植面积(晌)	种植比率(%)
大豆(元豆)	85,400	23.65	100,000	25.00
小豆	20,000	5.54		
绿豆(吉豆)	10,000	2.77	20,000	5.00
其他豆类	1,560	0.43	5,000	1.22
高粱	76,000	21.05	100,000	25.00
谷子	52,000	14.40	80,000	20.00
玉米	50,000	13.85	20,000	5.00
小麦	20,000	5.54	50,000	12.50
大麦	20,000	5.54	5,000	1.25
荞麦	2,500	0.69	5,000	1.25
糜子	11,000	3.05	其他作物 10,000	
稗子	10,000	2.77		
水稻	800	0.03		
大麻子	12,000	0.03		
旱稻	280			
小麻子	100			
芝麻	33	0.02		
青麻	33			
瓜子	140			
合计	361,070	100	400,000	100

十、主要农作物生产量

（单位：石）

作物名	农安县	扶余县	备注
大豆	298,900	500,000	以上为大同2年的生产量 县公署调查 满洲石
绿豆	24,000	50,000	
小豆	18,000	—	
其他豆类	2,800	15,000	
高粱	456,000	500,000	
谷子	208,000	440,000	

续表

作物名	农安县	扶余县	备注
玉米	250,000	80,000	
小麦	60,000	125,000	
大麦	200,000	50,000	
荞麦	7,500	12,500	
糜子	55,000	其他 30,000	
稗子	50,000		
水稻	6,400		
旱稻	2,200		
计	1,638,800	1,802,500	
经济作物			
大麻子	24,000		
小麻子	150		
芝麻	100		
瓜子	1,120		
青麻	935 斤		
蓝靛	3,000 斤		
计	25,370 石　3,935 斤		
合计	1,664,170 石　3,935 斤	1,802,500 石	

十一、主要作物单位面积产量及播种量

(一)单位面积产量

该地方每晌和每反产量,如下表所示:

农安地区　　　　　　　　　　　　　　　　　　　　(单位:石)

作物名	全县平均产量		试验场调查		伏隆泉地方	三盛玉地方	平均	每反产量(日本石)
	大同元年	大同2年	丰收时	普通年成时				
大豆	3.0	3.5	5.0	3.0	2.0	2.5	2.8	0.79
绿豆(吉豆)	2.0	1.841		3.0			2.3	0.65
小豆	2.5	1.2				2.0	1.9	0.54

续表

作物名	全县平均产量		试验场调查		伏隆泉地方	三盛玉地方	平均	每反产量（日本石）
	大同元年	大同2年	丰收时	普通年成时				
其他豆类	2.0	1.8					1.9	0.54
高粱	7.0	6.0	8.0	4.0	3.0	3.0	4.6	1.30
谷子	6.0	4.0	5.0	3.5	2.5	3.5	3.9	1.10
玉米	5.5	5.0	7.0	3.5	3.0	4.0	4.2	1.19
小麦	2.2	3.0	4.0	2.0	2.0		2.1	0.6
大麦	4.0	10.0	7.0	4.0			6.0	1.70
荞麦	3.5	3.0	5.0	3.0	2.0		2.9	0.82
糜子	6.5	3.0	5.0	3.0			4.7	1.33
稗子	4.0	5.0	5.0	3.0			4.0	1.13
水稻	3.5	8.0					5.8	1.64
旱稻	3.5	8.0					5.8	1.64
大麻子	2.2	2.0					2.1	0.60
小麻子		1.5					1.5	0.42
芝麻（胡麻）	1.8	1.6					1.7	0.43
瓜子	7.0	3.0					5.0	1.41
青麻	17斤					17斤	396匁	
蓝靛	150斤					150斤	3,495匁	

注：①全县平均产量是依据县公署调查所得。伏隆泉、盛玉地方就对该地农户进行了调查。

②平均值是除开农作时产量的平均所得。每反土地的产量是把平均值换算成日本每反土地的产量所得。

③农安地方按照1晌等于日本6.009反，1石相当于日本1.7石来计算。

扶余地区地区

作物名	每晌产量（石）	每反产量（日本石）	作物名	每晌产量（石）	每反产量（日本石）
大豆	4.0—8.0	0.8—1.7	大麦	4.0—10	0.8—2.0
绿豆（吉豆）	2.0—5.0	0.4—1.0	水稻	6.0—10	1.3—2.1
高粱	4.0—8.0	0.8—1.7	旱稻	6.0—10	1.3—2.1
玉米	4.0—6.0	0.8—1.3	马铃薯	17,000斤	330.0贯
谷子	4.0—7.0	0.8—1.5	白菜	12,000	233.0

作物名	每垧产量 （石）	每反产量 （日本石）	作物名	每垧产量 （石）	每反产量 （日本石）
小麦	2.0—7.0	0.4—1.5	葱	6,000	116.5
荞麦	3.0—8.0	0.6—1.7			

注:每反土地的产量按照 1 垧为 7.211 反,1 石为 1.5(日本)石,1 斤为 140 匁算出。

(二)单位面积播种量

该地方主要农作物每垧及每反土地播种量大致如下表所示:

作物名	农安地方		扶余地方	
	每垧播种量（升）	每反播种量 （日本升）	每垧播种（升）	每反播种量 （日本升）
大豆	17.0	4.81	10—20	2.08—4.16
绿豆	12.0	3.40	5—10	1.04—2.08
高粱	3.0	0.85	3—5	0.62—1.04
玉米	16.0	4.53	15—20	3.12—4.16
谷子	3.5	1.00	3—5	0.62—1.04
小麦	33.0	9.34	30—35	6.24—7.18
大麦	35.0	9.91	30—40	6.24—8.32
荞麦	27.0	7.64	15—20	3.12—4.16
糜子	0.5	1.42		
稗子	0.4	1.13		
水稻			20—30	4.16—6.24
旱稻			20—30	4.16—6.24
白菜			0.5—1.0	0.1—0.2
葱			0.5—1.0	0.1—0.2
马铃薯			50—60(斤)	1.0—1.2(贯)

注:农安地方按照 1 垧为 6.009 反,1 升为 1.7 升(日本)算出;扶余地方按照 1 垧为 7.211 反,1 升为 1.5 升(日本),1 斤为 140 匁算出。

十二、地主及佃农比例

类　别 ＼ 地　区	农安	扶余	备注
地主	25.6%	11.7%	
自耕农	21.0%	27.3%	
自耕农兼佃农	12.0%	17.1%	
佃农	41.4%	43.9%	
农家全户数	100%	100%	

十三、佃耕惯例

一般以三年为一期,在阴历七月,地主和佃农通过中介人制定契约。

地租

至于每1晌地的地租,如果是交谷的话,上等地交纳2石,中等地交纳1石,下等地交纳0.8石。其中交纳谷物的比例为:高粱0.9(石),粟0.9(石),大豆0.2(石)。

地租交纳日期一般是从收获后到阴历十一月左右。

作为地租的谷物,通常由地主负责搬运。

受灾时,由地主和佃农协议后,对地租进行适当减免。

十四、地价

所经地区的地价概况如下表所示:

县名	地方名	土地的种类	每晌价格（国币）		
			上地	中地	下地
农安县	第一、二、三区未曾经过地区	耕地（熟地）	80圆左右		
		荒地	14到16圆		
	第四区（三盛玉地方）	园地	80圆	60圆	40圆
		耕地	30圆	20圆	10圆
		荒地	4到6圆		
	第五区（伏龙泉地方）	园地	300圆	250圆	180圆
		耕地	60圆	50圆	30圆
		荒地	4到6圆		
	在事变前后地价变动比例方面,事变后与事变前相比,下降了35%到40%				

续表

县名	地方名	土地的种类	每响价格(国币)		
			上地	中地	下地
扶余县		宅地(市)	400 圆	300 圆	100 圆
		(乡)	200 圆	150 圆	80 圆
		园地(市)	200 圆	100 圆	50 圆
		(乡)	150 圆	70 圆	40 圆
		耕地(市)	200 圆	100 圆	40 圆
		(乡)	100 圆	40 圆	20 圆
在事变前后地价变动比例方面,事变后与事变前相比,下降了35%到50%					

注:(市)是指扶余市内及其附近地方。(乡)是指距离市内较远的地方,但是市与乡之间没有明确的界限。本项主要是通过县公处进行调查,同时也参酌了当地居民的意见。

十五、税及税率

(一)征税额(财务局征收地方捐)

农安县　　　　　　　　　(大同2年7月到康德元年4月)

科目	税额(圆)	科目	税额(圆)
晌捐	124,624.77	粗粮变价	286.00
营业捐	14,425.44	基本银红的利息	547.62
粮米捐	13,776.23	基本钱庄的生息	—
中学粮捐	13,776.23	违反警卫处罚金	53.15
牲畜捐	980.47	商会协商	35.46
旅店捐	233.19	汽车捐	120.00
车牌捐	35,371.70	戏院捐	51.61
妓捐	722.00		
屠宰捐	1,973.80	合计	206,977.67

扶余县地方捐征税额　　　　　　　　　(单位:圆)

税目	大同元年1月至12月	康德元年1月至4月
屠宰捐	17,418.31	311.31
山货捐	—	—
当捐	104.46	176.92

续表

税目	大同元年1月至12月	康德元年1月至4月
摊位捐	5,208.22	366.15
皮张捐	346.88	1,106.58
海业捐	1,920.80	—
粮石斗捐	1,247.90	废除
粮石销场捐	5,155.59	
粮石出产捐	13,886.89	6,563.19
牲畜捐	1,152.96	1,665.96
土产捐	2,705.06	569.29
鱼捐		2,454.39
营业捐		6,907.09

(二) 税率

农安县税率表

税目		税率
国税		
	买契税	6%
	典契税	3%
	田赋	每晌国库征税为吉大洋3角2分
		每晌南五征捐局征税为哈洋4角8分
地方税		
	晌捐	每晌为吉大洋1.05圆
	特别粮捐	1%
	牲畜捐	1%
	屠宰捐	1头牛1.5圆,1头猪6角,1只羊3角
	中学粮捐	1%
粮石、大豆	出产捐	2%
	斗捐	每斗为吉大洋1分2厘
小麦	出产捐	2%
	斗捐	每斗为吉大洋2分

续表

税目		税率
杂粮	出产捐	2%
	斗捐	每斗为吉大洋 9 厘、6 厘、3 厘
货物捐　山珍海味捐		
	兽皮捐	15%　附加税 5%
	土产捐	10%　附加税 5%
	土鸡捐	5%　附加税 5%
	豆油捐	每百斤为吉大洋 2 角 9 分　附加税 5%
	杂鱼捐	每百斤为吉大洋 5 角 8 分　附加税 5%

扶余县税率表

税目	税率
卖钱营业税	2%(国币)
粗粮税	0.5%
细粮税	1%(国币)
豆类税	2.5%(国币)
兽皮税	10%
(摊)床营业税	五等为 2 圆、六等为 1 圆(吉大洋)
鱼税	每百斤 0.58 圆
牛屠税	每头 1.00 圆
猪、羊屠税	每头 0.30 圆
白酒税	每百斤 0.14 圆
补助费	从税 20%
公卖费	每百斤 0.06 圆
补助费	从税 20%
香烟牌照费	甲级为 16 圆、乙级为 8 圆、丙级为 4 圆(附加 20%)
海牌照	同上
牲畜税	从价的 5%(国币)
猪羊牲畜税	从价的 2.5%(国币)

十六、家畜数量及饲养费用

(一)家畜数量

本地的家畜数量

地方名＼家畜名	牛	马	驴	骡	羊	猪	鸡
农安县(总数)	18,366	48,557	10,350	24,416	9,360	71,761	78,500
三盛玉(第四区)	9,502	12,945	5,581	9,970	3,590	41,599	不明
伏龙泉(第五区)	520	2,100	550	900	450	7,500	不明
扶余县(总数)	7,254	32,325	3,340	5,146	5,763	37,274	80,708
第一区(县城)	1,284	3,500	400	605	1,483	4,800	1,200
第二区	756	2,800	450	580	351	5,050	9,800
第三区	1,001	2,885	350	700	501	4,500	1,050
第四区	632	3,050	400	650	315	4,000	8,500
第五区	1,281	4,002	350	580	1,003	3,850	1,200
第六区	745	4,500	280	650	971	4,500	9,500
第七区	583	2,800	400	700	382	4,000	1,000
第八区	972	4,688	710	631	754	6,724	8,408

(二)家畜饲养费用

当地饲养 1 头牛、1 匹马所需的费用,如下所示(但仅限劳作时):

家畜＼细目	饲料	数量	费用	饲料	数量	费用
马	谷草	8 斤	1.6 钱	谷草	13 斤	2.6 钱
	高粱	3 斤	3.0 钱	高粱	1.5 升	4.2 钱
	豆粕	4 斤	8.8 钱	玉米	0.15 升	6.0 钱
	计		13.4 钱			12.8 钱
牛	谷草	10 斤	2.0 钱			
	豆粕	2 斤	4.4 钱			
	计		6.4 钱			

十七、渔业概况

农安、扶余地方的渔业状况大致如下所示:

(一)渔场

县名	河流名	地名
农安县	第二松花江	靠山屯、东江湾以及北江湾
扶余县	第二松花江以及松花江主流	杨家白、玉中花、大渔榈、唐林坨子、罗林营子

(二)主要鱼类

农安县——胖头鱼、白鱼

扶余县——胖头鱼、白鱼、边花、鲤鱼、鳖等

(三)捕鱼量及价格

大同2年,农安、扶余两县捕鱼量及价格如下表所示(单位用满洲斤以及吉林大洋表示):

农安县

鱼名	鲜鱼			冻鱼		
	捕鱼量(斤)	单价	金额(圆)	捕鱼量(斤)	单价	金额(圆)
胖头鱼	11,200	6分	67.20	380	6分	22.80
白鱼	900	6分	54.00	600	5分	30.00
计	12,100		121.20	980		52.80

注:现在(康德元年5月),在出产地,胖头鱼每斤的价格是3分,白鱼每斤的价格是5分,而市场价分别是6分和7分。

扶余县

鱼名	鲜鱼			冻鱼		
	捕鱼量(斤)	单价	金额(圆)	捕鱼量(斤)	单价	金额(圆)
白鱼	5,000	6分	300	3,000	4分	120
胖头鱼	100,000	4分	4,000	250,000	8分	20,000
边花	4,000	4分	160	6,000	1分	600
鳖	3,000	6分	180	7,000	15分	1,050
鲤鱼	30,000	7分	2,100	70,000	16分	11,200

鱼名	鲜 鱼			冻 鱼		
	捕鱼量(斤)	单价	金额(圆)	捕鱼量(斤)	单价	金额(圆)
杂鱼	100,000	2分	2,000	122,000	4分	4,880
计	242,000		8,740	458,000		37,850

(四) 鱼期

初期　从 2 月上旬到 4 月下旬

盛期　从 11 月上旬到 1 月下旬

末期　从 8 月上旬到 10 月下旬

(五) 鱼户数及渔民数

	农安县	扶余县
户数	2 户	约 150 户
渔民数	30 人	鼎盛时期约 9,000 人,初、末期约四五千人

(六) 渔具及其价格

渔网　2 号大网(价格约 200 圆)

渔船　网船(16 圆)　鱼船(4 圆左右)

(七) 渔业税及鱼税(吉大洋)

渔业税

一等 40 圆　二等 20 圆　三等 12 圆　四等 8 圆　五等 6 圆　六等 4 圆(以上为扶余县)

扶余县鱼税　每百斤　5 角 8 分

农安县鱼税　每百斤　6 角 4 分

十八、扶余县的存货状况

本项是应军队的要求,对扶余县城的存货状况进行的调查。由于时日短暂,调查不太详尽。结果如下所示:

(一) 农产品

大同 2 年 11 月上旬到康德元年 3 月下旬 5 个月间,从扶余及近郊各地流入扶余县城的农产品石数如下所示:

作物名	11月	12月	1月	2月	3月	计
大豆	5,178	8,245	6,016	2,224	6,162	27,825
绿豆	4,790	5,579	1,618	1,183	2,162	15,332
小豆	66	407	196	21	78	768
芸豆	28	28	22	—	—	78
高粱	2,720	2,997	3,460	1,124	2,791	13,092
谷子	1,105	856	1,048	201	328	3,538
玉米	2,372	2,752	2,510	850	1,441	9,925
糜子	274	244	312	52	129	1,011
小麦	1,844	1,534	894	269	276	4,817
大麦	30	55	—	—	55	140
荞麦	2,153	2,054	1,278	114	360	5,959
芝麻	52	134	55	7	18	266
大麻子	—	—	63	—	10	73
麻子	49	118	65	36	51	319
小米	—	45	32	69	292	438
贡米	—	—	14	—	—	14
元米	—	19	41	—	35	95
合计	20,661	25,067	17,624	6,150	14,188	83,690

注:本调查是依据税捐局征税石数所得,显示了扶余市内120商户的商店进货总额。

(二)豆油及豆粕

扶余市内大同2年1年间豆油及豆粕的生产及销售数量,如下所示:

（商务会调）

工厂	作业天数	豆油生产量 （斤）	豆油价格 （圆）	豆粕生产量 （块）	豆油价格 （圆）	原料大豆 （石）
1	180	7,560	900	6,480	2,200	200
2	180	7,560	900	3,240	1,100	200
3	90	7,200	864	3,240	1,000	200
4	120	9,600	1,152	4,320	1,400	270
5	90	3,800	456	1,620	550	120
6	180	14,400	1,600	6,480	2,200	395

续表

工厂	作业天数	豆油生产量（斤）	豆油价格（圆）	豆粕生产量（块）	豆油价格（圆）	原料大豆（石）
7	300	28,800	4,456	10,800	3,672	750
8	190	15,390	1,849	6,840	2,530	460
9	200	17,400	2,088	7,200	2,592	540
10	180	15,120	1,814	6,480	2,200	396
11	120	10,000	1,200	4,320	1,550	280
12	180	7,200	860	3,240	1,101	220
13	180	7,200	860	3,240	1,101	265
合计	2,190	151,230	190,034	67,500	23,196	4,296

注：豆粕的单位为块，1块为24到27斤，但一般以25斤计算。即使是同一作业天数，由于器械数量以及器械动力的不同，工期也会有所差异。

（三）棉布、棉线及其他杂货类

扶余县城内大同2年1年间运入的棉线、棉布以及杂货类的情况大致如下所示：

（商务会调查）

品目	数量	金额（圆）
（一）棉布类		
花其布（淡青和白色棉布）	230包	36,800
大尺布（粗棉布）	120包	18,200
条坎布（淡青色棉布）	40箱	7,600
市布（白棉布）	50包	20,800
花洋布（花纹带金边布）	150匹	1,300
小计		84,700
（二）棉丝类		
洋线（丝光棉线）	50包	5,600
樱线（木棉丝）	20包	6,000
人造绢丝	20匹	600
小计		12,200
（三）其他杂货类		
各种药材	25,000斤	30,000
洋丁（钉）	100桶	1,000

续表

品目	数量	金额(圆)
墨平铁	20,000 个	16,000
方国铁	15,000 个	12,000
洋灰(水泥)	100 袋	220
锄板	1,600 个	144
化妆品类		4,000
小计		63,364
合计	160,264 圆	

(四)食盐

由于要提供给县城内的农民,因此运往县城盐仓里的食盐,主要来源于营口。一年内所需食盐约为 9,000 袋,即 1,620,000 斤。这项买卖是独家经营的,仓库以及食盐的经营也全部是官营,因此不存在盐税。

一袋盐为 180 斤左右,价格 19 至 20 圆(国币)。

5 月份的盐产量约为 5,500 袋,大约 990,000 斤,1,019.7 圆。

最高消费时期为 3、4、5 月份。在这个时期,县城内的农民将盐用于制造自家的大酱,其数量大约为 1,000 袋。普通月份的食盐消费量为 600 袋左右。

(五)鱼类

参考渔业概况一项。

(六)石油以及机械油类

最近 5 年间,扶余县城内的平均运入量以及消费量如下所示:

	运入量	消费量
灯火用石油	60,000 加仑	45,000 加仑
汽车用汽油	1,000 加仑	1,000 加仑
机械油	60 加仑	60 加仑
其他	50 加仑	50 加仑

十九、劳动报酬

本地劳动报酬,如下所示:

农业劳动者　　　　　　　　　　　　　（农安县伏龙泉镇调查）

	大同 2 年	康德元年	备注
年工	50 圆	40 圆	国币
月工	9 圆	8 圆	同上
土木工人	6 角	5 角	同上

扶余县城的一般劳动薪金如下所示：

木匠　　1 天　　　　80 钱(国币)　　　苦力　　1 天　　　　30 钱(国币)

瓦匠　　1 天　　　　80 钱(国币)　　　马车　　1 天　　　1 圆 80 钱(国币)

大车　　1 天　　2 圆 60 钱(国币)

农家临时雇佣的工人,1 人 1 天 4 角左右,伙食 1 人 1 天粟 1 升(据农安县太平山调查所得)。

二十、物价

农安县城、伏龙泉以及扶余县城主要农产品的价格,大致如下表所示：

农安县城物价表　　　　　　　　　　（5 月份的调查结果）

品目	单位(石)	价格(圆)	品目	单位(石)	价格(圆)
大豆	1	7.40	芝麻	1	12.00
高粱	1	2.30	粳米	1	20.00
玉米	1	3.60	小麻子	1	4.00
小麦	1	20.00	红小豆	1	7.60
大麦	1	4.80	豆油	1 斤	0.10
糜子	1	6.00	豆粕	1 块	0.42
绿豆	1	7.60	苏子	1	12.00
荞麦	1	5.00	盐	1 斤	0.18

农安县伏龙泉的物价表　　　　　　　　（西关福顺栈 5 月份调查）

品目	单位(石)	价格(圆)	品目	单位(石)	价格(圆)
高粱	1	2.08	花小豆	1	7.80
大豆	1	7.40	绿豆	1	9.00
小麦	1	18.00	芸豆	1	9.00
大麦	1	7.00	芝麻	1	10.40

续表

品目	单位(石)	价格(圆)	品目	单位(石)	价格(圆)
荞麦	1	5.00	白酒	1斤	0.11
玉米	1	4.00	豆粕	1块	0.40
赤小豆	1	8.00	豆油	1斤	0.10
黎小豆	1	8.10	大麻油 小麻油	1斤	0.15
小米	1	6.00	小麻子	1	8.00
元米(糜子)	1	6.80	大麻子	1	6.50
粳米(旱稻)	1	20.40	苏子	1	10.20
谷子	1	2.40			

扶余县城的物价表　　　　（商务会5月份调查）

品目	单位	价格(圆)	品目	单位	价格(圆)
玄米	1斗	3.00	木炭	100斤	4.00
混保大豆	1斗	0.70	大桦子(新)	100斤	0.80
大豆	1斗	0.68	秫秸	100捆	1.20
高粱	1斗	0.26	酱油	1桶	3.20
小麦	1斗	1.60	豆油	1升	0.08
小豆	1斗	0.60	豆酱	1升	0.08
小米	1斗	0.90	苯	1桶	18.00
清煤	100斤	1.20	苏联石油	1桶	6.00
鹰牌石油	1桶	6.00	铅油	1斤	0.30
元宝牌石油	1桶	5.60	香油	1斤	0.30
老牌石油	1桶	6.00	麦粉	1袋	
大支洋烛	1包	0.50	豆粕	100斤	

注:单位为满洲国的单位,价格用国币来表示。

经济资源调查报告书第　64　号

吉林　29　号经济第　9　号

昭和 8 年 4 月

敦化、额穆地区农业调查报告

秘

满铁经济调查会

调查员　福留邦雄

助　手　中村忠男

翻　译　卢心义

目 录

第一 绪言

本调查队与第十师团给水调查队一起,3 月 8 日从哈尔滨出发,25 日返回,大约用两周的时间对敦化县城以北 60 千米的额穆旧县城各村庄的农村一般情况及农业状况进行了调查,从而写了本调查报告。本次调查中,我们根据部队的要求,也进行了军用物资的调查,但是在这里就省略了详细报告。

敦化是吉长、吉敦铁路上的主要站点,也是产业交通要塞,同时在文化上也取得了很大的进步。但是从敦化到额穆的各个村庄都未进行产业开发,也没有与产业相关的东西。并且农村还没有对行政、产业实行完善的规划,也没有调查机构,加上最近几年匪害频繁,治安问题也成了调查上的一个障碍。尽管如此,我们还是根据在这一地方的所见所闻,尽力如实地记述了有关该地农村的相关情况。

调查日程以及途经地方略表　　昭和 9 年(1934 年 3 月)

	出发地	经过地	里程(千米)	停留地
8 号	哈尔滨	北铁南部线		新京
9 号	新京	吉长、吉敦铁路		敦化
10 号				同上
11 号				同上
12 号		兴隆家、小荒沟	16	同上
13 号	敦化	五家房	8	甩湾子
14 号	甩湾子	北驼腰子、凉水泉子	10	孤山子
15 号	孤山子	石湖、城子	17	公用地
16 号	公用地	前昭领、八棵树、通沟岗子	10	同上
17 号	公用地	四大门、插河鱼	23	三岔口
18 号	三岔口	黑石屯	20	同上
19 号	三岔口	柳树屯	10	额穆
20 号	额穆	宝花山	8	同上
21 号				同上
22 号				同上
23 号	额穆	黑石屯、雷凤气	58	敦化

	出发地	经过地	里程(千米)	停留地
24 号	敦化	吉长、吉敦铁路		新京
25 号	新京	北铁南部线		哈尔滨

备注:别动队于8月14日从马圈子出发,经过黑顶子,对南方的牡丹江流域进行了调查。16日对公有地东北方向10千米的二道沟进行了地形调查。18日从三岔口出发,对吴家油房附近进行了调查。20日从额穆以北20千米的北大秧出发,对马鹿沟进行了地域调查。

第二　地区现况

从敦化到以北约60千米的额穆旧县城的额穆索,这一带都是坡度小,连绵起伏的山丘地带。山上种满了榆树、柞树、青杨树等。牡丹江的干流、支流流经这些山丘之间,使得这一带成了越来越重要的交通要道。全部被开垦出来用作农耕地的孤山子、甩湾子,加上被山丘包围的公用地附近的平原地带,总面积大概有1万町步。其他的平原地区河边还有地势低湿的荒废地及草原地。

本次调查的敦化、额穆地区道路比较发达,因此到了冬天,就成了运输木材、谷类的主要经济道路。但是到了3月下旬的化冰期,很多地方路况变差,车轮子会被泥潭陷住。因此又从甩湾子到公用地之间铺设了一条与原来这条道路平行的、宽约6米的国道。

牡丹江及沙河等一些河流的干支流都成了重要的交通运输线。化冰期车轮通行困难,但这些河流上都设有码头,可以缓解这一问题。

这一地方的地下井水水质不好,都略呈黄色,所以各村庄都用河水作为饮用水。

这一地方的村民多发咽喉肿大症,也就是所谓的甲状腺肿大以及手足关节突出。这一风土病的病发原因就是饮用水受到污染。这一原因还会引发其他的风土病,比如头疼、咳血从而导致突然死亡等冬季病。

现在再来简单说下这一地区的地理状况。

敦化县城南部是阔叶林和疏林山岳地带,西北部是比高100米的高地。河边有村庄,还可以看见附近朝鲜人的水田。从敦化出发,经过五家房、湾子到北驼腰子,约有2,000町步的平地全部被开垦出来了。越过北驼腰子岭,以孤山子为中心的牡丹江干流流域及沙河周围的地势都比较平坦,也被开垦出来了,大约有4,300町步。从牡丹江流域到穆额县界的东殿子之间的黑贝翎前再到沙河约有1,300町步的荒地、草原地。黑贝翎后附近山地的斜坡上有零星的耕地。

石湖、通沟岗子、公用地附近一带有2,300町步的平原,中央平原上青草茂盛,因此还有进行耕地扩展的余地。人们把通沟岗子附近的沙河水当做引用水。这里一年四季水深4—7尺,河水泛滥时水深达到15尺,一直蔓延到农耕地区。

从四大门到大荒地、卡一巴河、插鱼河一带都是被丘陵所包围的峡谷地区。因此耕地较少,平原地区大部分是低洼的草原区。从插鱼河到三岔口都是广阔的平原。流经三岔口的牡丹江宽约 60 米,附近都是柞树林、阔叶树疏松林,耕地面积较小。从三岔口到额穆之间,柳树屯附近的道路北侧是已经开垦好的耕地,但是南侧都是低洼的草原湿地。并且这一带可利用牡丹江及其支流灌溉水田。

从三岔口沿着牡丹江一直往南大约有 3,000 町步的盆地,黑石屯地区也有杂草丛生的低洼的草原湿地。从 6 月初到 7 月下旬就会在很多湿地种上稗子。300 户人家仅有 2,600 町步的耕地,不过利用横穿此地的牡丹江可以开发灌溉更多的水田。

额穆附近是南北西三面环山的平原地带,大约有 1,000 町步的平原。冬季会有很多木材从北大秧、马鹿等的深林里运出。从额穆到南侧的宝花山大部分都是低湿的草原地带,杂草丛生因此行走困难。宝花山附近有 11 户朝鲜人,都从事着水田耕作。

从额穆出发,经过黑石屯,南下到敦化,这之间都是连绵起伏的山丘,大部分都是柞树林,其中零星点缀着一些青杨林。从 11 月下旬一直到 3 月中旬都是冰冻期,道路上还能通车,但是到了化冰期通车就不太可能。

接下来就讲一下这一地区的通讯设备情况。

电话

敦化县城内有民国 15 年设立的电话局,本城内外的日本、朝鲜、满洲各机关、商店及住宅一共装了 150 部电话、通话效果也非常的好。还有受吉林省警备司令部管辖的军用电话。从额穆县界的雷风气进入敦化县城,东部的哈尔巴领到延吉以及其他的四个乡都被电话线网覆盖。敦化县城东北部的甩湾子、土腰子、桦河、孤山子、＊＊＊,经过南天门到达额穆县界石湖,经过通沟岗子到达公用地,以及往西北方前进经过黑石屯到达额穆,一直到敦化县城蛟河与敦化之间都已经可以互通电话。

敦化县城已有电话局,可操作通往各地的日本、满洲的电报业务。

第三　气象

本地区的气象状况大体都是根据下表中显示的满铁吉林事务所敦化试制场气象观察所观察的数据得知的。该观察所位于北纬 43 度 23.2 分,东经 128 度 22.6 分。气压计离海面高度为 498 米。

敦化县平均气温最低的地方是延吉。虽然与新京的气候相似,但是 8 月份的平均最高气温也比它低 2—3℃。湿度为 80% 左右,一年之内没太大的变化。降水量相对来说比较多,6、7、8 三个月每月的降水都在 100 毫米以上。

每年平均有 117 天的无霜日,但是今年有 132 天。今年第一次打霜是 9 月 21 日,最后一次是 5 月 10 日。通常情况下,最后一次打霜都是在 5 月 26 日前后。

气　温　　　　　　　　　　　(℃)

年月	昭和5年			昭和6年			昭和7年		
	最高	最低	平均	最高	最低	平均	最高	最低	平均
1月	−8.5	−25.3	−16.7	−10.1	−24.4	−17.3	−4.1	−21.1	−12.7
2月	−3.6	−20.9	−11.7	−8.1	−24.2	−17.8	−5.5	−22.1	−18.5
3月	3.7	−8.9	−3.5	4.3	−12.2	−4.8	0.2	−14.2	−7.5
4月	14.0	−11.4	5.5	8.9	−4.0	1.0	12.2	−3.5	3.8
5月	19.5	4.3	11.1	17.7	3.2	9.8	19.7	3.7	10.7
6月	23.8	10.6	16.0	20.9	9.6	14.3			
7月	28.3	16.1	20.8	24.6	11.9	17.4			
8月	27.2	15.1	19.9	27.2	15.1	19.9			
9月	21.4	6.2	12.4	21.9	6.8	12.7	21.7	8.0	14.8
10月	15.1	−1.9	5.3				12.6	−1.4	4.9
11月	−7.3	−12.0	−6.8	−2.4	−12.4	−5.5			
12月	−6.9	−21.1	−14.2	−6.7	−20.5	−13.3	−4.9	−19.6	−12.1

年月	昭和8年			昭和9年		
	最高	最低	平均	最高	最低	平均
1月	−12.5	−29.3	−19.5	−10.4	−26.3	−19.5
2月	−9.7	−26.8	−18.2			
3月	−1.0	−16.0	−8.8			
4月	12.2	−3.7	3.2			
5月	21.1	3.0	11.8			
6月	24.5	4.2	14.3			
7月	28.4	10.1	21.2			
8月	25.3	9.0	18.7			
9月	21.7	3.6	12.0			
10月	13.1	−3.1	4.3			
11月	0.8	−12.3	−6.2			
12月	5.5	−19.3	−12.8			

气压表

	昭和 5 年	昭和 6 年	昭和 7 年	昭和 8 年	昭和 9 年
1 月	720.9	719.6	720.5	722.8	721.7
2 月	720.0	721.5	722#	718	
3 月	720.6	717.5	716.3	718.2	
4 月	716.7	714.8	712.0	715.1	
5 月	713.8	714.2	711.8	714.1	
6 月	711.3	712.0		712.9	
7 月	712.6	713.2		714.5	
8 月	712	712		713	
9 月	718.4	716.1	718.0	716.0	
10 月	761.7		716.2	719.9	
11 月	718.2	721.5		719.9	
12 月	721.7	721.0	721.6	718.7	

注:气压计离海面高度 498 米。

地下温度 (0.3m)

	昭和 5 年	昭和 6 年	昭和 7 年	昭和 8 年	昭和 9 年
1 月	-9.2	-9.4	-7.1	-9.5	-9.7
2 月	-8.1	-10.4	-8.3	11.4	
3 月	-3.2	-5.7	-5.0	-7.0	
4 月	0.3	-1.2	-1.7	-0.6	
5 月	5.2	3.3	4.1	5.0	
6 月	11.8	10.0		11.7	
7 月	17.7	14.9		18.2	
8 月	19.0	19.0		19.4	
9 月	14.6	13.8	15.0	15.0	
10 月	7.4	13.8	7.9	10.8	
11 月	1.0	13.8		0.3	
12 月	-5.1	-5.0	-2.9	-3.9	

湿　度 （%）

	昭和 5 年	昭和 6 年	昭和 7 年	昭和 8 年	昭和 9 年
1 月	82	81	76	75	78
2 月	75	＊＊	79	78	
3 月	87	89		86	
4 月	80	87	81	83	
5 月	79	67	79	75	
6 月	80	80		78	
7 月	84	78		85	
8 月	85	85		87	
9 月	80	84	77	82	
10 月	74		76	76	
11 月	86	85		85	
12 月	88	78	79	81	
平均	81.6			80.8	

降水量 （毫米）

	昭和 5 年	昭和 6 年	昭和 7 年	昭和 8 年	昭和 9 年
1 月	1.7	4.8	3.2	2.0	0.9
2 月	7.2	2.2	3.4	10.8	
3 月	25.1	5.1	4.9	5.3	
4 月	24.3	38.5	20.7	19.4	
5 月	53.9	47.8	76.6	69.3	
6 月	103.9	108.6		95.9	
7 月	145.6	96.5		142.4	
8 月	224.8	138.0		123.0	
9 月	39.9	47.6	49.0	25.6	
10 月	50.1		23.9	28.9	
11 月	23.8	4.7		13.3	
12 月	6.8	5.0	8.9	8.3	
合计	717.2			544.2	

日照时数

	昭和 5 年	昭和 6 年	昭和 7 年	昭和 8 年	昭和 9 年
1 月	161.44	126.28	144.4	158.5	193.65
2 月	151.62	143.58	193.95	156.0	
3 月	159.3	217.9	189.9	208.55	
4 月	144.0	111.41	173.15	213.3	
5 月	154.18	104.85	173.1	188.2	
6 月	88.0	121.05		227.5	
7 月	155.4	200.35		222.85	
8 月	180.9	177.4		136.85	
9 月	189.8	177.4	137.6	228.65	
10 月	111.6		156.5	200.4	
11·月	83.8	83.2		149.75	
12 月	157.3	156.34	126.1	154.8	
合计	1,737.34			2,245.35	

蒸发量 （毫米）

	昭和 5 年	昭和 6 年	昭和 7 年	昭和 8 年	昭和 9 年
1 月	7.7	4.8	23.2	17.4	27.3
2 月	16.7	14.3	25.0	19.7	
3 月	35.9	44.7	39.7	46.9	
4 月	78.0	66.1	108.9	119.9	
5 月	132.1	105.1	184.1	151.6	
6 月	120.0	84.5		153.4	
7 月	107.4	115.5		148.0	
8 月	99.0	97.0		108.5	
9 月	75.6	76.4	73.4	109.1	
10 月	40.1		48.1	75.3	
11 月	15.4	30.8		40.0	
12 月	14.3	26.0	29.8	27.9	
合计	742.20			1,014.70	

第四　土地面积及度量衡

本调查地域的土地测量是利用 5 尺至 10 尺长的绳子或者 8 尺长的木头步测完成的。1 晌等于 10 亩,1 亩等于 720 弓,1 弓等于 5 尺。长度 2 尺之内有一定的误差。敦化的 1 晌地相当于(1,800 坪)6 反步,额穆地区有 7 反 2 亩 20 步。

谷物买卖通常都是用 1 斗升(官斗)。额穆地区对粟进行了实测,1 官斗相当与日本的1 斗 5 升 4 合。斗的大小用日本尺测量,结果如下:

口部:1.23 平方尺

高度(垂直):0.61 尺

底部:0.89 平方尺

敦化的 1 升相当于日本的 1 斗 4 升。

谷物 1 斗的重量用中国斤表示如下:

稻米	24 斤(日本斤 22 斤)
白米	40 斤
豆子	36 斤
玉米	35 斤
小米	40 斤
稗子	22—24 斤

该地流通盛行的永衡官银帖,五吊相当于国币的一钱。

以下本报告中所出现的都是该地通行的度量衡。

第五　敦化县现况

据县公署调查,敦化县户数以及人数如下所示:

满 人

	第一区				第二区			
	户数	男	女	合计	户数	男	女	合计
	3,500	9,928	7,441	17,369	1,688	5,073	3,494	8,567
不同职业的人口	学生	313	138			106	491#	
	军人	585	(73)			306	(21)	
	政治	110	(62)			25	5	
	农业	5,107	5,176			4,136	3,228	
	工业	228	113			20	9	
	商业	3,150	1,587			430	118	
	其他	146	140					
	无业人员	9	5					

	第三区				第四区			
	户数	男	女	合计	户数	男	女	合计
	3,388	10,694	6,614	17,308	1,359	4,268	2,413	6,681
不同职业的人口	学生	44	45			23	24	
	军人	256	(11)			256	(9)	
	政治	10	2			3	1	
	农业	10,070	6,459			3,848	2,913	
	工业	1	1			24	14	
	商业	216	61			72	14	
	其他							
	无业人员	5	5			8	5	

合计: 户数 9,935、人数 49,925。

	日本内地人	朝鲜人	合计
户数	289	696	985
男	613	1,771	2,384
女	257	1,508	1,765
合计	870	3,279	4,149

以上是大同 2 年 12 月的数据,大同 3 年 1 月[1]的数据如下:

	满人	内地人	朝鲜人	合计
户数	9,980	289	796	11,065
人口	50,076	870	3,697	54,640

敦化县农作物调查表(县农会调查)
普通作物

	黄豆	小豆	谷子	玉米	小麦	大麦	稗子	荞麦	水稻	合计
耕种面积(晌)	22,150	1,230	6,300	2,520	2,200	6,900	6,600	925	1,835	50,660
本年度总产量(石)	81,955	5,289	45,360	18,396	13,200	54,510	56,100	4,625	29,110	
每公顷产量(石)	3.7	4.3	7.2	7.3	6.0	7.9	8.5	5.0	14.2	
输出数量(石)	75,000			1,009	3,000	30,510			4,010	

粮食以外的作物以及蔬菜

	亚麻	烟草	白菜	葡萄	葱	地豆子	蒜头
生产量(贯)	11,400	3,300	600,000	120,000	37,000	150,000	400
输出量(贯)	8,000	2,100					

注:谷类输出至哈尔滨、大连。亚麻、烟草输出至哈尔滨、新京、奉天。今年从蛟河、延吉运来 500 石稻米(脱壳),从吉林、新京运来 800 贯葱。

敦化县家畜、家禽的数量　　　　　　　　　　　　　　　　(县公署调查)

禽畜	数量	禽畜	数量
马	3,449 头	羊	320 头
骡	2,250 头	猪	6,500 头
驴	435 头	鸡	20,000 只
牛	4,100 头		

敦化县运输工具数量　　　　　　　　　　　　　　　　　　(县公署调查)

交通工具	数量	备注
马车	550	1 辆马车能装 500 贯,需要 3 至 5 头牲口

---

[1]　译者注:伪满洲国大同 3 年(1934 年)3 月 1 日改元康德。

交通工具	数量	备注
牛车	695	1 辆牛车能装 400 贯,需要 1 至 3 头牲口
木头车	1,194	1 辆木头车能装 450 贯,需要 2 至 4 头牲口
橇	645	1 辆橇需要 2 至 3 头牲口
乘用汽车	6	
货物用汽车	4	

敦化县不同职业的人口调查

职业	泥瓦匠	铁匠	机械工	木匠	油漆工	马车制造工
人数	200 人	60 人	10 人	50 人	5 人	70 人

第六　财政状况和税收额

全世界范围内出现前所未有的经济不景气,满洲经济也不例外。土特产的交易价格从去年秋天以来就不停地跌落,农民的生活非常贫困。因此满洲国当局制定了相应的土特产交易价格上调的政策,同时财政部也颁布了从去年 12 月 1 日开始下调出产粮食税的规定。下调税率如下表所示:

	下调之后的税率	吉林省旧税率
豆类(黄豆、小豆、豌豆、青豆等)	价格的 2.5%	价格的 5.3%
油粮(芝麻、麻子、苏子等)	价格的 2.5%	价格的 5.0%
细粮(粳米、稻米、小麦等)	价格的 1.0%	价格的 5.3%
粗粮(玉米、红粮、谷子等)	价格的 0.5%	价格的 0.5%

并且该地税收收入中的大部分都是土地税,敦化县每晌交税 77 钱(额穆地区是 85 钱)。其他方面的税率如下所示(据敦化县财政处):

学田租　　　未耕地每晌 38 钱 5 厘
屠宰税　　　猪、羊每头 15 钱 4 厘　　牛每头 30 钱 8 厘
粮税　　　　仅限输出的部分　　　　每 100 圆纳税 4 圆
木税　　　　2 圆
车牌税　　　1 头马车 1 圆
牲口特别税　100 块钱纳税 3 圆

另外,本调查报告里出现的地区与其他地区一样,满洲事变之后因为遭受匪害和主要谷类

价格的下跌,所以各种租税额都明显地减少。例如敦化县,今年作为地租收上来的租税有27,000多圆,政府当局的目标是第二年增加31,000多圆,同时也在研究新的税法。

下表是敦化县公署财政局,额穆县财政局、公用地分局以及额穆分局主要的税目以及税收额:

敦化税务局税收额 （国币）

	出产税				营业税	牲畜税		
	粮食谷物税	货物税	木材石头税	合计		牲畜税	屠宰税	合计
3月份	2,942.98	343.77	2,216.42	5,501.17	1,811.98	137.95	18.96	156.91
本年度累计(大同2年7月至3年2月)	18,274.36	3,102.46	11,687.25	33,064.07	8,809.55#	2,696.19	432.11	3,128.30

	酿酒税				统税	其他花税、杂税合并共计
	酒税	酒公价税	酿酒牌照税	合计	麦粉统税	
3月份	389.10	149.52	42.51	581.13	271.50	9,199.93
本年度累计(大同2年7月至3年2月)	3,302.59	1,196.09	964.61	5,808.73	5,713.30	63,163.50

税票

小麦出产税票　　　　29.62

元豆出产税票　　2,722.49

杂粮出产税票　　　　5.24

斗税票、销场税票不收税。

据敦化县公署财政局,大同2年7月至大同3年2月地方税税收额(圆):

亩税:　　　　　30,123.611(国币)

粮食木材特别税:　10,072.702(国币)

牲畜特别税:　　　　934.000(国币)

车牌税:　　　　4,196.155(国币)

车税:　　　　　　441.520(国币)

屠宰税:　　　　　390.558(国币)

学田税:　　　　1,829.820(国币)

额穆县街道税务分局局粮食税(国币):

大同2年12月　　58.97

大同 3 年 1 月   —

大同 3 年 2 月   26.845

额穆县行署县街财务处分处税收额

	晌税	粮税	屠宰税	元年学田租	2 年学田租	车牌税
税率	每晌国币85 钱	3%	每头猪吉大洋 30 钱	每晌吉大洋80 钱	每晌吉大洋80 钱	每头牛国币 1 圆
大同 2 年 12 月	1,459.45	603.276	2.234	90.324	63.818	700.000
大同 3 年 1 月	231.073	93.24	1.386	69.269	91.026	200.000
大同 3 年 2 月	26.180	91.008	0.924	6.468	15.012	200.000

其他的商业税、木税、电话费以及营业税加上上表中的税,三个月的纳税额共计国币6,355圆 1 角 1 分 6 厘。

额穆县税务局公用地分局(设立于大同 2 年 4 月 1 日)[①]

年份 \ 税种	豆类	油粮	畜牧税	屠宰税	销场税	粮商营业
大同 2 年 12 月	85.025	24.250				
大同 3 年 1 月	415.015	36.00	正 124.5 附 6.571	正 2.600(永大洋) 附 0.280(永大洋)		
大同 3 年 2 月	418.289	10.00	207.75 0.867	6.600 0.330	5.200(永大洋)	6.250
大同 3 年 3 月	207.870	6.300	24.001.199			

年份 \ 税种	烟酒牌照	土产税	摊位税	买钱税	征税地区
大同 2 年 12 月					东 45 华里大山嘴子
大同 3 年 1 月	正 52.00(永大洋) 附 10.40(永大洋)	正 10.44(永大洋) 附 0.52(永大洋)	16.000(永大洋)	89.920(永大洋)	西北 25 华里人鱼河
大同 3 年 2 月		13.430 0.672	11.000	77.392	西南 18 华里南天门
大同 3 年 3 月	6.000 1.200				北 25 华里北江沼

---

① 译者注:除特别标注外,其他货币单位皆为国币(圆)。

第七 城市概况

　　敦化在京元线上,离新京 338.2 千米,离图们 189.9 千米。敦化县城有日本、朝鲜、满洲人共 27,000 人。作为京元线上的主要城市,自然也成了交通和产业中心。现已开通了从延吉到图们的铁路,并且建成了罗津港,因此敦化也成为了吉林省中部的物资集散地。随着治安工作的完善,产业的发展,其他方面的进步也指日可待。

　　现在的敦化县城里设立了如下公共机关:县公署、税务局、财政处、教育局、警务局、电话局、电报局、邮政局、农会、商会、日本领事馆分馆、警察以及日本人居留民会、朝鲜人居留民会、独立守卫队、满铁公署、吉林事务所敦化试作场。街上的商店、饭店等鳞次栉比热闹非凡。最近,随着治安工作的完善,商品交易也顺利地进行着。从事大豆、高粱、杂货等贸易以及木材交易,开饭店的人也逐渐增多。越来越多的朝鲜人迁居于此地。但是因为去年谷物的价格暴跌而导致生活贫困的小农商人较多。与元年 1 斗 1 圆现洋的豆价相比,去年 1 斗 50—60 钱的价格使商家的利润从 3,000 圆降至 1,000 圆。

　　敦化县城里城外的日本人、满洲人、朝鲜人户口如下所示:

敦化县城里城外人口调查表

	城内			城外			合计
	满洲人	日本人	朝鲜人	满洲人	日本人	朝鲜人	
户数	923	134	276	2,706	142	518	4,699
男	7,562	156	667	6,244	407	1,759	16,795
女	1,614	47	504	6,219	322	1,395	10,101
合计	9,176	203	1,171	12,463	729	3,154	26,896

敦化县城里城内不同职业的满洲人户口数　　　(商会调查,8 月 10 日)

杂货店	水果店	酒店	粮食店	*店	帽子店	鞋店	濑户商品店	冶炼店
117	30	7	6	24	3	1	7	8
药店	金店	油店	木工厂	食品店	打粉店	制绳店	旅馆	裁缝店
11	5	17	22	30	8	3	17	4
印刷厂	酱油店	蔬菜店	米店	书店	钟表店	木棉制造	合计	
3	2	2	1	2	1	1	392	

敦化在住不同职业日本人户口数 （领事馆警察调查）

种类	饮食店	饭店	旅馆	药店	理发店	结发店	公共马车	球场	当铺	印刷业	代写业	接生婆	出租车
内地人	13	7	3	3	1	2	1	1	2	1	1	2	1
朝鲜人	8	2	5	0	0	0	0	0	0	0	0	0	0
合计	21	9	10#	3	1	2	1	1	2	1	1	2	1

种类	司机	酿酒业	艺妓	陪酒女	运输业	木材加工业	冶炼业	木材业	牛奶贩卖	经营市场	牙医业	精米业	合计
内地人	2	1	21	25	1	2	1	11	0	1	0	0	105
朝鲜人	1	0		19	1	0	0	2	1	0	1	1	41
合计	3	1	21	44	2	2	1	13	1	1	1	1	146

公用地是位于敦化和额穆中间的主要村庄，设立了额穆县税务局分局以及财务处。额穆以南的所有村庄出货都要经由此地。这里的贸易额与敦化的出口贸易额相当。还有杂货店40家，其他店铺约30家。这些基本上可以满足当地农民的生活需求。

另外，该地还有额穆县东关保事务所、警察分署、壮丁团以及维持治安的机构，有6名警察署员以及东关保事务所所长手下的14名壮丁团成员。

下表所示的是现在村庄内农户及商家户口数：

农户及商家户口数

	农户	商家	合计
户数	99	74	173
男	255	229	484
女	207	90	297
合计	462	319	781

不同职业的户口数

职业	数量	职业	数量	职业	数量
杂货店	40	成衣店	2	猪肉店	2
旅馆	2	鞋店	3	木匠	1
打铁铺	2	药店	4	酒店	1
油房	3	面粉店	2	理发店	1
豆腐店	3	饭店	6	糖果店	1

额穆县东关保耕地面积　　　　　　　　　　　　　　　　　　（晌）

	第1甲	第2甲	第3甲	第4甲	第5甲	第6甲
	公用地	北岭#	通沟岗子	杨木林子	南天门	四道沟
耕地		435	385	385	450	200
荒地		406	180	386	119	192
	第7甲	第8甲	第9甲	第10甲	第11甲	合计
	北河沿	二道沟	朝阳沟	小南沟	荒沟	
耕地	230	150	150	570	340	3,295
荒地	280	373	373	322	192	2,823

(警察分署调查)额穆县东关保现在的家畜所有数:

马　184　（30—40）

骡　43　（30—45）

驴　189　（8.0）

牛　263

猪　2,800

注:括号里是买卖时的价格。

　　额穆以前是旧县城,也是县公署所在地。但是因为交通、产业、治安状况的原因,就把县公署迁至铁路沿线的蛟河。村庄的东南方,从三岔口到牡丹江支流流域大约有3,000町步,都是平原地带。但是大部分都是低洼的湿地,因此能用作耕地的面积很小。该地也是从该村庄以北的北大秧、马鹿沟等的深处森林里输出木材的集散地,唯独这点能维系此地的命脉。

　　该地的主要公共机关:以县公署为首,有警察分署、吉林警备队、税捐局分局、财政处分处、电话分局、电报局、邮政局、农会以及商会等。

　　该地区居民全都是满人,该地满洲居民的户数如下所示:

	农家	商家	合计
户数	230	67	297
男	774	182	956
女	482	87	569
合计	1,256	269	1,525

另外,各种不同职业人员的人数如下所示:

车工　　4人

木匠　　50人

裁缝　　　12 人

蹄铁工　　14 人

人力工　　40 人

属于黑石屯保事务所的义气保户口数、耕地面积以及家畜家禽数如下表所示：

额穆县义气保户口、耕地调查表

保甲	第 1 甲	第 2 甲	第 3、4 甲	第 5 甲	第 6 甲	第 7 甲	第 8 甲	第 9 甲	第 10 甲	第 11 甲	合计
村落	北大秧	桦树林子	河西屯	苏子河沿	黑石屯	牡丹岗	插鱼河	夹信子	清沟河	马鹿沟	
户数	63	173	220	165	295	108	152	198	100	220	1,694
人口	230	900	980	700	1,578	500	700	1,100	400	1,000	8,088
耕地（晌）	132	162	936	565	900	335	775	600	132	215	4,752
每户平均耕地（晌）	2.10	0.94	4.26	3.44#	3.05	3.10	5.09	3.03	1.32	0.98	全平均2.73#

注：除了现在的 4,572 晌耕地之外，还有开垦之后闲置的耕地 1,400 晌，以及未开垦的耕地 5,000 晌。

额穆县义气保家畜调查表

禽畜	数量	禽畜	数量
牛	340	猪	1,700
马	681	鸭	200
驴	210	鸡	1,800
骡	61		

以额穆县城为中心的 4 保的户口、职业、人口、家畜以及家禽数表示如下：

额穆旧县城、义气保、东关保、塔拉保户口数

	旧县城保	义气保	塔拉保	东关保	合计
户数	297	1,707	519	1,077	3,600
男	774	4,824	1,156	2,786	9,540
女	482	3,628	1,007	2,047	7,164
合计	1,256	8,452	2,163	4,833	16,704

不同职业的人口数

	学生	军人	政治	农业	工业	商业	渔业	船工	无业
男	425	133	40	7,915	171	551	15	14	91
女	87		4	6,595	41	218	11	7	47
合计	512	133	44	14,510	212	669	26	21	138

额穆县第1区(4保)家畜家禽数量

		马	牛	骡	羊	猪	鸡	鸭	鹅
头数	今年	423	3,720	89	34	13,085	12,320	3,461	1,725
	去年	601	4,124	354	134	16,424	35,810	6,521	2,212
价格 (圆)	今年	55	70	70	2.6	18	0.6	0.8	1.2
	去年	50	60	60	2.5	18	0.4	0.6	1.0
生产 数量	今年	131	524	12	12	6,242	3,520	525	203
	去年	212	851	35	32	8,241	2,120	421	122

备注: 警务局第一区警察署调研,大同3年2月末。

第八　村庄概况(户数人口、耕地、家畜及其他)

		敦化	五棵房	甲湾子	北驼腰子	凉水泉子	西凉水泉子	砂河沿	孤山子	马圈子	石湖
户数		4,699	15	9	16	30	9	6	13	14	3
人口		26,896	60	50	80	150	36	30	50	64	16
井		115	2		1	2	1	1	1	5	
家畜头数	马			15	15	20		12		15	
	牛			6	3	23	13	3		8	
	猪			20	20	45	15	16		40	
	鸡			40	30	70		30		20	
	鸭				4	20		10		6	
	羊										
马车	大车			2	3	2	2	4		3	
	小车										
橇											
摘要											

		通沟岗子	公用地	前昭领	杨家屯	八棵树	城子	后屯	四大门	大荒地	插鱼河
户数		87	173	4	6	6	2	20	4	14	10
人口		400	781	26	23	47	16		21	68	50
井			4	1	1	1	1		1		
家畜头数	马	32	184	—	2	1			3		
	牛	40	263	8		1			5		
	猪	100	2,800	17	2	8			10		
	鸡	200		5	15	6					
	鸭	50		6	1						
	羊				2				1		
马车	大车	8	5								
	小车										
橇											
摘要											

		三岔口	黑石屯	吴家房子#	小河沿	凤凰店	当石河子	柳树屯	额穆	河西屯
户数		5	295	12	4	1	15	13	297	3
人口		35	1,578	80	12	13	100	80	1,525	20
井		1		1			3	4	15	1
家畜头数	马		952	5						
	牛		340	6	4		65			
	猪		1,700	30	4		70			
	鸡		1,800				6			
	鸭		200							
	羊						3			
马车	大车								200	
	小车									
橇										
摘要									牛车 100 辆，汽车 1 辆	

项目＼村庄名称	敦化	五棵树	甩湾子	北驼湾子	凉水泉子	西凉水泉子	砂河子
耕地(晌)			135	180	167	67	75
荒地(晌)							
摘要							

项目＼村庄名称	孤山子	马圈子	石湖	公用地	通沟岗子	前昭领	杨家屯
耕地	120	70	33	200	25	43	
荒地	20	130			180		
摘要							

项目＼村庄名称	八棵树	城子	后屯	四大门	大荒地	插鱼河	三岔子
耕地(晌)	45			15	104	770	30
荒地						500	
摘要							

项目＼村庄名称	黑石屯	吴家油房#	小河沿	凤凰店	当石河子	柳树屯	额穆	河西屯
耕地(晌)	900	60	20	3	50	50	280	30
荒地								
摘要		木房子						

第九　土地所有及农业经营情况

　　数百年以来,满洲的中国移民一直都呈现出由南满洲向北满洲递增的趋势,北京政府的武装移民以及迁至北满洲的自由移民已经占了地主以及农民总人数的一大半。本调查地区的额穆附近,有很多汉族武装政府的移民,也就是所谓的旗人从 300 年前开始一直居住。一直到1905—1907 年废除旗人制度为止,他们没有从事农业耕作,游手好闲。结果很多土地被中国移民抢走,地位也发生了转变,他们当中沦落为佃农的人也特别多。现在就该村庄的土地所有,经营状况及中国农民的迁入状况作一个简单的概述。

　　甩湾子里一共有 9 户人家,他们都是佃农,20 年前从山东搬来的。

　　最大的租田是 15 晌、60 晌、40 晌、35 晌。这些租田的所有者都住在敦化城内。

　　北驼腰子仅有 20 晌自留地、13 晌地主所有地,剩下的就是最大 10 晌及最小 1 晌都是归农民兼劳动者所有的。

孤山子地区的耕地是大约 20 年前开垦的,农民全部是山东人。所有耕地 120 晌,这其中的 45 晌租给了 6 户人家,剩下的 75 晌是 5 家自耕地。拥有 30 晌地的地主有 1 名,15 晌的地主有 1 名(在敦化)。

马圈子的耕地有 200 晌,其中去年的耕地面积为 ＊＊ 晌。只有拥有 6 晌地和 3 晌地的地主。剩下的土地最大的 20 晌,最小的 1 晌,都租给了 5 年前搬到沈阳来的山东人。

石湖的农民是 100 年前搬到沈阳的旗人。拥有 30 晌自耕地和 3 晌自耕地的各 1 户,苦力 1 户。

前昭领有耕地 10 晌,其中的 5 晌有 1 家在自耕。其他的 15 晌租给了 3 户农民,这 3 户人家都是 30 年前迁入沈阳昌图的山东人。

杨家屯有 1 户地主拥有 35 晌地,此地主住在额穆。其中 28 晌租给 5 户耕作。这 5 户人家是 4 年前经过沈阳、吉林移民到此地的山东人。

八棵树有拥有 40 晌地的地主 1 户,他与其他 5 户租田户一起耕作。

通沟岗子 4 户拥有所有的 200 晌地,他们将此地全部租给农民,大约 1/3 的农民是 100 年前从沈阳移入的旗人。现在他们都是佃农。其他的佃农是 10—50 年前从山东迁移过来的。

四大门有拥有 5 晌和 1 晌的自耕农各 1 户。有 4 晌和 1 晌的佃农各 1 户。有 150 年前移居的旗人(佃农)1 户,其他的都是山东人。

插鱼河有 1 户占地 8 晌的自耕农,其他的 30 晌地为 9 户佃农耕作。地主在公用地。

三岔口 5 户佃农耕作 11 晌。

黑石屯有 300 户居民。他们当中从 200 年前移入的旗人占 60%。100 年前移入的汉人占 30%。其他的 10% 是 50 年前移居至此的山东人。

柳树屯的总耕地面积有 50 晌,其中 1 户地主占地 30 晌,租给佃农耕作。5 户自耕农(旗人)中经营面积最大的为 15 晌。其余的 8 户都是山东迁移过来的佃农。

额穆人口中 250 年前迁移过来的汉军旗人占一半,大部分都是佃农。40 年前迁移过来的山东人大多是地主,占有大约 100 晌。其他不在此地的地主(在吉林)占有 180 晌土地,经营情况不详。

第十　佃耕惯例及地租

佃耕契约大多数为口头协议,但也有文件协议。契约每年签订一次,地主租给农民房屋、马、马车,然后分益(甩湾子、马圈子)。这是一般采用的方式。但是甩湾子租马车时要付给地主付价格的 50% 的利息(大约 5 圆)。种子钱以及春耕资金通常是不借的。通沟岗子的种子钱及春耕资金为 1 晌地 1 圆。这要在收割时还,但是不需要付利息。

地租几乎是用谷物缴纳的,有大豆、谷子,通常都是 1 石左右。但是除了豆子、谷子外,有时也收稗子、玉米。

各村庄的地租如下表所示:

		敦化	五棵房	甩湾子	北驼腰子	凉水泉子	砂河沿	孤山子	马圈子	石湖
地租(晌)	数量(石)			1.5	1.0	0.8—1.0	1.0	1.0—1.4		0.5
	缴纳的谷物			大豆谷子	大豆谷子	大豆谷子		大豆谷子		大豆谷子
	摘要									

		通沟岗子	公用地	前昭领	杨家屯	八棵树	四大门	大荒地	插鱼河	三岔口
地租(晌)	数量(石)	0.6		0.5	0.6—0.8	0.5—0.6	0.4—0.8		0.6	
	缴纳的谷物	大豆谷子		大豆谷子	大豆					
	摘要									

		黑石屯	吴家油房	小河沿	凤凰店	当石河子	柳树屯	额穆	河西屯
地租(晌)	数量(石)		1.0	1.0—2.0	1.0	2.0	1.0	1.0—2.0	
	缴纳的谷物		大豆谷子	大豆谷子稗子	大豆谷子	大豆谷子玉米	大豆谷子	大豆谷子	
	摘要							平均1.5石	

第十一　农耕法

本地区的主要农作物是大豆、谷子、稗子、大麦、小麦、玉米、水稻、小豆、荞麦、苏子等。这些作物的耕作方法都与其他地方的一样,在这里就大豆的耕作方法简单介绍一下。

5月10日前后开始播种,用三四匹马去犁田,同时将田打好。每晌耕种2斗5升。用磙子将播种后的地面压平。1晌地需要4个人播种。第二季从6月下旬到7月上旬,第三季7月中旬全部结束。中耕与除草工作同步进行。这只需要1个人加3匹马的犁,工作1天即可。但是额穆地区除草后的第二天去中耕。肥料一般用土粪或者马粪,但很少给主农作物施肥。一般只给白菜、萝卜、地豆子、葱等自家的菜类施肥。给菜类施肥大概需要5—6人。施肥量为马粪20车(1车700斤)。

由于该地10上旬、中旬就开始打霜。高粱不会成熟得很好,所以一般不种高粱。小麦一到雨天茎叶都会枯死。所以近十年来有些地方几乎不种小麦。(除了马圈子之外)额穆、敦化的不同作物的耕种法如下表所示:

一、敦化地区

		大豆	粟子	玉米	大麦	小麦
播种	日期	5月12日	5月7日	5月16日	4月29日	4月28日
	播种数量	30	8	15	60	60
	方法	条播	条播	点播	条播	条播
田宽(厘米)		60	60	60	60	60
株距(厘米)		15		15		
管理	中耕	6月4日 6月20日 7月11日	6月5日 6月19日	6月5日 6月28日 7月30日	6月10日 6月22日 7月9日	6月9日 6月22日 7月8日
	除草	同上	同上	6月5日 6月29日 7月31日	同上	同上
	培土	6月9日 7月14日	6月19日 7月21日	6月10日 7月29日	6月10日 6月22日	6月9日 6月22日
	间引		6月5日 6月19日	6月5日 6月17日		
	施肥量 (千克)	4,800	4,800	2,400	7,500	12,120
	收割期	9月下旬	8月中下旬	7月中下旬	7月上旬	8月中旬
		水稻	大麻	葱头	马铃薯	烟草
播种	日期	5月21日	5月17日	5月13日	5月14日	4月21日
	播种量(千克)	96	60	30		
	方法	撒播	条播	苗床	点播	苗床
田宽(厘米)			20	60	60	
株距(厘米)			10	15	30	
管理	中耕		6月7日 6月30日	6月29日 7月14日 8月6日	6月7日 7月3日	7月15日 8月6日
	除草	6月13日 7月14日 7月26日	6月5日 6月30日	同上	同上	同上
	培土		6月8日 6月30日		同上	

续表

		水稻	大麻	葱头	马铃薯	烟草
	间引		6月5日 6月16日 6月30日	6月19日 6月29日		5月13日 5月24日 6月5日
	施肥量 (千克)	5,625	24,380	8,063		27,117
	收割期	10月中上旬	9月中旬	9月中旬	9月上中旬	9月25日 9月19日

主要农作物的施肥量如下：

小麦　堆肥　　12,000(千克)　　过磷酸石灰　　120(千克)

水稻　堆肥　　3,750(千克)　　过磷酸石灰　　1,875(千克)

大麻　堆肥　　24,000(千克)　　过磷酸石灰　　120(千克)　　硫铵 100(千克)

葱头　马粪　　7,500(千克)　　木灰　　　　　563(千克)

烟草　堆肥　　3,000(千克)　　过磷酸石灰　　125(千克)　　油渣 798(千克)
　　　草木灰　　167(千克)

二　额穆地区

	耕作					除草				
	日期	播种量	需要人数	马具	农具	日期	次数	需要人数	马具	农具
豆子	4月上旬	20升	3.5	3.5	犁昆子#	5月中上旬	2	5—6人		锄头
谷子	4月上旬	5升	3.5	3.5	同上	同上	2—3	6—7		同上
玉米	4月上旬	10升	4.5	4.5	同上	同上	3	7		同上
稗子	4月上旬	3—5升	3.5	3.5	同上	同上	2	5—6		同上
小麦	3月上旬	3—40升	3.5	3.5	同上	同上	2—3	5—6		同上
备注	耕锄与下种整压同时进行。通常都是在耕种后马上就进行施肥。施肥需要劳动力5—6人									

	中耕					收割			
	日期	次数	需要人数	马具	农具	日期	需要人数	马	农具
豆子	5月中上旬	2	0.5	1	犁杖	8月—9月上旬	3		锄头
谷子	同上	2—3	2	4	同上	同上	4		
玉米	同上	2—3	2	4	同上	7月下旬—8月上旬	2		
稗子	同上	2	2	4	同上	8—9月	4		
小麦	同上	2—3	2	4	同上	7月上旬	3		

	中耕					收割			
	日期	次数	需要人数	马具	农具	日期	需要人数	马	农具
备注	中耕通常都是在除草后的第一天进行的,同时还要盖上土					运输是根据距离的远近,所需人数也有所不同			

	运输				脱壳调制			
	日期	需要人数	马	载重量	日期	需要人数	马	农具
豆子	收割之后马上	2	1	4—5		2	3	石头碌子、木柄竹笤帚
谷子	同上		同上	4		2	1	同上
玉米	同上		同上	2		5—6		同上
稗子	同上		同上	4		3	2	同上
小麦	同上		同上	5		1	1	同上
备注	运输是根据距离的远近,所需人数也有所不同							

附:谷类农作物的运输情况

敦化、额穆之间的所有剩余的谷类农作物都是用马车或者牛车运到敦化再进行贸易。为了能在额穆附近进行交易,大部分粮食都是运到敦化。但是也有少数交易在公用地进行。

从公用地附近的八棵树、石湖、通沟岗子等地到敦化的马车运费是1石大豆600—700吊(1圆20钱到1圆40钱)。1辆4匹马的马车可以装8石,3头牛的牛车可以装5石。所有的粮食在运输过程中都要在公用地税务局领取税票(已纳税证明)和缴纳贸易交换时的产出税(1石130吊)。在敦化和额穆县界的南天门设立了额穆县税务局分卡,进行经过公用地时的税收业务,并且还加强漏税监视。

大豆的交易价格如下:敦化为6圆20钱到6圆40钱,公用地为4圆80钱。

第十二　各农作物产量

作物\地方	敦化	五棵树	甩湾子	北驼湾子	凉水泉子	西凉水泉子	砂河沿	孤山子	马圈子	石湖	公用地	通沟岗子
豆子	4.0		2.8	3.5	5.0	5.0	4.5	4.0	3.0	2.0		5.0
谷子	3.0		5.0	4.5	4.5	4.5	6.5	7.0	6.0			6.5
玉米	7.0		4.5	4.5	6.0	6.0	4.5	7.0	6.0	4.0		8.5

续表

地方作物	敦化	五棵树	甩湾子	北驼湾子	凉水泉子	西凉水泉子	砂河沿	孤山子	马圈子	石湖	公用地	通沟岗子
大麦	3.0		3.0									
小麦	1.5		2.0	1.5	2.0	2.0					2.0	
稗子			7.5	7.5			6.5	10.0	6.0	6.0		8.5
苏子				3.5								4.5
其他									小豆 2.0	小豆 2.0		

地方作物	前昭领	杨树屯	八棵树	插鱼河	三岔口	黑石屯	木家房子#	小河沿	凤凰店	当石河子	柳树屯	额穆	河西屯
豆子	4.5	4.0	3.0	3.0	4.0	4.0	3.0	3.5	3.5	3.5	5.0		3.5
谷子	4.5	5.0	3.5	3.0	4.0		3.0	3.5	4.0	5.5	4.0		3.5
玉米	5.5	5.0	3.5	3.0	5.0	6.0	4.0	4.5	4.0	6.5	10.0		3.5
大麦													
小麦													
稗子	7.5	7.0	5.5	3.0	7.0	8.0	4.5	5.5			7.0		6.5
苏子			3.0					2.0			黍 3.0		
其他				小豆 3.0									

敦化农业试验场各农作物产量试验成绩如下表所示:

(单位:公顷、千克、公升)

产量品种	大豆							
	公 224	黄宝珠	宁安一般种	公 305	敦化一般种	公 235	公 557	双棵子
产量容量(公升)	23.33	23.33	20.81	20.47	19.13	16.78	13.48	9.58
籽实重量(千克)	1,662	1,645	1,467	1,460	1,359	1,180	1,950	676
秆重量(千克)	1,421	1,478	1,230	1,326	1,094	1,238	606	855
摘要								

续表

收量\品种	小　麦								粟　子		
	敦化一般种	罗马尼亚	改良三号	方正	俄国	安达	札幌春播	利文斯通	薄地种	一般种	牛产把黄
籽实容量（公升）	6.26	2.12	6.48	9.38	6.11	9.79	7.38	6.12	8.56	16.67	7.03
籽实重量（千克）	431	119	432	635	370	670	490	405	488	1,017	371
秆重量（千克）	1,075	1,028	1,222	1,034	1,078	1,262	1,373	1,134	1,340	1,508	911
摘要											

收量\品种	大　麦					玉　米			
	沈阳白	ハンヘン①	浦潮	ニマラヤ②	一般种	一般种	白	黄	红
籽实容量（公升）	17.84	9.18	23.72	21.64	21.05	20.88	28.47	36.74	26.86
籽实重量（千克）	907	470	1,168	1,093	1,057	1,525	1,779	2,414	1,652
秆重量（千克）	1,192	1,170	1,542	1,179	1,396	2,423	3,153	4,165	4,334
摘要									

收量\品种	水　稻				
	坊主 6 号	赤毛 3 号	北海	津经卑生 1 号	青森 5 号
籽实容量（公升）	脱壳 636.5	761.2	975.5	879.2	420.0
籽实重量（千克）	332.5	314.0	437.0	381.0	222.0
秆重量（千克）	547.0	370.0	379.0	457.5	712.5
摘要					

收量\品种	烟草				大麻			葱头		
	一般种	オロノコ③	キヤツシュ④	杂 36 号	公主岭一般种	赤经种	敦化一般种	札幌白	札幌红	札幌黄
籽实容量（公升）	脱壳 4,658	8,702	10,594	9,375	4,584	5,725	4,169		
籽实重量（千克）	1,068	1,647	2,054	1,853	154	159	129	1,144	1,501	742
秆重量（千克）	5,218	6,977	6,509	7,304	553	880	796		
摘要										

注:烟草收割的第一步是生叶,第二步是干叶。

---

① 译者注:原文用这种方式记音,未注明对应汉字。罗马字读音为 Hanhen。
② 译者注:原文用这种方式记音,未注明对应汉字。罗马字读音为 Nimaraya。
③ 译者注:原文用这种方式记音,未注明对应汉字。罗马字读音为 Oronoko。
④ 译者注:原文用这种方式记音,未注明对应汉字。罗马字读音为 Kiyotsrsyu。

第十三 治安及警备状况

满洲事变之后,吉林省内的匪贼非常猖獗,额穆、敦化等地附近的居民深受其害。现在有地方已在阻止匪贼残余势力的横行。日满军的治安工作也在慢慢改善。

本调查地区都有壮丁团驻队。而且还组织自卫团进行警备。另外,吉林军队也驻守在各地,警备费是按照每晌地多少来固定收取的。其他的详细部分就交给税收机关了。

简单介绍一下各地的警备状况。

在敦化县城附近自从满洲国警察队、吉林警察军(第九旅团)以及日军守备部队驻屯伊始就只有五六名小匪贼,没有可以袭击市区的大部队。现在治安已经基本稳定,移居过来的日本人也越来越多,市容趋向繁荣。

敦化东北的甩湾子附近,近年来已确定有匪贼。自卫团已经组织了7名成员进行防守。

在孤山子附近、北方的通沟岗子一带有一个10名左右的小匪贼团伙出没,但未袭击村庄。现在沙河沿有前吉林军队长杨庆林,率领以前的自卫队成员和归顺的贼匪大约有100人组织自卫队。他们向群众征收过重的费用和所需物资。

马圈子前年受到了贼匪袭击,最近几乎没有看到贼匪的身影。去年6月组成了自卫队,每户1人,现在共有队员14名。

石湖去年5月以来,受到贼匪袭击,有数名群众被绑架做了人质。因此很多人都搬到其他地方去了,很多房子都空着。西方70华里的森林地区只有二三十名贼匪,但今年无人受害。

通沟岗子的贼匪前年有30名,去年5月10多名袭击此地。今年还没有受到他们的袭击。现在设有壮丁团,有30名团员,军队也有若干名军人驻守。

前昭领前年受到了贼匪的袭击,但是现在已经平静了。

东关保的壮丁团本部在公用地,现在有团员14名,驻屯军有100名,还有大约30名在讨伐中。东北方向的二道沟附近的深处森林里有贼匪二三十名,但是今年还没有受到他们的袭击。

黑石屯现在没有受到匪贼的袭击,但是还是组织了40名的自卫团,所有人都是被雇佣,报酬都是由屯会费支付。

并且去年9月1日,由东关保、义气保、塔拉保三保合并,壮丁团共有180名成员。额穆警察第二中队长兼任团长。

前年,1,000名匪贼占领了额穆地区的街道,并夺取了行政权。那里的群众不仅要强制缴税,还要忍受他们的暴行,痛苦不堪。去年5月、9月、10月,由于日军守备队的讨伐,匪贼四处分散。12月日军北上之后,由500人组成的匪贼团占领了街道,县行署吕书铭劝其归顺,将其中的300人组成了壮丁团和警备队团,不持枪的警察队员有100名,剩下的200人中都去从事农业或者当了苦力工。住在附近的壮丁团由最开始的187名缩小到现在的110名。

第十四　农户税收以及其他租税

农户的大部分负担来自壮丁团、警察以及驻守在各地的军队的征收款。比如壮丁团,团员都是从各家各户抽出来的,但是还是要支付多于地租很多倍的费用。地租以及其他的费用各村庄各不相同。警备费、自卫团费以及其他会费各地当然也是不一样的。地租的差异是由税制的不统一和不彻底造成的。

甩湾子:自卫团费(团员 7 名,单价 8 圆),警察费以及屯会费一起是耕作面积 1 晌地国币 1 圆。给敦化县城内第九旅团的柴火、马粮都是由地主和佃农各承担一半。(如果给钱的话就是 40 吊)。

北驼湾子:地租　1 圆 80 钱

　　　　　警察费　1 圆 20 钱

　　　　　屯会费(包含农会费)　12 钱

　　　　　缴纳给吉林第九旅团的柴火 2 根,草 15 斤

孤山子:　地租　1 圆

　　　　　自卫团费(杨庆林)　2 圆 40 钱,小米 2 斤、豆子 1 斤、玉米 2 斤、草 3 斤、柴火13 根、油 40 勺、盐 40 勺。警察费 1 圆

石湖:　　地租　70 钱

　　　　　自卫团、警察费　2 圆 40 钱

　　　　　军队费　草 10 斤、柴火 10 根

通沟岗子:地租　80 钱

　　　　　自卫团、警察费　1 圆 10 钱(地主佃农各交一半);家里有人是自卫队成员的话,每月交 4 圆

　　　　　公费　700 吊

　　　　　壮丁团　柴火 10 根

马圈子:　地租　1 圆,家里有自卫队成员的话,每晌地 1 圆

八棵树:　地租　1 圆;警察、自卫团费 90 钱;公用地军队费　草 10 斤、柴火可以代 50 钱

黑石屯:　地租　40 钱;屯会费　2 圆 40 钱

　　　　　自卫团费(团员 40 名,每人 9 圆)　从屯会费中支出 1 圆 40 钱

　　　　　警察费　80 钱

　　　　　军队费　草 40 斤、柴火 10 根

公用地:　壮丁团费(团员 14 名,单价 9 圆)　每晌地每年 1 圆

　　　　　军队费　草 10 斤、柴火 10 根(交钱的话就是 50 吊)

河西屯:　地租　40 钱

　　　　　警察费　80 钱

　　　　　　自卫团费　2圆40钱

　　　　　　军队费　草20斤、柴火40根

额穆：　　地租　62钱

　　　　　　警察费　85钱

　　　　　　自卫团费　2圆40钱

　　　　　　军队费　草4斤、柴火8捆

第十五　地价

　　地价如下表所示,当地农民所说的和敦化县农会所调查的有很大的差异。随着现在经济不景气、粮食价格低廉以及事变之后的治安混乱,耕地面积有显著的变化,地价也有所下跌。并且也有像马圈子、黑石屯那样,因没有卖价而自定市价的地方。

　　其他村庄也有想要出售土地的人,但是没有买家。农会价格调查表所显示的是平时妥当的价格,现场的调查价格并不是现在的最低价格。

现场的地价调查 （圆/晌）

	甩湾子	孤山子	马圈子	通沟湾子	柳树屯	河西屯	额穆	沙河沿	当石河子	黑石屯	敦化	
											水田	耕地
上	30	18		20	30	80	100	20	25		80	30
中	20	15		10	20	60	70	15	20	20	60	25
下	10	10		8	15	40	50	10	10		40	20
平均	20	14.3		12.6	21.7	60	73	15	18		60	25
摘要		五年前最高40	事变前30、40现在没有市价	事变前40			荒地20		荒地5—6	现在没有贸易		

县农会调查 （圆/晌）

项目＼村落	甩湾子	北驼湾子	沙河沿	黄泥河	杨木林子	西小孤山子	雷风气	凉水泉子
一等	120	80	60	80	60	60	50	50
二等	80	60	50	60	50	40	40	40
三等	60	50	40	50	40	20	30	30
摘要								

农会调查 （圆/方丈）

	城里	东关	西关	南关	北关	注：敦化县城内外 1 方丈等于 10 平方尺
一等	10	10	8	10	8	额穆索宅地一号 200 圆、300 圆、400 圆，一号
二等	8	8	6	8	6	长 20 尺宽 10 尺
三等	6	5	4	5	4	
平均	8.0	7.7	6.0	7.7	6.0	
摘要						

第十六　谷类价格

（单位：圆）

	敦化	甩湾子	马圈子	通沟岗子		当石河子	小河沿	沙河沿	西凉水泉子	额穆
豆子	7.6	6.0	5.0	6.2	4.8	3.0	4.5	6.0	6.0	4.1
玉米	4.0	3.0	4.0	（敦地）	（公用地）	3.0	4.0	4.0	2.0	2.5
谷子	3.2	2.5	4.0			2.5	3.6	3.0	2.6	3.7
稗子	2.0	2.0	2.0				2.0	2.0		1.9
小豆	8.0		6.0							5.0
大麦	5.0									3.2
小麦	10.0	13.0							4.0	13.0
荞麦	4.0									2.0
苏子							5.0			11.0
稻子										8.0
*子										7.6

第十七　劳动力工资报酬

　　因为该地农业规模小，所以平时村庄内现有的劳动力是够用的。但是农忙时的劳动力、苦力就不够了。通沟岗子及官地附近的村庄从敦化以高价雇佣来的劳动力。

　　劳动力工钱大概是 1 年 100 圆（额穆地区以 10 个月算），苦力 120 圆、月工 12 圆。

　　通常雇主都负责劳动力的伙食。

　　现将各地的年工、月工、短工的报酬表示如下：

	甩湾子	孤山子	马圈子	八棵树	通沟岗子	沙河沿	木家房子	小河沿	当石河子	额穆	敦化
年工	80	100	100	80	120	70	40	80	90	120	100
月工	14	15	12	10	12	7	16	12	12	20	20
短工	0.80	1.00	1.00	1.00	0.80	0.40	0.80	0.80	0.70	1.20	0.80
农忙期	1.00	1.20	1.20	1.30		1.00			1.00		1.25
摘要											

第十八　金融及副业

　　农村各村庄几乎没有金融活动,也没有专门的金融从业者。很少一部分人在亲戚朋友间进行金融活动。利息一般都是4分,也有少部分情况是6分(马圈子)。在通沟湾子,地主都向佃农借贷春耕所需要的资金,1晌地1圆。也有例外情况,比如甩湾子,佃农向地主小额贷款,一年要付五成利息。还有敦化的朝鲜农民组织了农务契,可以先借用春耕资金。这一方式未在满人之间进行。

　　没有特别的副业,农民一到冬天就不劳作。只有在额穆以北的森林地区进行冬季林木的采伐运输。这时才有人当临时的樵夫及搬运工。但是该地区的山林都是归个人所有的,因此自由采伐木材用来做炭,除此之外现在并没有其他的副业。

第十九　衣食住行及其他的经费

一、生活费
　　该地区的农民在农闲期间及农忙期间的用餐次数都是不同的,非常节衣缩食。大体上的标准如下:11月16日到2月14日,一天两顿;2月15日到11月15日,一天三顿。成年男子一年中的主要食量是:玉米2.5石、小米6.0石、面50斤、盐15斤、豆油15斤以及少量酱油。用钱来表示的话,大人1日的伙食费是20钱,小孩是10—15钱。1年的费用大人50圆,小孩35圆。

　　另外,介绍一下主要生活用品的价格:

美国面粉　1袋(40斤)　2圆80钱
食盐　　　1斤　　　　12钱
木棉　　　1尺　　　　13钱
棉　　　　1斤　　　　64钱
砂糖　　　1斤　　　　16钱

粉条子	1 斤	12 钱

二、房屋建筑费

普通人家建 1 座房屋需要 40—70 圆,中等以上的水平是 150—200 圆。佃农以及最贫困的农民是 15—20 圆。

三、打井费

一般的饮用水都是取自河水。打井的话,上面几尺都需要用木框围住。地底下挖,所需要的费用是 200 圆。甩湾子井深 30 尺,马圈子 15 尺。因沙粒子较多,故两者费用差不多。

四、土墙筑造费

普通农家一般的标准是 1 尺 50—60 钱。(大部分都是用自己家的劳动力。)高级一点的土墙高 10 尺、厚 3 尺,1 尺需要 1 圆 50 钱。(八棵树)

五、马车新造费

马圈子　　130 圆
通沟岗子　120 圆
甩湾子　　120 圆
二手的是 30—40 圆

六、橇新造费

以额穆为例,宽 2 尺、长 12 尺,可以坐 10 人,1 台 40—50 圆。

第二十　居住在敦化的朝鲜人的状况

50 年前,朝鲜人违反禁令越境迁居此地。

虽然交通不便,但是还能安稳地从事农耕,所以他们选择了此地。从 20 年前作为自由移民从延吉西进。移民中最多的是从咸镜道移来的,有 30%,庆尚道有 25%,平安道有 10%。这些地方都是他们的原籍。

现将其新移居情况简单描述如下:

朝鲜人新迁入状况　　　（大同3年1月调查）

迁入者原籍地		咸镜道	平安道	庆尚道	黄海道	江原道	京畿道	合计
经过地		间岛地方	吉林地方	吉林地方	吉林地方	间岛地方	吉林地方	
迁入地		敦化县城	敦化县城	敦化县城	敦化县城	敦化县城	敦化县城	
户数		150	22	18	15	15	5	225
人口	男	310	48	38	35	31	12	474
	女	300	30	25	27	20	8	410
	合计	610	78	63	62	51	20	884
迁移目的		商业	商业	农业	商业	农业	商业	

敦化县内朝鲜人数　　　（大同2年4月调查）

	敦化城内外	头道梁子	南大石河	香水河子	城场	上马号	下马号	东沟	凉水泉子
户数	423	34	31	12	27	32	36	11	39
男	1021	113	96	30	55	72	88	28	97
女	864	72	80	20	47	59	63	27	74
合计	1,885	185	176	50	102	131	151	55	171

	二道梁子	东大石河	三道荒沟	二道河子	帽儿山	高丽墓子	东大桥	南黄泥河子	大荒沟	合计
户数	9	27	11	13	11	7	14	45	14	796
男	23	88	35	35	43	14	38	129	31	2,036
女	21	68	33	30	29	16	24	100	30	1,661
合计	44	156	68	65	72	30	63#	229	61	3,697

敦化县城内朝鲜族人不同职业人数　　　（大同2年12月民会调查）

		农业	商业	精米业	旅馆	饮食店	料理店	公务员	学校教师	医生	牙医	运输业
户数		378	10	2	7	7	2	13	3	1	1	1
人口	男	567	13	20	21	10	6	13	3	2	2	3
	女	400	8		7	12	25					
	合计	967	21	20	28	22	31	13	3	2	2	3

		西装店	药店	肉店	杂业	合计
户数		2	2	2	360	791
人口	男	1	2	4	380	1,047
	女	1			360	813
合计		2	2	4	740	1,860

敦化县城内现有朝鲜人 423 户, 1,800 多人。这其中大约有 40 家餐馆和从事其他商业活动。其余的都从事农业。迁居过来的人呈现越来越多的趋势。

昭和 9 年 4 月 1 日成立的敦化朝鲜人民会, 现有会员 786 户。于昭和 8 年 9 月 5 日成立了合作社, 现有会员 327 名, 统一销售农产品。主要销售的农作物有水稻、大豆、粟子、马铃薯等。基本上能满足当地人的需求。

各作物的数量和价格如下:

(脱壳)稻谷	8,000 石	单价 9 圆(中国石)
大豆	800 石	单价 5.3 圆
粟子	300 石	单价 9.5 圆
马铃薯	30,000 斤	百斤 6 圆

现在城内外共有水稻栽培面积 32 町 2 反步。朝鲜人租满人的土地耕作, 租金是 2.5 石—3 石。插秧是 5 月 20 日, 小满前后用直播、撒播法进行的。收割是 9 月 20 日以后进行的。产品质量稍略于吉林、间岛等地。

朝鲜人的土地所有者, 佃农及其他的面积如下所示:

所有地　5 户　　耕地 9 晌　荒地 300 晌

佃农　378 户　耕地 459 晌　水田 920 晌

另外, 全县的水稻、大豆、粟子等的耕地面积按村庄如下所示:

地方	南上黄泥河子	南下黄泥河子	头道梁子	上马号	香水河子	帽儿山	东沟
耕作面积(反)	322	740	1,000	363	480	373	200
将来预定面积(反)	1,000	1,500		1,200			
本年度收量(石)	1,117	3,660	4,275	1,260	1,395	1,395	765
去年收量(石)	500	1,500	2,000	200	300	300	60
增减理由	去年由于受到游击队的迫害, 所以都到敦化县城去避难。故没有对土地进行管理, 基本上都放弃耕作, 收成就有所减少。今年敦化基本上恢复安宁, 额穆的难民基本上都已经回到当地开始耕作, 各地方的收成都有所上升						

地方	县城	城场	东大石河	凉水泉子	南大石河	大荒沟	下马号	合计
耕作面积(反)	90	262	400	231	542	202	570	5,774
将来预定面积(反)	7,000	1,500	2,000	1,500	3,000		3,000	21,700
本年度收量(石)	189	732	1,584	1,026	2,670	792	2,565	23,425
去年收量(石)	100	30	500	200	2,000	50	65	7,805

敦化县内朝鲜人大豆耕作面积以及产量

	二道梁子	东大桥	县城	东大石河	凉水泉子	高丽墓子	合计
耕地面积(反)	141	400	706	251	303	200	2,001
将来预定面积(反)	500	2,000	1,255	1,055	5,000	1,505	11,315
本年度收量(石)	120	320	560	175	240	1,200	2,615
前年度收量(石)	50	20	60	70	50	150	400

敦化县内朝鲜人粟耕地面积以及收量

	二道梁子	县城	东大桥	东大石河	凉水泉子	高丽墓子	合计
耕地面积(反)	104	220	145	130	212	80	891
将来预定面积(反)	500	3,000	2,000	1,000	2,000	1,000	9,500
本年度收量(石)	80	170	112	104	168	640	1,274
前年度收量(石)	30	50	50	15	50	150	345

　　敦化的朝鲜农民现在正在组织各村庄以相互扶持为目标的农务合作以及农耕资金的通融。现在农务契已经达到172个。他们以与民会斡旋的方式,依靠吉林金融组合的信用贷款筹集农耕资金。去年378户农民的资金量达到88,900圆。其他的民会通过朝鲜总督府,每年也可以得到1,200圆的补助。现在可以达到收支平衡的状态。

　　另外,城内去年4月设立了普通学校,有六年制的小学,儿童的入学率良好。现在有老师3人,学生185人。教材由总督府提供。

　　城内外朝鲜人的卫生状况比较良好,有1名民会委托的医生。总督府的卫生补助金是2,040圆,同时也提供医疗药品。

昭和 9 年 9 月

经济资源调查报告书第 ＊＊ 号

吉林 ＊＊ 号农业第 13 号

关于吉林省间岛地区珲春、凉水泉子等地方的农业调查报告

（秘）

满铁经济调查会

调查员 渡边骏

助 理 柏仓泰治

翻 译 李桂松

目 录

第一节 绪言

进入驻哈尔滨的第三师团供水调查队第五班后，经过近 1 个月的冒险行为，在军队掩护下，展开了本次的调查工作。

昭和 6 年(1931 年)9 月，以炸毁奉天柳条湖铁道为由，发动了满洲事变。全满各地的治安明显地陷入了混乱状态，强盗横行，骚乱不断。尤其是各地的朝鲜农民，众所周知，中国人对他们大多抱有民族反感，使其遭到了难以想象的迫害，成为反日战争的牺牲品。于是，他们不得不舍弃近在眼前的收获和耕种的土地，而马不停蹄地逃往安全的地方避难。加上本调查地是朝鲜咸镜北道那边迁移来的不逞之徒和中共东满特别委员会的根据地，受游击队、兵匪两方的迫害尤为严重。且此地与朝鲜仅有图们江之隔，因此，进出此地的朝鲜农民的人数在全满地区位列首位，受害惨重可想而知。

考虑到对策问题，第一是维持治安稳定。通过加强驻满日本师团、守卫队、领事馆警察以及满洲国方面诸机关的讨伐力度、增设守卫队领事馆分部、新建聚居村庄等方式，尽全力恢复治安。但是现已无法保证距离县城珲春市区仅五六里的地区的安全。

珲春县全县现在的耕地与事变前相比，勉强达到其一半，目前正在渐渐恢复之中。

基于上述各种情况，调查地的四周环境复杂，农村状况大相径庭，本次调查得到的数据也只是一时的成果，没能取得成功可谓莫大的遗憾。

调查队的组成
(第五供水调查队长陆军步兵特务曹长大川米吉)

划分区域	调查员	助手	翻译	
地质系	铃木骏一郎	中村清吉	除德升	
水质系	长沼秀一		金泰贤	
量水系	治部贡	信冈比出男	陈宗范	
量水系	石田笛生	地和田荣藏	刘森川、冯蔼昆	
林业系	土居傅三郎	渡部彦三	川田通秀	
农业系	渡边骏	柏仓泰治	李桂松	
步兵队	13 人			

调查行程

本次调查行程安排如下:昭和 9 年 6 月 10 日从哈尔滨出发,过新京,经敦化、图们到达朝鲜咸镜北道训戎,从 6 月 13 日开始调查,7 月 6 日到达图们,7 月 7 日结束调查,7 月 8 日从图们出发,经新京,于 7 月 13 日返回哈尔滨。

日期顺序	日期	出发地	到达地	滞留地	摘要
1	6 月 10 日	哈尔滨	新京		
2	6 月 11 日	新京			
3	6 月 12 日		训戎		
4	6 月 13 日			训戎	
5	6 月 14 日			训戎	来自藩领的调查
6	6 月 15 日	训戎	珲春		
7	6 月 16 日			珲春	
8	6 月 17 日			珲春	
9	6 月 18 日	珲春	骆驼河子		
10	6 月 19 日			骆驼河子	
11	6 月 20 日	骆驼河子	珲春		
12	6 月 21 日			珲春	
13	6 月 22 日	珲春	关门咀子		
14	6 月 23 日	关门咀子	大荒沟		
15	6 月 24 日			大荒沟	
16	6 月 25 日			大荒沟	
17	6 月 26 日			大荒沟	来自仁河的调查
18	6 月 27 日			大荒沟	
19	6 月 28 日			大荒沟	
20	6 月 29 日	大荒沟	大平沟	洞穴	
21	6 月 30 日	大平沟	密江		
22	7 月 1 日			密江	
23	7 月 2 日			密江	
24	7 月 3 日	密江	凉水泉子		

日期顺序	日期	出发地	到达地	滞留地	摘要
25	7月4日			凉水河子	
26	7月5日	凉水泉子	嘎呀河		
27	7月6日	嘎呀河	图们		
28	7月7日			图们	
29	7月8日	图们			来自石头河子方面调查
30	7月9日		新京		
31	7月10日			新京	
32	7月11日			新京	
33	7月12日	新京	蔡家沟		
34	7月13日	蔡家沟	哈尔滨		

第二节　地理

我们了解到本次的调查地区多是较早的开发地,特别是珲春附近的开发史尤为古老,可以追溯到渤海时代,在1500年前就被开发了,由此可推断和唐抗衡的渤海国龙原府就是珲春市区附近。暂且将旧话搁一搁,回过头看看到近代的历史。

日本丰臣秀吉征伐朝鲜后不久,这里就成为了中国清朝的统治地区。其后,虽然仍在中国的统治之下,却屡次受到俄国的侵犯。中日甲午战争前后起,俄国的势力越发增强。义和团运动以来到日俄战争期间,可以说其完全处在受俄国统治的状态之中。虽然日俄战争使珲春地区再次回到中国统治时期,但从此时起,来自对岸的朝鲜农民开始大量移入且毫无减弱之势,最终只得附加特别条件承认朝鲜人的土地所有权。此外,明治39年,根据日清条约,珲春成为开放市场。明治43年,又在此设立了领事馆。

随后欧洲大战中,日本军曾出兵西伯利亚。据称,日本军在撤回时,许多白俄一直追随到珲春,一时达到3千人。(大正11年)

之后俄国封锁了国境贸易,珲春的贸易因此遭受了巨大打击。然而珲春却开始了同朝鲜的贸易,逐渐发展至今。

日俄战争前珲春就有移居而来的日本人,主要经营木材、杂货、药材等生意,日本领事馆成立后更是人数大增。但出兵西伯利亚后,前来移居的潮流一度有所停滞。到大正末年后,日本人和朝鲜人移居此地之风又兴盛起来,人数达到了现有数量。

如此持续了比较和平的十几年。昭和6年9月奉天事变后,满洲一带成为兵匪、游击队的蜂起之地,除珲春和两三个都市附近的地区之外已无安居之所,农民被迫放弃土地去避难。之后因出兵讨伐犯事者,情况有所好转,局势安定下来。现在除了山间村庄外,大多数农民都逐渐返乡务农了。

至于凉水泉子、嘎呀河的开发状况,我们认为只是地理环境上有些微差异,和珲春的情况委实大同小异。

第三节　所经地方地理概况和治安状况

本调查地隔着图们江,与朝鲜最北端国境线沿线相对,大致位于北纬43度(和北海道札幌同纬度)左右。从区域地理上看,本调查地包括3县7乡,分别是珲春县的兴仁、首善、勇智、德惠4个乡,汪清县的春芳、春华2个乡,以及延吉县的志仁乡。

下面利用河川和平原来说明调查地的地势概况。以珲春县的珲春河和密江河为例,前者在朝鲜如云洞汇入图们江,后者在朝鲜美山对岸汇入图们江,都是从东北方流向西南方。珲春河长达40里,横穿珲春县的中心。全县的平原基本上都集中在珲春河流域,特别是下流珲春附近的珲春平原,面积达到2万余町,占全县耕地面积的三分之一。

汪清县中,只看流经嘎呀河、石头河子和凉水泉子汇入图们江的2条无名小河,可知在凉水泉子附近与图们江相接处有大约1,300町步的平原。而嘎呀河流域中,上嘎呀河附近有大约1,100町步的平原。除此之外,该地没有较宽广的平野。

当地的治安状况也在渐渐恢复,但除了主要道路沿线、警卫队所在地附近的个别地方外,其他地区尚处于危险的状态。

本次调查途径的骆驼河子以北的地方,关门咀子—大荒沟—大平沟等地的游击队至今仍相当嚣张,仅收容了大荒沟守卫队附近的游击队归顺农十余户,除此之外基本看不到农耕。大平沟—密江—凉水泉子—嘎呀河—图们一带,据上述所记,两个平原及其沿线附近仅数里之地,尚处于遭受游击队威胁的境地。

第四节　气象状况

过去,本调查地区并没有对气象状况进行科学的观测。本年5月,县公署才引进了温度计、雨量计和蒸发计等仪器。

珲春各地区的气象状况应该是大体相同的。将朝鲜咸镜北道庆源郡厅和图们江水利组合气象观测所的一部分报告记录如下。此外,县公署的文献也记录了零星的天气概况,但出处不明,不足为信,为了参考起见附注在此。

气温　　　　　　　　　　　　　　　　　　　（图们江水利组合观测）

年份	类别	4 月	5 月	6 月	7 月	8 月	9 月	10 月	备注
昭和5年	平均	8.6	15.0	18.2	22.2	23.0	17.6	10.4	
	最高	22.8 (15.0)	32.5 (21.2)	35.0 (23.6)	34.5 (25.3)	34.0 (27.4)	31.0 (23.2)	26.0 (17.2)	一月中最高值 ( ) 内为平均值
	最低	−5.6 (1.3)	1.6 (7.8)	6.2 (11.8)	12.6 (17.4)	13.6 (18.1)	2.3 (11.5)	−3.0 (3.6)	一月中最低值 ( ) 内为平均值
昭和6年	平均	5.9	12.9	13.0	17.6	22.5	16.3	9.3	以下同上
	最高	24.5 (12.0)	23.5 (19.1)	31.7 (17.2)	31.4 (22.9)	33.0 (27.5)	25.5 (21.4)	24.2 (15.7)	
	最低	−7.5 (−0.1)	0.6 (5.3)	5.4 (9.4)	8.0 (13.2)	10.7 (17.4)	4.5 (12.0)	−6.1 (2.7)	
昭和7年	平均	7.8	11.8	15.9	18.8	21.3	17.6	9.6	
	最高	22.5 (14.8)	25.7 (17.9)	30.2 (21.3)	33.0 (22.5)	29.0 (25.0)	27.4 (23.1)	22.6 (15.3)	
	最低	−4.5 (1.1)	0.1 (5.5)	7.7 (11.4)	11.9 (15.5)	13.0 (16.8)	6.5 (11.3)	−2.5 (3.8)	
昭和8年	平均	6.8	15.1						
	最高	20.5 (13.6)	30.5 (20.8)						

降雨量和最长干旱天数　　　　　　　　　　　（庆源郡厅）

	第一位		第二位		第三位	
	雨量	年月日	雨量	年月日	雨量	年月日
最大降雨量	717.1 毫米	大正 8 年 9 月 3 日	105.8 毫米	大正 10 年 8 月 5 日	61.0 毫米	大正 7 年 9 月 4 日
连续最大降雨量	224.6 毫米	大正 8 年 9 月 23 日	144.5 毫米	大正 14 年 8 月 15 日	125.4 毫米	大正 15 年 8 月 12 日和 21 日
连续最大干旱天数	35 日	大正 9 年 8 月 3 日、10 年 8 月 6 日以后	33 日	大正 11 年 5 月 7 日以后	20 日	大正 7 年 9 月 11 日以后

降霜、土壤融解和风向 （庆源郡厅）

	平均		极数	
	初	晚	初	晚
霜	10月24日	4月13日	大正10年 10月6日	大正13年 5月14日
土壤融解	10月21日	4月16日	大正11年10月11日	大正4年4月26日
风向	1、2、3月 北方—西北方—北方	4、5、6月 西方—东西方	7、8、9月 南方—东南方—北方	10、11、12月 北方—西北方

各年月灌溉期间的降雨量表

（从大正9年到昭和元年7年间）（庆源郡厅）　　（单位：毫米）

	从5月1日到10日	11日到20日	21日到31日	6月1日到10日	11日到20日	21日到30日	7月1日到10日	11日到20日
大正9年	52.9	3.2	8.4	13.8	58.8	17.2	36.7	57.9
大正10年	9.6	38.2	15.1	0.4	10.4	5.4	33.0	41.5
大正11年	28.3	7.8	6.9	13.7	26.0	8.9	107.1	59.1
大正12年	11.9	3.4	27.0	15.3	40.5	10.1	35.1	36.7
大正13年	9.3	14.3	41.5	17.8	46.7	6.1	23.5	15.1
大正14年	21.2	33.5	35.0	0.5	14.7	22.0	35.6	6.2
昭和元年	1.0	9.8	15.9	13.6	1.4	34.6	5.1	34.5
合计	134.2	112.2	149.8	75.1	198.5	104.3	276.1[#]	251.0
平均	19.2	16.0	21.4	10.7	28.4	14.9	39.4[#]	35.9

	从7月21日到31日	8月1日到10日	11日到20日	21日到31日	9月1日到10日	11日到20日	21日到30日	合计
大正9年	46.4	58.6	2.7	8.8	7.7	42.0	22.2	437.3
大正10年	6.8	16.8	1.3	7.0	7.4	33.1	71.9	297.9
大正11年	32.3	45.2	15.2	29.6	61.0	21.9	24.3	487.3
大正12年	28.9	17.6	48.6	35.0	20.0	3.6	0	333.7
大正13年	35.2	1.4	1.4	45.9	9.5	3.9	6.3	277.9
大正14年	9.1	149.1	136.7	31.8	43.5	36.4	5.0	582.3
昭和元年	21.2	45.8	123.6	30.4	2.7	8.1	7.7	355.4
合计	179.9	334.5	329.5	188.5	151.8	149.0	137.4	27,718[#]
平均	25.7	47.8	47.1	26.9	21.7	21.3	19.6	

各年月灌溉期间的蒸发量表

（从大正 9 年到昭和元年 7 年间）（庆源郡厅）

	从 5 月 1 日到 10 日	11 日到 20 日	21 日到 31 日	6 月 1 日到 10 日	11 日到 20 日	21 日到 30 日	7 月 1 日到 10 日	11 日到 20 日
大正 9 年	24.3	51.0	56.5	49.2	21.2	29.5	31.7	19.8
大正 10 年	37.9	39.3	45.9	45.4	42.3	33.7	36.6	49.0
大正 11 年	22.2	24.3	41.4	28.8	27.2	27.2	39.4	23.4
大正 12 年	32.1	34.9	32.2	21.8	19.7	43.4	19.3	15.9
大正 13 年	51.7	33.0	29.8	45.9	29.2	36.2	32.3	22.5
大正 14 年	42.7	26.6	25.9	41.0	34.1	59.5	21.2	28.3
昭和元年	46.2	20.4	28.4	53.0	47.8	7.7	62.5	16.7
合计	257.1	229.5	260.1	285.1	221.5	237.2	243.0	175.6
平均	36.7	32.8	37.2	40.7	31.6	33.9	34.7	25.1

	从 7 月 21 日到 31 日	8 月 1 日到 10 日	11 日到 20 日	21 日到 31 日	9 月 1 日到 10 日	11 日到 20 日	21 日到 30 日	总计
大正 9 年	59.9	49.5	40.8	29.0	40.4	34.4	25.4	562.6
大正 10 年	44.9	31.9	40.2	30.4	34.2	36.0	21.6	569.3
大正 11 年	21.4	30.5	21.6	32.7	17.1	25.9	28.3	411.4
大正 12 年	26.4	28.2	20.2	14.7	21.4	21.9	19.5	371.6
大正 13 年	48.2	32.3	44.0	38.6	26.0	28.7	26.8	525.2
大正 14 年	49.9	25.4	16.2	18.1	22.6	16.8	15.1	442.4
昭和元年	18.2	42.0	4.8	13.3	20.4	19.0	25.7	426.1
合计	268.9	239.8	187.8	176.8	182.1	182.7	162.4	33,096
平均	38.4	34.3	26.8	25.3	26.0	26.1	23.2	

气温、雨雪情况　　　　　　　　　　　　(珲春县公署记录)

类别	月份	大同元年7月	8月	9月	10月	11月	12月	大同2年1月	2月	3月	4月	5月	6月
温度	最高	28.9	26.7	18.9	18.9	16.7	4.4	−3.3	−1.1	14.4	21.1	28.9	31.1
温度	最低	16.7	22.2	7.8	7.8	−5.6	−7.8	−14.4	−6.7	−6.7	6.7	10.0	12.2
温度	平均每月	18.6	23.9	14.6	13.9	3.7	−0.4	−7.8	−4.3	2.5	16.2	18.4	23.8
每月雨雪	雪量(毫米)	—	—	—	—	80	250	30	—	—	—	—	—
每月雨雪	雨量(毫米)	150	11	—	11	—	—	—	—	—	20	80	113
天气	晴天天数	6	20	24	27	27	26	29	26	31	28	24	16
天气	阴天天数	25	11	6	4	3	5	2	2	—	2	7	14

第五节　度量衡和土地面积

度　　　裁尺　　　1尺　　　　　日本　1尺1寸5分

　　　　木尺　　　1尺　　　　　日本　1尺0寸5分

量　　　1石　　　　　　　　　　日本　2石4斗

衡　　　1斤(16两)　　　　　　 日本　160匁

土地面积　1日耕[①]　大晌　　　日本　7段2亩

　　　　　　　　　　　中晌　　　日本　6段6亩

　　　　　　　　　　　小晌　　　日本　4段3亩

一般土地面积以中晌(6段6亩)为基准。

---

① 译者注:即每天可耕作面积。

第六节　调查地区概况

农家户数、人口、土地所有比例、家畜数

县名	乡名	农户数		农家人口数		拥有土地面积（町步）	
		朝鲜人	满人	朝鲜人	满人	朝鲜人	满人
珲春	德惠	373	204	2,078	979	1,271	2,238
	首善	542（2）	676	2,783（2）	2,890	121	1,475
	兴仁	746	936	4,269	5,074	759（218）	8,889
	勇智	1,281	417	7,174	1,960	2,964（39）	6,959
	崇礼	532	391	3,153	1,956	3,408（165）	6,327
	纯义	804	437	4,568	2,174	3,513（580）	5,006
	春化	1,430	331	8,360	1,696	3,135	7,859
	敬信	1,558	208	9,685	793	2,335	5,250
汪清	春芳	1,123	258	5,605	922	3,850	3,040
	春华	921	73	5,593	486	1,684	1,658
延吉	志仁	808	79	4,513	197	774	992
累计		10,118	4,011	57,780	19、127	23,818[#]	49,693
合计		14,129		76,907		73,511	

　　备注：①调查地区包括珲春县 4 个乡、汪清县个 2 乡、延吉县 1 个乡，共计 7 个乡，因对珲春县全县 8 乡都进行了统计，实际上调查地区统计显示的是 11 个乡的数据。

　　②括号内的数字表示日本人数及日本人拥有土地数。

　　③所有农户中，朝鲜人和满人的农户数比率为：　　　拥有土地的比率为：

　　朝鲜农家　71.6%　　　　　　　　　　　　　　　　　朝鲜人　37.2%

　　满人农家　28.4%　　　　　　　　　　　　　　　　　满人　　62.8%

家畜数量

县名	乡名		牛	马	驴	猪	鸡	羊	山羊
珲春	德惠	朝鲜人	125	64	32	159	481	—	—
		满人	116	184	22	457	227	—	—
	首善	朝鲜人	296	80	37	249	635	67	—
		满人	339	483	68	2,034	876	396	56
	兴仁	朝鲜人	706	189	142	876	1,964	—	—
		满人	268	512	53	1,074	653	—	—
	勇智	朝鲜人	694	280	108	667	1,038	—	—
		满人	250	367	49	998	549	—	—
	崇礼	朝鲜人	389	289	28	223	1,234	—	—
		满人	212	322	24	848	645	—	—
	纯义	朝鲜人	802	257	190	1,496	2,588	—	—
		满人	125	179	25	498	349	—	—
	春化	朝鲜人	255	289	100	264	1,534	73	60
		满人	133	387	33	473	367	—	—
	敬信	朝鲜人	1,409	204	226	794	3,331		
		满人	39	60	3	228	229		
汪清	春芳		910	73	39	1,000	2,900	—	—
	春华		642	193	36	1,131	1,351	—	—
延吉	志仁		388	85	18	567	2,364	—	—
合计			8,098	4,497	1,233	14,036	23,315	536	116

第七节　所经村庄概况

总户数、人口、农家户数、家畜数、车辆数、种植面积

乡名村庄名		户数		人口		农户数		家畜头数			车辆数	昭和9年种植面积（町步）
		朝鲜人	满人	朝鲜人	满人	朝鲜人	满人	牛	马	猪		
兴仁	上水湾子	85	39	606	296	83	35	70	3	100	30	240.0
	中水湾子	35	20	296	93	35	20	50	5	78	25	180.0
	三角碑	39	22	298	153	39	22	65	4	100	30	420.0
	英安河	70	21	431	85	70	21	70	—	120	50	300.0
	关门咀子	11	—	39	—	11	—	30	—	20	23	33.0
首善	珲春	1,328 (150)	1,438	6,438 (437)	7,688	不明	不明	750	275	2,500	680	不明
	二道沟上村	18	2	104	8	18	—	15	21	—	18	140.0
勇智	八棵树	82	20	425	85	82	20	50	20	80	70	200.0
	四间房	56	—	265	—	56	—	25	10	40	30	120.0
	桦树底下	17	—	81	—	17	—	15	—	—	5	60.0
	骆驼河子聚居村庄	90	—	2,531	—	90	—	67	4	120	50	300.0
	太阳村	66	—	331	—	66	—	28	—	35	25	120.0
德惠	大荒沟	14	—	37	—	14	—	2	2	—	—	20.0
	大平沟聚居村庄	84	—	304	—	84	—	46	20	—	30	180.0
	大盘岭	14	9	86	33	14	9	—	20	3	—	60.0
	密江	22	30	132	171	18	27	不明	不明	不明	不明	不明
	四万洞#	15	—	130	—	13	—	13	—	21	8	42.0
	东云洞	24	4	148	22	24	4	19	—	25	11	83.0
	清鹤洞	26	2	136	6	26	2	24	—	100	19	130.0#
	清水洞	19	1	114	3	19	1	25	2	35	20	72.0

续表

乡名村庄名		户数		人口		农户数		家畜头数			车辆数	昭和 9 年种植面积（町步）
		朝鲜人	满人	朝鲜人	满人	朝鲜人	满人	牛	马	猪		
春芳	黑底塔	2	8	6	34	2	8	3	6	10	3	36.0
	龙山子	34	—	36	—	24#	—	20	—	13	10	264.0
	凉水泉子	187	79	983	370	130	68	220	35	300	170	
	石头河子聚居村庄	100	—	607	—	100	—	70	10	—	70	480.0
	窟窿山	82	12	402	37	82	12	68	20	100	30	200.0
春华	下嘎呀河	92	40	332	150	58	25	55	22	210	47	353.0
	石市(上嘎呀河)	244	30	1,308	111	170	28	120	37	230	14	400.0
	河东上村	24	7	156	11	24	7	18	5	20	13	230.0
志仁	河水坪	58	8	242	35	58	8	63	10	75	30	210.0
	北细洞	92	2	368	7	92	2	47	11	75	48	287.0
	图们	5,168(1,107)	293	18,842(2,641)	1217	不明	不明	60	36	150	89	不明
累计						1,551	319					
合计						1,870						

全农户中,朝鲜人、满人分别占有的农户数比率为:

朝鲜人农家　　　　　　　82.9%

满人农家　　　　　　　　17.1%

因为没有将珲春和图们市区附近的农户数计算在内,这个比率中朝鲜人农户的百分比较整个调查地区的同比率要高,说明周边地区朝鲜农民的户数比率较高。

第八节　地价

本调查地区当时的地价大体上如下表所示。这主要是在治安已恢复的地方进行的调查,虽治安尚未恢复地区的土地一般都非常廉价,但实际上都处在买卖交易中。

村庄名	水田	耕地　上等	耕地　下等	未耕地	摘要
上水湾子		150	70		
三角碑		100	50		
珲春	180	150	100		
骆驼河子	120	90	50		
英安河		100	50		
大荒沟					没有土地买卖
密江		120	60		
嘎呀河	150	100	30		
图们	180	120	80	30	市街地每坪 5.6 圆
平均	157	116	60	30	

备注:价格单位为国币(圆)。

第九节　和农业有关的租税公课

只在这里记录与农民关系特别密切的租税,如下所示:

一、国税

税目		课税物品	课税标准和税率	纳税者	备注
税粮产出	粗粮	玉米、玉米粒、高粱、秫米、粟、糜子、元米、稗子、荞麦等类	从价的 0.5%	卖主	
	细粮	粳米、粳子、稻子、白米、＊米、小麦、油麦、大麦等类	从价的 1.0%	卖主	
	粮油	芝麻、小麻子、大麻子、苏子等类	从价的 2.5%	卖主	
	豆类	大豆、青豆、黑豆、豌豆、小豆、吉豆等类	从价的 2.5%	卖主	
土地税		田地	每响吉大洋 8 角	土地所有者或者商租人	
契税	买契		买卖契约额的 6%		
	典契		典卖契约额的 3%		
	租契		租商契约额的 5%		
黄烟税		叶烟草	从价的 10%	生产者或收购者	
黄烟费		叶烟草	从价的 12%	生产者或收购者	

续表

税目	课税物品	课税标准和税率	纳税者	备注
杂烟税	叶烟草、纸卷烟草以外的烟草	从价的 10%	生产者或收购者	
杂烟费	叶烟草、纸卷烟草以外的烟草	从价的 12%	生产者或收购者	
牲畜税	牛、马、骡、驴、猪、羊	牛、马、骡、驴　价格的 5% 猪、羊　价格的 2.5%	饲养者或买主	
屠宰税		1 头猪　吉大洋 3 角 羊　　　　　　2 角 牛、马　　　　1 圆	屠商	

备注: 正税之外的杂税补助费按正税额的比率征收,由于金额较少,在此省略。

二、地方税(珲春县)

税目	课税物品	课税标准和税率	纳税者	备注
升科地晌捐		每晌 1 圆 8 角 4 分		
升科学田地晌捐		每晌 2 圆 4 角		
东沟学田地晌租		每晌 1 圆 9 角 7 分		
七、八年学田地租		7 年每晌 1 圆 8 角 8 年每晌 2 圆		
劝学所学田租		每晌 3 圆		
劝学所升科地租		投票法无定率		
粮米特捐		按卖价的 12%		

三、自警团费、朝鲜人民会费等其他的杂税

村庄不同,其费用状况也不尽相同,且没有固定金额。朝鲜人民会作为朝鲜人农家的指导机关,每年向朝鲜农民征收 1 圆左右的民会费。

由于具体金额因地而异,按上述合计,大体上平均每户会相差三四圆。

第十节　调查地区农业经营状况

县名	乡名	地主		自耕农		自耕兼佃户		佃农	
		朝鲜人	满人	朝鲜人	满人	朝鲜人	满人	朝鲜人	满人
珲春	德惠	10	23	21	44	60	82	282	55
	首善	79（2）	170	44	165	143	103	276	238
	兴仁	24	81	127	387	211	246	384	222
	勇智	62	63	190	136	322	127	707	91
	崇礼	43	45	109	117	168	85	212	144
	纯义	73	40	118	169	155	125	458	103
	春化	81	79	150	222	254	10	945	20
	敬信	65	30	426	26	555	65	512	87
汪清	春芳	7	54	590	160	18	30	508	15
	春华	26	28	266	31	261	5	368	9
延吉	志仁	54	27	77	42	76	6	601	4
累计		524	640	2,118	1,499	2,223	884	5,253	988
合计		1,164		3,617		3,107		6,241	

朝鲜人、满人各栏的比率合计为

地主	8.2%
自耕农	25.6%
自耕兼佃耕户	22.0%
佃农	44.2%

朝鲜人、满人各栏的比率分别为

	朝鲜人	满人
地主	5.2%	16.0%
自耕农	20.9%	37.4%
自耕兼佃耕户	22.0%	22.0%
佃农	51.9%	24.6%

即满人中地主、自耕农的比率较高，朝鲜人中佃农的比率较高，而自耕兼佃户则是同等比率。

下表为每户农家的种植面积、家畜数量以及每町步的家畜数：

县名	乡名	农户数	种植面积	每户种植面积	耕作用家畜数	每户家畜数	每町步家畜数
珲春	德惠	577	2,125	3.68	543	0.94	0.26
	首善	1,218	1,197	0.98	1,303	1.07	1.09
	兴仁	1,682	5,078	3.02	1,870	1.11	0.37
	勇智	1,698	5,346	3.15	1,748	1.03	0.33
	崇礼	923	3,861	4.18	1,264	1.37	0.33
	纯义	1,241	4,217	3.40	1,578	1.27	0.37
	春化	1,761	2,995	1.70	1,197	0.78	0.40
	敬信	1,766	6,346	3.59	1,941	1.10	0.31
汪清	春芳	1,382	5,035	3.64	1,022	0.74	0.20
	春华	994	2,415	2.43	871	0.88	0.36
延吉	志仁	887#	14,663#	1.87	491#	0.55	0.30
合计		14,129	40,278	2.85	13,828	0.98	0.34

备注:①面积单位为町步。
②以牛、马、驴为耕作用家畜来计算。

本表中珲春县首善乡的数字与其他乡有差异,是因为农户数中包括了实际上不从事农耕的地主和避难农民,家畜头数中包括了耕作中不使用的家畜。

第十一节　经过村庄的农业经营状况

乡名	村庄名	朝鲜人农家			满人农家		
		大	中	小	大	中	小
兴仁	上水湾子	3	14	66	3	14	18
	中水湾子	1	6	28	2	8	10
	三角碑	1	7	31	2	9	11
	英安河	2	12	56	2	9	10
	关门咀子	—	7	4	—	—	—
首善	二道沟上村	—		18	—	—	—

续表

乡名	村庄名	朝鲜人农家			满人农家		
		大	中	小	大	中	小
勇智	八棵树	4	12	66	2	5	13
	四间房	3	8	45	—	—	—
	桦树底下	1	2	14	—	—	—
	骆驼河子聚居村庄	—	—	90	—	—	—
	太阳村	3	10	53	—	—	—
德惠	大荒沟	—	—	14	—	—	—
	大平沟聚居村庄	1	21	62	—	—	—
	大盘岭	—	1	13	1	2	6
	密江	—	1	17	3	6	18
	四万洞	1	3	11	—	—	—
	东云洞	—	—	24	—	—	4
	清鹤洞	—	4	22	—	—	2
	清水洞	—	3	16	1	—	—
春芳	黑底塔	—	—	2	—	1	7
	龙山子	1	2	31	—	—	—
	凉水泉子	7	30	113	17	20	31
	石头河子聚居村庄	—	—	100	—	—	—
	窟窿山	10	20	52	2	4	6
春华	下嘎呀河	—	17	41	16	4	5
	石砚市(上嘎呀河)	20	50	100	5	10	13
	河东上村	4	6	14	5	1	1
志仁	合水坪	5	10	43	2	6	—
	北细洞	28	14	50	—	2	—
累计		95	260	1,196	63	101	155
合计		1,551 户			319 户		

备注:表中农家大、中、小的区分标准如下:

大农	地主
中农	自耕农
小农	佃农、自耕兼佃耕农以及农业劳动者

朝鲜人、满人各栏的比率合计为：

大农	8.5%
中农	19.3%
小农	72.2%

朝鲜人、满人各栏的比率分别为：

	朝鲜人	满人
大农	6.1%	19.7%
中农	16.8%	31.7%
小农	77.1%	48.6%

这与第七节所经村庄概况中的结论一致。

下面列出所经村庄每户农家的种植面积、家畜数量和每町步家畜数：

乡名	村庄名	农户数	种植面积	每户种植面积	耕作用家畜数	每户家畜数	每町步家畜数
兴仁	上水湾子	118	240	2.03	73	0.62	0.30
	中水湾子	55	180	3.27	55	1.00	0.86
	三角碑	61	420	6.89	69	1.13	0.16
	英安河	91	300	3.30	70	0.77	0.23
	关门咀子	11	33	3.00	30	2.73	0.91
首善	二道沟上村	18	140	7.78	36	2.00	0.26
勇智	八棵树	102	200	1.96	70	0.69	0.35
	四间房	56	120	2.14	35	0.63	0.29
	桦树底下	17	60	3.53	15	0.88	0.25
	骆驼河子聚居村庄	90	300	3.33	71	0.79	0.24
	太阳村	66	120	1.82	28	0.42	0.23

续表

乡名	村庄名	农户数	种植面积	每户种植面积	耕作用家畜数	每户家畜数	每町步家畜数
德惠	大荒沟	14	20	1.43	4	0.29	0.20
	大平沟聚居村庄	84	180	2.14	66	0.79	0.37
	大盘岭	23	60	2.61	20	0.87	0.87
	四万洞	13	42	2.80	15	1.00	0.36
	东云洞	28	83	2.96	19	0.68	0.23
	清鹤洞	28	150	5.36	24	0.86	0.16
	清水洞	20	72	3.60	28	1.40	0.39
春芳	黑底塔	10	36	3.60	9	0.90	0.25
	龙山子	34	264	1.05	20	0.59	1.04
	凉水泉子	218			255	1.17	
	石头河子聚居村庄	100	480	4.80	80	0.80	0.17
	窟窿山	94	200	2.13	88	0.94	0.44
	下嘎呀河	83	353	4.25	77	0.93	0.22
	石砚市(上嘎呀河)	198	400	2.02	157	0.79	0.39
	河东上村	31	230	7.42	23	0.74	0.10
志仁	合水坪	66	210	3.18	73	1.11	0.35
	北细洞	94	287	3.05	58	0.62	0.20
合计		1,825	5,180	2.83	1,568	0.86	0.30

备注:①面积单位为町步。

②以牛、马、驴为耕作用家畜来计算。

从上表来看,因各村庄的情况不同,每户的种植面积、家畜数量和每町步家畜数稍有差异,但是合计栏的数据和第十节里调查的统计数据大体相同。

第十二节　佃耕惯例

本地的佃租不采用现金缴纳法,而是全部缴纳实物,主要缴纳大豆和粟。佃耕时间大多为一年,每年地主和佃农之间订立口头契约,并不另外交换契约书。此外,基本上不存在永久佃耕权。

旱地的地租大部分(约70%)采用地主四佃农六的比例制,其次是平分制,剩余全部都是地主三佃农七的比例制,即依据土地的好坏采用5∶5、4∶6、3∶7的比例制。

凉水泉子平原一带的土地非常肥沃,采用地主六佃农四的比例制,这样的土地是少有的例外,极为罕见。然而在满洲事变以前,这片土地上的朝鲜农民遭到残酷压迫,对其采用的是地主七佃农三的比例。

水田的佃租大部分是地主六佃农四的比例。

有新开垦地或者开辟水源的情况,依照惯例三年内不征收佃租。

第十三节　调查地区农作物种植面积、种植比率、每町产量和总产量

本节记载的种植面积种植比率、每町产量以及总产量均采用昭和8年的数据。

由于没有获取整体的精确数据,无法一一详述,但同昭和7年的种植面积相比,昭和8年的种植面积大约减少了两到三成。究其原因,昭和7年春季以来,兵匪跋扈,农民纷纷逃往有日满军警保护的安全地带避难。然而到8年春,治安仍未恢复,农民无法归田务农,最终失去了耕种土地。

下面来说说昭和8年农作物的收成情况。当年的播种期,即四月下旬到五月下旬之间雨量适中,所有农作物的发芽状态都较好,之后又一直风调雨顺,没有虫害,农作物的生长和结果状况甚佳,获得近年来少见的丰收。

昭和9年,当地首次允许种植罂粟,各地便开始实验性的栽培。但由于天气反常以及经验不足,收成不算良好。

农作物的种植面积　　　　　　　　　　　　　　　　　　　(单位:町步)

作物名 ＼ 乡名 ＼ 县名	珲春								汪清		延吉	合计
	德惠	首善	兴仁	勇智	崇礼	纯义	春化	敬信	春芳	春华	志仁	
大豆	793	462	2,141	1,982	1,666	1,466	802	3,068	2,299	1,136	791	16,606
小豆	68	40	169	162	138	138	75	435	388	67	28	1,708
菜豆	16	57	28	21	20	12	29	32	527	8	16	766
其他豆类	28	5	51	34	42	40	27	23	15	—	—	265
粟	403	183	386	833	515	714	594	575	746	767	583	6,301
玉米	93	23	225	305	183	148	357	465	276	50	44	2,169
高粱	15	7	45	101	28	47	78	14	43	11	50	439
大麦	44	23	113	189	80	79	89	51	161	95	67	991

续表

县名\乡名\作物名	珲春								汪清		延吉	合计
	德惠	首善	兴仁	勇智	崇礼	纯义	春化	敬信	春芳	春华	志仁	
小麦	1	2	6	4	7	4	10	—	21	5	23	83
稗	478	266	1,352	1,100	832	911	669	1,112	28	—	—	6,748
黍	32	14	79	86	60	55	44	26	20	70	25	511
水稻	2	6	20	309	31	442	43	193	276	110	—	1,432
麻	4	3	7	6	5	5	4	17	10	5	17	83
马铃薯	116	92	394	152	209	125	60	80	55	23	15	1,321
其他	32	14	62	62	45	31	114	255	170	68	2	855
计	2,125	1,197	5,078	5,346	3,861	4,217	2,995	6,346	5,035	2,415	1,663	40,278
种植面积百分比(%)	60.5	75.0	52.6	53.9	39.7	49.5	27.2	83.7	73.1	72.3	94.2	54.8

　　从上表中最后一栏(耕地面积中)种植面积的百分比来看,百分比的高低即可看作是判断各乡治安状况好坏的基准。

农产品种植比率

种类	种植面积	种类	种植面积	种类	种植面积
大豆	41.22%	玉米	5.39%	黍	1.27%
小豆	4.24%	高粱	1.09%	水稻	3.56%
菜豆	1.90%	大麦	2.46%	麻	0.21%
其他豆类	0.66%	小麦	0.21%	马铃薯	3.38%
粟	15.64%	稗	16.75%	其他	2.12%
计					100.00%

农作物每町产量

（单位:石）

县名\乡名\作物名	珲春								汪清		延吉	平均
	德惠	首善	兴仁	勇智	崇礼	纯义	春化	敬信	春芳	春华	志仁	
大豆	11.0	10.4	11.4	9.5	8.2	9.5	10.0	12.5	18.0	15.4	15.9	11.98
小豆	6.8	7.2	7.7	3.4#	5.4	6.3	6.0	8.5	14.0	14.0	12.7	8.55

续表

作物名＼县名乡名	珲春								汪清		延吉	平均
	德惠	首善	兴仁	勇智	崇礼	纯义	春化	敬信	春芳	春华	志仁	
菜豆	5.4	6.9	6.8	5.0	4.5	5.9	5.2	10.0	14.0	13.8	14.1	8.33
其他豆类												
粟	12.7	14.0	14.0	12.0	10.0	13.0	12.5	13.0	20.0	11.2	15.8	13.84
玉米	11.8	12.0	12.0	11.0	9.1	11.0	11.5	12.5	21.0	12.8	20.1	13.16
高粱	101.0	11.0	11.0	8.2	6.8	9.1	10.0	10.0	11.0	11.8	15.3	10.38
大麦	8.2	9.1	9.1	6.0	6.4	8.0	8.5	2.0	20.0	＊＊	＊＊	＊＊
小麦	5.4	5.4	5.4	4.5	4.2	4.5	4.5	—	13.0	16.2	0.2	7.33
稗	13.6	14.1	15.0	13.0	11..4	14.0	13.5	15.0	19.0			14.29
黍	7.7	8.2	9.1	5.0	5.9	6.0	7.5	8.5	13.0	14.0	11.2	8.74
水稻（玄米）	8.6	7.7	9.0	9.6	7.7	7.2	9.1	6.7	16.2	10.4		9.22
麻	180	200	200	160	170	180	180	250	200	240	300	205.5
马铃薯	2,280	2,960	2,730	2,050	1,820	2,280	2,300	1,820	1,500	4,100	2,930	2,433.7
其他												

备注:麻、马铃薯的单位为贯。

农作物总产量 （单位:石）

作物名＼县名乡名	珲春								汪清		延吉	合计
	德惠	首善	兴仁	勇智	崇礼	纯义	春化	敬信	春芳	春华	志仁	
大豆	8,733	4,805	24,407	18,827	13,661	13,927	8,020	38,350	41,382	17,494	12,577	202,175
小豆	462	288	1,301	875	545	883	450	3,698	5,432	938	356	15,228
菜豆	86	393	190	105	90	71	151	320	7,378	110	226	9,120
其他豆类												
粟	5,118	2,562	5,404	9,996	5,150	9,282	7,425	7,475	15,320	11,658	9,243	88,633
玉米	1,097	276	2,700	3,353	1,665	1,628	4,506	5,813	5,796	64	884	27,783
高粱	150	77	495	828	185	428	780	140	473	130	766	4,452
大麦	361	209	1,029	1,134	512	632	757	612	3,220	163	817	9,446
小麦	5	11	32	18	29	18	45	—	273	81	235	747
稗	6,501	3,751	2,028	1,430	9,485	2,754	9,032	1,668	532	—	—	47,181

续表

作物名\县名乡名	珲春								汪清		延吉	合计
	德惠	首善	兴仁	勇智	崇礼	纯义	春化	敬信	春芳	春华	志仁	
黍	246	115	719	43	35	33	33	22	260	980	280	2,766
水稻（玄米）	17	46	180	2,966	239	3,182	391	1,293	4,471	1,144	—	13,929
麻	720	600	1,400	960	850	900	720	4,250	2,000	1,200	9,100	22,700
马铃薯	264,480	27,232	1,075,670	32,600	380,380	285,000	140,300	147,420	82,500	94,300	43,950	3,097,870
其他												

备注：麻、马铃薯的单位为贯。

第十四节　主要物价和市场关系

本调查中的农作物交易市场有珲春、密江、凉水泉子以及图们。以前大多是在珲春进行交易，最近才开始在密江进行交易。一般情况下，农民的生活自给自足，将剩余的农作物运到市场。主要农产品的价格和主要物价如下表所示：

珲春的农产品价格　　　　　　　　　　　　（单位：国币）

品种	单位	价格（圆）	品种	单位	价格（圆）	品种	单位	价格（圆）
大豆	1石	14.00	白米	1石	36.00	萝卜	1斤	0.015
绿豆	1石	38.00	玉米	1石	9.50	葱	1斤	0.020
豌豆	1石	14.00	玉米粒	1石	15.00	蒜	1斤	0.030
粟	1石	9.50	高粱	1石	14.00			
稗	1石	2.50	高粱米	1石	18.00			
小米	1石	20.00	谷草	100束	2.00			
稗麦	1石	18.50	土豆子	1斤	0.02			
黄米	1石	31.00	白菜	1斤	0.02			

备注：1石在日本是2石4斗。

密江的农产品价格　　　　　　　　　　　　（单位：金票）

品种	单位（石）	价格（圆）	品种	单位（石）	价格（圆）	品种	单位（石）	价格（圆）
大豆	1	15.00	稗	1	6.50	小麦	1	6.00
粟	1	12.00	小豆	1	17.00	马铃薯	（约＊＊斤）	5.00

续表

品种	单位(石)	价格(圆)	品种	单位(石)	价格(圆)	品种	单位(石)	价格(圆)
玉米	1	10.00	大麦	1	6.0			

备注:1石在日本是2石4斗。

图们的农产品价格　　　　　　　　　　(单位:金票)

品种	单位(石)	价格(圆)	品种	单位(石)	价格(圆)
大豆	1	13.00	稗	1	6.00
粟	1	17.00	高粱	1	11.00
玉米	1	17.00	白米	1	24.00

民国19年、大同元、2年三年间农产品价格的统计(珲春)　　　　　　(单位:国币)

各年价格 种类	民国19年		大同元年		大同2年	
	单位(石)	价格(圆)	单位(石)	价格(圆)	单位(石)	价格(圆)
高粱	1	9.00	1	14.00	1	12.00
玉米	1	15.00	1	13.00	1	9.50
小米	1	25.00	1	36.00	1	21.00
大米	1	30.00	1	48.00	1	35.00
小豆	1	20.00	1	22.00	1	17.50
小麦	1	23.00	1	24.00	1	31.00
大豆	1	12.00	1	15.50	1	15.00

备注:1石在日本是2石4斗。

民国19年、大同元、2年三年间的物价统计(珲春)　　　　　　(单位:国币)

各年价格 种类	民国19年		大同元年		大同2年	
	单位	价格(圆)	单位	价格(圆)	单位	价格(圆)
豆油	1斤	0.08	1斤	0.17	1斤	0.13
石油	1箱	7.60	1箱	8.50	1箱	8.80
白面	1袋	2.90	1袋	3.10	1袋	2.96
棉布	1匹	10.50	1匹	13.00	1匹	13.50
砂糖	1斤	0.10	1斤	0.14	1斤	0.16
猪肉	1斤	0.12	1斤	0.22	1斤	0.28

种 类	各年价格	民国 19 年		大同元年		大同 2 年	
		单位	价格（圆）	单位	价格（圆）	单位	价格（圆）
羊肉		1 斤	0.17	1 斤	0.23	1 斤	0.32
牛肉		1 斤	0.13	1 斤	0.24	1 斤	0.30
棉花		1 斤	0.49	1 斤	0.53	1 斤	0.58

第十五节　农耕情况

一、肥料和轮作关系

间岛珲春县地区很早就被开垦,由于长年采用掠夺式的农耕法,产量在不断减少。然而除了将蔬菜作肥料用,极少施肥。农民知道按量施肥才能增产,但在如今的情况下无法生产出足够的肥料。只有珲春市区附近,因市区杂物堆积滞留了少量的肥料,于是三年甚或四年才施一次肥。

今后考虑实行自家生产肥料,肥料方能满足所需。每反施加两三百贯的肥料,作物增收也就指日可待了。

主要作物是大豆、粟、玉米,其次是水稻和稗。大豆、玉米和黍一般实行三年轮作,大多是种大豆时施加肥料。稗是湿地耕种,主要是在条件不好的湿地连种。

下面列举了主要作物从播种到收获的情况。

二、播种镇压

播种农具如下:

犁杖　　各种农作物下种时都要使用

穅耙　　粟、稗、黍等作物做播种沟时使用

把斗子　豆类、水稻、旱稻、荞麦、麦类等

拉子　　填土用

点葫芦　粟、黍、稗等的播种器具

磙子　　压实用

(1)豆类麦类

豆类的播种法:使两头牛或两匹马用犁杖将去年锄过的畦田沟重新翻出土地,一个人在上面踏出一条直线,种子就撒在踏出的沟里。返回时犁杖后方的两人走到犁杖的前方,一边前进,一边按压已播的种子,犁杖则将旁边的畦田挖出半边给种子覆土,返回原位后就形成了一条畦田。

玉米、旱稻、麦类的播种大致同上。之后,大多按时用牛、马、驴或人力拉木头磙子来压实土地以防干燥。

粟:播种之前先用锅头或者锄头挖掉去年农作物的残根,然后用犁杖翻出一条畦田,再在上面用碡子推、压实后才开始播种。播种时使用糠耙。

使两头牛或两匹马推糠耙,在畦田中心的突起部挖出畦沟。播种者则在后面拍打点葫芦,并把拉子系在糠耙上,边填土便前进。返回时用同样的方法播种。高粱、黍的播种也采用同样的方法。

播种期、每反的播种量和播种方法大致表示如下:

作物名	播种期	播种量(升)	播种法	摘要
大豆	五月上旬	7.5	点播	
粟	五月上旬	0.7	条播	
玉米	五月上旬	4.0	点播	
大麦	四月中旬	10.0	条播	
水稻	五月上旬	50.0	散播	
小豆	五月中旬	7.0	点播	
旱稻	五月上旬	9.0	条播	
绿豆	五月中旬	7.0	点播	
荞麦	五月下旬	10.0	条、散播	
马铃薯	五月上旬	120斤	点播	
黍	五月上旬	2.5	条播	
稗	五月下旬	4.0	条播	

三、除草中耕

一般情况下,除草两次,中耕也是两次或三次,而山间村庄只进行一次。除草时用锄头除去杂草和侧芽,除草之后再用犁杖进行松土。第一次松土使用的犁头两翼较窄,第二次较第一次大些,第三次则使用大型犁头。

下边是除草松土的大致时节:

	第一次	第二次	第三次
除草松土	六月上旬	七月上旬	七月下旬

各作物的畦宽、株距大致如下:

作物名	畦宽	株距	摘要
大豆	2尺0寸	2寸5分	不间苗
粟	1尺9寸	—	不间苗

作物名	畦宽	株距	摘要
玉米	2尺0寸	1尺5寸	第一、二次除草时用锄头尖间苗并除掉侧芽
大麦	1尺8寸	—	不间苗
稗	1尺9寸	—	不间苗
马铃薯	1尺8寸	1尺0寸	不间苗
旱稻	1尺8寸	—	不间苗
小豆	1尺9寸	2寸	不间苗

主要作物的平均高度如下：

作物名	作物高度	时期	摘要
大豆	1尺5寸	阴历七月下旬	
粟	4尺0寸	阴历七月下旬	
稗	4尺0寸	阴历七月下旬	
玉米	6尺0寸	阴历七月中旬	
大麦	3尺0寸	阴历六月下旬	

四、收割

（1）豆类
在适当的时候用镰刀将其从根部割掉后放在田埂上晾干。

收割法：以六畦为单位，沿直线收割，将收获物排成一列，五六天后运到脱粒场。

（2）玉米
九月份左右预计玉米成熟后，用镰刀从离根部五六寸的地方砍倒并任其晒干，之后看时期打包成袋运到脱粒场，进行剥皮，使其干燥。秆以20支左右为1束，搬到房屋附近作为家畜的饲料。

（3）粟、稗、旱稻、大麦
用镰刀从根部割取，直径1尺有余的结成1束，以两畦为单位进行收割，收割完成后将每12束绑在一起，立在四周使其干燥。大约15天后，估计其差不多干燥后，就搬运到脱谷场。

（4）马铃薯
马铃薯的收割法因品种不同而不同。大多在八月末到九月末期间，用犁杖在平地上把马铃薯挖出并收拢，来回进行两三次完成收割。不能用犁杖时，就用镐头来替代。

各作物的收获期如下所示：

作物名	收获期	作物名	收获期	作物名	收获期
大豆	九月下旬	水稻	十月上旬	荞麦	十月上旬
粟	九月下旬	小豆	九月中旬	马铃薯	九月中旬
玉米	九月中旬	旱稻	九月下旬	黍	九月上旬
大麦	九月上旬	绿豆	九月下旬	稗	九月中旬

五、脱粒

脱粒使用的农具大致有:石头碡子、连筋儿、木杈子、木锹、赏板、扫帚、木耙子。

脱粒场选在离家近的地方,且预先用石头碡子将其压实。

豆类的脱粒法:把完全干燥的作物铺开到五六寸厚,让牛、马、驴在上面拉石头碡子进行脱粒,接着用木杈子除去秆,再用赏板将其聚拢后,用木锹进行风选。

玉米的脱离法基本和大豆一样,但是数量较少时则用连筋儿脱粒,或者用手揉搓脱粒。

粟、大麦、稗之类,先把束解开,在脱粒场让穗与穗之间相对铺展成圆形,推拉石头碡子使其脱粒。

水稻先用脱粒机脱粒,之后和大豆一样处理。

六、储藏贩卖

大多是脱粒之后马上贩卖。自家用的食物一般放入仓库或制作的木制箱里贮藏。玉米则在剥皮之后放入特别制作的贮藏库里贮藏。

七、调制粉类

用辗子、磨和水车将粟、玉米、稗这类主食制成粉产出粮食。现阶段每家都有这种农具。

用磨制粉1天(9小时)的情况如下:

玉米	约4石	两三次
荞麦	约4石	两三次
小麦	约3石	四五次

碾子和水车1天的碾米量如下所示:

	碾子	水车	摘要
粟	1石2斗	1斗4升	1斗等于5升
稗	1石6斗	1斗2升	1斗等于3升3合

八、病虫害

本调查地区没有因病虫害而减产之事,基本上无病虫之灾。

山间地区的农作物偶尔遭到野猪的破坏,这主要是在作物成熟的时期。一次侵袭会造成五六反的作物化为乌有,但总体来说只有极少部分,并无大碍。

第十六节　稻作状况

一、现状

本调查地区因朝鲜农民进入较早,水田开发也相对较早,但是由于没有适当的指导者,农业生产并不发达。直到近几年在朝鲜总督府、领事馆派遣的农业技术员和朝鲜人民会等的指导下,才渐渐地有所改善。

1.珲春县

全县现在耕作中的水田面积有一千五百多町,其中大半(约八百町)由东拓管理,位于珲春平原的低湿部,剩下的散落在骆驼河子附近和其他各地。

现在每坪的产量最高达到9升,平均约为7升(稻谷),碾出的精米约占38%。农耕方式非常粗糙,除了少量满人耕作者施肥外,基本上不施肥。

耕作品种主要是"关东早生"、"津轻早生"、"赤毛"等,仅有少量的"小田代"。

佃租大体上全部是地主六佃农四的比例,每户的耕作面积平均在1畦2反5亩左右,远远少于旱田的3町到3.5町。

由于个人经营负担着巨额的经费问题,很难建成水田的灌溉设备,而满人地主的文化程度较低,无法组织水利组合。所以提供灌溉设备就成为了一种商业经营,企业向配有灌溉设施的土地征收水税,每反地征收3斗5升左右的稻谷,和供水的方式极为相似。

2.汪清县

本调查地区,凉水泉子平原地区有大约180町的水田,嘎呀河平原地区有大约110町的水田。

凉水泉子每坪产量约1斗2升,最多1斗8升,而嘎呀河平均为1斗。凉水泉子的碾出精米率为40%,嘎呀河则是35%。

凉水泉子的耕作品种主要是"小田代",也使用一些本地种。

"小田代"的产量比一般的早生种多,但其成熟期晚,而此地结霜期早,这样就比较容易受霜害影响。但是此地"小田代"的栽培历史悠久,品种逐渐发生了变化,抗寒性强,收成也很好。

嘎呀河的品种不明。

受到图们江对岸的朝鲜稳城水利组合的刺激,昭和4年,东拓出资2千圆、金融部出资6千圆,加上其他地主的出资,共计1万2千圆(每反约7圆),对凉水泉子的约180町的水田进行开发,所取得的成效比朝鲜的水利组合更好。

3.延吉县

只经过了一小部分地区,不太清楚其具体情况,只在所经地方附近看到大约三四十町的水田。

二、朝鲜的水利组合

"朝鲜的水利组合",即珲春平原对岸的图们江水利组合和凉水泉子平原对岸的稳城水利组合,已经针对本调查地区的情况,拟定出了科学的水田计划,有必要将其作为参考进行研究。

暂且记录下图们江水利组合的概况。以下记载中"畓"表示水田,"田"表示旱地。

1.历史

组合成立于昭和 3 年 7 月,同年 12 月着手施工,昭和 5 年 3 月完成。

2.工程面积

实耕面积　　　1,795.0718 町

细　目

畓　　　　　　　96.5800 町　　自然灌溉区域　　1,381.9512 町

田　　　　　1,461.5203 町　　机械溉区域　　　777.1206 町

林野　　　　　200.9715 町

计　　　　　1,759.0718 町

3.主要作物

引进水闸　　　3 连

隧道　　　　　长 400 间

抽水机　　　　[デーゼル]①设备 30 马力泵 2 台

用水干线　　　15,178 间

用水支线　　　23 条　20,704 间

用水潜管　　　5 个地方　长 455 间

排水路　　　　9 条　4,626 间

4.工程费

861,368.30 圆　　　　　　　(每反 48.96 圆)

国库补助金　　　　　　　　168,187.000 圆

5.开发水田事业费

213,204.66 圆　　　　　　　(每反 12.83 圆)

国库补助金　　　　　　　　50,154.66 圆

6.施工前后每反收入比较

---

① 译者注:此处原文表意不明。罗马字读音为 Deizeru。

昭和 3 年工程计划

等级	施工前的用地类型	施工后的用地类型	施工前			施工后			收益增加额	组合费	甲乙平均组合费	综合收益增加额
			收入	支出	收益	收入	支出	收益				
一	林野	水田	—	—	—	30.20	14.88	15.32	15.32	甲 8.22 乙 9.70	8.96	6.36
二	旱田	水田	6.28	6.35	捐 0.7	30.20	14.93	15.34	15.34	甲 6.45 乙 7.93	7.19	8.15
三	旱田	水田	10.34	6.86	3.48	30.20	15.25	14.95	11.47	甲 5.42 乙 6.31	5.87	5.60
四	水田	水田	22.40	10.24	6.08	30.20	15.54	14.66	8.58	甲 4.81	4.81	3.77

备注：①四等水田施工前的收益按种植 2 年，休耕 2 年收益的 1/2 来算。

②组合费用，甲是自然灌溉区域，乙是机械灌溉区域。

③施工后按平均每反产稻谷 2 石 7 斗来算，收入 30 圆 20 钱，1 石算做 10 圆。预计稻草的收入是 3.20 圆。

7.灌溉计划的用水量

（1）平均用水量

必须用水期：5 月 1 日到 9 月 30 日，共计 153 天

灌溉期间平均蒸发量：472.4 毫米

灌溉期间平均降水量：398.5 毫米

叶面蒸发量是蒸发计量的 1.2 倍

有用雨量的比率：0.65

所需水量用 Q 表示

$$Q = \frac{\{(472.4 \times 1.2) - (398.5 \times 0.65)\} \times 0.0033 \times 108.000}{153 \times 864000} + 渗透量$$

$$= 0.0083 + 0.035$$

$$= 0.0433 \text{ 町秒立方尺}$$

注：渗透量依据土质每町步 0.035 町秒立方尺。

（2）最大用水量

最大用水时期：从 8 月 1 日到 8 月 20 日，共 20 天

平均蒸发量：61.2 毫米

叶面蒸发量是蒸发计量的 1.5 倍

为安全起见，不算入有效雨量

所需最大用水量用 Q 表示

$$Q = \frac{61.2 \times 1.3 \times 0.0033 \times 108.000}{20 \times 86400} + 0.035$$

$=0.019+0.035=0.054$ 町秒立方尺

8.组合地区的农耕现状

组合地区内栽培品种的种植比例如下：

品种＼年度	昭和 5 年	昭和 6 年	昭和 7 年	昭和 8 年
小田代	90%	90%	88%	75%
津轻早生	0%	0%	2%	20%
井越早生	10%	10%	10%	5%

如上所示,小田代的种植比例在不断减少。虽说小田代的米制产量比早生种要好,但其抗病性、耐寒性弱,在高纬度地区受害率高。为了弥补灾害损失,逐渐增加了早生种的种植。我们认为昭和 8 年的种植比例不太合理。

	种植		收获	
	开始	结束	开始	结束
昭和 5 年	5 月 15 日	6 月 15 日	10 月 7 日	10 月 9 日
昭和 6 年	5 月 20 日	6 月 30 日	10 月 23 日	10 月 28 日
昭和 7 年	5 月 21 日	6 月 30 日	10 月 11 日	10 月 20 日
昭和 8 年	5 月 13 日	6 月 13 日	10 月 1 日	10 月 13 日

平均每户都有 2 町 5 反左右的较大的耕地,但由于施肥培植管理不合理,全地区平均每反的产量仅有 1 石 8 斗左右。然而,土地征收的组合费却异常高,造成了收支的不平衡。因此,地区内的土地处于荒废中,也找不到买主。地区内的佃农也不愿再耕种,纷纷穿过国境移居到满洲国内,在这里雇佣佃农就变得相当困难。

与此同时,也有人采用部分集约农耕法取得了可观的收益。

将咸镜北道农事试验场各品种的试验结果记录在下,作为参考。

历年玄米每反的产量

(单位:石)

品种＼年代	昭和元年	昭和 2 年	昭和 3 年	昭和 4 年	昭和 5 年	昭和 6 年	昭和 7 年	平均
小田代	2.181	1.890	1.755	1.368	2.365	0.624	2.081	1.752
津轻早生	1.472	1.499	2.019	1.232	2.360	1.257	1.756	1.656
井越早生	1.573	1.537	1.486	0.971	2.129	1.692	1.462	1.550

其他事项（五年平均数）

品种	种子来源	出穗期	成熟期	秆长（尺）	穗长（寸）	蘗数	玄米品质	玄米每升重量（匆）
小田代	青森县	8月17日	10月9日	3.23	5.9	15	中	375
津轻早生	北海道	8月13日	10月4日	2.99	6.2	16	中	378
井越早生		8月11日	9月29日	2.50	5.4	17	中下	375

耕种概况

播种　　5月1日　　　　每坪播种5合

插入　　6月16日　　　每坪64株（1株7棵）

水田肥料（每反）

堆肥　　　　　　　300贯

硫铵　　　　　　　30贯

过石　　　　　　　5贯

木灰　　　　　　　10贯

除草管理

7月上旬以后每10日进行一次除草松土。

综上所述，我们认为本地区并不具备经营集约农耕法的条件，每反产量尚不充足，但对其灌溉设备征收高额的工事费，是其管理失败的原因之一。

三、未来发展和计划（移居）

流经本调查地的河流的山间部是森林地带。虽没有河水测量的报告结果，但从其夏季枯水量较小来看，河流的状况差强人意。因此，地形良好的土地可以直接从河流得到大范围的自然灌溉，而无需花费高昂的建造费来配置水库、抽水机等设备。

移民计划若只以水田经营为前提，本调查地区是个不错的选择，但现在看来，仍有必要进行一段时间的详细研究。

说说题外话，珲春平原虽有大约2万町的广大区域，但从六七十年前就开始采用无肥料式的农耕法。因此，土地的能力下降，甚至不比三等地的价值。再加上这2万町地的排水状态不好且是粘性土壤，比起经营水田，不如经营旱地。据说这种土地达到4千町。

第十七节　聚居村庄

一、村庄的意义

如前所述,间岛地区因受游击队、兵匪的共同迫害[①],农民特别是朝鲜农民都逃往了安全的地方避难抑或返回朝鲜。农民生活难成为重大的社会问题,对此朝鲜总督府当局为了强迫这些朝鲜避难民返回居住地,设置了聚居村庄。

设置此聚居村庄比预期效果好,不仅有效地使朝鲜避难民回到了居住地,而且对确保附近的治安、产业开发等方面大为有利。之后得到军部的后援,在满洲国实行了聚居村庄的计划。

二、村庄的组织及规模

聚居村庄很早以前是中国的聚落,内有小规模的建造设施,周围筑有坚固的土壁,四周设有炮塔,周围的事务所和公共设施收容村民,并在自卫团员的护卫下完成各自的耕作。到了黄昏便关闭四周的入口,并设步哨来警戒外敌的侵袭。

村庄的组织如下所示,1 名村庄长统率全局,下设 2 个行政警卫。

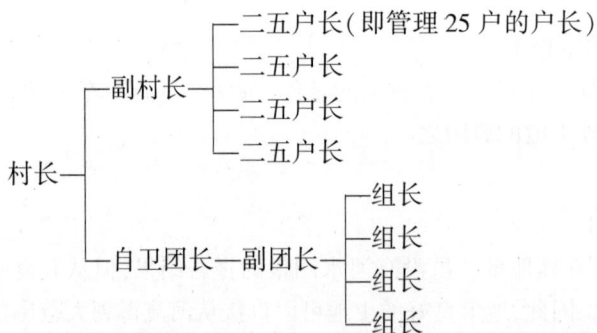

```
                    ┌─ 二五户长(即管理 25 户的户长)
          ┌─ 副村长 ─┼─ 二五户长
          │         ├─ 二五户长
          │         └─ 二五户长
  村长 ─┤
          │                   ┌─ 组长
          └─ 自卫团长 ─ 副团长 ─┼─ 组长
                              ├─ 组长
                              └─ 组长
```

自卫团对朝鲜青壮年进行了适当的训练,边当警卫边从事农耕。这种方式和满洲其他地区的自卫团不同,成效颇丰。去年,仅有 9 个地方 50 回遭到游击队袭击,而死亡者只有两三名左右。

该制度所发挥的作用越来越大,相当有效。

土壁所圈的面积因各自周围的状况而不同,但相差不大。作为参考,将骆驼河子、大平沟的平面图大略勾画在下。土壁用土炼瓦筑成,高度达 8 尺左右,厚度有 3 尺。土壁外围约 50 米之处有一条铁丝网,内侧种有村庄民食用的蔬菜。

---

① 译者注:仅代表日本调查员的立场。

骆驼河子聚居村庄平面图

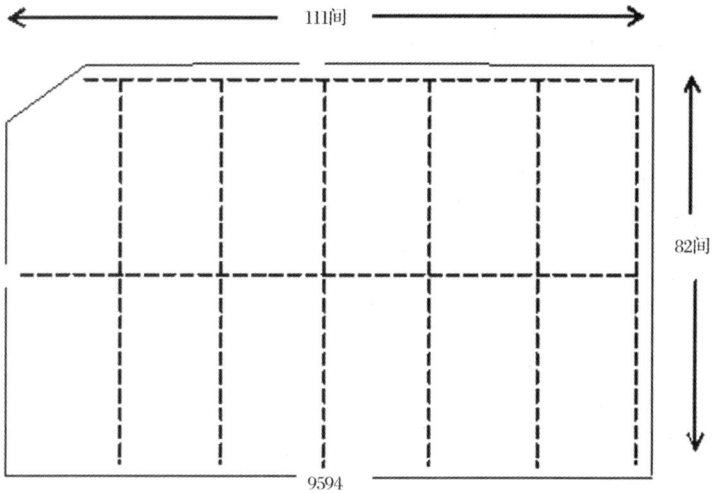

大平沟聚居村庄平面图

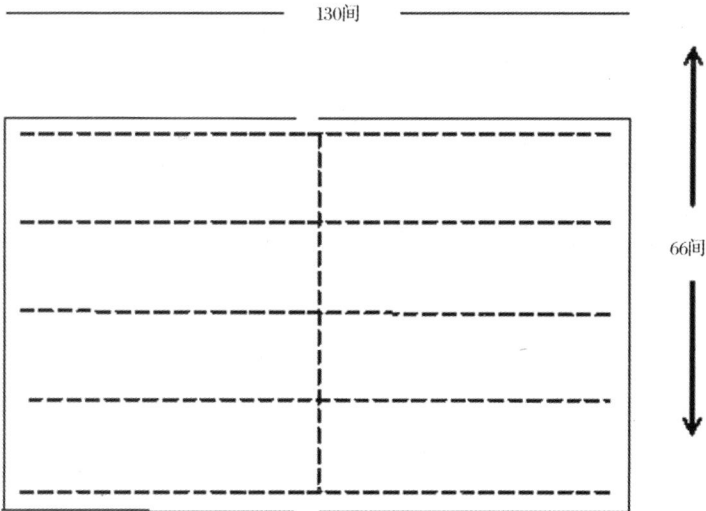

三、村庄的佃耕惯例

设有聚居村庄的地方,地租一般是二等分,或者是地主四佃农六。事变之后,农民放弃土地逃往安全地避难,土地荒废,导致收成全无,所以说聚居村庄的设置能给地主带来巨大的利益。因此,最初的聚居村庄的设置计划与其说是与当局交涉的结果,不如说是从地主方推进展开的,按地主三佃农七的低比率征收佃耕费。然而,该计划促使收成大增,治安逐渐稳定,地价也不断高涨。出于这些因素,地主的佃租额增加的趋势越来越大。

四、村庄的计划

如今领事馆和满洲国计划设置聚居村庄的概况如下：

1.领事馆的计划

昭和8年,进行初次试验所选定的最适宜地区的情况如下表所示：

村庄名	位置	户数		现在人口			每户人口
		预定	现在	男	女	计	
北蛤蟆塘	延吉县春阳乡	100	100	261	216	477	4.77
太阳村	延吉县志仁乡	100	69	189	147	336	4.87
仲坪	延吉县志仁乡	125	58	162	121	283	4.88
春兴村	延吉县志仁乡	125	100	279	233	512	5.12
细鳞河	延吉县尚义乡	100	100	314	260	574	5.74
长仁江	延吉县守信乡	100	91	280	202	482	5.30
土山子	和龙县明新乡	150	150	502	349	851	5.67
青山里	和龙县明新乡	100	88	266	186	452	5.14
骆驼河子	珲春县勇智乡	100	98	279	255	534	5.45
计	9	1,000	854				

昭和9年开始建设的工程：

管辖领事馆名	聚居村庄所在地名	个数
间岛总领事馆(直辖)	金佛寺、上明月沟、倒木沟	3
局子街分馆	石门内、石头河子	2
头道沟分馆	卧龙湖、龙兴洞、牛心山	3
巨草沟分馆	小百道沟、五站、牡丹川、转角楼	4
珲春分馆	大平沟、雪带山、塔子沟	3
合计		15

聚居村庄建设费预计每户70圆,村庄共同设施费预计每个村庄1,000圆,即以每个村庄收容100户为标准计算,每个村庄8,000圆。

昭和8年,聚居村庄建设所需经费9万6千圆。其中,朝鲜总督府支出6万8千圆,东拓借出3万6千圆。

昭和9年,聚居村庄建设预算为17万8千圆,总督府支出6万8千圆,关东军支出5万圆,金融部借出6万圆。

作为参考,在此记录一个村庄的建设预算表：

村庄建设费

费用类别	每个村庄的经费支出				经费支出类别
	品种	数量	单价(圆)	金额(圆)	
粮食	粟	60 石	12.00	720.00	补助金
	高粱	200 石	5.00	1,000.00	
	盐	500 斤	0.15	75.00	
	其他			205.00	
	合计			2,000.00	
耕牛	耕牛	40 头	50.00	2,000.00	金融部
	合计			2,000.00	
农具	铁锹	100 把	1.00	100.00	金融部
	鹤嘴	10 把	1.30	15.00	
	＊	20 把	5.00	100.00	
	镰	100 把	0.30	30.00	
	コテ	30 把	0.50	50.00	
	斧	100 把	2.00	60.00	
	唐锹		1.00	10.00	
	其他			45.00	
	合计			5,000.00	
种子	种子	—		200.00	金融部
	合计	—		200.00	
共同建设费	建筑物	1 栋	500.00	500.00	补助金
	铁条网	—	—	200.00	
	自卫团设置费	20 人	5.00	100.00	
	＊塔门等其他	—	＊＊	200.00	
	合计	—	＊＊	1,000.00	
房屋建设	个人住房	100 户	23.00	2,300.00	2,000 圆补助金 300 圆金融部
	合计			2,300.00	

昭和 8 年实施村庄每户的经费

村庄名	农耕费	粮食费	房屋建筑费	共同设施费	合计	每人经费
北蛤蟆塘	20.000	20.000	30.000	10.000	80.000	16.771
太阳村	7.459	17.924	22.217	7.080	54.680	11.229
仲坪	10.743	19.052	24.121	3.662	57.578	11.800
春村	12.540	14.997	17.500	4.464	49.501	9.668
细鳞河	5.059	12.685	42.401	13.702	73.850	12.866
长仁江	16.798	25.400	31.542	9.890	83.630	15.789
土山子	8.064	14.094	14.420	12.574	49.152	8.664
青山里	9.909	12.329	17.045	6.273	45.556	8.869
骆驼河子	44.009	58.099	16.338	28.779	147.225	27.019
计	15.013	21.445	23.485	11.331	71.274	121.523

备注: 由于骆驼河子村庄是由条件最差、最贫困的农民聚集起来形成的村庄,其需要的经费也就特别多。

2.满洲国的计划

如上所述,满洲国因游击队横行跋扈而动乱不堪。从国家和社会政策上看,救济间岛一带农民的同时,引导分散的生活聚居化是间岛目前的先决问题。这次在中央政府的调解下,中央银行借出 657,720 圆的建设资金给各县。(其中房屋建筑资金 469,800 圆,每户平均 50 圆,农耕资金 187,920 圆,每户平均 20 圆。)通过 3 年的建设,间岛一带收容了 9,396 户,并设计了 92 个大聚居村庄建设案,共分为 3 期工程,每期 1 年。预定从昭和 9 年 4 月开工,昭和 12 年 4 月结束。因本年度延误了开工,错过了农耕期,仅有 13 个地方在建设中,预定秋收之后再加 12 个地方。

借贷资金延期 1 年偿还,且分 3 年付款,每月 7 厘利息。

各县的计划设置数和总收容户数如下表所示:

县 名		设置数	收容总户数	所需金额(圆)
第一期	延吉	6	610	42,700
	珲春	8	650	4,500
	和龙	5	458	32,060
	汪清	6	786	55,000
	计	25	2,504	175,280

续表

县　名		设置数	收容总户数	所需金额（圆）
第二期	延吉	14	1,560	109,200
	珲春	8	700	49,000
	和龙	6	550	38,500
	汪清	3	880	61,600
	计	31	3,690	258,300
第三期	延吉	13	848	59,360
	珲春	12	894	62,580
	和龙	3	150	10,500
	汪清	8	1,310	91,700
	计	36	3,202	224,140
总计		92	9,396	657,720

五、村庄的现状

以上记述了聚居村庄计划的概况，这次调查了 3 个聚居村庄，在此记录聚居村庄的实际情况。

种类 ＼ 聚居村庄名	骆驼河子	大平洞	石头河子
设置地名	珲春县勇智乡	珲春县德惠乡	汪清县春芳乡
交通状况	从珲春市区开通汽车道大约 15.5 千米	从密江市开通马车道大约 3.5 千米	从凉水河子开通汽车道约 5.5 千米
收容预定户数	100 户	104 户	100 户
现在收容户数	90 户	84 户（现在有家的 34 户）	100 户
开始时间	昭和 8 年春	昭和 9 年春	昭和 9 年春
现在的人口	531 人	504 人	607 人
现在的耕作面积	300 町（其中水田 25 町）	180 町	480 町
家畜数	牛 67 头　马 4 匹　猪 120 头　鸡 90 只　从朝鲜人民会（珲春）免费借来哺育中的 3 头小牛，当时约定购买 1 头，归还其他 2 头	牛 46 头　马 20 匹　从朝鲜人民会（珲春）借款八百余圆购入 26 头牛，1 年内无利息。剩下的 20 头牛和 20 匹马是村庄民的所有物	牛 70 头　马 10 匹　17 头牛是从朝鲜人民会（凉水泉子）借来的，且 5 年内无利息。凭资金借贷购入的有 20 头牛，剩下的 33 头是村庄民的所有物

种　　类＼聚居村庄名	骆驼河子	大平洞	石头河子
车辆数	牛车 50 辆	牛车 45 辆　马车 5 辆	牛车 68 辆　马车 2 辆
自耕农和自耕兼佃耕农的比例	地主　0%	地主　0%	地主　0%
	自耕农　0%	自耕农 40%(包含自耕兼佃耕农)	自耕农　0%
	佃农　100%	佃农　60%	佃农　100%
	佃农耕作面积	自耕农土地所有面积	
	9.9 町—6.7 町　10 户	26 町左右　1 户	
	6.6 町—3.4 町　30 户	13 町左右　5 户	以下不明
	3.3 町以下　50 户	6.6 町左右　6 户	
		3.3 町左右　10 户	
		3.3 町以下　12 户	
佃耕惯例	地主四　佃农六	地主三　佃农七	地主四　佃农六
	旱田耕地	以产量的多少来决定	
	地主三　佃农七		

昭和 13 年 6 月

上甸子—明月沟铁路沿线经济概况调查报告

满铁·调查部

绪　言

　　本调查是对修建铁路所必要的地形、资源、产业及经济状况进行的调查。目的是选定适合当地情形、较为经济的路线。

　　调查队于昭和 12 年 11 月 5 日从奉天出发到通化,在通化和各班进行了协商,因此花了几天时间,之后等待从延吉近藤部队派来的掩护队,12 月 12 日从通化出发赶往临江,立即开始调查工作。

　　正值气候极寒时分,地上积雪达两尺多深,人迹罕至且有匪患,但在掩护部队的全力掩护下,各调查员抱着舍身的信念不懈努力,终于达到了初期目的。调查队于次年 2 月 19 日安全返回通化,共花了 55 天。此外,因为关于干线路运营收支的预测情况另作统计,所以本报告里仅包括经济概况的记述,书中的意见属于编者的个人看法。

　　(注:有关矿业和林业的调查由参与本次实地调查的专家另行报告,因此,此报告中将此省略。)

调查负责人　交通系　齐藤义人

目 录

第一节　势力圈内现状

原预定线路从八道沟分岔,越过龙岗山脉的老岭,经过濛江,向东北方延伸至安间县,再从安间县小沙河延伸至京图线明月沟,全长364千米。干线路就是所谓的东边道纵贯铁路的北部线路。

本实地调查区域位于长白山麓,长白山山岳重叠、平原极少,所以,农产品的上市情况依靠将来如何开发此地而定。沿线森林资源丰富,根据供求关系,可预见会有相当多数量的木材上市。矿产资源的相关情况仍需专家的深入调查,但综合专家论述,将来有待开发的资源非常丰富。随着治安恢复及交通完善,本地区有效利用企业自身价值,能对地方开发做出很大贡献。

本来当地的治安情况不好,从北朝鲜流入的游击队和满洲当地的流寇在此横行无忌,以致当地农民的疲弱达到极点。为了防止农民离散,这里建立了聚居村庄,同时,农耕地的减少也是没有办法的实情。

如上所述,沿线大多是高原地带,随着森林砍伐区域的扩大,若让朝鲜人和满族人迁入,开发森林砍伐后的旧址,应该还可收容相当数量的农户。

以下是有关沿途经济情况的详情,但本预定线运营收支的相关情况将另做统计,本报告只介绍经济概况。

(一) 势力圈的推定面积和人口

考虑到鸭绿江水运圈、奉吉线沿线地区关系、京图线农产品上市情况、势力圈内以及通过松花江水运的木材供求关系等因素,势力圈范围的推定大致如下:

县别	利用率(％)	势力圈内总面积	人口	备注
临江	50	225,405	51,633	估计和抚松方面的交通需通过八道沟
长白	40	129,059	19,208	随着砍伐区域的扩大,会向偏远地区移动
抚松	90	529,152	35,876	以抚松作为分岔点,将往通化和明月沟方向去的人口考虑在内
濛江	60	233,408	15,225	将当地乘客计算在内
桦甸	20	209,270	22,760	将县东半部的当地流动旅客计算在内
安图	95	541,967	24,183	
合计		1,868,261	168,885	

从上表可看出该地区人口密度为每公顷11.06人。当地大体以县城为中心,没有特殊的经济市场,沿线本应存在的聚居村庄内的人口也不存在,县城内的人口密度不比一般铁路沿线的城市人口密度小,本地区还有应叫做无人居住地带的不可耕地,估计很难知道更多的情况。

(二)土地利用状况和农耕状况

本地区大致以长白山为中心,大体位于高原地带,除第二松花江流域的部分地区适宜水田耕作外,势力圈内适宜农耕的土地很少。势力圈内土地利用状况如下所示:

类别\县别	势力圈内总面积(公顷)	不可耕地		已耕地		未耕地		势力圈内总种植面积(公顷)
		面积(公顷)	占总面积比率(%)	面积(公顷)	占总面积比率(%)	面积(公顷)	占总面积比率(%)	
临江	180,323	164,726	91.3	9,118	5.1	6,480	3.6	8,264
长白	161,324	150,256	93.1	4,034	2.5	7,034	4.4	3,950
抚松	587,947	540,206	91.9	14,601	2.5	33,140	5.6	13,853
濛江	311,211	255,349	82.1	7,973	2.6	47,970	15.3	7,890
安图	399,344	380,374	95.2	5,950	1.49	13,020	10.1	2,726
桦甸	208,270	174,531	83.4	11,055	5.5	23,683	11.1	9,465
合计	1,848,329	1,665,442		52,731		131,327		46,148

如上表所示,占势力圈内总面积91.1%的1,665,442公顷的大面积土地为不可耕地,仅占0.25%的52,731公顷的土地被耕种,将来有待开垦的未耕地面积,即131,327公顷的土地中有多少能够开发还是个问题,为谋对策,旧通化省公署派遣的东边道复兴对策委员会做了实地调查,结果如下所示,以供参考:

通化省总面积	2,177,320 公顷
目前已耕地面积	239,926 公顷
未耕地面积	221,810 公顷
放牧原野面积	239,825 公顷
作为农村备用林和森林原野应保留的土地	2,023,412 公顷
不可耕地面积	452,347 公顷

当目前的可耕地面积455,736公顷全部被耕种时可收容农户达122,530户,应该还可多容纳30,886户。现在的农户为91,644户,共计536,429人,农户每户可拥有3.7公顷的耕地。上述的3.7公顷耕地是各县的平均耕地面积。

关于势力圈内的地质情况,濛江、抚松、长白及临江县的东半部是广阔的新期火山岩,喷出岩的一部分延伸到金川、辉南的平地,平地为冲击层。占耕地大部分的平地主要是灰黑色的壤土以及埴壤土①,表土很深,土壤最为肥沃。临江、长白、濛江县高原台地的土壤腐殖质含量高,是呈现青褐色甚至黑色的埴壤土,土壤过于软粘,不肥沃。此外,山地倾斜,农耕地尚未开垦很多年,表层土质粗松且很深,腐殖质含量很高,呈暗黑色,十分肥沃。开垦多年的土地,肥沃土层流失严重,几乎露出了母岩,并混杂了许多沙砾,土质非常差。

农耕尚未摆脱原始方法,明显是粗放耕种,但气候、水土很适合耕种,主要种植大豆、玉米、小米等普通作物,安图、桦甸县的松花江流域有水田耕作。以安图县大甸子为中心的各聚居村庄中,于康德4年3月开始迁入的朝鲜农民有5,000多人,他们主要是为了开发当地的水田,且很有前景。此外,玉米、小米等是当地农民的主食,大豆及大豆加工品豆油、豆饼等主要是向外销售。经济作物有人参,抚松县人参年产值达到了150万圆,当地人参由朝阳镇经由营口向外销售,在当地金融上占居重要地位。关于一般佃农情况,通化省公署的调查如下所示,佃农的地租及定租在收割完后一并缴纳。

满族农民主要种植大豆、高粱、玉米等3种作物,每晌向地主交纳1石4斗到1石的地租;朝鲜农民主要交稻谷,定租交纳大米和大豆。

开田开始的3年间,每晌交纳大豆1石;3年后,一般签订契约,规定地主和佃农各分得收成的一半,但实际上,3年后的地租并不是像契约规定那样,而是地主和佃农七三分或八二分。此外,有农业经营者介入的地区,各地地租虽然不同,但大体上都是将收成的一成到两成上缴给农业经营者。地主和佃农的负担关系如下所示:

(1)税金　　　　　地主负担
(2)水利税　　　　有水利税的情况下,地主和佃户各负担一半
(3)水利设施费　　地主出工具,佃户出劳力
(4)水路用地　　　使用他人土地时,佃农支付土地费用

注:以上是东边道复兴对策委员会的调查结果。

关于农作物生产,农民的主食以玉米、小米为主,经济作物有人参,本铁路势力圈内主要农作物生产额大体如下所示:

大　　豆	10,783 吨
高　　粱	5,612 吨
小　　米	7,662 吨
玉　　米	21,014 吨
小　　麦	2,456 吨
其他豆类	1,973 吨
其他杂粮	4,083 吨
水　　稻	1,929 吨
合　　计	55,512 吨

---

① 译者注:"埴壤土",混有37.5%到50%粘土的土壤,最适合种植水稻,汉语无对应词。

　　上述主要谷类年产量为 55,512 吨,势力圈内每年每人粮食消费量及杂消费量只有 199 千克,南满铁路沿线地区每年每人粮食消费量及杂消费量为 300 千克,两者相比,势力圈内的消费量每人每年就少了 101 千克。本势力圈内是有名的鸭绿江木材、吉林木材的上市地。从山东方面来的伐木苦力总计有 20 万人,他们依靠从安东和北朝鲜输入的粮食生存。大同 2 年临江县面粉购入量达到了 200,000 袋,这些面粉是偏远地区苦力的主食。同时,土特产品大豆只有一小部分用于工业加工,大部分都用于输出销售,需要粮食补助的地方很少。

势力圈内主要农作物的收成推定表　　　　　　(单位:吨)

作物\地区	大豆	高粱	小米	玉米	小麦	其他豆类	其他杂粮	水稻	合计
临江	1,839	3,461	1,728	8,885	143	413	274	106	16,849
长白	818	20	769	1,065	29	19	122	128	2,970
抚松	3,427	469	2,700	5,384	1,720	488	986	84	15,258
濛江	912	174	412	1,775	283	166	384	300	4,406
安图	1,144	12	704	1,129	212	610	538	472	4,821
桦甸	2,643	1,476	1,349	2,776	69	277	1,779	839	11,208
合计	10,783	5,616	7,662	21,014	2,973	1,973	4,083	1,929	55,512

　　此外,关于势力圈内的家畜数量,如果依据县地区内其他调查机构调查得到的数据的话,会出现相当大的数量,但如果根据实地调查所得的资料的话,各聚居村庄的数量如以下所示,以下的数量才算比较准确。自古以来当地气候和水土不适合发展畜牧业,畜牧业不发达,农耕所需要的家畜也被限制在一定范围内,所以,跟其他地方相比,家畜数量也显得很少。

势力圈内重要家畜头数推定表

县别	牛	马	骡子	驴	合计
临江	755	479	209	153	1,596
长白	197	61	22	2	282
抚松	925	1,266	303	136	2,630
濛江	403	140	63	58	664
安图	490	652	188	20	1,350
桦甸	303	345	24	85	757
合计	3,073	2,943	809	454	7,279

(三)林业及矿业

有关林业与矿业的资料,由参与本次实地调查的各位专家做专门报告,所以在此省略。

(四)交通状况

临江至抚松间,由于近年来道路修缮完备,汽车运输发达起来,牛马车的运输逐渐减少,仅仅在沿线各聚居村庄之间能看到牛马车运输,各城市间主要道路如下所示:

区间	里程(千米)	主要经过地
临江—抚松间	88	冰湖沟、松树镇
临江—长白间	175	八道沟、十三道沟
长白—海青镇间	143	二道沟、漫江、西岗
抚松—朝阳镇间	160	辉南、濛江、头道花园
抚松—露水河(县境间)	82	北岗
露水河—安图间	45	二道白河
安图—明月沟间	124	大沙河、大甸子、寒葱沟
临江—漫江间	74	大母猪沟、大洋岔
三岔子—八道沟间	24	下甸子、河口村

此外,还有其他车马可行的道路,但在此省略。关于汽车和车马的运费等情况,作为参考,以下提供在当地调查到的数据。

在偏远地区,因季节变化而引起的道路状况是否良好、治安状况等情况与汽车的运费紧密相联,特别对客货数量及单程等的运费有很大的影响。

朝阳镇—抚松间(160千米)

本区间朝阳到辉南之间(23.5千米),是山下汽车公司的运营许可区域,旅客运费为每人每千米5钱,货物运费整区间内均为80钱,辉南至抚松间的运营尚未得到许可,酌情令其运行。

明月沟—安图间(124千米)

本区间内有国营总局汽车隔日运行,主要以旅客运输为主,各区间内运费如下所示:

地名	运费	地名	运费
明月沟	0.00	小英子岭	4.05
倒木沟	0.65	北柳树河子	4.25
福满村	0.90	西柳树河子	4.45
荒沟岭	1.50	西小英子岭	4.60
寒葱沟	2.20	大沙河	4.95

续表

地名	运费	地名	运费
北十骑街	2.60	杨木条子	5.30
青沟子	2.95	小沙河	5.55
大甸子	3.55	安图	6.20

临江—抚松间(88千米)

本区间只有在运输物资的时候才运行,所以没有确切的运费,每次运行时制定当次的运费。

车马的运费,当地习惯按日计算。

种类	单位	运费(圆)
驮马	1匹马	1.00
牛马车	1头(匹)	1.20
马车	2匹马	2.00
马车	3匹马	3.00

注:4头以上每增加1头,运费加5角。

(五)商务贸易情况与货物运输状况

该势力圈内商务贸易的重点

(1)依靠鸭绿江水运的安东的经济圈;

(2)沈海线沿线地区近年有逐渐扩大的倾向;

(3)因人参的供求关系产生的海港贸易关系;

(4)靠水路运输的货物在半年的结冰期间必须储存在仓库里。

以上各项关系由于当地物资输送上的特殊性以及交通不便,再加上各地区相隔甚远等原因,使得各城市间小型贸易货款的结算主要还是以现金交易为主,延期付款很少,有地方甚至还进行物物交换。

势力圈内物资移动线路关系大致应分为以下几类:

(1)依靠水运的临江沿线地区关系

(2)经由朝阳镇的货物,在南满营口港与安东之间进行的贸易关系以及依靠新计划线与安东之间进行的贸易关系

(3)经由明月沟的货物和北朝鲜各海港之间的贸易关系

(4)依靠水运的临江沿线地区关系

临江经济圈包含抚松这一点可以从历来的贸易关系中判断得出。但抚松的物资输出、输入路径随季节变动而变动,冬季由于鸭绿江结冰,货物的四成经由朝阳镇,六成经由临江;夏季货物八成经由临江,两成经由朝阳镇,但由于路况不好,这些货物用牛马车运输。

因为以上情况,抚松、临江的大商人大都和安东及新义州的顾客做贸易。最近,在宣传安通线和通临线铁路新设计划之际,对沿鸭绿江上航和下航货物数量进行调查成了当务之急,因此对这个统计数量进行调查很有必要。

安东航政局调查的康德2、3年度货物运出、运入数量

康德2年	调出数量	24,295 吨
康德3年	调出数量	33,543 吨
康德2年	调入数量	38,742 吨
康德3年	调入数量	35,725 吨

具体货物数量为:

品种	运出数量（吨）		品种	运入数量（吨）	
	康德2年	康德3年		康德2年	康德3年
谷类	2,986	5,116	大豆	30,729	25,978
盐	3,481	13,419	小豆	908	1,784
杂货	10,833	8,278	谷类	1,093	712
麦粉	5,948	5,671	豆饼	2,024	2,526
烟草	166	312	杂货	2,921	4,528
油类	881	747	大米	1,067	197
合计	24,295	33,543	合计	38,742	35,725

康德2年各县运出、入货物数量:

数量 县别	运出数量（吨）		运入数量（吨）	
	康德2年	康德3年	康德2年	康德3年
长白	200	120	—	—
临江	6,695	17,080	8,966	7,770
辑安	9,891	6,051	8,822	6,524
桓仁	1,268	2,481	11,893	4,876
宽甸	6,241	7,811	9,061	16,555
合计	24,294[#]	33,543	38,742	35,725

以下为安东航业公会制定的安东和临江以及安东和长白间上下航方向的现行运费率,作为参考。

上航方向运费情况如下:

地名	杂货	谷类	食盐	石油	烟草	面粉
临江	2.50	7.50	2.00	1.50	7.00	0.80
六道沟	3.35	10.15	2.54	1.90	8.75	1.10
八道沟	3.90	11.65	2.91	2.25	10.40	1.20

备注:杂货以1百斤为1个单位、谷类以1石为1个单位、食盐以1百斤为1个单位、石油以1箱为1个单位、面粉以装入40斤的1包为1个单位。

下航货物以谷类为主,其最高、最低运费如下所示:

地名	最低运费(圆)	最高运费(圆)
临江	1.01	1.78
六道沟	1.19	2.08
八道沟	1.28	2.23

应该说鸭绿江的木排自古以来就是当地的一大奇观,木排的货物组装和放流费用如下所示:

安东木排的货物组装费用:

从长白县二十四道沟	每人	2.054 圆
从长白县十三道沟	每人	1.106 圆
从临江县 五道沟	每人	0.652 圆

另外,每只木排需要木材500石。

关于输出、输入货物统计,虽然各机构做了细致的调查,但关于其数量无精确资料,因此以下仅为其大概数据,以供参考。

输出货物统计表

年度	大豆(石)	杂粮(石)	豆饼(块)	山货(斤)
民国 19 年	85,711	3,283	113,907	不明
民国 20 年	177,410	6,393	236,496	
大同元年	133,745	2,424	144,692	
大同 2 年	156,451	5,556	150,634	
康德元年	137,621	3,837	140,601	
康德 2 年	41,830	不明	90,973	884,402

输入货物统计表

年度	杂货（斤）	盐（石）	麦粉（袋）	煤油（箱）	纸烟（箱）
民国19年	7,405,900	4,630	87,810	22,598	513
民国20年	10,340,100	6,106	22,043	7,185	1,549
大同元年	1,218,200	271	13,240	6,300	218
大同2年	4,961,100	1,388	127,583	12,670	1,233
康德元年	3,936,100	2,344	42,694	2,295	464
康德2年	1,272,185	1,027	37,977	413	441

据伐木公司调查,向安东输出的木材数量如下:

(单位:石)

种类	康德元年	康德2年
原木	55,800	107,400
圆木	94,000	92,500
枕木	45,000	35,360
合计	194,000	235,260

对临江管辖区域内的油坊进行调查得知,康德2年县城和其他镇生产的豆油、豆饼向安东输出的数量如下所示:

康德2年临江县向安东输出数量表

种类	县城	外镇	合计
豆油	707,919斤	123,233斤	831,152斤
豆饼	130,969块	21,954块	152,923块

目前临江向抚松方向的货物再输出都依靠汽车运输,随着朝阳镇和抚松之间交通往来逐渐频繁,临江向抚松的货物再输出数量会逐年减少,临江商业圈也仅限于位于临江与抚松之间的松树镇以南地区。为了铺设本铁路,应查明运输量减少的道路。过去向抚松输出的伐木苦力穿的胶底袜有200,000双,但近年来减少了一半,这不仅仅是道路的变迁,还因为森林砍伐面积的扩大以及伴随着满洲国林政方针的确立,抚松对一般砍伐苦力的需求减少,导致苦力逐渐向北满和北支山东方向转移。

(2)经由朝阳镇的货物,在南满营口港和安东之间进行的贸易关系

据说,一直以来,抚松县是靠人参和鸦片的经营才有了今天的发展,民国12、13年向营口

方向输出总额每年达到了 1,600 万圆,且人参和鸦片主要是在森林砍伐过的旧址栽培。近年来,由于治安不好,各聚居村庄收容农民,使得不能自由栽培,人参和鸦片产量明显减少。康德 4 年度县公署的调查资料如下:

康德 4 年末人参种植面积调查表 （单位:晌）

地名	5 年根	4 年根	3 年根	2 年根	1 年根	播种	合计
砬子河	415	1,315	487	170	12		2,399
万良镇	1,509	6,950	482	1,184	360	80	10,565
四 区	1,214	2,028	1,480	774	50	30	5,578[#]
庙 岭	5,560	6,743	1,479	865	340	632	15,619
东 岗	18,950	15,662	8,842	4,695	1,730	1,945	51,825[#]
西 岗	11,695	11,550	4,365	2,100	1,560	1,010	32,280
北 岗	8,850	25,685	7,274			550	42,359
合计	48,193	69,933	24,410[#]	9,788	4,052	4,247	160,623

备注:5 年根人参是康德 5 年秋季采掘所得。

同年度人参生产量如下所示:

抚松人参生产量调查统计表

地名	朝鲜参采掘斤数	加工人参实斤数
东岗	470,656	117,664
西岗	188,940	47,235
北岗	411,424	102,856
庙岭	161,832	40,458
砬子河	20,990	5,247
万良镇	50,520	12,630
四区	12,220	3,055
合计	1,316,582	329,145

抚松人参作为药用人参通过营口的商人被运往华东、华南方向,那里的中国人将这些人参作为生活必需品来消费。将来交通设施完善后,对抚松人参的需求量会进一步增加,抚松人参业协会(县公署直属)应当注重人参栽培方法和品种改良等,并继续努力处理与营口商人的旧债。

根据康德4年度末的调查,营口(因人参欠下)的旧债数额达到了29万6千圆,明细如下:

地名	债务者数	已婚人数	独身者	有房屋户数	无房屋户数	债务金额(圆)
碇子河	2	2	—	—	2	140
万良镇	11	5	6	3	8	11,496
四区	2	1	1		2	560
庙岭	23	13	10	3	20	17,550
东岗	68	40	28	32	36	129,330
西岗	26	19	7	16	10	29,525
北岗	44	23	21	32	12	108,324
合计	176	103	73	86	90	296,925

抚松县向朝阳镇和临江两方面输出、输入货物的贸易变化状况如下所示:

(单位:圆)

地区 \ 年度	朝阳镇	临江	合计
大同元年	275,965	118,270	394,235
康德元年	302,880	129,798	432,678
康德2年	274,855	117,795	392,650
康德3年	213,675	91,575	305,250
康德4年	117,199	50,259	167,458
合计	1,184,574	507,697	1,692,271

从上表朝阳镇与抚松,临江与抚松的贸易可以看出,朝阳镇与抚松的贸易占了七成,临江与抚松的贸易占了三成。今后,抚松经由朝阳镇与奉天、大连、营口的贸易活动必将逐渐增加。此外,过去抚松分别与朝阳镇和临江两方面的贸易比率如下:

冬季　　　朝阳镇30%　　　临江方面70%

夏季　　　朝阳镇15%　　　临江方面85%

随着近年来朝抚间道路的完善,货物运输路径的变更值得关注。此外,不难想象新铁路计划线铺设完成后,朝抚线经济圈的范围必然会大幅扩大。

另外,康德4年度朝阳镇车站的发送货物为大豆800车,其他杂粮300车。这些农产品主要在海龙、金川、辉南、桦甸地区上市。

此外,特产上市率为,海龙25%,金川30%,辉南30%,桦甸25%,这是根据近年来从濛江、抚松方面用马车运送来的特产上市情况得出的结果。此外,从朝阳镇国际运输办事处负责人那里得知,今年预定从濛江站附近采伐 200,000 根的枕木,目前,抚松县东岗以南 2 华里的地方正在进行集团采伐,预计有 10 万石木材的产量。应该在高力城子将这些木材做成木排,这些木排再顺松花江流至吉林。在抚松,由于煤炭补给不足以及煤炭价格较高,使得煤炭消费者较少,所以自家用的薪炭木材的需求占了很大一部分,目前 1 年需求量为 25,000 丈到 30,000 丈,此外,鸦片、盐、石油等等专卖品的年需求量如下:

鸦片　　1 年需求量　　50,000 两(1 两 16 匁)

盐　　　1 年需求量　　1,000,000 斤

石油　　1 年需求量　　800 罐(1 罐 18 升)

输入路径都通过朝阳镇,此外当地各工厂的生产状况如下所示,以供参考:

抚松县油坊生产量调查表

(康德 3 年 8 月 25 日调查)　　　　　　　　　　　　　(单位:斤)

品种	上一年度实际收成	本年度实际收成
高粱秆	870,000	528,300
大豆秆	7,940,000	8,998,650
小米秆	5,620,000	6,685,600
玉米秆	12,000,000	9,694,800
稻秸秆	2,250,000	2,192,100
豆饼	1,814,000	890,000
豆油	201,380	100,000
笋#	212,000	—
合计	30,907,380	29,089,750

抚松县小麦产量及消费状况调查表

年度	耕作面积(晌)	年产量(石)	本地消费(石)	输出量(石)
康德 2 年	2,756.60	8,269.80	8,269.80	—
康德 3 年	2,412.50	6,996.25	6,746.25	250.00

抚松站面粉厂的面粉生产状况

面粉厂数	工作时间	每月面粉产量	年面粉产量
15 家	90 天	14,400 斤	1,296,000 斤

（3）经由明月沟的货物和北朝鲜各海港之间的贸易关系

从抚松到安图，路上积雪有 1 米余深，加上人烟稀少，基本上没有人员车马往来。距抚松 28 千米的抚安大道上有个北岗村庄，此村庄附近也有部分薪炭木材输出。从北岗向北走，道路沿途为针阔混交的密林地带，沿途部分地区的树木已被全部砍伐掉，有待今后开发。干线路开通后，将有大量农民不期而来，此地的发展值得我们拭目以待。

道路沿途为高原地带，森林砍伐后的旧址可开发为耕地，进行农耕技术指导后，应该还可以有相当数量的农户迁入。道路沿途近年来由于土地偏远，加上治安不好，有很多地方完全没有农耕迹象，所有还有许多土地有待开发。

如上所示，抚安之间由于交通不便而没有商务贸易，因此也就自然形成了以抚松和安图为中心的两个商贸圈，两个商贸圈形成的经济区域之间也没有经济方面的联系。干线的铺设完成必将促使这两个经济区域的合二为一，从而为本地区的开发做出贡献。

前些年，满鲜拓殖公司迁移了大量的朝鲜移民进入该地区，这些移民对道路沿途进行了开发，明安公路就在这时得到了发展，于此同时，该地区的商业繁荣也得到了大大的促进。但是，偏远地区的文明开化进度本来就落后，商业贸易物资缺乏，本地区货物的输出、输入情况大致如下：

安图县货物输出、输入统计表 （安图县公署调查）

输入			输出		
品名	数量	金额（圆）	品名	数量	金额（圆）
布类	10,000 匹	127,800	豆饼	100,000 块	60,000
棉花	33,000 斤	23,100	豆油	30,000 斤	7,500
砂糖	33,000 斤	6,600	人参		10,550
其他		75,320	药草及其他		77,209
合计		232,850	合计		155,259

此外，安图县专卖局调查的输入品中，专卖品的情况如下所示：

鸦片　　　　　　1 年间总销售额　　　　　　121,000 圆

盐　　　　　　　1 年间总需求量　　　　　　300,000 斤（盐每人每年的消费量为 16 斤）

京图线开通以前，安图县城是来自桦甸、十旗街方面的物资集散地，从吉林出发，连接桦甸、两江口、安图、和龙的交通道路在过去是当地唯一的干线道路，这条线路的利用者很多，但京图线开通后这条线路的利用者自然而然地减少了。在安图县城的发展史上，有很多伐木工来到偏远地区山里砍伐森林，还有淘金者来到附近开采金矿，安图就是这样逐步发展起来的。因为土质不好，所以从事鸦片栽培工作的人很多，当时，居民的八成是吸鸦片的人，且鸦片主要输送往吉林方向。以县城为中心的地区，很多日本人拥有土地，土地的法定价格为每 20 晌 200 圆。

第二节　客货数量推定

干线路从通临县八道江分岔,到明月沟长 364 千米。本铁路作为产业开发铁路,在政治、军事方面都有着重大使命。如果考虑到该线路特殊使命的话,就像开发时预见的那样,虽然干线路成不了有前途的经济线,但通过向人口稀少的当地迁入移民、开发土地、开发特殊资源等,应对干线路的经营很有利。

(一)势力圈内旅客数量推定

本势力圈内现居住人口为 168,885 人,在推定铁路乘客数量的时候,还应考虑到以下问题:干线路预计昭和 17 年开通,到开通为止现居住人口会自然增加,满洲国政府的立案计划也会使朝鲜移民增加,此外,预计在铁路建设开始的同时,伴随着经济发展会有大量人口移入此地;这些增加的人中工商业者的地区性移动也不能忽视;但另一方面,由于当地居民生活水平非常低,只有少数商人与外地有联系,所以预计乘客的平均乘车公里程相对较短。

奉吉线地区实际人口自然增长率为 1.8%,干线路沿线地区农民的流动性很大,从山东方面迁入的苦力在闲散期向北满迁移或是回到山东的人数会增加,因此,就连该地区定居人口的调查也很难进行。

所以,考虑到这些因素,奉吉线地区的人口自然增长率跟既有铁路沿线的人口自然增长率相比应该小一些,其增长率推定为 1.5%。此外,东边道朝鲜移民计划中,预计临江、抚松、长白各县适合移民迁入地区情况大致如下:

适合朝鲜人移民迁入地区状况表　　　　　(安东省公署调查)

县别	临江	抚松	长白	合计
适合地区总面积	8,720	78,597	32,000	119,317
二荒地①	—	5,467	—	5,467
可耕的未耕地	—	11,034	—	11,034
熟地	5,030	1,141	—	6,171
小计	5,030	17,642	—	22,672
湿地	—	521		521
不可耕地	—	39,107	—	39,107
森林	3,690	21,327	—	25,017
小计	3,690	60,955	—	64,645

---

① 译者注:二荒地,指种过而又荒了的地。

续表

县别	临江	抚松	长白	合计
合计	8,720	78,597	32,000	119,317
适合地区总数	7	1	10	27#
可收容户数(1 户合 3 人)	2,903	5,000 (推定)	17,333	25,236

势力圈内现居住人口推定情况:临江为 16,104 人,抚松为 955 人,长白为 15,860 人,合计 32,919 人。扣除将来可收容的推定户数 7,683 户,还可收容 23,049 人。康德 4 年度成立满鲜拓殖公司,朝鲜农民迁入安图县的实施方案如下:

部分已实施计划内容如下:

1.迁入户数　康德 4 年春季为 1,040 户,共计 5,294 人

2.村庄数　按 1 个村庄 100 户,合计建设 12 个村庄

3.迁入时期　3 月 15 日至 4 月 15 日 1 个月的时间,每个村庄都制定详细的日程计划,并以此为基准实施

根据以上情况,迁入移民初年度本铁路势力圈内旅客人数大致如下:

势力圈内现住人口推定	168,885 人
因人口自然增长而应考虑在内的人口	2,533 人
可能迁入的移民推定	4,000 人
入山苦力和县工业者的迁入增加推定	2,000 人
合　计	186,418 人

关于铁路运营初年度上述势力圈内居民对干线路的利用率,根据一直以来的实际情况推定的话为 30%至 35%,但如果从已设线路梅河口到通化间的运营实际来推定的话,干线路利用率为 40%到 45%。

从这个结果即可以推定因宝库东边道的开拓而通行旅客的数量。

(二)势力圈内货物数量推定

势力圈内货物数量推定有必要参考干线路势力圈跟海港及其他交通机构的关系。如前所述,以往的商贸交易关系是以安东和营口港为主,东北部安东方面的货物以罗津、清津作为输送港口。干线路开通以后,距离上有绝对优势,将货物上市的设想分界线和供求关系考虑在内,以下试图推定以农产品和日用品为主的杂货需求量。关于林产品的年砍伐可能量以及矿产的上市数量,委托参与本次实地调查的各位专家做报告。

与本势力圈有关的海港为北鲜的清津、罗津港,南满的营口港,以及朝鲜的多狮岛港,其距离比较如下:

(1)清津	486.8 千米
抚松—安图(小沙河)间	118　千米

安图—明月沟间	119	千米
明月沟—清津间	249.8	千米
(2)罗津	516.8	千米
抚松—罗津间	516.8	千米
(3)营口	598	千米
抚松—朝阳镇间	155	千米
朝阳镇—奉天间	263.5	千米
奉天—营口间	179.5	千米
(4)多狮岛	520	千米
抚松—上甸子间	116	千米
上甸子—安东间	366	千米
安东—多狮岛间	38	千米

从上述结果来看,今后应当主要利用的海港,除特殊产品运输外,应该是北朝鲜利用清津港,南满利用多狮岛港。随着第五次铁路建设计划的实施,朝阳镇和抚松间 155 千米线路的最终建成,现有铁路经济圈的扩大势头将超出预象。这种情况下本势力圈与营口港的商贸往来将会更加繁盛。

南北各海港距干线中心点 493.4 千米,这个中心点大致在抚松附近。

从运费政策上来看,北朝鲜各港口和国有线的关系比较协调。但多狮岛铁路及其港口设施之间的衔接问题尚需进一步研究,此外,如果仅从距离上来看的话,一直以来经由吉林的货物应当经由抚松。但干线路道路设施及其他条件无法跟已有线路相比,如果从这一点考虑的话,输送货物量不能有显著增加,对于这一问题还需要进一步研究。

根据上述观点预测货物数量时,必须关注森林开发中兴起的纸浆工业,这一行业必将随着铁路建设而蓬勃发展起来。虽然这一地区每年能有 4,000 名的移民,但如果不关注这些特殊工业的发展而根据现状实施移民计划的话,其进展将会很缓慢。道路沿途大体上是森林地带,势力圈内的安图、抚松、濛江都在开山屯的东满纸浆公司的林地区域中。此外,安图和抚松如果可以新建工厂的话,更会加速当地开发,且森林的开发应会促进耕地面积的扩大。

特产品中大豆、高粱的上市量很小,最重要的生产物玉米全部作自家消费用。

根据现状推定势力圈内农产品收获总量为 55,512 吨,这些农产品的消费中人的消费及种子、家畜的总消费量大致推定如下:

种类	单位消费量(千克)	总消费量(吨)
人的粮食及杂消费	199	33,608
家畜消费	155	1,128
种子消费	268.6	12,399
总计		47,135

此外,单位消费量的推定中,关于人的消费,考虑到本势力圈内的特殊性,如上所述,伐木苦力的必需品——白面从外地运入;关于家畜消费,家畜以耕畜为主,从当地的情况来看其他家畜的消费没有计算入内;关于种子消费,种子以大豆、玉米、高粱为主,其他的豆类和水稻也有少量计入,单位消费值就是这样计算得出。

上述的粮食总消费量为47,135吨,与之相对,粮食总产量为55,512吨,多出的8,377吨能够用于上市,上市的粮食中以大豆为主,有部分高粱和小米,玉米完全没有输出,这些消费当中包含作为油坊和烧锅工业原料的大豆、高粱,但其实际数据需要进一步的研究。根据当地的实际情况推算,如果将油坊和烧锅的消费量视为0的话,推定粮食上市量约为8,000吨。将来随着移民的增加和铁路的开通,现在分散的农民、商人会理所当然地聚集起来,此外,还应可以预见,耕作面积的扩大以及林地的开拓等将会逐渐好转。再者,势力圈内推定面积为46,148公顷,可耕地面积为131,327公顷,铁路将在5年后开通,这5年间若将其中30%的耕地进行耕种的话,总面积将会达到85,546公顷。势力圈内可食用作物平均每公顷产量为980千克,这部分土地的总收成则为83,835吨。到铁路开通前,预计人口和家畜增加20%,所需的消费量为56,562吨,其生产过剩的27,273吨可直接上市,在做这些推定前仍需尝试再次商讨。一直以来势力圈内的特产主要通过车马运输,运往京图线明月沟和敦化站,以及奉吉线朝阳镇和磐石站上市。另一方面,还有一部分特产从抚松方面通过水路经由临江运送到安东。各站发送货物吨数如下所示:

类别 年度别 县别	敦化站				明月沟站			
	昭和8年	昭和9年	昭和10年	昭和11年	昭和8年	昭和9年	昭和10年	昭和11年
大豆	18,245	14,964	3,717	7,461	4,086	2,301	1,653	2,077
高粱	—	7	11	30	—	—	2	8
玉米	—	34	26	—	—	27	6	24
小米	45	115	396	25	23	53	245	218
小麦	—	35	31	—	—	—	2	7
大米	—	138	211	30	—	69	130	57
豆油糟	1,961	945	294	120	62	268	178	48
其他	2,873	5,305	1,701	774	373	274	58	74
合计	23,124	21,543	6,387	8,440	4,544	2,992	2,274	2,513

续表

类别 \ 年度别 \ 县别	磐石站				朝阳镇站			
	昭和8年	昭和9年	昭和10年	昭和11年	昭和8年	昭和9年	昭和10年	昭和11年
大豆	39,642	7,263	10,331	17,082	48,180	24,450	20,553	20,194
高粱	102	3	199	122	1,166	613	326	193
玉米	151	8	200	79	961	2,688	250	65
小米	—	29	42	80	—	4	43	—
小麦	—	—	—	—	—	—	—	—
大米	—	68	400	980	—	217	734	503
豆油糟	32	283	42	—	11,795	7,717	7,117	5,999
其他	4,726	8,430	6,749	6,453	345	489	293	242
合计	44,653	16,084	17,963	24,796	62,447	36,178	29,316	27,196

关于昭和6年度敦化及明月沟站的谷类上市情况,额穆县输出的数量为62,130吨,在敦化站上市的数量占20%,即12,590吨,其中,在敦化县地区内(除县城外)上市的数量为11,950吨,输出到安图县的数量为1,350吨,因此,从敦化站输出的总吨数为25,890吨。敦化县的铁路沿线地区主要限于北部,明月沟站的铁路沿线地区主要是安图方面,近年来由于明安道路的完善,敦化站势力圈正逐渐被明月沟站势力圈夺取。铺设干线路时,除了近距离的车马运输外,其他的货物运输应完全属于明月沟站的势力圈内。

桦甸县的特产上市数量是46,467吨,其中的九成,即41,640吨运往吉林方向上市,向双河镇方向的输送量为750吨,向烟筒山的输送量为537吨,向磐石站方向的输送量为3,540吨,其中,桦甸站(铁路运输)发送货物为41,350吨。此外,从磐石县地区内向朝阳镇输出的货物数量为21,630吨,向辉南县输出的货物量为32,070吨中的99%,即31,710吨。从沿线向朝阳镇方向的输送量为47,490吨,从海龙输出的为11,940吨。朝阳镇站的发送货物数量为112,770吨,这些货物的上市地区为桦甸、辉南、海龙等地区。在抚松集散的特产主要向临江方面输出,利用铁路输出的货物,由于道路不完备和治安不好,一直以来运输困难,且无人管理。

从以上特产的上市状况来考察干线的吞吐货物能力。过去,势力圈内抚松县、安图县、临江县以外的各县,生产过剩的部分及靠铁路运输的部分,归入了干线的势力范围内。关于干线对京图线和奉吉线等已设道路的影响如下:干线路铺设完成后运送的货物主要是由于地区性开发而产生的货物,一直以来靠已有线路运输的货物被干线吸收的可能数量估计应该极少。

特产品上市有其特殊性,县地区内的生产物主要在县城中心集散以及向外输送。但像桦甸县那样,北方桦树林子、漂河口子地区由于地形原因自发形成了小市场,农产品主要向蛟河站及吉林方向上市。

综合以上各方面,得出如下推定:

运往敦化站上市的货物 1,350 吨

运往桦甸县城集散的货物 24,612 吨

(县城南部地区向朝阳镇方向输出的货物为 35,160 吨的 70%)

从周围的情况来推定,上述昭和 6 年生产的特产上市情况比较好,但不得不承认,近年来特产上市量在各站都有逐渐减少的趋势。治安整顿和交通机构的完善当然应恢复至以前状况。从这个观点来看,铁路开通初年度货物上市推定数量如下,一般认为这个数量较为适当。

吞吐货物数量 25,962 吨

实际数量 7,000 吨

(向临江方向的输出数量计入其中)

势力圈内货物输入数量的增加是必然的,其很多货物输入路径经过朝抚线。

北朝鲜系输入的杂货数量将会逐渐减少。铁路运营初始,按满族商人的老习惯,即从营口、大连出发,经由奉天的杂货种类很多,预计以抚松为中心的人参栽培会逐渐增加。目前,抚松仅和营口商人 1 年有 160 万圆的交易额,但在过去,交易额达 1 千万圆。关于抚松杂货输入情况,在供求关系上,一直以来是抚松依赖营口方面。圈内主要城市 1 年的贸易金额如下:

安图对龙井、延吉方面 232,850 圆

抚松对朝阳镇及临江方面 1,692,271 圆

合计 1,925,121 圆

若假定杂货类每吨价格为 200 圆的话,目前,圈内居民日用必需品的输入总量为 9,800 吨,且这是最低限度的预计量,预计抚松县的人参栽培将来会进一步扩大。铁路开通初期,随着农产品输出的增加,杂货的输入也应该会激增。干线路铺设后,预计一直以来靠水运进行的临江和安东以及长白和安东的商务贸易将会逐渐减少。依靠水运的应当主要是林产品。此外,因为铁路建设的发展和森林资源的开发,需要大量的劳动力,可预见入满苦力人数将会激增,这又必然会导致他们生活必需品的输入,从现状来看,当然没有满足偏远地区苦力需要的滞销货物。在移民迁入之始,由于当地很难满足粮食需求,因此需要从其他地区输入。这些苦力中全年定居当地的人很少,具有很强的流动性。此外,迁入人口会年年增加,与此相对,粮食却不足,因此有必要进行粮食补给。一直以来,经由临江向安东输入的粮食数量在康德 2 年为 8,966 吨,推定其中的 65%,即 5,828 吨为抚松地区的需求量。昭和 8 年度运到朝阳镇站的货物数量为 62,447 吨,过去辉南、金川地区的需求量占到了这个数量的 70%。此外,运到明月沟站的货物,除附近地区的消费外,推定主要是满足安图方面的需要。从前述情况来看,推定铁路运营初年度的货物运输数量如下:

经由临江输入的杂货数量 5,828 吨

经由朝阳镇的货物的 30% 18,734 吨

运到明月沟及敦化站的货物数量推测 18,344 吨

合　计 42,906 吨

第三节　结言

概观势力圈内资源情况,森林资源取决于如何开发,由于将来纸浆工业必将繁荣,因此森林资源有充足的利用价值。关于将来必会引起瞩目的矿产资源,目前还无法进行充分的调查,但估计有很多矿产很值得期待。农产品资源将来也会随着人口的增加而得到开发,但农产品不会急剧地增产。当地居民的文化水平低,经营方式极度原始,因此,将来应当指导农民进行科学的耕种和施肥,促使其摆脱粗放的农业生产方式。

总之,势力圈内资源的大宗为林产品和矿产资源,预计农业部门还面临着一些难关,因此期待将来靠铁路运输的上市货物数量能够迅猛增长。

第四节　参考资料

1.主要城市和沿路各村庄户口统计表

地名	户数	人口		
		男	女	合计
临江	4,784	16,205	10,429	26,634
王八脖子	20	—	—	100
吊挞沟	49	264	114	378
闹枝子沟	154	611	318	929
菜园	75	255	125	380
水湖沟	118	447	250	697
青沟子	127	482	231	713
松树镇	492	1,697	997	2,694
大平	35	117	47	164
大营	291	1,231	546	1,777
小营子屯	81	209	128	337
抚松	4,254	14,009	8,440	22,449
北岗	85	872	46	918
三道拉子河	43	225	96	321
东岗	75	203	99	302
西岗	82	420	30	450

地名	户数	人口		
		男	女	合计
漫江	35	126	80	206
安图	1,314	4,968	2,687	7,655
两江口	429	1,595	836	2,431
大沙河	196	734	391	1,125
小沙河	147	625	279	904
杨木条子	69	377	131	508
东南岔	136	492	288	780
葫芦繁#子	73	398	180	548
柳树河子	82	353	139	392
北柳树河子	52	125	109	234
大沙河口子	48	157	125	282
平草沟子	77	277	206	483
高登厂	76	244	183	427
大甸子	173	566	273	839
南大甸子	104	278	213	491
北大甸子	103	230	206	436
万贤河子	109	302	223	525
七七顶子	29	132	84	216
青沟子	110	298	224	522
西南岔	123	285	244	529
十骑街	39	—	—	252
北十骑街	29	—	—	162
寒葱沟	30	—	—	201
福满村	96	—	—	553
红旗河	174	550	493	1,043
万良屯	518	2,378	1,430	3,808
太平川	85	390	190	580
三道花圆口子	120	—	—	825
八里屯	52	—	—	298

续表

地名	户数	人口		
		男	女	合计
头道花园	228	—	—	1,239
邵家店	81	—	—	526
白浆河	51	—	—	285
三岔子	363	1,124	781	1,905
孙家堡子	150	490	288	778
卢家堡子	80	247	164	411
月牙泡	20	66	51	117
下甸子	103	425	244	669
河口村	525	2,186	1,406	3,592
八道江	2,399	8,498	5,785	14,283

2.抚松县康德4年12月物价表

品种	品牌	单位	本月(圆)	上月(圆)	品种	品牌	单位	本月(圆)	上月(圆)
白米	地米	1斗	7.00	7.80	烟草	美伞	1盒	0.07	0.07
高粱	满洲产	1斗	1.00	1.20	茶	大方	1斤	3.20	3.20
小米	满洲产	1斗	2.50	2.50	石油	赤印	1罐	6.50	6.10
玉米	满洲产	1斗	1.00	1.05	煤炭		100斤	0.50	0.50
面粉	缘天官	1袋(42斗)	7.00	6.50	木炭材	一般	1担	1.60	2.00
大豆		1斗	1.30	1.35	薪材	一般	1指#	8.00	8.00
蒜		10斤	6.00	5.20	棉丝	三色双鹤	1斤	1.40	1.45
白米		10斤	1.00	0.50	棉布	三色不老草	10斤	1.35	1.45
马铃薯		10斤	0.50	0.30	劳动手套		1双	0.25	0.15
盐鱼	大马哈鱼	1斤	0.22	0.22	靰鞡鞋		1双	2.50	2.00
猪肉		1斤	0.40	0.40	火柴	玉手印	1包	0.08	0.08
酱油	满洲下等品	1斤	0.15	0.15	锯	洋锯	1把	5.50	5.50
豆酱			0.10	0.10	斧	大斧	1把	1.60	1.50
豆油		1斤	0.24	0.24	豆糟		1块	1.00	1.00

品种	品牌	单位	本月（圆）	上月（圆）	品种	品牌	单位	本月（圆）	上月（圆）
苏打		10斤	0.80	0.80	燕麦		1斗	1.15	1.10
盐		1斤	0.14	0.14	草类		100斤	0.70	1.00
烧酒		1斤	0.24	0.24					

种类	单位	本月（圆）	上月（圆）
伐木造材夫	1日	0.50	0.50
集材夫①	1日	0.40	0.30
陆送夫②	1日	0.40	0.40
流送夫	1日	0.60	0.60

注：衣食由使用者自己负担。

药业协会康德3年度价格表

	红参	西洋参	生晒参	直须	弯须	江子	白干参	金须	次参	糖参
营口	4.00	3.00	3.80	4.50	2.80	3.50	4.00	4.20	1.50	1.50
抚松	3.00	2.40	3.10	3.70	2.10	2.80	3.00	3.10	1.00	1.00

3.安图县街村零售物价表

品种	单位	金额（圆）	品种	单位	金额（圆）
大　米	10升	1.60	酱油	1千克	0.60
小　米	10升	0.53	醋	1千克	0.08
玉　米	10升	0.20	烧酒	1千克	0.56
大　豆	10升	0.26	黄酒	1千克	0.32
小　豆	10升	0.20	烟草(哈住内)#	1个(包)	0.06
小　麦		0.56	茶(花茶)	1斤	1.60
大　葱	1千克	0.06	棉花	1千克	1.40
白　菜	1千克	0.06	棉丝	1斤	1.20
猪　肉	1千克	0.60	大布	1米	0.39
鸡　蛋	10个	0.60	袜子(布套靴)	1双	0.30

---

① 译者注：集材夫,把砍倒的木材聚集起来的劳力。
② 译者注：疑为从事路上运输货物的人。

品种	单位	金额(圆)	品种	单位	金额(圆)
面　粉	1千克	0.32	火精	1千克	0.52
玉米面	1千克	0.06	煤		
粉　条	1千克	0.24	木炭	100斤	1.40
白糖	1千克	0.44	薪柴	1丈	6.50
原盐	1千克	0.18	火柴	1把	0.09

劳动工资表　　　　　　　　　　　　　　(单位:圆)

	木工	泥瓦匠	制砖工	建筑工人	石匠	勤杂工
朝鲜人	1.2	1.2	0.70	0.80	0.80	0.60
满　人	0.80	0.60	0.40	0.70	0.70	0.30

昭和 13 年 7 月

龙井—茂山线经济概况调查报告

極秘

满铁·调查部

绪　言

  本报告记录了昭和 12 年 12 月到昭和 13 年 1 月期间,东边道计划线实地调查第二班行程(明月沟—安图、茂山—龙井)中的茂山—龙井之间的情况,以查明修建铁路所需要的计划线沿线地区的经济概况,从而为制定方针提供参考。

  笔者于昭和 12 年 1 月 11 日到达茂山,与本篇相关的资料记录了 12 日到 28 日(28 日向龙井出发)为期 17 天从各处打听来的情况。时值酷寒,土匪猖獗,不能让调查者放心地进行调查,但在延吉近藤部队全力掩护和测量班的大力协助下,大致达到了预期目的。

  关于干线营业收支状况,另作报告,所以在此不做推定,本报告仅记述经济概况。而且其中有关林产品、矿产品的情况由专门实地调查人员作报告,故此部分也在此省略。

  书中意见都是笔者个人见解。

  (**注**:将实地调查第二班行程中明月沟—安图部分的报告与第一班的报告合在一起,做成上旬子—明月沟的报告。)

昭和 13 年 7 月

调查负责人　铁道经济系　野口伦三

要 旨

一、本报告书是关于铁路沿线经济概况和铁路输送客货量(煤炭和木材除外)的推定。本铁路的收支概算另由铁路总局建设局计划科作报告。

二、本计划线连接朝开线龙井站和朝鲜咸北线终端的茂山,长约100千米,在满鲜铁路交通网中属于地方性连接线,相当于开发路线。

三、铁路沿线地区位于两条现有铁路之间,面积狭小,且山地较多,可耕地较少,但土地利用状况较好,人口稠密,但文化经济程度低。但是满洲国方面在本地区实施的发展生产计划进行得比较顺利,且这与三道沟煤炭开采相辅相成,因此,本地区经济的显著发展指日可待。

四、本铁路的运营初始年度定为昭和16年,预计客货运输量如下所示:

客运量人数　　　188,336人
货运量吨数　　　26,400吨
(林产品和矿产品中的煤炭运出量除外)

明细
农产品　　　　　13,500吨
矿产品　　　　　　800吨
水产品　　　　　　700吨
烧窑制品　　　　3,300吨
畜产品　　　　　　800吨
布帛类　　　　　　300吨
工业品　　　　　2,000吨
其他　　　　　　4,000吨

关于三道沟煤炭的运出计划,当地满煤和三和矿业年出产总目标为70万吨,采矿准备工作正在紧锣密鼓的进行中。关于林产品,根据干线沿线地区的蜂蜜沟、安图县境附近的森林开发和桩木需求等,可提供相当数量的木材。

五、本地方因交通设施一直不完善,发展较为缓慢,本计划线路的修建将对本地产业的发展非常有利,且尤其值得期待的是煤炭和木材的发展。应该说煤炭依赖于满煤和三和矿业的方针,林业则依赖于满洲国的方针。

今后农业不会有什么大发展,但是畜产品的发展大有前景。

六、干线运营第一年度客货数量较大,收支状况也应该良好,且预计将来客货数量仍将有所增加;再加上附近既有诸路线将会由此而引起培养价值,所以,干线路有很大的运营价值。

七、修建本计划线投入约一千几百万圆,每年客运量18万人次,货运量70多万吨,但运营能力应该尚未充分发挥出来。干线的客货量主要集中于龙井、三道沟之间,其中煤炭运输任务显得尤为紧张,为了解决煤炭运出的当务之急,在龙井、三道沟之间铺设一条新的铁路,这样就能成为很好的应急对策。所以,鉴于当前满铁事业资金投资方案,以及在非常之际日满经济同盟对钢材和其他建设材料的供需做出的调整政策,暂且在龙井、三道沟之间铺设铁路,而三道沟—茂山之间根据以后的发展情况,逐渐铺设是上策。

八、本计划线中龙井、三道沟之间迫切需要铺设铁路,但在全线铺设的问题上,由于北鲜及间岛地区因重工业发达,货物输送量大幅增加,所以,有必要将其与满鲜交通网再次研究的问题放在一起考虑。

本次实地调查期间,无暇收集上述相关资料,希望总局调查部重新着手研究本篇未涉及到的内容。

九、目前,日满经济同盟的主要任务是运送煤炭,本计划线的价值不仅应从铁道的收支上考虑,还应从国策的角度考虑。

目 录

第一章　自然及人文

第一节　地势、气候、面积及人口

一、地势

本计划铁路沿线为间岛省南部地区,即延吉线西南部与和龙线西部地区,这里基本上是由沿长白山脉向东走向的诸多支脉形成的一片山岳丘陵地带。这里没有像北满那样的旷野,也看不到摩天巨峰,仅有一些在丘陵之间延展的小块平原。

三道沟位于龙井西南大约 50 千米处,这之间是以龙井、头道沟、二道沟为中心的盆地地带。海兰河的各支流在这里交汇,土地肥沃,成为间岛农作物的重要上市地。土山子、三道沟地区地势稍高,坡地较多,但是山腰缓坡多、耕地也多。这里到南牛心山、车厂子之间,是海兰河和柳洞河(图们江支流)的分水岭,也是本铁路沿线地势较高的地带,在沿线地区中本地区人口最少,并且荒废的耕地和未开垦的耕地很多,将成为今后的移民迁入地。从这里沿新兴洞、柳洞、楸田坪和柳洞河南下,附近山势稍陡,当地称得上平原的地方仅位于河谷地带,但这也只不过是仅仅数十米到两三百米宽的带状平地。耕地延伸到山腰的斜坡地。距三道沟约 50 千米处,是图们江干流河岸的南坪,图们江岸山体高大,且错综复杂,斜面陡峭,河岸深深侵蚀地表,河流多迂回曲折。附近的平地大致在山腰以及河岸附近,这样形成了高低不等的两段。这对沿岸交通而言是个很大的障碍。

从南坪渡江,只 6 千米就到达本计划线的终端——茂山。茂山位于图们江岸附近的城川水河岸,北临东轮峰、加罗支峰,南临笃所岭,平原狭小,且沙砾荒地较多,可耕地少。城川水发源于高城岭,进而北流注入图们江。朝鲜铁路股份有限公司的咸北线逆城川水南下。

二、气候

本地区由于离日本海较近,气候稍受海洋影响,但总的来说仍属大陆性气候。平均气温如下表所示,年平均气温为 7.8 度,冬季受西伯利亚地区酷寒影响,最低气温达到零下 37 度;8 月最为炎热,气温高达 39 度以上。且春秋短暂,冬季最长,日温差很大。

年降水量为 600 毫米左右,从 10 月到第 2 年 4 月为干燥期,降水量极少;与此相反,6 月到 9 月的 4 个月为降雨期。

　　通常从9月下旬开始下霜,茂山地区4月中旬结束下霜,龙井地区4月下旬结束。从11月上旬开始下雪,龙井地区3月下旬结束下雪,茂山地区4月中旬结束。关于风向,西风最多,东风北风次之,南风较少。

　　龙井和茂山地区平均气温及降水量如下所示:

(一)龙井地区(龙井观测所观测)

平均气温　　　　　　　　　　　　　　　　　　　　　　(℃)

月别＼年次	昭和9年	昭和10年	昭和11年
一月	−14.1	−12.9	−13.9
二月	−9.8	−9.7	−10.9
三月	−2.3	−1.4	−0.5
四月	5.2#	9.7	10.5
五月	14.8	13.8	15.0
六月	19.0	20.2	18.2
七月	23.0	24.5	23.5
半月	22.1	22.9	22.6
九月	17.0	16.5	17.7
十月	5.5	10.7	9.1
十一月	−2.1	−1.0	−1.5
十二月	−12.7	−10.9	−11.9

平均降水量　　　　　　　　　　　　　　　　　　　　　　(毫米)

月别	1月	2月	3月	4月	5月	6月	7月	8月	9月	10月	11月	12月
降水量	0.0	12.4	0.9	36.9	96.2	47.9	41.5	67.2	74.2	29.5	0.0	0.9

(二)茂山地区(茂山观测所观测)

平均气温　　　　　　　　　　　　　　　　　　　　　　(℃)

月别	1月	2月	3月	4月	5月	6月	7月	8月	9月	10月	11月	12月
气温	−17.5	−13.7	−5.3	6.6	14.3	19.1	22.0	20.0	15.4	7.6	1.3	−12.3

平均降水量　　　　　　　　　　　　　　　　　　　（毫米）

月别	1月	2月	3月	4月	5月	6月	7月	8月	9月	10月	11月	12月
降水量	4.5	1.5	13.2	18.3	63.5	83.2	80.8	94.1	68.2	31.5	32.1	17.5

三、面积及人口

(一)面积

关于本计划线沿线的面积,根据间岛省公署和朝鲜咸镜北道茂山郡厅的计算,各县郡的面积及各县郡中作为本计划线的势力圈被认可的面积如下表所示。

县郡别	总面积	可耕地		森林和原野		其他不可耕荒地	
		面积	所占比例(%)	面积	所占比例(%)	面积	所占比例(%)
延吉线	726,185	202,850	27	383,520	39	239,815	34
(势力圈内)	92,500	34,239	37	56,032	60	2,229	3
和龙县	408,965	104,710	26	256,680	63	47,575	11
(势力圈内)	217,800	40,319	19	151,881	69	25,600	13
茂山郡	600,208	14,371	2	585,591	97	246	1
(势力圈内)	22,073	1,384	6	20,642	90	47	4
势力圈内合计	332,373	75,942	22	228,555	69	27,876	9

注:势力圈说明

延吉线　　　龙井街和庆和村各一部分,东城、矿城、西城、头道各村

和龙县　　　明新村、德化村、勇化村和崇善村各一部分

茂山郡　　　茂山面和永北面各一部分

(二)人口

在得到认可的本计划线的势力圈内,地方管辖的各街村方面的人口如下所示:

(截止到昭和12年12月末)

不同国籍、不同民族人口表

县名	街村名	屯数	户口								总户口	
			日本本土人		朝鲜人		满洲人		外国人			
			户数	人口	户数	人口	户数	人口	户数	人口	户数	人口
延吉县	龙井街	—	409	1,504	3,452	18,318	995	4,698	23	51	4,879	24,571
	庆和街	14	—	—	1,945	11,756	364	2,111	—	—	2,309	13,867
	东城村	13	—	—	1,977	12,535	190	1,006	—	—	2,167	13,541
	矿城村	10	1	1	1,840	9,761	268	2,004	—	—	2,109	11,767
	西城村	14	15	44	2,564	13,448	367	1,837	—	—	2,928	15,329
	头道村	16	39	130	2,038	11,730	727	4,602	1	1	2,805	16,463
	小计	67	464	1,679	13,798	77,548	2,911	16,258	24	52	17,197	95,537
和龙县	明新村	15	34	86	4,170	22,602	454	2,081	—	—	4,658	24,769
	勇化村	9	1	3	2,561	15,515	49	189	—	—	2,611	15,707
	德化村	5	12	25	1,000	6,199	32	96	—	—	1,044	6,320
	崇善村	4	3	11	918	5,927	95	298	—	—	1,016	6,236
	小计	33	50	125	8,649	50,243	630	2,664	—	—	9,329	53,032
茂山郡	茂山面		245	622	2,673	8,378	47	199	—	—	2,965	9,198
	永北面		12	30	533	3,488	2	6	—	—	547	3,524
	小计		257	652	3,206	11,866	49	204	—	—	3,512	12,722
合计			771	2,456	25,653	139,657	3,590	19,126	24	52	30,038	161,291

第二节　政治及文化

一、历史沿革

本地区由于民族交流而具有了复杂的历史,因无时间详述,以下仅作简要记载作为参考。

间岛地区最先拥有势力的民族是肃慎族,在距今约 4000 年前,他们似乎就已经用类似农耕的方式进行生产经营了,《晋书》第 97 卷、《魏书》等虽有其记载但不详细。公元 700 年左右,靺鞨人以东满为中心建立渤海国,据说各种文化发展完善。但根据文献记载和出土文物,可以判断当地居民毫无疑问的是以狩猎为生。后来,辽兴起,灭渤海国,成为渤海的中心势力,数年后女真族灭辽建金占据此地,盛极一时。但 13 世纪初,被元太宗讨伐,此地又成为元朝领土。

元明时期,间珲地区有斡朵里、兀良哈#等女真部落的势力,但当时占据朝鲜的高丽势力强大,高丽派遣李成桂(后来的朝鲜太祖)、李必等招抚女真。由于女真叛乱无常,到朝鲜王世宗时期,在会宁设建州左卫,在茂山及其他地方设了 6 镇,以镇抚女真族,并将女真族作为屏藩。而此时正值日本丰臣秀吉征讨朝鲜,加藤清正孤军奋战抵达会宁,俘获朝鲜二王子,进而横渡图们江,攻陷现在的龙井地区诸城。但是,现在这里仅仅保留着讨伐夷狄的史迹。

公元 1590 年左右,敦化地区的斡朵里族的酋长努尔哈赤(爱新觉罗)东征西战,统治了间岛地区,建立了满洲国,后来成为清太祖。清王朝征集当地青年,致力于编组八旗军,专门充当守卫,因此,当地人有的逃往朝鲜,这使得间岛地区成为无人的空旷地带。清太祖和朝鲜王仁祖约定,把间岛地区定为中间地带,禁止边境往来,那以后两百数十年间,本地区作为禁山围场,变成无人居住之地。

然而,在那之后,北鲜有贫民偷偷渡江来采集草药、狩猎。比起北鲜沿线地区,他们更垂涎与其一水相隔而又无人居住的间岛沃野。不知从何时起,他们开始渡江进行耕作,且由最初的一天来回耕作发展到了春耕秋归。明治 2、3 年,北朝鲜一带遭遇了罕见的歉收,贫民向间岛求生路,渡江垦荒。明治 8 年左右,吉林宁安方面的清国商人开始和会宁、庆源地区做贸易,间岛有沃野之事得以流传,使得清国农民南移。光绪七年,吉林将军奉清政府之命设立招垦局,奖励本国国民移居此地,且对朝鲜人进行全面压制。尽管如此,但这之后,朝鲜农民的移民仍是蜂拥而至,常年频繁来往于该地区。

明治 27、28 年日清战争后,朝鲜逐渐摆脱清政府的控制,成为独立国家,与清政府又起边境争议。明治 33 年,义和团运动爆发,俄国出兵占领间岛,之后引发日俄战争。明治 39 年俄军撤退,朝鲜成了日本的属国。针对本地区,日本在龙井设立了临时统监府派出所(42 年成为日本总领事馆),以保护朝鲜人。与之相对,清国设立了延吉边务公署。此时,再次引起国家间的对立冲突。明治 42 年,两国签订间岛协约,规定以图们江为国境线,边境纷争逐渐得以解决。然而在那之后,中日两国不断对朝鲜移民进行压迫,虽然有中国方面排日的二重外交,为所欲为的朝鲜人的横行等,但当地的朝鲜人民一再隐忍,并克服了自然的和人为的各种灾害,终于走到了今天。昭和 7 年满洲事变以后,多年来国家间、民族间的纷争得以平息,间岛成了一片民族和睦的乐土。

二、政治

目前管辖本地区的行政官署组织及其所在地如下所示:

满洲方面

间岛省公署(延吉)

延吉县公署(延吉)
- 龙井街—龙井街公署(龙井)
- 庆和村—庆和村公署(龙井)
- 东城村—东城村公署(东古城)
- 矿城村—矿城村公署(石国师)
- 西城村—西城村公署(二道沟)
- 头道村—头道村公署(头道沟)

和龙县公署(和龙)
- 明新村—明新村公署(三道沟)
- 勇化村—勇化村公署(高岭威子)
- 德化村—德化村公署(南坪)
- 崇善村—崇善村公署(芦菓)

朝鲜方面

咸镜北道厅—茂山郡厅　　　⎧ 茂山面—茂山面事务所
　（罗南）　（茂山面城川洞）⎩ 永北面—永北面事务所(芝草洞)

三、卫生

在本地,没有特别的地方病,但有一种被称为间岛热的伤寒。除龙井、茂山外,其他地方医疗设备都不齐全,各处只有水平较低的医师和中医。

四、教育

本计划路线沿线的教育设施大都不完善,仅在茂山和龙井有面向日本人的普通教育的教育设施以及面向朝鲜人的中等教育水平的教育设施,称得上是比较完善。

五、宗教

省略。

六、治安

本地已形成聚居村庄,警备组织网也较完善,治安基本恢复,一般交通比较安全。最近 1 年内沿线村庄没有遭土匪侵袭,仅在安图方面有些隐患,因为马德全、崔贤等率部下约两三百人,会在西部山间出没。

第二章　交通运输及通信

　　满洲事变后,间岛地区交通道路的开凿事业积极地展开:新修京图线,将天图轻便铁路改修成现在的朝开线,以及新修图佳线等,铁路交通迅猛发展。本地区总体上尚未经开发,仅在龙井、茂山之间有一条不完备的汽车道路,在这条道路上部分路段定期运营公共汽车,这成为开发本地资源的巨大障碍。因此,今后改良道路,新建铁路,将成为本地产业发展的巨大推动力。

　　目前,本地区交通运输详细内容如下所示。

第一节　道路及牛马车

一、既有道路

　　在本沿线的道路网中龙井、三道沟和南坪、茂山附近交通稍微发达,但这也仅仅是靠极不完善又粗质的道路连接各个村庄。可通行汽车的道路如下所示,其他道路只有牛马车可以通行,这是本地交通运输以牛马车为主的原因之一。

　　龙井附近的路线:

　　龙井—和龙

　　龙井—延吉　　　　　　　　　　18 千米

　　龙井—头道沟—三道沟—南坪　　108 千米

　　二道沟—窝东岭—王道杨岔

　　茂山附近的路线:

　　茂山—三长　　　　　　　　　　44 千米

　　茂山—新站　　　　　　　　　　57 千米

　　茂山—卤德—(会宁)　　　　　　10 千米

二、道路计划

　　为促进省内治安秩序良好发展,振兴各种产业,间岛省公署制订了间岛省道路网五年实施计划,投入总工程费 320 万圆。昭和 11 年以后的 5 年间改修辖区内 1,384 千米的重要干线道路,辖区内道路将日趋完善,5 年间每年投入 64 万圆,工程目前进展顺利。去年满洲国政府制定了国有道路建设计划,此国有道路也将纵横贯通间岛省内。为此,上述的改修计划需要变更,今年春天,进一步修改补充该计划并最终确立。

据此,本地区数年后应建成的道路网大略如下所示。

(1)国道

龙井—和龙—会宁

龙井—头道沟—三道沟—柳洞—南坪

南坪—芦果—古城里—安图

(2)间岛省一等道路(卡车时速可达20千米)

会宁—图们江岸—南坪

(3)间岛省二等道路(卡车时速可达10千米)

三道沟—五道杨岔—安图诸地区

(4)间岛省三等道路

头道沟—九龙坪

头道沟—桦甸林口—图们江岸

东二道沟—蜂蜜沟—三道沟

三道沟—老岭—安图

南坪茂山之间的图们江上尚未架桥,两地交通夏季依赖于渡船,冬季依赖于冰上渡河。附近居民的交通运输极为不便,人们一直以来都期望架桥。据说,这里近期将建起国际桥。

三、货物牛马车

本地区同满洲其他地方一样,牛马车作为农用运输的主要工具而被频繁使用,在农产品上市时发挥重要作用。目前牛马车跟汽车的运费比较情况如下所示,牛马车在满洲内的运输成本最低,多用于运输一般货物。茂山附近一般劳动工资较高,卡车运输成本较低。货物牛车主要用于农用运输和自家小规模搬运,冬季农闲时节,也常用于运输一般货物。

龙井附近每吨运费　　　(单位:圆)

区间	里程(千米)	牛马车	卡车
龙井—头道沟	21	3.50	6.50
龙井—二道沟	40	5.50	10.00
龙井—三道沟	56	11.00	20.00

茂山附近每贯①运费

区间	里程(千米)	牛马车	卡车
茂山—三长	42.8	五六钱(冬3钱)	4 钱

牛马车1日运费表(单位:圆)

龙井三道沟附近

牛车	3.00—3.50
1 匹马(车)	3.00
2 匹马(车)	4.00
3 匹马(车)	5.00
4 匹马(车)	6.00

茂山附近

牛车	4.50—6.00

在本沿线附近,牛马车因为是地区运输的主力,所以数量很多,将其按地区列出,如下表所示:

地区	马车	牛车
龙井附近(龙井街、庆和村、东城村局部)	58	1,210
头道沟二道沟附近(东城村局部、头道村、西城村、矿城村)	66	1,324
三道沟南坪附近(明新、勇化、德化、崇善村局部)	16	1,166
茂山附近(茂山郡)	—	1,220
合计	130	4,920

第二节　汽车

一、概说

本地区汽车运输因交通网不完善而发展较慢,没有什么可做报告的内容,仅龙井三道沟之间和茂山附近有少量汽车,主要是由间岛汽车有限公司和咸北汽车股份公司经营。沿线汽车调查数量如下所示。

龙井	卡车	9
	巴士和轿车	14

---

① 译者注:1 贯约等于 3.75kg。

三道沟	卡车	3
茂山	卡车	19
	巴士和轿车	10
合计		55

二、定期汽车运营路线

龙井、茂山地区的定期公共汽车运营如下所示：

龙井附近：

| 龙井—延吉 | 间岛汽车公司(朝铁系) |
| 龙井—三道沟 | 间岛汽车公司(朝铁系) |

茂山附近：

茂山—卤德	咸北汽车公司(朝铁系)
茂山—新站	咸北汽车公司(朝铁系)
茂山—三长—农事洞	咸北汽车公司(朝铁系)

上述运营线路中，与本铁路计划线相关的有，龙井—三道沟和茂山—卤德间的运营线。因为茂山—卤德间的距离很短，所以在此省略，这里仅记述龙井—三道沟的运营线。龙井—头道沟之间1天往返6次，头道沟—三道沟间1天往返3次，并且出现了乘车率平均60%到70%的盛况。间岛汽车公司获得三道沟—南坪间的运营许可，但因此区间内路况不好而不合算，所以设定了运营时间及运费等，但没有进行定期运营。将来在改修本道路，南坪—卤德间架桥完成时，间岛汽车公司将和属同一资本系的咸北汽车公司合作，预测必将进行龙井—茂山的直达汽车运营业务。另外本道路将来会成为国道，根据沿线实际情况，作为总局汽车运营线，具有相应的运营价值。

因此认为有必要采取逐渐取代龙井—茂山间铁路计划线的运营策略。

三、间岛汽车股份有限公司

一直以来间岛汽车交通运输事业因交通道路不完善而发展缓慢，没有什么可记述的内容。但满洲事变后，日本人、朝鲜人和满人经营者胡乱经营，这种无序竞争造成经济不景气，所以除了珲春图们之外，这类从业者都被管制。昭和11年7月，间岛汽车公司成立，收购以下杂乱无章的地方小企业。

| 信义洋行 | 旭商会 | 京城汽车商会 |
| 三友汽车部 | 永满汽车部 | 大昌汽车部 |

本管制同交通道路的改善发展相辅相成，成效显著，车型统一，正朝着完善的方向发展；但另一方面，为此各运营线的运营次数也因此减少，造成运费上涨，加重了普通旅客的负担，这种罪责不可推脱。该公司的财产和运营事业状况如下所示。

（一）借贷对照表

（截止到康德 4 年 6 月 30 日）

借方（资产部分）		贷方（负债部分）	
项目	金额	项目	金额
未缴付股金	150,000.00	股金	300,000.00
创业资金	230,737.44	借款	167,400.00
兼营、创业资金	73,749.34	支付票据	15,276.74
未收纳账款	2,431.43	未付账款	4,050.59
暂付金	1,607.26	暂收款	99.00
创立资金	5,833.43		
银行存款	3,066.64		
现金	220.38		
前期转存损失金	15,909.05		
本期损失金	3,271.36		
合计	486,826.33	合计	486,826.33

（二）财产目录

（截止到康德 4 年 6 月 30 日）

项目	摘要	金额
未缴付股金	6,000 圆、25 圆预备金	150,000.00
创业资金	汽车和营业权除外	230,737.44
兼营、创业资金	朝阳村土地除外	73,749.34
未收纳账款	汽车收入未收纳账款除外	2,431.43
暂付金	未用完的挥发油除外	1,607.26
创立资金		5,833.43
银行存款	满洲兴业银行龙井支行除外	3,066.64
现金	备用现金（手头现款）	220.38
合计		467,645.92

（三）职员

要职   8 名

董事长 1 名、董事 4 名、监察 2 名、经理 1 名

一般职务　　　4名

书记3名、雇员1名

技术　　　　　10名

主任1名、技工9名

运输　　　　　59名

主任4名、书记8名、司机28名、乘务员10名、助手9名

合计　　　　　81名

(四)运营线　(截止到昭和12年12月)

延吉—龙井间	25千米	1日	10次往返
延吉—大肚川间	32千米	1日	2次往返
延吉—八道沟间	28千米	1日	2次往返
龙井—头道沟间		1日	6次往返
龙井—头道沟—三道沟间	56千米	1日	3次往返
延吉市内线	6千米	1日	19次往返
龙井市内线	3千米	1日	5次往返

(五)运费率

每千米4钱3厘—5钱

延吉	0.45	0.68	0.90	1.17	1.43	1.68	1.95	2.25	2.55	3.15	3.45	3.75
	帽山岭	0.23	0.45	0.72	0.98	1.23	1.50	1.80	2.10	2.70	3.00	3.30
		董家屯	0.22	0.49	0.75	1.00	1.27	1.57	1.87	2.47	2.77	3.07
			龙井	0.27	0.53	0.78	1.05	1.35	1.65	2.25	2.55	2.85
				大阳村1	0.26	0.51	0.78	1.08	1.38	1.98	2.28	2.58
					东古城	0.25	0.52	0.82	1.12	1.72	2.02	2.32
延吉						大阳村2	0.27	0.57	0.87	1.47	1.77	2.07
1.00	春兴村					头道沟	0.30	0.60	1.20	1.50	1.80	
1.40	0.40	依兰沟					西古城	0.30	0.90	1.20	1.50	
1.80	0.80	0.40	柳来沟			延吉		二道沟	0.60	0.90	1.20	
2.55	1.55	1.15	0.75	汪清		0.40	详发园		土山子	0.30	0.60	
3.45	2.45	2.05	1.65	0.90	大肚川	1.40	1.00	八道沟		清波	0.30	
											三道沟	

(六)康德 4 年 10 月份营业和统计

1.运输状况

事项 / 路线	延吉龙井线	延吉大肚川线	延吉八道沟线	龙井南坪线	延吉市内线	龙井市内线	合计
路线里程	21	69	275	108	6	3	234.5 千米
营业天数	31	30	30	31	31	31	184 天
配置车辆 客车	6	4	2	9	4	1	26 辆
配置车辆 货车	2			2			4 辆
配置车辆 合计	8	4	2	11	4	1	30 辆
运行次数 客车	612	120	120	542	1,196	282	2,872 次
运行次数 货车	10			4			14 次
运行次数 合计	622	120	120	546	1,196	282	2,886 次
行车千米 客车	13,420	8,062	2,753	17,606	5,410	762	48,013 千米
行车千米 货车	436			389			825 千米
行车千米 合计	13,856	8,062	2,753	17,995	5,410	762	48,838 千米
输送量 人员	5,033	3,081	1,453	6,421	9,420	218	25,626 人
输送量 货物							千克
输送量 随身行李							千克

2.使用燃料和润滑油

类别 / 事项	种类	单价(哦①)	消费量(哦②)	备注
汽油	燃料汽油	1.02	5,145	
柴油				
内燃机润滑油	三德尔克③	1.32	232	

---

① 译者注:遵照原文,疑为度量单位。
② 译者注:遵照原文,疑为度量单位。
③ 译者注:原文为日文"サントルコ"。

3.收入

路线 \ 类别	旅客收入	货物收入	手提行李	邮件收入	杂收入	合计
延吉龙井线	4,062.68	140.00	27.00			4,229.68
延吉大肚川线	2,662.60		12.80			2,675.40
延吉八道沟线	1,860.45		6.50			1,866.95
龙井南坪线	4,687	41.64	70.35	40.00	1419	4,801.70
延吉市内线	964	80.00				964.80
龙井市内线	20	45.00				20.45
合计	14,258	392.04	70.81	70.00	14.19	14,558.98

4.支出

								公司债券差额捐款①	
挥发油费	5,248	车辆保险费		建筑物偿还备用金		车辆税	340		
各种润滑油费	306	车辆偿还备用金	3,419	其他设备偿还备用金		租道税	8	杂费	840
轮胎内胎费	226	人员开支	2,936	各种施设费		营业税及其他			
轮胎内胎修理费	274	衣着费	68	道路修理费	8	警备费		合计	16,578
车辆修理费	686	房租	149	事务所费	682	事故赔偿费	40	备注	
零部件费用	540	建筑物维修费	38	冬季暖气费	190	支付利息	580		

　　扣除差额的盈亏金额　约 2,019 圆

---

① 译者注:原文专有名词"社债差捐金",具体含义不明。

第三节　水上交通

本地区没有值得一提的水上交通,位于北部地区的海兰河,一直到明治、大正时期,在运输木材方面发挥着重要作用。但时至今日,因上游森林遭到滥砍乱伐,导致水源干涸,此河流已不能再利用。另外,位于茂山南坪附近的图们江干流,其上游到下游有木排之便,这为将上游地区的木材运至茂山、会宁提供了极大便利,但是,与本计划线路之间应该不会产生货物运输关系。

附带说明一下图们江的木排的流放过程。首先,将木材从其上游开始一个一个的流放。然后在红岩洞杨树沟附近得以编排,最后在三上洞古城里改装后沿河漂流到茂山、会宁。其大小为100尺(32立方米)。但每年夏季的枯水期会导致一两次木排漂流运输困难;且也常有因涨水而受损的情况。昭和12年在茂山、会宁上市的木材在茂山方面有34,000立方米,会宁方面有91,000立方米,共计135,000立方米,基本上都是北朝鲜木材。关于树的种类,落叶树占75%,杉松占20%,涧叶树占5%。会宁是主要的上市市场,是因为会宁运费低使得成本低,以及会宁的市场条件较为优越的缘故。茂山方面的木材在清津与支线运输时,朝鲜铁路咸北线的运费较高,而且因在古茂山需要转装费,这和会宁相比相当不利。目前,在茂山卸下的木材,作为当地木材加工厂的原料,在当地消费。上市产品中,向古茂山方向上市的铁路枕木占其地方消费的大部分。

第四节　龙安森林铁路

实业部林业局,为了顺利运出古洞河官行所采伐的木材,铺设了以龙井起点到王道扬岔共84千米的专用轻便铁路。本龙茂计划线和龙井、二道沟间的线路约有40千米的重叠部分,本铁路今后的运营动向应对新计划线有很大影响,其概要如下所示。

开工	昭和11年7月10日	
竣工	昭和12年7月15日	
总工费	2,034,916圆	
工程概要		
线路	轨距	765毫米(2尺6寸)　全长84,427千米
最陡坡度	1000/25	最小半径　40米
轨条	横宽25	龙井—卧龙沟间
	横宽30	卧龙沟—五道扬岔间
填土	746,000立方米	
挖土	273,000立方米	
铺撒碎石	42,571立方米	

枕木	198,000 根	
特种桩木	2,775 根	
桥梁	1,439 米	
主要河流	海兰河	320 米
六道河	280 米	
隧道	窝集岭	430 米
附属建筑物	1,338.70 平方米	
停车场	8 处	
机车及车辆		
汽油 12 吨位车	4 辆	
汽油 7 吨位车	10 辆	
蒸汽机车	5 辆	
手推车	925 辆	

(此外,还有本年度补充计划)

输送能力(计划)

1 天	1,500 石—2,000 石
1 年	540,000 石—730,000 石

(按国有线货车计算)

1 天	15 车—20 车
1 年	3,450 车—7,300 车

本铁路现状如上所述,且于昭和 12 年 7 月开始运行,尽管山下有很多积压的木材,但每天仅可运出七八百石,最多 1 千石左右,没有发挥预期的运输能力。这与铁路铺设计划的粗陋和因线路工程不佳而引起的事故有很大关系,结果使得已削过的木材的运出计划实施起来有困难。针对这一情况林野局希望,本年度每天至少运出 1,000 石到 2,000 石左右。目前,此计划正在制定中,今后很有必要改良路线和扩充车辆。

现在本铁路也运送林野局之外的木材,其单位距离、单位重量运费为,木材每石每千米 1 钱,杂物每吨每千米 2 钱,水泥每吨每千米 4 钱。

此外,昭和 13 年 1 月左右,龙井地区煤炭不足,应本地工商会要求,将稍微减少三道沟所产煤炭向二道沟—龙井间的输送量;且应延吉县农事合作社的要求,干线路将承担运出二道沟、头道沟方面农产品的任务。

另外,据称,本铁路线的还款年限为 20 年,目前古洞河流域的木材有 5 年的采伐量,加上附近木材,国有林号称有 418,095 公顷,立木累计有 56,935,035 立方米。标准年采伐量定为 522,150 立方米,预计今后多年都可出产木材。

第五节　通信机关及相关(略记)

满洲国成立以来,这类设备的建设发展很快。目前,龙井—三道沟地区向一般群众提供电信电话,但三道沟—南坪间只有警察电话。邮件经由干线沿线各地的邮局经办处代办,虽快慢速度不同,但并不妨碍正常使用。关于航空设施,龙井设有飞机场。

第三章　农业

第一节　概说

本地区的产业主要是农业,总户数为26,500,其中约21,000户,即79%都是农户,应该说他们是构成本地区经济的主体。

从农业经营现状来看,本地区的自然条件——气候比北满的谷仓地带好,农耕地以龙井、头道沟、三道沟等的平原为中心展开,相当广阔;但本地区没有像北满那样的旷野,可耕地相对较少,但既有耕地和未开垦耕地的面积一共达76,000公顷。间岛内土壤都比较肥沃,自开垦以来二十多年间一直坚持无肥料栽培,直到今天,和朝鲜国内相比,间岛收成遥遥领先。本地区农作物的栽培种类有50种以上,其中主要作物依次为大豆、小米、大麦、玉米、水稻、高粱等。主要销售作物是大豆、水稻。农业经济最为重要,农民文化程度较低,其农业经营方式远不及北满地区,农业处于自给自足状态,要达到营利性的商品生产状态还需时日。

近年来随着间岛区域内治安的全面恢复,边远地区的复兴开拓日益变得必要起来。作为产业行政实施方针,间岛省公署于昭和10年制定振兴农村5年计划,旨在极力促进荒地开垦和农事改良,总体来看,实际效果很好。今后本地区中三道沟、蜂蜜沟、车厂子附近的开垦大有前景,与上述农事改良相辅相成,本地区上市量预计将增加三成,在今后10年里预计整体上每年约有3%的增长率。随着上述计划的进展实施,间岛农业未来大有希望。

一、土地及耕地面积

本计划线势力圈地区的总面积为332,000余公顷,但山林原野面积很大,可耕地面积为76,000公顷,占总面积的22%。其中既有耕地面积约56,000余公顷,剩余20,000公顷是至今尚未开垦的耕地。土地利用状况如下所示:

第 1 表 总面积及可耕地面积表

县郡别	总面积（公顷）	可耕地		山林原野		其他不可耕地	
		面积（公顷）	比率（%）	面积（公顷）	比率（%）	面积（公顷）	比率（%）
延吉县	726,185	202,850	27	283,520	39	239,815	34
（势力圈内）	92,500	34,239	37	56,032	60	2,229	3
和龙县	408,965	104,710	26	256,680	63	47,575	11
（势力圈内）	217,800	40,319	19	151,881	69	25,600	12
茂山郡	600,208	14,371	2	585,591	97	246	1
（势力圈内）	22,073	1,384	6	20,642	90	47	4
势力圈内合计	332,373	75,942	22	228,555	69	27,876	9

注：势力圈说明

延吉县　　龙井街、庆和一部分、东城、头道、矿城、西城各村

和龙县　　明新村、德化村、勇化村和崇善村一部分

茂山郡　　茂山面及永北面各一部分

第 2 表 可耕地面积表

县郡别	可耕地面积（公顷）	既有耕地		未耕地	
		面积（公顷）	比率（%）	面积（公顷）	比率（%）
延吉县	202,805	129,942	64	72,908	36
（势力圈内）	34,239	31,021	91	3,218	9
和龙县	104,710	58,875	56	45,835	44
（势力圈内）	40,318	23,903	56	16,416	41
茂山郡	14,371	14,055	98	316	2
（势力圈内）	1,384	1,330	96	54	4
势力圈内合计	75,942#	56,254	74#	19,688	26#

二、务农人数

表 1　农户数及农户人口表

街村别	农户户数				农户人口			
	日本人	朝鲜人	满洲人	合计	日本人	朝鲜人	满洲人	合计
延吉县								
龙井街		285	120	405		697	365	1,062
庆和村	1	2,873	375	3,249	2	11,665	2,224	13,891
东城村		2,994	202	3,196		12,442	1,259	13,701
矿城村		1,744	250	1,994		8,639	1,780	10,419
西城村	17	2,242	324	2,583	17	11,665	1,583	13,265
头道村	2	1,100	253	1,355	6	5,410	2,024	7,440
小计	20	11,238	1,524	12,782	25	50,518	9,235	59,778
和龙县								
明新村		3,246	270	3,516		17,853	1,200	19,253
勇化村		2,292	27	2,319		14,575	104	14,629
德化村		932	8	940		5,430	47	5,477
崇善村		791	75	866		5,514	280	5,794
小计		7,261	380	7,641		43,371	1,631	45,002
茂山郡								
茂山面		240		240		1,179		1,179
永北面		291		291		1,727		1,727
小计		531		531		2,906		2,906
合计	20	19,030	1,904	20,954	25	96,796	10,866	107,687

表 2　每百公顷耕地承载人口状况

郡县别	人口	既有耕地	每百公顷既有耕地承载人口状况
延吉县			
全县	359,220	129,942	276.4
势力圈	95,537	31,021	308
和龙县			
全县	118,840	58,875	201.7

续表

郡县别	人口	既有耕地	每百公顷既有耕地 承载人口状况
势力圈	53,032	23,903	221.8
茂山郡			
全郡	59,720	14,055	424.2
势力圈	12,722	1,330	890.4
势力圈内	161,291	56,254	286.7

表3 间岛和朝鲜的农户每户耕作面积比较

	农户每户耕作面积(公顷)		
	旱田	水田	合计
延吉县全县	2.69	0.39	3.08
延吉县全县势力圈内	1.87	0.56	2.43
和龙县全县	3.18	0.12	3.30
和龙县全县势力圈内	2.96	0.16	3.12
咸境北道	2.67	0.23	2.90
咸境北道茂山郡	2.33	0.27	2.60
参考朝鲜平均	0.99	0.59	1.58

表4 间岛和朝鲜主要农作物每公顷收成比较表   (单位:斗)

品种	间岛	朝鲜	比较	
			多出	少出
大豆	93	45	39	—
小米	96	66	30	—
大米	102	100	2	—
大麦	94	83	11	—
玉米	100	56	44	—
马铃薯	3,145 贯	1,534 贯	1,611 贯	—

表5　地主及自耕农、佃农户数表

街村名	地主	地主兼自耕农	自耕农	自耕农兼佃农	佃农	合计
延吉县						
龙井街	68	52	68	48	69	305
庆和村	37	182	604	415	1,011	2,249
东城村	63	189	392	522	1,030	2,196
矿城村	99	307	285	560	743	1,994
西城村	184	180	238	302	1,680	2,584
头道村	107	285	203	252	508	1,355
和龙县						
明新村	278	230	620	969	1,419	3,516
勇化村	75	228	706	507	804	2,320
德化村	5	65	411	151	308	940
崇善村	11	128	138	164	425	866
茂山郡						
茂山面	具体内容不详					240
永北面						391

第二节　主要农产品概况

本地区农产品的生产状况如下所示,大豆居首位,小米和大米次之(插入种植面积表和收成表作为参考),以下分别对主要作物进行简述。

一、大豆

本地区水土适宜种大豆,大豆在农产品中占首位。昭和12年,种植面积为15,000公顷,其产量为18,000吨,地区输出量达15,000吨,成为重要的销售农作物。虽然这是农户的经济基础,但一直以来因品种都是当地品种,耕作和收割方法都极不成熟,所以符合满铁混保规格的很少。以前,间岛大豆在市场上销售不是很好,但从数年前就开始改良品种,拓展销售渠道,并运用其他方法,致力于增加大豆栽培的收益,间岛大豆的名气和价格渐渐提升。

二、小米及高粱

小米及高粱同为当地农民的主食。昭和 12 年,小米种植面积 16,000 公顷,其收成达 15,000 吨,高粱种植面积为 1,800 公顷,收成达 2,000 吨。除作食用外,小米和高粱也多作为酿造原料。

在间岛省及其各县公署,因本地区的白发病、高粱的黑穗病引发的灾害逐年加重,所以制订了用福尔马林将种子消毒的年度计划,以期彻底预防虫害。

三、水稻

本地水稻耕作呈现逐年增加的趋势,目前的水田面积为 8,500 公顷,其产米量达 22,000 吨,在农户的销售农作物中其重要性仅次于大豆。但目前朝鲜和日本内地因禁止进口谷类,使得谷类无法出口,因此本地区应该考虑更加积极的奖励政策,即在自给自足方针的基础上,通过改良既有水田的耕作方法,来提高大米质量和产量。关于新开垦的水田,湿地地带的水田经营在经济上最为有利,因此对此应该提供补助,但是,那种花很多钱将旱田变成水田的做法应该取缔。所以,今后水稻的种植面积不会像其他谷类一样显著增加,但改善耕作方法后的产量预计比现在在落后的耕作方法基础上的产量会大幅增加。

四、玉米

作为仅次于小米的农户主食,玉米被连穗一起煮成粥代替小米食用,又可磨成粉末食用,此外可作为烧酒的原料,或者与绿豆混合作为粉条的原料消费掉,收成约为 8,300 吨。

五、土豆

本地区土豆的种植面积较多,有 2,500 公顷。土豆作为农民的副食发挥着重要作用。尤其到夏季粮食短缺季节,土豆成为不可或缺的粮食替代品。年产额约为 840 万贯,延吉正计划以此为原料建酒精制造场。

六、烟草

间岛省公署试种的结果表明黄烟前景大好。昭和 12 年以后,延吉县方面加大力度对黄色烟草的种植进行指导、奖励。本地区烟草产量较低,约 80 万斤。

第三节 农产品上市

本计划线沿线地区农产品的上市,以昭和 12 年度谷类收成为基准。考虑当地的实际情况作出如下预测:

延吉县地区内的部分

（东城村、矿城村、西城村及头道村，由于龙井街和庆和街不是本计划线的货物沿线地区，故在此不计。）

生产量合计		37,693 吨
明细	东城村	10,564 吨
	矿城村	9,929 吨
	西城村	10,568 吨
	头道村	6,632 吨
	消费量合计	21,191 吨
明细	同地区所需种子量合计	1,197 吨
	人口消费量	17,130 吨
	家畜消费量合计	989 吨
	工业消费量合计	2,595 吨
生产量减去消费量为上市量		15,782 吨

和龙县的部分（明新村、勇化村、德化村、崇善村）

生产量合计		25,947 吨
明细	明新村	15,776 吨
	勇化村	3,426 吨
	德化村	2,749 吨
	崇善村	3,996 吨
	消费量合计	18,888 吨
明细	同地区所需种子量	900 吨
	人口消费量	15,908 吨
	家畜消费合计	1,371 吨
	工业消费合计	709 吨
生产量减去消费量为上市量		7,059 吨
势力圈内总生产量		63,640 吨
消费量		40,799 吨
上市量		22,841 吨

推定上述内容中有 20,082 吨运至龙井方面，2,799 吨运至茂山方面。

第四章　畜业

第一节　概说

本地区草地丰富,气候和其他自然条件良好,在有畜农业的基础上形成了务农组织。在本地区进行农耕的同时,饲养家畜,劳役厩肥对自家农业经营的必要性不言而喻。日本总领事馆和朝鲜总督府早就对此进行奖励使之得到很好的普及。但满洲事变以后因匪害和其他情况等,家畜大量减少。后来又因治安恢复、发展生产政策等的落实,又逐步恢复。

饲养像牛、马、驴、骡这样体型大的家畜基本上都是由于耕作需要,几乎没有以牧畜为主业的农户,仅有少数农户以销售牛奶为目的。养猪、绵羊、山羊、家禽、蜜蜂等副业饲养成效较好,但普及率低,且质量极其低劣。今后如果在这些副业饲养上给与积极的指导和奖励,使之提高质量、增加繁殖,那么本地区在畜业开发上应该很有前景。(参考上市情况推定。)

家畜饲料大都是自家生产的农产品,或者是用厨房剩余的食物,处于自给自足的状态。另外,家畜的排泄物作为厩肥是很重要的肥料,但因本地土壤肥沃,很少被使用。但听说,鉴于近年来土地肥力有下降的倾向,正积极奖励堆肥和厩肥。本地区饲养的家畜数目如下所示:

家畜家禽数量表　延吉县、和龙县、茂山郡

县名	种类 街村名	牛	马	骡	驴	绵羊	猪	家禽
延吉	龙井街	73	65	14	17	40	556	875
	庆和村	879	138	118	61	—	2,227	8,214
	东城村	1,101	168	26	51	—	1,515	9,951
	矿城村	1,238	159	17	42	58	1,373	4,262
	西城村	879	138	118	61	—	2,227	8,214
	头道村	754	139	16	38	—	1,321	3,572
	小计	4,924	807	309	270	98	9,219	35,088

续表

县名	种类 街村名	牛	马	骡	驴	绵羊	猪	家禽
和龙	明新村	2,324	261	20	30	—	2,744	10,750
	勇化村	2,438	110	2	3	—	2,942	22,006
	德化村	821	41	2	4	—	625	716
	崇善村	772	16	3	3	—	865	947
	小计	6,355	428	27	40	—	7,176	34,419
咸镜北道茂山郡		8,246	177	—	8	671	1,349	3,963
合计		19,525	1,412	336	318	769	17,744	75,470

注:农业厅统计及茂山郡统计。

第二节　主要畜产品概况

一、牛

本地区的牛大部分为朝鲜牛(据间岛省公署统计,全省的牛中满蒙牛占两成,朝鲜牛占八成,满蒙牛饲养在延吉县西北部、安图及汪清县等)。

一般情况下,满洲国人养马、养牛率与朝鲜人相比相对较低。根据朝鲜人养牛的头数与其农户数可算出平均每户养牛0.5头有余。一直以来满洲人和朝鲜人在农事经营和生活习惯上大致相同,都是将牛马驯化饲养。另一方面,为了躲避匪害和横征暴敛,或者作为储蓄的方法,将钱换牛用于粮食运输,或者用于交通等来挣钱。因此,依照畜牛分布密集情况,就可以了解到该地区农民的贫富程度。居住在此地的朝鲜人的富裕程度也可通过养牛的多少来推断。

本地区的饲养头数为:间岛地区11,000头;茂山方面,饲养数量较多,全郡约有8,000头。间岛内养牛头数今后将逐渐增加,预计间岛牛将很有市场。

二、马

马主要是由满人饲养,和牛一样都在物资搬运和农耕方面有重要作用。本地区和满洲其他地区相比,马匹数量非常少,仅有1,400匹。其种类大部分为满洲马,体型矮小,四肢发达,耐粗食,性情温顺,耐力很强,满人在1辆车上套几匹马,随意使役。除满洲马以外,也饲养若干朝鲜马。其体型比满洲马更加矮小,四肢强健,耐粗食,脚力很强,饲养简单,因此一般朝鲜人喜欢使用。日本马主要是在军队和领事馆方面使用,有时将其中一些退役的马出售给民间,现在有人靠日本马维持生活(运客马车等)。

三、骡子和驴

用骡子和驴代替马,骡子性情温顺,耐重活,在农耕方面远比马强健,且耐粗食,因此其市场价格要比马稍高。驴分大驴、小驴两种,大驴以繁衍生殖骡子为目的,大多从山东、河北省引入,本地区出产的极少。小驴因耐粗食,持久力很强,且饲料需求较少等原因,一般农户饲养较多。其用途是农耕、脱粒、交通运输或者作为家庭作坊的动力,即在把稻谷碾成米以及磨面、磨油等时用来拉磨。除此之外,在乘用方面也是非常经济的家畜。

四、猪

满人、朝鲜人都爱吃猪肉,尤其满人特别喜爱。因其需求量较大,作为农户的副业1户饲养几头甚至十几头是比较理想的状态。但满洲事变后本地区尚未从匪患中恢复过来,农民的生活水平低、文化程度低,饲养头数极少,农户1户不足1头。总数为间岛内16,000头,朝鲜茂山郡内11,000头,其种类为满洲猪、巴克夏猪以及两者的杂交品种。满洲猪主要由满洲人饲养,杂交品种由朝鲜人饲养。杂交品种繁殖能力强且多产,体格较好。满洲猪出肉虽少,但较为强健、肉质好,其饲料是烧酒酒糟或厨房的剩余食物,主要饲养方式是圈养,半圈养半放养的也不少。和龙县崇善村方面于昭和11年购买了巴克夏猪,但据说没有饲养成功。

五、家禽

本地区家禽主要有鸡、家鸭、鹅三种。鸡大致分为满洲原有品种和改良品种以及它们的杂交品种3类。满洲原有品种,肉质良好,但产蛋少;改良品种是名古屋交趾鸡、普利茅斯洛克鸡和白色来亨鸡等,这些分散杂居的鸡难免会杂交,最近因改良品种得到普及,所以从朝鲜引入白色来亨鸡,并奖励繁殖,致力于促进品种统一。家鸭、鹅主要由满族人饲养,以食用为目的。综合考虑各种因素,估计本地区家禽和蛋还远未达到从本地区输出的水平。

七、养蚕

大正年间头道沟附近建了鲁桑和重阳木的纯桑园,有人试行了家蚕养殖,饲养容易,结茧情况良好,且桑树可避免树干部分枯死的灾害,成效良好。大正14年以后,由于前一年歉收,农户深感兼营副业的重要性且有很多人寄希望于养蚕,养蚕业骤然兴起,前景值得瞩目。但昭和3年末以后,随着生丝价格暴跌,茧价也持续下跌,受其影响,养蚕业不断衰落,现在茂山方面年产量仅为3吨左右。

第三节　畜产品上市

本地区家畜、家禽数量最近显著增加,但仍然较少。作为农耕用、搬运用和自家用以及其他副业,家畜、家禽发展还不充分。目前上市产品主要是牛和猪,但由于其饲养方法简单,且传染病较多,所以增长率低,且变化大。其增加的头数到现在还是在地区饲养或消费,上市的只是剩余少数,但将来饲养头数增加后,本地区因饲养条件适宜,上市数量应该会显著增加。现在干线沿线地区的畜产品上市量不甚明了,但大略情况如下所示,合计1,200吨。

一、牛

饲养头数　　　9,500 增长率　　　　　20%　每年受孕率　　33%

每年生育率　　60%

增加头数　　　1,900

其中　　　地方补充和消费　　　1,000头

上市量　　　900头(包括成年牛和牛犊)

1头0.5吨　　　共450吨

二、猪

饲养头数　　　　14,800

增加头数　　　　12,300

其中增加饲养　　3,000

地方消费　　　　3,500

上市量　　　　　5,800

1头0.13吨　　　共750吨

合计　　　　　　　1,200吨

推定,这类产品大部分在龙井上市,少部分在茂山上市。

备注:牛和猪的统计中,前表内延吉县龙井街及庆和村、和龙县勇化村及崇善村各有一部分及朝鲜国内除外。

第五章　工业

第一节　概说

　　本地区本来是由流浪的朝鲜农民聚集起来以后开始开发的一片土地,文化、经济程度还较低,工业发展迟缓。除了制材和酿造业略有发展外,家庭工业或手工业的油坊、皮革、砖、陶器、农具等的制造业,不能满足当地的需求,所以本地区完全没有值得一提的行业。最近,日本、朝鲜国内的资本家在本地区投资,创造了近代工业发展的时机和条件,有较大规模的各类工业兴起之势,即,去年龙安森林铁路开通后,在开山屯设置了东满人造丝纸浆工厂,继而在龙井设立了制材工厂;茂山的三菱矿业、茂山铁山,正在大规模地扩张原选矿厂;此外,还听说将在龙井附近建一家以三道沟方面的煤炭为原料的制油工场。今后这类工业将极大拉动本计划线沿线各类产业的发展。

第二节　各主要工业

　　本地区各类工业分成以下各类予以解说:

一、酒类酿造业

　　高粱酒酿造厂,即烧锅在当地土著工业中最重要,约占本地区生产总量六成(1,200吨)的高粱是酿酒业的原料。

　　间岛省内高粱酒消费量每年超过500万斤,不足量从哈尔滨、新京方面输入,龙井、头道沟附近的商家逐渐扩大生产量。朝鲜人爱喝的朝鲜药酒主要由家庭加工生产,很少在市场上销售。龙井有日本酒制造厂,近年来其产品销往满洲各地。

　　主要商家举例如下:

烧酒工厂

县名	所在地	商号	资本金(圆)	生产量	
				上一年度（千斤）	本年度（千斤）
延吉县	龙井	龙源居	300	4	4
延吉县	龙井	东海居	300	4	4
延吉县	龙井	文兴居	500	11	11
延吉县	龙井	百聚涌	56,000	279	278
延吉县	龙井	会升源	22,000	190	219
延吉县	龙井	东盛涌	40,000	163	195
延吉县	龙井	海源长	61,000	433	433
延吉县	头道沟	周兴泉	7,600	115	134
延吉县	头道沟	聚盛涌	56,200	280	282
和龙县	三道沟	春日和	20,300	206	222
和龙县	三道沟	和兴涌	24,300	195	237
和龙县	三道沟	合计	288,500	1,880	2,019

日本酒酿造厂

延吉县	龙井	西酿造厂	—	—	787 石(日本石)
延吉县		中泽酿造厂	—	—	276 石
延吉县		花田酿造厂	—	—	192 石
延吉县		滨中酿造厂	—	—	137 石

二、酱油酿造业

酱油酿造的主要原料大豆和麦类是本地区主要农产品,容易购买到,价格低廉,所以随着日本人的增加逐渐得到了发展,但尚不能满足本地区的需求,预计今后将会进一步发展。本地区的主要从业者是龙井中央商会成员,年产额3万圆左右。

三、油坊业

本地区豆油和豆饼制造,即油坊业,其原料大豆丰富,却没有得到任何相应的发展,只是作为粮谷商副业的一种生产工业,满足地区消费后,剩余的较少部分才上市。

其主要从业者来自龙井的海源长、东盛涌及头道沟的聚盛涌、永兴和、同增源、源盛隆等,这里的工厂都是根据旧式制造方法制造,每年使用60吨到100吨左右的大豆。关于本地区油坊业的大豆消费量,以延吉县地区为主,龙井、头道沟、二道沟方面约2,000吨;和龙县地区约500吨。

四、木材加工业

本地区经营木材加工业的是龙井和茂山,随着去年龙井林野局龙安森林铁路及龙井储木场的设立,本地区和朝鲜国内制造者们陆续在此新建工厂。他们以森林铁路从安图县方面运出的木材(主要是红松)作为原料,制作建筑用材红松板等,并计划向新京、朝鲜国内和日本发送货物。但目前,制造商们因制造满洲国内必须消费的军用木材而忙得不可开交,输出产品极少。在茂山,应该以图们江上游从朝鲜国内运出的落叶松和红松等作为原料制作成建筑用材,充当枕木和地区消费品,两地区的主要从业者如下所示:

龙井	岩村组制材工厂	10万圆	3.6万吨	9万石
	会宁制材工厂	5万圆	3万吨	7.5万石
	间岛林业股份有限公司工厂	10万圆	2万吨	5万石
	吉顺制材工厂	3.5万圆	不详	7.5万石
茂山	茂山制材所	30万圆	12万吨	不详

五、其他工业

生麻、熟麻布制造作为农户的副业,利用季节性的剩余劳动力进行生产,但作为家庭工业利润极低。间岛地区生产状况不详。茂山郡制造户数达2,491户,但种植量仅为16,106反,而且生产价值也只不过16,000圆左右(茂山郡厅调查)。

此外,小规模工业很多,但都十分不成熟,不足为道。

附：

(一)茂山铁山

茂山铁山是大正 6 年三菱矿业股份有限公司(资本金 1 亿圆,交纳 8,000 万圆)所有的矿山,位于茂山面彰烈洞,即茂山市区南面约 6 千米的地方。其矿区分为 5 个,总计 2,876,626 坪。铁矿(含铁 30%—50%)埋藏量号称约十多亿吨。但由于是贫矿,在选矿后选出精矿才能作为制铁原料使用。

三菱矿业在满洲事变后,鉴于日本生铁供应不足,开始大量生产铁,所以制定了大规模开发本矿山的计划。目前,采掘准备和选矿试验正在进行中,计划稳步快速地实施。其概要如下所示:

1.原矿采掘计划

昭和 13 年	70,000 吨
昭和 14 年	100,000 吨
昭和 15 年	500,000—4,000,000 吨
昭和 16 年	3,000,000—4,000,000 吨

2.选矿工厂

试验工厂	昭和 11 年 8 月开始施工
试验工厂	昭和 12 年 4 月工程竣工
1 年出产量	粗矿(原矿)70,000 吨
精矿	35,000 吨
精矿品位	55%—65%

本选矿工厂

第一期 {昭和 13 年着手 / 昭和 15 年完成

产能 {处理原矿 300 万—400 万吨 / 取得精矿 150 万—200 万吨

第二期　　　　　　后续工程计划以此为基准

产能 {处理原矿 600 万—800 万吨 / 取得精矿 300 万—400 万吨

电力——由北朝鲜野口系统供给　　所需煤炭 23 万—24 万吨

3.从业人员

截止到昭和 12 年 9 月 30 日

职员　49　　　劳动者　　647

据称,在 300 万吨开采量下,矿山所需职员和劳动者为 3,000 人。

4.废金属直接制锅(废金属代用品生产)预定在清津附近建设工厂。

上述计划中,预定将生产的精矿输送至清津,在当地日铁制铁厂进行精炼后生产成铁制品,运往日本内地。因为运输量极大,所以朝铁咸北线很有必要改建标准轨道,并采取扩大运输能力的方法。此方案已从去年开始着手实施,但因资金困难朝铁得到三菱的协助,且采取重新设立一个铁路公司的方法。作为茂山铁山选矿用煤,三道沟煤炭在地理位置方面最为优越。

(二) 东满人造丝纸浆股份有限公司

去年 12 月,在开山屯开业的人造丝纸浆制造工厂投入资金全额 750 万圆,资本系统是大川系,但现在改为了钟纺系。选址开山屯的理由是:河水可以被利用来流送木材和作为工厂用水,本工厂年生产能力和所需原料如下所示:

生产能力　　　　　人造丝纸浆　　　　　　　　每年 15,000 吨

原料

原木　　　　　　制造纸浆 15,000 吨的情况下　　240,000 石

　　　　　　　　　　　　10,000 吨的情况下　　180,000 石

品种　　杉松、红松、臭松、鱼鳞松(云杉)

买进地域　　龙井、明月沟、三岔口

但预计从昭和 13 年开始仅从龙井买进。

其他原料　　　　　制造纸浆 10,000 吨的情况下

硫磺　　1,600 吨　　从日本内地运来的货物在清津卸货,再从清津买入

石灰石　1,950 吨　　从朝鲜输入

漂白粉　900 吨　　　从日本内地运来的货物在清津卸货,再从清津买入

氯　　　195 吨　　　由咸南氮工业供给

煤炭　20,000 吨　　现在由训戎和老头沟煤炭供给

第六章　商业及物资流动状况

第一节　商品集散概况

本地区商品交易市场在铁路计划线的两端,即在龙井及茂山。本地区生产消费的物资大体上是由龙井和茂山的运输业者们进行集散,龙井和茂山之间的头道沟、二道沟、三道沟、柳洞等,仅是中转这两地和当地农村之间物资的地方市场而已。

龙井一直以来就是间岛和其附近地区的贸易中心,京图线、北鲜线、图佳线等铁路新建后,龙井的势力圈一定程度上被图们、延吉等新兴城市蚕食,但仍然有巩固的地盘,头道沟、二道沟、三道沟子不用说,龙县北部地区及明月沟、敦化等这六方面都是其势力圈。龙井的势力圈与清津及日本内地进行贸易,商业繁荣。茂山不仅是图们江上游朝鲜国内(茂山县)的物资集散市场,也是满洲国内和龙县西南部地区及安图线南部地区的物资输入输出的门户。但由于此地人口稀少,交通不便,其交易量与龙井相比难免显得很少。本地区商品交易的特点是:每月且每旬在各地定期举行集市贸易,这样普通农民都可以购买部分农产品和必要物资,这种情况在当地很常见。

此外,在柳洞以南的间岛地区,杂货类在茂山直接购买,但这些杂货物品中走私品很多,正经的商人数量极少。

本地区从事零售批发和一般商业的户数如下所示:

龙　井　　1,224 户
头道沟　　　359 户
二道沟　　　123 户
三道沟　　　149 户
柳　洞　　　 21 户
茂　山　　　560 户

第二节　金融概况

间岛地区的金融机构是应朝鲜国内移民的土地收购资金和经营农业资金的需求而设置的,随着龙井商业的发展,形成了今天的状况——龙井成为间岛地区的金融中心。

在龙井,东拓间岛分行是从事农业资金借贷的中央银行;满洲兴业银行分行(前朝鲜银行分行)从事存款、贷款、汇兑、票据贴现等业务;间岛银行除了处理全部商业金融事务之外,也有本地金融机构处理存、贷款金融业务。

作为各城市的农业金融机构,日本方面有金融会,满洲方面有金融合作社,从事对佃农的小额农民金融业务。此外,民间的各种金融机构在经营农业金融的同时,还处理商业金融业务,但利息一般为四钱到六钱左右,且每年有两成左右的红利。农村地区的金融机关仅有两三千圆到五六千圆的资本金,它们挂着储蓄契、发展生产契、农民契、金融社等招牌,实际是日息为七八钱到十钱的高利贷,小型金融机构和当铺一样基本都是压榨农民的机构。

本地区主要金融机构及其概况如下所示:

一、满洲兴业银行龙井分行

(截止到昭和 11 年末)

存款(圆)		贷款(圆)	
特别支票活期存款	252,287	票据抵押贷款	199,044
通知存款	709,659	贴现票据	165,601
定期存款	90,000	跟单汇票	334,501
专用存款	508,579	支票活期存款透支	69,573
合计	1,560,524	合计	668,719

二、东洋拓殖间岛分行

以间岛一圆[①]的不动产金融业为主,还经营农业、土地改良开垦、维护市区建筑等业务,此外,也经营资金的借贷业务。

贷款情况

(昭和 11 年末)

国籍	项数	金额(圆)
日本人	695	644,124
满洲人	248	574,948
合计	943	1,219,072

---

① 译者注:人名。

三、其他有业务往来的金融机构名称

(单位:圆)

公司名称	贷款	存款	注册资本
股份有限公司间岛银行	584,369	506,443	500,000
间岛兴业股份有限公司	414,241	320,036	100,000
间岛光益股份有限公司	196,351	128,741	100,000
间岛殖产股份有限公司	67,657	—	200,000
东一金融股份有限公司	43,951	—	200,000
大同金融股份有限公司	28,768	—	100,000
间岛无尽股份有限公司(头道沟)	298,953	—	70,000
头道沟殖产股份有限公司	62,885	32,992	100,000

第三节 物资流动状况

如上所述,本地区物资以龙井及茂山为中心向南北两个方向流动,这两个势力圈的交叉点大约在三道沟车场子附近。头道沟、二道沟基本上是和龙井进行贸易。三道沟农产品的约七成在龙井上市,约三成在茂山方面上市,但杂货主要从龙井方面输入。以茂山为势力圈的南坪和柳洞附近,这类地区的特殊商品,如满洲国专卖品等,仍多从龙井输入。关于南坪和柳洞附近的物资向茂山的流动状况,因为有朝鲜和满洲国两地关税的正规手续,所以流动极少。附近朝鲜国内的人渡过一衣带水的图们江,进行小规模的合法贸易或者进行非法走私的情况也有很多。据说,其中也有走私到龙井、头道沟方面的货物,但对这类货物的数量进行考察非常困难。

笔者在本次实地调查期间,以从各地搜集听取的资料为基础,推定了其物资流动数量,大致如下所示:

一 龙井方面

运出		运入	
品种	数量	品种	数量
农产品	20,082	农产品	400
大豆、小米、大米、高粱及其他		杂项	
林业产品	(另做统计)	林业产品	另做统计

续表

运出		运入	
品种	数量	品种	数量
矿产品	（另做统计）	矿产品	850
煤炭		铁及钢矿油类	
水产品	—	水产品	750
		盐类、鲜鱼、干鱼、虾贝类以及其他	
烧窑制品		烧窑制品	
杂项	150	水泥、石灰、砖及其他	2,600
加工食品	100	加工食品	1,100
杂项		面粉、砂糖	
畜产品	1,200	畜产品	50
牛、猪		（杂）	
嗜好品	130	嗜好品	400
烧酒、其他		茶、烟草、酒类	
布帛类	—	布帛类	
	200	棉线、棉织物、棉制品、丝绸及其他	370
工业产品		工业产品	
豆油、豆饼及其他		机械及其附属产品等、麻袋、火柴、纸类	2,100
杂品	500	杂品	1,200
合计（森林产品及矿产品除外）	23,262#	合计（森林产品除外）	10,320

二、茂山方面

运出		运入	
品种	数量	品种	数量
农产品		水产品	
大米、小米、大豆及其他	2,759	鲜鱼、干鱼、虾贝类及其他	100
		嗜好品	30
		布帛类	160

　　茂山方面物资的输入、输出大部分为走私贸易，所以，其（输入输出的物资）数量只能如此推算出：首先根据人均消费量算出总消费量，再扣除从龙井方面输入的数量。此外，由于没有检验此数量正确与否的资料，所以如果用数据表示的话不一定准确，再加上此数据对本报告的目的没有什么影响，因此这里仅记述以上概数。另外，作为参考，将茂山海关办事处的物资输入、输出统计数量及茂山方面无税向朝鲜输入的越江耕作农产品（根据大正 9 年法律第 59 号规定的免税品）数量做如下记录：

输　出

品种	单位	昭和 9 年		昭和 10 年		昭和 11 年	
		数量	价格	数量	价格	数量	价格
原　木	1 立方尺	5,086	3,142			5,968	5,870
咸　鱼	1 斤	778	169				
干　鱼	1 斤	40	4			110	8
罐　头	1 打	8	29				
火　柴	1 打	1,750	54				
棉织物	1 万码①			700	50	10	2
水　泥				1,928	51		
啤　酒	1 合			11,497	639	8,256	516
铁	1 斤			30	5		
药　材	1 斤			3	7		
鱼　糕	1 斤					40	4
猪	1 头			2	70		
机械类					160		
杂　品			174		28		
合计			3,572		1,010		6,400

---

① 译者注：1 码合 0.9144 米。

输 入

品种	单位	昭和 9 年		昭和 10 年		昭和 11 年	
		数量	价格	数量	价格	数量	价格
精 米	1 斤	600	53				
精制小米	1 斤	5,125	264	5,568	190	4,600	574
精 黍	1 斤	506	19	254	16	238	16
大 豆	1 斤	31,580	1,240	14,210	1,117	110,900	7,850
小 豆	1 斤	487	19	491	32	339	16
大 麦	1 斤	2,124	84	501	55	759	64
燕 麦	1 斤	378,411	12,834	3,540	1,173	20,968	714
荞 麦	1 斤	57	2	239	13	500	21
高 粱	1 斤			23	1		
人 参	1 斤			13	1	70	40
蔬 菜	1 斤			1,203	127	2,165	79
精制砂糖	1 斤	2,745	262				
猪 肉	1 斤	100	10				
稗子	1 斤					200	11
面类	1 斤					20	3
玉米	1 斤	599	22	462	23	300	11
辣椒粉	1 斤	175	28				
马铃薯	1 斤	841	23				
白苏子	1 斤	476	65				
马	1 头(匹)	1	13	4	72		
原木	1 立方尺			5,582	2,921	3,235	1,490
锯制板(方材)	1 立方尺	232	292				
杂品			828		693		202
合计			17,041		6,822		11,758

根据大正 9 年法律第 53 号规定的免税产品 （单位：斤）

品种	昭和 9 年 数量	昭和 10 年 数量	昭和 11 年 数量
大豆	251,360	11,024	81,748
白眉大豆	27,750		5,974
小豆	1,680	800	240
菜豆	500		200
绿豆			115
粗小米	199,080	10,481	9,823
粗黍	26,280		936
大麦	52,640		740
燕麦	85,400	5,842	34,272
荞麦		308	
高粱			210
玉米		616	3,718
马铃薯	120,000		375
稻谷	17,200	12,609	15,822
稗子	450		
谷秆			150
其他	51,000		

第七章　龙茂计划线客货数量推定和结语

如上所示,在目前满洲国内计划开通的诸铁路线的沿线地区中,本计划线沿线地区的经济状况最好,推定客货数量应该较大,是公认的最能实现经济利益的铁路。日满经济同盟时期,北朝鲜与间岛周边的诸工业得到迅猛发展,这些工业最缺少煤炭资源。为了满足煤炭需求,新开发了三道沟煤炭,本计划线的修建正是为了搬运此地的煤炭资源。因此,各方面都强烈希望修建本铁路线,本铁路线有望在今后两三年内建成,以下为铁路建成初期(3年后)的推定客货数量。

第一节　旅客数量推定

本计划铁路线沿线地区人口计算结果如下所示:

延吉县

龙井街(占总人口的比率为33%)	8,108
庆和村(占总人口的比率为33%)	4,576
东城村(占总人口的比率为100%)	13,541
矿城村(占总人口的比率为100%)	11,766
西城村(占总人口的比率为100%)	15,329
头道村(占总人口的比率为100%)	16,463

和龙县

明新村(占总人口的比率为100%)	24,769
勇化村(占总人口的比率为50%)	7,854
德化村(占总人口的比率为100%)	6,320
崇善村(占总人口的比率为40%)	2,494

茂山郡

茂山面(占总人口的比率为50%)	4,599
永北面(占总人口的比率为50%)	1,762
合计	117,581

满洲事变后由于匪害,本地区农民一时离散,人口减少。随着治安的恢复,农民逐渐返乡,人口的增长率近年来显著提高。且随着聚居村庄的完成,农民的返乡也告一段落。但当地朝

鲜国内人占了大半,由于这种地方特殊性,使得人口增长率变化很大,很难推定。人口的自然增长率总的来看应高达1.8%。

本地区没有新的集团移民计划,但是由于生活稳定的朝鲜国内人从故乡召集来亲戚,或通过这些关系来往于朝鲜和本地的人,以及自由移民者、劳动者等,使得人口有所增加。随着三道沟煤炭开采、蜂蜜沟砂金采集、茂山铁山开采等计划的实施人口会越发增多。另一方面,由于当地每户农民的耕地面积比较小,所以应该将多出的人口吸收到其他地方的集团移民计划中去。根据最近的趋势,将每年多出的人口概算为3,500人,第1年度的人口推定如下所示:

现在人口　　　　117,581
自然增长　　　　　6,349
移民及劳动者　　 10,500
合计　　　　　　134,430

如上所示,依据附近国有线各车站的乘车旅客数量,可推定1年内人均乘车次数为1,401次。

备注:
间岛省内乘车率
间岛省内人口(截止到昭和12年1月)　　　　　　645,566
间岛省内国有线各车站的乘车人员(昭和11年度)　1,101,456
每人平均乘车次数　　　　　　　　　　　　　　 1,706
朝开线乘车率
朝开线沿线地区人口(截止到昭和12年1月)　　　 150,854
朝开线各车站乘车人数(昭和11年度)　　　　　　 234,058
每人平均乘车次数　　　　　　　　　　　　　　 1,551
参考:
从北鲜线方面乘坐朝开线的旅客数量(昭和11年度) 42,044
内北鲜线出发的旅客数量　　　　　　　　　　　 27,916

根据以上信息估算出,初年度旅客数量为188,336人。现在经营龙井、三道沟之间的汽车运营业务的间岛汽车公司,估计其运行的定期巴士线将随着本计划线路的开通而理所当然地被废止。如果这条定期线路继续运营的话大约能运送25,000名旅客,推定这些旅客也会被本计划线路吸收。而且由于本计划线内没有中心商业都市,所以干线路旅客的平均乘车距离为30到35千米左右。

第二节　货物数量推定

货物数量的推定如下所示:

一、农产品

　　昭和 12 年度势力圈内上市的谷类总数量达到 822,841 吨,这比普通年份增加了 3%。将其换算成普通年份收成的话就减少了 2,546 吨,为 20,300 吨(零数舍去)。推定今后由于农田开垦及农业改良而增加的产量将会与伴随人口增加而增加的消费量相抵消。第 1 年度上市的20,300 吨农产品中,估计有 17,000 吨运往龙井方面上市,有 3,300 吨运往茂山方面上市。运往龙井方面上市的谷类中,如果直接由牛马车运送到近郊上市的有 6,000 吨,那么由铁路运送的货物则应为 11,000 吨;运往茂山方面上市的谷类中由铁路运送的货物为 1,500 吨,那么铁路运送的农产品总量为 12,500 吨;再加上其他农产品 1,000 吨的运入、运出,推定第 1 年度(由铁路运输的)农产品货物总量为 13,500 吨。

二、林业产品

　　林业产品依据调查班专门负责人的报告,林业产品的数量应该依据满洲国的方针政策计算。

三、矿产品

　　目前三道沟的煤炭埋藏量为 2 亿吨,根据满煤及三和矿业的采掘计划称,1 年内他们可以一共开采 70 万吨煤炭。调查班专门负责人称,若开采准备顺利进行的话,能运出的煤炭数量应该会大幅度增加。运入的石油、钢铁等也将会由现在的 850 吨增加到铁路开通初年度的1,000 吨。由于其中的 200 吨是从龙井直接由牛马车运输的,所以由铁路运输的矿产品推定为800 吨。

四、水产品

　　铁路开通后从茂山、龙井方面运入的水产品将会由现在的 850 吨增加到 1,000 吨。其中的 300 吨不用铁路运输,所以由铁路运送的水产品数量为 700 吨。

五、烧窑制品

　　现在运出、运入的烧窑制品总量为 2,750 吨,这个数量将随着三道沟方面煤炭的采掘而激增到 3,500 吨,其中依靠铁路运输的数量推定为 3,300 吨。

六、畜产品

　　由铁路运输的畜产品数量推定为 800 吨。

七、布绵类

　　如果由当地居民在龙井、茂山直接购买的布绵多的话,那么推定由铁路运输的数量为

300吨。

八、工业产品

随着煤矿建设材料的运入、运出,工业产品将会由现在的2,300吨增加到铁路开通初年度的3,000吨,而且这些货物全部由铁路运输。煤矿建成后,推定铁路运营也能靠其他工业的发展和地方人口的增加来维持。

九、加工食品

考虑到面粉与砂糖的消费增加,铁路运输的加工食品推定为1,500吨。

十、嗜好品

由于三道沟方面对嗜好品需求的增加,所以由铁路运入、运出的嗜好品推定为500吨。

十一、杂品

其他产品推定为2,000吨。

林业产品	(另做统计)
矿产品	800吨(除去运出的煤炭)
水产品	700吨
烧窑制品	3,300吨
畜产品	800吨
布绵类	300吨
工业产品	3,000吨
杂品	2,000吨
加工食品	1,500吨
嗜好品	500吨
合　计	26,400吨

第三节　结语

本计划线路连接朝开线的龙井站和朝铁咸北线终点茂山,大约100千米。无论从大陆铁路经营上来看还是部分的从间岛北朝鲜地方来看,本计划线都不能作为这个交通网中的干线,而仅仅是地方性的原有线。因此,比起经济运营上的意义,更应考虑它直接的政治和军事意义。

由于本计划线是连接既有铁路的支线,所以本计划线沿线地区面积比较狭小,而且,这里山地多、可耕地少,因此土地利用状况总体上来说较好。这里人口稍微稠密,但这里居民的经济、文化程度低,所以一直以来都没有值得一提的产业,但最近在北朝鲜与间岛附近各种大型企业蓬勃兴起,而正当燃料资源不足时,三道沟煤炭矿区有望提供资源的情况得到确定,当务之急就是把三道沟的煤炭运出去,因此这条铁路线的铺设也就众望所归。煤炭运费收入应占第 1 年营业收入的一大半。本铁路线的运营价值首先可以根据运出的煤炭来判定,而且,当预定煤炭开采都成为可能的时候,再加上比较多的客货数量,本铁路线的运营收入应相当可观。

而且,随着北朝鲜及间岛地区三菱、日铁、野口系及其他诸工厂对煤炭需求的显著增加,预计煤炭将会供不应求。这里的煤炭地理位置优越,应尽所能地加大开采力度。本铁路线开通后,对增加货物运输的期待逐年增多。因此,干线路的经济运营也进一步提高了已有线路的使用价值。

然而,本铁路线铺设 100 千米就需要投入 1,000 万圆以上的资金,而投入 1,000 万圆以上,仅能运送 18 万多的旅客、七十几万吨的货物,这尚且不能称得上充足。而且,虽然满煤和三和矿业的煤炭开采计划顺利进行,但能不能实现预定的运出量还是个疑问。(注:两公司的矿区埋藏量并不像他们自己推定的那样正确,笔者从龙井的一位有势力者那里得知,去年的三和矿区对满煤的让渡内交涉价为,三和出 100 万圆,满煤出 60 万圆,但最终以失败告终。)而且,这条铁路线运输的货物,主要分布在龙井、三道沟之间。而作为运出货物的路线,龙井、三道沟方面应当制定完备的应急之策,暂且先铺设龙井、三道沟间的铁路,三道沟、茂山之间的铁路要不要铺设,要根据接下来的茂山、青津地区、日本内地的煤炭需求状况以及三道沟煤炭的供给计划量来决定。

目前,无论是从满铁资金的投入政策来看,还是在非常时刻,从日满经济同盟对钢材及其他建筑材料的需求调整政策来看,这些都不是万全之策。铺设龙井—三道沟之间铁路所需的资金不到铺设全线铁路所需资金的一半,但是据推定,此段铁路线的客流量却占总线路客流量的 70%,货物流量占总货物流量的 95%。

而且,为了本铁路线的营运价值能得到充分发挥,今后,满洲国为本地区的生产发展,积极地寻求适宜的政策非常必要,这点是毋容置疑的。

附　记

关于本计划线对其他线的培养价值及对其他线运输的影响,有必要结合将来北朝鲜及间岛地区对煤炭的大量需求和密山及其他地方的煤炭分配计划等因素来考虑。本章虽然涉及到了咸北线收购问题及北朝鲜西部线的整修问题,但由于在实地调查中没有搜集有关它们资料的时间,所以在本章中也就没有详述。这两个问题可以说是满洲及朝鲜交通网整备上的当务之急,因此,调查部有意向改日对此重新进行调查。

附一　沿线城市村庄人口表(除去调查班行程上无法调查到的部分)

县名	街村名	屯名	人口
延吉县	龙井街		24,571
	庆和村		13,867
		龙门屯	1,254
		兴新屯	863
		龙鹤屯	717
		马安屯	1,153
		维新屯	853
		庆安屯	853
		吉安屯	1,589
		太平屯	1,564
		合兴屯	437
		崇教屯	819
		大佛屯	929
		财岩屯	576
		水南屯	592
		土城屯	1,649
	东城村		13,541
		庆岩屯	838
		光东屯	1,180
		古城屯	1,139
		太兴屯	2,219
		南坪屯	1,405
		龙新屯	1,493
		新丰屯	923
		普城屯	1,138
		明丰屯	678
		兴英屯	899
		柳阳屯	714
		畯峰屯	1,017
		富源屯	898

县名	街村名	屯名	人口
延吉县	矿城村		11,767
	西城村		15,329
	头道村		16,463
	市内	北山屯	3,591
		维新屯	3,683
		镇澜屯	2,695
		水坪屯	547
		和龙屯	509
		进化屯	545
		龙兴屯	354
		药水屯	383
		关门屯	366
		延安屯	811
		亚东屯	614
		凤屯	247
		青龙屯	536
		夹皮屯	24,769
		长仁屯	15,707
		十里屯	6,320
和龙县	明新村		435
	勇化村		695
	德化村		488
		南坪屯	1,803
		釜洞屯	1,043
		柳洞屯	1,920
		作大屯	845
		车厂屯	709
	崇善村		6,236
		芦花屯	2,837
		竹林屯	1,347
		玉石屯	1,093
		古城屯	1,959

附二　沿线各地零售商品物价调查

龙井街

品名	单位	价格	品名	单位	价格
白米(间岛白米)	1石	18.00	食盐	1千克	0.16
大豆	1布度	9.50	白砂糖	1千克	0.28
小麦	1布度	13.00	烧酒	1千克	0.43
高粱	1布度	7.00	漂白布	1反	0.95
小米	10升	0.38	棉花	1千克	1.00
玉米	10升	0.35	煤炭(老头沟)	1吨	10.00
小麦粉	1袋	2.50	木炭	15千克	0.80
马铃薯	1千克	0.07	劈柴(干燥)	1坪	6.00
牛肉	1千克	0.80	水泥	1袋	1.60
猪肉		0.65	铁钉(1英寸)	1樽	71.80
酱油(内地物)	1升	0.80	胶底袜(旭)		0.95

头道沟

产品名称	单位	价格	产品名称	单位	价格
白米	1石	18.00	鸡蛋	1个	0.05
大麦	1石	4.50	酱油	1斤	0.16
大豆	1石	9.00	白砂糖	1斤	0.25
高粱	1石	7.00	漂白布	布#	0.35
精制小米	1石	15.00	棉花	1斤	0.65
玉米	1石	6.50	煤炭	1千斤	8.00
牛肉	1斤	0.50	木炭	1百斤	2.00
猪肉	1斤	0.35	火柴	1包	0.15

三道沟

产品名称	单位	价格	产品名称	单位	价格
白米	1斗	1.80	精制小米	1斗	1.50
大豆	1斗	0.78	玉米	1斗	0.70
小豆	1斗	1.50	马铃薯	1斗	0.20

车厂子及柳洞

产品名称	单位	价格	产品名称	单位	价格
白米	1（新满洲）斗	1.10	马铃薯	1斤	0.05
大麦	1（新满洲）斗	0.30	明太鱼	10匹	0.60
大豆	1（日本）斗	1.20	火柴	1包	0.09
小豆		1.40	胶底袜	1双	1.00
小米	1（日本）斗	0.82	白法兰绒	1鲸尺	0.33
玉米	1（新满洲）斗	0.35	棉花	1包	5.00

南坪

产品名称	单位	价格	产品名称	单位	价格
白米	1（日本）斗	2.40	玉米	1（日本）斗	0.80
大麦	1（日本）斗	0.70	马铃薯	4贯	0.50
大豆	1（日本）斗	1.20	木柴	1坪	22.00
小豆		1.40	石油	1罐	5.00
精制小米		2.00			

茂山

产品名称	单位	价格	产品名称	单位	价格
白米	1（日本）斗	4.00	印花布	2鲸尺	0.25
小米	1（日本）斗	2.20	煤炭	1吨	18.00
牛肉	100匁	0.40	劈柴（干燥）	1坪	30.00
猪肉	100匁	0.37	（80块）	1坪	18.00
明太鱼	20匹	1.05	石油	1罐	4.20
沙丁鱼	20匹	0.10	铁钉（2英尺以下）	100匁	0.16
豆酱（内地）	100匁	0.10	平板玻璃	1才	0.18
酱油（内地）	1升	0.80	胶底袜	1双	0.85
白砂糖	100匁	0.30	毛巾	1打	1.40
日本酒	1升	2.20	劳动手套	1打	1.90
漂白布	2鲸尺	0.05	棉花	1贯	5.00
棉绒布	2鲸尺	0.34			

附三　沿线各地劳动工资调查

龙　井

种类		日薪	种类		日薪
木匠	朝鲜国内人	1.8	铁匠	满族人	0.5
	满族人	1.2	零工	朝鲜国内人	0.8
泥瓦匠	朝鲜国内人	2		满族人	0.7
	满族人	1.5	车辆		
石匠	朝鲜国内人	—	汽车装载1吨		35
	满族人	0.8	装载1.5吨		40
建筑工	朝鲜国内人	0.8	运货马车		
	满族人	0.7	1匹马		3
砖瓦工	满族人	0.7	2匹马		4
铁匠	朝鲜国内人	0.7	3匹马		5

车厂子、柳洞

种类		日薪	种类		日薪
木匠	朝鲜国内人	1.50	小工	朝鲜国内人	1.10
泥瓦匠	朝鲜国内人	1.50	牛车		2.50

南坪

种类		日薪	种类	日薪
木匠	朝鲜国内人	2.00	牛车	2.50
泥瓦匠	朝鲜国内人	1.50		
搬运工	朝鲜国内人	1.00		
农夫	朝鲜国内人	0.80		

茂山

种类		日薪	种类		日薪
木匠	日本人	3.00	搬运工	朝鲜国内人	1.30
	朝鲜国内人	2.00			0.80
泥瓦匠	日本人	3.00	牛车		2.50
	朝鲜国内人	2.00			4.00

经济资源调查报告书第 86 号

奉天 1 号农业第 1 号

昭和 9 年 7 月

京大、洮大沿线地方农业调查报告

秘

满铁经济调查会第二部

调查员　福井文吉

助　手　小林春雄

目 录

绪　言

　　我们于昭和9年5月11日到同年6月20日期间,加入了由拓务省开展的关于农耕适宜地的调查小组。从新京到洮安,主要调查了京大、洮大附近,预计要铺设铁路的沿线地带的农业状况。

一、调查队的构成

班长	拓务工程师	加藤久男
拓务省	田村一郎	
拓务省	一见鹿造	
实业部	崔昌铉	
民政部	白木乔一	
经济调查	福井文吉	
经济调查	小林春雄	
翻译	2名	

　　此外,还包括负责巡查尚未公开的农安领事馆的工作人员2名,加入到农安、南郭尔罗斯公爷府、大赉的满洲国军队内的军人若干名。

二、调查行程

月日	出发地	通过地	住宿地	交通工具
5.11	新京	小城子(新京县)	靰鞡草沟子	马
5.12	靰鞡草沟子	老成窝堡(新京县)	农安	马
5.13		农安滞留		
5.14		农安滞留		
5.15	农安	高家店、万金塔、小城子、拉拉屯 (农安县)	农安	卡车
5.16	农安	太平山、老刘家(农安县) (农安县)	农安	卡车
5.17	农安	(农安县)	哈拉海城子	马

月日	出发地	通过地	住宿地	交通工具
5.18	哈拉海城子	刘家店(农安县)	南郭尔罗斯王府	马
5.19	王府	卡拉木、小城子(南郭尔罗斯前旗)	王府	马
5.20		王府滞留		
5.21	王府	阿拉街庙(前旗)	前卡韩家堡	马
5.22	前卡韩家堡	七家子、西北屯(前旗)	后瓦房	马
5.23	后瓦房	刘家子(前旗)	白衣哈	马
5.24	白衣哈	四家子、大喇吧窝棚(前旗)	出字井	马
5.25	出字井	荣字井、遐字井(乾安县)	乾安	马
5.26		留宿于乾安		
5.27	乾安	宝勒太(南郭尔罗斯前旗)	新庙	马
5.28	新庙	十家子、两家子店、冷家屯(前旗)	八狼屯	马
5.29	八狼屯	嘎不拉、查干诺尔(前旗)	八狼屯	马
5.30	八狼屯	后苏家子、七家子(前旗)	八狼屯	马
5.31	八狼屯	山台子(前旗)	大赉	马
6.1		留宿于大赉		
6.2		留宿于大赉		
6.3		留宿于大赉		
6.4	大赉	堆围拔山(大赉县)	西六家子	马
6.5	西六家子	王家店(安广县)	安广	马
6.6		留宿于安广		
6.7	安广	二十里堡(安广县)	龙泉镇	马
6.8	龙泉镇	太平窝棚、太平山、前哈哥屯(安广县)	后舍力	马
6.9	后舍力	新庙、哈拉八达(安广县)	黑地庙	马
6.10	黑地庙	骆驼圈(安广县)谢家圈子(洮南县)	黑地庙	马
6.11		留宿于黑地庙		
6.12	黑地庙	哈拉到保(镇东县)、高平山(洮安县)	洮安	马
6.13		留宿于洮安		
6.14		留宿于洮安		
6.15	洮安		洮安	火车

三、度量衡土地面积及通货

1.各县主要村庄度量衡、土地面积的实测结果如下所示:

日本单位\当地单位\地名	1 木尺	1 裁尺	1 大布尺	1 石	1 斤	1 晌	1 华里
农安	1.046 尺	1.150 尺	1.720 尺	1.693 石	约 140 匁	6.009 反 7.211 反	5.20 町
南郭尔罗斯前旗	1.020 尺	1.145 尺	—	1.804 石	143 匁	7.211 反	5.20 町
乾安	1.020 尺	1.145 尺	—	1.927 石	143 匁	7.211 反	5.20 町
大赉	1.020 尺	1.145 尺	1.720 尺	1.762 石	142 匁	7.211 反	5.20 町
安广	1.020 尺	1.145 尺	1.665 尺	1.868 石	142 匁	7.211 反	5.20 町
洮安	1.020 尺	1.140 尺	1.665 尺	2.145 石	140 匁	7.211 反	5.20 町

注:①各地区的的斗:截面呈方锤体,斗上附带一个把手,与顶平行,宽度为 1 寸到 8 分。

②洮安、乾安地方用 5 升斗,其余地方用 1 斗斗来计算每 1 石的容量。

③南郭尔斯前旗的后瓦房村附近与松花江相隔,当地使用扶余地方的斗,作为容量的计算单位。其中,1 石相当于日本的 1 石 5 斗。另外,八狼屯和大赉县城使用同一量器,安广县洮儿河沿岸的宝兴屯附近和洮安使用相同的斗。

④关于土地面积、路程的计算,以 1 木尺为 1.04 尺来计算。

⑤一般来说,农安县的熟地 1 晌为 2,400 弓(6.009 反),荒地 1 晌为 2,880 弓(7.211 反),仅大岗和刘家子附近的熟地 1 晌为 2,880 弓。

⑥1 里 = 360 弓(1 弓 = 5 木尺),1 方地 = 45 晌,1 井 = 36 方地。

2.通货

调查期间恰逢旧纸币回收期(6 月 30 日),截止到目前为止,各地的国币、金票很明显地占据着流通纸币的首位。只不过,在大赉县城,由于当地与哈尔滨市交易甚多,所以在大赉县城,哈大洋依旧流通顺畅。

另外,在安广地区仍有少量的天津票在使用。最后,在乾安县城,由于金票的流通量很少,因此在市面上,渐渐出现了不考虑兑换率,将金票与国币等同使用的情况。

第一章　地区现状

一、地势及土质

全地区基本看不到山脉,沿松花江眺望,才能隐约可见位于南郭尔罗斯前旗王府西侧,大约三四十米的山地,因此只能把农安县一带看成是高原的一个支脉。也就是说,农安县往新京方向延伸的地方,即同县偏北或偏西地方,是海拔 20 米左右的低矮大平原。这个平原坡度极缓,向北方的洮儿河沿岸倾斜。并且,农安、前旗、乾安县地方有小丘陵众多,盆地随处可见。盆地储存雨水,形成许多湖泊。大的约 1 万晌,小的只有数 10 晌。其中最著名的要数前旗北境的西查干诺尔,农安县的波罗湖泊等。

主要河流有第二松花江、嫩江、伊通河、洮儿河等。嫩江以及洮儿河两岸,有高出枯水位两三米左右的高山和大平原。与此相对,第二松花江、伊通河地区只拥有与前述同样海拔的平地,仅仅在两岸边拥有细长带状区。

接下来是关于伊通河以及洮儿河的河流状况的介绍。

1.伊通河

伊通河发源于吉林省伊通县山地,向北流淌,流经新京县,越过新京东郊,在农安以南约 5日里的地方,与来自奉天省怀德县方向的新开河汇流。在农安附近往东北方转向,流经农安、新京、德惠三县注入饮马河。伊通河属于松花江水系,它的主流长约 50 日里,坡度极缓,流入冲积层中,迂回曲折。根据观测,昭和 9 年 5 月 14 日在农安以东,张家湾街道桥梁下游 100 米地方,伊通河的水位为下游约 4 米,最大水深 0.6 米,引水系统的横截面为 6.05 平方米,流量每秒2.602立方米,水流中心最大流速每秒 0.44 米。然而,综合当地居民所言,当日的水位线可以被看成是该河流的警戒水位线了。昭和 7 年发大水时,水位到达左岸上方两米的位置,其他年份,没有出现因为河水泛滥而发生灾害的情况。

本河流上仅有附近村庄渔民的小渔船,此外,并没有利用船运。由于沿岸地方交通较为便利以及即便是枯水期,河水的流量也很大,故河流的经济价值高。沿岸到处可见大量的水田,以此河流为水源,由朝鲜农民来经营。除万宝山地区,农安县领事局分馆的调查报告,如下所示。

县名	地名	经营面积	朝鲜人数	备注
农安	小城子	300 晌	150	中野农场
农安	万金塔	? 100 晌	18	

县名	地名	经营面积	朝鲜人数	备注
农安	靠山屯	不明	30	

根据领事馆所言,在万宝山、小城子之间,有几处小面积的水田候补地。由于位于小城子的中野农场强迫经营者(也就是朝鲜人)必须同意他们从同区的伊通河中引水,因此朝鲜人眼下只好忍气吞声。

2.洮儿河

洮儿河发源于大兴安岭的一部分,源头为西方的索伦山地,往东南方向流淌,经科尔沁右翼前旗旧王府以南汇集归流河,至洮南附近流入那金河。转向东北方,在距嫩江合流处上游约15日里的地方向东流动与嫩江再次汇流。濒临洮儿河的洮安、洮南、镇东、安广诸县皆以此河流作为其县城的界限。仅大赉县由于洮儿河横贯其中,而被分为南北两部分。

洮索铁道附近河流坡度大,河流状态与内地无异。但是,一旦来到洮南、洮安县下面的平原地带,河流就变得如蛇一般蜿蜒曲折,缓缓流动。洮儿河与伊通河毫无差异,两岸的平原地带几乎年年都会泛滥。一方面,因为河水泛滥,洮安、安广沿岸地方土地较为肥沃;另一方面,由于水害程度较大,当局数十年的治水工程也未取得成效。每年的洪水期,沿岸地方转眼间化为湖泊。比如洮安县,前年和去年由于洪水,县东部的 39,000 晌肥沃地带的土地被洪水浸没,直到现在水都还没有退散。由于江苇生长蓬乱,不得不放弃耕地,以至于不断出现农民移居别处的现象。据说被洪水毁灭的农村达到 55 个(上述浸水面积相当于同县总耕地面积的 25%)。

下面来看一下河流的利用情况。在洮南、黑地庙一带,最近除了运输洮大线的建设材料以及在沿岸渔家的渔场里使用船运外,其他几乎没有使用了。调查时由于遭遇发大水,因此无法准确测量出河流的流量以及其他事项。综合黑地庙洮大线工程办以及其他人所言,由于洮儿河枯水期的水量相当充沛,因此该地有好几处水田以此河流作为水源,由朝鲜农民来经营。

县名	地名	面积(晌)	备注
洮安	县西北部	约 1,000	人数不明,分散于三个地去,在用水渠道问题上处于纠纷中
洮南	谢家园子	400	朝鲜人 60 名
安广	骆驼圈	170	朝鲜人 80 名,在排水渠道问题上处于纠纷中

上面提到的谢家园子的对岸为洮安县。旁边是一家稻田公司,该公司从一开始就由朝鲜人进行水田经营,据说四五年前遭遇水灾后便放弃经营了。

下面介绍土质状况。

农安、伏龙泉地方以及大赉附近的高地属于洪积层,伊通河沿岸以及乾安、安广、洮安各县的地质都属于冲积层。由于洪积层和冲积层都存在强弱差,各地方几乎全部都是碱性土。在地表随处可见碱性斑点。土地也不肥沃,其间到处都是砂质地,其中以乾安县最为明显。

腐殖质土壤肥沃的地区,仅仅只位于以下几个位置:南郭尔罗斯前旗公爷府(王府)附近的第二松花江沿岸,同前旗的前卡韩家堡附近山地,安广县北部洮儿河沿岸以及洮安县东南部各地方。除了前旗的山地地带,我们可以认为,这些肥沃地带的形成,全部都是由于河流的屡次泛滥,冲洗掉了土壤的碱性,再加上洪水带来的肥沃土壤在其表面沉积而成带来的结果。

二、气象状况

虽然没有全面地调查过该区域的气象,但因为该地区刚好位于洮南、齐齐哈尔、新京之间,因此只好对以上三地的气象统计数据进行推测,结果如下所示。

根据洮南、齐齐哈尔以及满铁事务所的观测,得出以下数据。前者为大正10年到昭和8年,后者为昭和3年到昭和8年的各月平均气温。新京地区的各月平均气温为关东厅观测值平均所得,其中包括昭和8年在内连续十年的观测结果。

下表里的年、月份都为阳历。

1.各月平均气温(上午10点的气温)

（单位:℃）

地名	1月	2月	3月	4月	5月	6月	7月	8月	9月	10月	11月	12月
洮南	−16.1	−13.0	−2.6	6.9	15.4	21.9	24.7	22.3	16.0	7.2	−4.0	−13.8
齐齐哈尔	−20.8	−17.6	−5.5	5.0	13.0	19.2	23.3	20.7	14.0	5.2	−8.3	−17.0
长春	−16.3	−13.6	−3.8	6.8	13.7	20.8	23.8	21.9	15.8	6.6	−3.4	−13.2

2.各月平均最高气温

（单位:℃）

地名	1月	2月	3月	4月	5月	6月	7月	8月	9月	10月	11月	12月
洮南	−9.7	−6.5	3.6	14.3	21.7	27.7	29.9	27.0	21.9	13.4	1.9	−7.6
齐齐哈尔	−12.8	−10.2	2.4	11.9	20.2	24.7	28.3	26.1	20.4	13.0	−1.4	−9.6
长春	−10.2	−7.3	2.2	13.6	21.2	27.4	29.2	27.6	23.1	13.5	2.4	−7.8

3.各月平均最低气温

（单位:℃）

地名	1月	2月	3月	4月	5月	6月	7月	8月	9月	10月	11月	12月
洮南	−23.3	−20.7	−11.3	−1.7	7.4	14.0	18.9	16.2	8.3	0.0	−10.6	−19.9
齐齐哈尔	−27.2	−23.4	−13.1	−2.5	5.8	12.8	18.7	16.1	8.8	2.5	−14.0	−22.9
长春	−22.1	−19.9	−9.8	0.1	8.0	14.2	18.8	16.9	9.6	0.6	−8.5	−18.2

4.各月平均蒸发量

(单位:毫米)

地名	1月	2月	3月	4月	5月	6月	7月	8月	9月	10月	11月	12月
洮南	26.7	36.2	100.5	221.8	339.8	340.3	233.1	201.2	153.5	126.8	61.0	30.9
齐齐哈尔	18.5	29.0	94.8	195.2	279.8	213.4	207.5	153.9	107.1	86.1	37.6	18.8
长 春	16.7	24.3	56.0	125.1	139.3	128.8	98.8	90.1	98.2	73.1	40.3	20.3

5.各月平均降水量

(单位:毫米)

地名	1月	2月	3月	4月	5月	6月	7月	8月	9月	10月	11月	12月
洮南	1.3	2.4	6.5	11.1	24.4	57.7	114.6	113.6	41.6	12.1	4.4	2.0
齐齐哈尔	1.8	1.5	4.7	11.9	30.0	94.8	134.9	139.3	48.9	15.9	6.4	1.4
长 春	7.0	7.6	13.4	20.8	56.0	93.5	152.6	132.9	36.4	44.0	10.2	8.1

6.各月平均降水天数(降水0.1毫米及以上天数)

地名	1月	2月	3月	4月	5月	6月	7月	8月	9月	10月	11月	12月
洮南	3	3	3	4	9	10	14	13	10	5	3	3
齐齐哈尔	5	4	4	4	9	19	15	17	11	6	5	4
长 春	5	5	6	6	12	13	15	14	10	7	5	6

7.最大日雨量

(单位:毫米)

地名	第一位		第二位		第三位	
	数量	年月日	数量	年月日	数量	年月日
洮南	64.6	昭和8.8.20	57.7	昭和4.7.29	53.7	大正15.6.21
齐齐哈尔	152.1	昭和7.7.26	49.0	昭和5.7.4 昭和6.8.7	47.5	昭和4.8.12
长 春	96.2	昭和5.7.16	73.4	昭和8.6.27	64.5	昭和元.7.15

8.连续最长干旱天数

地名	第一位		第二位		第三位	
	数量	年月日	数量	年月日	数量	年月日
洮南	73	大正 15.12.21—昭和 2.3.3	47	昭和 7.12.31—8.2.15	46	昭和 6.10.8—6.11.22
齐齐哈尔	59	昭和 8.2.7—8.5.6	53	昭和 7.11.30—8.1.21	43	昭和 6.1.31—6.3.14
长春	34	昭和 2.1.21—2.2.23	32	昭和 5.11.30—5.12.31	28	昭和 4.11.8—4.12.5

9.降雪及降霜

地名	降雪				降霜			
	平均		极数		平均		极数	
	初	晚	初	晚	初	晚	初	晚
洮南	月日 10.13	月日 4.9	昭和 2.9.24	大正 13.4.25	月日 9.30	月日 4.21	大正 13.9.13	昭和 2.5.11
齐齐哈尔	10.4	4.21	昭和 7.9.17	昭和 8.5.5	9.22	4.22	昭和 7.9.4	昭和 6.5.14
长春	10.18	4.19	昭和 4.9.24	昭和 3.5.16	9.27	5.1	昭和 4.9.13	昭和 3.5.18

注:下表为三地的无霜期:

洮南	161 日
齐齐哈尔	152 日
新京	148 日

三、各县概况

本报告概括了其他章里没有介绍的资料,如下所示:

1.各县户口数、人口数

县名	满洲国人			外国人			户口合计	人口合计
	户口数	男	女	户口数	男	女		
农安	40,145	155,202	136,662	38	123	72	40,183	292,059
南郭尔罗斯前旗	1,999	6,406	6,651	不明	2,002	1,516	—	16,575
乾安	7,495	28,523	24,281	—	—	—	7,495	52,804
大赉	15,250	52,911	45,820	20	25	30	15,270	98,786
安广	8,681	34,542	29,227				8,681	63,769

续表

县名	满洲国人			外国人			户口 合计	人口 合计
	户口数	男	女	户口数	男	女		
洮安	17,738	91,198	不明	719	—	91,917		

注:①南郭尔罗斯前旗满洲国人一栏表示的是旗内蒙古人,外国人一栏表示的是外旗蒙古人,外来汉人的人
数不是很清楚。

②农安、大赉县外国人一栏表示的是日本、朝鲜人的合计数字。洮安的外来人口数为内地人538名,朝鲜
人176名,外国人5名。

③调查年月日

农安	大同2年12月	前旗	同左
乾安	康德元年4月	大赉	同左
安广	康德元年5月	洮安	同左

2.各县主要村庄户口数、人口数

农安县　　　　　　　　　　　　　　　　　(大同2年10月)

村庄	户口数	男	女	计	备注
县城	4,183	14,869	10,172	25,041	外国人5户,男9女2
高家店	247	766	491	1,257	—
哈拉海城子	225	730	540	1,270	—
三盛玉	138	629	564	1,193	—
伏龙泉	988	3,159	2,494	5,653	—
靠山屯	623	2,080	1,564	3,644	外国人33户,男113女70

南郭尔罗斯前旗　　　　　　　　　　　　　　　(康德元年5月)

村庄	户口	人口	备注
王府	260	1,567	—
白衣哈	157	964	蒙古人557,汉人407
八狼屯	235	1,079	蒙古人363,汉人716
七家子	47	165	—

乾安县　　　　　　　　　　　　　　　　　(康德元年4月)

村庄	户口	男	女	计	备注
乾安	863	2,786	1,986	4,772	—

大赉县

（康德元年 4 月）

村庄	户口	男	女	计	备注
大赉	4,339	13,675	11,260	24,935	内蒙古朝鲜人 20 户,男 25 女 30

安广县

（康德元年 5 月）

村庄	户口	男	女	计	备注
安广	664	1,754	1,520	3,274	—
龙泉镇	582	2,132	2,174	4,306	—

洮安县

（康德元年 5 月）

村庄	户口	男	女	计	备注
洮安	不明	6,233	4,304	10,537	内地人 538,朝鲜人 54,美国人 5

3.按月份人口数

大同 2 年末以来,洮安县的内蒙古、朝鲜人显著增加。以下是按照月份介绍人口数。内蒙古、内地人都住在县城,朝鲜人住在城外县的西北部,由于进行铁路工程,故无法深入调查。

月日	满洲国人	内地人	朝鲜人	美国人	计	备注
大同 2 年 12 月	87,615	12	39	5	87,671	—
大同 3 年 1 月	87,749	25	36	5	87,815	—
大同 3 年 2 月	86,262	31	38	5	89,336	—
康德元年 3 月	89,322	61	39	5	89,427	—
康德元年 4 月	89,849	344	158	5	90,356	—
康德元年 5 月	91,198	538	176	5	91,917	—

4.各县各职业的户口、人口数

农安县

（大同 2 年 10 月）

职业	户口数	人口数	备注	职业	户口数	人口数	备注
农业	36,676	171,635	外来人 33 户 185 人	工业	1,120	5,725	—
商业	1,002	6,388	外来人 2 户 7 人	其他	1,385	108,311	外来人 3 户 3 人

乾安县(康德元年4月)

农家户数 7,373,男 28,197 人,女 24,015 人,合计 52,212 人。

大赉县　　　　　(康德元年4月)

职业	户口数	人口数	职业	户口数	人口数	职业	户口数	人口数
商业	694	8,561	工业	409	1,244	公司职员	15	133
农业	9,528	64,144	官吏	95	472	军人	23	79

安广县　　　　　(康德元年5月)

职业	户口数	男	女	计
农业	6,059	25,769	12,073	37,842
商业	38	266	—	266
工业	14	130	—	130
官吏	48	182	243	425
其他	2,522	8,195	16,911	25,106
计	8,681	34,542	29,227	63,769

洮安县(康德元年5月)

农家户口　8,240

5.各地主要工商业户数

农安县城

烧锅	3	当铺	10	磨坊	14
油房	9	杂货	59	粮栈	9

乾安县城

烧锅	2	杂货	14
油房	3	粮栈	1

大赉县城

油房兼烧锅	2	杂货	25
粮栈	18	磨坊	5

安广县城

烧锅兼粮栈　1

吴服杂货　　*

龙泉镇

烧锅兼粮栈　2

吴服杂货　　　4

洮安县城

粮栈　　　11　　　油坊　　　10

杂货　　　34　　　当铺　　　10

烧锅　　　 3

6.各县农产品产量（大同2年各县公署调）

农安县

作物名	种植面积（晌）	总产量（石）	种植比例（%）	备注
大豆	76,434	524,337	15.34	1中国石重量420斤
小豆	6,966	42,980	1.40	1中国石重量450斤
吉豆	4,149	7,634	0.83	1中国石重量470斤
其他豆	3,951	7,309	0.79	1中国石重量440斤
高粱	202,834	939,121	40.69	1中国石重量400斤
谷子	162,166	995,699	32.53	1中国石重量350斤
玉米	9,514	47,665	1.91	1中国石重量390斤
小麦	5,066	12,817	1.02	1中国石重量400斤
大麦	5,948	14,870	1.19	1中国石重量280斤
黍	15,349	91,941	3.09	1中国石重量350斤
稗	3,060	11,536	0.61	1中国石重量270斤
荞麦	2,563	7,971	0.51	1中国石重量310斤
水稻	215	742	0.04	1中国石重量290斤
旱稻	135	243	0.03	1中国石重量280斤
小计	498,350	2,704,865	—	—
线麻	72	306	0.01	1中国石重量300斤
青麻	62	85,374斤	0.01	—
芝麻	7	6	—	1中国石重量370斤
蓝靛	9	11,394斤	—	—
小计	150	—	—	—
总计	498,500	—	100.00	—

南郭尔罗斯前旗

根据以前的统计结果，推算出旗内各村庄的农作物种植面积、产量，如下所示：

作物名	种植面积(晌)	总产量(石)	种植比例(%)	备注
大豆	36,000	72,000	30.00	
小豆	3,600	6,120	3.00	
吉豆	2,400	2,400	2.00	
高粱	36,000	108,000	30.00	
谷子	30,000	900,00	25.00	该旗1石相当于日本的1.8石
玉米	4,800	14,400	4.00	
小麦	1,200	2,400	1.00	
黍	2,400	4,800	2.00	
荞麦	3,600	7,200	3.00	
计	120,000	307,320	100.00	

乾安县

作物名	种植面积(晌)	总产量(石)	种植比例(%)	备注
大豆	15,000	22,500	22.79	1中国石重量470斤
小豆	3,000	3,000	4.56	1中国石重量480斤
吉豆	2,500	2,500	3.80	1中国石重量500斤
高粱	12,000	26,400	18.24	1中国石重量380斤
谷子	15,000	31,500	22.79	1中国石重量360斤
玉米	7,000	16,100	10.64	1中国石重量460斤
黍	9,000	16,200	13.64	1中国石重量420斤
荞麦	1,300	2,340	1.98	1中国石重量350斤
芝麻	1,000	1,000	1.52	1中国石重量300斤
计	65,800	121,540	100.00	—

大赉县

总种植面积是118,000晌,作物种类以及种植面积不明。

作物名	总产量(石)	1石重量(斤)
大豆	16,350	420
小豆	15,696	480
吉豆	15,696	480
高粱	209,280	420

续表

作物名	总产量(石)	1石重量(斤)
谷子	272,500	390
玉米	170,040	400
小麦	4,950	420
大麦	22,672	不明
黍	163,500	380
稗	3,270	不明
荞麦	1,125	370
计	895,079	—

安广县

作物名	种植面积(晌)	总产量(石)	种植比例(%)	备注
大豆	24,585	78,674	36.80	
小豆	1,970	2,955	2.95	
吉豆	829	1,492	1.24	
高粱	25,785	103,140	38.59	
谷子	1,800	7,562	2.69	
玉米	6,965	27,860	10.43	
小麦	458	1,375	0.69	
大麦	97	485	0.15	
黍	1,967	5,901	2.94	本县1石相当于日
荞麦	1,950	2,925	2.92	本的1.87石
小计	66,406	232,369	—	
烟	100	150,000斤	0.15	
线麻	115	97,750斤	0.17	
青麻	50	90,000斤	0.07	
蓖麻	15	1,350斤	0.02	
芝麻	84	252	0.13	
瓜子	40	40	0.06	
合计	66,810	—	100.00	

洮安县

作物名	种植面积(晌)	总收量(石)	种植比例(%)	备注
大豆	19,098	19,098	18.60	
小豆	1,250	1,260	1.22	
吉豆	5,270	5,270	5.13	
其他豆	1,031	1,031	1.00	
高粱	29,800	44,700	29.03	
谷子	25,200	32,760	24.55	
玉米	10,602	15,903	10.33	本县1石相当于日本的2.15石
小麦	1,830	2,196	1.78	
大麦	1,520	2,280	1.48	
黍	2,800	3,360	2.73	
稗	810	1,620	0.79	
荞麦	2,195	2,634	2.14	
芝麻	1,256	1,884	1.22	
计	102,662	133,996	100.00	

(7)各县家畜数(大同2年末)

县名	马	牛	羊	猪	驴	骡	鸡
农安	48,557	18,366	9,360	71,761	10,350	24,416	78,500
南郭尔罗斯前旗	6,250	760	—	—	—	—	—
乾安	9,384	1,403	2,203	7,332	1,077	2,119	12,407
大赉	28,630	13,680	12,560	14,958	3,384	5,805	17,850
安广	14,391	9,227	2,167	11,157	—	2,894	29,070
洮安	7,645	2,009	934	25,047	1,364	3,023	36,408

　　由于前旗地区遭遇匪贼掠夺,家畜数量剧减为原来的十分之一。以上记载的家畜数也不过是一个概数。

第二章　土地利用状况

大同 2 年各县土地的利用情况,如下所示:

县名	总面积(晌)	已耕地(晌)	可耕未耕地(晌)	不可耕地(晌)	已耕地占总面积比(%)	已耕地占可耕地比(%)
农安	632,420	498,500	4,317	129,603	78.82	99.14
南郭尔罗斯前旗	600,000	120,000	300,000	180,000	20.00	28.57
乾安	472,770	88,900	300,000	83,800	18.80	22.86
大赉	253,810	118,000	30,000	105,800	46.49	79.74
安广	476,925	86,081	130,281	260,563	18.05	39.79
洮安	378,000	102,662	不明	不明	27.16	—

一、农安县

本县的土壤表层一般为碱性殖土。除了伊通河沿岸带状细长的平地地带属于冲积层,其他地质都属于洪积层。

县城西部有小面积的可耕未耕地。与南满铁路沿线的风景一样,一眼望去,就能瞧见在已经开垦的耕地间种植着榆树、杨树等,非常美丽。调查表显示,不可耕地面积为 129,603 晌,其中八成位于西部的伏龙泉附近。以四处大湖泊为代表,到处都是坑坑洼洼且一到雨季就江水泛滥,地表随处可见碱性斑点,连野草也长不过 1 尺。由于无人在湖泊里从事渔业,因此也无人进行取碱工作。剩下的两成位于伊通河沿岸以及未及湖泊的地方。进入雨季,雨水滞留在此。低湿原野中,有一部分水田,由朝鲜人来经营,例如位于伊通河沿岸的小城子、万金塔、靠山屯等地区;还有一部分水田,也是由朝鲜人经营过,面积相当大,位于伏龙泉附近,但之后由于遭遇到水灾被迫闲置。

值得一提的是,伊通河沿岸有 2 千町步左右的水田候补地。未开垦的可耕地碱性很强,就连野草都生长缓慢,夏季时,农作物高度也仅仅只有 1 尺左右。

二、南郭尔罗斯前旗

本旗除了位于王府后方以及八狼屯附近的高地属于洪积层之外,其他一般都是由碱性殖土形成的平原,属于大冲积层。碱性斑点随处可见,几乎没有树木,除了马兰花竞相开放之外,只有许多被迫闲置的草原,而且只有王府、阿拉街庙、新庙附近,才能看得到榆树林。

在白衣哈的南部洼地附近以及王府附近的松花江沿岸地方,有着肥沃的殖质土壤,可以进行大面积的耕地。其次,在村庄附近土壤碱性较弱的丘陵上,也可进行小面积的耕地。

本旗住民的大部分是蒙古人,他们一般不善于农业经营,以畜牧业维持生计。但是,由于治安混乱以及家畜数的急剧减少,现在他们依靠替汉人耕作来维持生活。

据统计,不可耕地有18万晌,其中三分之二是可以用来放牧的耕地,余下的三分之一是湖泊以及雨季泛滥地带。

湖泊主要有白衣哈南方的无名湖泊,面积约5,000晌;八狼屯东方的查干诺尔湖泊,面积为700晌;以及西方的西查干诺尔等湖泊,面积约10,000晌。但是这些湖泊都没有用于渔业,碱的提取工作也只在白衣哈附近进行。

现在只在前卡韩堡附近进行水田的耕作,面积约50万晌的低湿地(经营者为朝鲜人)。人们在松花江沿岸卡拉木屯附近约2,000町步的地方,嫩江沿岸八狼屯附近约4,500町步的地方,寻找水田适宜地。

三、乾安县

乾安县地区是由南郭尔罗斯前旗齐王领导下的汉人发展壮大的。由于土地是砂地和碱地相间,加之有强烈的西南季风却无防护林的阻隔,因此农业不振。另外鼠疫和其他瘟疫年年发生,越来越多的人被迫放弃土地移居到别处。既耕地的88,900晌中有23,000晌目前处于荒废状态。县城附近以及其北方地带,土地开垦地最为充分,占全县既耕地面积的五成,但也仅仅只是在丘陵上。平地带不是砂地就是碱地,同其他县城一样,土表随处可见斑点。但是乾安县的地力相对肥沃,野草的生长状态较之他县也比较良好,因此将来有望向畜牧业方向发展。

四、大赉县

在本县内,仅有县城附近的高地属于洪积层,平地都属于冲积层。既耕地分布在高地上,南部平原土地的碱性相当强,因此作为草地被闲置。碱的提取量相当可观,年产30万斤。另外,原野上到处可见可耕未耕地以及不可耕地,畜牧相当盛行。

五、安广县

全县是由冲积层形成的大平原,仅镇东县黑帝庙附近有少许的的丘陵地带。北部的洮儿河沿岸以及其西南部,土地肥沃,开发程度最高,但也仅占该地方总面积的25%。根据调查表可知,既耕地面积占全县总面积比例这一项中,安广县的比例是最小的。大赉到县城一带,以及龙泉镇到黑帝庙之间,除了龙泉镇附近的高地上出现耕地外,其他几乎没有。一眼望去,都是呈现碱性斑点的大平原。根据县当局所言,该县县城和大赉以及洮南连接的地方是县城主要交通要道,经常有官吏、军队经过该处。他们以治安不完善为由,每次经过的时候都要向附近农民征收苛捐杂税。加上土地贫瘠,农业不振,越来越多的农民舍弃土地移居别处。因此,该地方开发最慢。大赉到县城一带,各村盛行养马,其中,有一个村子的村民们从碱性的平原中提取碳酸碱以及食盐。

六、洮安县

除了洮安县城附近可以看见耕地之外,黑帝庙、洮安地区,几乎所有的平地都因为去年和前年洪水爆发,导致洮儿河河水泛滥,至今都还没有退水,芦荻丛生。本县最肥沃耕地的浸水面积竟然达到39,000晌,被毁坏的村庄为55个。

第三章　土地买卖的惯例以及地价

一、买卖的惯例

卖方和买方通过中间人来进行买卖交涉,交涉有了结果后,确立数名担保人,由代书人制成土地出售契约书,买方用货款交换土地执照。买方将土地执照和契约书一起交与县公署,交纳一定金额的税,获得新的土地执照后,土地便归自己所有了。感谢参与买卖交涉的中间人、代书人的谢礼,契约达成后宴请相关者的费用均由买方承担。在农安县,购买土地后买主向县交纳的税如下所示。

买卖契约　　　　　　　　　　按价格的6%交税

土地执照以旧换新费用　　　　土地执照每张需国币1圆

注册费　　　　　　　　　　　每晌需国币5角

但是,关于这些税每个县都有所不同,而且差异很大。

二、地价以及土地使用费用

(单位:国币圆/晌)

	耕地			未耕地			牧草地使用费	放牧费	备注
	上	中	下	上	中	下			
农安	80	70	60	—	—	—	—	—	与事变前相比增加了三成
伏龙泉	70	60	40	—	—	—	—	—	与事变前相比减少了三成
高家店	30	20	10	—	—	—	—	—	与事变前相比减少了三成
靠山屯	150	120	100	—	—	—	—	—	无增减
三盛玉	30	20	10	—	—	—	—	—	与事变前相比减少了二成
太平山	—	16	—	—	5	5	1.40	—	湖泊附近
太平山	22	15	4	—	2	—	—	—	村庄附近
哈拉海城子	40	16	8	10	4	2	—	—	—
刘家店	10	6	4	—	—	—	—	—	借王地,付地租5斗
张家营子	—	10	—	—	4	—	—	—	
白衣哈	20	16	12	—	18	—	—	—	肥沃

	耕地			未耕地			牧草地使用费	放牧费	备注
	上	中	下	上	中	下			
白衣哈	20	14	8	20	12	—		—	土地贫瘠
遐字井	4	2							
乾安	21	14	7	21	14	7			
大赉	80	50	10	12	6	2	1把镰刀、1年,支付江洋3圆,或者收获的三成	1年1头付江洋马、牛0.25,羊0.05	南部 北部
大赉	20	10	5	10	5	2.5			
西六家子	10	8	5	1	—	0.5	—	—	—
安广	10	8	5	2	—	—	—	—	—
二十里堡	10	—	5	2	—	—	—	—	—
龙泉镇	30	10	5	15	—	4	收获的三成	—	—
王家店	15	10	5	5	4	3	—	—	—
洮安	200	150	50	30	—	—	—	—	—

在白衣哈,汉人以及从其他地方移居而来的蒙古人,如果要租借耕地,租金按照上等地1石,中等地5斗,下等地2斗(高粱、谷子、玉米等量)来收取。

第四章　农耕法

一、开垦方法

在农安附近,开垦的时候,先将树砍倒,等到春天进行焚烧,之后用开荒犁将土地犁起5—6寸深,然后用耙敲碎土块,除尽草根树根,最后用种犁,采用反种的方法将垄立起的同时,进行播种。但是以上开垦方法除了农安附近,只有前旗王府附近比较肥沃的平地使用。在其他调查地区,一般不使用耙子,在最开始使用开荒犁犁地的时候就将垄立起并进行了播种。

关于开垦工期,到播种为止,1天0.5到1晌地需要2—3人,马6—9匹。在农安县哈拉海城子地方,1晌地需要的开垦费如下所示。

人3人　　　　　单价　　0.7　　计　　2.10圆(雇佣费)
马9匹　　　　　单价　　0.5　　计　　4.50圆(借用费)
大型犁具1架　　单价　　0.2　　计　　0.20圆(借用费)
合计　　　　　6.80圆

以下是各地方从开垦第一年开始的栽培作物以及其产量。作物下面的括号里表示的是收成量(单位:中国石)。

	第一年	第二年	第三年	第四年	第五年	备注
哈拉海城子	黍(2.5) 粟(2.5)	大豆(3.0) 玉米(7.0)	大豆(4.0) 玉米(8.0)	高粱(5.0) 粟(4.0)		从第五年开始形成熟田,给大豆、小麦、玉米施肥
王府(山地)	粟(1.0) 黍(1.0)	粟(2.5) 黍(2.5)	大豆(2.5) —	高粱(3.0)	粟(3.0) —	
白衣哈	粟(3.0) 黍(3.0)	粟(3.0) 大豆(3.0)	高粱(3.5)	玉米(4.0)	—	从第三年开始形成熟田
乾安	粟(1.5) 黍(1.7)	大豆(2.0)	高粱(2.0)	粟(2.0)	大豆(1.7)	给已生长二年的大豆施肥
西六家子	黍(1.0)	粟(3.0)	高粱(3.0)	玉米(5.0)	粟(5.0)	给已生长三年的高粱施肥
龙泉镇	黍(3.0) 荞麦(3.0)	粟(3.0) 大豆(2.5)	高粱(3.0)	粟(3.0)	—	给已生长四年的粟施肥
八狼屯	黍(2.0)	粟(2.0) 大豆(1.5)	高粱(4.0)			

二、耕土及播种

由于春季会开展耕地、刨地、翻地等农事,播种前就无需再翻耕田地,收割后也不必再进行秋耕。只有高粱和玉米在收割完后,待春季地表冰雪融化时才将其残枝拔除。

播种的方法有四种:耩种、劐种、积种、反种,其中以反种和耩种为主。反种通常是将种子装入把斗子里,再靠手来播种。但是八狼屯地区使用点葫芦取代把斗子来播种。反种及时在播种后一两天后用木头碌子镇压;耩种只须在播种后在洼沟里用力踩踏。

各地一天农作物的反种和耩种的工期安排如下所示:

地名	反种		耩种	
	作物名称	1 天工作量	作物名称	1 天工作量
农安	大豆、小麦	4 人、4 匹马、1 晌	高粱、小米	3 人、3 匹马、2.0 晌
乾安	大豆、玉米	3—4 人、4 匹马、0.7 晌	高粱、小米、玉米	3 人、2 匹马、1.5 晌
八狼屯	大豆、玉米	3 人、3—4 匹马、1.0 晌	高粱、小米	3 人、2 匹马、1.5—2.0 晌
洮安	—		3 人、2 匹马、2.5 晌	

受气候和土质的影响,特别是风力强劲的西南季风,容易导致沙地地带的耕地表层土壤移动,且碱性土地发芽率较低,再加上虫鸟灾害,该地区的播种量相对较大。农村各种作物的平均最大和最小播种量如下表:

(单位:日本升)

作物	全区平均播种量	最大		最小		备注
		播种量	地名	播种量	地名	
大豆	2.7	4.3	张家营子	1.7	刘家店	取全区平均播种量,除去极端数据
高粱	0.8	1.1	白衣哈	0.5	张家营子	
粟	0.5	0.9	白衣哈	0.4	刘家店、出字井、乾安、洮安	
玉米	1.7	3.6	白衣哈	0.8	哈拉海城子	
小麦	3.9	5.1	农安、哈拉海城子	3.4	刘家店	
大麦	5.4	5.4	哈拉海城子	—		
荞麦	2.4	3.4	农安	1.3	乾安	
黍	0.6	0.9	白衣哈、堆围拔山、西六家子	0.3	刘家店	
种子	0.4	0.4	西六家子	—		
旱稻	4.3	4.3	洮安	—		
小豆	1.7	5.1	洮安	1	龙泉镇	

续表

作物	全区平均播种量	最大		最小		备注
		播种量	地名	播种量	地名	
吉豆	0.9	1.4	农安、太平山	0.5	哈拉海城子	
云豆	5.4	5.4	八狼屯	—	—	
江豆	1.7	1.8	张家营子	1.5	洮安	
线麻	0.6	7	堆围拔山	0.4	西六家子	
苏子	0.7	0.8	堆围拔山	0.6	出字井、遐字井	
芝麻	0.6	0.6	乾安	—	—	

备注:各地的播种量参考章节最后的表格。

三、轮作和施肥

全地区的轮作是大豆(玉米、小麦)、高粱、小米的轮换。除了小麦偶有连作之外,其余农作物的连作现象极其罕见。

由于家禽数量减少,其粪便量不足,所以只有在连作小麦时才是每年都施肥,轮作大豆(玉米、小麦)时,大都是每3年1次。而与黄粪相比,大部分地区用土粪作肥料,即黄粪与土的比例是1:1抑或1:3的肥料。此外,只有像农安县那样劳动力比较多的地方用律粪施肥,其余全部使用扬粪。

各地方的施肥作物和施肥量如下所示:

地名	施肥作物	施肥			
		种类	粪土比例	量(斤)	次数
农安	大豆、小麦	土粪	1:1	15,000	3年1次
太平山	大豆、玉米	土粪	1:3	45,000	3年1次
哈拉海城子	大豆、小麦	—	—	—	3年1次
张家营子	大豆	土粪	1:1	16,000	3年1次
卡拉木屯	大豆	土粪	1:1	35,000	3年1次
前卡韩家堡	大豆	土粪	1:1	60,000	3年1次
	大豆	黄粪	—	50,000	3年1次
白衣哈	玉米、大豆	土粪	1:1	30,000	3年1次
八狼屯	大豆、玉米	土粪	1:1	30,000	3年1次
出字井	大豆	土粪	1:1	36,000	3年1次
遐字井	大豆	黄粪	—	20,000	3年1次
乾安	大豆、玉米	土粪	1:1	20,000	3年1次

地名	施肥作物	施肥			
		种类	粪土比例	量（斤）	次数
大赉	大豆	土粪	1：1	27,000	3年1次
堆围拔山	玉米	土粪	1：1	60,000	3年1次
龙泉镇	大豆	土粪	1：1	15,000	3年1次
	小麦	土粪	1：1	15,000	1年1次
洮安	大豆、高粱	土粪	1：1	30,000	2年1次

四、除草、中耕以及培土

1.除草

地方	需要除草1次的农作物	需要除草2次的农作物	需要除草3次的农作物	备注
农安	—	—	大豆、高粱、粟	小麦不除草
乾安	—	大豆、高粱、玉米、粟	—	高粱和粟，在第一次除草时同时进行间苗
大赉	—	大豆	高粱、玉米	高粱和玉米，在第一次除草时进行间苗
王府	—	高粱、大豆、黍、粟	—	
安广	小麦、大麦、荞麦	粟、高粱	—	粟有时候除草3次

除草次数较少的地方农耕劳动力不足，且土壤状况不良，虽是集约型农耕，却无法实现增收。

以下为三个地方1天除草1晌所需进度。数字表示成年男子人数。

地名	作物	第一次	第2次	第3次
农安	大豆	2.5	2.5	2
	高粱	4.5	3	2.5
	粟	3	2.5	2
乾安	大豆	3	2.5	—
	高粱	4	2.5	—
	玉米	4	2.5	—
	粟	3	3	—

续表

地名	作物	第一次	第2次	第3次
大赉	大豆	3	2	—
	高粱	4	3	3
	玉米	4	3	3
	粟	3	2	—

备注: 各地除草期要参考农业季节。

2.中耕及培土

一般情况下在除草之后同时进行中耕和培土。各地方的中耕和培土次数同除草次数一样,唯一例外即前面表格中农安县栏中,除草次数为零的小麦须进行一次中耕培土。除大豆外,作物在第一次中耕培土时大多用小铧子或劐子,第二次和第三次时用大铧子。而大豆在是在第一次用大铧子,第二、三次用更大的铧子,且绑上草把来进行培土。中耕培土1天完成1.5—2.0晌地,需要2匹马和1个人。

五、收获以及单位面积收成量

1.收割

用镰刀收割大豆后并不捆扎,直接放在田里让其干燥10天左右,再运回自家院子,这与粟、小麦收割完后进行扎捆略有差异。收割完高粱和玉米后,将其捆绑起来,竖立在晒谷场上,风干10天左右后割下麦穗,再运回自家院子。以下是各作物1天收割1晌的所需人数。

地名	大豆	高粱	粟	小麦	玉米	备注
农安	3.5	3.5	4.0	3.5	—	切割高粱穗3.0人
乾安	2.0	2.0	3.0	—	2.0	切割高粱穗2.5人
大赉	2.5	3.0	3.0	—	3.0	切割高粱穗3.0人 切割玉米穗2.0人

2.单位面积收割量

各地作物1晌的收割量可查看章节最后的图表。各村庄的平均收割量和各县公署的调查结果如下所示。

农安县

	大豆	小豆	吉豆	高粱	粟	玉米	小麦	大麦	黍	稗	荞麦
村庄平均值	2.9	3.8	2.5	4.5	3.9	5.1	3.4	6.8	2.7		
县公署调查	11.6	10.4	3.1	7.8	10.4	8.5	4.3	4.2	10.1	6.4	—

南郭尔罗斯前旗

	大豆	小豆	吉豆	云豆	高粱	粟	玉米	小麦	大麦	黍	荞麦	线麻
村庄平均值	3.7	3.1	1.9	2.7	5.7	4.9	5.4	2.7	7.2	3.5	3.4	2.7
旗调查	—	—	—	—	—	—	—	—	—	—	—	—

乾安县

	大豆	小豆	吉豆	高粱	粟	玉米	黍	荞麦	芝麻	苏子	线麻
村庄平均值	2.7	1.7	1.7	3.7	3.5	3.5	2.4	2.5	1.3	1.5	1.9
县公署调查	2.9	1.9	1.9	4.2	4.0	4.4	3.5	3.5	1.9	—	—

大赉县

	大豆	小豆	吉豆	江豆	高粱	粟	玉米	小麦	大麦	黍	荞麦	线麻
村庄平均值	3.1	2.6	2.6	4.0	4.8	4.0	4.8	—	—	3.5	2.6	2.6
县公署调查	—	—	—	—	—	—	—	—	—	—	—	—

安广县

	大豆	小豆	吉豆	高粱	粟	玉米	小麦	大麦	稗	黍	荞麦	线麻
村庄平均值	4.1	2.3	3.7	4.7	5.2	6.1	2.8	8.4	11.2	3.7	3.7	2.8
县公署调查	6.0	2.8	3.4	7.5	7.8	7.5	5.6	9.3	—	5.6	2.8	—

洮安县

	大豆	小豆	吉豆	高粱	粟	玉米	小麦	大麦	黍	荞麦	稗	旱稻
村庄平均值	7.5	6.4	4.3	9.7	12.9	9.7	—	—	12.9	8.6	17.2	15.0
县公署调查	2.1	2.1	2.1	3.2	2.8	3.2	2.6	3.2	2.6	2.6	—	—

注：以上诸表单位均为日本石。

如上所示，各县的收割量相差迥异。然而该调查并不涉及县中所有村庄，其数目较少（特别是洮安县只选择了洮安 1 个村），因此定结论还为之甚早，但我们对县公署的调查报告抱有一定疑问。

全体村庄的平均单位收割量和最大、最小收割量如下所示：

作物	全区平均每晌产量	最大		最少		备注
		产量	地名	产量	地名	
大豆	3.3	7.5	洮安	1.2	刘家店	
高粱	4.7	9.7	洮安	1.7	刘家店	
粟	4.3	12.9	洮安	1.7	刘家店	
玉米	5.0	9.7	洮安	2.9	出字井	
小麦	3.0	3.4	哈拉海城子	2.7	张家营子	
大麦	7.5	8.4	龙泉镇	6.8	哈拉海城子	
荞麦	3.1	8.6	洮安	2.5	乾安	
黍	3.2	12.9	洮安	1.2	刘家店	单位全部是日本石,记录的是全区的平均量,极端数据除外
稗	14.2	17.2	洮安	11.2	西六家子	
旱稻	—	15.0	洮安	—	—	
小豆	2.7	6.4	洮安	1.5	遐字井	
吉豆	2.8	4.3	洮安	1.5	遐字井	
云豆	2.7	2.7	张家营子	—	—	
江豆	5.8	7.5	洮安	2.6	堆围拔山	
线麻	2.5	10.7	洮安	1.9	乾安西六家子	
苏子	1.5	1.5	遐字井	1.3	乾安	
芝麻	1.3	1.3	乾安	—	—	

六、脱粒及调整

把作物收割、干燥后,搬运到院子里,铺开到适当的厚度后用石头碌子进行脱粒。但是粟则保留草秆,将穗与穗连接摆成圆形;高粱只留下穗,玉米去除表皮后铺放在院子里。如果只有少量玉米需要脱粒时,就在家里将其去皮后,用锥形工具来脱粒。这种作业被称为"穿锥"。

脱粒后,将所有的作物、秆和其他等物移到院子一角,只把谷粒集中在院子中央,用扬掀进行风选,使谷物脱粒。下表是1天脱粒1晌的进程。

地名	大豆	小麦	粟	高粱	玉米
农安	5人、3匹马	5人、4匹马	5人、4匹马	3人、3匹马	—
乾安	3人、2匹马	—	4人、3匹马	3人、2匹马	4人、3匹马
大赉	3人、3匹马	—	5人、3匹马	3人、3匹马	5人、3匹马

七、储藏

除了在土壁子内储藏,还在院内选择干燥的场所,作为简单的储物地。在"穴子"上顺次摆好、储藏;或是在"炕上"铺上席子,散放储藏。大赉附近地区,把去了表皮的玉米放在"玉米楼子"里储藏。蔬菜类通常就用"菜窖"来储藏。

八、农业季节

下示农业季节为阳历时间。不同于南满地区,这里的播种和收割均按照粟—高粱—大豆的顺序来进行。

1.农安附近

作物	播种期	除草期			中耕培土			收割期
		第1次	第2次	第3次	第1次	第2次	第3次	
大豆	5月中旬	6月上	7月上	8月上	除草后	除草后	除草后	9月上—10月上
高粱	4月下—5月上	6月上	7月上	8月上	除草后	除草后	除草后	9月下
粟	4月下—5月上	6月上	7月上	8月上	除草后	除草后	除草后	9月中下
小麦	4月上	夏	夏	夏	6月上	夏	夏	8月上
玉米	4月下	—	—	—	—	—	—	9月下—10月上
黍	4月下—5月上	—	—	—	—	—	—	9月中下
大麦	4月下	—	—	—	—	—	—	8月上
荞麦	6月下	—	—	—	—	—	—	9月下

2.乾安附近

作物	播种期	除草期			中耕培土			收割期
		第1次	第2次	第3次	第1次	第2次	第3次	
大豆	5月上	6月上中	7月上中	夏	除草后	除草后	夏	9月中下
高粱	4月下—5月上	6月上中	7月上中	夏	除草后	除草后	夏	9月中下
粟	4月中下	第1次	第2次	8月上中	第1次	第2次	除草后	9月中
玉米	4月下—5月上	第1次	第2次	夏	第1次	第2次	夏	9月下
黍	5月上	—	—	—	—	—	—	9月中
荞麦	6月中下	—	—	—	—	—	—	9月上中

3.大赉附近

作物	播种期	除草期			中耕培土			收割期
		第1次	第2次	第3次	第1次	第2次	第3次	
大豆	5月上、中	6月上	7月上		除草后	除草后	夏	9月中
高粱	4月下—5月上	6月上	7月上	8月上	除草后	除草后	除草后	9月中下
粟	4月下—5月上	6月上	7月上	夏	除草后	除草后	夏	9月中下
玉米	5月上	6月上	7月上	8月上	除草后	除草后	除草后	9月下
黍	5月上	—	—	—	—	—	—	9月下
荞麦	6月中	—	—	—	—	—	—	9月下—10月上

4.其他地方

作物	王府附近		安广附近		黑帝庙附近	
	播种期	收割期	播种期	收割期	播种期	收割期
大豆	5月中	9月下	5月上	9月中下	5月上	9月下
高粱	4月下—5月上	9月下	4月下—5月上	9月中下	5月上	9月下
粟	4月下—5月上	9月下	4月下—5月上	9月中下	5月上	9月下
小麦	4月上	7月下—8月上	4月上	8月上	4月上	8月上
黍	4月下—5月上	9月下	4月下—5月上	9月中	4月上	9月下
玉米	4月下—5月上		4月下—5月上	9月下	4月下—5月上	9月下
荞麦	—	—	6月中下	9月中	6月中下	9月下
小豆	—	—	5月下	9月上	5月中下	9月下

九、主要作物的分布状况

将各县种植比例第1到第5的作物记录在下(依据县公署的调查结果)。

县名	第1名		第2名		第3名		第4名		第5名	
	作物	比例(%)	作物	比例(%)	作物	比例(%)	作物	比例(%)	作物	比例(%)
农安	高粱	40.69	粟	32.53	大豆	15.33	黍	3.09	玉米	1.91
前旗	大豆 高粱	30.00			粟	25.00	玉米	4.00	荞麦 小豆	3.00
乾安	大豆 粟	32.79			高粱	18.24	黍	13.64	玉米	10.64
大赉										

县名	第1名		第2名		第3名		第4名		第5名	
	作物	比例(%)	作物	比例(%)	作物	比例(%)	作物	比例(%)	作物	比例(%)
安广	高粱	38.59	大豆	36.80	玉米	10.43	小豆	2.95	黍荞麦	2.94
洮安	高粱	29.03	粟	24.55	大豆	18.60	玉米	10.33	吉豆	5.13

但前旗的情况是通过旗内各村庄的调查结果推算得出的。这5大作物在全区的总种植面积表示如下：

	农安	前旗	乾安	安广	洮安	合计(响)	比例(%)
耕地面积	498,500	120,000	65,800	66,810	102,662	853,772	100
高粱	202,834	36,000	12,000	25,785	29,800	306,419	35.89
粟	162,166	30,000	15,000	1,800	25,200	234,166	27.43
大豆	76,434	36,000	15,000	24,585	19,098	171,117	20.04
玉米	9,514	4,800	7,000	6,965	10,602	38,881	4.55
小麦	5,066	1,200	—	458	1,830	8,554	1

如表所示，玉米和小麦的数量极少，取而代之的有黍、荞麦、小豆、吉豆及其他。

十、病虫害、疫病及其他

1.病虫害

安广县东北部地带的大豆在第一次除草后，根部大多会长出很多小虫，以致大豆会从根部变红、腐烂。王府和八狼屯地区附近，鸟害(主要是麻雀)严重，麦类基本上无法种植。

2.沙地和风害

农安县北部的刘家店附近、乾安县东北部以及安广县龙泉镇附近的沙地广阔，加上西南季风非常强烈，耕地表面土壤移动，导致播下的种子分散开来，麦类和玉米的收成最不理想。

3.碱性地区

虽然全区的土壤的碱性有强弱之差，但是因均呈碱性，阻碍了作物的生长发育，而只有大麦的耐碱性较强。

4.水灾

王府、洮安附近的耕地几乎每年都遭遇河水灾害，土壤过湿，致使小麦发育不良。

5.疫病

从农安县北部到前旗王府一带，以及乾安附近，每年都盛行鼠疫。大同元年，乾安的死亡人数达到800人，大同2年，虽死者数只有200人，但其危害性也可想而知。据当地人称，王府附近的耕地有许多啮齿类旱獭的洞穴，助长了鼠疫的传播。

十一、中野农场

农安县小城子乡的伊通河沿岸一片水田,由常驻新京的中野常次郎来经营。概况如下。

(一)经营

昭和7年,按每晌16圆国币收购350晌的地券,并招募朝鲜移民下田劳作。从昭和8年起,耕种水稻250晌(每4人10晌)。昭和9年春季前,投放资本共约4万圆,用于饮水设备、移民建筑及其他。

(二)灌溉设备

引水堰是在其地基处堆积土包,然后在上面用柳枝、稻秆交织着堆成梯形断面。河水上流面铺有柳枝和稻秆,堰中央的溢流处堆积土包。堰长80尺,高16尺,堰中央的溢流处有宽25尺的地方。去年竣工,包含护岸费在内,总耗资8,000圆。但因年末时被附近的满人农民烧坏,今年需要增加修理费3,000圆。

导水路断面长33町(1町约109.09米)、底宽3尺、顶宽12尺、高3尺。每人每天完成长15尺、宽8尺、深2尺的工作量,需付工资60—80钱。

在水田四周筑堤、引水,耕地时期尤为重要。地主按每晌平地0.8石、每晌柳生地1石的标准,给劳作于水田的佃农付工资。

经营之初,承包田地耕种,每晌需国币8—10圆。

(三)农耕法(阳历月份)

1.品种

90%的札幌赤毛,10%的天落租。

2.5月下旬,将浸泡了两三天的种子进行散播。每晌已翻耕地需要3斗5升,新地则需4—5斗(1斗相当于日本1.67斗)。

3.最初3年不施肥。

4.三次除草都是手工操作,播种后20天进行第1次除草,两周后再进行第2次和第3次。

5.8月上旬进行灌水,之后慢慢将水排出。

6.9月上旬用镰刀进行收割、扎捆,将穗朝上竖直摆放,让其干燥1—2个星期后,放进脱壳机里脱粒。上田每晌的产量为20石,下田则为15石(这里的1石相当于日本1.67石)。

(四)佃耕制度

分益耕种法和定租耕种则并用。

1.分益耕种法

全部用分赇式向地主缴纳2石的租借田地费,剩余费用分成两半。租税、杂费、种子、农具、牲畜、粮食(1个人1石粟、30斤盐、5升大豆)以及房租的一半由地主支付,剩下的一半房租则由佃农负担。此外,地主每年还要支付给佃农大约1圆的烟草费。

2.定租耕种法

每年交付的 2.5 石的田地租金、1—1.5 石的水利费用和国税由地主承担,村镇的公费及捐给警署、学校的金额由佃农承担。

据中野氏称,伊通河沿岸有柳生地、草生地等水田候补地 3,000 晌。

十二、谢家园子水田经营地

朝鲜人经营的水田,在洮南县谢家围子洮儿河沿岸。这些水田全部都是分散在新京、奉天、洮南以及谢家围子附近 70 户满人的所有地。

虽然过去是熟地,但因年年发洪水导致收成减少,为了提高水田耕种,满人于昭和 8 年,和事变后避难至洮南的朝鲜人签署了 5 个年头的佃农契约,并在谢家围子设立了事务管理所,从昭和 9 年开始了经营。其预定面积是 800 晌,本年度经营 400 晌。60 名朝鲜人,再加上朝鲜佃农雇佣的 50 名满人,就是所有的劳作者。劳作费用都由佃农来负担,除了各自手头上的现金,还有来自东亚劝业 1,000 圆的融资。

(一)用水及排水设备

设置取水堰堤,其引水入口处,移民自身变成民工,挖开洮儿河防水堤,实施护岸工程。不包括引水口,需要材料费 700 圆。

导水路和排水路都是通过洮儿河洪水区内的小河来实现的,此地水路干流、支流各 1 日里,干流底宽 1 尺,高 3 尺,仅靠移民在挖掘,其中工具费 300 圆。排水路尚未设置排水闸门,但预计引水、排水两个闸门的工程费需 3,000 圆。

(二)农耕法

1.品种　札幌赤毛及朝鲜糯。

2.每人耕作面积为 4 晌。

3.在所有水田区域的周围筑堤,引入 5—6 寸深的水。5 月末至 6 月初田地翻耕完后,撒播已浸泡好的种子,早产播种 3 斗 5 升,晚产播种 4 斗 5 升,1 人 1 天播种 2 晌。

4.不进行补种和间苗。

5.进行 2—3 次除草。第一次在播种后 15—20 天,第二、三次与拔稗同时进行,分别在第一、二次除草之后。1 天除草 1 晌所需人数:第一次 10 人,第二次 13 人。

6.穗孕期 7 月下旬,出穗期 8 月上旬,开花期 8 月上中旬,落水期 8 月下旬(黄熟期)(季节是阳历)。

7.9 月上中旬用镰刀收割,1 天 1 晌需要 10 人,1 晌粳的产量为 12—13 石(晚生的是 11 石),糯则为 8—9 石。(稻谷 1 石 320 斤)

(三)佃耕契约

昭和 9 年以后 5 年的契约地租:

第1年、第2年　　稻谷和谷秆的 25%
第3年　　　　　　稻谷和谷秆的 27%
第4年、第5年　　稻谷和谷秆的 30%

此外,国税、地方税、王租由地主承担,但村镇公费的一半(1年为国币 200 圆)则由全体佃农承担。

附: 各地主要作物种植比率、播种量及产量表

(一)农安县

(单位:晌/石)

地名	作物	种植比例(%)	播种量(斗)	产量(石)	谷秆产量(斤)	备注
农安	大豆	—	2.0	—	—	
	高粱	—	0.4	—	—	
	粟	—	0.3	—	—	
	小麦	—	3	—	—	
	大麦	—	3	—	—	
	荞麦	—	2	—	—	
	黍	—	0.3	—	—	
太平山	大豆	20	2	2		
	高粱	32	0.4	4		
	玉米	4	2	3		
	粟	36	0.3	3	—	
	小豆	8	3	2	—	
哈拉海城子	大豆	20	1.3	2.5	豆皮 400 豆秆 600	沙地多,麦类、玉米的收成不好
	粟	30	0.35	3	1,200	
	高粱	30	0.4	3	1,800	
	玉米	10	0.5	3	1,200	
	小麦	5	3	2	2,400	
	大麦	—	3	4	2,000	
	小豆	—	1.2	2.5	—	
	吉豆	—	0.3	1.5	—	
	黍	—	0.5	2.5	1,200	

续表

地名	作物	种植比例（%）	播种量（斗）	产量（石）	谷秆产量（斤）	备注
刘家店	大豆	37	1	0.7	—	
	高粱	37	0.4	1	—	
	谷子	17	0.25	1	—	
	小麦	—	2	不明	—	
	黍	9	0.2	0.7	—	

地名	作物	播种量		产量		
		中国斗	日本斗	中国石	日本石	
以上村庄的平均值	大豆	1.58	2.7	1.73	2.9	
	高粱	0.4	0.7	2.67	4.5	
	粟	0.3	0.5	2.33	3.9	
	小麦	2.67	4.5	2	3.4	
	大麦	3	5.1	4	6.8	
	荞麦	2	3.4	—	—	
	黍	0.33	0.6	1.6	2.7	
	玉米	1.25	2.1	3	5.1	
	小豆	2.1	3.6	2.25	3.8	
	吉豆	0.3	0.5	1.5	2.5	

（二）南郭尔罗斯前旗

（单位：晌/石）

地名	作物	种植比例（%）	播种量（斗）	产量（石）	谷秆产量（斤）	备注
小城子	高粱	40.00	0.5	2.5	—	小麦因麻雀灾害而歉收
	粟	27	0.3	2.5	—	
	大豆	27	1.15	2.5	—	
	小豆	4	1.3	3	—	
	黍	2	0.35	3	—	

续表

地名	作物	种植比例(%)	播种量(斗)	产量(石)	谷秆产量(斤)	备注
张家营子	大豆	30	2.4	2	秆700	王府后的山地,土壤贫瘠,麦类歉收
	粟	20	0.4	2	1,000	
	高粱	20	0.3	2.5	900	
	荞麦	7	—	—		
	玉米	—	1.4	3	—	
	小豆	—	1.6	1.5	500	
	云豆	—	3	1.5	500	
	小麦	5	2	1.5	700	
	黍	7	0.3	1.5	700	
	吉豆	7	0.4	1.2	500	
	线麻	0.5	3	1.5	茎1尺 长3尺	
卡拉木屯	黍	—	0.3	2.3	200束	农家很少食用小豆和吉豆,所以也很少种植。小麦生长状况欠佳
	大豆	30	1.5	2.3	—	
	谷子	30	0.3	4	—	
	高粱	35	0.4	5	—	
	荞麦	4	1.2	2.5		
前卡韩家堡	高粱	20	0.45	4	—	麦类因受麻雀灾害,收成较少
	谷子	20	0.4	2.5	—	
	大豆	20	1.2	1.5	—	
	线麻	10	0.8	1.5	—	
	小豆	10	1.2	1.5	—	
	黍	4	0.4	1.7	—	
	荞麦	7	1.1	1.5	—	
白衣哈	高粱	20	0.6	2	—	因碱性田地的发芽率较低,播种量相对较多
	粟	20	0.5	2	—	
	大豆	30	2	2	—	
	玉米	20	2	2	—	
	小豆	1	1.2	1.5	—	
	荞麦	3	1	2	—	
	吉豆	1	0.5	1	—	
	黍	1	0.5	1.5	—	
	线麻	2	1	1.5	—	

续表

地名	作物	种植比例(%)	播种量(斗)	产量(石)	谷秆产量(斤)	备注
大喇叭窝棚	高粱	40	0.4	3	2,500	受鸟害严重,很少种植玉米和小麦
	谷子	20	0.4	3	1,000	
	玉米	10	1	4	600	
	大豆	30	1.4	2	3,000	
	荞麦	—	1.2	—	—	
	黍	—	0.4	—	—	
八狼屯	高粱	30	0.4	3		性土地中大麦的收成较好
	谷子	30	0.3	3	—	
	大豆	35	1.3	2		
	黍	1	0.3	1.5	—	
	小豆	2	1	1	—	
	吉豆	2	0.8	1	—	
	大麦	—	—	4	—	
	荞麦	—	—	1.5	—	

地名	作物	播种量		产量		
		中国斗	日本斗	中国石	日本石	
以上村庄的平均值	高粱	0.44	0.8	3.14	5.7	
	粟	0.37	0.7	2.71	4.9	
	大豆	1.57	2.7	2.04	3.7	
	小豆	1.26	2.3	1.7	3.1	
	云豆	3	5.4	1.5	2.7	
	吉豆	0.57	1	1.07	1.9	
	黍	0.36	0.6	1.92	3.5	
	荞麦	1.13	2	1.88	3.4	
	玉米	1.47	2.7	3	5.4	
	小麦	2	3.6	1.5	2.7	
	大麦	—	—	4	7.2	
	线麻	1.6	2.9	1.5	2.7	

(三)乾安县

地名	作物	种植比例(%)	播种量(斗)	产量(石)	谷秆产量(斤)	备注
出字井	高粱	30.00	0.4	2.0	—	沙地风力强劲,通常生长状况欠佳
	谷子	25	0.2	1.5	—	
	玉米	12	1	1.5	—	
	大豆	18	1.2	1.5	—	
	黍	10	0.4	1.4	—	
	荞麦	—	1.5	—	—	
	小豆	—	0.8	—	—	
	苏子	5	0.3	0.8	—	
遐字井	高粱	8	0.5	1.7	—	
	大豆	32	1.5	1.2	—	
	谷子	30	0.3	2	—	
	苏子	10	0.3	0.8	—	
	小豆	3	1.5	0.8	—	
	黍	7	0.3	0.8	—	
	玉米	5	0.8	2	—	
	吉豆	3	0.6	0.8	—	
乾安	高粱	—	0.3	2	1,800	
	粟	—	0.2	2	900	
	玉米	—	0.5	2	1,600	
	大豆	—	1.2	1.5	5,000	
	黍	0.3	1.5	3,600		
	荞麦	—	0.7	1.3	1,200	
	小豆	—	0.7	1	1,500	
	吉豆	—	0.7	1	1,500	
	线麻	—	0.3	1	2,000	
	芝麻	—	0.3	0.7	2,000	
	苏子	—	0.4	0.7	2,500	

	作物	播种量		产量		
		中国斗	日本斗	中国石	日本石	
以上村庄的平均值	高粱	0.4	0.8	1.9	3.7	
	谷子	0.23	0.4	1.83	3.5	
	玉米	0.77	1.5	1.83	3.5	
	大豆	1.3	2.5	1.4	2.7	
	黍	0.33	0.6	1.23	2.4	
	苏子	0.33	0.6	0.77	1.5	
	荞麦	1.1	2.1	1.3	2.5	
	小豆	1	1.9	0.9	1.7	
	吉豆	0.65	1.3	0.9	1.7	
	线麻	0.3	0.6	1	1.9	
	芝麻	0.3	0.6	0.7	1.3	

(四)大赉县

地名	作物	种植比例(%)	播种量(斗)	产量(石)	谷秆产量(斤)	备注
大赉	大豆	10.00	1.5	2.0	—	因沙地多、风力强,麦类收成不佳
	谷子	35	0.3	2.5	—	
	高粱	30	0.5	2.5	—	
	玉米	10	1	2.5	—	
	黍	5	—	2	—	
	小豆	1	—	1.5	—	
	吉豆	2	—	1.5	—	
	线麻	2	—	1.5	—	
	荞麦	2	—	2.5	—	
	高粱	22	0.5	3	—	
	大豆	5	1.5	1.5	—	
	粟	43	0.4	2	—	

地名	作物	种植比例(%)	播种量(斗)	产量(石)	谷秆产量(斤)	备注
堆围拔山	玉米	22	1	3	—	大豆根部容易长虫,第一次除草后会腐烂
	黍	4	0.5	2	—	
	江豆	4	1	1.5	—	
	荞麦	—	1	2	—	
	线麻	—	4	1.5	—	
	吉豆	—	0.6	1.5	—	

	作物	播种量		产量		
		中国斗	日本斗	中国石	日本石	
以上村庄的平均值	大豆	1.5	2.6	1.75	3.1	
	谷子	0.35	0.6	2.25	4	
	高粱	0.5	0.9	2.75	4.8	
	玉米	1	1.8	2.75	4.8	
	黍	0.5	0.9	2	3.5	
	小豆	—	—	1.5	2.6	
	吉豆	0.6	1.1	1.5	2.6	
	荞麦	4	7	1.5	2.6	
	江豆	1	1.8	2.25	4	
	线麻	4	7	1.5	2.6	

(五)安广县

地名	作物	种植比例(%)	播种量(斗)	产量(石)	谷秆产量(斤)	备注
西大家子	大豆	10.00	1.2	2.0	—	大豆根部容易长虫
	高粱	30	0.5	2	—	
	谷子	30	0.3	3	—	
	玉米	20	0.8	3	—	
	稗子	10	0.2	6	—	
	黍	2	0.5	2	—	
	线麻	1	0.2	1	—	

地名	作物	种植比例(%)	播种量(斗)	产量(石)	谷秆产量(斤)	备注
王家店	大豆	26	2	2.5	—	大豆根部长虫。因水分不足麦类的发芽状况欠佳
	高粱	32	0.3	2.5	—	
	谷子	32	0.3	2.5	—	
	小豆	5	1	1.5	—	
	黍	5	0.3	2	—	
龙泉镇	大豆	22	1.3	2	1,350	均是沙地,加上风力强劲,收成不佳。大豆根部长虫
	高粱	35	0.4	3	3,600	
	谷子	35	0.3	3	2,500	
	玉米	—	0.5	3.5	700	
	黍	4	0.4	2	1,200	
	小麦	4	2	1.5	4,500	
	吉豆	—	0.4	2	200	
	小豆	—	0.5	1	100	
	大麦	—	3	4.5	800	
	荞麦	—	1.2	2	—	
	线麻	—	0.3	2	600	
太平山	大豆	—	1.5	—	—	
	高粱	—	0.5	—	—	
	谷子	—	0.3	—	—	
	玉米	—	0.5	—	—	

作物	播种量		产量		
	中国斗	日本斗	中国石	日本石	
大豆	1.5	2.8	2.17	4.1	
高粱	0.43	0.8	2.5	4.7	
谷子	0.3	0.6	2.8	5.2	
玉米	0.6	1.1	3.25	6.1	
稗子	0.2	0.4	6	11.2	
黍	0.4	0.7	2	3.7	
小麦	2	3.7	1.5	2.8	
大麦	3	5.6	4.5	8.4	
荞麦	1.2	2.2	2	3.7	
吉豆	0.4	0.7	2	3.7	
小豆	0.75	1.4	1.25	2.3	
线麻	0.25	0.5	1.5	2.8	

注：左列为"以上村庄的平均值"。

(六)洮安县

地名	作物	种植比例(%)	播种量(斗)	产量(石)	谷秆产量(斤)	备注
洮安	大豆	20.00	1.2	3.5	—	小麦歉收
	谷子	35	0.2	6	—	
	高粱	30	0.3	4.5	—	
	玉米	5	0.5	4.5	—	
	黍	3	0.2	6	—	
	荞麦	5	1	4	—	
	稗子	—	0.2	8	—	
	旱稻	—	2	7	—	
	江豆	—	0.7	3.5	—	
	小豆	—	0.5	3	—	
	吉豆	—	0.3	2	—	
	线麻	2	0.3	5	—	

第五章　农业经营

一、经营的种类

全地区的经营法包括自耕农、佃农以及分益农,合作农和承包农等较少。佃农和分益农的有关情况如下:

(一)佃农

除了南郭尔罗斯旗一带,前旗地区一般多采用分赔的分配方法。佃耕较少的地区通常通过中间人来拟定佃耕契约书,可信之人则只凭采用口头契约即可,同其他地区无异。除了农安附近,在阳历 8—9 月结成契约之外,其余都是在打完场(脱粒调制)后。契约年限一般是 1、2、3、5 年。

地租不实行现金缴纳,而是按照定租或按一定比例来缴纳谷物,如高粱、粟、大豆三类;高粱、粟、玉米三类;或者高粱、粟两类。各地的地租如下所示:

(单位:当地石)

地名	地租			备注
	上	中	下	
农安	2.0	1.0	0.5—0.8	上等高粱、粟各 0.9 大豆 0.2 中等高粱、粟同量
农安县太平山	1.5	—	—	高粱、粟同量
刘家店	0.5	0.2	0.1	高粱、粟同量
哈拉海城子	2.0	1.4	0.8	高粱、粟、玉米
前旗小城子	1.6	—	—	大豆 0.2　高粱、粟各 0.7
大喇吧窝棚	0.5	—	—	高粱、粟
七家子	1.2	—	—	高粱、粟
八狼屯	1.8	1.2	0.7	高粱、粟、玉米
白衣哈	1.0	0.7	0.2	高粱、粟、玉米
乾安	0.6	0.4	0.3	高粱、粟、玉米

地名	地租			备注
	上	中	下	
大赉	2.0	1.5	0.4—1.0	高粱、粟及玉米产量的三到四成
龙泉县	1.0	0.5	0.3	高粱、粟以及玉米产量的三到四成
洮安	1.7	1.2	0.7	高粱、粟、玉米的三到四成

该地区的地租一般是在打完场后(即旧历十一月以前)佃农缴纳给地主。有时替地主将谷物搬运到较远的地方时,由地主承担运费,或是减少相应的地租。

此外,原则上土地的相关租税由地主承担;农具、种子、牲畜和村公费由佃农承担。但在大赉,地主只需承担村公费六成;而在农安附近,佃农的住宅也要由地主来承担。

(2)分益农

此方法在南郭尔斯前旗一带广泛推行,但只限于辨内啃,很少有辨外啃。内啃即的佃农住在地主家,农具、牲畜、种子以至于日用品、衣服和每天的食物都由地主支付,收割后,佃农再偿还其食物、日用品及衣服的费用。

除了大赉地区的作物,尤其是小麦和大豆,佃农分得四成之外,全部对半分利。举例来说,1名地主家的成员、2名地主雇佣的年工加上7名内啃,共有10名从事农耕者。收割200石时,分利情况如下所示:

地主　100石(对半)30石(家人劳动及年工的部分)总计130石

分啃　每人10石(折半后100石的1/10)

此外,原则上由地主负担地租,但农安县刘家店存在分啃支付王租的现象。

二、农户的定义

	农安县		大赉县		洮安县	
	户数	比例(%)	户数	比例(%)	户数	比例(%)
全县户数	40,183	—	15,270	—	不明	—
农家户数	36,676	100.00	9,528	100.00	8,240	100.00
地主	9,412	25.69	1,586	16.65	743	9.02
自耕农	7,629	20.82	3,188	33.46	3,735	45.33
佃农兼自耕农	4,405	12.02	1,590	16.69	928	11.26
佃农	15,230	41.47	3,164	33.20	2,834	34.39

以上是各县公署在大同2年末的调查结果。

兴安县总署长官齐王统治的南郭尔罗斯前旗地区,治安状况不如人意,相当多的蒙古人都舍弃了王赐予的土地,移居到安全的村庄。白哈衣等全村有 120 户蒙古人,其中拥有土地的土著民只有 30 户,很多避难的蒙古人成为汉人佃农的雇佣劳动者。

三、农户土地所有面积以及经营面积

县名	农家户数	种植面积	相当于 1 户的平均经营面积	备注
农安	36,676	498,500	约 14 晌	平均 1 户相当于 13 晌
乾安	7,373	65,800	约 9 晌	
大赉	9,528	118,000	约 12 晌	
安广	6,059	66,810	约 11 晌	
洮安	8,240	102,662	约 12 晌	

但上表的农家户数中包含了实际上并未从事农业劳作的地主户数,所以其结果只是大致情况。

几个村实际调查的情况如下:

1.拥有土地面积

地名	40 晌以上	30—40 晌	20—30 晌	10—20 晌	5—10 晌	5 晌以下	备注
靰鞡草沟子	—	1	1	—	2	4	
刘家店	3	—	3	—	—	—	3 个 60—70 晌
七家子	4	—	1	—	1	—	90、65、60、55 晌各 1 个

2.耕地经营面积

地名	40 晌以上	31—40 晌	21—30 晌	11—20 晌	5—10 晌	5 晌以下	备注
农安县太平山	1	—	—	1	2	4	40 晌以上是 60 晌
八狼屯	3	—	8	—	—	—	1 个 200 晌、2 个 100 晌

四、各地农户经营的规模

区内 30 户中,平均每户的经营面积为 1 晌,所需劳动力及其他数据列在下表。(月工 11 个月或日工 330 日则换算成 1 名年工。)

1 户平均经营面积　　47 晌(最大 200 晌、最小 7 晌)

1 晌所需劳力

人　　　　0.17 人

犁　　　　0.05 台

大车　　　0.03 辆

牲畜　　　0.16 头

牲畜基本上不用牛,只用马,大车一般是二轮车。

以下是上述 30 户的经营面积及其他情况一览表。

地名	经营面积（晌）	从事农耕者				犁数	大车数	牲畜数
		家属	年工	月工	日工			
农安县太平山	25	3	2	—	—	3	1	6
农安县太平山	26	5	4	—	—	1	1	7
刘家店	60	8	10	—	40 日	3	2	20
刘家店	45	5	7	—	—	3	1	7
张家营子	42	1	5	—	80 日	2	1	5
张家营子	110	1	10	6 月	—	5	1	7
前旗小城子	40	7	2	—	50 日	2	1	6
卡拉木屯	40	1	5	—	100 日	2	1	7
卡拉木屯	21	1	2.5	—	30 日	2	1	3
前卡韩家堡	45	1	3	—	30 日	2	1	5
前卡韩家堡	7	2	2	—	—	1	1	3
刘家子	23	5	2	—	—	1	1	4
四家子	50	4	7	—	—	2	2	10
大喇吧窝棚	90	3	9	—	—	2	2	12
出字井	70	5	8	—	—	2	2	12
遐字井	91	—	7	—	—	2	1	11
遐字井	15	2	—	15 月	—	2	1	4
新庙	23	3	3	—	—	2	1	5
八狼屯	200	—	10	—	—	12	4	24
八狼屯	35	4	2	—	140 日	4	2	6
八狼屯	60	3	10	—	200 日	4	2	9
七家子	40	6	5	—	—	3	2	9
堆围拔山	22	4	—	—	40 日	1	1	6

地名	经营面积（晌）	从事农耕者				犁数	大车数	牲畜数
		家属	年工	月工	日工			
西六家子	30	2	2	—	80日	2	1	3
二十里堡	50	4	6	—	—	2	2	10
二十里堡	80	1	9	—	—	5	2	17
龙泉镇	10	2	—	—	—	1	1	2
太平窝棚	24	4	1	—	—	1	1	5
安广县太平山	10	4	—	—	—	1	1	2
黑帝庙	33	5	3	—	—	2	1	4

五、农业劳动者

因为全区的铁路工程正在修筑建设中，就从其他各地调度一些劳动者，导致农业方面基本没有从其他地方流入的年工、月工、日工。加上各村庄的村庄内部互通有无，引发了许多人对维持治安的不安，而后都选择了移居。目前除了农安县，其他地区大都处于劳动力不足的状态。

然而在南郭尔罗斯前旗，因地主都是不擅耕作的蒙古人，于是每年春季便凭契约引入大量汉人佃农，佃农完成收割缴纳地租后离开。即土著民所谓的"流民"较多，据称每年达到万余人。

各地的劳力工资情况如下，没有特别说明的均以国币为单位。

地名	年工			月工		日工		备注
	工资	年期	雇主负担	工资	雇主负担	工资	雇主负担	
靰鞡草沟子	7.50石	11个月	—	8石	—	0.4石	—	年工劳作高粱、粟、大豆
太平山	60石	11个月	吃、住	10—12石	—	忙0.4石 闲0.3石	—	年工是三到五成的押金
哈拉海城子	10石	—	—	忙10石 闲6石	—	忙0.5石 闲0.3石	—	—
刘家店	—	—	—	—	—	忙0.6石 闲0.5石	—	—
王府	40—60石	—	吃、住	忙10石 闲6石	—	忙0.5石 闲0.2石	吃	年工三成押金

地名	年工			月工		日工		备注
	工资	年期	雇主负担	工资	雇主负担	工资	雇主负担	
白衣哈	50 石	11 个月	吃	忙 10 石 闲 4 石	吃	忙 0.4 石 闲 0.5 石	吃	年工三成押金
出字井	11 石	—	—	—	—	—	—	高粱、粟、玉米
乾安	9 石	11 个月	吃、住	1.5 石	—	忙 0.4 石 闲 0.3 石	—	高粱、粟、玉米
八狼屯	50—61 石	11 个月	吃	忙 5 石 闲 4 石	吃	忙 0.4 石 闲 0.2 石	吃	—
大赉	60 石	11 个月	吃、住	忙 12 石 闲 7 石	—	忙 0.4 石 闲 0.25 石	—	—
龙泉镇	同分赌	11 个月	吃、住	6—7 石	—	0.4—0.5 石	—	—
洮安	50	10 个月	—	忙 15 石 闲 7 石	—	忙 0.5 石 闲 0.3 石	—	年工五成定金

第六章　农户的住、食

一、住

农村的住宅均是平房的原因:(1)该地区位于满洲中部,因冬季不太严寒,无需建盖草房;(2)该地区的土壤多呈碱性,适于建造平房顶部;(3)农村地区较贫穷,没有资金修盖比平房昂贵的草房。至于村庄的形成,除乾安县附近外,大都没有修筑村庄共同的大型防护壁,只是每家每户在自家的周围修筑高7丈左右的土壁。但乾安县附近因交通不便且人口密度低,村庄人民出于对治安的担忧便在每个村庄修筑了包围整个村庄的方形大土壁,该土壁高达丈余,而且在其四个角落或是在中间,也设有带枪眼的炮台。村庄的眺望台能看到整个城郭,村庄人民的出入也仅限于其土壁内的一扇门或者两扇门,土壁内的各户则只在其周围修建三四尺高的土壁。下面列举了两三个村庄的3间平房的建筑费用及其他情况:

村名	建筑费用(圆)	1年修理费(圆)	村名	建筑费(圆)	1年修理费(圆)
农安县太平山	120—140	4	前旗张家营子	杨 60	—
				松 120	—
乾安县遝字井	60	5	白衣哈		
前旗八狼屯	75	10		杨 90	—
				松 250	—

二、食物

主食以粟为主,高粱和黍为辅。1人1年所消耗的食量:1名成年男子是2.5石粟和1.2石左右的小米(中国升),包括副食及其他食物在内,1年的食量消费一般在20圆左右。

第七章　家畜饲料及其他

本地的劳作牲畜和副业家畜的饲养时间如下所示：

劳作牲畜　　1—7、9、11、12 月　　　　　　　　　　总计　10 个月

副业家畜　　12—4(5 月和 11 月分别饲养半个月)　总计　6 个月

也就是说，劳作牲畜有 2 个月、副业家畜有 6 个月的放牧时期。

劳作牲畜在耕种期间会得到丰厚的饲料，但其他时期及放牧期间，主要用羊草、谷草加点高粱等来喂养。值得注意的是，因附近没有生产燕麦，所以不将其作为饲料。

以下列举两三个地方 1 头家畜每天的饲料情况：

地名	马		牛		羊
	忙	闲	忙	闲	
农安	谷草　8 斤 高粱　3 豆粕　4	— — —	谷草　10 斤 豆粕　2 斤	— —	— —
农安县太平山	玉米　2.7 升 大豆　1.3 升 谷草　少许	高粱 3.3 斤 谷草　少许 —	— — —	— — —	— — —
前旗　小城子	谷草　5 斤 豆粕　少许 高粱　少许	— — —	谷草 6.5 斤 豆粕少许 高粱少许	— — —	谷草　2.5 斤 高粱　少许
张家营子	高粱　1.5 斤 谷草　15 斤 豆粕　5 斤 —	谷草　10 斤 羊草　24 斤 — —	高粱 大豆 玉米 1 升 羊草 15 斤	放牧 — — —	— — — —
前卡韩家堡	高粱　3 升 豆粕　6 斤 谷草　少许	高粱　1 升 羊草　少许 —	— — —	— — —	— — —

第八章 农村的金融

位于各县中心都市的粮栈、烧锅、油坊、火磨、杂货商等是主要的农村金融机构。但因事变后金融市场萎靡,这些机构的运行状况不佳,目前农村极少有押地、批货等金融活动。虽然地主可以借贷春耕资金,零散的农民却对此不闻不问,也很少有人到典当铺当物品。只有邻里间的互助金融尚在进行。以下是两三个地方的利率情况:

农安　　典当物　　每月4分　　押地　每月2分　互助金融　每月2分

乾安　　互助金融　每月4分

白哈衣　互助金融　每月4分

大赉　　互助金融　每月2分

此外,大赉因批卖融资,预计收获时的谷物会涨价。在融资时,就按照预想的全部产量的金额来进行筹措。

第九章　农产品的出入状况

一、农安县

县城农安是县内农产品的主要集散地,农安不仅聚集了县内大部分农产品,还有从南郭尔罗斯前旗和乾安县流入的大量产品,其上市情况如下:(农安商务会调查)

大豆　35万石　玉米　15万石　杂谷　　　20万石

高粱　40万石　粟　　20万石　小麦　2万—3万石

除了满足县城的消费以外,还将农产品从县城运到各地市场,其数量如下:

新京、公主岭　55万石　范家屯　20万石　张家湾　30万石

以高粱和大豆为主,且两者的比例约为2∶1。

农安的粮栈多在县城,只收购地方农民运来的农产品,极少去地方收购。而且,同新京来的粮栈一样,将收购的谷物在县城销售,类似于中间人的性质。

下面是本屯粮栈农产品买卖时的租税情况。

地方捐　　　　　从价的2%

营业税　　　资本金额的1%

商会费　　　　　从价的1%

除上述之外,还有将农产品从县内原产地经过县城直接运到各地市场的情况,其数量如下:

新京、公主岭　30万石　范家屯　10万石　张家湾　15万石

以高粱和大豆为主,且比例同之前一样约为2∶1。

二、南郭尔罗斯前旗

旗内的农产品没有集散地,均是从各原产地直接运到农安、扶余、大赉、长岭、张家湾等地区。然而考虑到劫匪横行,则极少运往上述的内北铁路南部线张家湾。值得关注的是,旗内的后瓦房、同屯和扶余隔第二松花江相望。因是未来京大线扶余站的预定地,它将成为旗内第一个集散地。扶余的两家粮栈已经在同屯开店。

现在旗内各地间农产品运输的大车运费情况如下:

从王府至农安　　高粱1石　　　300吉林官帖

　　　　　　　　大豆1石　　　600吉林官帖

从白衣哈至扶余　大豆1石　　　500吉林官帖

	粟 1 石	300 吉林官帖
从八狼屯至大赉	大豆 1 石	140 吉林官帖
	高粱 1 石	125 吉林官帖
	粟 1 石	125 吉林官帖
从八狼屯至扶余	各种谷物 1 石	500 吉林官帖

三、乾安县

和前旗一样,本县也没有需要特别说明的集散地,农产品均是直接从原产地运往开通、扶余、农安。全县的输出总额和配送比例如下:

移出总额　大豆　12,000 石　小米子　20,000 石

配送比例　开通——60%　农安县——30%　扶余——10%

因配送地较远且治安不良,运费昂贵,高粱和其他作物大都无法运往上述地区。

以下是每石产品从乾安城运到配送地的大车运费:

开通　3 圆　扶余和农安　2 圆(都为国币)

四、大赉县

本县输出谷物总量的一半运到大赉,剩下的一半用大车或者船直接从原产地运到洮南、新京、镇东、哈尔滨、江桥。运出总量不明,但大都以大豆、小米子、黍为主,另外也有芝麻和吉豆。

冬天,将集中在县城的作物用大卡车或大车运往新京;夏天则主要用船运往哈尔滨。哈尔滨—大赉间的水路溯江需要 4—5 天,顺江则为 2 天,夏季有 3 艘蒸汽机船每 2—3 天发 1 次船。

运往新京及哈尔滨的大豆和小米子的运费如下所示:

1.大赉和新京之间(用大车)

出产税　2.5%　附加捐　0.5%

地方税　0.4%

运费　每石 3 圆国币　进店费用　1.5%

2.大赉和哈尔滨之间(水运)

A、大赉的支付费用(哈大洋)

出产税、附加费、地方税(同前)

江口出境税　1.5%　大车费　1 袋(4 斗)0.1 圆

装载费　1 袋 0.03 圆　船费 1 甫 0.1 圆

缝袋口费　1 袋 0.02 圆

B、哈尔滨的支付费用(哈大洋)

海关税　大豆 1 石(14 甫)0.57 圆、小米 1 石(15 甫)

水道税　各 1 石 0.032 圆　装载费　1 石 0.4 圆

进境水警费　1石0.075圆　市场使用费　1石0.18圆
特别税　1石0.06圆

五、安广县

龙泉镇是县内的集最大的市场,其次是县城。但龙泉镇也是在宁口洮大线开通后才出现的市场。现在该县的输出总量:大豆6万石、高粱5万石等。大致同其他县一样,作物直接从原产地运往开通、洮南、镇东、大赍,其配送比例如下所示:

洮南——50%　　开通——25%　镇东、大赍——各12.5%

从龙泉镇向洮南运输1石大豆所需的各种费用如下所示:

出产税　2%　警局、学校税　2%

大车费　国币3圆　洮南粮栈中介费　2%—3%

六、洮安县

本县产出的农作物大部分集中于县城,利用铁路运到沿线各地。大同2年的输出数量如下所示:

大豆——1万石　豆——3,000石　高粱、粟——各2,700石

玉米——2,000石　黍、小麦、荞麦——各1,000石　芝麻—1,400石

如上所示,本次的调查地区普遍因交通不便,距市场较远,农民无法负担其运费,加上大车运输的安全性较低,输出甚少。农民期望随着京大、洮大线的开通,运费能够下降。

本次调查地区原本并不适于农耕,虽然铁路的即将开通使农产品的输出量有所增加。但是,铁路的开通到底能在多大程度上促进该地区的农耕地开发,还值得进一步探讨。

第十章　物价

种类	农安	王府	乾安	大赍	安广	洮安
大豆	1 斗　0.72	0.60	0.55	0.50	0.50	1.00
高粱	1 斗　0.23	0.26	0.40	0.32	0.40	0.60
谷子	1 斗　0.30	0.26	0.34	0.33	0.45	0.30
黍	1 斗　0.56	0.50	—	0.35	—	0.60
玉米	1 斗　0.34	0.36	0.32	0.31	0.50	0.60
小麦	1 斗　1.80	—	—	2.00	2.50	—
白米	1 斗　4.00	4.50	4.00	4.00	5.00	4.30
白面	1 斤　0.07	0.08	0.09	0.08	0.10	0.08
盐	1 斤　0.10	0.13	0.10	0.02	0.03	0.08
白糖	1 斤　0.14	0.18	0.15	0.17	0.20	0.16
豆油	1 斤　0.10	0.10	0.10	0.08	0.12	0.12
牧马	1 头　60.00	40.00	40.00	60.00	40.00	40.00
牧牛	1 头　60.00	40.00	40.00	80.00	30.00	30.00
原木	直径 8 尺、长 24 尺　7.00	—	—	8.00	—	—
石油	1 斤　0.14	0.20	0.20	0.15	0.18	0.14
棉花	1 斤　0.50	0.52	0.60	0.60	0.67	0.60
绵布	1 匹　2.90	3.00	3.50	2.70	3.50	2.40
煤	1 吨　18.00	—	—	—	—	19.00
干草	100 斤　0.25	0.20	0.10	0.15	0.20	0.20
薪	6.6 尺立方　20.00	—	—	100 斤　1.50	—	—
木炭	1 斤　0.03	0.03	—	0.06	—	0.03
种犁	3.00	3.50	3.00	3.00	3.50	5.00
锄头	0.80	0.80	0.65	0.70	0.60	0.70
大车	120.00	120.00	90.00	125.00	100.00	80.00

续表

种类	农安	王府	乾安	大赉	安广	洮安
铁锹	0.60	0.60	0.70	0.70	1.00	—
筒锹	0.60	—	0.90	0.80	1.00	—
镐头	1.20		1.60	1.20	1.70	—
铁齿耙子	0.90	—	1.00	1.00	1.00	—
铁耙子	1.00	—	1.00	1.00	1.20	—
木头磙子	2.00	—	1.50	2.20	3.00	—
石头磙子	3.00	1.60	3.00	5.00	3.00	—
打场用石头磙子	5.00	—	3.50	2.50	3.00	—
二齿镐	0.50	—	0.60	0.65	1.00	—
粪耙	1.00	—		0.30	—	—
粪耙子	0.50	—	0.40	0.40	0.30	—
穰耙	2.00	1.60	3.50	3.00	4.00	—
点葫芦	0.70	—	0.80	0.80	0.80	—
把斗子	0.50	—	0.80	0.80	0.90	—
木锹	0.35	0.30	0.35	0.30	0.40	—
镰刀	0.30	—	0.40	0.30	0.40	—
芟刀	0.50	—	—	—	—	—
韭刀	0.30	—	0.40	0.40	0.50	—
铁叉子	1.20	1.60	—	1.50	1.50	—
木杈子	0.50	—	0.70	0.60	0.60	—
木扒子	0.50	—	0.80	0.50	0.50	—
扬掀	0.50	—	0.50	0.60	0.80	—
筛子	0.40	—	1.00	0.50	0.60	—
笤子	0.30	—	1.00	1.10	1.20	—
簸箕	0.70	—	0.80	0.50	1.00	—
碾子	45.00	20.00	60.00	60.00	50.00	—
磨臼	1.20	—	2.00	2.00	3.00	—
椴叉	0.90	—	1.00	1.00	1.10	—
撮子	0.50	—	0.50	0.80	1.00	—
竹扒子	0.70	—	0.80	0.70	—	—

种类	农安	王府	乾安	大赉	安广	洮安
粪筐	0.20	—	0.30	0.30	0.30	—
铧子	—	—	—	—	—	—
犁碗子	—	—	1.30	0.60	0.70	—
调查年月日	昭和9年5月13日	昭和9年 5月20日	昭和9年 5月26日	昭和9年 6月1日	昭和9年 6月6日	昭和9年 6月13日

备注:单位为国币(圆)。

第十一章　与农业相关的租税和费用

一、奉天省　安广县、洮安县

税目		安广县		洮安县	
项	目	税率	纳税者	税率	纳税者
田赋		1垧　国币 0.30		免税	—
王租		1垧　国币 0.35	地主	1垧 国币 0.30	地主
晌捐		1垧　国币 1.00			
出产粮石税	细粮	1.00%	地主	1垧 国币 1.00	地主
	粗粮	0.5%	卖主	和安广一样	卖主
	油粮	2.5%	卖主	和安广一样	卖主
	豆类	2.5%	卖主	和安广一样	卖主
粮捐		1石　国币 0.10		3%	买主
车库捐		4—5头　国币 6.00		5头　国币 6.00	物主
		3头　国币 4.00		3—4头　国币 4.00	物主
		1—2头　国币 2.00	物主	1—2头　国币 2.00	物主
牲畜税	牲畜税	牛、马、骡 6%	买主	1—2头　国币 2.00	
		驴、猪、羊 3%	买主	1—2头 国币 2.00	
	屠宰税	牛 1.50 猪 1.00 羊 0.50	屠杀者	牛 2.00 猪 1.00 羊 0.25	屠杀者
鱼税		1.5%	卖主	同左	

注：①事变后,转让给地方的田赋牲畜税等,在大同元年 10 月 1 日后再次成为国税。
②王租是王地开放时每年向王公缴纳的定税,安广县通常缴纳 1 万垧。

二、吉林省　南郭尔罗斯前旗、农安县、乾安县

南郭尔罗斯前旗是尚未开放的王地,没有国税和地方税。旗内的财政全靠已开放的新京、农安、长岭等地的租税来支撑。光绪末年,旗内 17 岁以上的男子每人可以分得 100 垧土地。此外,虽然允许旗内的蒙古人之间进行土地买卖,却严格禁止出售给汉人。但为了从汉人那取得融资,便实行“典地”,此为极限。

作为取代租税的两种方法,旗内 17 岁以上的蒙古男子须履行其中的任一项。

1.服五年兵役,除了给予衣食外,每年还发配 10 石高粱和粟。

2.为亲王府免费服务 5 年,但提供粮食。

各村庄的自营团费用是将每年所需金额按各农户的农业经营面积来划分,无固定数据,大约 1 晌 1 年,总计高粱和粟 3 升左右。

汉人向王借地有土壤的肥沃度之差,租借费用 1 晌 1 年 1—1.5 石(大豆、粟、高粱),此外,每晌地征收国币 4 角作为兵捐。

农安县和乾安县的税率如下:

税目		农安县		乾安县	
项	目	税率	纳税者	税率	纳税者
田赋		1 晌 吉大洋 0.32	地主	免除	
王租		1 晌 吉大洋 0.48	地主		
晌捐		1 晌 吉大洋 1.05	地主	1 晌吉大洋 0.55	
出产粮食税	细粮	和安广一样		和安广一样	
	粗粮	和安广一样		和安广一样	
	油粮	和安广一样		和安广一样	
	豆类	和安广一样		和安广一样	
粮捐		2%	买主	2%	卖主
车牌捐		5 头　国币 6.00	物主	同左	
		3—4 头　国币 4.00	所有者	同左	
		2 头　国币 2.00	所有者	同左	
		1 头　国币 1.00	所有者	同左	
牲畜税	牲畜税	牛、马、骡 5%	买主	同左	
		骡、猪、羊 2.5%	买主	同左	
	牲畜特捐	1%	买主	同左	
	屠宰税	牛 1.00 猪 0.30 羊 0.20(吉洋)	屠主	同左	屠主
	屠宰捐	牛 1.50 猪 0.60 羊 0.30 (国币)	屠主	牛 0.80 猪 0.30 羊 0.20	屠主
鱼税		1 百斤 国币 0.58			

注:①乾安县是南郭尔罗斯前旗齐王的开放地。大同 2 年 10 月 1 日,设置局将其划分为四等县,满 6 年后免除田赋。

②农安县的田赋为每晌 0.32(吉大洋)但实际征税时,每晌上地、中地、下地的赋税分别为 0.7、0.5、0.3 每晌。

三、黑龙江省　大赉县

税目		税率	纳税人
项	目		
田赋	地租	1 晌　上、中 0.50;下 0.30(江洋)	土地所有者
	三费	1 晌　上 0.03;中 0.02;下 0.01(江洋)	
田赋	经征费	前面记录的 3%	土地所有者
晌捐		1 晌　江洋 0.458	土地所有者
出产粮食税	粗粮	0.50%	卖主或者制造者
	细粮	1.00%	卖主或者制造者
	油粮	2.50%	卖主或者制造者
粮食税附加捐	豆类	2.50%	卖主或者制造者
		前面记录出产粮石税的 1/10	卖主或者制造者
江口粮捐		15‰	买主
四厘粮捐		4‰	买主
车牌捐		5 头以上　国币 6.00	物主
		3—4 头　国币 4.00	物主
		2 头　国币 2.00	
		1 头　国币 1.00	
牲畜税	牲畜税	5%	买主
	牲畜特捐	2%	买主
	屠宰税	牛 1.00 猪 0.30 羊 0.20	屠主
	屠宰捐	牛 1.00 猪 0.10 羊 0.05	屠主
减税	减税	7%	卖主
	减捐	2%	卖主
鱼税		2%	渔户

第十二章　结语

本次调查的主要目的是寻找内地移民的宜居处。据调查结果,可暂且作为候补地的有以下三个地方:

一、农安县小城子附近地区(以下称第一区)

二、南郭尔罗斯前旗卡拉木屯附近地区(以下称第二区)

三、南郭尔罗斯前旗八狼屯附近地区(以下称第三区)

对各地区稍许考察的情况如下:

一、位置和面积

第一区位于农安县城东北约9日里,是伊通河沿岸和中野农场的邻地,面积约2千町步。第二区位于前旗王府东南2日里的第二松花江沿岸,面积约2千町步。第三区位于前旗八狼屯东方嫩江的查干诺尔附近,面积约4千5百町步。各地区现都是草生地或柳生地。

二、土质

第一区和第三区是碱性土质,但第二区则不同。前两者属于土质殖土,后者是殖质土壤。从前两者的邻地里经营水田和旱田来看,其土壤碱性较弱。

三、治安

现下三个地区的治安状况良好,无需担忧。

四、交通以及工程材料收集的便利度

三者都位于将来的京大铁路沿线,第一区距离农安站约10日里,第二区距离王府站约4日里,第三区距离八狼屯站约2日里。三地附近虽没有木材和石材的产地,但铁道开通后必定会缓解这方面的不足,而且第二区有第二松花江、第三区有嫩江,也可以考虑用船进行运输。

五、气象和河流

气象一般不会妨碍农耕,但各区的水源——伊通河、第二松花江、嫩江等河流的状况却是影响农耕的重大因素。

三区都位于河流的泛滥区域,每3年至少遭遇1次洪水。即使选择洪水灾害较少的高地,也得修筑1—2米高的防水堤。且第二区因沿第二松花江呈细长状展开,就必须修筑远远多出其土地面积的长距离的防水堤。

各河流的枯水位情况如下:中野农场入口附近的伊通河为4米,卡拉木屯附近的第二松花江也是4米,位于第三区的嘎不拉附近的嫩江是3米,比各区的地基还要低。由于各河流的坡度极缓,用作水源时,除了可能枯竭的伊通河,第二、三区都有必要采用抽水机。考虑洪水时期的排水问题,各区都应采用抽水机,这比河水直接流入田地进行灌溉的成本高出许多。

　　农安附近观测到伊通河的枯水量为90立方尺每秒,其灌溉的田地包括中野农场、万金塔、靠山屯等约350町步的水田。但由于中野农场和其他地区都在计划逐渐扩大水田经营面积,前面提到的第一区的可灌溉面积就不仅限于小范围。

　　以上是对各地区的考察情况,总而言之,各地区的共同缺点是河流位于洪水泛滥区内,并非适宜的居住候选地。如今,洮安县因浸水而被搁置的肥沃地有近2万7千町步,贯穿于此的洮大线的铺设也无法实施。当下应采用适当的策略为我们提供不同等级的农耕地。

　　结语之二:浅谈南郭前旗和乾安县一带农村状况的个人意见,以结束此报告。

　　这些地区瘟疫横行,很多农民舍弃土地而移居其他地方,加之土壤贫瘠,即使增加农耕劳动力,也难超过目前的产量。而广阔的草原也都是碱性土壤,不适宜进行农耕。在如此恶劣环境下,没有能力移居的农民只能成天因维持生计发愁,而解决此问题的唯一途径就是发展畜牧业。虽说土地贫瘠,但草原的每响地却有七八百斤羊草。以畜牧为主,用生产得到的肥料来维持耕地的土壤,将农业作为副业来发展,这或许是最适合这些地区的策略吧。但以畜牧业为主的策略并不适合内地移民,只不过是救济本地贫困农民的对策之一。